普通高等教育汽车类专业系列教材

汽车设计

周　冠　赵万忠　主编

机械工业出版社

本书基于传统汽车设计流程，层层递进引入各汽车零部件的技术背景、开发细节、前沿技术及其发展趋势。具体来说，本书介绍了汽车设计的理念、发展历程、设计方法以及相关的理论基础知识。在此基础上，本书对应汽车设计中的各个零部件的设计，重点阐述汽车总体设计、离合器设计、机械变速器设计、悬架设计和转向、制动系统设计等内容。本书还介绍了相关的汽车软件设计知识，帮助读者进行知识拓展。

本书为普通高等教育汽车类专业系列教材，也适合对智能网联汽车以及新型汽车零部件设计感兴趣的读者，无论开发者、设计者、科研工作者还是刚入门的技术爱好者。本书还适合有相关知识背景的从业人员进行深入学习。

图书在版编目（CIP）数据

汽车设计/周冠，赵万忠主编. —北京：机械工业出版社，2022.12
普通高等教育汽车类专业系列教材
ISBN 978-7-111-72235-9

Ⅰ.①汽… Ⅱ.①周…②赵… Ⅲ.①汽车－设计－高等学校－教材 Ⅳ.①U462

中国版本图书馆 CIP 数据核字（2022）第 252557 号

机械工业出版社（北京市百万庄大街 22 号　邮政编码 100037）
策划编辑：何士娟　　　　　　　责任编辑：何士娟
责任校对：陈　越　王　延　　　封面设计：张　静
责任印制：单爱军
北京虎彩文化传播有限公司印刷
2023 年 5 月第 1 版第 1 次印刷
184mm×260mm · 22.25 印张 · 1 插页 · 546 千字
标准书号：ISBN 978-7-111-72235-9
定价：69.00 元

电话服务　　　　　　　　　　网络服务
客服电话：010-88361066　　　机　工　官　网：www.cmpbook.com
　　　　　010-88379833　　　机　工　官　博：weibo.com/cmp1952
　　　　　010-68326294　　　金　书　网：www.golden-book.com
封底无防伪标均为盗版　　机工教育服务网：www.cmpedu.com

前　言

近十年来，随着新能源汽车与汽车智能化的兴起，汽车行业发生了翻天覆地的变化。在汽车设计领域，各类智能化、可主动控制的零部件层出不穷。本书将基于传统汽车设计中各个零部件的设计，适当增加目前行业前沿的相关零部件设计知识，以此作为延伸与补充。通过对线控转向技术、电子制动助力器以及汽车软件设计相关知识进行介绍讲解，为读者提供适配目前行业发展现状的基础知识。

本书基于传统汽车设计流程，层层递进地引入各汽车零部件的技术背景、开发细节、前沿技术及发展趋势。具体来说，本书介绍了汽车设计的理念、发展历程、设计方法以及相关的理论基础知识。在此基础上，本书对应汽车设计中的各个零部件的设计，重点阐述了汽车总体形式和参数选择，以及汽车底盘布局设计；汽车传动系统的传统设计方法及其转向、悬架、制动的运行工作稳定性设计方法，同时了解机械疲劳与可靠性的概念，学会常规材料和机械结构零件的疲劳可靠性设计方法，本书还介绍了相关的汽车软件设计知识，帮助读者进行知识拓展，为今后从事汽车底盘的分析与设计打下良好的基础。

本书由周冠、赵万忠主编，王春燕、王源隆、陈翔参与编写。本书跟随汽车行业的设计趋势，在设计技术、设计方法上进行了相应的调整，在传统的汽车设计教材编写体系基础上进行补充完善，增加设计方法的内容，是根据汽车设计水平的发展而做出的新的尝试。

本书适合对智能网联汽车以及新型汽车零部件设计感兴趣的读者，包括开发者、设计者、科研工作者以及刚入门的技术爱好者。本书还适合有相关知识背景的从业人员进行深入学习。

目　　录

前言

第1章　汽车总体设计 ········· 1
1.1　概述 ········· 1
1.2　汽车底盘演变 ········· 3
1.3　汽车设计方法 ········· 5
1.4　汽车开发程序 ········· 7
1.5　汽车现代设计 ········· 11
1.5.1　汽车形式的确定 ········· 11
1.5.2　汽车主要参数及发动机的选择 ········· 18
1.5.3　车身形式与轮胎选择 ········· 27
1.5.4　汽车的总体布置及运动校核 ········· 31
1.5.5　汽车软件设计 ········· 42
1.6　新能源汽车设计 ········· 44
1.6.1　纯电动汽车动力系统与传动系布局 ········· 44
1.6.2　混合动力汽车动力与传动系匹配布局 ········· 45
1.7　智能汽车设计 ········· 48
1.7.1　智能驾驶系统功能介绍 ········· 48
1.7.2　智能车辆传感器布局 ········· 49
1.7.3　智能车辆执行机构布局简介 ········· 51

第2章　离合器设计 ········· 52
2.1　概述 ········· 52
2.2　离合器的结构形式选择 ········· 53
2.2.1　从动盘数的选择 ········· 53
2.2.2　压紧弹簧的结构和布置形式的选择 ········· 54
2.2.3　膜片弹簧的支承方式 ········· 56
2.2.4　压盘的驱动方式 ········· 58
2.3　离合器的主要参数选择 ········· 58
2.4　离合器的设计与计算 ········· 61
2.4.1　离合器基本参数优化 ········· 61
2.4.2　膜片弹簧的弹性特性 ········· 62
2.4.3　膜片弹簧的强度计算 ········· 63
2.4.4　膜片弹簧基本参数的选择 ········· 64

2.4.5　膜片弹簧的制造工艺 ··· 65
　2.5　扭转减振器的设计 ·· 65
　　2.5.1　扭转减振器机构原理 ··· 66
　　2.5.2　扭转减振器主要参数选择与设计计算 ·· 66
　　2.5.3　双质量飞轮减振器 ·· 68
　2.6　离合器的接合过程 ·· 69
　2.7　离合器的操纵机构设计 ·· 69
　2.8　离合器主要零部件的结构设计 ··· 71
　　2.8.1　从动盘总成的设计 ·· 71
　　2.8.2　离合器盖总成 ·· 73
　　2.8.3　分离轴承总成 ·· 74

第3章　机械变速器的设计 ··· 76
　3.1　概述 ·· 76
　3.2　变速器的传动机构方案分析 ·· 77
　　3.2.1　两轴式变速器 ·· 77
　　3.2.2　中间轴式变速器 ··· 78
　　3.2.3　倒档传动布置方案 ·· 81
　　3.2.4　多速变速器的组合方案分析 ·· 82
　3.3　变速器主要参数的选择 ·· 85
　　3.3.1　档位数 ··· 85
　　3.3.2　传动比范围 ··· 85
　　3.3.3　中心距 ··· 86
　　3.3.4　外形尺寸 ·· 86
　　3.3.5　轴的直径 ·· 86
　　3.3.6　齿轮参数 ·· 86
　　3.3.7　各档齿轮齿数的分配 ··· 90
　3.4　变速器的设计和计算 ··· 92
　　3.4.1　齿轮的损坏形式 ··· 92
　　3.4.2　齿轮强度计算 ·· 92
　　3.4.3　轴的强度计算 ·· 94
　3.5　变速器的操作机构设计 ·· 96
　　3.5.1　换档机构 ·· 96
　　3.5.2　锁定机构 ·· 97
　3.6　同步器设计 ··· 98
　　3.6.1　惯性式同步器 ·· 98
　　3.6.2　主要参数的确定 ··· 103
　　3.6.3　同步器计算 ··· 105
　3.7　自动变速器匹配设计 ··· 106

　　3.7.1　自动变速器匹配设计总体原则 107
　　3.7.2　自动变速器结构匹配设计 107
　　3.7.3　自动变速器性能匹配设计 108
3.8　机械式无级变速器 109
　　3.8.1　结构与工作原理 109
　　3.8.2　传动带 110
3.9　新能源汽车变速器 111
　　3.9.1　混合动力专用变速器DHT 111
　　3.9.2　纯电动汽车多档变速器 111

第4章　万向节和传动轴设计 113

4.1　概述 113
4.2　普通十字轴向万向节 114
　　4.2.1　普通十字轴向万向节结构 114
　　4.2.2　单个十字轴向万向节的运动特性 115
　　4.2.3　双十字轴向万向传动的运动特性 117
　　4.2.4　多十字轴向万向传动的运动特性 118
　　4.2.5　十字轴向万向节的设计 118
4.3　挠性万向节 120
4.4　准等速万向节 122
4.5　等速万向节 124
　　4.5.1　球叉式万向节 124
　　4.5.2　球笼式万向节 125
　　4.5.3　球笼式万向节的设计 127
4.6　传动轴结构分析与设计 128
4.7　中间支承结构分析与设计 131

第5章　驱动桥设计 134

5.1　概述 134
5.2　驱动桥的结构方案分析 134
5.3　主减速器设计 136
　　5.3.1　主减速器的结构形式 136
　　5.3.2　主减速器基本参数选择与计算载荷的确定 148
　　5.3.3　主减速器锥齿轮强度计算 152
　　5.3.4　主减速器锥齿轮轴承的载荷计算 153
　　5.3.5　锥齿轮材料 155
5.4　差速器设计 156
　　5.4.1　差速器结构形式选择 156
　　5.4.2　普通锥齿轮式差速器齿轮设计 162

5.4.3　多桥驱动汽车的轴间差速器 …………………………………………………… 163
　　5.4.4　黏性联轴器结构及在汽车上的布置 ………………………………………… 164
5.5　车轮传动装置设计 ……………………………………………………………………… 165
　　5.5.1　结构形式分析 …………………………………………………………………… 165
　　5.5.2　半轴计算 ………………………………………………………………………… 167
　　5.5.3　半轴可靠性设计 ………………………………………………………………… 168
　　5.5.4　半轴结构设计 …………………………………………………………………… 169
5.6　驱动桥壳设计 …………………………………………………………………………… 170
　　5.6.1　驱动桥壳结构方案分析 ………………………………………………………… 170
　　5.6.2　驱动桥壳强度计算 ……………………………………………………………… 171

第6章　悬架设计 …………………………………………………………………………… 173

6.1　概述 ……………………………………………………………………………………… 173
　　6.1.1　悬架的基础及分类 ……………………………………………………………… 173
　　6.1.2　新型悬架 ………………………………………………………………………… 174
6.2　悬架的主要参数的确定 ………………………………………………………………… 177
　　6.2.1　悬架的静挠度 f_c ………………………………………………………………… 177
　　6.2.2　悬架的动挠度 f_d ………………………………………………………………… 177
　　6.2.3　悬架的弹性特性 ………………………………………………………………… 178
　　6.2.4　后悬架主弹簧和副弹簧的刚度分配 …………………………………………… 178
　　6.2.5　悬架的侧倾角刚度以及前后轴之间的分配 …………………………………… 179
6.3　钢板弹簧的设计及计算 ………………………………………………………………… 179
6.4　扭杆弹簧的设计 ………………………………………………………………………… 186
6.5　独立悬架导向机构的设计 ……………………………………………………………… 189
　　6.5.1　设计要求 ………………………………………………………………………… 189
　　6.5.2　导向机构的布置参数 …………………………………………………………… 189
　　6.5.3　双横臂式独立悬架导向机构设计 ……………………………………………… 193
　　6.5.4　麦弗逊式独立悬架导向机构的设计 …………………………………………… 197
6.6　减振器的主要参数和尺寸的选择 ……………………………………………………… 199
6.7　横向稳定杆的设计 ……………………………………………………………………… 201

第7章　转向系统设计 ……………………………………………………………………… 207

7.1　概述 ……………………………………………………………………………………… 207
7.2　机械式转向器方案分析与设计 ………………………………………………………… 209
　　7.2.1　齿轮齿条式转向器 ……………………………………………………………… 209
　　7.2.2　整体式转向器 …………………………………………………………………… 213
7.3　机械式转向器主要性能参数 …………………………………………………………… 216
　　7.3.1　转向系统的角传动比 …………………………………………………………… 216
　　7.3.2　转向系统的转矩传动比 ………………………………………………………… 216

7.3.3 转向器的效率 ………………………………………………………………… 217
7.4 动力转向机构设计 …………………………………………………………………… 219
　　7.4.1 动力转向系统概述 ……………………………………………………………… 219
　　7.4.2 整体式动力转向器 ……………………………………………………………… 221
　　7.4.3 齿轮齿条式动力转向器 ………………………………………………………… 228
　　7.4.4 转阀特性曲线的计算 …………………………………………………………… 230
　　7.4.5 动力转向泵 ……………………………………………………………………… 232
　　7.4.6 动力转向油罐 …………………………………………………………………… 238
　　7.4.7 动力转向油管 …………………………………………………………………… 240
7.5 转向梯形设计 ………………………………………………………………………… 243
　　7.5.1 汽车转向时理想的内、外前轮转角关系 ……………………………………… 243
　　7.5.2 整体式转向梯形机构的设计校核 ……………………………………………… 244
　　7.5.3 轮胎侧偏角对转向时内、外前轮转角之间理想关系的影响 ………………… 246
7.6 转向杆系与悬架的匹配设计 ………………………………………………………… 248
　　7.6.1 在前悬架是纵置钢板弹簧的汽车中转向纵拉杆的布置 ……………………… 249
　　7.6.2 在采用双横臂式前悬架的汽车中的转向杆系布置 …………………………… 252
　　7.6.3 在采用麦克弗森式前悬架的汽车中的转向杆系布置 ………………………… 255
　　7.6.4 前束角随着前轮上、下跳动的变化特性曲线 ………………………………… 256
　　7.6.5 车轮前、后移动时前束角的控制 ……………………………………………… 257
7.7 线控转向系统 ………………………………………………………………………… 259
　　7.7.1 线控转向结构组成 ……………………………………………………………… 260
　　7.7.2 路感反馈控制策略 ……………………………………………………………… 261
　　7.7.3 转向执行控制策略 ……………………………………………………………… 263
　　7.7.4 主动前轮转向控制策略 ………………………………………………………… 264

第8章 制动系统设计 …………………………………………………………………… 266

8.1 概述 …………………………………………………………………………………… 266
8.2 制动器的结构方案分析 ……………………………………………………………… 267
　　8.2.1 鼓式制动器 ……………………………………………………………………… 267
　　8.2.2 盘式制动器 ……………………………………………………………………… 271
8.3 制动器主要参数的确定 ……………………………………………………………… 273
　　8.3.1 鼓式制动器主要参数的确定 …………………………………………………… 273
　　8.3.2 盘式制动器主要参数的确定 …………………………………………………… 274
8.4 制动器的设计与计算 ………………………………………………………………… 275
　　8.4.1 鼓式制动器的设计计算 ………………………………………………………… 275
　　8.4.2 盘式制动器的设计计算 ………………………………………………………… 282
　　8.4.3 摩擦衬片磨损特性的计算 ……………………………………………………… 283
　　8.4.4 前、后轮制动器制动力矩的确定 ……………………………………………… 284
　　8.4.5 应急制动和驻车制动所需的制动力矩 ………………………………………… 284

8.5 制动驱动机构 ········· 287
　8.5.1 简单制动系 ········· 287
　8.5.2 动力制动系 ········· 287
　8.5.3 伺服制动系 ········· 291
　8.5.4 分路系统 ········· 296
　8.5.5 液压制动驱动机构的设计计算 ········· 297
　8.5.6 真空助力器的设计计算 ········· 298
8.6 制动力调节机构 ········· 299
　8.6.1 限压阀 ········· 299
　8.6.2 防抱死制动系统（ABS） ········· 300
8.7 线控制动系统 ········· 302
　8.7.1 电子液压制动 EHB 系统 ········· 302
　8.7.2 电子机械制动 EMB 系统 ········· 303
　8.7.3 iBooster 结构及设计 ········· 306

第9章 汽车系统性能设计 ········· 307

9.1 车辆模型建立 ········· 307
　9.1.1 数学模型设计 ········· 307
　9.1.2 连续和离散模型 ········· 308
　9.1.3 分析和数值模型 ········· 309
9.2 汽车操纵稳定性计算 ········· 310
　9.2.1 线性三自由度车辆操纵性模型及模型参数 ········· 310
　9.2.2 不足转向度 K 的计算 ········· 316
9.3 汽车结构动力学设计 ········· 318
　9.3.1 振动模态分析的基本理论及方法 ········· 319
　9.3.2 结构响应分析的基本理论及方法 ········· 322
9.4 汽车结构轻量化设计 ········· 323
9.5 汽车结构抗疲劳和可靠性设计 ········· 327
　9.5.1 零部件的抗疲劳设计方法 ········· 327
　9.5.2 汽车可靠性设计 ········· 329
9.6 汽车结构计算机辅助设计 ········· 332
　9.6.1 计算机辅助技术 ········· 332
　9.6.2 有限元辅助设计方法 ········· 333
　9.6.3 底盘结构的计算机辅助设计 ········· 338

参考文献 ········· 342

第1章 汽车总体设计

1.1 概述

汽车作为重要的工业产品，如今在人们的生活中扮演着越来越重要的角色，拥有广阔的消费市场与发展前景。同时，汽车工业的发展刺激并带动了其他工业的发展，包括电气、电子、石油、化工、新能源和智能产业等。汽车工业的发展与这些产业息息相关，汽车工业的持续繁荣得益于这些产业的更新与发展。特别在近些年，新能源化与智能化已成为汽车工业的重要发展方向与研究内容。

由于汽车生产一般是按大批量生产方式组织的，一旦设计确定之后，就要以此为基准装备庞大而贵重的生产设施。如果汽车在设计环节存在缺陷，就可能造成巨大的损失。因此，在设计汽车时，应该谨慎采用科学的设计、开发方法和程序，实现汽车高质量的设计，从而得到在性能和成本方面具有竞争力的产品。汽车设计的特点是，要求零件标准化，部件通用化和产品系列化，同时要重视汽车的安全、可靠、经济、环保和轻量化。

近年来，计算机集成制造系统（Computer Integrated Manufacturing System，CIMS）的迅速发展向智能设计提出了新的挑战。在 CIMS 环境下，产品设计作为企业生产的关键性环节显得尤为重要，为了提高企业对市场需求的快速反应能力和竞争能力，人们对设计自动化提出了更高的要求，在计算机提供知识处理自动化的基础上，逐渐实现决策自动化，即帮助人类设计专家在设计活动中进行决策。

汽车的智能设计强调的是智能设计技术，是指应用现代信息技术，采用计算机模拟人类的思维活动，使计算机更多、更好地承担设计过程中各种复杂任务，成为设计人员的重要辅助工具。综合国内外关于智能设计的研究现状和发展趋势，智能设计按设计能力可以分为三个层次：常规智能设计、联想智能设计和进化智能设计。

1. 总体设计要求

汽车由动力装置、底盘、车身、电器及仪表等四部分组成，是用来载送人员和货物的运输工具。汽车的普及加快了人的生活节奏，提高了工作效率，为个人的远行提供了相当的便利；相比于使用火车、飞机、船舶等交通工具，受到的约束减少了许多。因此，更多的人愿意选择汽车作为交通工具。

交通工具有在自然环境条件下使用的特点，汽车也不例外。影响自然环境变化的因素很多，而且变化范围大，如湿度、温度、天气、白昼与黑夜、各种复杂路面等，汽车要能够适应这些环境而且实现安全行驶，就必须制定有关法规强制企业执行，这也是工程技术人员从事设计工作的依据之一。

进行总体设计工作有如下基本要求：

1) 汽车的各项性能、成本等，要求达到企业在商品计划中所确定的指标。
2) 严格遵守和贯彻有关法规、标准中的规定，注意不要侵犯专利。
3) 尽最大可能去贯彻三化，即标准化、通用化和系列化。
4) 进行有关运动学方面的校核，保证汽车有正确的运动和避免运动干涉。
5) 拆装与维修方便。

我国制定的有关汽车方面的法规、标准正在不断完善，它们中有些是根据我国具体情况制定的，有些是参照国外的法规、标准制定的。这些法规、标准涉及的范围很广，如有关汽车外廓尺寸标准、汽车的污染物排放标准以及有关公路法规对汽车轴荷限定的要求等。在进行总体设计工作时，要特别注意正在实施的强制性标准。这些强制性标准与汽车类型有关，设计时一定要严格遵守。

2. 设计人员工作宗旨

竭尽全力设计、制造出优质、价格具有竞争力的汽车是设计和制造部门技术人员的根本工作宗旨。为此，设计人员应该熟悉汽车，最好经常亲自驾驶汽车，进行汽车的检查、维修、保养，从中积累经验，并且能够从使用者的角度出发考虑设计问题。此外，还应该从制造者的立场出发，考虑使设计出来的汽车便于制造、装配，降低制造成本，这要求设计人员对材料和工艺都要有丰富的知识储备。

3. 产品的价位

什么样的汽车才算是一台好的汽车呢？可以归纳出如下几点：
1) 要符合使用的需要：货车就要满足运货的要求，乘用车如轿车和各种客车就要满足乘客的需要，以此为目标来设计、生产汽车。
2) 工作要可靠：各总成工作要可靠，发生故障的概率低。
3) 要有足够的耐久性，寿命要长。
4) 行驶性能要高，包括加速性、爬坡能力、制动性能、转向性能、最大车速、燃料消耗等。
5) 操纵方便，稳定性好。
6) 乘坐舒适，内饰美观。
7) 便于检查、保养和修理，使用费用要低。
8) 外观和装饰要美。
9) 对环境产生的污染（排放、噪声、电磁干扰等）要小。

虽然以上各项随着用户和汽车类别不同，其要求有高有低，并且对各个项目的评价也因人而异，但它们都是评价汽车价值不可缺少的指标。它们的不同组合造就了不同价位的汽车。

4. 产品系列化、零部件通用化、零件标准化和统一加工标准

(1) 产品系列化

产品系列化是指：汽车部件（离合器、变速器、传动轴、驱动桥、转向桥、转向器等）专业厂商为了既能供应各种型号汽车所需的部件，又能便于进行大量生产、降低成本，把产品合理分挡，组成系列，并考虑各种变型，使这些系列化产品具有比较多的共用零部件。

(2) 零部件通用化

零部件通用化是指：在汽车总质量相近或同一系列的一些车型上，尽可能采用同样结构和尺寸的零部件,以减少零部件的种类,便于采购、储存、管理、生产,达到降低成本的目的。

(3) 零件标准化

零件的标准化是指在设计中尽可能采用标准件。汽车是由许多零件组成的产品,在进行多品种汽车生产时,最好是就零部件的形状、尺寸、材质等制定出标准。这样做有以下好处:减少零件种类,降低生产费用;扩大零件通用互换的范围,对生产和修理都有利;可以减少专用机床和工装夹具的数量;可沿用成熟工艺,降低不良品率。关于标准问题,应该尽量依据国家标准来统一各方面的标准。许多工厂和公司都以国家标准为基础制定出本企业的标准。统一标准的对象主要包括:螺栓、螺母、垫圈、轴瓦等的尺寸;型材、圆钢和钢板的材质和尺寸(直径、厚度)等。这样做可减少外购材料的种类,增大单品种的数量,以降低外购费用。

(4) 统一加工标准

统一加工标准就是通过制订工艺标准,尽可能减少加工的方式,从而减少工具、机床和夹具的种类。例如,在很多场合下,通过尽可能统一孔的加工规格,就能使加工孔用的钻头和铰刀的种类减少。限制螺纹规格的数量,也能相应减少丝锥、板牙的种类和数量。这样做有利于降低生产成本。大多数汽车以大批量生产为主,在设计中必须尽可能采用专业化生产的部件和实行产品系列化、零部件通用化、零件标准化和统一加工标准,以达到简化生产、提高工效和改进产品质量、降低成本的目的。国内外实践都表明,这样做大大提高了汽车工业的经济效益。

1.2 汽车底盘演变

车辆底盘的功用是将动力装置的动力进行适当的转换和传递,使之适应车辆行驶和作业的要求,并保证车辆能在驾驶人操纵下正常行驶。同时底盘也是整机的基础,在其上安装车辆的发动机、车身、工作装置及其各种附属设备,使车辆能够正常工作。底盘由传动系、行驶系、转向系和制动系统四部分组成。

1. 汽车传动系的发展

汽车刚刚问世时,大多采用发动机后置、后轮驱动的方式,从发动机到后轮之间分散地采用链轮和齿轮传递动力。1893 年,美国的杜里埃兄弟在汽车上首次使用了干式单片离合器,同时采用了差速器后桥;1894 年,法国的本哈特和拉瓦索发明了齿轮变速器;1898 年,法国雷诺汽车公司首次使用了传动轴;1902 年,皮尔里斯发明了汽车万向节;1913 年,美国派克特汽车推广应用了弧齿锥齿轮主减速器后桥;1928 年,派克特汽车在后桥上采用了双曲线主减速器后桥;1928 年,美国凯迪拉克轿车采用了带同步器的变速器。1948 年,别克轿车采用了与行星齿轮机构组成一体的液压变矩器,这就是现在液力自动变速器的原型。1886 年,德国奔驰公司就将 V 形橡胶带式无级变速器(CVT)安装在该公司生产的汽油机汽车上。德国奔驰公司是在汽车上采用 CVT 技术的鼻祖。

2. 汽车转向系的发展

汽车行驶过程中,需要经常改变行驶方向,即所谓的转向。这就需要有一套能够按照驾驶人意志使汽车转向的机构,它将驾驶人转动转向盘的动作转变为车轮(通常是前轮)的偏转动作。内燃机汽车发明者本茨在他发明的三轮汽车上首次采用了所谓的齿轮齿条式转向器，靠一根操纵杆控制，类似舵柄。1908 年，福特 T 型汽车采用了行星齿轮转向器；1923 年，美国的马尔斯采用了滚珠蜗杆转向器，这便是最早的循环球式转向器；1928 年，美国的戴维斯采用了液压动力转向器，经 26 年才为汽车工业所采纳。20 世纪 50 年代，在美国的一些大型轿车上出现了动力转向；1966 年，美国轿车上开始采用可伸缩的转向柱。现如今，动力转向系统已在各种汽车上得到广泛的应用。

3. 汽车制动系的发展

最原始的制动控制只是驾驶人操纵一组简单的机械装置向制动器施加作用力，这时的车辆的重量比较小，速度比较低，机械制动虽已满足车辆制动的需要，但随着汽车自重的增加，助力装置对机械制动器来说已十分必要。这时，开始出现真空助力装置。1932 年生产的质量为 2860kg 的凯迪拉克 V16 四轮采用直径 419.1mm 的鼓式制动器，并有制动踏板控制的真空助力装置。当时的林肯公司也于 1932 年推出 V12 轿车，该车采用通过四根软索控制真空助力器的鼓式制动器。

随着科学技术及汽车工业的发展，尤其是军用车辆及技术的发展，车辆制动有了新的突破，液压制动是继机械制动后的又一重大革新。Duesenberg 轿车率先使用了液压制动器。克莱斯勒的四轮液压制动器于 1924 年问世。通用和福特分别于 1934 年和 1939 年采用了液压制动技术。到 20 世纪 50 年代，液压助力制动器才得到普遍应用。20 世纪 80 年代后期，随着电子技术的发展，世界汽车技术领域最显著的成就之一就是防抱死制动系统（ABS）的应用和推广。1936 年，博世公司申请一项电液控制的 ABS 装置专利促进了防抱死制动系统在汽车上的应用；1969 年，福特使用了真空助力的 ABS 制动器；1971 年，克莱斯勒车采用了四轮电子控制的 ABS 装置。这些早期的 ABS 装置性能有限，可靠性不够理想，且成本高。1979 年，奔驰推出了一种性能可靠、带有独立液压助力器的全数字电子系统控制的 ABS 制动装置。1985 年，美国开发出带有数字显示微处理器、复合主缸、液压制动助力器、电磁阀及执行器一体化的 ABS。1992 年，ABS 的世界装车量已超过 1000 万台，世界汽车 ABS 的装车率已超过 20%。一些国家和地区如欧洲、日本、美国等已制定法规，使 ABS 成为汽车的标准设备。

4. 汽车悬架的发展

自从汽车发明以来，工程师们就一直在研究如何将汽车的悬架系统设计得更好。最初的汽车悬架系统是采用马车的弹性钢板，效果当然不会很好。1900 年，美国人哈德福特制成了第一个汽车减振器，并将它装在奥兹莫比尔轿车上。1921 年，英国得利兰德汽车公司生产第一个使用扭杆弹簧悬架的汽车。1933 年，美国的费尔斯通公司研制成了第一个实用的空气弹簧悬架。同年，门罗公司为赫德森轿车研制了双向筒液压减振器。直到目前，这种筒式减振器的结构也没有很大改变。1934 年，通用汽车公司采用了前螺旋弹簧独立悬架。1938 年，别克汽车第一次将螺旋弹簧应用到汽车后悬架上。1950 年，福特汽车公司的麦弗逊制成了麦弗逊式独立悬架，这种悬架成为轿车上应用较多的悬架形式。1984 年，林肯大陆轿车采用了可调整的空气悬架系统，从此电控悬架开始在汽车上应用。

5. 汽车轮胎的发展

早期的汽车采用钢制或木制的车轮，这种车轮使得汽车颠簸严重，舒适性堪忧，而橡胶轮胎的出现促进了汽车进一步的发展。1834 年，橡胶之父查尔斯·固特异受焦炭炼钢的启发，开始进行软橡胶硬化的试验。经过无数次失败后，在一个偶然的机会，发现了硫化橡胶受热时不发黏而且弹性好，于是硬化橡胶诞生了，橡胶轮胎制造业从此应运而生。1845年，英国一个铁匠获得了第一个橡胶充气轮胎的专利权。他用涂有橡胶的帆布制成内胎，外面包上皮革以抵抗粗糙路面对它的磨损，然后充入空气。1900年，实心橡胶轮胎几乎普及。为了提高实心轮胎的性能，当时的制造商在橡胶内胎中填充了五花八门的东西作为减振材料。实心胎的应用一直持续了很长时间，但要提高实心胎的性能有很大的局限性，人们又把眼光投向了充气轮胎。

1895年，法国人米其林把1888年发明的自行车充气轮胎经过改良后安装在汽车上，参加巴黎—波尔多的比赛。1911年，美国哈德门轮胎和橡胶制品公司的财务管理员菲利普，在亚利山大·施特劳斯的文件中发现了施特劳斯于1894年的一次发明，即可织物在一个方向上拉伸而在另一个方向上却不变。于是他们公司利用这一发明，推出了成套的内外胎，即用橡胶和织物织成外胎，里面装上橡胶内胎。至此，充气轮胎取得了完全的成功，汽车才真正穿上了现代化的"鞋子"。1946年，米其林轮胎公司推出了子午线轮胎；1948年，美国古德奇公司制成了无内胎汽车轮胎。

如今，汽车轮胎的发展趋势是子午线、无内胎化和扁平化。

1.3 汽车设计方法

1. 经验设计方法

所谓经验设计方法，就是以在生产实践中积累的经验数据为基础进行产品设计、计算的方法。目前，在汽车设计中还在广泛采用这种设计方法。上述经验数据包括：各种汽车的性能、功率、尺寸、质量、载荷、许用应力、结构特征等统计数据。适当利用这些经验数据可以加快设计进程，降低设计成本和设计风险。它们对于汽车设计是不可缺少的，应该注意收集、分析。

2. 计算机辅助工程方法

目前在汽车设计中一般都采用计算机辅助二维、三维设计方法来进行产品设计，采用的软件包括CATIA、Creo、SOLIDWORKS、UG、AutoCAD等。它们的采用有助于提高设计质量、缩短设计周期。例如，在汽车总体设计中采用三维设计方法（图1-1），可以直观地看到各个零部件之间的相互位置关系，有助于避免发生装配干涉问题。

图1-1 一辆重型货车的三维总体设计数模

利用计算机进行汽车设计分析的技术发展很快。在计算机上可以应用动力学分析软件对汽车的性能例如操纵稳定性、平顺性等进行模拟分析;应用有限元分析软件例如 ANSYS、NASTRAN、I-DEAS、HYPERWORKS 等对复杂的汽车零部件进行应力/变形分析(图1-2)、振动模态分析、空气动力学分析、热力学分析等;应用电子线路分析软件例如 SPICE、HILO、LASAR 等模拟电子、电气线路的性能;应用通用软件如 MATLAB 进行各种分析、优化设计等工作,例如钢板弹簧设计分析、可靠性分析、悬架和转向系统匹配设计、可靠性设计与分析、疲劳寿命预计、试验数据处理、模态分析等。

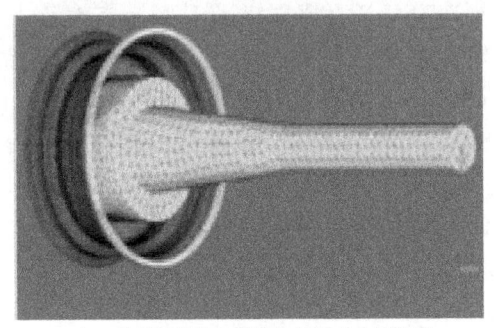
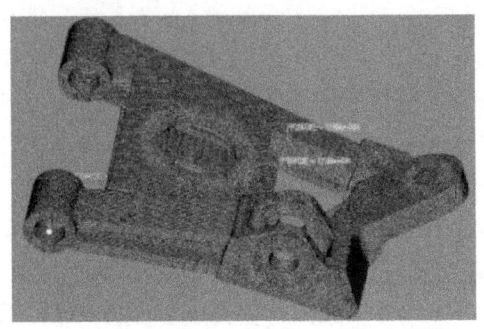

a) 一种越野车悬架摆臂的有限元分析模型　　　b) 模拟车轮动态弯曲疲劳试验的有限元分析模型

图1-2　一些汽车零部件的有限元分析模型示例

3. 试验方法

汽车是一种速度高、负荷变化大、设计复杂、产量很大的产品。在设计阶段往往需要对样车、样件进行各种试验,以验证分析和模拟计算的结论,并确保新车具有期望的性能;产品制造出来以后还要通过试验对产品的质量进行检查和评价。所以,汽车试验是汽车设计重要的、不可缺少的工具之一。

目前,电测量法在汽车试验中得到了广泛应用。应用电测量法可以测量产品结构中的各种力和应变、位移、加速度、温度以及流量等瞬态物理量。被测参数经转化为电信号后,能直接作为数据显示或记录在存储设备中,测量精度高,能为设计提供有价值的数据。计算机成为自动快速处理和分析试验数据的有力工具。如果没有计算机,很多试验数据的处理是不可想象的。计算机还可以作为试验设备的控制装置,使试验过程高度自动化。例如,在汽车整车试验室就有用计算机控制的转鼓试验台,进行试验和数据分析都很方便。还有用计算机控制的道路模拟试验台,它可以在室内模拟再现汽车整车和零部件在道路上实测的载荷历程,使试验结果更符合实际情况。

自从20世纪20年代以来,各国相继建造了各种规模大小的汽车试验场。图1-3 所示为我国海南汽车试验场平面图,场内设有模拟各种道路的试验跑道以及各种试验设施,可以进行汽车各项性能试验,包括操纵稳定性试验、强化的可靠性和耐久性试验、碰撞试验等,成为最后检验产品设计质量的主要手段。在试验场试验跑道上进行的试验,和过去相比,具有试验时间短、试验重复性好的优点。但是与试验室试验相比,其试验时间就显得较长,重复性较差。但是,试验场试验仍然是检验试验室试验结果和产品最终质量的最后手段。这是因为试验室试验一般是对道路或试验场试验的模拟,它不可能对所有的因素进行模拟,这就存在取舍是否合理的问题,故其试验结果也需要经过试验场试验的检验。

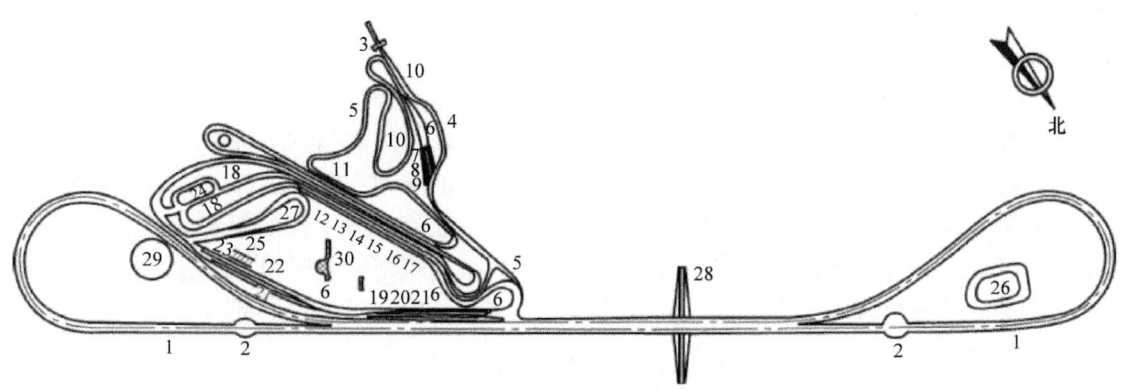

图 1-3 海南汽车试验场平面图

1—高速跑道（High Speed Track，6042m） 2—小巡车场（Turning Pad） 3—门楼（Gate）
4—沥青路（Asphalt Road，317m） 5—条石路（Block Twig Road，417m） 6—水泥路（Cement Road，2191m）
7—甲种扭曲路（Torsion Road - A，50m） 8—乙种扭曲路（Torsion Road - B，50m）
9—丙种扭曲路（Torsion Road - C，50m） 10—石板路（Stone Board Road，704m） 11—沙坑路（Sand pit，50m）
12—乙种石块路（Stone Block Road - B，303m） 13—丙种卵石路（Cobble Road - C，310m）
14—鱼鳞坑路（Fish Scale Hole Road，310m） 15—甲种搓板路（Wash Board Road - A，303m）
16—甲种卵石路（Cobble Road - A，300m） 17—乙种卵石路（Cobble Road - B，310m）
18—C级土路（Dirt Road，1670m） 19—甲种石块路（Stone Block Road - A，310m）
20—乙种搓板路（Wash Board Road - B，200m） 21—丙种石块路（Stone Block Road - C，200m）
22—涉水路（Shallow Water Road，50m） 23—盐水路（Salt Water Road，30m）
24—灰尘路（Dirt Tunnel，60m） 25—供水池（Reservoir） 26—标准坡道（Slopes）
27—长坡路（Long Slope，300m） 28—立交桥（Tunnel） 29—稳定性圆场（Skid Pad，R50m）
30—指挥中心（Control Center）

1.4 汽车开发程序

激烈的竞争不断推动着汽车工业的发展。新开发的汽车作为商品投放到市场的初期，如果在市场上占有足够多的份额，表明这个汽车具有足够先进的技术，符合当前社会需求，并能充分满足用户的使用需求。经历一段时间以后，由于新技术的出现，用户需求的改变、社会环境的变化以及竞争对手新产品的投入，原产品在市场上占有的份额会逐渐减少，并最终被市场淘汰。因此，企业必须在保证正在生产、销售的产品工作质量的同时关注新产品的开发工作，以保证企业的产品能在市场竞争中占据有利的位置。

为了能按部就班地进行新产品开发，应当制定企业发展规划，其中商品规划是核心。商品规划是以市场调查与预测和企业目前以及在未来的一段时间内可能发展到的状态，还有其他相关企业同类产品的技术发展水平为基础制定出来的。商品规划又包括商品系列规划和单个商品规划。单个商品规划是针对商品系列规划中的某一商品制定的具体计划，包括商品计划和概念设计。商品计划的内容包含商品开发的必要性、目的、主要性能、造型风格、目标价格；目标用户和市场、适用地区、商品用途及级别；生产纲领、目标利润、投产时间等。概念设计主要包括：车型构成；车辆的主要尺寸、驱动方式和采用的主要部件如悬架、发动机、驱动桥、变速器、转向器以及附属设备；车辆的总体布置；整车目标性能、目标质量、目标成本及开发日程等。下面仅就在汽车新产品开发过程中涉及上述问题中的某些部分予以简单介绍。

1. 汽车新产品开发流程

完成新型汽车的开发工作比较复杂，动用的人力、牵涉的部门和单位都很多，所用时间也较长，除此以外还必须有足够的资金以保障开发过程的顺利进行。各部门、单位以及参加开发工作的全体人员必须协调一致地工作。为此，负责项目开发工作的组织者要制定图1-4所示的汽车新产品开发流程图。图中表明了从一款汽车的规划阶段开始，经过开发、生产准备到生产为止的各阶段内，规划部门、设计部门、试制试验部门、生产部门和销售部门各自应承担的工作内容。

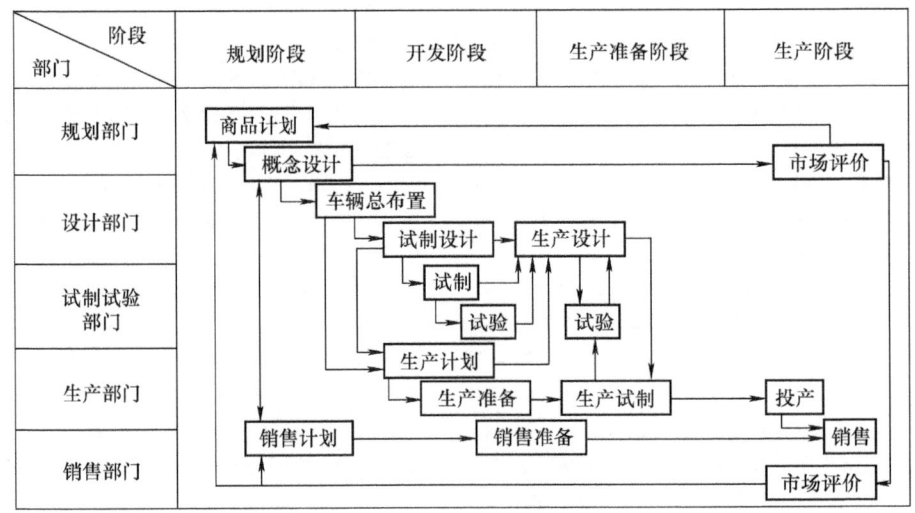

图1-4　汽车新产品开发流程

2. 概念设计

概念设计是指从产品创意开始，到构思草图、出模型和试制出概念样车等一系列活动的全过程。概念设计是将商品计划中确定开发的产品定义更具体化，使之达到能进行具体设计的程度。

虽然设计人员的创造力与想象力可以在概念设计阶段充分发挥，但是这种创造力、想象力应该充分考虑市场需求、用户需求、技术发展水平以及企业自身状况。在概念设计阶段，汽车的造型设计工作也十分重要。造型设计包括外部造型、内饰设计和色彩设计，最终得到既实用又美观的造型。优美的外部造型极大影响着产品市场销售表现，是一项重要工作。但外部造型设计必须以汽车总体布置为基础，并使汽车具有良好的空气动力学特性和制造工艺性。汽车的总体布置是在保证汽车有良好使用性能的基础上进行的，因此，当外部造型设计与总体布置设计产生冲突时，应该服从总体设计的需要。这就给外部造型的设计工作带来了不小的困难，要求造型设计人员能结合各种限定的条件从事创造性工作。在概念设计期间，绘制外形构思草图、美术效果图和制作油泥模型等，是造型设计的主要工作。外形构思草图（图1-5）常以素描画形式表达，经筛选后将选定的方案绘制成彩色效果图。实车制造出来之前，在图样上表现新开发汽车造型效果的图称为美术效果图。美术效果图主要表现外形、室内装饰的局部效果。该图应具有真实感，图上应表示出车型前面、侧面、后面的关系，要求能概括出车型的整车外观（图1-6），用来作为初步选型的参考。因为在图面上表达车身外形不能代替空间形体，所以还需要制作油泥模型。概念设计期间可以制作比例为1∶10或1∶5的便于制作和修改的油泥模型。缩小比例的模型还可以用于风洞试验，用来确定空气动力学特性。

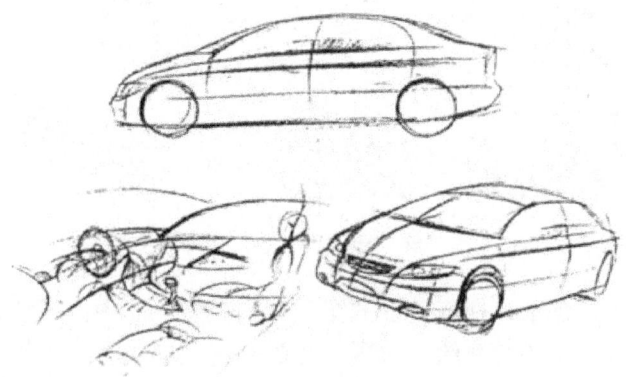

图 1-5　外形构思草图

图 1-6　车型整车外观图

在概念设计阶段，对汽车性能、质量及成本有重大影响的外形尺寸（汽车的长、宽、高、轴距、轮距等）、室内空间（室内长、宽、高、头部及腿部空间）及货箱的长、宽、高等尺寸应予以规定。对发动机、离合器、变速器、驱动桥、悬架、转向系统、制动系统、车身的基本结构和尺寸，以及内饰件、轮胎等也要做出选择。有了上述基本尺寸和主要总成结构之后，就可以画总布置图。总体设计师根据前面对新车型的设想，先行画出多幅总体方案图进行分析比较。方案图对主要总成只画出粗线条的轮廓，重点放在突出各方案之间的差别上，做到对比时一目了然。

总体方案确定后要画总布置草图。此图要仔细地布置各个部件，要求较为准确地画出各部件的形状和尺寸，确定各总成质心的位置，然后计算质心位置和轴荷分配（包括质心高度，质心至前、后轴的距离），必要时还要进行调整。此时，应较准确地确定与汽车总体布置有关的各尺寸参数，同时对整车主要性能进行计算，并据此确定各总成的技术参数，要确保各总成之间的参数匹配合理，以保证整车各项性能指标达到预定要求。图1-7所示为汽车内部局部造型的美术效果图。

为了解市场需求，要调查分析市场容量的大小，确定经济的生产纲领、生产方式等。产

图 1-7 汽车内部局部造型的美术效果图

品应最大可能地满足用户需求，使新开发的车型在同类型产品中占据领先地位，抢占销售市场。通过资料搜集和样车试验与测绘，对国内及国外企业同类型汽车的发展水平和动向有一个较为深入的了解。经整理、分类、分析搜集到的各种资料，在消化的基础上加以利用，以保证新车型的先进性，并初定整车及主要总成的形式和主要参数、整车主要性能以及整备质量应达到的指标。为了满足不同用户的要求，适应市场需要，在开发基本车型的同时，还应该考虑变型车，使之系列化。

完成上述工作后，着手编写设计任务书。设计任务书主要应包括下列内容：

1) 可行性分析，包括市场预测、企业技术开发和生产能力分析、产品开发的目的、新产品的设计指导思想、预计的生产纲领、产品的目标成本以及技术经济分析等。

2) 产品型号及其主要使用功能、技术规格和性能参数。

3) 整车布置方案的描述及各主要总成的结构、特性参数；标准化、通用化、系列化水平。

4) 国内外同类汽车技术性能的分析和对比。

5) 本车拟采用的新技术、新材料和新工艺。

3. 目标成本

在概念设计阶段需要进行成本控制，使新开发的汽车在投放市场后占有价格优势。根据商品的技术定义并结合对市场的分析预测来确定商品投放时消费者所能够接受的价格——商品的目标价格（P），在此基础上扣除增值税（T_1）、附加税（T_2）和企业目标利润（Q）之后，可获得目标成本（C），即

$$C = P - T_1 - T_2 - Q \tag{1-1}$$

如果实际成本大于目标成本，则利润将减少。

4. 试制设计

试制设计是在开发汽车新产品时，试制前进行的技术设计工作。根据设计任务书给定的条件以及设计人员以书面形式提出的对各总成的要求和边缘条件等进行设计工作。各总成完成设计后，设计人员负责将各总成的设计结果反映到整车校对图上进行校对，目的是发现问题、解决问题，减少试制、装车时出现的技术问题，有关运动校核也是技术设计阶段应该完成的工作。最后，要编制包括整车明细表和技术条件在内的整车技术文件。

5. 样车试制和试验

完成样车试制设计后，着手试制样车并对样车进行试验。其目的是判断根据设计图样制造出来的零部件在组装之后能否达到预期目标，找出不足，并取得修改的依据，评价汽车的可靠性及强度。仅通过理论计算作为依据是不够的，最终需经过样车试验来判别。试验要根据国家制定的有关标准逐项进行。不同的车型采用不同的试验标准。试制、试验完成后进行结果分析，针对暴露出来的技术问题做改进设计。暴露出来的技术问题可能是多方面的，如参数不能很好地匹配，有的部位质量过大或强度不足，甚至图面质量不达标或者工艺方面有问题等。总之，对于新开发的整车，要求经过一轮设计成功率就达到百分之百几乎是不可能的。因为汽车产品结构复杂、精度要求高、性能要求高，工作可靠性要求也高。因此，要针对发现的技术问题进行改进设计，再进行第二轮试制和试验。一般情况下，经过 2~3 轮的改进设计和试制、试验就可以完成产品定型，同时画出生产设计图样。

6. 生产准备阶段

生产准备阶段的工作包括正式投产前的生产准备和小批量试生产，并让试生产车经受用户的考验。

7. 销售阶段

经过开发和生产试制阶段以后，已定型的产品要进行正式批量生产，并投放市场销售和进行售后服务工作。认真进行售后服务，收集用户意见，有助于改进并不断提高产品质量，进一步扩大市场。

1.5 汽车现代设计

1.5.1 汽车形式的确定

汽车总体设计的首要任务之一就是确定汽车的型号和形式。汽车的形式主要是指其轴数、驱动和布置形式。下面介绍确定汽车布置形式的基本方法。

1. 汽车的轴数

汽车可以采用两轴、三轴、四轴甚至更多的轴数。影响选取轴数的因素主要有汽车的总质量、轮胎的负荷能力和道路法规对轴载质量的限制以及汽车的结构等。

随着设计汽车的乘员数增多或装载质量增加，汽车的整备质量和总质量也在增大。在轴数不变的情况下，汽车总质量增加以后，公路承受的负荷也增加。一旦负荷超过了公路设计的承载能力，公路就会产生损坏，使用寿命也将缩短。为了提高公路寿命、保护公路，有关部门制定了道路法规，对汽车的轴载质量加以限制。当所设计的汽车总质量增加到轴荷不符合道路法规的限定值时，设计师可选择增加汽车轴数来解决。汽车轴数增加后，车轮、制动器、悬架等部件也要相应增多，使整车结构变得更加复杂，整备质量以及制造成本增加。若转向轴数不变，汽车的最小转弯直径又增大，后轴轮胎的磨损速度也加快，所以增加汽车轴数是不得已的选择。包括乘用车以及汽车总质量小于 19t 的公路运输车辆和轴荷不受道路、桥梁限制的不在公路上行驶的车辆，如矿用自卸车等，均采用结构简单、制造成本低廉的两轴方案。总质量在 19~26t 的公路运输车采用三轴形式，总质量更大的汽车宜采用四轴和四轴以上的形式。

2. 汽车的驱动形式

汽车的驱动形式常用如下代号表示，如4×2、4×4、6×6等，其中第一个数字代表车轮总数，第二个数字代表驱动轮数。下面介绍各类汽车的常用驱动形式。

（1）公路车辆（轿车、运输车）

一般采用非全轮驱动形式（即在车轮总数中有非驱动轮），常用的形式有：

① 4×2，其特点是结构简单、制造成本低，在轿车及总质量 $m<18t$ 的公路用车（见图1-8）上得到广泛应用。

② 6×4或6×2，在总质量 m 超过18t、低于26t（$18t<m<26t$）的运输车上得到广泛应用。

③ 8×4，在总质量 $m>26t$ 的运输车上得到了广泛应用。

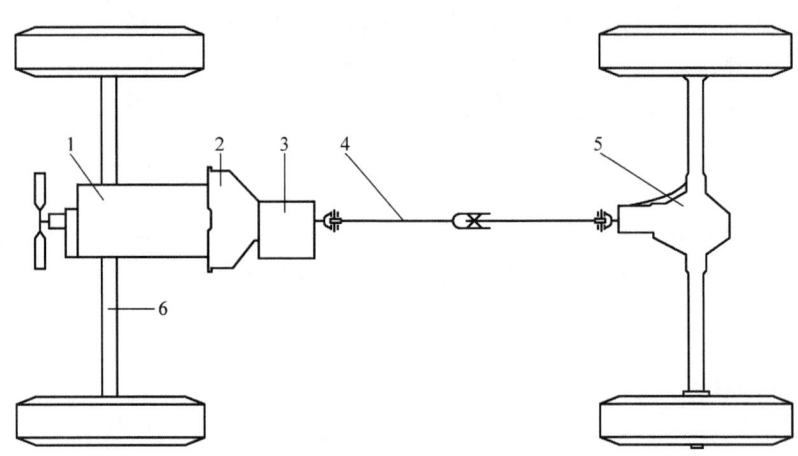

图1-8 4×2货车的传动系示意图
1—发动机 2—离合器 3—变速器 4—传动轴 5—驱动轴 6—从动轴

（2）重型矿用自卸车

这类车辆的使用特点是活动场地小，要求机动性高，即转弯半径小，多采用短轴距的4×2形式，少数采用4×4或6×4。

（3）越野车

为提高通过性，一般采用全轮驱动形式。主要有：轻型越野车一般采用4×4形式，如图1-9所示；中型越野车一般采用4×4或6×6形式；装载质量>5t的军用越野车普遍采用6×6或8×8形式。采用全轮驱动可以提高通过性，但结构复杂、质量大、传动系效率低、油耗大。

3. 布置形式

汽车的布置形式是指发动机、驱动桥和车身或驾驶室的相互关系和布置特点。汽车的使用性能除取决于整车和各总成的有关参数以外，其布置形式对使用性能也有重要影响。

（1）乘用车布置形式

乘用车的布置形式主要有发动机前置前轮驱动（FF）、发动机前置后轮驱动（FR）、发动机后置后轮驱动（RR）三种，如图1-10所示。少数乘用车采用发动机前置全轮驱动。

1）发动机前置前轮驱动（FF）。这种布置形式目前在发动机排量为2.5L以下的乘用车

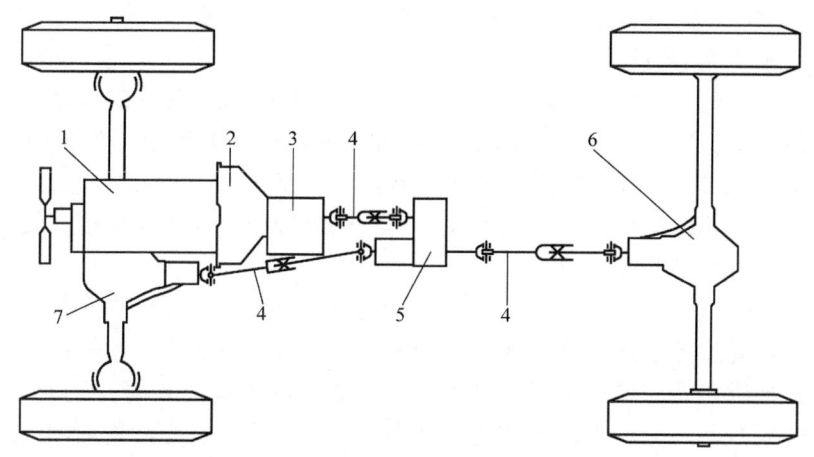

图 1-9　4×4 汽车传动系示意图
1—发动机　2—离合器　3—变速器　4—传动轴　5—分动器　6—后轮驱动轴　7—前轮驱动轴

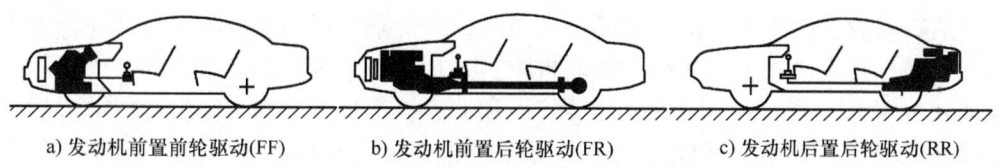

a) 发动机前置前轮驱动(FF)　　b) 发动机前置后轮驱动(FR)　　c) 发动机后置后轮驱动(RR)

图 1-10　乘用车的布置形式

上得到广泛应用,主要是因为有下述优点:与后轮驱动的乘用车比较,前轮驱动乘用车的前桥轴荷大,有适度的不足转向性能;因为前轮是驱动轮,所以具有较高的越过障碍的能力;主减速器与变速器在一个壳体内,形成紧凑的动力总成结构,且在变速器与主减速器之间不需要传动轴,可降低车内地板的凸包高度,有利于乘坐舒适性的提高;发动机布置在轴距外时,可以缩短汽车的轴距,有利于提高汽车的机动性;在汽车前部布置汽车散热器,散热条件好,有利于发动机冷却;行李舱布置在汽车后部,空间较大;容易改装为救护车或客货两用车;供暖机构简单,管路短,供暖效率高;发动机、离合器、变速器与驾驶人位置近,操纵机构简单;发动机横置时能缩短汽车的总长,消除了传动轴等因素的影响,减少了汽车消耗的材料,降低了整备质量;发动机横置时,原主减速器用圆柱齿轮取代了锥齿轮,降低了制造难度,在装配和使用时也不必对齿轮进行调整,变速器和主减速器可以使用同一种润滑油。

发动机前置前轮驱动乘用车的主要缺点是:

前轮驱动的转向结构和制造工艺均复杂,需要安装等速万向节;前桥负荷比后轴负荷重,并且前轮又是转向轮,故前轮工作条件恶劣,轮胎寿命短;上坡行驶时因驱动轮上的附着力减小,汽车爬坡能力降低,特别是在爬泥泞的坡道时,驱动轮容易出现打滑并使汽车丧失操纵稳定性;由于后轴负荷小且制动时轴荷前移,后轮易抱死,引起汽车侧滑;发动机横置时受空间限制,总体布置工作困难,维修与保养时的接近性变差;若发生正面碰撞事故,因发动机及其附件损失较大,维修费用高。

发动机前置前轮驱动时,发动机可以横置或纵置,也可以布置在轴距外、轴距内或者前桥上方。不同的发动机布置方案，对前排座椅的位置、汽车总长、轴距、车身造型、轴荷分配、整备质量、主减速器齿轮形式以及发动机的接近性等均有影响。当发动机横置或纵置在前桥前方时，前排座椅及前围板可以前移，特别是发动机横置时允许的前移量较大，汽车的轴距及总长均能缩短，整备质量随之减小。发动机纵置在前桥前会使汽车前悬、前轴荷增加，所以此时宜采用轴向尺寸短些的发动机。若发动机布置在前轴之后，受此影响前围板和座椅需后移，同时汽车的轴距和总长均增长、整备质量增加，但前悬缩短，发动机的可接近性变好，且这种方案的轴荷分配较为合理。

2) 发动机前置后轮驱动（FR）。发动机前置后轮驱动乘用车主要优点如下：轴荷分配合理，有利于提高轮胎的使用寿命；前轮不做驱动轮，因而不需要采用等速万向节，有助于节约制造成本；操纵机构简单；采暖机构简单，且管路短供暖效率高；发动机冷却条件好；上坡行驶时，驱动轮附着力增大，爬坡能力增强；比较容易改装为客货两用车或救护车；有足够大的行李舱空间；因变速器与主减速器分开，故拆装、维修容易；发动机的可接近性良好。

发动机前置后轮驱动乘用车的主要缺点是：因为车身地板下方有传动轴，所以地板上有凸起的通道，导致后排座椅中部座垫的厚度减薄，降低乘坐舒适性；汽车与其他物体出现正面碰撞时，易导致发动机进入客舱，对前排乘员造成严重伤害；汽车的总长、轴距均较长，整车整备质量增大，同时对汽车的燃油经济性和动力性产生不利影响。发动机前置后轮驱动乘用车因客舱较长，乘坐空间较为宽敞，行驶平稳，故在发动机排量较大的乘用车上得到应用。

3) 发动机后置后轮驱动（RR）。对于发动机后置后轮驱动乘用车，除了动力总成（包括发动机、离合器、变速器和主减速器）布置成一体而使结构紧凑以外，还有下述优点：因为发动机后置，汽车前部高度有条件降低，改善了驾驶人视野；同时排气管不必从前部向后延伸，加上可以省掉传动轴，故客舱内地板凸包只需要有较低的高度用来容纳操纵机构的杆件和加强地板刚度即可，这就改善了后排座椅中间座位乘员出入的条件；整车整备质量小；乘客座椅能布置在舒适区内；上坡行驶时，由于驱动轮上附着力增加，提高了爬坡能力；当发动机布置在轴距外时轴距短，汽车机动性能好。

发动机后置后轮驱动乘用车的主要缺点是：后桥负荷重，使汽车具有过多转向倾向，操纵性变差；前轮附着力小，不利于高速行驶时转向，影响操纵稳定性；行李舱在前部，受转向轮转向时要占据一定空间和改善驾驶人视野的影响，行李舱体积不够大；因动力总成在后部，距驾驶人较远，导致操纵机构复杂；驾驶人不易发现发动机故障；发动机后置不利于发动机冷却和前风窗玻璃除霜，而且发动机工作噪声容易传给乘员，汽车发生追尾又会对后排乘员构成危险；受发动机高度影响，改装为客货两用车或救护车困难。因此目前乘用车极少采用发动机后置后轮驱动方案。

(2) 商用车布置形式

1) 客车布置形式。客车的布置形式有发动机前置前轮驱动、发动机前置后轮驱动、发动机后置后轮驱动和发动机中置后轮驱动等。

① 发动机前置前轮驱动。发动机前置前轮驱动的布置形式比较少见，一般用于特种客车，如机场摆渡车等。此类客车一般具有较大轴距和较长的车体，驾驶区一般需要单独隔离，故常采用发动机前置前轮驱动。采用这种布置形式的主要优点是操纵方便，乘客区较为

宽敞，方便上下车辆，乘客区噪声较低等。缺点是由于发动机前置，离合器、变速器和主减速机构等全部集中于车身前部，转向等机构聚集在一起，使结构复杂，布置困难；前转向驱动桥的产量较低，价格较高。

② 发动机前置后轮驱动。早期的客车大多由货车底盘改装而来，沿用货车的发动机前置后轮驱动形式。采用这种布置形式的主要优点是与货车通用部件多，便于由货车改装生产，便于发动机的冷却以及动力和操纵机构相对简单等。缺点是布置座椅时会受到发动机的限制，地板平面距地面较高，传动轴长，难以隔离发动机的振动，舒适性差；采用前开门布置会使前悬加长，同时可能使前轴超载。

③ 发动机后置后轮驱动。发动机后置后轮驱动是目前客车中较为常见的布置形式，当发动机纵置时，能较好地隔离发动机的噪声、气味、热量，方便检修发动机，轴荷分配合理，使车厢后部的乘坐舒适性得到改善。当发动机横置时，车厢面积得到较好的利用，并且发动机对座椅布置影响较小；缺点是发动机冷却条件不好，且动力总成操纵机构复杂，发动机故障不易被发现。

④ 发动机中置后轮驱动和发动机侧置后轮驱动。发动机中置后轮驱动是旅游客车中较为常见的布置形式，采用这种布置形式的主要优点是轴荷分配合理，传动轴短，车厢面积利用最好且座椅布置不受发动机的限制。缺点是发动机必须采用水平对置式，且需要布置在地板下部，给发动机检修带来不便；发动机在寒带的保温条件和热带的冷却条件均不好；动力总成操纵机构复杂。

2）货车布置形式。按驾驶室与发动机相对位置的不同，货车可以分为长头式、短头式和平头式等形式。

① **长头式**。长头式货车的发动机位于驾驶室前部，发动机完全凸出在驾驶室前部，有独立的发动机舱和盖罩，如图1-11a所示。这种布置形式的主要优点是驾驶室相对靠后，正面碰撞的缓冲区长，安全系数高；发动机维修的接近性好；驾驶室离发动机较远，振动、噪声和热量对驾驶室的影响较小；发动机散热性能好；驾驶室的地板高度较低，上下车比较方便，驾驶室布置容易；汽车的操纵机构简单，易于布置；轴荷分配比较合理。缺点是车身前部较长；转弯半径较大；由于车头部分体积较大，货厢相对整车的面积利用率较低；由于车头凸出，前部视野差。

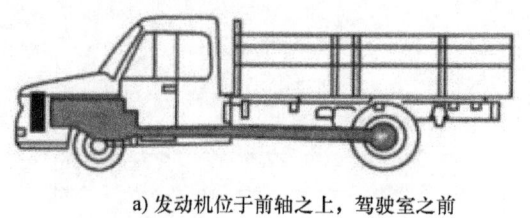

a) 发动机位于前轴之上，驾驶室之前

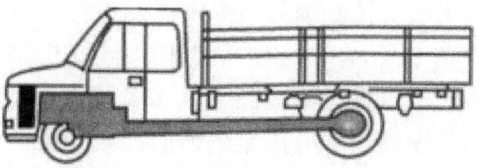

b) 发动机位于前轴之上，部分深入驾驶室

c) 发动机位于前轴之上、驾驶室的正下方

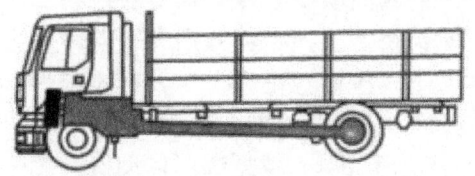

d) 发动机位于前轴之后、驾驶室的后下方

图1-11 货车的布置形式

② 短头式。发动机的一部分伸入驾驶室内，一部分凸出在驾驶室之前，如图 1-11b 所示。这种布置形式的主要优点是相对于长头式货车，其视野有显著提高；货箱的面积利用率提高；改善了长头式货车机动性能不好和外形尺寸过大的不足。缺点是由于驾驶室前移，发动机占用了部分驾驶空间，故需抬高驾驶室地板，影响驾乘人员出入的方便性；发动机的接近性和维修方便性变差；发动机的振动、噪声和热量较容易传入驾驶室；驾驶室布置较困难。

③ 平头式。

a. 发动机位于前轴之上、驾驶室的正下方。该布置形式的发动机完全伸入到驾驶室内，发动机舱盖位于正副驾驶人座位中间，如图 1-11c 所示。其优点是可以获得最短的轴距和车长，由于减小了车身的尺寸，可以降低整车整备质量；机动性和视野良好；驾驶区缩短，可以大大提高后货箱面积的利用率。缺点是驾驶室容易受到发动机振动、噪声、热量等的影响；发动机占用部分驾驶室空间，发动机舱盖凸出于驾驶室内正副驾驶人座位之间，中间不易布设座位；大多数采用翻转式驾驶室，操纵机构相对复杂；驾驶室地板高，一般采用多级踏步，上下车不便。

b. 发动机位于前轴之后、驾驶室的后下方。这种布置形式将发动机布置于驾驶室后下方，如图 1-11d 所示，这也属于平头车的一种。该方式可以布置三人座椅，且中间座椅处没有很高的凸起，目前应用广泛。

3) 越野车布置形式。越野车特别是轴数多的越野车，主要是在传动系、轴距和采用转向轮的方案上有较大的区别。不同方案对传动系的复杂程度、汽车的通过能力、最小转弯直径以及零件的互换性等有影响。根据驱动桥数不同，越野车分为 4×4、6×6、8×8 等形式。图 1-12 为拥有非贯通式驱动桥的 6×6 越野汽车，特点是动力由发动机传至分动器，然后从分动器传给各桥时，是经分动器的三个输出轴和万向节传动轴分别传给三个桥。

图 1-13 为具有贯通式驱动桥的 8×8 越野汽车布置方案简图。其布置特点是从分动器输出的动力传至各桥时所经过的各传动轴，皆布置在同一纵向铅垂平面内，且通往一或四驱动桥的传动轴要穿过第二或第三驱动桥。这种布置方案的万向节使传动轴数不仅少而且桥壳、半轴等零部件有互换的可能（视转向轮的方案而定）。图 1-14 所示为 8×8 越野汽车传动机构侧边布置示意图。除此之外，还有采用传动轴混合式布置方案的。

在桥数相同的条件下，桥数多的越野汽车有多个轴距。如图 1-12 所示，三桥越野汽车

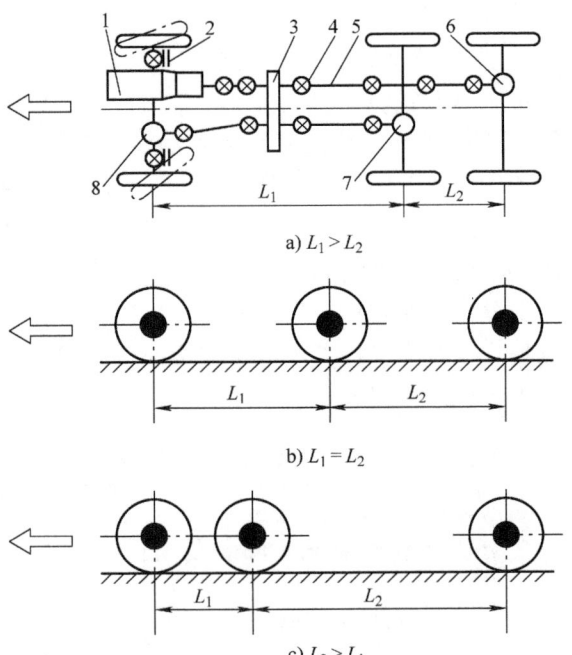

图 1-12 6×6 越野汽车布置方案简图
1—发动机 2—等速万向节 3—分动器
4—万向节 5—传动轴 6~8—驱动桥

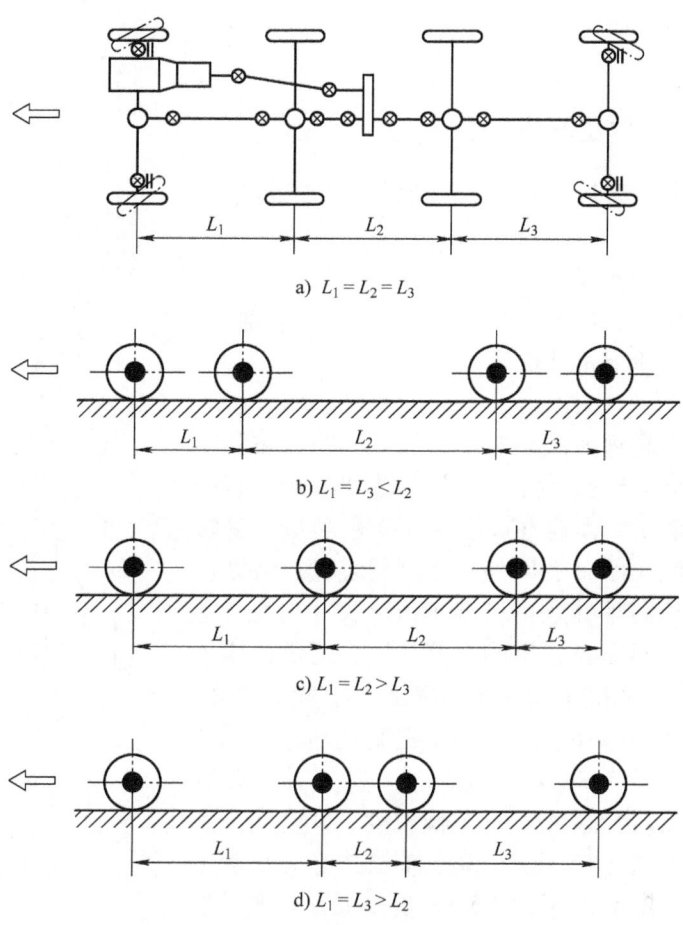

图 1-13　8×8 越野汽车布置方案图

的第一桥与第二桥和第二桥与第三桥之间各有轴距 L_1 和 L_2，而图 1-13 和图 1-14 所示的四桥越野汽车有三个轴距 L_1、L_2 和 L_3。对三桥越野汽车，图 1-12a 所示的轴距布置方案为常见方案：$L_1 > L_2$；为了提高汽车通过能力，有些越野汽车采用减小轴距、增加轴距 L_2 并使 $L_1 = L_2$ 的布置方案（图 1-12b）；也有的越野车采用方案 $L_2 > L_1$（图 1-12c）。8×8 越野汽车可选用的轴距布置方案较多，如图 1-13a~d 所示。

当越野汽车桥数多且轴距长时，常因为使用条件不好而要求有较小的最小转弯直径来提高汽车的机动性。采用多桥转向能减小最小转弯直径。6×6 越野汽车采用图 1-12a 所示方案时，其前桥为转向驱动桥；而采用图 1-12b 所示方案时，可采用第一桥和第二桥或第一桥和第三桥的车轮转向；采用图 1-12c 所示方案时应采用第一桥和第二桥车轮转向。对于图 1-13b、c，应采用第一桥和第二桥车轮转向方案；而对于图 1-13a，可以用第一桥和第二桥或第一桥和第四桥车轮转向；对于图 1-13d，采用第一桥和第四桥车轮转向是合理的。增加转向轮不仅能减小汽车最小转弯直径，还有利于减少轮胎磨损。但是随着转向轮数的增加，采用等速万向节的数量也相应增多，并且转向传动机构也更复杂、转向沉重，此时必须采用动力转向，增加了制造成本。4×4 越野汽车因车桥少，与 6×6 或 8×8 越野汽车比较，结构简单，制造成本低，在总质量比较小的越野汽车上得到广泛的应用。6×6 越野汽车的总体结构要比 4×4 越野汽车复杂,但在总质量较大的越野车上得到应用。

1.5.2 汽车主要参数及发动机的选择

汽车的主要参数包括尺寸参数、质量参数和汽车性能参数。

1. 汽车主要尺寸的确定

汽车的主要尺寸参数有外廓尺寸、轴距、轮距、前悬、后悬、货车车头长度和车厢尺寸等。

(1) 外廓尺寸

汽车的长、宽、高称为汽车的外廓尺寸。在公路和市区内行驶的汽车的最大外廓尺寸有专门的法律法规进行限制,因此不能随意确定,而有些非公路用车辆可以不受法规限制。除法规和汽车的用途以外,还有载客量或装载质量及涵洞和桥梁等道路尺寸条件。汽车长度尺寸小,不仅可以减小行驶期间需要占用的道路长度,还可以增加车流密度,在停车时占用的停车场地面积也小。除此之外,汽车的整备质量也相应减小,这有利于提高比功率、比转矩和燃油经济性。GB 1589—2016《汽车、挂车及汽车列车外廓尺寸、轴荷及质量限值》对车辆长度、宽度和高度作了规定,如货车长度不应超过 12m,单铰接客车长度不超过 18m,半挂车长度不超过 13.75m,货车列车长度不超过 20m;半挂车宽度不超过 2.55m;低速货车高度不超过 2.5m 等。

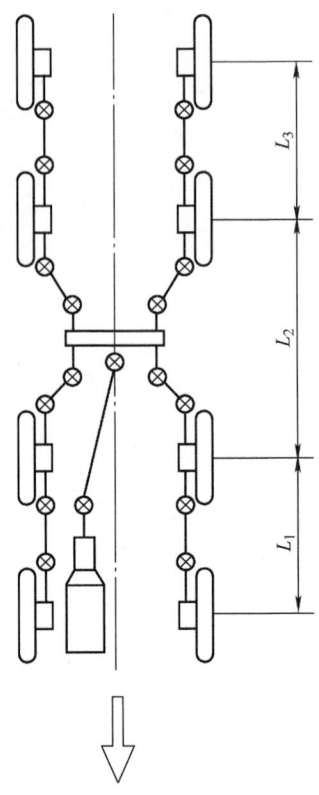

图 1-14 8×8 越野汽车传动机构侧边布置示意图

乘用车的总长 L_a 是轴距 L、前悬 L_F 和后悬 L_R 之和。它与轴距的关系为

$$L_a = \frac{L}{C} \tag{1-2}$$

式中,C 是比例系数,$C = 0.52 \sim 0.66$,对发动机前置前轮驱动汽车,$C = 0.62 \sim 0.66$;对发动机后置后轮驱动汽车,$C = 0.52 \sim 0.56$。

乘用车宽度尺寸由乘员空间和车门等装置来决定,同时必须保证发动机、车架、悬架、转向系统和车轮的布置要求。与车辆总长 L_a 的关系为

$$B = (L_a/3) + 195(\text{mm}) \pm 60(\text{mm})$$

式中,B 是乘用车总宽。对于后座乘三人的乘用车,B 不应小于 1410mm。

影响乘用车总高 H_a 的因素主要有轴间底部离地高度 h_m、地板及下部零件高度 h_p、室内高度 h_B 和车顶造型高度 h_t 等。轴间底部离地高度 h_m 应大于最小离地间隙 h_{min}。由座位高、乘员上身长和头部及头上部空间构成的室内高度 h_B 一般在 1120~1380mm 之间。车顶造型高度 h_t 在 20~40mm 之间。

(2) 轴距 L

轴距对汽车总长、最小转弯直径、整备质量、纵向通过半径及传动轴长度等都有影响。当轴距短时,上述各指标相应减小。此外,轴距还对轴荷分配、传动轴夹角等有影响,轴距

必须在合适的范围内选取。过短的轴距会使车厢长度不足或后悬过长；上坡或制动时轴荷转移过大，汽车操纵稳定性和制动性能变差；车身纵向角振动增大，不利于提升汽车平顺性；万向节传动轴的夹角增大。

原则上发动机排量大的乘用车以及装载质量较大的货车或载客量较大的客车，轴距取得长；对机动性能要求高的汽车，轴距应该取短些。为了满足市场需求，汽车厂商在标准轴距货车的基础上，生产出轴距不同的变型车，其轴距变化推荐为 0.4~0.6m。表 1-1 提供的数据可供初选轴距时参考。

表 1-1　各类汽车的轴距和轮距

车型	类别		轴距 L/mm	轮距 B/mm
乘用车	发动机排量 V/L	$V \leq 1.0$	2000~2200	1100~1380
		$1.0 < V \leq 1.6$	2100~2540	1150~1500
		$1.6 < V \leq 2.5$	2500~2860	1300~1500
		$2.5 < V \leq 4.0$	2850~3400	1400~1580
		$V > 4.0$	2900~3900	1560~1620
商用车	客车	城市客车（单车）	4500~5000	1740~2050
		长途客车（单车）	5000~6500	
	4×2 货车	汽车总质量 m_a/t ≤ 1.8	1700~2900	1150~1350
		1.8~6.0	2300~3600	1300~1650

（3）前轮距 B_1 和后轮距 B_2

汽车轮距 B 对车厢或驾驶室内宽度、汽车总宽、总质量、最小转弯直径、侧倾刚度等有影响。增加前轮距，可以增加驾驶室内宽度，有利于增加侧倾角，但汽车总宽度和总质量会有所增加，同时会影响到最小转弯直径。国家标准规定汽车总宽不得超过 2.55m，所以轮距不宜过大。但在取定的前轮距 B_1 范围内，应能布置相应总成，如发动机、车架、前悬架和前轮等，并保证前轮有足够的转向空间，同时转向杆系与车架、车轮之间有足够的运动间隙。在确定后轮距 B_2 时应考虑两纵梁之间的宽度、悬架宽度和轮胎宽度及它们之间应留有必要的间隙。各类汽车的轮距可参考表 1-2 提供的数据进行初选。

（4）前悬 L_F 和后悬 L_R

汽车的前悬和后悬尺寸根据总布置要求最后确定。前悬尺寸对汽车通过性、驾驶人视野、碰撞安全性、前钢板弹簧长度、上车和下车的方便性以及汽车造型等均有影响。增加前悬尺寸，将减小汽车的接近角，降低汽车通过性，并使驾驶人视野变差。对平头汽车，前悬还会影响从前门上、下车的方便性。对于长头车，前悬主要受到前保险杠、发动机、风扇、散热器等部件的影响，长头货车前悬一般在 1100~1300mm 的范围内。后悬尺寸对汽车通过性、汽车被追尾时的安全性、货箱长度或行李舱长度以及汽车造型等都有影响，并取决于轴距和轴荷分配的要求。后悬变长会使汽车离去角减小，导致通过性降低；而后悬短的乘用车行李舱尺寸较小。客车后悬长度不得超过轴距的 65%，绝对值不大于 3500mm；总质量为 1.8~14.0t 的货车后悬一般在 1200~2200mm 之间，特长货箱的汽车后悬可达到 2600mm，但不得超过轴距的 55%。

(5) 货车车头长度

货车车头长度是指从汽车的保险杠到驾驶室的距离。车头长度尺寸对汽车外观、驾驶室的容积、发动机维修的方便性都有很大影响。一般来说，长头型货车车头长度一般控制在 2500～3000mm，平头型货车车头长度一般控制在 1400～1500mm。

(6) 货车车厢尺寸

货车车厢的尺寸要求在运送集装箱和袋装货物时能装至额定吨数。车厢边板高度影响汽车质心高度和装卸货物的方便性，范围一般在 450～650mm 内。在汽车外宽符合国家标准的前提下车厢内宽应适当取大些，有利于缩短车厢长度和边板高度。行驶时能达到较高车速的货车，使用过宽的车厢会增加汽车迎风面积，导致空气阻力增加。在能满足运送额定吨位货物的前提下车厢内长应尽可能取小些，以利于减小整备质量。

2. 汽车质量参数的确定

汽车质量参数包括汽车的载客量和装载质量 m_e、整车整备质量 m_0 及估算、汽车总质量 m_a、质量系数 η_{m_0} 和轴荷分配等。

(1) 汽车的载客量和装载质量 m_e

1) 汽车的载客量：乘用车的载客量包括驾驶人在内不超过 9 个（9 座），属于 M1 类汽车，其他 M2、M3 类汽车的座位数、乘员数及汽车的最大设计总质量参见国家标准 GB/T 15089—2001。

2) 汽车的装载质量是指在硬质良好路面上行驶时所允许的额定装载量。汽车在碎石路面上行驶的装载质量为在好路面上行驶的 75%～85%。越野汽车的装载质量是指越野行驶时或在土路上行驶时的额定装载量。为确定货车装载质量 m_0，首先应确认企业商品规划，其次要考虑到汽车的用途和使用条件。原则上货流大、运距长或矿用自卸车应采用大吨位货车；为了提高经济性，货源变化频繁、运距短的市内运输车采用中小吨位的货车。

(2) 整车整备质量 m_0 及估算

整车整备质量是指车上带有全部装备（包括随车工具、备胎等），加满燃料和水，但没有装货且未载人时的整车质量。整车整备质量影响汽车的成本和使用经济性。目前，尽可能减小整车整备质量是为了通过降低整备质量增加装载量或载客量，抵消因满足安全标准、排气净化标准和噪声标准所带来的整备质量的增加，节约燃料。减小整车整备质量的措施包括用计算机优化设计；增加铝与复合材料在汽车上的应用比例；改善汽车各总成以及零件的结构，充分发挥强度，减小结构尺寸和用料量；采用承载式车身；提高轮胎的可靠性，去掉备胎等。减小整车整备质量，是汽车设计工作中必须遵守的一项重要原则。估算整车整备质量时，主要考虑的是既要保持先进性又要保持可行性。在总体设计阶段，往往需要预先估算这一数值，其方法如下：

1) 对同级构造的相似样车及其部件的质量进行测定和分析，在此基础上初步估计出整车整备质量。

2) 在没有样车参考时，首先为新车选择一个适当的质量系数 η_{m_0}，此系数定义为汽车装载质量 m_e 与整车整备质量 m_0 之比，即

$$\eta_{m_0} = \frac{m_e}{m_0} \tag{1-3}$$

该系数反映了汽车的设计水平和工艺水平，η_{m_0} 值越大，说明该汽车的结构和制造工艺

越先进。要达到较高的质量系数,就需要努力减轻零部件的自身重量,为达到这种目的,在材料、制造以及设计方面都要采取有效措施。在参考同类型汽车选定 η_{m_0}(表1-2)以后,可根据给定的 m_e,计算整车整备质量 m_0。

表1-2 货车质量系数 η_{m_0}

参数名称	总质量 m_a/t	η_{m_0}
取值	$1.8 < m_a \leq 6.0$	0.80~1.10
	$6.0 < m_a \leq 14.0$	1.20~1.35
	$m_a > 14.0$	1.30~1.70

乘用车和商用客车的整车整备质量,也可按每人所占汽车整车整备质量的统计平均值估算,见表1-3。

表1-3 乘用车和商用客车人均整车整备质量值 (单位:t/人)

微型乘用车	轻型乘用车	中级乘用车	高级乘用车	30座以下乘用车	30座以上乘用车
0.15~0.16	0.17~0.24	0.21~0.29	0.29~0.34	0.096~0.16	0.06~0.13

(3) 汽车总质量 m_a

汽车总质量是指装备齐全,并按规定载满客、货时的整车质量。乘用车和商用客车的总质量由整车整备质量 m_0、乘员和驾驶人质量以及乘员的行李质量三部分构成,其中乘员和驾驶人每人以65kg计,即

$$m_a = m_0 + 65n + \alpha n \tag{1-4}$$

式中,n 是包括驾驶人在内的载客数;α 是行李系数,可按表1-4 提供的数据选用。

商用货车的总质量 m_a 由整备质量 m_0、载质量 m_e 和驾驶人及随行人员质量三部分组成,即

$$m_a = m_0 + m_e + 65n_1 \tag{1-5}$$

式中,n_1 是包括驾驶人及随行人员在内的人数,应等于座位数。

表1-4 行李系数

车 型		α
乘用车	发动机排量<2.5L	5
	发动机排量≥2.5L	10
商用客车	城市客车	0
	长途客车	10~15

(4) 轴荷分配

汽车的轴荷分配是指汽车在空载或满载静止状态下,各车轴对支承平面的垂直负荷,也可以用占空载或满载总质量的百分比来表示。

轴荷分配是汽车的重要质量参数,它对汽车的轮胎寿命和汽车的许多使用性能都有影响。对轴荷分配有如下要求:考虑到要使各轮胎磨损均匀和寿命相近,各个车轮的负荷应相差较小;为了确保汽车有良好的动力性和通过性,驱动桥的负荷应足够大,而从动轴上的负

荷可以适当减小，以利于减小从动轮滚动阻力和提高在坏路面上的通过性；为了保证汽车有良好的操纵稳定性，又要求转向轴的负荷不应过小。

由上可知，各使用性能对轴荷分配参数的要求是相互矛盾的，这就要求设计时应根据对整车的性能要求、使用条件等，合理地选取轴荷分配。汽车的驱动形式与发动机位置、汽车结构特点、车头形式和使用条件等均对轴荷分配有显著影响。如发动机前置前轮驱动乘用车和平头式商用货车的前轴负荷较大，而长头式货车的前轴负荷较小。常在坏路上行驶的越野汽车，前轴负荷应该小些。当总体布置进行轴荷分配计算不能满足预定要求时，可通过重新布置某些总成、部件（如油箱、备胎、蓄电池等）的位置来调整。必要时，改变轴距也是可行的方法之一。各类汽车的轴荷分配见表1-5。

表1-5　各类汽车的轴荷分配

车型		满载		空载	
		前轴	后轴	前轴	后轴
乘用车	发动机前置前轮驱动	47%~60%	40%~53%	56%~66%	34%~44%
	发动机前置后轮驱动	45%~50%	50%~55%	51%~56%	44%~49%
	发动机后置后轮驱动	40%~46%	54%~60%	38%~50%	50%~62%
商用货车	4×2 后轮单胎	32%~40%	60%~68%	50%~59%	41%~50%
	4×2 后轮双胎，长、短头式	25%~27%	73%~75%	44%~49%	51%~56%
	4×2 后轮双胎，平头式	30%~35%	65%~70%	48%~54%	46%~52%
	6×4 后轮双胎	19%~25%	75%~81%	31%~37%	63%~69%

3. 汽车性能参数的确定

（1）动力性参数

汽车动力性参数包括最高车速 v_{amax}、加速时间 t、上坡能力、比功率和比转矩等。

1）不同车型的最高车速 v_{amax} 的范围见表1-6。

表1-6　汽车动力性参数范围

汽车类别		最高车速 v_{amax}/(km/h)	比功率 P_b/(kW/t)	比转矩 T_b/(N·m/t)
乘用车	发动机排量 V/L			
	$V \leq 1.0$	110~150	30~60	50~110
	$1.0 < V \leq 1.6$	120~170	35~65	80~110
	$1.6 < V \leq 2.5$	130~190	40~70	90~130
	$2.5 < V \leq 4.0$	140~230	50~80	120~140
	$V > 4.0$	160~280	60~110	100~180
货车	最大总质量 m_a/t			
	$m_a \leq 1.8$	80~135	16~28	30~44
	$1.8 < m_a \leq 6.0$		15~25	38~44
	$6.0 < m_a \leq 14.0$	75~120	10~20	33~47
	$m_a > 14.0$		6~20	29~50
客车	车辆总长 L_a/t			
	$L_a \leq 3.5$	85~120	—	—
	$3.5 < L_a \leq 7.0$	100~160	—	—
	$7.0 < L_a \leq 10.0$	95~140	—	—
	$L_a > 10.0$	85~120	—	—

2）汽车在平直的良好路面上，从原地起步开始以最大加速度加速到一定车速所用去的时间，称为加速时间。对于最高车速 v_{max} >100km/h 的汽车，加速时间常用车辆从静止加速到 100km/h 所需的时间来评价，例如发动机排量大于 1.6L 的乘用车，此值一般为 8～17s，发动机排量小些的乘用车为 12～25s。对于 v_{max} 低于 100km/h 的汽车，加速时间可用车辆从静止加速到 60km/h 所需的时间来评价。

3）上坡能力用汽车满载时在良好路面上的最大坡度阻力系数 i_{max} 来表示。因乘用车、货车、越野汽车的使用条件不同，对它们的上坡能力要求也不一样。通常要求货车能克服 30% 坡度，越野汽车能克服 60% 坡度。

4）汽车比功率 P_b、比转矩 T_b。比功率 P_b 是汽车所装发动机的标定最大功率 P_{max} 与汽车最大总质量 m_a 之比，即 $P_b = P_{emax}/m_a$。它综合反映了汽车的动力性，比功率大的汽车的最高车速、加速性能要好于比功率小的汽车。乘用车的比功率明显大于货车和客车。发动机排量较大的乘用车的比功率要大于排量较小的乘用车，而货车的比功率随总质量 m_a 的增加而减小。为保证路上行驶车辆的动力性不低于一定的水平，防止某些动力性能差的车辆阻碍交通，应对车辆的最小比功率作出规定。我国 GB 7258—2017《机动车运行安全技术条件》规定：低速汽车及拖拉机运输机组的比功率应大于等于 4.0kW/t，除无轨电车、纯电动汽车外的其他机动车的比功率应大于等于 5.0kW/t。比转矩 T 是汽车所装发动机的最大转矩 T_{emax} 与汽车总质量 m_a 之比，$T_b = T_{emax}/m_a$。它能反映汽车的牵引能力。不同车型比功率和比转矩范围见表 1-7。

（2）燃油经济性参数

汽车的燃油经济性用汽车在水平的水泥或沥青路面上，以经济车速或多工况满载行驶百公里的燃油消耗量（L/100km）来评价。该值越小，燃油经济性越好。发动机排量小的乘用车要求百公里燃油消耗量要低于排量大的乘用车（表1-7）。未来的发展趋势是百公里油耗量继续减少，如正在研制的超经济型乘用车的目标百公里燃油消耗量为 3L/100km。

表 1-7 乘用车的百公里燃油消耗量

发动机排量 V/L	V≤1.0	1.0<V≤1.6	1.6<V≤2.5	2.5<V≤4.0	V>4.0
百公里燃油消耗量 /(L/100km)	4.4～7.5	7.0～12.0	10.0～16.0	14.0～20.0	18.0～23.5

货车有时用单位质量的百公里燃油消耗量来评价（表1-8）。

表 1-8 货车单位质量百公里燃油消耗量　　　　　单位：[L/(100km·t)]

总质量 m_a/t	汽油机	柴油机	总质量 m_a/t	汽油机	柴油机
<4	3.00～4.00	2.00～2.80	6～12	2.68～2.82	1.55～1.86
4～6	2.80～3.20	1.90～2.10	>12	2.50～2.60	1.43～1.53

（3）汽车最小转弯直径 D_{min}

影响汽车 D_{min} 的因素有两类：与汽车本身有关的因素和法规及使用条件对 D_{min} 的限定。前者包括汽车轴距、轮距、汽车转向轮最大转角以及转向轮数（如全轮转向）等对汽车最小转弯直径均有影响，除此之外，有关的国家法规规定和汽车的使用道路条件对 D_{min} 的确定也是重要的影响因素。转向轮最大转角越大，轴距越短，轮距越小和参与转向的车轮数越多时，汽车的最小转弯直径越小，表明汽车在停车场上调头和通过弯道半径较小路段的能力越强。对机动性要求高的汽车，D_{min}应取小些。

各类汽车的最小转弯直径D_{min}见表1-9。

表1-9 各类汽车的最小转弯直径D_{min}

车型	级别		D_{min}/m	车型	级别		D_{min}/m
乘用车	发动机排量 V/L	$V \leq 1.0$	7.0~9.5	商用货车	最大总质量 m_a/t	$m_a \leq 1.8$	8.0~12.0
		$1.0 < V \leq 1.6$	8.5~11.0			$1.8 < m_a \leq 6.0$	10.0~19.0
		$1.6 < V \leq 2.5$	9.0~12.0			$6.0 < m_a \leq 14.0$	12.0~20.0
		$2.5 < V \leq 4.0$	10.0~14.0			$m_a > 14.0$	13.0~21.0
		$V > 4.0$	11.0~15.0				
商用客车	车辆总长 L_a/m	$L_a \leq 3.5$	8.0~11.0	矿用自卸车	装载质量 m_a/t	$m_a \leq 45$	15.0~19.0
		$3.5 < L_a \leq 7.0$	10.0~13.0			$m_a > 45$	18.0~24.0
		$7.0 < L_a \leq 10.0$	14.0~20.0				
		$L_a > 10.0$	17.0~22.0				

（4）通过性几何参数

总体设计要确定的通过性几何参数有：最小离地间隙h_{min}，接近角γ_1，离去角γ_2，纵向通过半径ρ_1等。各类汽车根据车型和用途通过性参数也不同，其范围见表1-10。

表1-10 汽车通过性的几何参数

车型	h_{min}/mm	γ_1/(°)	γ_2/(°)	ρ_1/m
4×2乘用车	150~220	20~30	15~22	3.0~8.3
4×4乘用车	210~250	45~50	35~40	1.7~3.6
4×2货车	180~300	40~60	25~45	2.3~6.0
4×4货车、6×6货车	260~350	45~60	35~45	1.9~3.6
4×2客车、6×4客车	220~370	10~40	6~20	4.0~9.0

（5）操作稳定性参数

汽车操纵稳定性的评价参数较多，与总体设计有关并能作为设计指标的有：

1）转向特性参数。为了保证有良好的操纵稳定性，汽车应具有一定程度的不足转向。通常汽车以$0.4g$的向心加速度沿着一个定圆转向时，前、后轮侧偏角之差$\delta_1 - \delta_2$，作为评价参数，此参数在$1° \sim 3°$为宜。

2）车身侧倾角。汽车以$0.4g$的向心加速度沿定圆等速行驶时，车身侧倾角控制在$3°$以内较好，最大不允许超过$7°$。

3）制动前俯角。为了不影响乘坐舒适性，要求汽车以$0.4g$的减速度制动时，车身的前俯角不大于$1.5°$。

（6）制动性参数

汽车制动性是指汽车在制动时，能在尽可能短的距离内停车且保持方向稳定，下长坡时能维持较低的安全车速并有在一定坡道上长期驻车的能力。目前常用制动距离s_t、平均制动减速度j和行车制动的踏板力及应急制动时的操纵力来评价制动效能。GB 7258—2017规定的制动距离和制动稳定性要求见表1-11。

表1-11 制动距离和制动稳定性要求

机动车类型	制动初速度/(km/h)	空载检验制动距离要求/m	满载检验制动距离要求/m	试验通道宽度/m
三轮汽车	20	≤5.0		2.5
乘用车	50	≤19.0	≤20.0	2.5
总质量小于等于3500kg的低速货车	30	≤8.0	≤9.0	2.5
其他总质量小于等于3500kg的汽车	50	≤21.0	≤22.0	2.5
铰接客车、铰接式无轨电车、汽车列车（乘用车列车除外）	30	≤9.5	≤10.5	3.0[①]
其他汽车、乘用车列车	30	≤9.0	≤10.0	3.0[①]
两轮普通摩托车	30	≤7.0		—
边三轮摩托车	30	≤8.0		2.5
正三轮摩托车	30	≤7.5		2.3
轻便摩托车	20	≤4.0		—
轮式拖拉机运输机组	20	≤6.0	≤6.5	3.0
手扶变型运输机	20	≤6.5		2.3

① 对车宽大于2.55m的汽车和汽车列车，其试验通道宽度（单位：m）为"车宽(m)+0.5"。

（7）舒适性

舒适性应包括平顺性、车内噪声、空气调节性能（温度、湿度等）、乘坐环境（活动空间、车门及通道宽度、内部设施等）及驾驶人的操作性能。

其中，垂直振动参数常用于评价汽车行驶平顺性，包括频率和振动加速度等，此外悬架动挠度也用来作为评价参数之一。各类汽车的悬架静挠度、动挠度和偏频见表1-12。

表1-12 悬架的静挠度f_c、动挠度f_d和偏频n

车型	静挠度f_c/mm	动挠度f_d/mm	偏频n/Hz
乘用车	100~300	70~90	0.9~1.6
客车	70~150	50~80	1.3~1.8
货车	50~110	60~90	1.5~2.2
越野车	60~130	70~130	1.4~2.0

4. 发动机选择

（1）发动机形式选择

发动机详细分类如图1-15所示。

1）发动机种类的选择。目前绝大多数燃油汽车安装的都是往复式内燃机。在此讨论的发动机选型就是针对这种发动机的。

往复式内燃机可分为汽油机和柴油机两大类。目前，汽油机主要用于轻型汽车，例如轿车、微型和小型客车、微型和轻型货车等。这主要是因为汽油机具有质量和尺寸小、转矩适应性好、单位功率大、振动和噪声小、工作柔和、成本较低等优点。大型汽车已经柴油化，

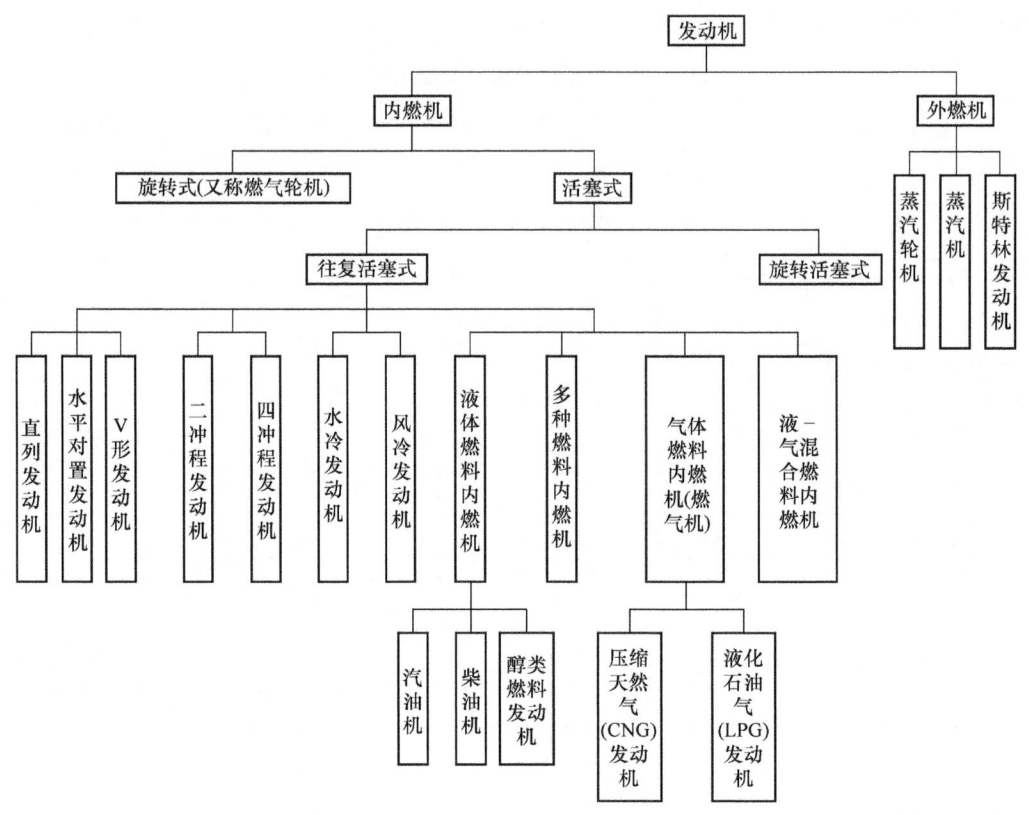

图 1-15　发动机详细分类

中型汽车也多采用柴油机。主要原因是与汽油机相比，柴油机的燃油经济性更好、使用成本低。柴油机的缺点主要是尺寸和质量大、转速低、单位功率较低、振动和噪声比较大、成本高、易生黑烟等，这限制了其在轿车等轻型汽车上的应用。近年来，随着柴油机技术的进步，上述缺点在一定程度上得到了克服，并且提高了转速，使其在一些轻型车和轿车上得到了应用，特别是在欧洲。但是，目前用在轻型车和轿车上的主流发动机还是汽油机。

2）发动机气缸排列形式的选择。按照气缸排列方式的不同，内燃机可以分成直列式、水平对置式和 V 形发动机。直列式发动机具有结构简单、宽度小，布置方便的特点，应用最为广泛。但是发动机气缸数增多时长度增大，影响在汽车上的布置。因此，直列式发动机的气缸数不超过 6 个。V 形发动机的优点有长度短、高度低、曲轴刚度大等，被广泛应用在大型轿车和发动机长度受限的重型货车上。但是，由于其宽度比较大，在很多车辆上布置困难，造价也高。水平对置式发动机的主要优点是平衡好、高度低，在一些微型车及跑车上得到了应用。

3）发动机冷却方式的选择。发动机的冷却有风冷和水冷两种方式。风冷的优点是冷却系统简单、维修方便、对沙漠和异常气候的适应性好。但是，其存在冷却不均匀、功率消耗大、噪声大等缺点，故在汽车上应用不多。如今大部分汽车都采用水冷发动机。水冷的优点包括冷却均匀、工作可靠、噪声小、功率消耗小、能解决车内供暖等。

(2) 发动机性能参数选择

1) 发动机最大功率 P_{emax} 和相应转速 n_p。根据所设计汽车应达到的最高车速 v_{amax} (km/h)，估算发动机最大功率为

$$P_{emax} = \frac{1}{\eta_T}\left(\frac{m_a g f_r}{3600}v_{amax} + \frac{C_D A}{76140}v_{amax}^3\right) \qquad (1-6)$$

式中，P_{emax} 为发动机最大功率 (kW)；η_T 为传动系效率，对驱动桥用单级主减速器的 4×2 汽车可取为 90%；m_a 为汽车总质量 (kg)；g 为重力加速度 (m/s²)；f_r 为滚动阻力系数，对乘用车 $f_r = 0.0165 \times [1 + 0.01(v_a - 50)]$，对货车取 0.02，矿用自卸车取 0.03，$v_a$ 用 v_{amax} 代入；C_D 为空气阻力系数，乘用车取 0.30~0.35，货车取 0.80~1.00，客车取 0.60~0.70；A 为汽车正面投影面积 (m²)。

按式 (1-6) 估算的 P_{emax} 为发动机装有全部附件时测定得到的最大有效功率，约比发动机外特性的最大功率值低 12%~20%。最大功率 P_{emax} 对应转速 n_p 的范围如下：汽油机的 n_p 在 3000~7000r/min，因乘用车最高车速高，n_p 值多在 4000r/min 以上；总质量小些的货车的 n_p 值在 4000~5000r/min 之间，总质量居中的货车的 n_p 值更低些。柴油机的 n_p 值在 1800~4000r/min 之间。乘用车和总质量小些的货车用高速柴油机，n_p 值常取在 3200~4000r/min 之间；总质量大些的货车的柴油机 n_p 值在 1800~2600r/min 之间。采用高转速发动机虽然能提高功率，同时也有使活塞运动的平均速度增快、热负荷增加、曲柄连杆机构的惯性力增大并导致磨损加剧、寿命降低和振动及噪声等均增加的缺陷。

2) 发动机最大转矩 T_{emax} 及相应转速 n_T。T_{emax} 为

$$T_{emax} = 9549 \times \frac{\alpha P_{emax}}{n_p} \qquad (1-7)$$

式中，T_{emax} 为最大转矩 (N·m)；α 为转矩适应性系数，一般在 1.1~1.3 之间选取；P_{emax} 为发动机最大功率 (kW)；n_p 为最大功率转速 (r/min)。

要求 n_p 与 n_T 之间有一定差值，如果它们很接近，将导致直接挡的最低稳定车速偏高，使汽车通过十字路口时换挡次数增多。因此，要求 n_p/n_T 在 1.4~2.0 之间选取。

1.5.3 车身形式与轮胎选择

1. 车身形式

(1) 乘用车车身形式

乘用车的车身由发动机舱、乘员舱和行李舱三部分组成。乘用车车身的基本形式有折背式、直背式和舱背式三种。三种基本车身形式的主要区别表现在车身顶盖与车身后部形状之间的关系上。折背式车身有明显的发动机舱、乘员舱和行李舱，且车身顶盖与车身后部呈折线连接，如图 1-16a 所示。直背式车身的特点是后风窗玻璃与行李舱连接，接近平直，如图 1-16b 所示。直背式车身流线型好，有利于降低空气阻力系数和使行李舱容积增大。舱背式乘用车车身的顶盖比折背式长，同时后窗与后行李舱盖形成一个整体的后部车门，如图 1-16c 所示，一般情况下行李舱容积小。将折背式车身顶盖向后延伸到车尾，形成两厢式的变型乘用车车身，如图 1-16d 所示，也受到消费者欢迎。

(2) 客车的车身形式

客车车身有单层和双层之分，按照车头形式不同又有平头式和短（长）头式

（图1-17）。当单层客车用来长途运送乘客时，考虑到乘客随身携带数量较多的货物或行李以及为了长途旅行提高乘坐舒适性安置空调机构的需要，常将地板高度设计得高些。这虽然给乘客上、下车带来不便，但地板下部空间可用来容纳货物和空调等其他一些附设机构。此时，车身裙部比普通客车的裙部要高，从而影响到车厢内明亮程度和方便观察外部景色的侧窗尺寸略显小。长途客车的车门数少，而且可以窄些。

驾驶人一侧应备有安全门，供汽车侧翻时疏散乘客逃生用。

城市客车的乘客随身携带的物品不多，但上、下车频繁，因此地板高度要尽可能设计得低些。为了满足乘客能迅速上、下车的要求，不仅车门数需增多，并且要求加宽。城市客车有尺寸较大的侧窗，且与裙部高度协调一致。足够大的侧窗有利于采光和改善视野。专用客车常根据使用条件和用户要求进行设计。

双层客车有两排平行的裙部和车窗（图1-17b）。双层客车的下层允许乘客坐乘或站立，而上层只供乘坐，因此下层占据的高度尺寸比上层要高。受此影响，上层侧窗尺寸不够大。如果汽车顶盖与侧面车窗之间的过渡部位设计有圆弧形顶窗，则既有利于采光，增加车厢内的亮度，同时也对上层乘客欣赏周围的风光有利。

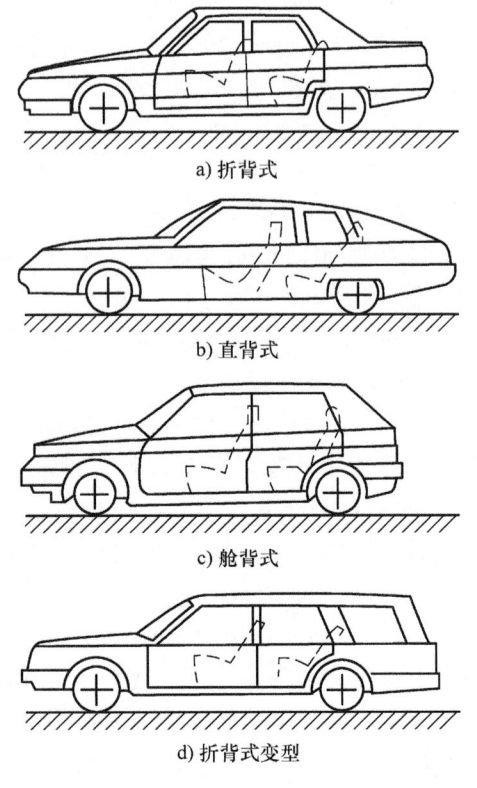

a) 折背式

b) 直背式

c) 舱背式

d) 折背式变型

图1-16 乘用车车身形式

单层、双层客车的车身形式分别如图1-17a、b所示。有些座位数不多的客车，汽车前下部向前伸出形成短头（图1-17c），其内部布置有发动机及其附件。这不仅对维修发动机有利，当汽车发生正面冲撞时，利用伸出部分的变形可以吸收碰撞能量，以保护前排乘员和满足有关国家法规的要求。这种汽车的车身高度较低，门数较少，有时在后部设有车门。为了满足乘客行走和安装空调机构的要求，有些汽车将车顶抬高，如图1-17c所示。

专用客车常根据使用条件和特殊要求进行设计。例如，用于机场内部迎送乘客的机场摆渡车，因不在公路上行驶，车身外形尺寸不受法规限制，宽度常在

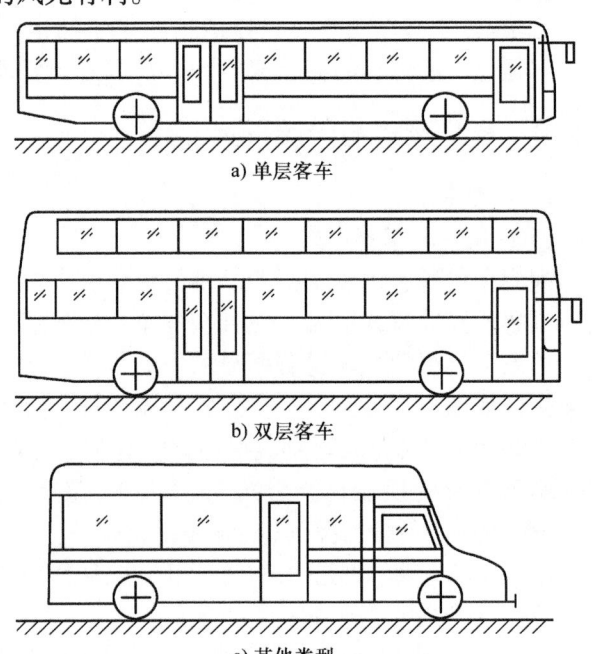

a) 单层客车

b) 双层客车

c) 其他类型

图1-17 客车车身形式

3m 以上。汽车在停机坪、检票口和乘客出口处之间行驶，地面平坦，对最小离地间隙要求不高，汽车地板可以设计得很低，乘客仅踏一级踏板便可进入车内。这既有利于携带较大物件的乘客上下车，给行动不便的乘客也提供了方便。检票或下机瞬间乘客十分集中，随身还带有行李，这就要求车门数量多，而且宽度足够。考虑到这种汽车运距短，车内座位很少，站立乘客是主流，要求车身有足够高的尺寸供乘客站立，车窗也要足够大，为站立乘客提供良好的视野条件。

2. 轮胎的选择

（1）轮胎与车轮应满足的基本要求

轮胎及车轮用来支承汽车，承受汽车重量，在车桥（轴）与地面之间传力，驾驶人操纵转向轮可实现对汽车运动方向的控制。轮胎及车轮对汽车的动力性、经济性、操纵稳定性、通过性、制动性及行驶安全性和汽车的承载能力都有影响。因此，选择轮胎是很重要的工作。轮胎及车轮部件应满足下述基本要求：足够的负荷能力和速度能力；较小的滚动阻力和行驶噪声；良好的均匀性和质量平衡性；耐磨损、耐老化、抗刺扎和良好的气密性；质量小、拆装方便、价格低、互换性好。

（2）轮胎的分类

轮胎可以按胎体结构、帘线材料、用途、断面形状、胎面花纹、气密方式等进行分类，如图 1-18 所示。

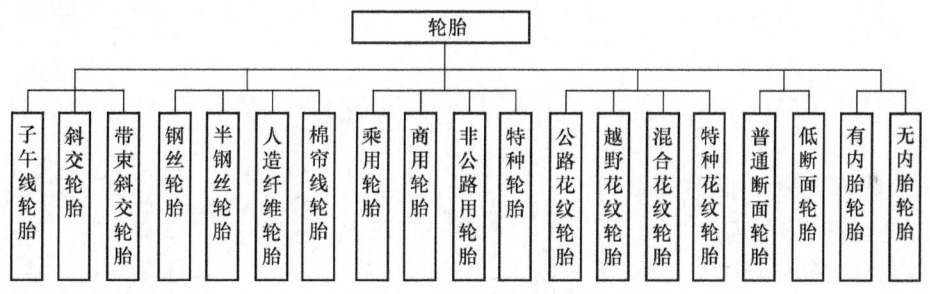

图 1-18 轮胎的分类

（3）轮胎的特点及选用

子午线轮胎具有滚动温升低、阻力小、胎体缓冲性能和胎面附着性能好的特点，装车后能耗低、耐磨损寿命长、高速性能好（图 1-19），很好地适应了现代汽车对安全、高速、低能耗的发展要求，是汽车设计时首选的轮胎。但子午线轮胎制造困难、成本比斜交轮胎高且不易翻修。常在高速条件下行驶的汽车，适合选用钢丝帘线轮胎，这种轮胎强度高、导热性好。钢丝帘线仅能做子午线轮胎。相对汽车常在低速条件下行驶时，可以选用聚酯、尼龙、人造丝等人造材料做帘线制造的轮胎。斜交轮胎多用上述材料制作。

低断面轮胎的胎面宽平、侧面刚性大、散热良好、附着能力强、高速行驶稳定性好。无内胎轮胎的平衡性良好、发热少、刺扎后不易快速失气、高速行驶安全性能良好。乘用车轮胎既是子午线结构，又是低断面、无内胎轮胎且具备它们的各种优点。商用车轮胎尺寸大、胎体厚、帘线层级多、承载能力强。非公路用轮胎附着性好，胎面耐刺扎，适用于恶劣条件，用于公路行驶时能耗增加，噪声大。轮胎的胎面花纹对滚动阻力、附着能力、耐磨性及噪声有影响。公路花纹轮胎滚动阻力小、噪声小，适合在铺装路面上使用。其中，纵向花纹轮胎适用于良好路面，横向花纹轮胎适用于土石路面。越野花纹轮胎附着性能良好，适宜于在坏路面或无路地带使用。混合花纹轮胎适用于使用路面条件变化不定的场合。图1-20为几种典型胎面花纹示例。

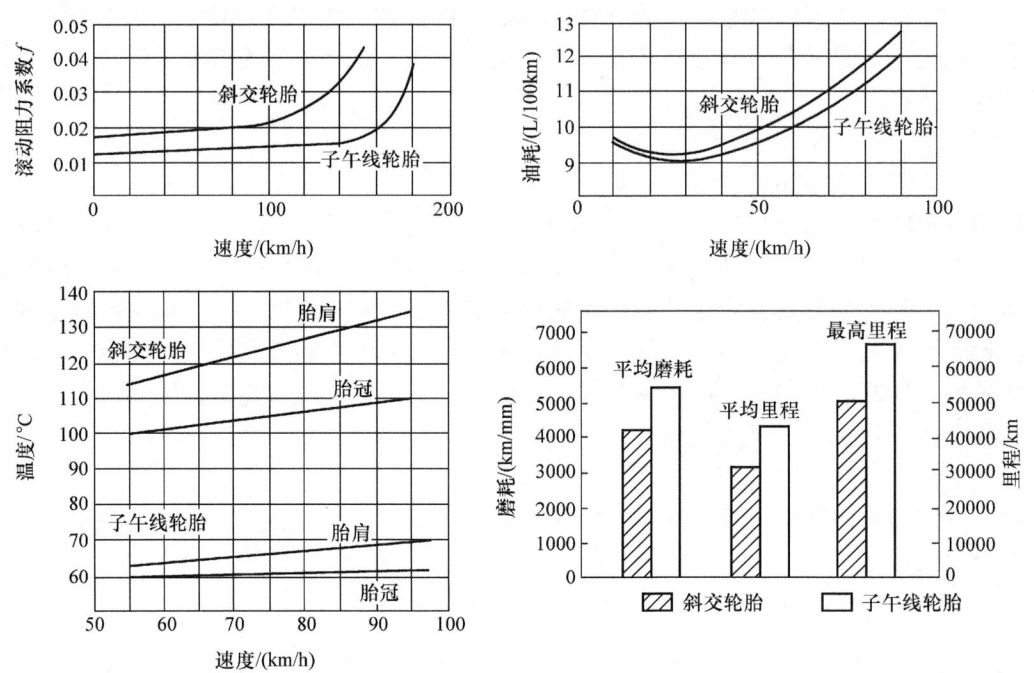

图1-19 子午线轮胎与斜交轮胎的性能比较

整车承载能力随轮胎气压的增加而增加，但轮胎的附着能力下降，振动频率增加，乘坐舒适性和安全性降低，对路面及汽车也有不良作用。标准轮胎不仅对外形尺寸，而且对使用气压也有标准规定。为了使用安全和满足舒适性要求，乘用车轮胎的使用气压不应高于所选轮胎规定负荷下限定气压的80%；而商用车轮胎的使用气压可接近选定轮胎层级所限定的气压。考虑到操

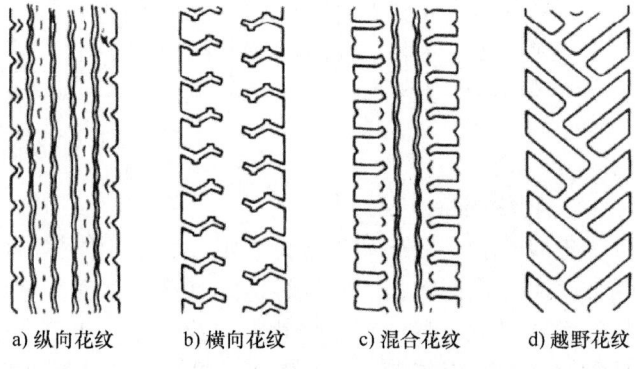

a) 纵向花纹　b) 横向花纹　c) 混合花纹　d) 越野花纹

图1-20 轮胎胎面花纹示例

纵稳定性的需求，前轮轮胎气压应低于后轮的轮胎气压。帘线层级越高，轮胎的承载能力也越强，并有与轮胎气压增加相似的缺点。

汽车行驶速度对轮胎负荷能力也有影响，车速高，轮胎的发热量增加，温度升高，易使胎面与轮胎帘线层脱落。这不仅使轮胎寿命降低，也会引发交通事故。子午线、低断面、无内胎的轮胎工作时导热好、发热少、散热迅速，因而温升低，有良好的速度特性。选取轮胎时，应使选用轮胎的速度级别所限定的最高使用速度大于所设计汽车的最高车速。为了满足不同乘用车对轮胎速度能力的需求，将轮胎的速度能力分级，例如在70～210km/h之间，

按每10km/h分为一级；具有更高速度能力的轮胎，用来分级的速度更大些。

1.5.4 汽车的总体布置及运动校核

在汽车的载客量、车身形式、驱动形式、发动机形式等初步确定以后，要做更具体的工作，包括总布置草图的绘制、校核初步选定的各部件结构和尺寸是否符合整车尺寸和参数的要求，以寻求合理的总布置方案。绘图前要确定画图的基准线（面）。

1. 整车布置的基准线（面）——零线的确定

（1）车架上平面线

车架纵梁上翼面较长的一段平面或承载式车身中部地板或边缘上面在侧（前）视图上的投影线，称为车架上平面线，它作为标注各垂直尺寸的基准线（面），向上为"+"、向下为"-"。货车的车架上平面在满载静止位置时，通常与地面倾斜0.5°~1.5°，即车架呈前低后高的状态，这样在汽车加速时，货厢可接近水平。

（2）前轮中心线

通过左、右前轮中心并垂直于车架平面线的平面，在侧视图和俯视图上的投影线称为前轮中心线，它作为标注各纵向尺寸的基准线（面）或零线，向前为"-"、向后为"+"。

（3）汽车中心线

汽车纵向垂直对称平面在俯视图和前视图上的投影线称为汽车中心线，它作为标注各横向尺寸的基准线（面），向左为"+"、向右为"-"。

（4）地面线

地面线是地平面在侧视图和前视图上的投影线。它是标注汽车高度、接近角、离去角、离地间隙和货台高度等尺寸的基准线。整车的设计状态可分为半载状态、空载状态（整车整备质量状态）和满载状态。在整车的布置中，将车身放平（前地板平直部分保持水平），车身作为基准保持不动，在车身上固定的底盘件也随之保持不动。车轮的不同状态构成了不同的地面线，从而得到空载、半载、满载等不同的整车姿态。

（5）前轮垂直线

通过左、右前轮中心并垂直于地面的平面在侧视图和俯视图上的投影线称为前轮垂直线，它是用来作为标注汽车轴距和前悬的基准线。当车架与地面平行时，前轮垂直线与前轮中心线重合（如乘用车）。

2. 各部件的布置

（1）发动机的布置

1）发动机的上下位置对离地间隙和驾驶人视野有影响。乘用车前部因没有前轴，发动机油底壳至路面的距离应保证满载状态下最小离地间隙的要求。货车的发动机通常布置在前轴上方，考虑到悬架缓冲块脱落以后，前轴的最大向上跳动量达70~100mm，这就要求发动机的位置足够高，以保证发动机油底壳不被前轴碰坏。油底壳通常设计成深浅不一的形状，使位于前轴上方的地方最浅，同时再将前梁中部锻成下凹形状，前梁下部尺寸必须保证所要求的最小离地间隙。所有这些措施都将有利于减小发动机的安装高度，并使发动机舱盖随之降低，这能改善长头车的驾驶人视野，同时有利于降低汽车质心。除此之外，还要检查油底壳与横拉杆之间的间隙。发动机安装高度初定之后，用气缸体前端面与曲轴中心线交点 K 到地面高度 b 来标明其高度位置，如图1-21所示。

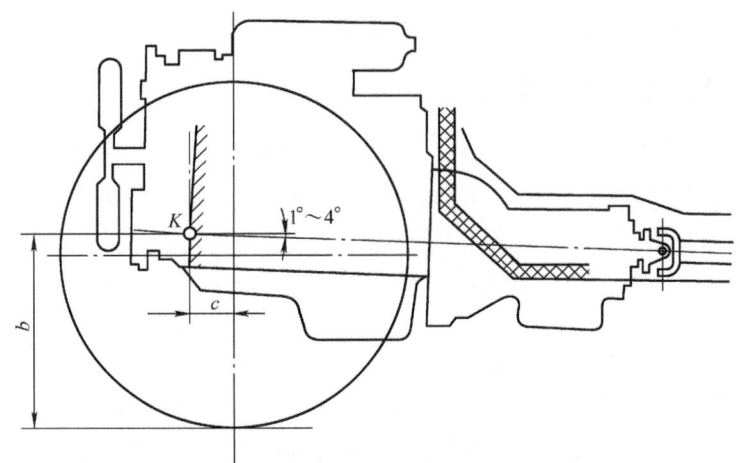

图 1-21 确定动力总成位置的主要尺寸

2) 发动机的前后位置会影响汽车的轴荷分配、乘用车前排座位的乘坐舒适性、发动机前置后轮驱动汽车的传动轴长度和夹角以及货车的面积利用率。为减小传动轴夹角，发动机前置后轮驱动汽车的发动机常布置成向后倾斜状，使曲轴中心线与水平线之间形成 1°~4° 的夹角，乘用车多在 3°~4° 之间，如图 1-21 所示。对发动机前置后轮驱动的乘用车，其前纵梁之间的距离必须考虑吊装在发动机上的所有总成（如发电机、空调装置的压缩机等）以及从下面将发动机安装到汽车上的可能性，还应保证在修理和技术维护时，从上面安装发动机的可能性。

发动机的前后位置应与上下位置一起进行布置。前后位置确定以后，在侧视图上画出它的外形轮廓，然后用气缸体前端面与曲轴中心线交点到前轮中心线之间的距离来标明其前后位置，如图 1-21 中的尺寸 c 所示。此后可以确定汽车前围的位置：发动机与前围之间必须留有足够的间隙，以防止热量传入乘员舱并保证零部件的安装；离合器壳与变速器应能同时拆下，而无须拆卸发动机的固定点，此时应特别注意离合器壳上面螺钉的可接近性。

3) 发动机曲轴中心线在一般情况下与汽车中心线一致。这对底盘承载系统的受力和对发动机悬置支架的统一有利。少数汽车如 4×4 汽车，考虑到前桥是驱动桥，为了使前驱动桥的主减速器总成在上跳时不与发动机发生运动干涉，应将发动机和前桥主减速器向相反方向偏移。

（2）转向系统的布置

转向系统布置的主要原则是使驾驶人操纵舒适、轻便，并使汽车具有较好的机动性和灵敏性，转弯时减小车轮的侧滑，减轻转向盘上的反冲力，并具有自动回正的作用。转向盘位于驾驶人座椅前方，为保证驾驶人转向舒适，应注意转向盘平面与水平面之间的夹角，并以取得转向盘前部盲区最小为佳，不影响驾驶人观察仪表，同时要考虑到应使转向盘周围有足够的空间。转向盘的位置和倾斜角度应保证驾驶人能舒适地进行转向操作，转向管柱的位置以不妨碍驾驶人操纵脚踏板时的腿部运动为原则。在布置转向杆系时，应检查转向范围内杆件的运动有无死角或死点；转向摇臂与转向直拉杆和转向节臂与直拉杆之间的夹角在中间位置时，应尽可能布置成接近直角，以保证较高的传动效率。

（3）传动系统的布置

由于发动机、离合器、变速器装成一体，在发动机位置确定后，包括发动机、离合器、变速器在内的动力总成也随之确定。驱动桥的位置取决于驱动轮的位置，同时为了使左、右半轴通用，差速器壳体中心线应与汽车中心线重合。为保证传动轴上的万向节两端夹角尽可能相等，夹角在满载静止时应不大于4°，当车身产生最大垂直振幅时也不应大于7°，常将后驱动桥主减速器轴线设计成向上倾斜一个小的角度，这样可以减小传动轴的夹角。在乘用车布置中，可以布置成变速器和主减速器在上面而传动轴在下面的两端高中间低的形式，这样可以减小车内地板出现的凸包，降低地板的高度，凸包与中间传动轴之间的最小间隙一般应为10～15mm。图1-22所示为两种U形布置万向节传动轴。

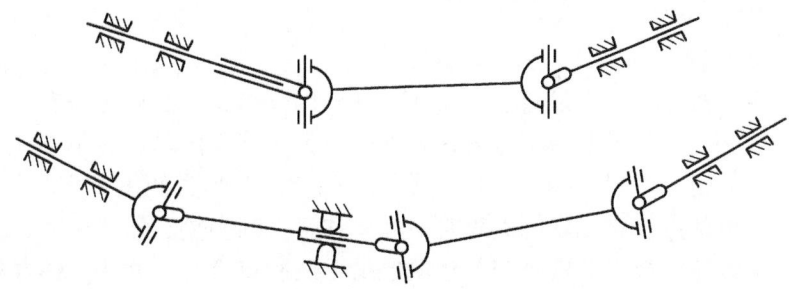

图1-22　两种U形布置万向节传动轴

（4）悬架的布置

货车的前、后悬架和一些乘用车的前、后悬架，多采用纵置半椭圆形钢板弹簧。为了满足转向轮偏转所需要的空间，常将前钢板弹簧布置在纵梁下面。钢板弹簧前端通过弹簧销和支架与车架连接，而后端用吊耳和支架与车架相连。这样布置有利于缓和来自路面的冲击。同时，为了满足主销后倾角的要求，货车的前钢板弹簧应布置成前高后低状；后钢板弹簧布置在车架与车轮之间，应注意钢板弹簧上的U形螺栓和固定弹簧的螺栓与车架之间应当有足够的间隙。减振器应尽可能布置成直立状，以充分利用其有效行程；空间不允许时才斜向布置。

（5）制动系统的布置

踩下制动踏板所需要的力比踩下加速踏板要大得多，因此，制动踏板应布置在更靠近驾驶人的位置，并且还要做到操纵轻便。在布置制动系统时，应检查杆件运动时有无干涉和死角，不应在车轮跳动时自行制动。安全可靠、整齐美观是布置制动管路时的原则。在一条管路上，当两个固定点之间有相对运动时，要采用软管制动。平行管之间的距离不小于5mm，或者完全束在一起，交叉管之间的距离应不小于20mm，同时注意不要将管路布置在车架纵梁内侧的下翼上，以免由于积水使管路腐蚀。

（6）油箱、备胎、行李舱和蓄电池的布置

1）油箱根据汽车最大续驶里程来确定油箱的容积。乘用车为了在有限空间内布置油箱、备胎等物品，通常根据具体情况确定其形状。在布置油箱时应遵守的一条重要原则是：消声器和排气管应远离油箱，乘用车要求油箱与排气管的距离大于300mm，否则应加装有效的隔热装置；油箱距裸露的电器插头及开关不得小于200mm，更不应该布置在发动机舱内。乘用车油箱通常布置在行李舱下方。消声器、排气管通常布置在汽车的右侧；蓄电池靠近起动机可缩短线路。

2）备胎乘用车的备胎常布置在行李舱内，此时要求行李舱必须有足够的空间。如将备胎立置于行李舱的侧壁或后壁，这种情况要求行李舱的侧壁或后壁高度必须大于车轮直径。货车的备胎则常布置在油箱对面的纵梁上，以使左右纵梁受力较均匀，或布置在车架后部下方。

3）行李舱 乘用车的行李舱布置在后座之后（即后悬处），应能容纳大的手提箱等多件行李。货车的工具行李舱通常布置在前后轮之间，长轴距货车考虑到轴荷分配，经常布置在车架尾部。

4）为了防腐和安全，同时考虑拆装的方便性，起动机与蓄电池应位于同侧，一般采用负极（阴极）搭铁。

（7）车身内部布置

以运送人为主、兼顾运送少量行李的轿车乘员舱内部布置，必须考虑有良好的乘坐舒适性和足够的安全性。进行乘员舱内部布置，使之适合人体特性要求，离不开人体尺寸这一基本参数。由躯干、大腿、小腿、脚以及基准样等组成的，在车身侧视图上安放人体样板时，首先要确定人体样板踵点与胯点之间的垂直高度 b 和考虑到座垫、靠背压缩量以后的胯点位置。布置时，要使人体样板上的胯点与初选的座椅上的胯点重合，并将人体样板的踵点安放在加速踏板处的地板上的踵点，然后根据选定的坐姿角 α、β、γ 及 δ 在图样上进行布置，检查初选的 b 值等是否合适。布置的人体样板如图 1-23 所示。

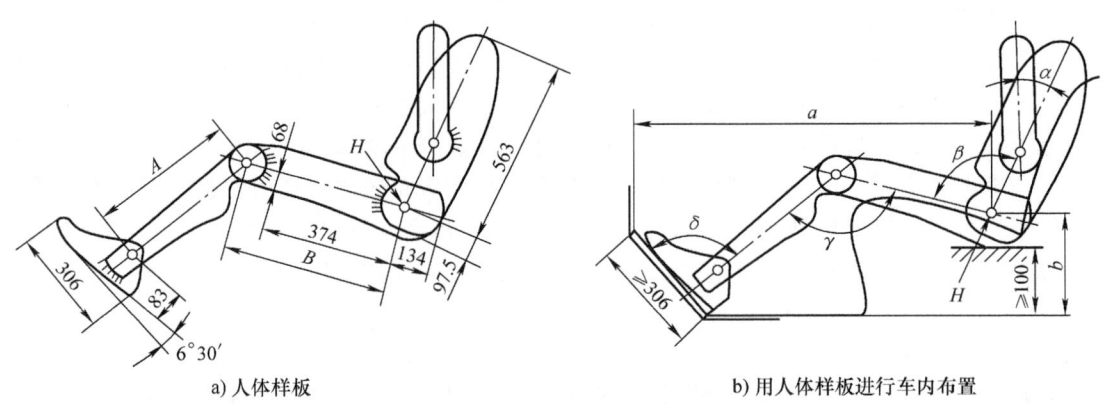

a) 人体样板　　　　　　　　　　b) 用人体样板进行车内布置

图 1-23　人体样板及车内布置

1）乘用车车身的内部布置和有关参考尺寸，如图 1-24 和表 1-13 所示。

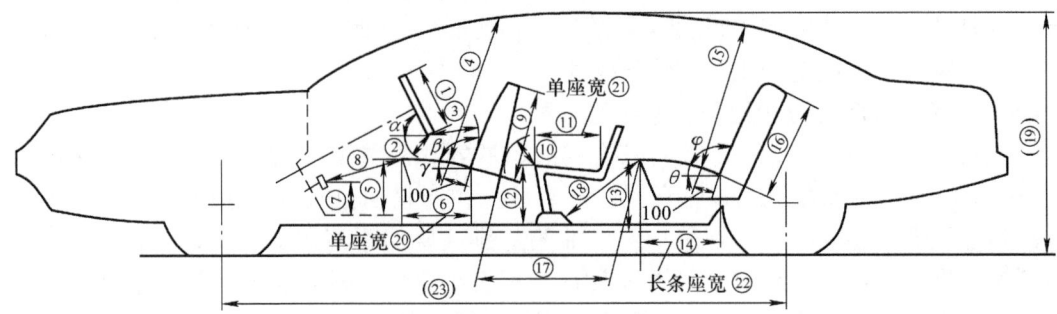

图 1-24　乘用车车身的内部布置尺寸

第1章 汽车总体设计

表1-13 乘用车车身的内部布置尺寸范围 (单位: mm)

发动机排量V/L	尺寸序号 ①	②	③	④	⑤	⑥	⑦	⑧	⑨	⑩	⑪	⑫	⑬	⑭	⑮	⑯	⑰	⑱	⑲	⑳	㉑	㉒	㉓
V>2.5	300~420	140~180	360~380	940~960	300~380	450~510	150~180	420~500	480~560	250~350	320~400	300~390	350~410	460~530	900~950	580~660	850~700(三排) 500~600(二排)	500~700	1500~1800	150~650	550~580	1400~1700	2800~3500
1.6<V≤2.5	300~420	140~180	350~370	940~960	300~360	450~480	150~180	420~500	460~570				340~400	420~500	900~930	560~620	250~500	500~600	1400~1600	500~600		1200~1400	2500~3000
1.0<V≤1.6	300~420	130~170	330~370	900~950	300~340	450~480	150~180	420~520	460~520				340~380	420~460	860~910	510~600	250~350	500~600	1290~1400	480~550		800~1250	2000~2500

2）货车车身的内部布置货车车身的内部布置应当满足标准 GB/T 15705—1995《载货汽车驾驶员操作位置尺寸》的要求。其具体位置尺寸如图 1-25 所示，尺寸范围见表 1-14。

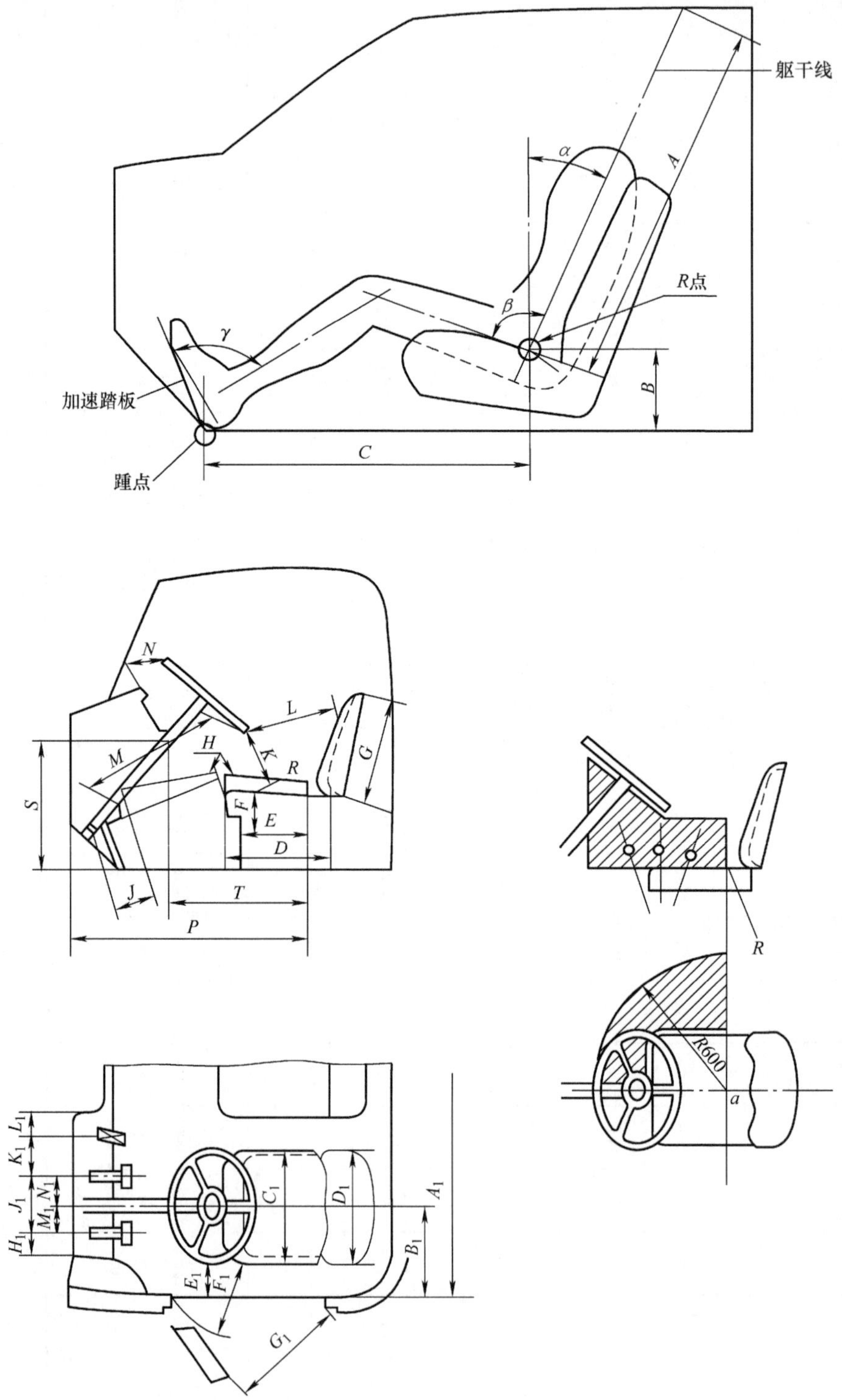

图 1-25 货车驾驶人操作位置尺寸（驾驶室轮廓指其内表面）

表1-14 载货汽车驾驶人操作位置尺寸

尺寸序号	尺寸代码	尺寸名称	尺寸范围/mm	说 明
1	A	R点至顶篷高	≥950	1）沿躯干线量取 2）轻型货车≥910
2	B	R点至地板距离	370±130	
3	C	R点至驾驶人踵点的水平距离	550~900	踵点按GB/T 15705—1995中压下加速踏板的情况确定
4	α	背角	5~28	
5	β	臂角	90~115	
6	γ	足角	87~95	
7	D	座垫深度	440±60	
8	E	座椅前后最小调整范围	100	140为佳
9	F	座椅上下最小调整范围	40	1）70为佳 2）轻型货车允许不调
10	G	靠背高度	520±70	带头枕的整体式靠背，此尺寸可以增加，但增加部分的宽度应减小
11	H	R点至离合器和制动踏板中心在座椅纵向中心面上的距离	750~850	气制动或带有加力器的离合器和制动器，此尺寸的增加不大于100
12	J	离合器、制动踏板行程	≤200	
13	K	转向盘下缘至座垫上表面距离	≥160	
14	L	转向盘后缘至靠背的距离	≥350	
15	M	转向盘下缘至离合器和制动板中心在转向柱纵向中心面上的距离	≥600	
16	N	转向盘外缘至前面及下面障碍物的距离	≥80	
17	P	R点至前围的水平距离	≥950	脚能伸到的最前位置
18	T	R点至仪表盘的水平距离	≥500	此两项规定达到一项即可
19	S	仪表盘下缘至地板的距离	≥540	
20	A_1	单人座驾驶室内部宽度 双人座驾驶室内部宽度 三人座驾驶室内宽度	≥850 ≥1250 ≥1650	内宽是在高度为车门窗下缘、前门后支柱内侧量取
21	B_1	座椅中心面至前门后支柱内侧的距离	360±30	1）在高度为前门窗下缘处量取 2）轻型货车≥310
22	C_1	座垫宽度	≥450	
23	D_1	靠背宽度	≥450	在靠背最宽处测量
24	E_1	转向盘外缘至侧面障碍物的距离	≥100	轻型货车≥80
25	F_1	车门打开时下部通道的宽度	≥250	
26	G_1	车门打开时上部通道的宽度	≥650	
27	H_1	离合器踏板中心至侧壁的距离	≥80	

(续)

尺寸序号	尺寸代码	尺寸名称	尺寸范围/mm	说明
28	J_1	离合器踏板纵向中心面至制动踏板纵向中心面的距离	≥110	
29	K_1	制动踏板纵向中心面至通过加速踏板中心的纵向中心面的距离	≥100	
30	L_1	加速踏板纵向中心面至最近碍物的距离	≥60	
31	M_1	离合器踏板纵向中心面至转向柱纵向中心面的距离	50~150	
32		转向盘中心对座椅中心的偏移量	≤40	
33	N_1	制动踏板纵向中心面至转向柱纵向中心面的距离	50~150	
34		转向盘平面与汽车对称平面间的夹角	90±5	
35		变速杆手柄在所有工作位置时,应位于转向盘下面和驾驶人座椅右面,不低于座椅表面,在通过 R 点横向垂直平面之前,而在投影平面上距 a 点(a 点为 R 点在水平面上的投影) ≤600mm(如图 1-26 阴影线所示范围)		
36		变速杆和驻车制动器的手柄在任意位置时,距驾驶室内其他零件或操纵杆的距离≥50mm		

对于平头式货车,转向盘与水平面夹角较小,该尺寸可参考客车的有关尺寸确定。

3)客车车身的内部布置总长较大的客车多为平头式,驾驶人乘坐姿势与长头车相比更为直立,且座椅较高,转向盘与水平面的夹角较小,大型客车车身的内部布置尺寸,如图 1-26 所示,对应的尺寸范围见表 1-15。

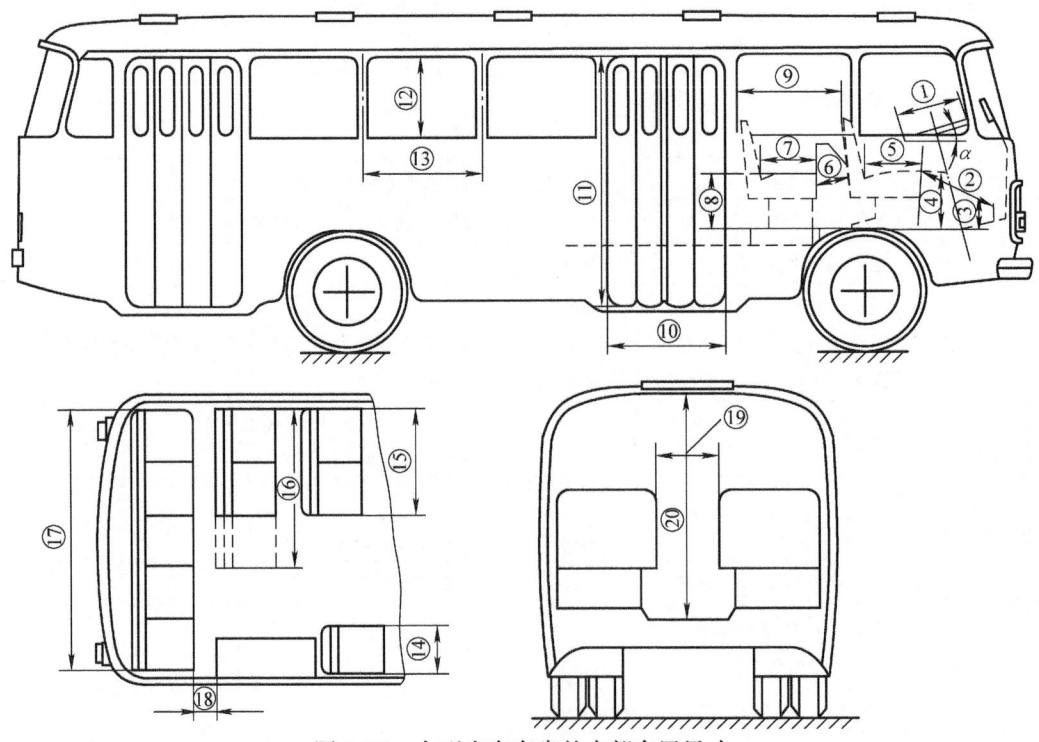

图 1-26 大型客车车身的内部布置尺寸

表 1-15　客车车身内部布置尺寸范围　　　　　　　　　　　　（单位：mm）

车型	尺寸序号										α/(°)
	①	②	③	④	⑤	⑥	⑦	⑧	⑨	⑩	
城市客车	500~550	450~550	130~160	450~500	460~500	200~220	400~450	450~550	650~700	1000~1300	10~20
城间客车	500~550	450~550	130~160	450~500	460~500	200~250	420~480	450~550	650~750	800~1000	10~20
长途客车（旅游）	500~550	450~550	130~160	450~500	460~500	250~280	450~550	450~550	700~850	800~1000	10~20

车型	尺寸序号										α/(°)
	⑪	⑫	⑬	⑭	⑮	⑯	⑰	⑱	⑲	⑳	
城市客车	1900~2050	700~800	1000~1200	400~440	800~860	—	2200~2300	200~250	450~600	1850~2200	10~20
城间客车	1850~2000	700~800	1000~1300	420~470	840~960	1200~1300	2250~2400	200~250	450~500	1850~2200	10~20
长途客车（旅游）	1850~2000	650~800	1000~1300	450~500	900~1000	1250~1350	2250~2450	250~300	400~450	1700~2000	10~20

（8）乘用车外廓尺寸

1）H 点和 R 点。能够比较准确地确定驾驶人或乘员在座椅中位置的参考点是躯干与大腿相连的旋转点"胯点"。实车测得的"胯点"位置称为 H 点，见图 1-27。

进行总布置设计之初，先根据总布置要求确定一个座椅调至最后、最下位置时的"胯点"，并称该点是 R 点；然后以 R 点作为设计参考点进行设计。试制出样车后，将座椅调至最后、最下位置，用图 1-27 所示的三维人体模型测量胯点（H 点）。而后将 H 点与 R 点相认证，并按 H 点位置确认或进行修改设计。如果测定的 H 点不超出以 R 点为中心的水平边长 30mm、铅直边长 20mm 的矩形方框的范围，并且靠背角与设计值之间差值不大于 3°，则认为 H 点与 R 点的相对位置满足要求。驾驶人入座后，大部分体重通过臀部作用于座椅的坐垫上，一部分通过背部由靠背承受，少部分通过左、右手和脚的踵点作用于转向盘和地板上。驾驶人在操作时身体上部的活动一定是绕 H 点的横向水平轴线转动。因此，H 点的位置决定了与驾驶人操作方便、乘坐舒适相关的车内尺寸的基准。

2）顶盖轮廓线的确定首先将座椅放置在高度方向和长度方向的平均位置处，然后确定 H 点，并引出一条与铅垂线成 8°的斜线，如图 1-28 所示，再确定从 H 点沿 8°斜线方向截取 765mm 的 F 点。F 点相当于第 50 百分位驾驶人的头部最高点。从 F 点垂直向上截取 100~135mm 为车顶内饰线。车顶包括蒙面、隔离层、钢板等，厚度为 15~25mm。因顶盖轮廓是上凸的曲面，并关于汽车的纵轴线对称，故再增加 20~40mm 才是汽车顶盖横剖面上的最高点。用同样方法找出后排座椅上方的最高点，前、后座椅上方两点连线即为顶盖的纵向轮廓线。

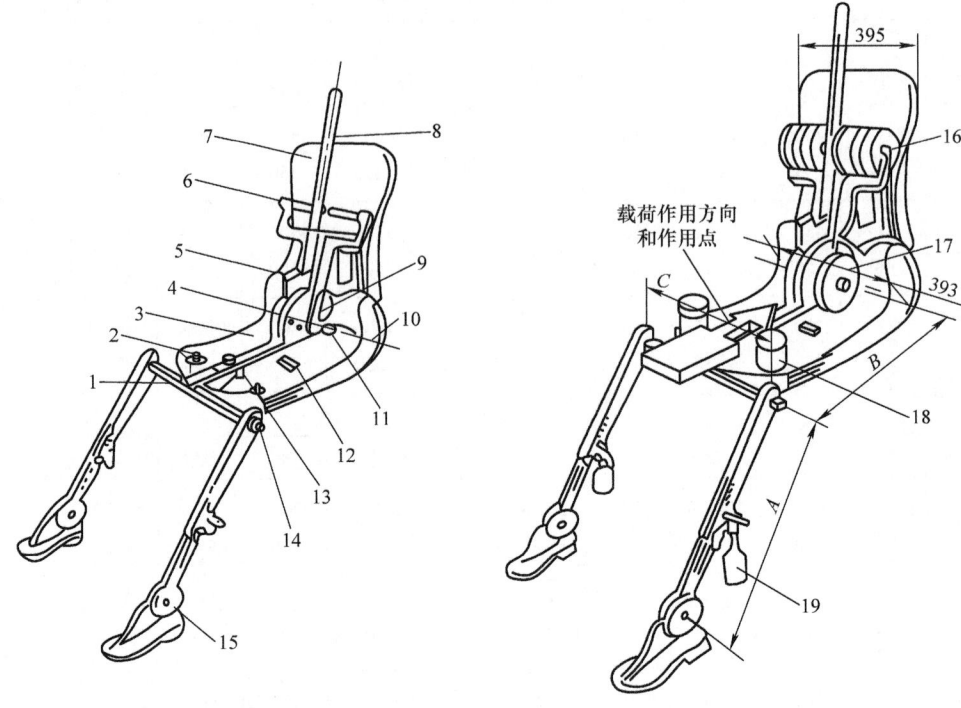

a) H点人体模型各构件名称　　　　b) H点人体模型各构件的尺寸与载荷分布

图 1-27　三维人体模型

1—连接膝关节的T形杆　2—大腿重块垫块　3—座位盘　4—臀部角度量角器
5—靠背角水平仪　6—躯干重块悬架　7—靠背盘　8—头部空间探测杆
9—靠背角量角器　10—H点标记钮　11—H点支枢　12—横向水平仪
13—大腿杆　14—膝部量角器　15—小腿夹角量角器　16—躯干重块
17—臀部重块　18—大腿重块　19—小腿重块

3）乘用车车身横截面由顶盖、车门和地板的外形组成。将在确定顶盖纵向轮廓时求得的左、右座椅乘员头部上方顶盖上的点画到横截面图上,再加上顶盖纵向轮廓线上的点,根据此三点可画出顶盖横向轮廓线。因乘用车车门小、车身低,在确定车身侧壁倾斜度时要考虑到上、下车的方便性。当车门上、下槛边缘之间的间距为零时,乘员上身需倾斜30°左右方能入座;当此间距为100~150mm时（上窄下宽）,乘员上身只倾斜0°~10°即可入座。但此间距过大会使汽车上下比例失调,影响外观,且玻璃升降占用车门内空间大,并影响肩部和玻璃之间的间隙（要求大于100mm）、肘部和车门内表面之间的间隙（要求大于70mm）。车门玻璃下降的轨迹、玻璃升降器和门锁的尺寸等,都对车身外表面有影响。

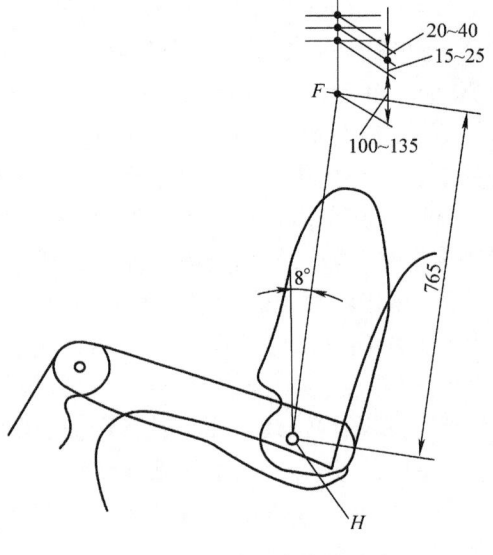

图 1-28　顶盖轮廓线的确定

(9) 安全带的位置

在发生事故时，汽车与障碍物或汽车与汽车之间的碰撞称为一次碰撞。一次碰撞后车速迅速下降，车内驾驶人和乘员由于惯性继续以原有速度向前运动，并与车内物体发生碰撞（称为二次碰撞），并受到伤害。实践证明，驾驶人和乘员受到的伤害主要来源于在二次碰撞中与驾驶室上的风窗玻璃、转向管柱、风窗上梁、仪表板、转向盘、前立柱、后视镜、前座椅靠背、顶等部件发生接触，甚至可能被甩出汽车而遭受到各种伤害。在正面撞车时，安全带通过减小撞车瞬间人体运动的加速度值对乘员起到保护作用，降低引起二次碰撞的相对速度和位移，降低伤害。

安全带有两点式、三点式和四点式之分。两点式安全带能防止汽车碰撞时乘员下身有过大的相对位移，防止乘员被甩出车外，但它不能约束乘员上身运动，因此只在后排座椅和货车中间座椅上使用。三点式安全带由腰带和肩带组合而成。它既能防止乘员下半身有过大的位移，又能阻止上半身向前运动。目前轿车前排和货车前排驾驶人座位及其相邻座位均采用三点式安全带。

安全带固定装置在车内固定点的位置，对佩带方便性和安全保护作用有重要影响。下固定点位置选择不当，汽车碰撞时乘员下半身可能向前方滑移。肩带固定点位置选择不当，乘员上半身可能脱出安全带。因此，安全带固定点的位置十分重要，各国均有相应的规定。一般有如下两个方面。

1) 腰带在车体上的固定点位置如图1-29所示，腰带固定点与 H 点的连线与水平线之间的夹角，在座椅各调节位置时应为（450°±30°），并要求固定装置的宽度应大于350mm。结构上无法实现时宽度可减少至300mm。

2) 肩带固定点的位置肩带固定点的位置应在图1-29所示的阴影线范围内。

(10) 安全气囊的应用

近年来，安全气囊在乘用车上得到了广泛应用。安全气囊系统的作用是辅助安全带起到辅助防护作用。只有在使用安全带的条件下，安全气囊才能充分保护驾驶人和乘员，相关统计数据表明，两者共同使用可使驾驶人和前排乘员的伤亡减少43%～46%，达到最佳保护效果。

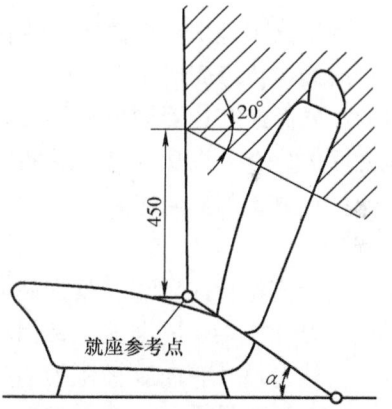

图1-29 安全带的固定点位置

安全气囊是在汽车发生一次碰撞与二次碰撞的间隔时间内，在驾驶人、乘员的前部形成的一个充满气体的"布袋"。一方面，驾驶人、乘员的头部和胸部压在气囊上与前面的车内物体隔开，如图1-30所示；另一方面，利用气囊本身的阻尼或气囊背面的排气孔排气节流的阻尼作用，来吸收碰撞时人体产生的动能，达到保护人体的目的。安全气囊布置在转向盘内或者乘员前部的仪表板内。

3. 运动校核

在总体布置设计中，进行运动校核包括两方面内容：①从整车角度出发进行运动学正确性的检查；②对于有相对运动的部件或零件进行运动干涉检查。上述检查关系到汽车能否正常工作，必须引起重视。

图 1-30 安全气囊的展开过程

由于汽车是由许多总成组装在一起的，总体设计师应从整车角度出发，根据总体布置和各总成结构特点完成运动正确性的检查。如发动机前置时，会因采用中间轴式或两轴式变速器的不同而使变速器输出轴的转动方向不同，这就影响主减速器的结构，因此必须进行运动学方面的检查，以保证有足够的前进档数。又如，转向轮的转动方向必须与转向盘的转动方向保持一致，为此应对摇臂的位置、转向传动机构的构成、螺杆旋向等进行运动学正确性的检查。

由于前轮转向运动、车轮跳动等原因造成零部件之间有相对运动，并可能产生运动干涉而造成设计失误。原则上，有相对运动的地方都要进行运动干涉检查；做转向轮跳动图，确定转向轮上跳并转向到极限位置时所占用的空间，然后据此确定翼子板开口形状、轮罩形状、减振器的最大拉伸和压缩长度，同时检查转向轮与车架、纵拉杆等之间的间隙是否足够；根据悬架跳动量，作传动轴跳动图，确定传动轴上、下跳动的极限及最大摆角，检查传动轴与横梁的间隙以及传动轴长度的变化量；当后桥左、右轮在极限高度差位置时，决定货车车厢地板高度和后轮挡泥板位置，检查后钢板弹簧 U 形螺栓与车架之间的间隙。对于特种车辆，常根据其结构特点确定检查的内容，如牵引车与半挂车作转向运动时，半挂车车厢前板与驾驶室后围之间的间隙检查等。

1.5.5 汽车软件设计

控制软件是汽车电子控制系统的核心。软件开发的任务是通过程序实现系统的控制功能，并可以支持在特定的硬件平台上实现功能的不断增加，以满足汽车市场竞争的需要。传统的汽车电子软件开发手段已越来越难以适应不断增长的功能需求。从汽车电子工程师的角度来看，如何更加方便和可靠地实现更多的功能，是汽车电子软件开发方法发展的重要目标。

汽车电子软件开发方法遵循"V"形开发模式。"V"形开发模式是由控制方案设计、快速控制原型、目标代码生成、硬件在回路仿真和标定等阶段组成。这些不同的阶段排列成"V"形，在系统开发的每一个阶段都有相关的工具进行支持。控制方案设计阶段主要解决的问题是系统的整体方案设计和建模。这一步是整个设计过程的核心，不同的控制方案将决定最终的控制效果。

快速控制原型允许反复修改模型设计，进行离线及实时仿真。使用该技术，可以在最终产品硬件投产之前，仔细研究诸如离散化及采样频率等的影响、算法的性能等问题。通过将快速原型硬件系统与所要控制的实际设备相连，可以反复研究使用不同传感器及驱动机构时系统的性能特征，而且还可以利用旁路技术将原型电控单元或控制器集成于开发过程中，从而逐步完成从原型控制器到产品型控制器的顺利转换。硬件在回路仿真是指控制系统设计结束，产品型控制器已制作完成，在闭环下对控制系统进行详细测试。

代码自动生成是现代汽车电子软件开发的重要特点。采用 Targetlink 等工具，可以从 MATLAB/Simulink 及 Stateflow 中自动生成标准 C 代码的产品级代码。Targetlink 生成的代码可靠性高，易读性好。可产生定点运算代码，适应多种微处理器和编译器。与传统的手工代码相比，Targetlink 具有很多优越性，如自动从 Simulink/Stateflow 模型转换到目标处理器，以缩短系统实现周期。

基于模型的软件开发思想是将模型作为软件设计的中心，通过模型抽象出软件系统的关键问题并加以描述，通过模型表达出系统的解决方案。基于模型的软件开发思想的核心是通过采用形式化的工具对系统模型的验证，以保证系统设计的正确性。模型提供了一个物理系统的抽象，可以让工程师们通过忽略无关的细节而把注意力放到系统的重要部分来思考。工程中的所有工作形式都依赖模型来理解复杂的真实世界的系统。

基于模型的软件开发方法通过对目标系统建模，抽象出系统的关键问题用模型加以表达，使得开发者可以围绕模型对系统进行深入的思考和分析，以保证对系统理解的正确性。基于模型的软件设计方法的重点是系统的建模和模型的验证。

汽车电子软件系统的开发不仅需要考虑软件的正确性，还需考虑软件的可移植性、实时性和可靠性。特别是在汽车电子系统集成过程中对于应用程序在分布式系统中的优化将直接影响整个系统的性能。汽车电子系统一般具有如下特性。

（1）可移植性

软件可移植性是指软件产品从一种软硬件环境迁移到另外一种软硬件环境的能力。面对如此多汽车厂商、汽车零部件生产商以及芯片厂商，良好的可移植性可以增加软件代码的复用程度、减少软件的维护花费、延长软件的生命周期。目前，提高汽车电子软件可移植性的方法主要是通过制定相应的标准来完成，如 OSEK/VDX 标准、AUTOSAR 标准。这些标准规范了汽车电子软件体系结构，对整个软件系统进行了"垂直分割"或"水平分割"。这不仅增加了汽车电子应用程序的通用性，也增加了系统软件在各个硬件平台的可移植性。

（2）实时性

实时性是指汽车电子系统对于任何一个外界输入都能获得及时的响应。汽车电子系统中的应用程序，如构件、任务或其他可运行的功能实体都必须在一定的时间限制内完成。如果未能在时间限制内完成，将会严重影响应用程序功能，甚至可能造成严重后果。在软件设计阶段，设计者必须对每个应用程序的最坏执行时间做出评估，然后根据当前的系统环境分析应用程序的最坏响应时间，并保证其不超过截止时间。

(3) 可靠性

可靠性是指系统在规定条件下以及规定时间内执行所要求功能的能力。嵌入式系统容易受到电磁干扰、剧烈震动和高温高压等外部不确定因素干扰。除了这些外部环境所带来的瞬时错误以外，软件之间的冲突也可能使系统发生故障。因此，必须在软件设计阶段考虑系统的容错能力，并对系统的容错能力做出评估。

为了应对汽车电子软件的可移植性和可重用性问题，全球各大车厂、零部件生产商以及半导体公司都在努力推动汽车电子标准化。在汽车电子迅猛发展的今天，推动国内汽车电子软件标准化，增强汽车电子应用程序和系统软件的可移植性与可重用性，增强汽车电子系统的实时性，提高系统可靠性，对于提高我国汽车电子软件技术水平有着重要的意义。

1.6 新能源汽车设计

新能源汽车包括纯电动汽车、混合动力电动汽车和燃料电池电动汽车，所用能源来自动力蓄电池、燃料电池、光伏太阳能电池等。与传统燃油汽车相比，其主要区别在于动力传动系统及能源系统。

1.6.1 纯电动汽车动力系统与传动系布局

纯电动汽车的驱动系统可分为三个子系统。
1) 电驱动子系统，由电机、功率转换器、电控单元、机械传动装置和驱动车轮组成。
2) 能源子系统，由主电源、充电系统和能量管理系统构成。
3) 辅助子系统，具有助力转向、辅助动力和温度控制供给等功能。

纯电动汽车驱动系统结构如图1-31所示。相对于传统燃油汽车，纯电动汽车的动力传动系统结构布置比较灵活，可以有多种形式（图1-32）。其中，采用两电机或四电机分别驱动车轮，无机械差速器而采用电子差速器的原理是：直线行驶时，转向盘保持不动，两轮转速传感器将左右两侧车轮的转速和地面传感器将地面情况信号一起送入中央处理器；处理器经过计算，根据当时路面情况，发指令给两侧电机的控制器；通过两电机的转速差异，保证汽车直线行驶。当汽车转弯时，根据转向盘给定的转角、左右两侧车轮的转速、地面情况信号等，中央处理器经过计算，发指令给两侧电机控制器，对两电机进行差速调节。而采用电动轮驱动主要依赖以下技术：一是高比功率的驱动电机（主要是交流感应电机），其比功率都在1kW/kg以上；二是高效宽频带变频调速技术，使逆变器的效率大于97%，电机效率大于90%，整个驱动系统效率大于87%；三是可靠的电子差速器。

基于电动汽车储能系统的不同特性，能源子系统存在多种组合形式（图1-32）。能源系统应提供足够高的比功率与比能量以保障车本身的加速性和爬坡能力，并能够在制动时回收能量。图1-32a所示组合方式中电池应满足高比功率和比能量需求；图1-32b所示双电池能源系统中两个蓄电池分别提供高比能量和高比功率；图1-32c所示电池+超级电容器系统中蓄电池需提供高比能量，电容器本身可提高比功率并提供高效制动回收能量的能力；图1-32d所示电池+超高速飞轮系统中，电池提供高比能量，超高速飞轮具有高比功率和高

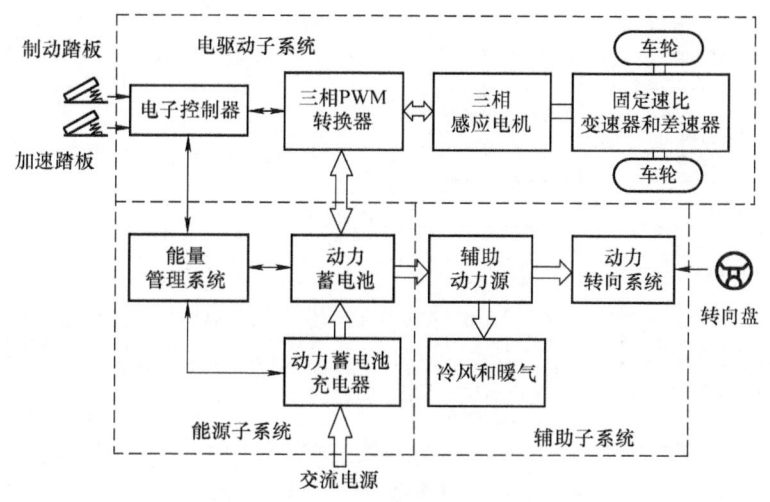

图 1-31　纯电动汽车驱动系统结构

制动回收能力；图 1-32e 所示电池 + 燃料电池能源系统中，燃料电池提供高比能量，但燃料电池无法回收制动能量，因此与高比功率且能高效回收制动能量的动力蓄电池组合工作；图 1-32f 所示电池 + 重整器燃料电池系统中燃料电池所需氢气由重整器产生。

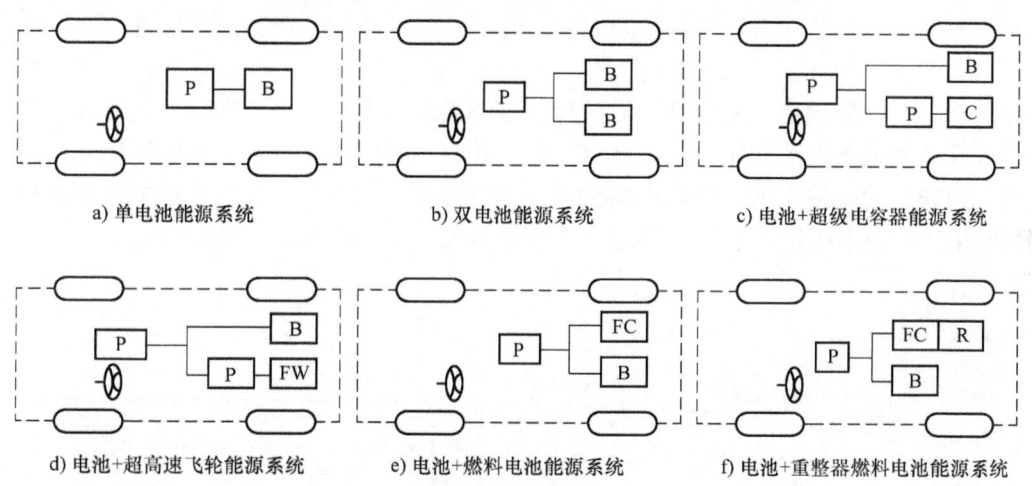

a) 单电池能源系统　　　b) 双电池能源系统　　　c) 电池+超级电容器能源系统

d) 电池+超高速飞轮能源系统　　e) 电池+燃料电池能源系统　　f) 电池+重整器燃料电池能源系统

图 1-32　电动汽车的能源子系统组合形式

B—动力蓄电池　C—超级电容器　FC—燃料电池　FW—超高速飞轮　P—功率转换器　R—重整器

1.6.2　混合动力汽车动力与传动系匹配布局

广义上说，混合动力汽车是指车辆驱动系统由两个或多个能同时运转的单个驱动系统联合组成的车辆，车辆的行驶功率依据实际的车辆行驶状态由每个驱动系统单独或共同提供。图 1-33 所示为混合动力汽车的驱动系统结构。混合动力汽车通常为油电混合动力汽车，油电混合动力汽车同时采用内燃机和电机作为动力源。根据动力源的联合方式，一般将混合动力汽车分为三类：串联式混合动力汽车（SHEV）、并联式混合动力汽车（PHEV）和混联式混合动力汽车（PSHEV）。

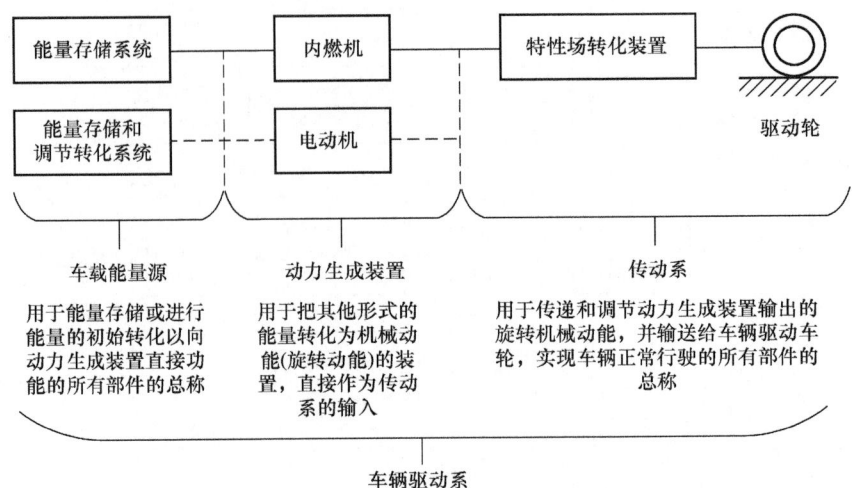

图 1-33 混合动力汽车驱动系统结构

（1）串联式混合动力汽车

串联式混合动力汽车的主要工作模式如图 1-34 所示。由于串联式混合动力汽车是一种能源环节的耦合，所以，其耦合系统是电压/电流/功率的耦合。整车行驶由电机提供驱动力，所以电机及其后传动系统的结构及匹配与纯电动汽车类同，最大的不同在于串联式混合动力汽车的发动机/发电机系统与动力蓄电池组的匹配与控制。选型配置主要取决于整车的初始设计目标，主要包括：经济性、排放性、预期系统成本和驱动性能等。而其控制则是通过负载计算和动力蓄电池组荷电状态（SOC）计算获得辅助功率装置（APU）输出功率控制目标值，按照发动机最低燃由消耗率曲线利用查表法求得与 APU 功率值对应的发动机转速控制目标值，实施对发电机发动机的综合控制。控制流程框图如图 1-35 所示。

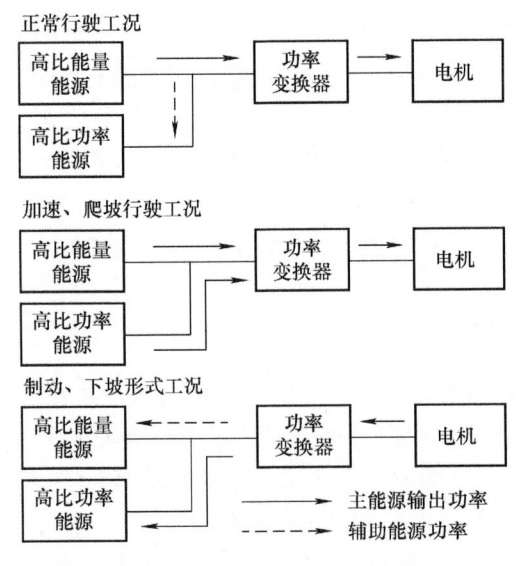

图 1-34 串联式混合动力汽车的主要工作模式

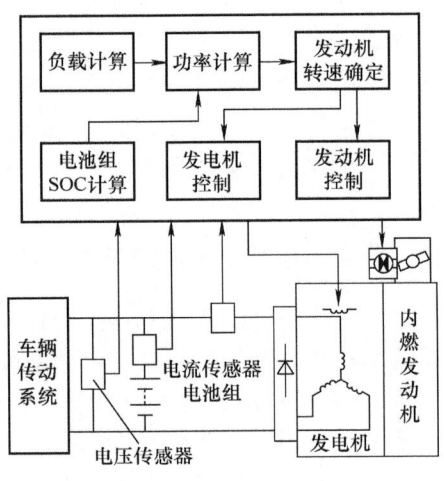

图 1-35 串联式混合动力汽车控制框图

（2）并联式混合动力汽车

并联式混合动力汽车是混合动力汽车的一种基本类型，两个或多个驱动系统通过各自的动力生成装置输出动能的联合或耦合，并经过相应的特性场转化装置输出到驱动轮，满足车辆行驶要求，并联式混合动力汽车的驱动系统形式如图1-36所示。

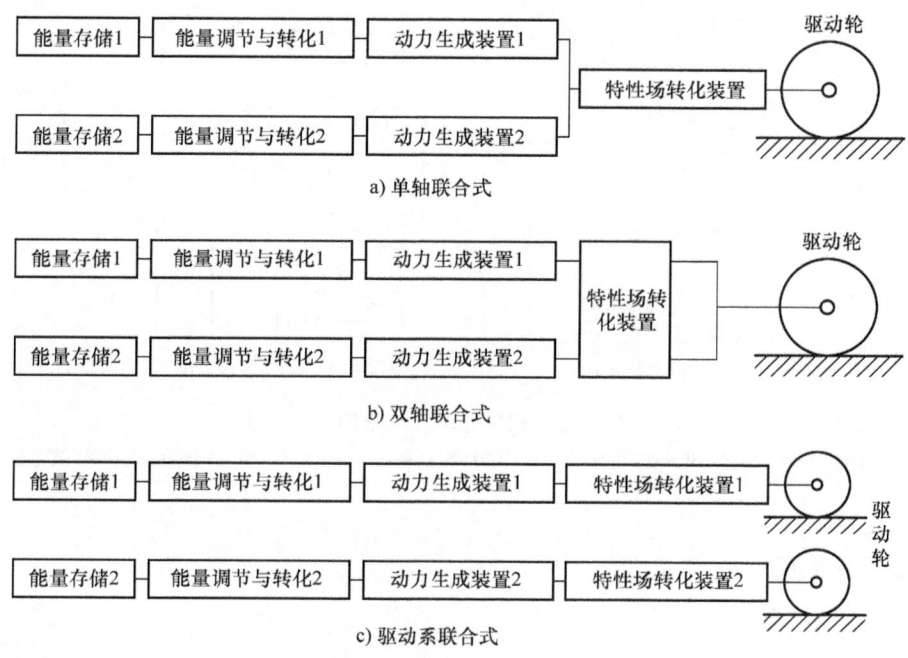

图1-36 并联式混合动力汽车的驱动系统形式

并联式混合动力系统的特点是：

1）机械动能的混合。
2）具有两个或多个动力生成装置。
3）每个动力生成装置都有自己单独的车载能源。

根据并联式混合动力汽车的系统特点，不同工作模式下的功率流状态如图1-37所示。

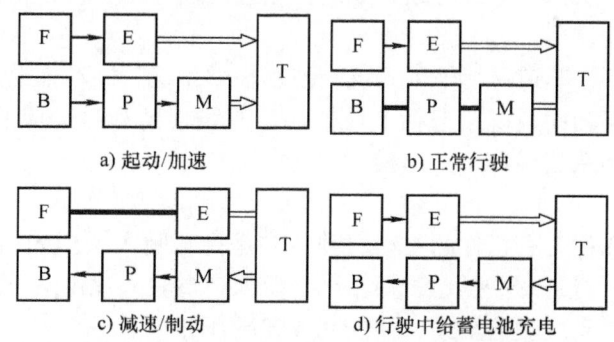

图1-37 并联式混合汽车不同工作模式下的功率流状态

F—油箱 E—发动机 B—动力蓄电池 P—功率转换装置 M—电机 T—变速装置

（3）混联式混合动力汽车

为提高驱动系统的综合效率和充分发挥车辆的节能、减排潜力，在实际应用中，混合动力车辆驱动系统不单是串联式结构或并联式结构，还包括由串联和并联结构混合而成的混联式结构。在不同工作模式下的功率流模式如图1-38所示。

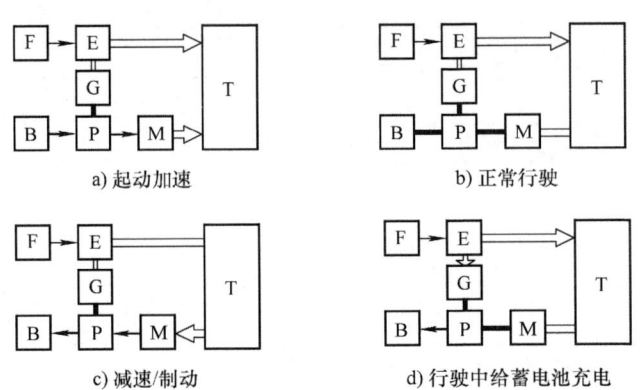

图1-38 混联式混合动力汽车的工作模式
F—油箱 E—发动机 B—动力蓄电池 P—功率转换装置 M—电机 T—变速装置 G—发电机

1.7 智能汽车设计

1.7.1 智能驾驶系统功能介绍

（1）预警提醒

智能汽车预警系统主要功能为保证汽车的安全。例如，智能驾驶系统通过一些传感器检测汽车周围其他车辆、障碍物与本车之间的距离，并且在小于安全距离时发出警报。智能汽车预警系统主要功能有防盗警报、倒车测距预警、偏离车道预警、疲劳预警、防撞预警等。

（2）辅助驾驶

辅助驾驶是利用安装在车上的各种传感器，在驾驶过程中随时收集汽车周围环境信息，对静态、动态物品进行辨识与追踪，结合地图数据进行运算与分析，从而为驾驶人提供决策与预警信息，起到辅助作用。

辅助驾驶系统包括了车道保持辅助系统、泊车辅助系统、制动辅助系统和倒车辅助系统和行车辅助系统。行车辅助系统又包括上坡辅助、并线辅助和自适应巡航系统等。图1-39所示为自适应巡航控制系统（ACC）结构。

（3）半主动驾驶

半主动驾驶也可以称为有条件的主动驾驶，它是指驾驶人干预和纠正车辆的自动驾驶。由自动驾驶系统完成所有的驾驶操作，根据系统要求，驾驶人提供适当的应答。这样是以车辆自动驾驶为主，人手动驾驶为辅助，共同完成驾驶任务。

（4）全主动驾驶

全主动驾驶中，人只提供辅助驾驶，不干预车辆自动驾驶。由自动驾驶系统完成所有操作，无道路与环境的限制。

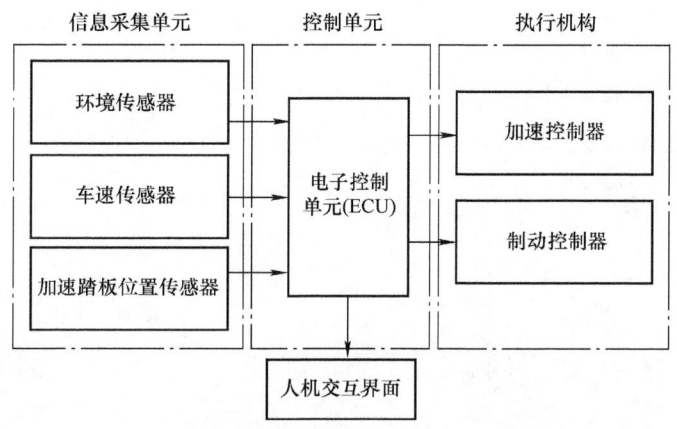

图 1-39　自适应巡航控制系统结构

（5）自主驾驶

自主驾驶也称无人驾驶，在驾驶过程中不需要驾驶人，完全由计算机控制，自行进行驾驶操作，在各种工况下都能自行处理，完成驾驶任务，自动驾驶汽车智能控制过程如图 1-40 所示。

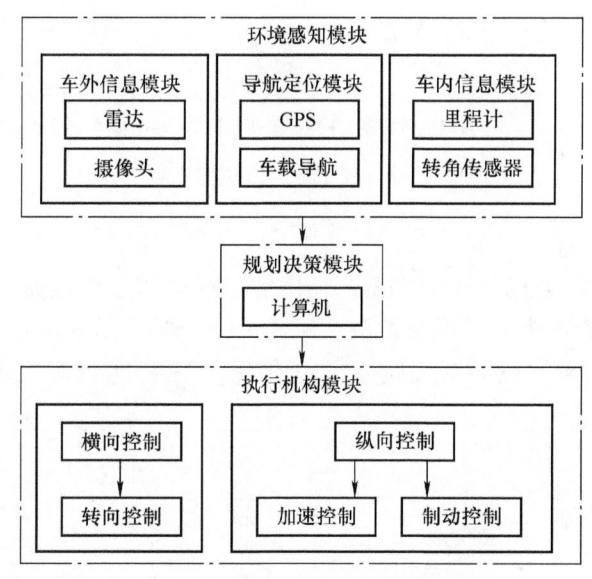

图 1-40　自动驾驶汽车的智能控制过程

1.7.2　智能车辆传感器布局

（1）车用传感器分类

车辆传感器按照理化参数，主要可以分为两种：测量物理参数的物理测量传感器和测量化学参数的化学测量传感器。根据传感器用途划分：底盘控制系统传感器、车内多媒体系统传感器、发动机系统传感器。根据传感器主要材料区分：半导体传感器、精细陶瓷传感器、高分子薄膜传感器、光导纤维传感器。根据传感器结构原理划分：韧性传感器、复合型传感器、结构型传感器。

（2）常用传感器布局

汽车常用传感器布局如图 1-41 所示。

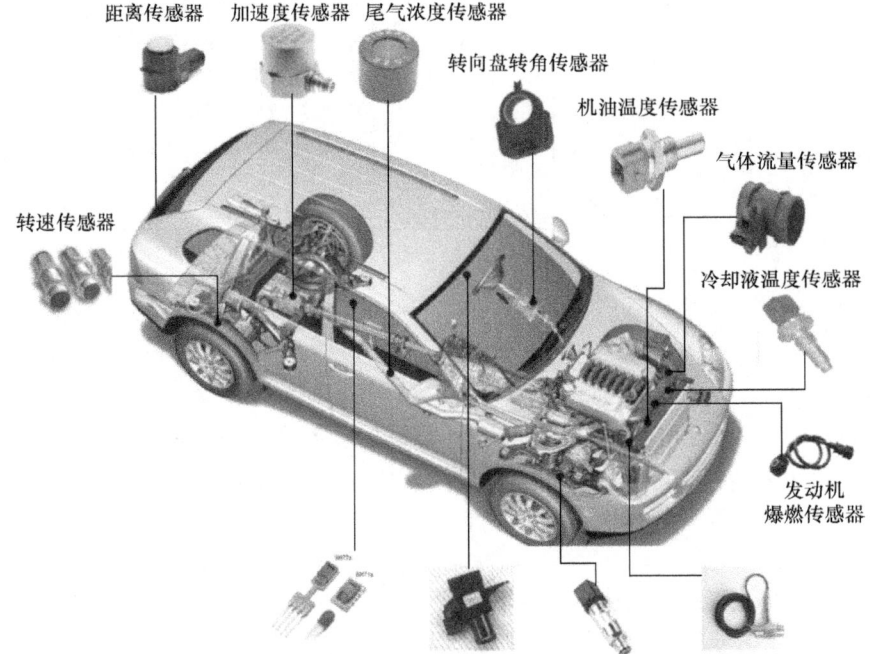

图 1-41　汽车常用传感器布局

（3）智能驾驶传感器

在智能汽车上，除了常用汽车传感器，还增加了环境感知传感器。智能汽车的环境感知传感器主要有单/双目摄像头、环视摄像头、GPS 天线、惯性测量单元（IMU）毫米波雷达、激光雷达、超声波传感器及夜视设备等。这些传感器在智能汽车上的安装位置如图 1-42 所示。

图 1-42　传感器安装位置

1）摄像头采集的图像信息具有范围广、信息容量大等特点，对图像进行分析处理，可以对对象进行检测与识别，摄像头成本较低，无法直接得到对象的深度信息。在自动驾驶中，研究者主要用摄像头的图像信息进行车道线识别、车辆和障碍物的检测与跟踪、监测驾驶人状态等任务。

2）虽然到目前为止，雷达在检测远距离的小障碍物时有一些不足之处，但是它具有远距离测距能力，能提供本车前方道路和目标车辆的方位和速度信息，同时还能够可靠地提供本车周围障碍物的深度信息，而且不受天气、阳光等影响，可以准确地发现本车周围存在的障碍物以及前方的车辆和行人。雷达的安装位置通常根据实际需要安装在车顶、前/后保险杠或侧向位置。由于雷达在提供远距离的车辆和障碍物信息方面有着得天独厚的优势，因此在车辆的智能驾驶系统中有着广阔的应用前景。目前应用于环境感知模块中的雷达主要有毫米波雷达和激光雷达。

① 毫米波雷达：毫米波雷达波束窄，分辨率高，抗干扰能力强，具有较好的环境适应性，下雨、大雾或黑夜等天气状况对毫米波的传输几乎没有影响，因此可在各种环境下可靠地工作。

② 激光雷达：与摄像头相比，通过激光雷达技术可以跟踪目标，获得周围环境的深度信息；再者激光雷达方向性好，波束窄，无电磁干扰，距离及位置探测精度高，因此它广泛应用于障碍物检测、环境三维信息的获取、车距保持及车辆避障中。

1.7.3 智能车辆执行机构布局简介

智能汽车执行机构应具有如下特点：高效、人机协调、接口开放以及系统独立安全可靠。基于以上要求，智能车的执行机构总体布局方案如图 1-43 所示。

各个执行系统分别通过电机或电路实现控制，另外为保证智能车辆在未来的自主驾驶，整个系统中加入了远程通信及监控模块，通过互联网和中心服务器远程实时监控车辆。

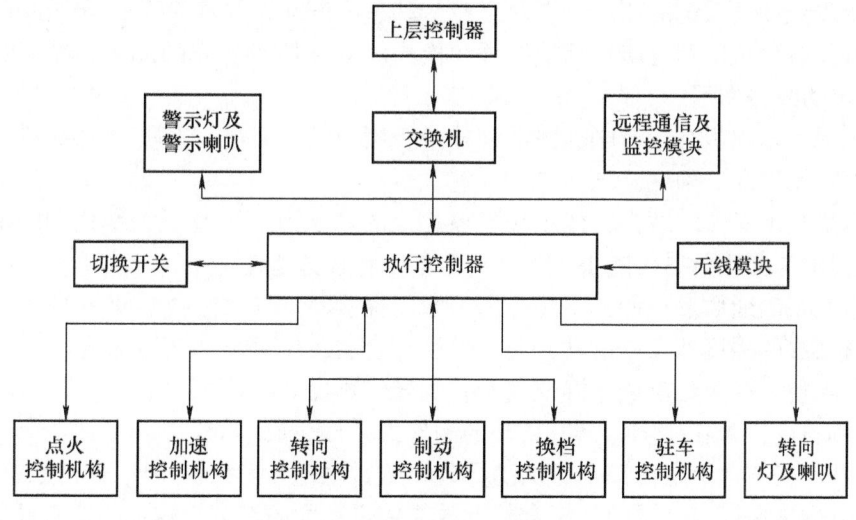

图 1-43　执行机构总体布局

第2章 离合器设计

2.1 概述

离合器是以内燃机为动力的汽车传动系统中直接与发动机相联系的部件，按动力传递顺序来说，离合器应是传动系中的第一个总成，其具有以下作用：

① 将传动系统的动力传递实现中断，平顺的使发动机能够与传动系统结合，保证汽车起步平顺。

② 换档时将发动机与传动系统断开，减小变速器换档齿轮间的冲击，保证传动系换档时工作平顺。

③ 限制传动系统承受的最大转矩，防止因过载导致传动系统各零部件收到损伤，减少使用寿命。

④ 降低传动系统中的振动，减轻噪声。为实现上述离合器的功用，离合器应该是这样的一个传动机构：其主动部分和从动部分可以暂时分离，又可以逐渐接合，并且在传动过程中还要有相对转动。

具体来讲离合器的设计需要满足以下的基本要求：

1) 能可靠地在任何驾驶条件下传递发动机的最大转矩，同时能防止传动系统过载。
2) 应能避免传动系统的扭转，有效衰减传动系的振动，并具有降低噪声的能力。
3) 尽可能减少从动部分转动惯量，缓和换档时变速器齿轮间的冲击，换档和减同步器的磨损有一定的减缓作用。
4) 为确保汽车起步时没有剧烈抖动和冲击，接合时要完全、平顺、柔和。
5) 分离时要迅速、彻底。
6) 若摩擦表面有一定磨损，作用在摩擦片上的总压力不应有太大变化，摩擦因数在离合器工作过程中的变化要尽可能小，保证离合器工作性能稳定。
7) 拥有较强的通风散热能力，防止因为散热性能不好导致离合器使用寿命减短。
8) 具有足够的强度和良好的动平衡，保证离合器工作可靠，性能优越。
9) 操纵轻便、简单且准确，降低驾驶者的操作难度。
10) 结构符合轻量化要求，具有良好的制作工艺性，成本低。

摩擦离合器基本上由主动部分、从动部分、压紧机构和操纵机构四部分组成。主、从动部分和压紧机构是保证离合器处于接合状态并能传递动力的基本结构，而离合器的操纵机构是主要使离合器分离的装置。

离合器作为与发动机直接相连接的总成，为满足发动机的高转速和高功率，提高离合器的工作稳定性和延长使用寿命，在简化离合器操纵步骤的同时提高离合器传递转矩的能力已经成为技术发展趋势。

2.2 离合器的结构形式选择

汽车离合器根据 GB/T 10043—2017，主要分为摩擦式、电磁式和液力式三种类型，摩擦式离合器又分为湿式和干式两种。干式盘形摩擦离合器在如今各类汽车中应用最为广泛，这里仅介绍摩擦离合器的结构形式及选择。摩擦离合器可按照从动盘数目的差异、压紧弹簧布置和结构形式的不同以及分离时作用力方向不同分类，如图2-1所示。

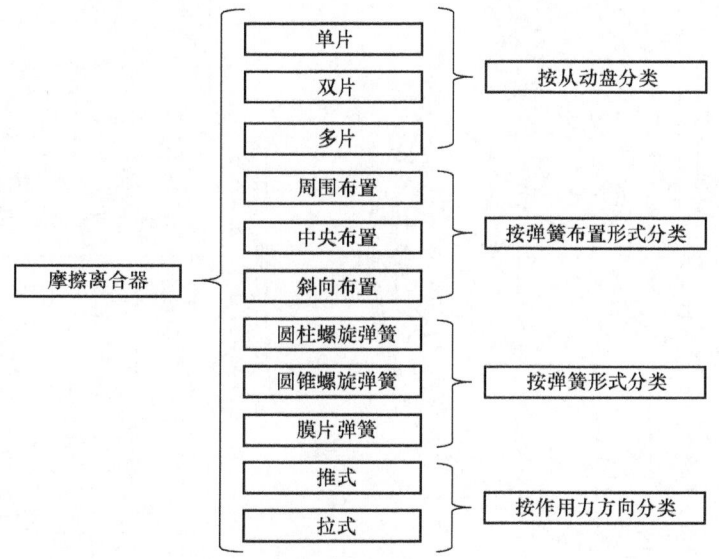

图 2-1　摩擦离合器的分类形式

2.2.1 从动盘数的选择

（1）单片离合器

单片离合器（图2-2）具有结构简单、轴向结构紧凑、散热性能优良、维修调整方便、从动部分转动惯量小以及工作时能保证分离彻底等优点。若采用轴向有弹性的从动盘可以保证接合平顺柔和。但是受到结构的制约，单片离合器的转矩容量受到了一定的限制，所以通常应用于发动机转矩不大于1000N·m 的乘用车和商务车。

（2）双片离合器

双片离合器可理解为（图2-3）单片离合器中多了一个从动盘。双片离合器相对单片离合器具有较大的转矩容量。与单片离合器相比，双片离合器具有以下优点：①传递的转矩因为摩擦面增大一倍而得到提

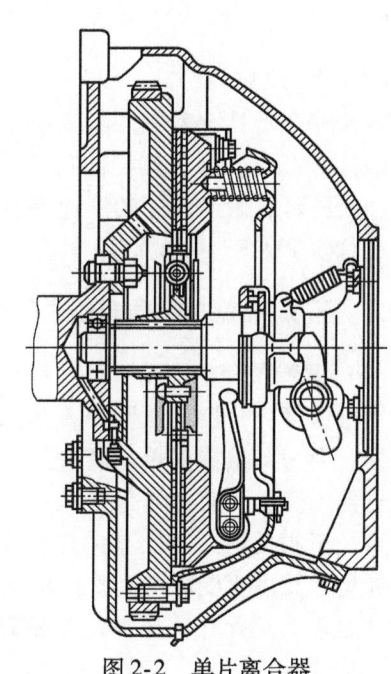

图 2-2　单片离合器

升。②在传递相同转矩时,径向尺寸和踏板力较小,方便驾驶人操作。③接合更为平顺、柔和。

但双片离合器有这些优点的同时也要考虑到以下缺点:中间压盘通风散热性能不佳,容易导致摩擦片过热,降低离合器工作稳定性和使用寿命;分离行程较大,不易分离彻底;从动部分转动惯量大,换档比较困难;轴向尺寸较大,结构复杂。因此这种结构一般用在传递转矩较大且径向尺寸受到限制的场合。

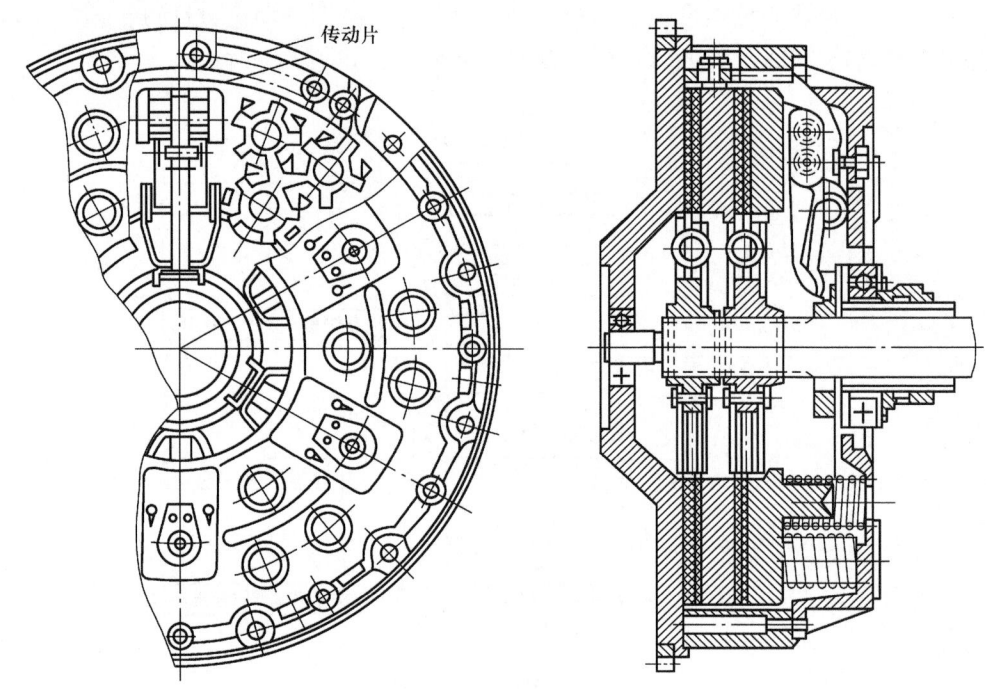

图 2-3 双片离合器

（3）多片离合器

多片离合器具有摩擦片磨损小、使用寿命长等优点。但是多数是湿式离合器,需要在润滑的条件下工作。由于其径向尺寸小、可承受转矩大,被广泛应用于机床、轧钢、冶金采矿、金属压延、搬运、船舶渔业等设备的机械传动系统中,起到离合、换向、变速等作用,在最大总质量大于 14t 的商用车的行星齿轮变速器中也有应用。

2.2.2　压紧弹簧的结构和布置形式的选择

（1）周置弹簧离合器

周置弹簧离合器的压紧弹簧是由若干个螺旋弹簧组成,并沿着压盘（或从动盘）周围分布的。因为其结构简单、制造工艺性良好,在汽车传动系中得到广泛应用。然而,周置弹簧离合器弹簧压力直接作用于压盘上,为使摩擦片上的压力均匀,压紧弹簧的数目需要与摩擦片直径正相关。又因压紧弹簧直接与压盘接触,易受热回火失效,当发动机最大转速很高时,周置弹簧由于受离心力作用而向外弯曲,使弹簧压紧力显著下降,离合器传递转矩的能力也随之降低;此外,弹簧靠在弹簧座上,导致接触部位磨损严重。

(2) 中央弹簧离合器

中央弹簧离合器使用仅具有一个或两个强力螺旋弹簧（圆柱螺旋弹簧或矩形断面的锥形螺旋弹簧），并与压盘（或从动盘）同轴安置在离合器中央。其优点是可以通过采用大的杠杆比获得较大的压紧力，且有利于减少踏板力，方便驾驶人操纵；压紧弹簧不与压盘相接触，避免弹簧受热回火失效；压紧力的调整可以通过改变垫片厚度或调整螺纹实现。中央弹簧离合器多用于最大转矩大于 500N·m 的商用车上，这是因为其结构复杂，轴向尺寸大，在尺寸较小的车辆里放置受限。

(3) 斜置弹簧离合器

斜置弹簧离合器的弹簧压力斜向作用在传力盘上，并通过压杆作用在压盘上。此结构在摩擦片磨损或分离离合器时，压盘所受的压紧力保持不变，工作稳定性较高。同时踏板力相比上述两种离合器较小，可降低驾驶人的劳动强度，所以该结构已经在总质量大于 14t 的商用车上应用。

(4) 膜片弹簧离合器

膜片弹簧离合器（图 2-4）采用膜片弹簧作为压紧弹簧。膜片弹簧是一种由弹簧钢制成的具有特殊结构的碟形弹簧，主要由碟簧部分和分离指部分组成。

膜片弹簧离合器与上述类型的离合器相比，具有以下显著特点：

1) 弹簧力在摩擦片允许磨损的范围内基本不变，这是因为膜片弹簧具有较理想的非线性特性，因而离合器能保持传递的转矩大致不变。膜片弹簧离合器分离时，弹簧压力有所下降，从而降低了踏板力，而圆柱螺旋弹簧分离时的压力则显著增大。膜片弹簧可以兼具压紧弹簧和分离杠杆的作用，结构简化，更加紧凑，轴向尺寸小，组件数量少，质量小。

2) 膜片弹簧离合器在高速旋转工作状态下，稳定性较高、压紧力降低小；而圆柱螺旋弹簧的压紧力则明显下降。

3) 膜片弹簧以整个圆周与压盘接触，压力分布均匀，摩擦片接触良好，磨损均匀。

4) 通风散热能力优良，使用寿命长。

5) 膜片弹簧和离合器中心线重合，具有良好的平衡性。

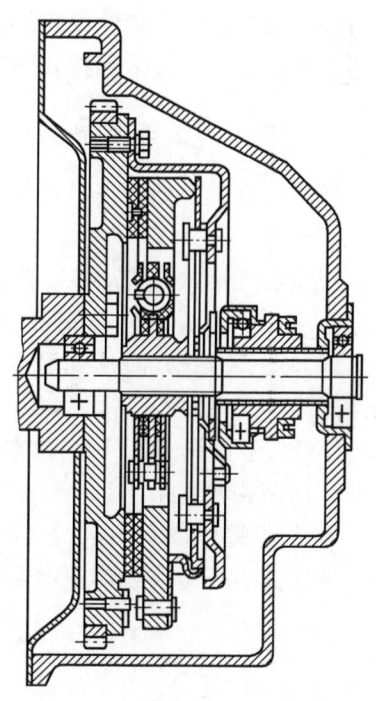

图 2-4 膜片弹簧离合器

膜片弹簧离合器的缺点是制造工艺性较为复杂，因为需要严格且精确的弹簧钢片的尺寸精度、加工和热处理条件，最为重要的是它的非线性弹性特征在生产中并不容易掌控。在结构上，因为分离指部分的刚度较低导致的分离效率降低，在分离指根部易形成应力集中，使得碟簧部分的应力增大，容易导致疲劳裂纹而损坏；分离指舌尖部易磨损，而且难以修复。近年来，得益于制造工艺技术和设计理论的完善，以及材料性能的提升，膜片弹簧技术也日趋成熟。该结构已广泛出现在各类商用车和乘用车上。

膜片弹簧离合器可以根据分离时分离指内端受力方向的差异，分为推式膜片弹簧离合器和拉式膜片弹簧离合器。当分离离合器时，分离指内端分离方向离开压盘的结构称为拉式膜片弹簧分离器。而推式膜片离合器与拉式的差异是当分离离合器时，分离指内端分离方向指向压盘。

上述两种膜片弹簧离合器的结构特点是：装配的时候，推式膜片弹簧离合器的膜片锥顶朝后（离开压盘方向），大端靠在压盘上对压盘施加压力；拉式膜片弹簧的安装与推式相反，膜片弹簧的锥顶朝前（指向压盘方向），其大端靠在离合器盖上，膜片弹簧的中部对压盘施加压力。

分析上述两种膜片弹簧离合器可知：在压盘的尺寸相同的情况下，拉式膜片弹簧离合器利用直径较大的膜片弹簧来提高转矩容量和压紧力；或者在传递转矩相同的情况下，结构较小的拉式膜片弹簧离合器可以代替结构较大的推式膜片弹簧离合器。再者在不用或只用一个支承环的情况下，拉式膜片弹簧的结构更加简单、紧凑，质量更小；同时当支承环磨损后，拉式膜片弹簧不会形成间隙，导致踏板的自由行程增大，噪声和冲击得到降低；从动盘转动惯量小，减少换档时齿轮轮间的冲击，更便于换档，使用寿命更长。因此，如今各种类型的乘用车和商用车多数采用拉式膜片弹簧离合器。

2.2.3 膜片弹簧的支承方式

按照安装膜片弹簧支承环数的差异，推式膜片弹簧离合器可以分为双支承环、单支承环和无支承环（图2-5）。

双支承环形式（图2-5）是目前广泛采用的形式，它又可以分为：

① MF型（图2-5a）用台肩式铆钉将膜片弹簧、两个支承（图2-5中拉式膜片弹簧离合器环与图2-4拉式膜片弹簧离合器离合器盖）定位铆合在一起，结构简单，是较早采用的形式。

② DS型（图2-5b）结构在铆钉上加装了硬化衬套和刚性挡环，可提高耐磨性和使用寿命，但结构较复杂。

③ DST型（图2-5c）结构取消了铆钉，从离合器盖内边缘上伸出许多舌片，将膜片弹簧、两个支承环与离合器盖弯合在一起，使结构紧凑、简化，且使用寿命长，因此其应用日趋广泛。

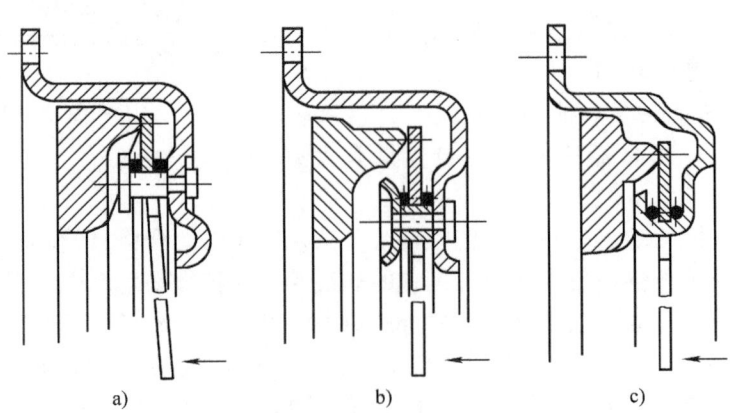

图2-5 推式膜片弹簧双支承环的三种形式

单支承环形式（图2-6）分为三种：①DBV型（图2-6a），它是MF型的改进，在冲压离合器盖上冲出一个环形凸台来代替支承环，使结构简化；②DB/DBP型（图2-6b）在铆钉前侧以弹性挡环代替支承环，以消除膜片弹簧与支承环之间的轴向间隙；③GMF型与DBV型相似，在铸铁离合器盖上铸出一个凸台代替支承环，用于重型货车上。

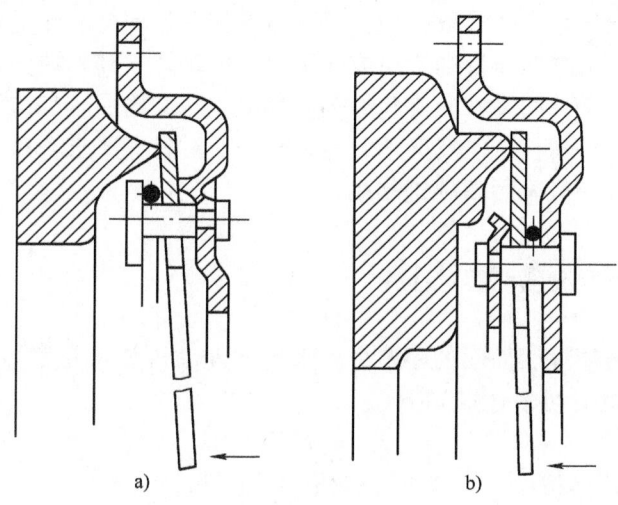

图2-6 推式膜片弹簧单支承环形式

无支承环形式（图2-7）同样可以具体分为三种形式：

① DBR型（图2-7a），其铆合膜片弹簧和斜头铆钉的头部与离合器盖上冲出环形凸台，从而取消了前、后支承环。

② D/DR型（图2-7b）在铆钉前侧以弹性挡环和离合器盖上环形凸台分别代替前、后支承环，使结构更简化。

③ CP型（图2-7c）结构最为简单，其撤销了DR中的铆钉，通过离合器盖内边缘处伸出的许多舌片，将膜片弹簧与弹性挡环和离合器盖上的环形凸台弯合在一起。

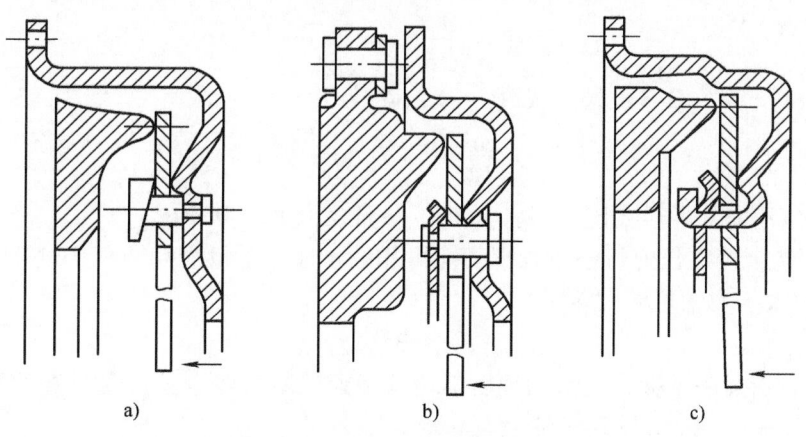

图2-7 推式膜片弹簧无支承环形式

2.2.4 压盘的驱动方式

窗孔式、传力销式、键块式和传动片式是压盘驱动的主要方式。窗孔式、传力销式和键块式的共同缺点是连接件之间都有间隙，在驱动时，离合器会产生一定的冲击和噪声，同时零件之间的相对滑动会产生摩擦导致损伤，离合器的传动效率会因此受到影响。传动片式是如今普遍采用的结构，沿周向布置的三组或四组钢带传动片，其两端分别与离合器盖和压盘以铆钉或螺栓连接，传动片的弹性允许其做轴向移动。此结构中压盘与飞轮对中性能好，动平衡性好，使用可靠，寿命长。但反向承载能力较弱，对材料要求较高，因为汽车反拖时易折断传动片，所以压盘一般采用高碳钢制成。

2.3 离合器的主要参数选择

通过主、从动部分摩擦表面间的摩擦力矩来传递发动机转矩是摩擦离合器的运转方式。则离合器的静摩擦力矩 T_c 可表达成如下：

$$T_c = fFZR_c \tag{2-1}$$

式中，f 为摩擦面间的摩擦因数，计算时一般取 $0.25 \sim 0.30$；F 为压盘施加在摩擦面上的工作压力；Z 为摩擦面数，单片离合器 $Z=2$，双片离合器 $Z=4$；R_c 为摩擦片的平均摩擦半径。

压盘施加在摩擦面上的工作压力 F 为

$$F = p_0 A = p_0 \frac{\pi(D^2 - d^2)}{4} \tag{2-2}$$

式中，p_0 为摩擦单位压力；A 为摩擦面的面积；D 为摩擦片外径；d 为摩擦片内径。

根据压力均匀假设，摩擦片的平均摩擦半径 R_c 可以表示为

$$R_c = \frac{D^3 - d^3}{3(D^2 - d^2)} \tag{2-3}$$

当 $d/D \geq 0.6$ 时，R_c 可由下式精确地计算：

$$R_c = \frac{D + d}{4} = \frac{R + I}{2} \tag{2-4}$$

将式（2-2）、式（2-3）代入式（2-1），得

$$T_c = \frac{\pi}{12} f(z) p_0 D^3 (1 - c^3) \tag{2-5}$$

式中，c 为摩擦片内外半径之比，即 $c = d/D$，一般取 $0.53 \sim 0.70$。

为了保证离合器在任何行驶情景下都能可靠的传递发动机最大转矩，设计离合器最大静摩擦力矩 T_c 应大于发动机最大转矩。

$$T_c = \beta T_{emax} \tag{2-6}$$

式中，β 为离合器后备系数，定义为离合器所能传递的最大静摩擦力矩与发动机最大转矩之比，β 必须大于 1；T_{emax} 为发动机的最大转矩。

影响离合器性能的主要基本参数包括 β 和 p_0，尺寸参数 D、d 和摩擦片厚度 b 以及结构参数摩擦面数 Z 和离合器间隙 Δt，最后还有摩擦因数 f。

(1) 后备系数 β

后备系数 β 表征摩擦片压紧后，离合器传递发动机动力的能力。选择时不应仅仅考虑传递发动机的最大转矩，还应考虑摩擦片磨损后仍能传递的最大转矩，同时应避免起步后滑磨时间过长，而且也要考虑传动系过载及操纵轻便等。选择依据具体如下：

① 为可靠传递发动机最大转矩和防止离合器滑磨时间过长，β 不宜选得太小。

② 为使离合器尺寸不致过大，减少传动系过载，减轻驾驶人操纵强度，β 不宜选得太大。

③ 当发动机后备功率较大，驾驶条件良好时，β 可以选得小些。

④ 当使用条件恶劣、需要使用拖带挂车时，为了提高起步能力，减少离合器滑磨，β 应该选得大一些。

⑤ 汽车总质量越大，β 也应该选的大。

⑥ 当采用柴油机时，因其多数处在环境比较恶劣的工作条件下，选取后备系数 β 要比汽油机大些。

⑦ 当发动机缸数较多时，转矩波动较小，β 可以选得小些。

⑧ 由于摩擦片受损压力保持比较稳定，膜片弹簧离合器选取的 β 值可以比螺旋弹簧离合器小些；双片弹簧离合器 β 值应大于单片离合器。

常用各类汽车离合器的 β 取值范围见表 2-1。

表 2-1 常用汽车离合器后备系数 β 的取值范围

车 型	后备系数 β
乘用车及最大总质量小于 6t 的商用车	1.20 ~ 1.75
最大总质量为 6 ~ 14t 的商用车	1.50 ~ 2.25
挂车	1.80 ~ 4.00

(2) 单位压力 p_0

单位压力 p_0 对摩擦表面的耐磨性起决定性作用，极大影响离合器工作稳定性和使用寿命。离合器的工作环境、发动机后备功率的大小、摩擦片尺寸、材料及其质量和后备系数等因素都是选取 p_0 值应考虑的。选择依据具体如下：

① 当摩擦片外径较大，为获得较低的摩擦片外缘处热负荷，p_0 应该取小些。

② 对离合器使用频繁且发动机后备系数较小、载质量大或经常处在驾驶条件恶劣条件下的汽车，p_0 应取得适当小些。

③ 当选取较大的后备系数，可以适当增加 p_0。

根据摩擦片采用的材料不同，p_0 取值范围见表 2-2。

表 2-2 摩擦片的单位压力 p_0 的取值范围

摩擦片材料	单位压力
石棉基材料	0.10 ~ 0.35
粉末冶金材料	0.35 ~ 0.60
金属陶瓷材料	0.70 ~ 1.50

(3) 摩擦片外径 D、内径 d 和厚度 b

摩擦片外径 D 对离合器轮廓尺寸、质量和使用寿命有决定性的作用。

离合器结构形式和摩擦片的材料已经确定，且发动机最大转矩 T_{emax} 已知的情况下，结合式（2-5）和式（2-6），选取合适的后备系数 β 和单位压力 p_0，便可以对摩擦片外径估算，即

$$D = \sqrt[3]{\frac{12\beta T_{emax}}{\pi f Z p_0 (1 - c^3)}} \tag{2-7}$$

摩擦片外径 D（mm）也可以根据发动机的最大转矩 T_{emax}（N·m）按照如下经验公式选用

$$D = K_D \sqrt{T_{emax}} \tag{2-8}$$

式中，K_D 为直径系数，取值范围见表 2-3。

表 2-3 直径系数 K_D 的取值范围

车 型	直径系数 K_D
乘用车	14.6
最大总质量为 1.8~14.0t 的商用车	16.0~18.5（单片离合器） 13.5~15.0（双片离合器）
最大总质量大于 14.0t 的商用车	22.5~24.0

由于摩擦片内径 d 和摩擦外径之比在 0.53~0.70 范围之内，所以当摩擦片外径 D 确定后，摩擦片内径 d 也可以确定。在摩擦片外径 D 相同时，提高传递转矩的能力需要通过选用较小的摩擦片内径 d 增大摩擦面积，使摩擦片内、外缘圆周的相对滑摩速度差别过大而造成摩擦面磨损不均匀，会破坏散热性，同时也会影响扭转减振器的安装。摩擦片尺寸应符合尺寸系列标准 CB/T 5764—2011《汽车用离合器面片》中的规定，所选的 D 应使摩擦片最大圆周速度为 65~70m/s 及以下，避免摩擦片发生飞离。

摩擦片的厚度 b 主要有 3.2mm、3.5mm 和 4.0mm 三种。

（4）摩擦因数 f、摩擦面数 Z 和离合器间隙 Δt

摩擦片所用材料、工作温度、单位压力和滑摩速度等是影响摩擦因素 f 的主要因素。石棉基材料、粉末冶金材料和金属陶瓷材料的摩擦因数 f 较大且稳定，它们是摩擦片主要选用的材料。各种摩擦材料的摩擦因数 f 的取值范围见表 2-4。

表 2-4 摩擦材料的摩擦因素 f 的取值范围

摩擦材料		摩擦因素 f
石棉基材料	模压	0.20~0.25
	编织	0.25~0.35
粉末冶金材料	铜基	0.25~0.35
	铁基	0.35~0.50
金属陶瓷材料		0.4

摩擦面数 Z 是离合器从动盘数的 2 倍，由离合器所需传递转矩的大小及其结构尺寸所决定。离合器间隙 Δt 是指在离合器处于正常接合状态下，分离套筒被回位弹簧拉到后极限位置时，为保证摩擦片正常磨损过程中离合器仍能完全接合，在分离轴承和分离杠杆内端之

间留有的间隙。该间隙 Δt 一般为 3~4mm。

2.4 离合器的设计与计算

2.4.1 离合器基本参数优化

对离合器性能参数和尺寸参数的设计直接影响到离合器的工作性能和结构尺寸。这些参数的确定采用先设计、后校核的方法。

1. 设计变量

后备系数可由式（2-1）和式（2-6）确定，由式可知 β 取决于离合器工作压力 F 和离合器的主要尺寸参数 D 和 d。单位压力 β 可由式（2-2）确定，D 也取决于 F、D 及 d。因此，离合器基本参数的优化设计变量选为

$$X = [x_1, x_2, x_3]^T = [F, D, d]^T$$

2. 目标函数

在保证离合器正常工作和性能的条件下，使其结构尺寸尽可能小，这是离合器基本参数优化设计追求的目标，即目标函数表示为

$$f(x) = \min\left[\frac{\pi}{4}(D^2 - d^2)\right] \tag{2-9}$$

3. 约束条件

1) 摩擦片外径 D（mm）的选取应保证它的最大圆周速度 v_D 不超过 65~70m/s，即

$$v_D = \frac{\pi}{60} n_{eamx} D \times 10^{-3} \leqslant 65 \tag{2-10}$$

2) 摩擦片内、外半径之比 c 应保证

$$0.53 \leqslant c \leqslant 0.70$$

3) 为了保证离合器可靠地传递发动机最大转矩，并且防止传动系过载、不同车型的 β 值应处在一定合理范围内，即

$$1.2 \leqslant \beta \leqslant 4.0$$

4) 为反应离合器传递的转矩并保护过载能力，单位摩擦面积传递的转矩应小于其许用值，即

$$T_{c0} = \frac{4T_c}{\pi z (D^2 - d^2)} \leqslant [T_{c0}] \tag{2-11}$$

式中，T_{c0} 为单位摩擦面积传递的转矩（N·m/mm²）；$[T_{c0}]$ 为其允许值（N·m/mm²），按表 2-5 进行选取。

表 2-5 单位摩擦面积传递转矩的允许值取值范围

离合器规格 D/mm	<210	210~250	250~325	>325
$[T_{c0}]$/(N·m/mm²)	0.28	0.30	0.35	0.40

5) 为保证扭转减振器的安装，摩擦片内径 d 必须大于减振器弹簧位置直径 $2R_0$ 约 50mm，即

$$d > 2R_0 + 50\text{mm}$$

6) 为降低离合器滑磨时的热负荷，防止摩擦片损伤，对于各类车型，单位压力 p_0 根据所用的摩擦材料在一定范围内选取，取 $0.1 \sim 0.15\text{MPa}$，即

$$0.1\text{MPa} \leq p_0 \leq 0.15\text{MPa}$$

7) 为减少汽车起步过程中离合器滑磨，避免摩擦片表面因温度过高发生烧伤，离合器每一次接合的单位摩擦面积滑磨功应小于许用值，即

$$\omega = \frac{4W}{\pi Z(D^2 - d^2)} \leq [\omega] \tag{2-12}$$

式中，ω 为单位摩擦面积滑磨功（J/mm^2）；$[\omega]$ 为其许用值（J/mm^2），对于最大总质量大于 6.0t 的商用车，$[\omega] = 0.25\text{J/mm}^2$，对于总质量小于 6.0t 的商用车，$[\omega] = 0.33\text{J/mm}^2$，对于乘用车，$[\omega] = 0.40\text{J/mm}^2$；$W$ 为汽车起步时离合器结合一次所产生的总滑摩功（J），可由下式计算得出：

$$W = \frac{\pi^2 n_e^2 m_a r_r^2}{1800 i_0^2 i_g^2} \tag{2-13}$$

式中，m_a 为汽车总质量（kg）；r_r 为轮胎滚动半径（m）；i_g 为起步时所用变速器档位的传动比；i_0 为主减速器传动比；n_e 为发动机转速（r/min）；计算时乘用车取 2000r/min，商用车取 1500r/min。

2.4.2 膜片弹簧的弹性特性

膜片弹簧的弹性特性是由碟簧决定的，假设弹簧在承载过程中，其子午断面刚性的绕此断面上的某中性点 O 转动（图 2-8）。

通过支承环和压盘施加在膜片弹簧上的载荷 F_1（N）集中在支承环处，加载点间的相对轴向变形为 λ_1（mm）（图 2-10b），则膜片弹簧弹性的特性（图 2-9）如下式表示：

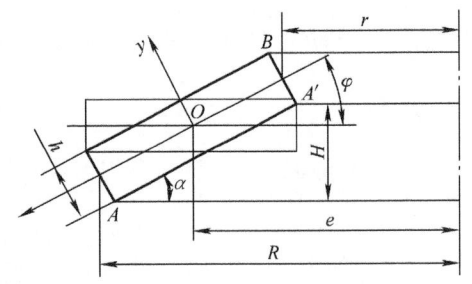

图 2-8 子午断面绕中性点转动

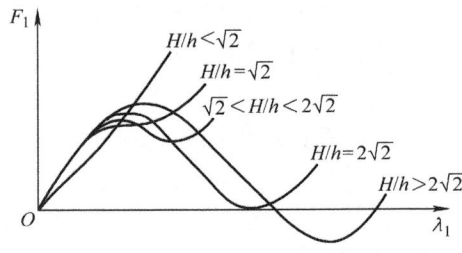

图 2-9 膜片弹簧弹性特性曲线

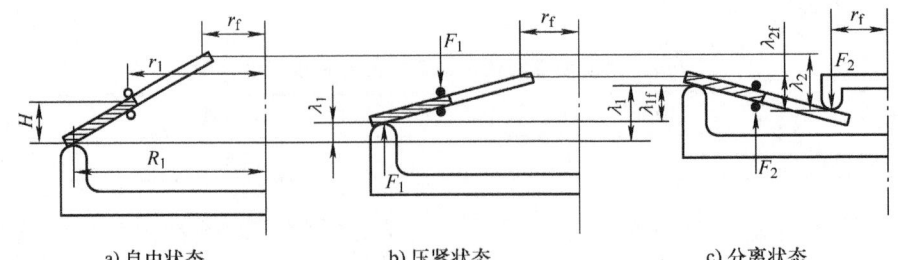

a) 自由状态　　b) 压紧状态　　c) 分离状态

图 2-10 膜片弹簧在不同工作状态下的变形

$$F_1 = f(\lambda_1) = \left[\frac{\pi E h \lambda_1}{6(1-\mu^2)}\right]\frac{\ln(R/r)}{(R_1-r_1)^2}\left[\left(H-\lambda_1\frac{R-r}{R_1-r_1}\right)\left(H-\frac{\lambda_1}{2}\frac{R-r}{R_1-r_1}\right)+h^2\right]$$

(2-14)

式中，E 为材料的弹性模量（MPa），对于钢：$E = 2.1 \times 10^5$ MPa；μ 为材料的泊松比，对于钢：$\mu = 0.3$；H 为膜片弹簧自由状态下碟簧部分的内截锥高度（mm）；h 为膜片弹簧钢板厚度（mm）；R、r 分别为自由状态下碟簧部分大、小端半径（mm）；R_1、r_1 分别为压盘加载点和支承环加载点半径（mm）。

当离合器分离时，膜片弹簧的加载点将发生变化（图 2-10c）。设分离轴承对分离指端所加载荷为 F_2（N），相应作用点变形为 λ_2（mm）；另外，在分离与压紧状态下，只要膜片弹簧变形到相同的位置，其子午断面从自由状态也转过相同的转角，则有如下关系

$$\lambda_2 = \frac{r_1 - r_f}{R_1 - r_1}\lambda_1 \tag{2-15}$$

$$F_2 = \frac{R_1 - r_1}{r_1 - r_f}F_1 \tag{2-16}$$

式中，r_f 为分离轴承和分离指的接触半径（mm）。

将式（2-15）和式（2-16）代入式（2-14），即可以求得 F_2 和 λ_2 的关系式为

$$F_2 = f(\lambda_2) = \left[\frac{\pi E h \lambda_2}{6(1-\mu^2)}\right]\frac{\ln\left(\frac{R}{r}\right)}{(R_1-r_f)^2}\left[\left(H-\lambda_2\frac{R-r}{R_1-r_1}\right)\left(H-\left(\frac{\lambda_2}{2}\right)\frac{R-r}{R_1-r_f}\right)+h^2\right]$$

(2-17)

同样，也可分别得到 F_1 与 λ_2、F_2 与 λ_1 关系式。

如果不计分离指在 F_2 作用下的弯曲变形，则分离轴承推分离指的移动行程 λ_{2f}（图 2-10c）为

$$\lambda_{2f} = \frac{r_1 - r_f}{R_1 - r_1}\lambda_{1f} \tag{2-18}$$

式中，λ_{1f} 为压盘的分离行程（图 2-10b、图 2-10c）。

2.4.3 膜片弹簧的强度计算

由前述假设可知，子午断面在中性点 O 处沿圆周方向的切向应变为零，故该点的切向应力也为零，O 点以外的点均存在切向应变和切向应力。建立如图 2-11 所示的坐标系 XOY，则断面上任意点 (x, y) 的切向应力 σ_t（MPa）为

$$\sigma_t = \left(\frac{E}{1-\mu^2}\right)\frac{x\varphi(\alpha-\varphi/2) - y\varphi}{e+x} \tag{2-19}$$

式中，α 为自由状态时碟簧部分的圆锥底角（rad）；φ 为从自由状态起，碟簧子午断面的转角（rad）；e 为中性点半径（mm），$e = \dfrac{R-r}{\ln\dfrac{R}{r}}$。

由式（2-19）可知，当 φ 一定时，一定的切向力 σ_t 在 XOY 坐标系中呈线性分布，当 $\sigma_t = 0$ 时有：

$$y = x(\alpha - \varphi/2) \tag{2-20}$$

因 $(\alpha - \varphi/2)$ 很小, $(\alpha - \varphi/2) \approx \tan(\alpha - \varphi/2)$, 则式 (2-20) 表明: 对于一定的 φ, 零应力分布在过 O 点而与 X 轴成 $(\alpha - \varphi/2)$ 角的直线上 (图 2-11); 实际上, 当 $x = -e$ 时, 无论 σ_t 为何值, 均存在 $y = -(\alpha - \varphi/2)e$, 显然 OK 为零应力直线, 其内侧为压应力区, 外侧为拉应力区。由此可见碟簧部分上缘 B 点的切向应力最大。当 K 点的纵坐标 $(\alpha - \varphi/2)e > h/2$ 时, A 点的切向拉力最大; 当 $(\alpha - \varphi/2)e < h/2$ 时, A' 点的切向拉力最大。

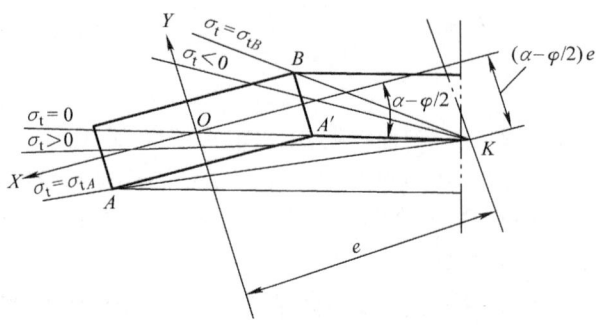

图 2-11 切向应力在子午断面中的分布

分析表明, B 点的应力值最高, 因此通常只计算 B 点的应力来校核碟簧的强度。将 B 点坐标 $x \approx -(e-r)$ 和 $y = h/2$ 代入式 (2-19), 可得 B 点的应力 σ_{tB} 为

$$\sigma_{tB} = \frac{E}{(1-\mu^2)r}\left\{\frac{e-r}{2}\varphi^2 - \left[(e-r)\alpha + \frac{h}{2}\right]\varphi\right\} \quad (2-21)$$

令 $d\sigma_{tB}/d\varphi = 0$, 可以求出 $d\sigma_{tB}$ 达到极大值时的转角

$$\varphi_p = \alpha + \frac{h}{2(e-r)} \quad (2-22)$$

式 (2-22) 表明, B 点最大压应力发生在比碟簧压平位置再多转动一个角度 $\arctan\frac{h}{2(e-r)} \approx \frac{h}{2(e-r)}$ 的位置处。

当离合器彻底分离时, 膜片弹簧子午断面的实际转角 $\varphi_f \geq \varphi_p$, 计算 σ_{tB}, φ 应该取 φ_p, 如果 $\varphi_f < \varphi_p$ 则 φ 应该取 φ_f, 在分离轴承推力 F_2 的作用下, B 点还受弯曲应力 σ_{rB}, 其值为

$$\sigma_{rB} = \frac{6(r-r_f)F_2}{nb_rh^2} \quad (2-23)$$

式中, n 为分离指数目; b_r 为一个分离指根部的宽度 (mm)。

考虑到弯曲应力是与切向压应力相互垂直的拉应力, 根据最大切应力强度理论 B 点的当量应力为

$$\sigma_{jB} = \sigma_{rB} - \sigma_{tB} \quad (2-24)$$

试验表明, 在碟簧压应力最大的 B 点最早产生裂纹, 但这种现象不至于发展到损坏, 且不会大幅度影响碟簧的承载能力。此后, 在 A' 点由于拉应力产生发展性的裂纹, 会使碟簧遭到破坏。在实际设计中, 当膜片弹簧材料采用 60Si2MnA 时, 通常应力最大值取 1500～1700MPa。

2.4.4 膜片弹簧基本参数的选择

(1) 比值 H/h 和 h 的选择

设计膜片弹簧时, 想要获得最佳使用性能就要利用其非线性弹性变形规律。在汽车上, 膜片弹簧的比值 H/h 一般为 1.5～2.0, 板厚 h 为 2～4mm。

(2) 膜片弹簧工作点位置选择

膜片弹簧的弹性特性曲线如图 2-12 所示, 曲线的拐点 H 对应着膜片弹簧的压平位置,

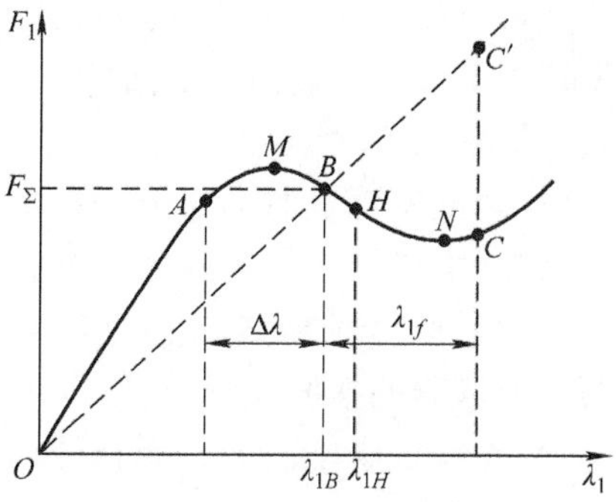

且 $\lambda_{1H} = (\lambda_{1M} + \lambda_{1N})/2$。$B$ 点为新离合器压紧状态时工作点的位置，一般取 $\lambda_{1B} = (0.8 \sim 1.0)\lambda_{1H}$ 以保证摩擦片在最大磨损限度 $\Delta\lambda$ 范围内，压紧力变化较小。摩擦片最大总磨损量按 $\Delta\lambda = z\Delta S_0$ 计算，z 为摩擦片总的工作面数，对于单片离合器 $z = 2$，ΔS_0 为每一摩擦工作面最大允许磨损量，可取 $0.5 \sim 1$mm。当离合器分离时，膜片弹簧工作点由 B 点变到 C 点，为最大限度地减小踏板力，C 点应尽量靠近 N 点。

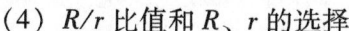

图 2-12 膜片弹簧的弹性特性曲线

（3）膜片弹簧起始圆锥底角 α 的选择

膜片弹簧自由状态下圆锥底角 α 与内截锥高度 H 关系密切，即 $\alpha = \arctan[H/(R-r)] \approx H/(R-r)$，一般为 $9° \sim 15°$。

（4）R/r 比值和 R、r 的选择

研究表明，R/r 比值与弹簧材料利用率负相关，弹簧越硬，弹性特性曲线受直径误差影响越严重。根据结构布置和压紧力的要求，R/r 一般取 $1.20 \sim 1.35$。为使摩擦片上的压力均匀分布，推式膜片弹簧的 R 值应取为大于或等于摩擦片的平均半径 R_c。拉式膜片弹簧的 r 宜取为大于或等于 R_c。对比同样的摩擦片尺寸，推式的 R 值比拉式的小很多。

（5）分离指数目 n 的选择

分离指数目 n 常取为 18，大尺寸膜片弹簧可取 24，小尺寸膜片弹簧可取为 12。

2.4.5 膜片弹簧的制造工艺

国内膜片弹簧一般采用 60Si2MnA 或 50CrVA 等优质高强度专用钢材制造。为保证其硬度、几何形状、金相组织、载荷特性和表面质量等符合要求，需进行一系列热处理。

对膜片弹簧进行强压处理，提高膜片弹簧的承载能力，要即沿其分离状态的工作方向，超过彻底分离点后继续施加过量的位移，使其过分离 $3 \sim 8$ 次，并使其高应力区发生塑性变形以产生残余反向应力。在同样的工作条件下，经强压处理后，膜片弹簧的疲劳寿命可以提升 $5\% \sim 30\%$。此外，可对膜片弹簧的凹面或双面进行喷丸处理，使表层产生塑性变形，形成一定厚度的表面强化层，起到冷作硬化的作用，也可提高疲劳寿命。为提高分离指的耐磨能力，可对其端部进行高频感应淬火或镀铬。为防止膜片弹簧与压盘接触圆形处由于拉应力的作用产生裂纹，可对该处进行挤压处理，以消除应力源。

膜片弹簧表面不得有毛刺、裂纹、划痕等缺陷。碟形弹簧部分的硬度一般为 $45 \sim 50$HRC，分离指端硬度为 $55 \sim 62$HRC，在同一片上同一范围内的硬度差不大于 3 个单位。碟形弹簧部分应为均匀的回火屈氏体和少量的索氏体。单面脱碳层的深度一般不得超过厚度的 3%。膜片弹簧的内、外半径公差一般为 H11 和 h11，厚度公差为 ± 0.025mm，初始底锥角误差为 $\pm 10°$ 以内。上、下表面的表面粗糙度为 $Ra1.6\mu m$，底面的平面度误差一般要求小于 0.1mm。膜片弹簧处于接合状态时，其分离指端的相互高度差一般要求为 0.81mm 及以下。

2.5 扭转减振器的设计

主要由弹性元件（减振弹簧或橡胶）和阻尼元件（阻尼片）等组成的扭转减振器是汽车离合器中的重要部件之一，其中弹性元件主要作用是降低传动系的首端扭转刚度，从而降

低传动系扭转系统的某阶（通常为三阶）固有频率，改变系统的固有振型，可有效避开发动机转矩主谐量激励引起的激励作用；阻尼元件的主要作用是有效耗散振动能量。因此扭转减振器具有以下功用：

1）降低发动机曲轴与传动系接合部分的扭转刚度，从而降低传动系扭振固有频率。

2）增加传动系扭转阻尼，抑制扭转共振相应的振幅，并衰减因冲击产生的瞬态扭振。

3）控制动力传动总成怠速时离合器与变速器轴系的扭振，消除变速器怠速噪声和主减速器、变速器的扭振及噪声。

4）在非稳定工况下，缓和传动系的扭转冲击载荷，改善离合器的接合平顺性。

2.5.1 扭转减振器机构原理

如今，汽车上一般都采用带扭转减振器的离合器，扭转减振器主要是用来避免汽车传动系统的共振、缓和冲击，从而降低噪声，延长传动系统零件的使用寿命，提升汽车行驶的舒适性。从动片、从动盘毂、摩擦片、减振盘和减振弹簧等是扭转减振器的主要部件。由图2-13可以看出，摩擦片（1、13）用铆钉（14、15）铆在波形弹簧片上，而后者又和从动片铆在一起。从动片5用限位销7和减振盘12铆在一起。这样，摩擦片、从动片和减振盘三者就被连在一起。在从动片5和减振盘12上圆周切线方向开有6个均布的长方形窗孔，在在从动片和减振盘之间的从动盘毂8法兰上开有同样数目的从动片窗孔，在这些窗孔中装有减振弹簧11。在从动片和减振盘的窗孔上都制有翻边，这样可以防止弹簧滑脱出来，在从动片和从动盘毂之间还装有减振摩擦片6、9。当系统发生扭转振动时，从动片及减振盘相对从动盘毂发生来回转动，系统的扭转能量会很快被减振摩擦片所吸收。

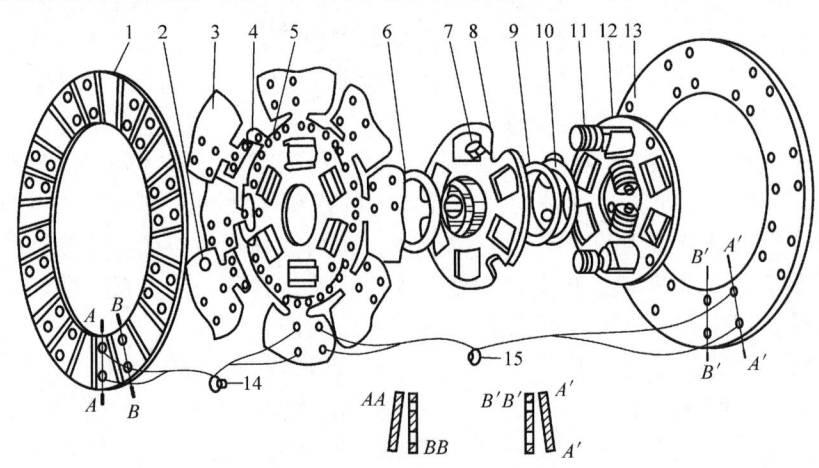

图2-13 扭转减振器结构图

1、13—摩擦片 2、14、15—铆钉 3—波形弹簧片 4—平衡块 5—从动片 6、9—减振摩擦片
7—限位销 8—从动盘毂 10—调整垫片 11—减振弹簧 12—减振盘

2.5.2 扭转减振器主要参数选择与设计计算

主要决定减振器减振效果的是减振器的扭转刚度 k_φ 和阻尼摩擦元件间的阻尼摩擦转矩 T_μ。其他设计参数还包括极限转矩 T_j、预紧转矩 T_n 和极限转角 φ_j 等。离合器从动盘上扭

转减振器的性能参数计算如下：

1）确定发动机飞轮处激振力矩谐量和发动机工作转速范围的频谐。

2）选择车辆传动系动力学计算模型，写出计算模型的运动方程，并确定计算模型中有关车辆的惯性参数和弹性参数，同时要对扭转减振器的特性进行初步估计。

3）找出简化模型在各档下的固有频率和振型，把它和激振频率作比较，由此确定在各档下发动机工作转速范围内出现共振的可能性。

4）选择不同的摩擦力矩，使用计算机根据计算模型作数值模拟计算，确定最佳摩擦力矩。依据是，考虑在各档下发动机的所有工况，在变速器输入轴上的弹性力矩幅值最小。

5）确定预紧力矩。

6）有摩擦力矩、极限力矩和预紧力矩，确定减振弹簧的布置尺寸及几何尺寸，确保减振弹簧有足够的使用寿命。

(1) 极限转矩 T_j

极限转矩是指减振器在消除限位销从动盘毂缺口之间的间隙 Δ_1 时所能传递的最大转矩，即限位销起作用时的转矩。它受限于减振弹簧的许用应力等因素，与发动机转矩有关，一般可以取

$$T_j = (1.5 \sim 2.0) T_{emax} \tag{2-25}$$

式中，商用车系数取 1.5；乘用车系数取 2.0。

(2) 扭转刚度 K_φ

扭转减振器的角刚度是指离合器从动片相对于其从动盘毂转 1 圈所需的转矩值。合理选择减振器的扭转刚度 K_φ 可以有效避免共振现象生在发动机常用转速范围内。K_φ 取决于减振弹簧的线刚度及其结构布置尺寸。设减振弹簧分布在半径为 R_0 的圆周上，当从动片相对从动盘毂转过 φ 弧度时，所需加在从动片上的转矩为

$$T = 1000 K Z_j R_0^2 \varphi \tag{2-26}$$

式中，T 为使从动片相对从动盘毂转过 $\varphi = 0.07$ 弧度所需加的转矩（N·m）；K 为每个减振弹簧的线刚度 m；Z_j 为减振弹簧个数；R_0 为减振弹簧位置半径。

设计时，可按经验初选 K_φ 为

$$K_\varphi \leq 13 T_j$$

(3) 阻尼摩擦转矩 T_μ

受结构及发动机最大转矩的限制，减振器扭转刚度 k 不可能很低，因此很难避免共振现象出现在发动机转速范围内。减振器的阻尼装置可减小共振振幅，并尽快衰减振动，但需对阻尼装置的摩擦力矩做出合理的选择，尽量保证系统扭转振动的振幅为最小。为了在发动机工作转速范围内最有效地消振，必须合理选择减振器阻尼装置的阻尼 T_μ，一般可按下式初选：

$$T_\mu = (0.06 \sim 0.17) T_{emax} \tag{2-27}$$

(4) 预紧转矩 T_n

线性特性减振器的减振弹簧在安装时都有一定的预紧转矩。角刚度和极限转角相同时，有预紧转矩的极限转矩比无预紧转矩的要大，能够确保减振器能在较大的转矩范围内工作；当极限转矩和极限转角相同时有预紧转矩的减振弹簧角刚度较低。T_n 增大时，共振频率将随之减小，这是有利的。但是 T_n 不应大于 L。否则在反向工作时，扭转减振器将提前停止工

作，故取

$$T_n = (0.05 \sim 0.15)T_{emax} \quad (2\text{-}28)$$

(5) 减振弹簧的位置半径 R_0

R_0 的尺寸应尽可能大些，一般取

$$R_0 = \frac{(0.60 \sim 0.75)d}{2} \quad (2\text{-}29)$$

(6) 减振弹簧个数 Z_j

Z_j 选取参照表 2-6。

表 2-6 减振弹簧个数的选取

摩擦片外径 D/mm	225~250	250~325	325~350	>350
Z_j	4~6	6~8	8~10	>10

(7) 减振弹簧的总压力

当限位销与从动盘毂之间的间隙 Δ_1 或 Δ_2 被消除，减振弹簧的转矩达到最大值 T_j 时，减振弹簧受到的压力 F_Σ 为

$$F_\Sigma = T_j / R_0 \quad (2\text{-}30)$$

(8) 极限转角 φ_j

减振器从预紧压力 T_n 增加到极限转矩 T_j 时，从动片相对于从动盘毂的极限转角 φ_j 为

$$\varphi_j = 2\arcsin\frac{\Delta l}{2R_0} \quad (2\text{-}31)$$

式中，Δl 为减振弹簧的工作变形量。

2.5.3 双质量飞轮减振器

不能使发动机、变速器振动系统的固有频率降低到怠速以下，是现有从动盘减振器的主要缺点，因此并不能有效遏制怠速时的共振；在发动机实用转速 1000~2000r/min 范围内，很难通过降低减振弹簧刚度获得更有效的减振。

近年来，汽车上多应用一种双质量飞轮减振器（图 2-14），它主要由第一飞轮 1、第二飞轮 2 与扭转减振器 11 组成。第一飞轮 1 与连接盘 9 以螺钉 10 紧固在曲轴凸缘 8 上，并以滚针轴承 7 和球轴承 5 支承在与离合器盖总成 3 紧固的第二飞轮 2 的短轴 6 上，在从动盘 4 中没有减振器。

双质量飞轮减振器具有以下优点：

1) 对发动机、变速器振动系统的固有

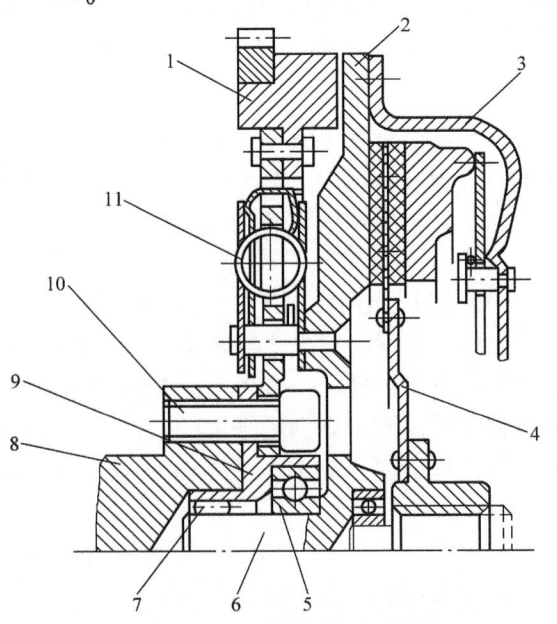

图 2-14 双质量飞轮减振器
1—第一飞轮 2—第二飞轮 3—离合器盖总成
4—从动盘 5—球轴承 6—短轴 7—滚针轴承
8—曲轴凸缘 9—连接盘 10—螺钉
11—扭转减振器

频率有降低作用,有效遏制在怠速转速时的共振。

2) 能够增大减振弹簧的位置半径,降低减振弹簧刚度 K,并允许增大转角。

3) 因为双质量飞轮减振器具有较好的减振效果,在变速器中可采用黏度较低的齿轮油而不致产生齿轮冲击噪声,并可改善寒冷天气下的换档质量。而又因从动盘没有减振器,转动惯量较小,这也有利于提高换档速度。

但它也会因为减振弹簧位置半径较大,高速时受到较大离心力的作用,使减振弹簧中段横向翘曲而鼓出,与弹簧座接触产生摩擦,使弹簧磨损严重,甚至引起早期损坏。

双质量飞轮减振器主要适用于发动机前置后轮驱动,转矩变化较大的柴油汽车中。

2.6 离合器的接合过程

假定汽车在一定速度下行驶,或者说在某一个换档时刻,离合器的接合过程分两个阶段,如图2-15所示。

1) $t_0 \sim t_1$ 阶段,离合器主、从动盘开始接合,并随着离合器摩擦片压紧力的增大,离合器从动盘所传递的滑摩转矩不断增大,从动盘的转速不断升高,发动机的角速度有所下降,离合器主、从动盘处于滑摩状态。

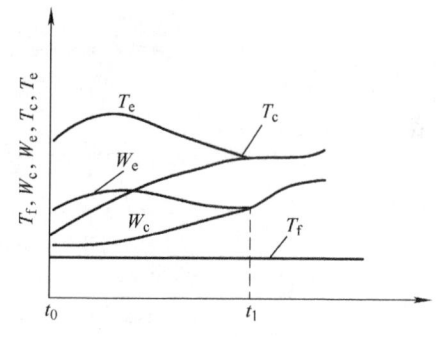

图2-15 离合器的接合过程

2) t_1 阶段以后,离合器从动盘转速与发动机转速达到一致,离合器主、从动盘之间没有相对滑摩,离合器完全接合。此时发动机从动盘的输出转矩等于发动机的输出转矩。

2.7 离合器的操纵机构设计

离合器的操纵机构是驾驶人控制离合器分离、接合的一套机构。它起始于离合器踏板,终止于飞轮壳内的分离轴承。

(1) 操纵机构结构形式的选择

离合器操纵机构根据分离离合器的助力形式分为人力式和气压助力式两类。后者是利用发动机驱动空气压缩机作为操纵助力源,车辆的气压制动系统及其他气动设备共用一套压缩空气源。

人力式操纵机构按所用传动装置的形式分为机械式和液压式两种。

机械式操纵机构广泛应用于中、轻型以下的各类汽车上,在某些轿车也被采用。杆系传动装置和绳索传动装置是机械式操纵机构中的两大种类。杆系传动机构具有结构简单、工作可靠等优点,广泛应用于各种汽车中。但其也有质量大,机械效率低,布置空间需求大等缺点。绳索传动机构(图2-16)可克服上述缺点,且可采用适宜驾驶人操纵的吊挂式踏板结构。但其使用寿命较短,机械效率提升不明显,多用在轻型乘用车上。

液压式操纵机构(图2-17)的组成部件主要是主缸、工作缸和管路等。其具有传动效率高、质量小、布置方便、便于采用吊挂踏板、驾驶室容易密封以及离合器接合柔和等优

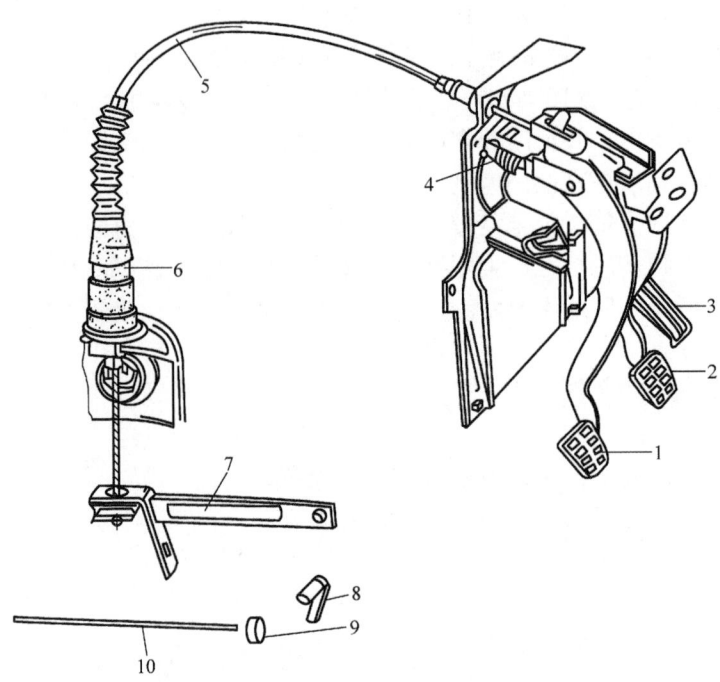

图 2-16 捷达轿车离合器的绳索传动装置

1—离合器踏板 2—制动踏板 3—加速踏板 4—助力弹簧 5—绳索总成 6—绳索自动调整装置
7—操纵臂 8—分离臂 9—分离轴承 10—离合器分离推杆

点。此种形式广泛应用在各种形式的汽车上。

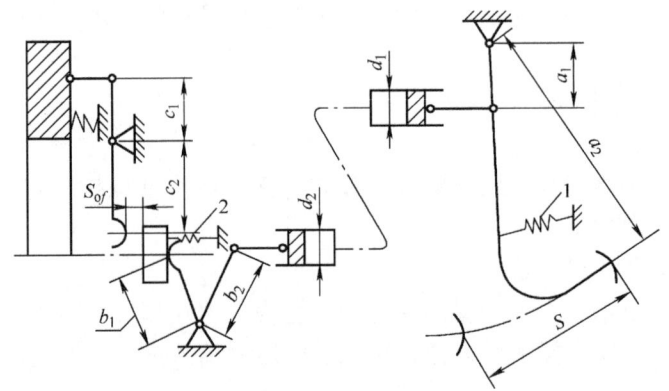

图 2-17 液压式操纵机构示意图

（2）对离合器操纵机构的要求

1) 踏板力尽可能小，利于驾驶人轻松操作，乘用车在 80~150N 范围内，商用车一般不大于 150~200N。

2) 乘用车踏板行程一般在 80~150mm 范围内，最大不应超过 180mm。

3) 对踏板行程调整设定相应的装置，用来复原摩擦片磨损后分离轴承的自由行程。

4) 应该有踏板行程限位装置，防止操纵机构的零件因受力过大而损坏。

5) 具有足够的刚度。
6) 具有良好的传动效率。
7) 发动机振动和驾驶室变形不会对其正常工作造成太大的影响。
8) 工作稳定性优越、使用寿命长、维修保养方便。

(3) 离合器操纵机构的设计计算

离合器液压操纵机构示意图如图 2-17 所示。踏板行程 S 由自由行程 S_1 和工作行程 S_2 构成，即

$$S = S_1 + S_2 = \left(S_{of} + Z\Delta S \frac{c_2}{c_1}\right)\frac{a_2 b_2 d_2^2}{a_1 b_1 d_1^2} \tag{2-32}$$

式中，S_{of} 为分离轴承行程，一般为 1.5~3.0，反映到踏板行程上的自由行程 S_1，一般为 20~30mm；d_1、d_2 分别为主缸和工作缸的直径；Z 为摩擦片面数；ΔS 为离合器分离时对偶摩擦面的间隙，单片 ΔS 为 0.85~1.30mm，多片 ΔS 为 0.75~0.90mm；a_1、a_2、b_1、b_2、c_1、c_2 为杠杆尺寸。

踏板力 F_f 可按照下式计算，即

$$F_f = \frac{F'}{i_\Sigma \eta} + F_s \tag{2-33}$$

式中，F' 为离合器分离时，压紧弹簧对压盘的总压力；i 为操纵机构总传动比，$i_\Sigma = \frac{a_2 b_2 c_2 d_2^2}{a_1 b_1 c_1 d_1^2}$；$\eta$ 为机械效率，液压式取 $\eta = 80\% \sim 90\%$，机械式取 $\eta = 70\% \sim 80\%$；F_s 为克服回位弹簧 1、2 的拉力所需的踏板力，在初步设计时可忽略。

液压系统所允许的最大油压是影响工作缸直径 d_2 选择的因素，为满足橡胶软管及其管接头的密封要求，最大允许油压一般为 5~8MPa，对于机械式操纵机构，上述计算只需将 d_1 和 d_2 取消即可。

2.8　离合器主要零部件的结构设计

2.8.1　从动盘总成的设计

(1) 从动盘

由从动盘毂、摩擦片、从动片、扭转减振器等是从动盘总成的主要组成部件。从动盘是影响离合器工作性能的关键因素之一，设计时应满足如下要求：

1) 从动盘应具有较小的转动惯量，避免变速器换档时轮齿间产生较大的冲击。
2) 应具有轴向弹性，使得离合器在接合时平顺、起步平稳，而且使摩擦面压力均匀，以降低磨损、延长使用寿命。
3) 应安装扭转减振器，以缓和冲击并避免传动系共振。

为了使从动盘具有轴向弹性，常用的方法有：

1) 在从动片的外缘开 6~12 个"T"形槽，形成许多扇形，并将扇形部分冲压成依次向不同方向弯曲的波浪形。在每相隔一个的扇形上铆一个摩擦片。"T"形槽还有减小由于摩擦发热而引起的从动片翘曲变形的作用。这种结构主要应用在商用车上。

2) 将扇形波形片的左、右凸起段分别与左、右侧摩擦片铆接，由于波形片（厚度小于1.0mm）比从动片（厚1.5~2.5mm）薄，这种结构的轴向弹性较好，转动惯量较小，适宜高速旋转，主要应用于乘用车和最大总质量小于6t的商用车上。

3) 利用阶梯形铆钉杆的细段将成对波形片的左片铆在左侧摩擦片上，并交替地把右片铆在右侧摩擦片上。这种结构的弹性行程大，弹性特性较理想，可使汽车平顺起步。主要应用于发动机排量大于2.5L的乘用车上。

4) 将靠近飞轮的左侧摩擦片直接铆合在从动片上，只在靠近压盘侧的从动片铆有波形片，右侧摩擦片用铆钉与波形片铆合。这种结构的转动惯量大，但强度较高，传递转矩的能力大，主要应用于商用车上。

（2）从动盘毂

离合器中承受载荷最大的零件就是从动盘毂，它承受着由发动机传来的绝大多数转矩。一般采用齿侧对中的矩形花键安装在变速器的第一轴上，花键的尺寸可根据摩擦片的外径 D 与发动机的最大转矩 T_{emax} 由表2-7选取。不应取较小的从动盘毂轴向长度，避免造成在花键轴上滑动时产生偏斜而使分离不彻底，一般取 1.0~1.4 倍的花键轴直径。从动盘毂一般采用锻钢（如35Cr、45Cr、40Cr等），并经调质处理，表面和心部硬度一般在 26~32HRC。为提高花键内孔表面硬度和耐磨性，可采用镀铬工艺；针对减振弹簧窗口及与从动片配合处，应采用高频处理工艺。

（3）摩擦片

离合器摩擦片在性能上应满足如下要求：

1) 摩擦因数较高且较稳定，工作温度、单位压力、滑摩速度的变化对其影响小。
2) 具有足够的机械强度与耐磨性。
3) 密度较小，减少从动盘的转动惯量。
4) 热稳定性优秀，在高温下分离出的黏合剂少，无味，不易烧焦。
5) 具备优良的磨合性能，不会导致刮伤飞轮和压盘表面。
6) 接合时应平顺，不应有"咬合"或"抖动"现象。
7) 车辆长期停放后，摩擦面间不发生黏着现象。

表2-7 从动盘毂花键尺寸

摩擦片外径 D/mm	发动机最大转矩 T_{emax}/(N·m)	花键尺寸					挤压应力 σ_e/MPa
		齿数 n	外径 D/mm	内径 d/mm	齿厚 t/mm	有效齿长 L/mm	
160	49	10	23	18	3	20	9.8
180	69	10	26	21	3	20	11.6
200	108	10	29	23	4	25	11.1
225	147	10	32	26	4	30	11.3
250	196	10	35	28	4	35	10.2
280	275	10	35	32	4	40	12.5
300	304	10	40	32	5	40	10.5
325	373	10	40	32	5	45	11.4
350	471	10	40	32	5	50	13.0

石棉基摩擦材料、粉末冶金摩擦材料和金属陶瓷摩擦材料是离合器摩擦片主要选用的材料。石棉基摩擦材料具有较高摩擦因数（0.3~0.45）、较小的密度、制造工艺性优良、价格低廉等优点。但其性能稳定性偏低，摩擦因数易受影响，故目前主要应用于中、轻载荷工况。又因石棉在生产和使用过程中对环境有污染，对人体有害，故以玻璃纤维、金属纤维等来替代石棉纤维。粉末冶金和金属陶瓷摩擦材料的传热性、热稳定性和耐磨性都比较好，摩擦因数较高且稳定，且能承受的单位压力较高，使用寿命较长，但因其价格昂贵，密度较大，接合平顺性较差，故主要应用承载质量较大的商用车上。

摩擦片与从动片主要有铆接和粘接两种接连方式。铆接的连接方式连接比较牢固，易于更换摩擦片，适合在从动片上安装波形片，但其摩擦面积利用率较小，使用寿命短。粘接方式可增大实际摩擦面积，摩擦片厚度利用率高，具有较高的抗离心力和切向力的能力，但不便于更换摩擦片，也不合适安装波形片，无轴向弹性，可靠性低。

（4）从动片

从动片要具有质量轻和硬度和平面度高的特点，并且要具备轴向弹性。材料常用中碳钢板（如50号）或低碳钢板（如10号）。一般厚度为1.3~2.5mm，表面硬度为35~40HRC。

（5）波形片和减振弹簧

波形片一般采用65Mn，厚度小于1mm，硬度为40~46HRC，并经过表面发蓝处理。减振弹簧常采用60Si2Mn、50CrV、65Mn等弹簧钢丝。

2.8.2　离合器盖总成

离合器盖总成除去压紧弹簧，由离合器盖、压盘、传动片、分离杠杆装置及支承环等部件组成。

（1）离合器盖

对离合器盖结构设计的要求如下：

1）为满足离合器的工作特性，应具有足够的刚度，否则操纵时会增大分离行程，减小压盘升程，严重时会造成摩擦面不能彻底分离。为此可采取如下措施：适当增大盖的板厚，一般为2.5~4.0mm；在盖上冲制加强肋或在盖内圆周处翻边；尺寸大的离合器盖可改用铸铁制造。

2）离合器盖应较好地对中飞轮，避免对总成的平衡产生影响。对中的方式采用定位销和定位螺栓，或者采用止口对中。

3）离合器盖的膜片弹簧支承处应具有尺寸精度。

4）为具备良好的通风散热能力，防止摩擦表面温度过高，可在离合器盖上设置较大的通风孔，或在盖上加设散热片等。

乘用车或者承载质量较小的商用车离合器盖一般用08、10钢等低碳钢板，承载质量较大的商用车则常用铸铁件或铝合金压铸件。

（2）压盘

对压盘结构设计的要求如下：

1）需要具有较大的质量以增大热容量、降低温度，防止产生裂纹，降低使用寿命。在一定情况下，可利用各种形状的散热肋或鼓风肋，以增强散热通风能力。中间压盘可以采用传热系数较大的铝合金压盘或者可铸通风槽。

2) 具有足够的刚度,保证压紧力在摩擦面上的压力分布均匀,缓解受热后的翘曲变形,避免造成摩擦片压紧不均匀及与离合器分离不彻底。

3) 为较好地对中飞轮,必须要进行静平衡。

4) 压盘高度尺寸(从承压点到摩擦面的距离)应选用较小的公差等级。

压盘的温升可根据滑磨功由下式确定,即

$$t = \frac{\gamma W}{mc} \tag{2-34}$$

式中,t 为压盘温升(℃),不超过 8~10℃;c 为压盘比热容,铸铁 $c = 481.4\text{J}/(\text{kg}\cdot\text{℃})$;$m$ 为压盘质量(kg);γ 为传到压盘的热量所占的比例,对单片离合器压盘:$\gamma = 0.5$,对双片离合器压盘:$\gamma = 0.25$,中间压盘:$\gamma = 0.5$。压盘通常采用灰铸铁制造,一般为 HT200、HT250、HT300,也有少数采用合金压铸件制造。

(3) 传动片

在离合器接合时,传动片的作用是通过它来驱动压盘共同旋转离合器盖,在分离时,利用传动片的弹性特性来牵动压盘轴向分离并使操纵力减小。由于各传动片沿圆周均匀分布,其变形不会影响到压盘的对中性和离合器的平衡。传动片常用 3~4 组,每组 2~4 片,每片厚度为 0.5~1.0mm,一般由弹簧钢带 65Mn 制成。

(4) 分离杠杆装置

对于分离杠杆装置的结构设计要求如下:

1) 具有良好的弯曲刚度,在分离时,避免杆件弯曲变形过大减短了压盘行程,使分离不彻底。

2) 应避免分离杠杆支承机构与压盘的驱动机构发生运动干涉。

3) 应能对分离杠杆内端高度进行调整,使各内端位于平行于压盘的同一平面,其高度差不大于 0.2mm。

4) 分离杠杆的支承处应采用滚针轴承、滚销或刀口支承,以减小摩擦和磨损,延长使用寿命。

5) 在高速转动时,应能避免因分离杠杆的离心力作用而降低压紧力。

6) 为增强散热性,可以利用分离杠杆,将其制成特殊的叶轮形状,用以鼓风。分离杠杆主要由 08 低碳钢板冲压和 35 等中碳钢锻造成形(锻件硬度为 131~156HBS)而成。

(5) 支承环

支承环和支承铆钉的安装尺寸精度要高,耐磨性要好。支承环一般采用直径 3.0~4.0m 的碳素弹簧钢丝制造。

2.8.3 分离轴承总成

分离轴承、分离套筒等组成了分离轴承总成。在工作的过程中,分离轴承主要承受轴向分离力,并且承受在高速旋转时离心力作用下的径向力。在过往的离合器中通常采用推力球轴承(图 2-18a)或向心球轴承。但因其具有润滑条件差、磨损严重、噪声大和使用寿命低等缺点,目前已被角接触推力球轴承(图 2-18b、c)所取代。角接触推力球轴承采用全密封结构,添加高温锂基润滑脂,其分离指舌尖部为平面时,采用球形端面;舌尖部为弧形面时,采用平端面或凹弧形端面。

图 2-19 是适用于推式离合器的自动调心式分离轴承装置，图 2-20 为适用拉式离合器的自动调心式分离轴承装置。在图 2-20 中，径向间隙存在于轴承外圈 2 与分离套筒 5 外凸缘和外罩壳 3 之间以及内圈 1 与分离套筒内凸缘之间，这些间隙保证了分离轴承相对于分离套筒可径向移动 1mm 左右。波形弹簧 4 装配在轴承外圈 2 与分离套筒 5 的端面之间，令轴

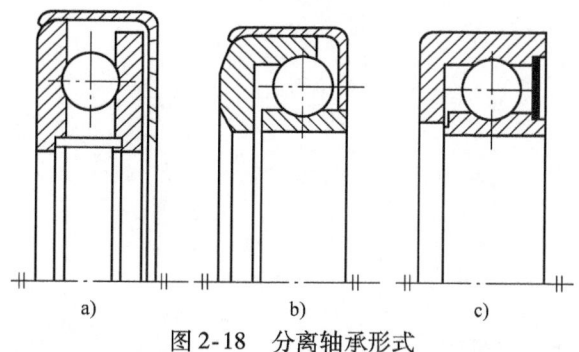

图 2-18 分离轴承形式

承在不工作时不会发生晃动。为了应对当膜片弹簧旋转轴线与轴承不同心的状况，分离轴承会自动径向浮到与其同轴的位置，以保证分离轴承能均匀压紧各分离指舌尖部。这样不仅可以减小振动、噪声以及分离指与分离轴承端面的磨损，同样也会防止轴承现过热而造成润滑脂的流失分解，延长轴承寿命。

另外，如今分离轴承多为内圈转动、外圈固定不转。相较于传统的外圈转动，由内圈来推动分离指的结构，适当地增大了膜片弹簧的杠杆比。同时在离心力作用下，润滑脂在内、外圈间的循环得到改善，轴承使用寿命得到延长。这种拉式分离轴承是将膜片弹簧分离指舌尖直接压紧在碟形弹簧 6 与挡环 7 之间，再用弹性锁环 8 卡紧，结构相对简单，制造工艺性好。

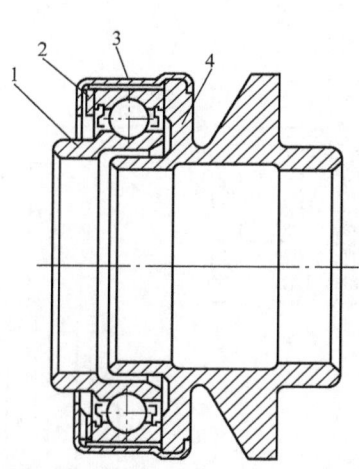

图 2-19 推式离合器的自动调心式分离轴承装置
1—内圈旋转式分离轴承　2—波形弹簧
3—轴承罩　4—分离套筒

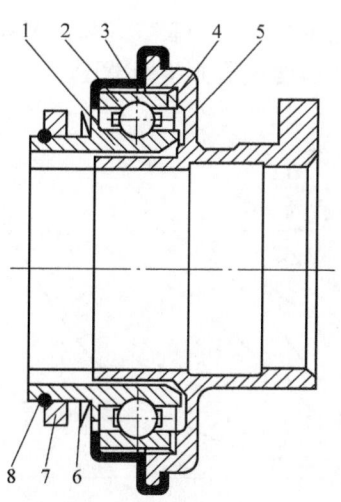

图 2-20 拉式离合器的自动调心式分离轴承装置
1—轴承内圈　2—轴承外圈　3—外罩壳
4—波形弹簧　5—分离套筒　6—碟形弹簧
7—挡环　8—弹性锁环

第3章 机械变速器的设计

3.1 概述

车辆变速器的作用是使车辆的发动机尽可能多地工作在合适的工况下,并将动力传递给驱动轮,以达到最佳的动力性(最大速度、最大加速度、最大爬坡度)和经济性。图3-1是一辆汽车的驱动功率图(原理图)(带3档变速器),显示了传输到驱动轮的动力和在平地上的阻力与车速的关系。$P_{N_{\max}}$表示机器的最大功率乘以传动系统的总效率,即最大等功率特性。可以看出,在A、B和C区,发动机的输出功率没有达到最大。传动装置对汽车的油耗和噪声特性有很大影响,因此必须将传动装置设计成能让发动机在更有利的性能范围内运行。变速器还必须能够在倒车,并且必须能够在滑行或停车时断开发动机与传动系统的连接。

变速器由变速驱动装置和操纵机构组成。变速传动机构可按前进档数或轴的形式不同分类,图3-2为变速器分类示意图。

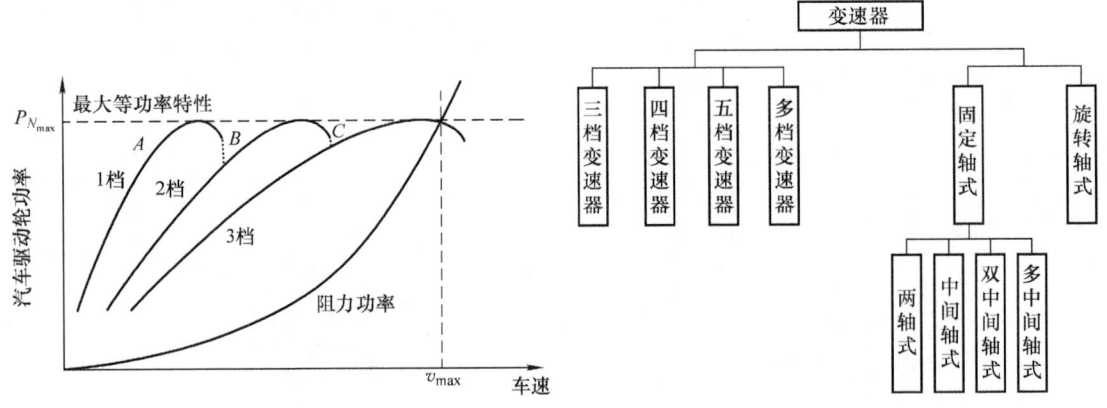

图 3-1 汽车(装有3档变速器)的驱动功率图　　图 3-2 变速器分类示意图

变速器设计的基本要求如下:
1) 正确选择变速器的传动比,以确保车辆的动力和经济性满足设计目标。
2) 设置一个空档,以便在必要时,发动机可以与传动系统分离。
3) 设置倒档,用于倒车行驶。
4) 变速杆操作快速、简单、容易。
5) 工作可靠、效率高、工作噪声低。
6) 体积小、重量轻、制造成本低、易于维护。

第3章 机械变速器的设计

图 3-3 是一个三轴五档变速器的结构简图。

目前主要有两种类型的汽车变速器：机械式变速器和自动变速器。自动变速器正被越来越多地采用。毋庸置疑，变速器技术是汽车技术中发展最活跃的领域之一。

本章主要介绍机械式变速器的设计。这种类型的变速器是自动换档机械式变速器和双离合器式变速器的基础，由于其相当好的综合性能（结构紧凑、质量小、成本低、可维护性好等），仍被广泛使用。

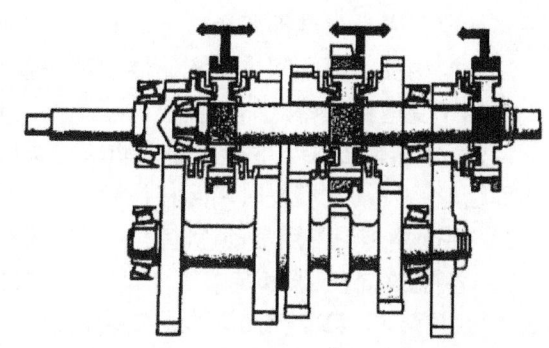

图 3-3 三轴五档变速器结构简图

3.2 变速器的传动机构方案分析

3.2.1 两轴式变速器

两轴式变速器主要用于发动机前置、前轮驱动的车辆。图 3-4 显示了一些两轴式变速器的传动方案。

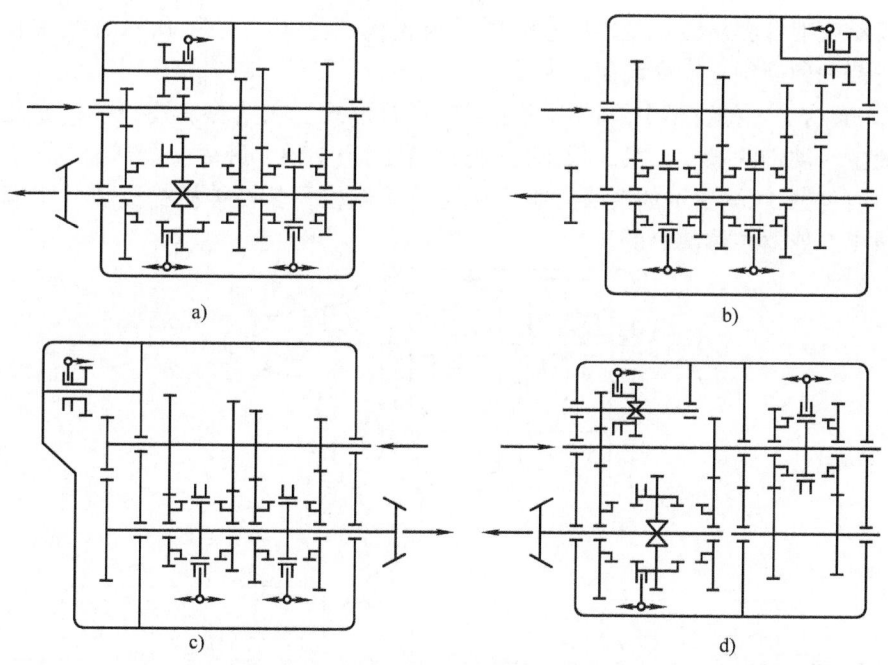

图 3-4 一些两轴式变速器的传动方案

与中间轴式变速器相比，两轴式变速器具有以下优点：结构更简单，齿轮尺寸更小，更容易定位，中间齿轮的效率更高，噪声更低。因两轴式变速器不能设置直接档，所以在高档工作时齿轮和轴承均承载，不仅增加了工作噪声，而且相对容易损坏。由于结构的限制，在两轴式变速器中也很难提高换档比。对于前进档，两轴式变速器输入轴的转动方向与输出轴的转动方向相反；而中间轴式变速器的第一轴与输出轴的转动方向相同。

两轴式变速器的特点如下：

1) 变速器输出轴与主减速器主动齿轮做成一体。当发动机纵置时采用弧齿锥齿轮或准双曲面齿轮；发动机横置时用圆柱齿轮。

2) 除倒档传动常用滑动齿轮外，其他档位都采用常啮合齿轮传动。

3) 各档的同步器多装在输出轴上，如图 3-4a、b、c 所示。但是也有例外，参见图 3-4d，其第 3、第 4 档的同步器安装在输入轴上，这是因为其主动齿轮尺寸较大，便于与同步器零件连接。

3.2.2 中间轴式变速器

中间轴变速器通常用于发动机前置、后轮驱动布置形式的汽车中。图 3-5 显示了一些中间轴式变速器的传动方案。中间轴传动的特点是，第一轴和第二轴的轴线在同一条线上，把它们固结起来，就形成了传动效率高、磨损小、噪声低的直接档；在中心距较小的情况下，一档仍有较大的传动比（$i = 7 \sim 8$）。

下面将分析一些变速器的设计。

(1) 四档变速器

图 3-5 所示为三种四档变速器传动方案。在图 3-5a、b 所示方案中有四对常啮合齿轮，可采用同步器或啮合套换档；倒档用直齿滑动齿轮换档。在图 3-5c 所示方案中有三对常啮合齿轮，一档和倒档用直齿滑动齿轮换档。

图 3-5b 显示了一些轿车中间轴式变速器的布置形式。在这种变速器中，变速器的后端较长，以减少传动轴的长度，第二根轴也较长，有三个支架，最后一个支架位于一个扩展的附加壳体中。在图 3-5a 所示的解决方案中，通过将倒档及其换档机构放在一个额外的壳体中，可以减少变速器主体部分的尺寸。

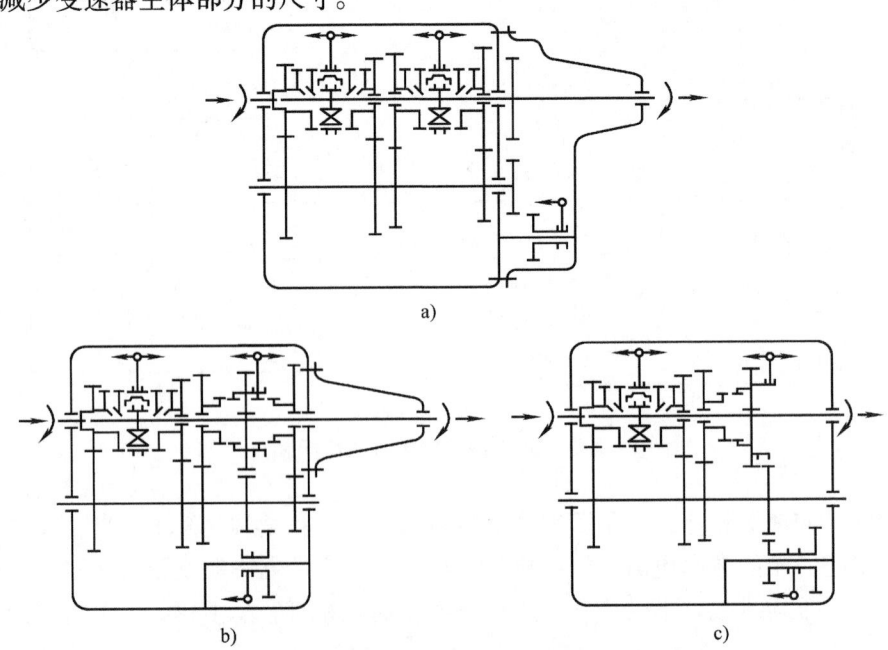

图 3-5 三种中间轴式四档变速器传动方案

(2) 五档变速器

图 3-6 所示为中间轴式五档变速器传动方案。图 3-6a 所示方案中，除一档、倒档用直齿滑动齿轮换档外，其余各档采用常啮合齿轮传动。图 3-6b～d 所示方案的各前进档均用常啮合齿轮传动。图 3-6d 所示方案中的倒档和超速档安装在位于变速器后部的副箱体内，这样布置除可以提高轴的刚度，减小齿轮磨损和降低工作噪声外，还可以在不需要超速档时形成一个只有四个前进档的变速器。

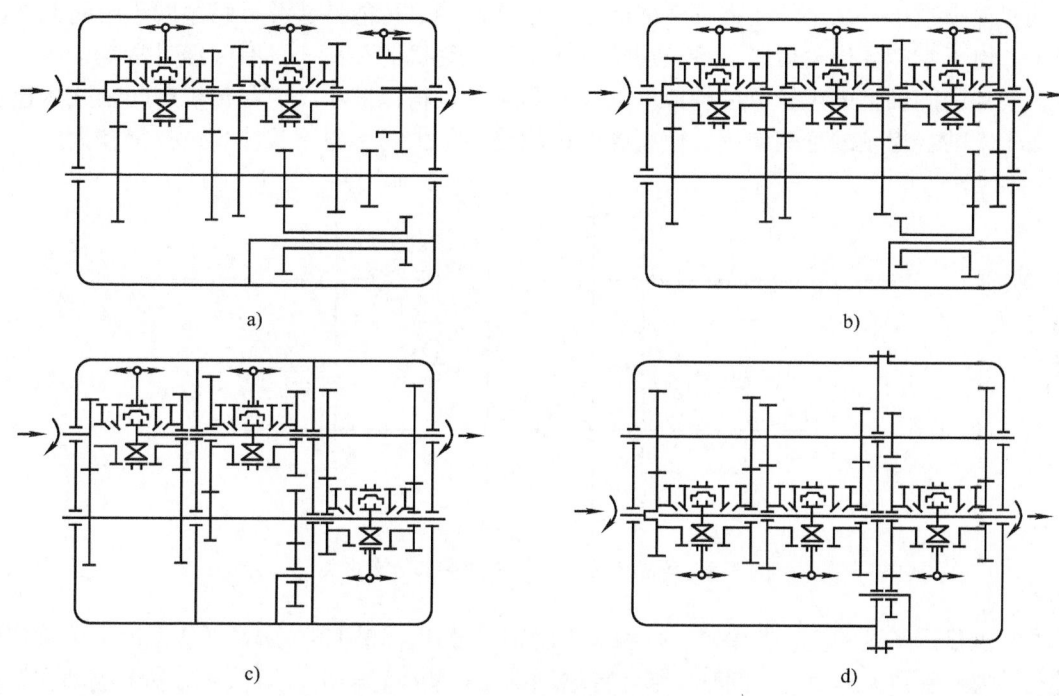

图 3-6　中间轴式五档变速器传动方案

(3) 六档变速器

图 3-7 所示为两种六档变速器传动方案。在图 3-7a 所示方案中，一档和倒档用直齿滑动齿轮换档，而其余档位都用常啮合齿轮；超速档位于变速器后部的附加壳体内，有利于系列化。在图 3-7b 所示方案中，所有的前进档都采用常啮合齿轮，而倒档采用滑动齿轮（无花键）和啮合套相接合的方法换档。

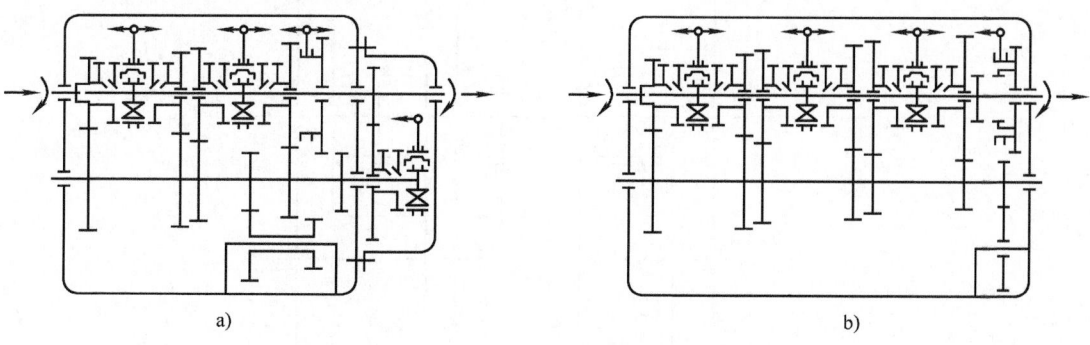

图 3-7　两种六档变速器传动方案

在传统的中间轴式变速器中，各个换档部件（同步器、啮合套、直齿滑动齿轮等）多数装在第二轴上。而第二轴前端常支承在第一轴常啮合齿轮内腔的小轴承上。这样致使第二轴前端支承刚度偏小，不利于低档的同步换档。为了克服这个缺点，在传动比较大的货车变速器中有采用如图3-8所示的方案。其特点是第二轴较短，第一轴较长，其后端支承在第二轴齿轮中的支承上。由于第二轴承受的载荷比较大，其设计得比较粗，第二轴上的齿轮尺寸也比较大，使得第二轴后支承的刚度有所提高。低档同步器装在支承刚度较大的中间轴上，因而同步惯量减小，减小了换档部件的磨损和自动脱档的可能性，并可缩短同步时间或减轻换档力。由于常啮合齿轮后置，各档齿轮直接承受发动机的负荷，没有因经过常啮合齿轮而加大，使得中间轴上的齿轮、换档部件的尺寸和质量也得以减小。而在传统中间轴式变速器中，由于常啮合齿轮的增矩作用，使得各档齿轮受力较大，不得不将体积设计得较大。

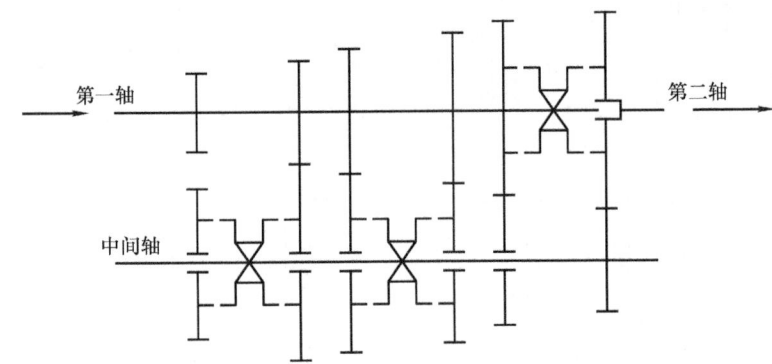

图 3-8　传动比较大的货车变速器传动方案

在重型货运车辆的变速器中，有一种双中间轴式设计，如图3-9所示。从发动机传输到第一轴的动力分别传输到每个中间轴，然后传输到第二轴的齿轮输出，第二轴由一个浮动支架支撑。由于动力分离，两个齿轮承受相同的输入转矩应力，齿轮上的应力减少，齿轮宽度可以减少约40%，从而减少了变速器的长度和轴承的负荷。然而，这种效果是以更复杂的结构为代价的，中间轴、齿轮和轴承的数量更多。这一解决方案目前用于重型货车的变速器中。

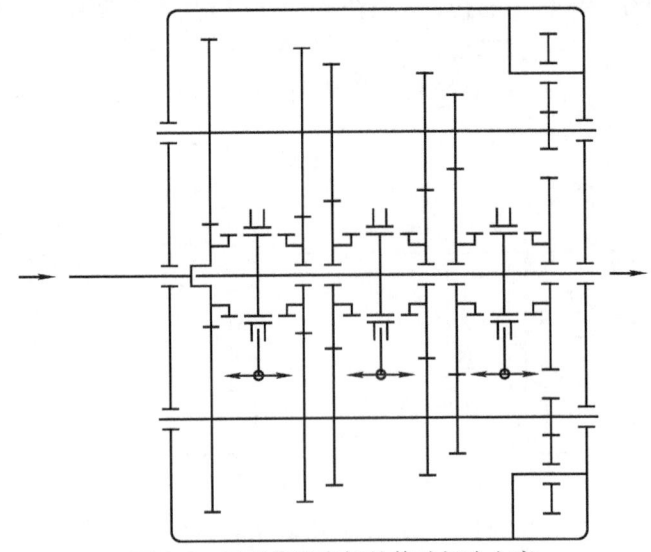

图 3-9　重型货运车辆的传动解决方案

3.2.3 倒档传动布置方案

由于倒档的使用频率较低,并且都是在停车时换档,因此大多数解决方案是采用直齿滑动齿轮方式换档。反转齿轮可以通过在中间轴和第二轴之间的齿轮路径上使用一个中间驱动齿轮,或者使用两个联轴器来实现。前者结构更简单,但中间齿轮的齿处于最不利的正负交替对称弯曲应力状态,而后者则处于有利的单向循环弯曲应力状态,倒档的传动比较大。

图 3-10 所示为常见倒档布置方案。图 3-10b 中的系统的优点是,在切换至倒档时可以借用中间轴的第一档,从而减少中间轴的长度。然而换档过程较为困难,因为换档时需要两组齿轮同时啮合。图 3-10c 中的布置方案增加了反向齿轮比,但其缺点是换档程序不合理。图 3-10d 中的布置方案改善了图 3-10c 布置方案的缺点,并取代了前者。图 3-10e 中的布置方案是增加中间轴上第一和第二齿轮的齿宽并将其整合。图 3-10f 中的布置方案适用于所有齿轮都正确啮合的情况,且换档比较平顺。为了有效利用空间并减少变速器的轴向长度,图 3-10g 所示的布置方案被用于一些货车的倒档。在这种情况下,缺点是齿轮和倒档使用变速器的叉轴,这使变速器盖的操作机构变得复杂。

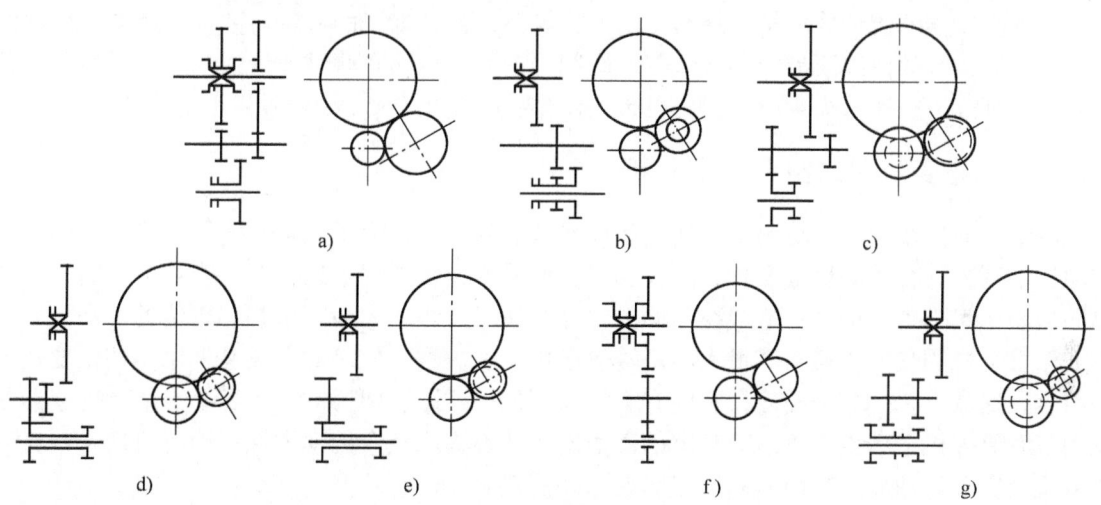

图 3-10 常见倒档布置方案

变速器的一档或倒档因传动比大,工作时在齿轮上作用的力也较大,并导致变速器轴产生较大的挠度和转角,使工作齿轮啮合状态恶化,最终表现出轮齿磨损加快和工作噪声增加。为此,无论两轴式变速器还是中间轴式变速器的一档与倒档,都应当布置在靠近轴的支承处,以便改善上述不良状况,然后按照从低档到高档的顺序布置各档齿轮,这样做既能使轴有足够大的刚性,又能保证易于装配。倒档的传动比虽然与一档的传动比接近,但因为使用倒档的时间非常短,从这点出发有些方案将一档布置在靠近轴的支承处,然后再布置倒档。这样在倒档工作时,轮齿磨损与噪声在短时间内略有增加,而在一档工作时轮齿的磨损与噪声有所减少。

变速器的档数及其传动比由总布置设计确定。档数多,可以提高发动机最大功率的利用率,即可以减小在图 3-1 中所示 A、B、C 区域的面积,从而提高汽车的动力性和燃油经济性。但是,增加档数会使变速器结构复杂、质量增加、轴向尺寸增大(齿轮多引起)、操纵复杂、成本高。当前进档数多于五档时，用手动方式换档难以达到准确、迅速。一般来说，采用手动换档的变速器档数上限是五档。但是，当采用副变速器时不在此例，因副变速器装有独立的换档机构。

轿车变速器一般采用 3～5 个档。轻、中型货车变速器一般有 4～5 个档，其中装载质量为 2～3.5t 的汽车采用 4 档或 5 档，装载质量为 4～8t 的汽车采用 5 档。五档以上的变速器用于重型货车。

传动比范围取决于汽车行驶的道路条件和汽车的比功率（发动机的最大功率输出与汽车质量的比率）。传动比范围是指从第一齿轮比到变速器最高齿轮比的比率，对于一个最大速比为 1 的变速器，其第一齿轮比就是传动比范围。路况越复杂（如越野驾驶），变速器的齿比范围就应越宽，齿比越小。目前，所有车辆类型的传动比范围是：乘用车为 3.0～4.5，标准货车和客车为 5.0～8.0，越野车和拖拉机为 10～20。

一些汽车变速器配备了齿轮比小于 1 的超速齿轮，通常为 0.7 至 0.8，目的是提高发动机的负载系数，降低发动机转速，从而降低油耗和磨损，特别是在良好的道路上和空载、轻载情况下。然而，与直接齿轮相比，使用超速齿轮会降低变速器的传动效率。

机械变速器的传动效率与选择的传动方式有关，包括啮合的齿轮对数量、速度、传输的功率、润滑的有效性以及齿轮和壳体部件的制造精度。在没有测试数据的情况下，变速器的传动效率可以近似地认为 4～6 档为 0.95，副档和分档为 0.95，8 档及以上为 0.9。

3.2.4　多速变速器的组合方案分析

由于重型货车的单位功率小、使用条件复杂、变化大，为了满足其使用要求，必须扩大传动比的范围。在传动比范围扩大的情况下，如果变速器的档数还为 5 个或 6 个，则相邻档位的传动比间隔就会增大，造成换档冲击。为了便于换档，一般要求相邻档位的传动比之比不大于发动机的最大转速与其最大转矩转速之比。解决这个问题的办法是采用多档位变速器的组合，通常有 7～10 个档位，有些有 12 个档位，个别有 16 或 20 个档位。这种变速器使发动机有更多机会产生接近最大功率的高输出，从而提高汽车的动力性，同时也使发动机有更多机会实现低油耗，从而提高汽车的燃油经济性。

重型货车生产的特点是种类多、批量小。为了提高生产率和降低成本，其多档变速器普遍采用组合式方案。即以一个或两个四速或五速变速器为主体，在变速器系列组中设置不同档位的齿轮槽和分变速器，不同的转矩容量和齿轮比范围。

1. 一些常见的组合方案

图 3-11 显示了几种多档变速器的组合方案，下面对一些常见的组合方案进行分析。

（1）前置副变速器（图 3-11a）

前置副变速器相当于在一级传输之前使用二级传输。如果二级变速器的这个传动比范围做得太大，一级变速器的质量和尺寸就会增加。这是因为如果二级齿轮箱的传动比过大，传输到一级齿轮箱的转矩将更大，必须使用更强的齿轮和轴，导到一级齿轮箱的质量和尺寸增加。因此比率范围有限是这个解决方案的一个缺点。

参照图 3-11a，如果副齿轮箱的输入轴直接连接到主齿轮箱的输入轴（副齿轮箱直接传动），直接传动可以以与单独使用主齿轮箱时相同的方式实现，但如果副齿轮箱的非直接传动被接合，组合齿轮箱的每个齿轮将啮合两组齿轮并且其效率可以保持在单独使用主齿轮箱的水平。这是因为副齿轮箱的最大齿轮比有一个限制，为了获得足够的最大齿轮比，必须提高主齿轮箱的最大齿轮比。这就是为什么中心之间的距离如此之大。

（2）后置副变速器（图 3-11b ~ d）

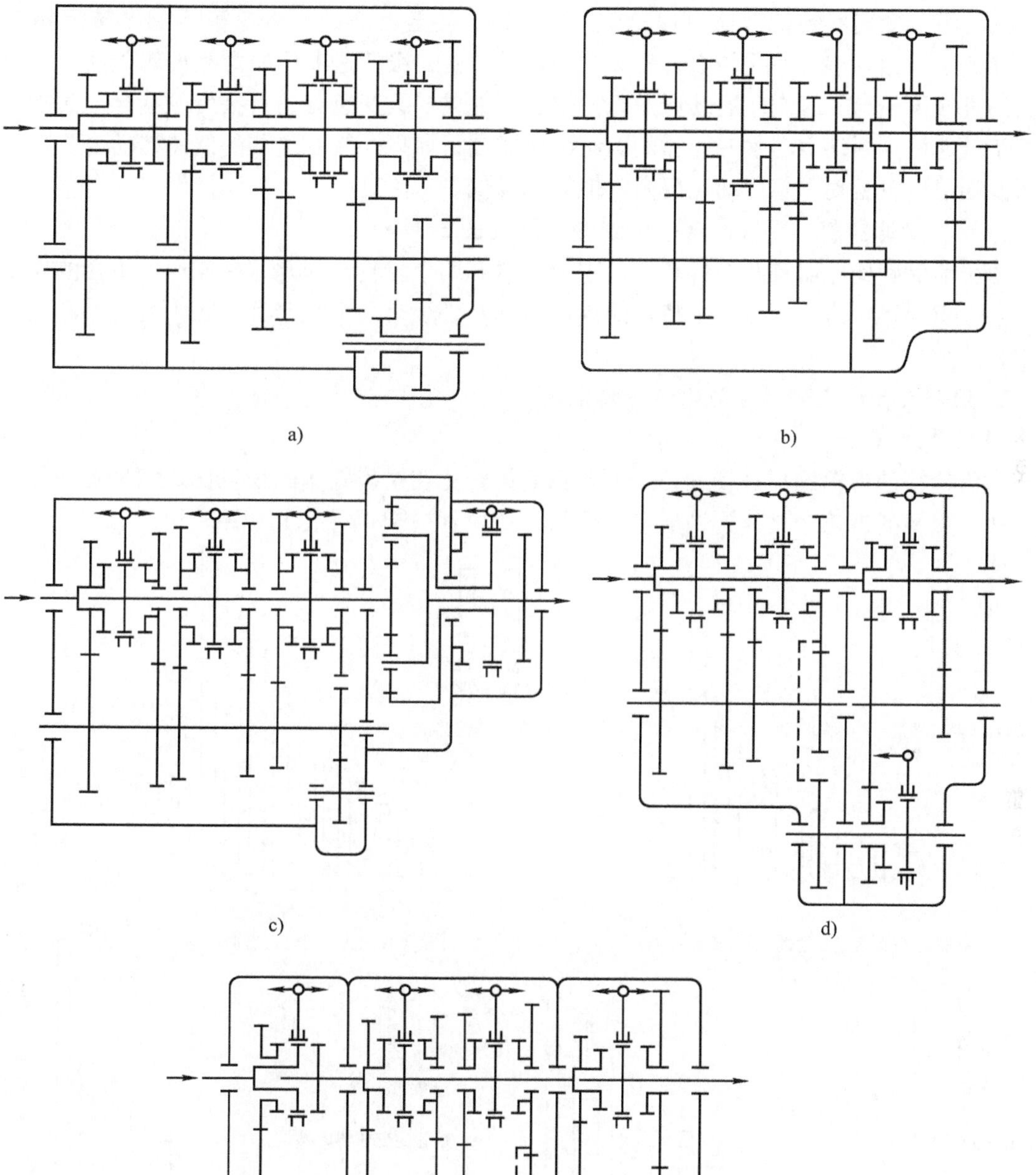

a)　b)　c)　d)　e)

图 3-11　几种多档变速器组合方案

图3-11b和d所示的后装副变速器有两套恒定啮合齿轮,而图3-11c所示的配置有一套行星齿轮。这些副变速器的共同特点是,它们是直接的,而且比主变速器有更大的齿轮比范围。

这些组合变速器的传动比可以达到12至13,甚至更高。主齿轮箱的输出转矩相对较低,导致中心距较小。在这种组合变速器中,动力由二级变速器中的两组齿轮驱动,一级变速器的直接齿轮与二级变速器的低速齿轮啮合。如果二级变速器的直接齿轮啮合,而主变速器处于低速档,则动力由主变速器的两组齿轮驱动,如果二级变速器的低速档啮合,则动力由所有四组齿轮驱动,总传动比提高,但效率降低。

(3) 主变速器前、后各设置一个副变速器(图3-11e)

由于前后副变速器有两个齿轮,而主变速器有四个齿轮,因此这种变速器组合的齿轮数为$2 \times 4 \times 2 = 16$。为了获得一个特定的齿轮组合,必须有三个啮合套,在主变速器和副变速器中各一个。

2. 组合式多档变速器传动比的搭配方式

(1) 插入式

主齿轮箱的齿轮比相对较大,副齿轮箱的齿轮比在主齿轮箱的齿轮比之间平均插值,因此,两个交替的齿轮变化共同构成了一个齿轮比序列(单调变化)(图3-12a)。

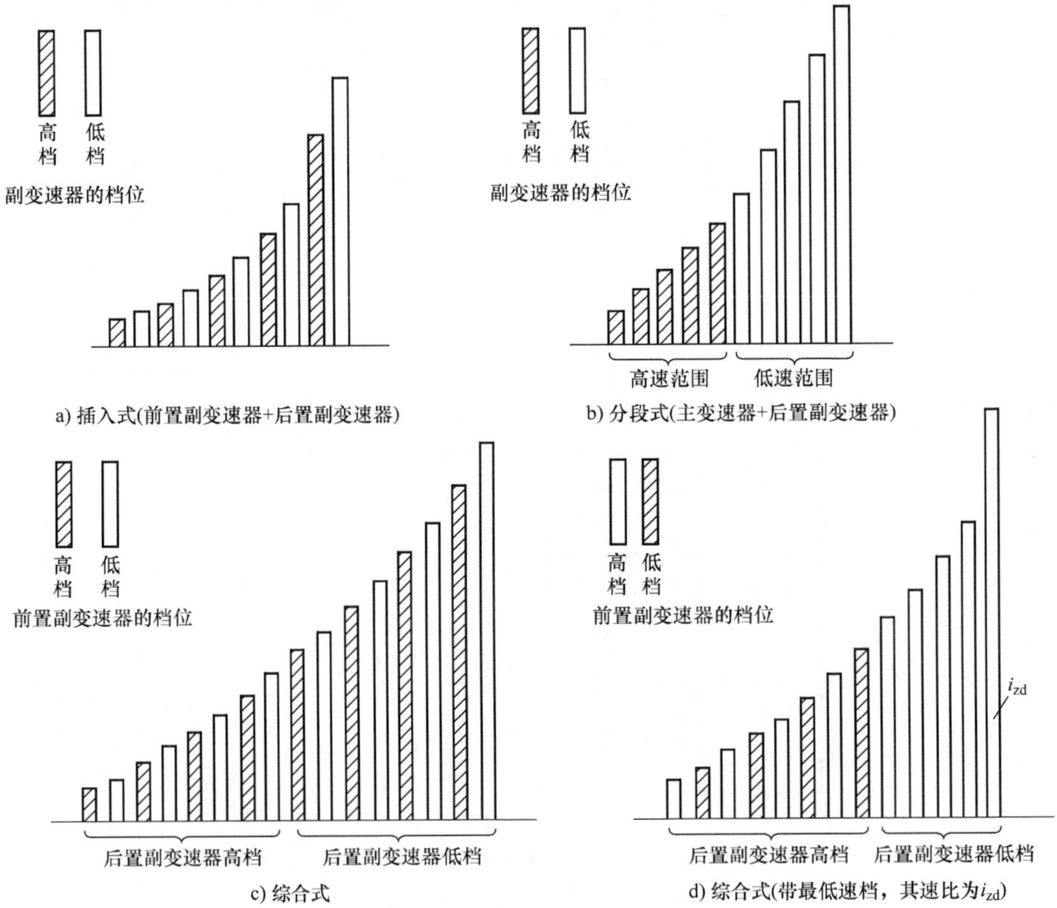

图3-12 组合式多档变速器的传动比搭配方式

(2) 分段式

如果主变速器中的齿轮比相对较小，而副变速器中的齿轮比较大，则副变速器中的高、低齿轮比与主变速器中的每个齿轮配对，形成高、低两个齿轮比段（图3-12b）。这有利于提升换档质量。

(3) 综合式

综合式是插入式和分段式的结合，其特点是齿轮比范围大（图3-12c、d），综合式只有后置副变速器，但其有高低档。

以上分析了多档变速器的组合方案，它们的共同特点是：主变速器和副变速器配合工作。副变速器的结构与主变速器基本相同，只是档数减少（一般仅有两个档）。副变速器大都采用同步器，以便于换档，也有采用啮合套换档的，这主要是为了简化结构、便于维修。

采用组合方案的多档变速器一般用于重型汽车，这类变速器的质量和反转矩较大。为改善壳体受力情况，并便于维修，经常将主、副变速器固结在一起，形成一个总成，分别用万向节与离合器和传动轴相连。主、副变速器总成直接固结在离合器壳上的设计也很常见。轻、中型货车的动力输出一般利用变速器中间轴齿轮进行。由于壳体强度和结构布置的限制，组合式多档变速器有的利用中间轴后端进行动力输出，有的在前端或副变速器的中间轴输出动力。

3.3 变速器主要参数的选择

3.3.1 档位数

增加变速器中的齿轮数量可以提高车辆的动力性和经济性。但齿轮数量的增加不仅增加了变速器结构的复杂性、尺寸和质量，而且还增加了操作机构的复杂性和换档的频率。假设最小齿轮比保持不变，增加变速器的档位数会使变速器相邻两个档位之间传动比的比值减小，使换档工作容易进行。相邻齿轮之间的传动比一般应小于1.8。比例越小，换档越容易进行。高档位的相邻齿轮的传动比应小于低档位的相邻齿轮传动比。

近年来，为了提高燃油经济性，变速器中的档位数日趋增多。目前，乘用车为五档以上，货车变速器为四至五档以上。五档变速器的货车装载质量一般为2~3.5t，六档变速器的货车装载质量为4~8t。多档变速器主要用于重型货车和越野车。

3.3.2 传动比范围

传动比范围是指变速器的最低齿轮比与最高齿轮比的比值。最高档位通常是齿轮比为1.0的直接档；有的变速器最高档是超速档，传动比为0.7~0.8。影响最低齿轮比选择的因素有：车辆最大爬坡能力所需的最大发动机转矩和最低稳定转速所要求的汽车最大爬坡能力、驱动轮与路面间的附着力、主减速比和驱动轮的滚动半径以及所要求达到的最低稳定行驶车速等。目前乘用车的传动比范围在3.0~4.5之间，轻型商用车在5.0~8.0之间，其他商用车甚至更高。

3.3.3 中心距

中间轴式变速器的中间轴和第二轴之间的距离被称为变速器的中心距。它是一个基本参数，不仅影响变速器的尺寸、体积和重量，而且影响齿轮的接触强度。中心距越小，齿轮的接触应力越大、寿命越短。允许的最小中心距是由保证齿轮寿命的接触强度决定的。变速器轴经轴承安装在壳体上，从轴承的布置、安装和维修方便以及不影响壳体的强度等方面考虑，要求中心距取大些。此外一档小齿轮齿数不能过少，因此中心距也要大些。

初始选择的中心距 A 可以根据以下经验公式计算出来：

$$A = K_A \sqrt[3]{T_{emax} i_1 \eta_g} \tag{3-1}$$

式中，A 为变速器中心距（mm）；K_A 为中心距系数，乘用车：K_A 为 8.9～9.3，商用车：K_A 为 8.6～9.6，多档变速器：K_A 为 9.5～10；T_{emax} 为发动机最大转矩（N·m）；i_1 为变速器一档传动比；η_g 为变速器传动效率，取 96%。

根据车辆总质量越低，变速器中心距越短的原则，乘用车的变速器中心距为 65～80mm，货车为 80～170mm。

3.3.4 外形尺寸

变速器的横向外形尺寸可根据齿轮直径以及倒档中间（过渡）齿轮和换档机构的布置初步确定。

影响变速器壳体轴向尺寸的因素包括档位数、换档机构形式以及齿轮形式。用于乘用车的四档变速器壳体的轴向尺寸为（2.0～3.4）A。货车用变速器主体的轴向尺寸与齿轮数和中心距 A 有关。其中四档为（2.2～2.7）A、五档为（2.7～3.0）A、六档为（3.2～3.5）A。

上面只给出了不同变速器的轴向尺寸范围（经验数据），对于具体的变速器，其轴向尺寸取决于具体的结构。

当变速器选用的档数和同步器多时，中心距系数应取推荐系数的上限。为了检测方便，中心距 A 最好取整数。

3.3.5 轴的直径

当变速器运行时，轴不仅要传递转矩，还必须承受来自齿轮的径向力，如果是斜齿轮，还要承受轴向力。这些力的传递要求传动轴有足够的刚性和强度。否则会发生弯曲和变形，破坏齿轮的正确啮合，影响齿轮的强度和耐磨性，增加运行噪声。

中间轴式变速器的第二轴和中间轴中部直径取 $d = 0.45A$。轴的最大直径 d 与支承间距离 L 的比值，中间轴取 $d/L = 0.16～0.18$，第二轴取 $d/L = 0.18～0.21$。

第一轴的花键部分的直径 d 可以根据以下公式初选，即

$$d = K\sqrt[3]{T_{emax}} \tag{3-2}$$

式中，K 为经验系数，一般取 $K = 4.0～4.6$；T_{emax} 为发动机最大转矩（N·m）。

3.3.6 齿轮参数

1. 模数

齿轮模数是一个重要参数，其选择取决于许多因素，如齿轮强度、质量、噪声和工艺要

求等。

选择齿轮模数的一般原则如下：

对于相同的传动中心距，较小的模数会增加齿轮上的齿数，同时较大的齿宽会改善齿轮的啮合，减少齿轮的噪声，所以为了减少噪声，模数必须合理选择，齿宽必须尽可能大。重要的是，每个齿轮都有不同的模块编号。在乘用车齿轮中，减少噪声更重要，所以齿轮的模数应该更小。对于货车来说，减小质量比噪声更重要，所以应该选择模数较大的齿轮。在某些情况下，车辆变速器的每个档位都可以选择相同的模数。

变速器齿轮所选模数值应符合国家标准 GB/T 1357—2008《通用机械和重型机械用圆柱齿轮 模数》的规定，汽车变速器模数的选择见表 3-1。

表 3-1 汽车变速器模数的选择　　　　　　　　　　　（单位：mm）

车辆类型	模数	车辆类型	模数
微型轿车	2.25 ~ 2.75	中型货车	3.5 ~ 4.5
中型轿车	2.75 ~ 3.0	重型货车	4.5 ~ 6.0

啮合套和同步器的接合齿多为渐开线齿形。出于工艺考虑，同一变速器接合齿的模数应相等。其取值范围如下：乘用车和轻、中型货车取 2 ~ 3.5mm；重型货车取 3.5 ~ 5mm。选取较小的模数值可使接合齿数增多，有利于提升传动质量。

2. 压力角

齿轮压力角较小时，会使重合度较大并降低了轮齿刚度，以减少进入啮合和退出啮合时的动载荷，使传动平稳，有利于降低噪声；压力角较大时，可提高轮齿的抗弯强度和表面接触强度。试验证明：对于直齿轮，压力角为 28°时强度最高，超过 28°强度增加不多；对于斜齿轮，压力角为 25°时强度最高。因此，理论上对于乘用车，为加大重合度以降低噪声，应取用 14.5°、15°、16°、16.5°等小些的压力角；对商用车，为提高齿轮承载能力应选用 22.5°或 25°等大些的压力角。

实际上，因国家规定的标准压力角为 20°，所以变速器齿轮普遍采用的压力角为 20°。啮合套或同步器的接合齿压力角有 20°、25°、30°等，但普遍采用 30°压力角。

应该指出，国外有些企业生产的乘用车变速器齿轮采用两种压力角，即高档位齿轮采用小些的压力角以减少噪声；而低档位和倒档齿轮采用较大的压力角，以增加强度。必须指出，齿轮采用小压力角和小模数时，除必须采用大的齿高系数外，还应采用大圆弧齿根，这样可以提高弯曲强度。

3. 螺旋角

确定斜齿轮螺旋角 β_0 时，主要是从它对齿轮啮合性能、强度的影响，以及轴向力平衡等方面综合考虑。β_0 增大，齿轮啮合的重叠系数增大，使变速器运转平稳，噪声下降。但 β_0 过大时，不仅使轴向力过大，且导致传动效率降低，使轴承工作条件恶化。试验证明，随着 β_0 的增大，齿轮的强度也相应提高，但是与相应的直齿轮比较，当 β_0 大于 30°时，其弯曲强度将骤然下降，而接触强度继续上升。因此从提高低档位的齿轮弯曲强度出发，不希望 β_0 过大。实际设计中，大多数 β_0 取 23° ~ 27°。

当一根轴上有两个斜齿轮工作，选择轴上斜齿轮的螺旋角时，应使同时工作的两个斜齿轮（如图 3-13a 中间轴上齿轮 2 与 3）所产生的轴向力互相抵消或抵消一部分。为达到这一目的，同一轴上同时工作的两个斜齿轮的螺旋方向应是相同的（图 3-13b），因为要同时工作，一个是从动齿轮，另一个就是主动齿轮，因此轴向力方向相反。

要使轴上两个斜齿轮的轴向力相互抵消，需要满足以下条件，由图 3-13b 可见：

$$Q_2 = P_2 \tan\beta_2$$
$$Q_3 = P_3 \tan\beta_3 \tag{3-3}$$

式中，Q_2、Q_3 为齿轮 2、3 的轴向力；P_2、P_3 为齿轮 2、3 的切向力；β_2、β_3 为齿轮 2、3 的分度圆螺旋角。

欲使 $Q_2 = Q_3$，必须令 $P_2 \tan\beta_2 = P_3 \tan\beta_3$。

因为

$$P_2 = \frac{M}{r_2}, P_3 = \frac{M}{r_3} \tag{3-4}$$

式中，M 为中间轴传递的转矩；r_2、r_3 为齿轮 2、3 的节圆半径。

因此，保持轴向力互相抵消的条件为

$$\frac{\tan\beta_2}{r_2} = \frac{\tan\beta_3}{r_3} \tag{3-5}$$

这就要求节圆半径愈大，螺旋角亦愈大。但是在实际中，为了工艺简单，常常在同一轴上的所有斜齿轮采用相同的螺旋角。

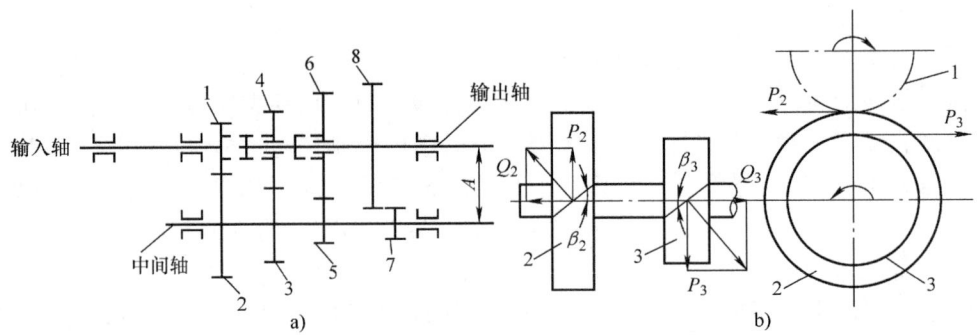

图 3-13　斜齿轮上的轴向力

4. 齿宽

在选择齿宽时，应注意齿宽对变速器的轴向尺寸、齿轮工作平稳性、齿轮的接触强度和齿轮工作时受力的均匀程度均有影响。

考虑到尽可能缩短变速器的轴向尺寸并减小变速器的质量，应该选用较小的齿宽。另一方面，齿宽减小使斜齿轮传动平稳的优势被削弱，此时虽然可通过增加齿轮螺旋角的方法予以补偿，但这会使轴承承受的轴向力增大，使之寿命降低；小齿宽还会使齿轮的工作应力增大。选用较大的齿宽，工作时会因轴的变形导致齿轮倾斜，会使齿轮沿齿宽方向受力不均匀并导致齿宽方向磨损不均匀。

通常根据齿轮模数 m（mm）的大小来选定齿宽。对于直齿齿轮，有 $b = K_c m$，其中 K_c 为齿宽系数，取 4.5~8.0；对于斜齿齿轮，有 $b = K_c m_n$，其中 m_n 为法向模数，K_c 取 6.0~8.5。

采用啮合套或同步器换档时，其接合齿的工作宽度初选时可取 2~4mm。

第一轴常啮合齿轮副的齿宽系数 K_c 可取大些，使接触线长度增加，接触应力降低以提高传动平稳性和齿轮寿命。

5. 齿轮变位系数的选择

采用变位齿轮，可以避免齿轮产生干涉、根切和配凑中心距。而且，对变速器而言，其不同挡位的齿轮在弯曲强度、接触强度、使用平稳性、耐磨损性及抗胶合能力等方面有不同的要求。采用变位齿轮，可以兼顾这些要求，并且可以有效地提高齿轮寿命。

齿轮损坏的原因很多，在各种条件下都有其典型的破坏形式，因而对齿轮提出了各种传动质量要求。齿轮采用某一变位值一般只能改善一种或几种传动质量指标，而对其他指标甚至有相反的效果。所以，选择变位系数时，必须对齿在其使用条件下产生破坏的原因进行具体分析。

若实际中心距等于已定的中心距时，采用高度变位。如果实际中心距不等于已定中心距时，采用角度变位。其中，角度变位可以获得良好的啮合性能及传动质量指标，故采用较多。

变速器齿轮是断续工作的，因此齿轮经常承受循环负荷，有时还承受冲击负荷。经验表明，变速器齿轮大多数是因齿面剥落和疲劳断裂而损坏的。因此，选择变位系数，主要着眼于提高接触强度、弯曲强度和耐磨性。对于常用的高档位齿轮，主要损坏形式是齿面疲劳剥落。因此，在选择变位系数时，要着眼于提高接触强度、抗胶合以及耐磨能力。为提高接触强度，应使变位系数尽可能取大些，这样就使两齿轮的齿廓渐开线离基圆较远，齿廓曲率半径较大可以减小接触应力。对于低档位齿轮，传递的转矩较大，而小齿轮齿根强度较低，有时会出现小齿轮齿根弯曲断裂的现象。因此，在选择变位系数时，要着眼于提高小齿轮的弯曲强度，这就要求小齿轮的变位系数大于零。

为了提高齿轮的耐磨性及抗胶合能力，应该选用能降低两啮合齿轮相对滑动系数的变位系数，并使两齿轮齿根处的滑动系数趋于平齐，其目的是使它们的磨损比较均衡。在选择变位系数时，利用变位系数封闭图分配变位系数是较好的一种方法。它比较全面地综合了各种限制条件和各种传动质量指标。利用变位系数封闭图分配变位系数，可不必校核是否干涉、根切、齿顶变尖以及重合系数过低等情况。

6. 齿顶高系数

齿顶高系数对重合度、轮齿强度、工作噪声、轮齿相对滑动速度、轮齿根切和齿顶厚度等均有影响。若齿顶高系数小，则齿轮重合度小、工作噪声大；但因轮齿受到的弯矩减小，轮齿的弯曲应力也减少。因此，从前因齿轮加工精度不高，并认为轮齿上受到的载荷集中作用到齿顶上，所以曾采用过齿顶高系数为 0.75～0.80 的短齿制齿轮。

在齿轮加工精度提高以后，短齿制齿轮不再被采用，包括我国在内，规定齿顶高系数取为 1.00。

为了增加齿轮啮合的重合度、降低噪声和提高齿根强度，有些变速器采用齿顶高系数大于 1.00 的细高齿制。采用细高齿制时，必须通过验算保证齿顶厚度不得小于 0.3m，且和齿轮没有根切和齿顶干涉。目前，对于细高齿制的齿顶高系数还没有制定统一的标准，由各企业自行确定，从 1.05 到 1.90 的都有，且许多变速器上的主动、从动齿轮的齿顶高系数不同。

3.3.7 各档齿轮齿数的分配

在初步选择中心距、齿轮模数和螺旋角后，可根据预先设定的变速器档数、传动比和传动方案，分配各档齿轮的齿数。下面给出一个如何分配齿数的例子（图3-14）。

(1) 确定一档齿轮的齿数

档传动比 i_1 为

$$i_1 = \frac{Z_2 Z_7}{Z_1 Z_8} \quad (3-6)$$

首先确定 Z_7、Z_8。为此，先求齿数和 Z_h。对直齿，有

$$Z_h = 2A/m \quad (3-7)$$

对斜齿，有

$$Z_h = 2A\cos\beta_2/m_n \quad (3-8)$$

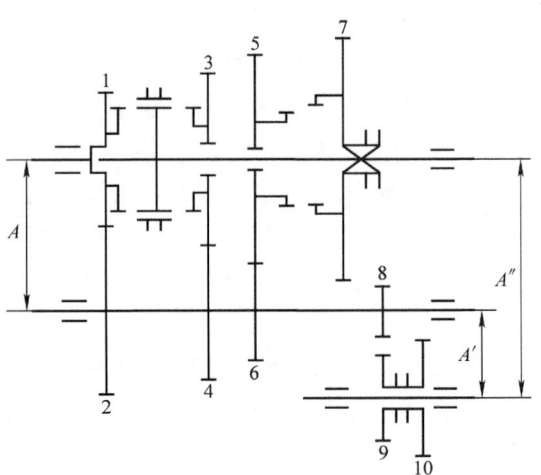

图3-14 一种四档变速器的传动方案

式中，A 是变速器中心距。

如果计算的 Z_h 不是整数，必须进行取整。有了 Z_h 就可以进行大、小齿轮齿数的分配，即求 Z_7 和 Z_8。一般是把中间轴上一档小齿轮的齿数 Z_8 选得尽可能小，以便使传动比 Z_7/Z_8 大一些。而在 i_1 已定的条件下，使传动比 Z_2/Z_1 可以分配得小些，使第一轴常啮合齿轮可以分配到较多的齿数，即使 Z_1 较大，从而使这个齿轮较大，足以在其内腔设置第二轴的前轴承。应该指出，一轴齿轮不能过小，否则钻轴承孔后会使轮辐太薄，影响齿轮强度。但是一轴齿轮的齿数 Z_1 也不能太多，否则会使齿轮外径过大，以至超过变速器壳体上轴承孔尺寸，导致无法装配。因此，一轴齿轮的齿数 Z_1 还要满足设置轴承孔的要求，即满足装配的要求。

另外，中间轴上小齿轮的最小齿数，还受到中间轴轴颈尺寸的限制，即受到轴刚度的限制。为了达到足够的刚度，轴颈的尺寸不能过小。所以中间轴上小齿轮的齿数 Z_8 要与轴颈的尺寸相适应。因此，在选定时，对轴的尺寸及齿轮齿数都要统一考虑。为了避免根切和增强小齿度强度，必须采用变位齿轮。

对于轿车中间轴式变速器，其一档传动比 $i_1 = 3.5 \sim 3.8$ 时，中间轴上一档齿轮齿数 $Z_8 = 15 \sim 17$；货车可在 12~17 个齿之间选用。一档传动比和齿轮模数较大时，齿数 Z_8 宜取小些。选定 Z_8 以后，通过式 $Z_7 = Z_h - Z_8$。可以计算得到一档大齿轮（二轴上）的齿数 Z_7。

(2) 对中心距 A 进行修正

当计算出的 Z_h 不是整数时，要将其取整，从式（3-7）或式（3-8）可知，这会使中心距发生变化。这时应该从 Z_h 及齿轮变位系数反过来计算中心距 A，再以这个修正后的中心距 A 作为各档齿轮齿数分配的依据。此后，中心距 A 就不再变化。

(3) 确定常啮合传动齿轮副的齿数

从式（3-6）可得

$$\frac{Z_2}{Z_1} = i_1 \frac{Z_3}{Z_7} \quad (3-9)$$

而常啮合传动齿轮中心距和一档齿轮的中心距相等，即

$$A = \frac{m_n(Z_1 + Z_2)}{2\cos\beta_2} \tag{3-10}$$

把式（3-9）和式（3-10）作为联立方程求解，可以求出 Z_1 和 Z_2。在这里，求出的 Z_1 和 Z_2 也应取整。然后再利用式（3-6）核算这时的传动比与所要求的传动比相差多少。如相差较大，只要调整一下齿数即可。最后再根据确定的齿数，按

$$\cos\beta_2 = \frac{m_0(Z_1 + Z_2)}{2A} \tag{3-11}$$

计算出精确的螺旋角 β_2，并且其值应该在前述的选择范围以内。另外，也可以在保证预选 β_2 值的前提下，通过适当的齿轮变位来满足中心距的要求。

（4）确定二档齿轮的齿数

1）二档齿轮是直齿轮，模数与一档齿轮相同。

这时，二档传动比为

$$i_2 = \frac{Z_2 Z_7}{Z_1 Z_6} \tag{3-12}$$

$$A = \frac{m(Z_s + Z_s)}{2} \tag{3-13}$$

解此联立方程即可求出 Z_5、Z_6。然后取整数，再利用它们计算中心距。若与要求的中心距 A 有偏差，通过齿轮变位（角度变位）来调整。

2）二档齿轮是斜齿轮，螺旋角 β_6 与常啮合齿轮的 β_2 不同。

二档传动比为

$$i_2 = \frac{Z_2 Z_5}{Z_1 Z_6} \tag{3-14}$$

齿轮 5 和齿轮 6 的中心距为

$$A = \frac{m_n(Z_s + Z_s)}{2\cos\beta_0} \tag{3-15}$$

而从消除或减少中间轴上的轴向力出发，齿轮还须满足下列关系：

$$\frac{\sin\beta_2}{\sin\beta_6} = \frac{Z_2}{Z_6} \tag{3-16}$$

式（3-16）可以从轴向力平衡关系式推导出来，即

$$\frac{\tan\beta_2}{\tan\beta_6} = \frac{r_2}{r_6} = \frac{m_n Z_2 \cos\beta_5}{\cos\beta_2 m_n Z_6} = \frac{Z_2 \cos\beta_5}{Z_6 \cos\beta_2} \tag{3-17}$$

$$\frac{\tan\beta_2 \cos\beta_2}{\tan\beta_6 \cos\beta_6} = \frac{Z_2}{Z_6} \tag{3-18}$$

所以，

$$\frac{\sin\beta_2}{\sin\beta_6} = \frac{Z_2}{Z_6} \tag{3-19}$$

联立式（3-14）、式（3-15）和式（3-16）三个方程可以求出三个参数，即 Z_5、Z_6、β_6 以利用数值分析法来解这个方程组。也可以采用试凑法来解这个方程组，即先选定螺旋角 β_6，联立解前两个方程式，求出 Z_5、Z_6。再把它们代入式（3-16），检验是否满足或近似满足轴向力平衡的关系。如相差太大，则要调整螺旋角 β_6。重复上述过程，直至符合设计要

求为止。

应该指出，其他前进档齿轮齿数可以利用与二档相同的方法确定。另外需要说明，中心距、螺旋角、变位系数与齿数分配是相互联系、相互影响的。在配齿过程中，要根据设计要求，经过反复选配、试凑，才能确定比较理想的各参数值。

（5）确定倒档齿轮齿数

一档、倒档齿轮常选用相同的模数。图 3-14 所示倒档齿轮的齿数 Z_{10} 一般是 21～23。初选 Z_{10} 以后，可以计算出中间轴与倒档轴的中心距 A'：

$$A' = \frac{1}{2}m(Z_s + Z_{10}) \tag{3-20}$$

为了保证倒档齿轮的啮合以及避免运动干涉，齿轮 8 和 9 的齿顶圆之间应该保持 0.5mm 以上的间隙，即

$$\frac{D_{e8}}{2} + 0.5 + \frac{D_{e9}}{2} = A' \tag{3-21}$$

式中，D_{e8}、D_{e9} 分别是齿轮 8 和 9 的齿顶圆直径。

根据求得的 D_{e9}，再选择适当的齿数及采用适当的变位系数，使齿顶圆 D_{e9} 符合式（3-21）。最后计算倒档轴与第二轴的中心距 A'，即齿轮 7 与齿轮 9 的中心距。

3.4 变速器的设计和计算

3.4.1 齿轮的损坏形式

变速器齿轮损坏的主要形式有轮齿折断、齿面疲劳剥落（点蚀）、移动换档齿轮端部破坏以及齿面胶合。

当有足够大的冲击载荷施加在轮齿上，或当重复载荷导致轮齿根部出现疲劳裂纹，并且裂纹扩大的深度逐渐增加，导致弯曲和断裂时，就会发生轮齿断裂。前者在使用中很少发生，而后者则经常发生。

轮齿工作时，齿轮互相啮合，齿面间相互挤压，这将增加存在于齿面小裂缝中的润滑剂的压力，导致裂缝扩大，齿面的表层成块剥落，形成小坑，称为齿面点蚀。这会使齿形误差加大，产生动载荷，并可能会导致轮齿折断。

低速档和倒档是通过移动齿轮来换档的，由于换档时两个进入啮合的齿轮存在着角速度差，换档瞬间会对轮齿端部产生冲击载荷，从而造成破坏。

在高负荷的齿轮中，齿面的相对滑动速度过高会使它们彼此间直接接触，造成高温效应并导致与齿面接触的润滑膜被破坏，进而齿面在局部高温和压力的影响下沿滑动方向出现裂纹，即所谓的齿面粘连。变速器在此种情况下的破坏形式出现较少。

3.4.2 齿轮强度计算

不同车型变速器齿轮的使用条件是近似的。此外，汽车变速器齿轮用的材料、热处理方法、加工方法、精度级别、支承方式也基本一致。如汽车变速器齿轮用低碳钢制作，采用剃齿和磨齿精加工，齿轮表面采用渗碳淬火热处理工艺，齿轮精度为 GB/T 10095.1—2008

《圆柱齿轮　精度制　第1部分：轮齿同侧齿面偏差的定义和允许值》中规定的6级和7级。因此，用比计算通用齿轮强度公式更为简化一些的计算公式来计算汽车齿轮，同样可以获得较为精确的结果。下面介绍的是计算汽车变速器齿轮强度用的简化计算公式。

（1）齿轮弯曲强度的计算

1）直齿轮弯曲应力 σ_w 为

$$\sigma_w = \frac{F_1 K_\sigma K_f}{bty} \tag{3-22}$$

式中，σ_w 为弯曲应力；F_1 为圆周力，$F_1 = 2T_g/d$，其中 T_g 为计算载荷，d 为节圆直径；K_σ 为应力集中系数，K_σ 可近似取 $=1.65$；K_f 为摩擦力影响系数，主、从动齿轮在啮合点上的摩擦力方向不同，对弯曲应力的影响也不同，主动齿轮取 $K_f = 1.1$，从动齿轮取 $K_f = 0.9$；b 为齿宽；t 为端面齿距，有 $t = \pi m$，m 为齿轮模数；y 为齿形系数，齿形系数图如图3-15所示。

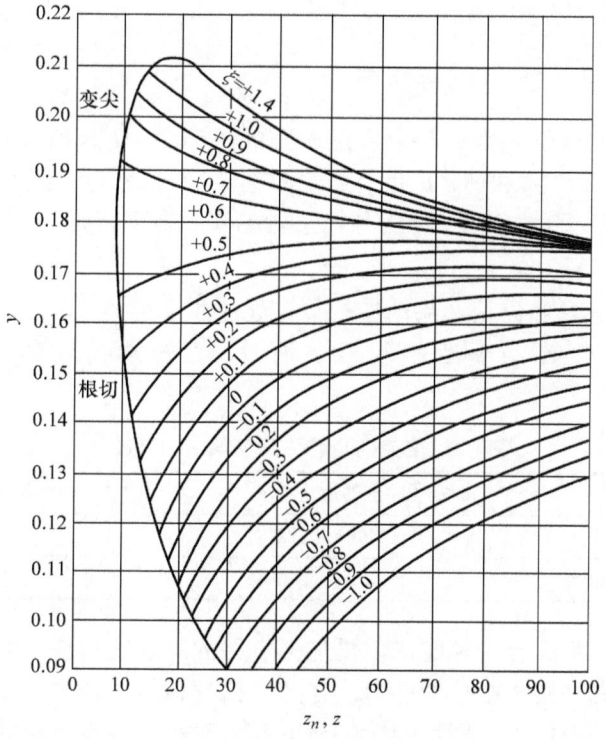

图3-15　齿形系数图

叉齿轮节圆直径 $d = mz$ 为齿数，将上述有关参数代入式（3-22）后，得

$$\sigma_w = \frac{2T_g K_\sigma K_f}{\pi m^3 z K_c y} \tag{3-23}$$

当计算载荷 T 取作用到变速器第一轴上的最大转矩时，一档、倒档直齿齿轮许用弯曲应力为 400~850MPa，货车可取下限，承受双向交变载荷作用的倒档齿轮的许用应力取下限。

2）斜齿轮弯曲应力 σ_w 为

$$\sigma_w = \frac{F_1 K_\sigma}{btyK_\zeta} \tag{3-24}$$

式中，F_1 为圆周力，$F_1 = 2T_g/d$，其中 T_g 为计算载荷，d 为节圆直径，且 $d = m_n z/\cos\beta$（m_n 为法向模数，z 为齿数，β 为斜齿轮螺旋角）；K_σ 为应力集中系数，K_σ 取 $=1.5$；b 为齿宽；t 为法向齿距，$t = \pi m_n$；y 为齿形系数，可按当量齿数 $z_n = z/\cos^3\beta$ 在图 3-15 中查得；K_ζ 为重合度影响系数，取 $K_\zeta = 2$。

将上述有关参数代入式（3-24），整理后得到斜齿轮弯曲应力为

$$\sigma_w = \frac{2T_g \cos\beta K_\sigma}{\pi z m_n^3 y K_e K_\zeta} \tag{3-25}$$

当计算载荷 T 取作用到变速器第一轴上的最大转矩 T_{emax} 时，乘用车常啮合齿轮和高档位齿轮的许用应力为 $180 \sim 350 \mathrm{MPa}$，货车为 $100 \sim 250 \mathrm{MPa}$。

（2）牙齿接触应力的计算

齿的接触应力按以下公式计算

$$\sigma_j = 0.418\sqrt{\frac{FE}{b}\left(\frac{1}{p_z} + \frac{1}{p_b}\right)} \tag{3-26}$$

式中，σ_j 为齿轮齿上的接触应力；F 为牙齿表面的法向力，$F = F_1/\cos\alpha\cos\beta$，其中 F_1 是圆周力，$F_1 = 2T_g/d$（T_g 是计算载荷，d 是节点圆的直径），α 是节点处的压力角，β 是斜齿轮的扭转角；E 为齿轮材料的弹性模量；b 为牙齿接触的实际宽度；p_z、p_b 为主齿轮和从动齿轮、正齿轮节点处的曲率半径，$p_z = r_z \sin\alpha$，$p_b = r_b \sin\alpha$；若是斜齿轮，则 $p_z = r_z \sin\alpha/\cos^2\beta$，$p_b = r_b \sin\alpha/\cos^2\beta$ 其中 r_z、r_b 是主齿轮和从动齿轮节点处的曲率半径。

当计算载荷 $T_{emax}/2$ 作用于变速器第一轴时，变速器齿轮的许用接触应力 $[\sigma_j]$ 见表 3-2。

表 3-2　变速器齿轮许用接触应力 $[\sigma_j]$　　　　（单位：MPa）

齿轮类型	渗碳的齿轮 $[\sigma_j]$	液体渗碳齿轮 $[\sigma_j]$
一档和倒档齿轮	1900~2000	950~1000
普通啮合齿轮和高档位齿轮	1300~1400	650~700

大多数传动齿轮由渗碳合金钢制成，再加上表层的高硬度和核心的高韧性，大大提高了齿轮的抗磨损、抗弯曲和抗接触疲劳能力。在选择钢材和热处理时，还必须考虑到可加工性和成本。在相同的负载条件下，磨齿齿轮的弯曲疲劳寿命比剃齿齿轮的要长。

国内汽车变速器齿轮主要采用 20CrMnTi、20Mn2TiB、15MnCr5、20MnCr5 和 25MnCr5 的渗碳齿轮，表面硬度为 $58 \sim 63 \mathrm{HRC}$，核心硬度为 $33 \sim 48 \mathrm{HRC}$。

3.4.3　轴的强度计算

变速器在工作过程中，由于齿轮上的周向力、径向力和轴向力的作用，变速器的轴会受到扭矩和弯矩的作用力。这就要求传动轴必须有足够的刚度和强度。如果轴没有足够的刚度，就会发生弯曲变形，这会破坏齿轮的正确啮合，对于齿轮的强度、耐磨性和运行噪声会有不利影响。因此，在设计变速器轴时，其刚度的大小选择应以保证齿轮能正确啮合为前提条件。在设计阶段，可以根据经验来初选轴的直径，再根据公式进行强度和刚度的计算。

（1）初选轴的直径

在已知中间轴式变速器中心距 A 时，第二轴和中间轴中部直径 $d \approx 0.45A$，轴的最大直径 d 和支承间距离 L 的比值：对中间轴，$d/L = 0.16 \sim 0.18$；对第二轴，$d/L = 0.18 \sim 0.21$。

第一轴花键部分直径 d（mm）可按下式初选

$$d = K \sqrt[3]{T_{emax}} \quad (3-27)$$

式中，K 为经验系数，$K = 4.0 \sim 4.6$；T_{emax} 为发动机最大转矩（N·m）。

（2）轴的强度验算

1）轴的刚度验算。影响齿轮工作的最重要因素是轴在垂直面上的挠度和轴在水平面内的转角。前者将导致齿轮中心距的变化，从而破坏齿轮的正确啮合；后者将导致齿轮歪斜，造成沿齿长方向的压力不均匀，如图 3-16 所示。

初选轴的尺寸后，可以对轴进行刚度和强度的验算。欲求中间轴式变速器第一轴的支点反作用力，必须先求第二轴的支点反作用力。档位不同，不仅齿轮上的圆周力、径向力和轴向力不同，而且力到支点的距离也有变化，所以应当对每个档位都进行验算。验算时，将轴看作铰接支承的梁。作用在第一轴上的转矩应取 T_{emax}。

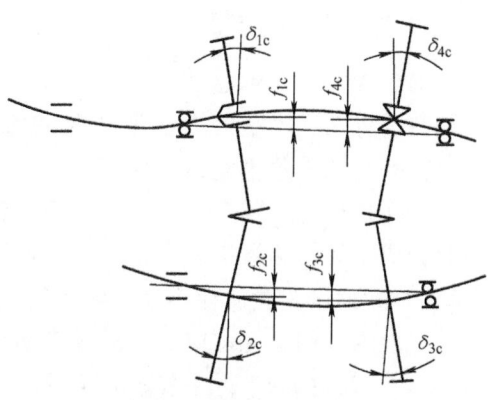

a）轴在垂直平面内的挠度变形

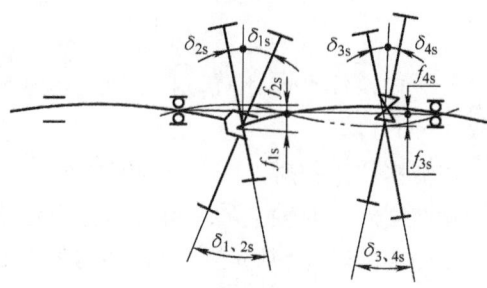

b）轴在水平面内的转角变形

图 3-16 变速器轴的变形简图

轴的挠度和转角可按材料力学的有关公式计算。计算时，仅计算齿轮所在位置处轴的挠度和转角。第一轴常啮合齿轮副，因距离支承点近，负荷又小，通常挠度不大，故可以不必计算。变速器齿轮在轴上的位置如图 3-17 所示时，若轴在垂直面内挠度为 f_c，在水平面内挠度为 f_s，和转角为 δ，可分别用下式计算

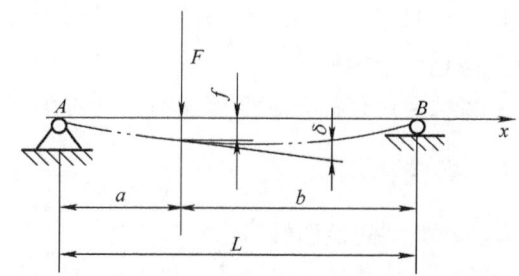

图 3-17 变速器轴的挠度和转角

$$f_c = \frac{F_1 a^2 b^2}{3EIL} \quad (3-28)$$

$$f_s = \frac{F_2 a^2 b^2}{3EIL} \quad (3-29)$$

$$\delta = \frac{F_1 ab(b-a)}{3EIL} \quad (3-30)$$

式中，F_1 为齿轮齿宽中间平面上的径向力（N）；F_2 为齿轮齿宽中间平面上的圆周力（N）；E 为弹性模量（MPa），$E = 2.1$GPa；I 为惯性矩（mm^4），对于实心轴，$I = \pi d^4/64$；d 为轴

的直径（mm），花键处按平均直径计算；a、b 为齿轮上的作用力距支座 A、B 的距离（mm）；L 为支座间的距离（mm）。

轴的全挠度为 $f = \sqrt{f_c^2 + f_s^2} \leq 0.2\text{mm}$。

轴在垂直面和水平面内挠度的允许值为 $[f_c] = 0.05 \sim 0.10\text{mm}$，$[f_s] = 0.10 \sim 0.15\text{mm}$。齿轮所在平面的转角不应超过 0.002rad。

与中间轴齿轮常啮合的第二轴上的齿轮，常通过青铜衬套或滚针轴承装在轴上，也有的省去衬套或滚针轴承直接装在轴上，这就能够增大轴径，从而使轴的刚度增加。

2）轴的强度验算。作用在齿轮上的径向力和轴向力使轴在垂直面内弯曲，而周向力使轴在水平面内弯曲。在求取支点的垂直面和水平面内的支反力 F_c 和 F_s 之后，计算相应的弯矩 M_c、M_s。轴在转矩 T_n 和弯矩的同时作用下，其应力为

$$\alpha = \frac{M}{W} = \frac{32M}{\pi d^3} \tag{3-31}$$

式中，$M = \sqrt{M_c^2 + M_s^2 + T_n^2}$ （N·mm）；d 为轴的直径（mm），花键处取内径；W 为抗弯截面系数（mm³）。

在低档位工作时，$[\sigma] \leq 400\text{MPa}$。

除此之外，对轴上的花键，应验算齿面的挤压应力。

变速器的轴应使用与齿轮相同的材料制造。

3.5 变速器的操作机构设计

变速器的换档操作机构由换档机构和锁定机构两部分组成。换档操作机构必须满足以下要求：

① 换档时只能选择一个档位。
② 防止误挂倒档。
③ 换档后，使齿轮在全齿长啮合，防止自动脱档。

3.5.1 换档机构

有两种类型的换档机构：双杆操纵以及单杆操纵。有进退档换向齿轮的变速箱采用双杆操纵，其中一根杆操纵进退档，另一根杆操纵换档滑动齿轮。图 3-18 为用于 T180 推土机的双杆操纵换档机构。

单杆操作主要用于平面三轴式变速箱。换档机构的变速杆较多地采用球支座结构，也有采用十字铰销结构的。当使用球轴承时，球铰链的直径 d 通常为 30～40mm。为了使球铰链的球头与轴承保持接触并防止其松动，杠杆上装有压缩弹簧，其力一般为杠杆重量的 2～4 倍（不少于 60～100N）。当变速杆为弯杆时，球头必须开槽，并在球座上使用销钉，以防止杠杆自行转动。

变速杆上、下臂长的比值一般在 5～7 之间，操纵杆端部的前后总行程一般不超过 120mm。

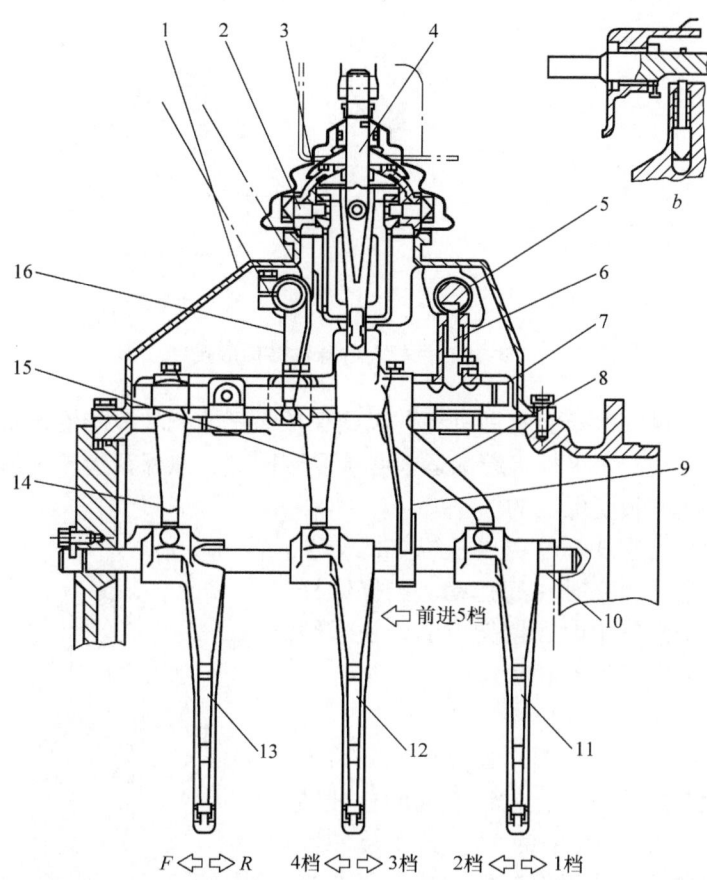

图 3-18 T180 推土机的双杆操纵换档机构

3.5.2 锁定机构

锁定机构包括自锁、互锁和联锁机构。

1. 自锁机构

自锁机构的功能是将滑动杆锁定在一个固定的位置，使整个齿轮齿长都参与啮合，从而防止自动脱档或挂档。自锁机构可以分为球形或杆形。

带有滚珠锁定系统的滑杆有两种滚珠座形式：半圆形（图 3-19a）和 V 形（图 3-19b）。如果球窝边缘有磨损，半圆形的锁紧能力会明显下降，而 V 形的锁紧能力则不受影响。这是因为移动滑块上的轴向力的大小与作用夹角 α 有关。在半圆形球窝结构上，当球窝边缘有磨损后，α 减小，移动滑杆的轴向力显著下降，而在 V 形球窝结构上，当边缘有磨损时，并不影响 α 大小。

杠杆式锁定机构经常被用于工程车辆，因为它们具有上述 V 形球窝的优点，并且易于安装联锁机构。杠杆式锁定机构的结构设计必须保证锁定销不会自锁。自锁机构弹簧的锁紧力一般为 100~160N。

2. 互锁机构

互锁机构有框板式、摆架式、柱锁式等形式。联锁机构的功能是防止两个滑杆同时被拨

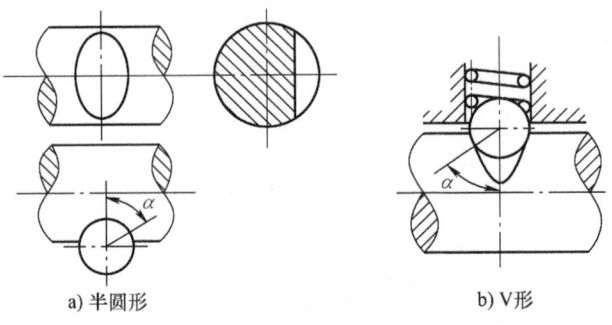

a) 半圆形 b) V形

图 3-19 滑杆上的球窝结构形式

动。在操纵杆支架上设有框架板互锁机构，以确保操纵杆的下端只能沿框架槽移动，从而避免两根滑杆同时被拨动。操纵杆下端的运动必须受到限制，以保证齿轮全齿长啮合，这一限位作用通常是由凹槽的长度保证的。

摆架式互锁装置（图 3-20）是在操纵杆的十字铰销上装有摆架，它与十字轴一起摆动。当操纵杆的下端插入其中一个滑杆中时，摆架上的卡块会锁住另外两个滑块，使它们不能同时移动。

3. 联锁机构

联锁机构的功能是保证主离合器完全脱开后才能进行换档。在大多数情况下，自锁机构的杠杆销上方有一个旋转轴（图 3-18 中的 5）。这个旋转轴通过一个杠杆与主离合器的操作装置相连。只有当离合器完全分离时，旋转轴上的凹槽才会与连杆销的末端重叠，使滑杆能够抬起连杆销，并使其轴向移动。转轴应有防止轴向游动的结构措施。

传动装置的锁紧机构对防止自动脱档非常重要，因此要保证滑杆的V形槽、杆形柱销的端头、转轴的凹槽等的加工精度，热处理后表面硬度要求 HRC≥50。

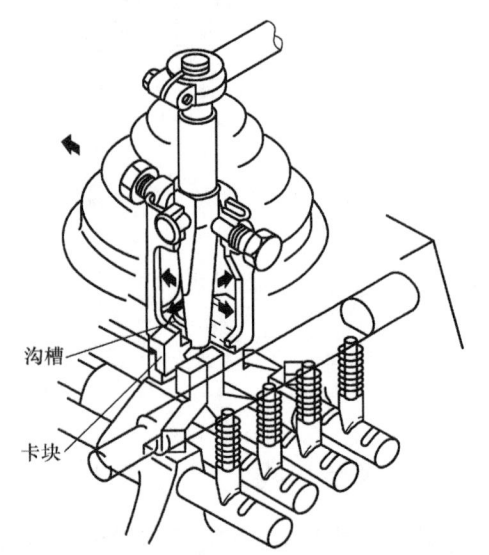

图 3-20 摆架式互锁装置

3.6 同步器设计

同步器有常压式、惯性式和惯性增力式三种。常压式同步器结构虽然简单，但不能保证啮合件在同步状态下（即角速度相等）换档，现已不用。得到广泛应用的是惯性式同步器。

3.6.1 惯性式同步器

惯性式同步器能做到换档时，在两换档元件之间的角速度达到完全相等之前不允许换档，因而能很好地完成同步器的功能。

按结构分，惯性式同步器有锁销式、滑块式、锁环式、多片式和多锥式几种。虽然它们的结构不同，但是它们都具备摩擦元件、锁止元件和弹性元件。

1. 锁销式同步器

（1）锁销式同步器结构

图 3-21 所示的锁销式同步器的摩擦元件是同步环 2 和齿轮 3 上的凸肩部分，分别在它们的内圈和外圈设计有相互接触的锥形摩擦面。锁止元件位于滑动齿套 1 的圆盘部分孔中做出的锥形肩角和装在上述孔中，在中部位置处有相同角度的斜面锁销 4。锁销与同步环 2 刚性连接。弹性元件是位于滑动齿套 1 圆盘部分径向孔中的弹簧 7。在空档位置，钢球在弹簧压力作用下处在销 6 的凹槽中，使之保持滑动齿套与同步环之间没有相对移动。滑动齿套与同步环之间为弹性连接。

在惯性式同步器中，弹性元件的重要性仅次于摩擦元件和锁止元件，它用来使有关部分保持在中立位置的同时，又不妨碍锁止、解除锁止和完成换档的进行。

（2）锁销式同步器工作原理

同步器换档过程由三个阶段组成。第一阶段，同步器离开中间位置，作轴向移动并靠在摩擦面上。摩擦面相互接触瞬间，如图 3-21 所示，由于齿轮 3 的角速度 ω_3 和滑动齿套 1 的角速度 ω_1 不同，在摩擦力矩作用下锁销 4 相对滑动齿套 1 转动一个不大的角度，并占据图上所示的锁止位置。此时锁止面接触，阻止了滑动齿套向换档方向移动。

第二阶段，来自变速杆传至换档拨叉并作用在滑动齿套上的力 F，经过锁止元件又作用到摩擦面上。由于 ω_3 和 ω_1 不等，在上述表面产生摩擦力。滑动齿套 1 和齿轮 3 分别与整车和变速器输入轴转动零件相连接。于是，在摩擦力矩作用下，滑动齿套 1 和齿轮 3 的转速逐渐接近，其角速度差 $\Delta\omega = |\omega_1 - \omega_3|$ 减小。在 $\Delta\omega = 0$ 瞬间同步过程结束。

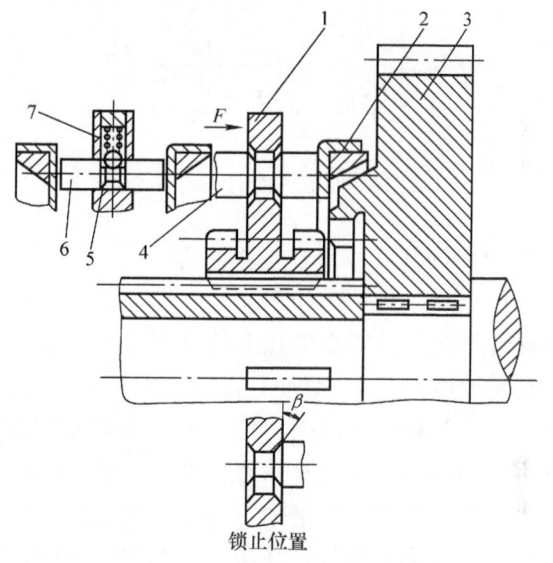

图 3-21 锁销式同步器结构方案

第三阶段，$\Delta\omega = 0$，摩擦力矩消失，而轴向力 F 仍作用在锁止元件上，使之解除锁止状态，此时滑动齿套和锁销上的斜面相对移动，从而使滑动齿套占据了换档位置。

锁销式同步器的优点是零件数量少，摩擦锥面平均半径较大，使转矩容量增加。这种同步器轴向尺寸长是它的缺点。锁销式同步器多用于最大总质量大于 6.0t 的货车变速器中。

锁销式同步器根据同步环锥面不同，又分为外锥式和内锥式两种。图 3-21 为内锥式锁销式同步器，图 3-22 为外锥式锁销式同步器。后者因摩擦锥面直径不受齿轮尺寸限制，可以大些，故转矩容量增大较多。

2. 锁环式同步器

（1）锁环式同步器结构

如图 3-23 所示，锁环式同步器的结构特点是同步器的摩擦元件位于锁环 1 或 4 和齿轮 5 或 8 凸肩部分的锥形斜面上。作为锁止元件是做在锁环 1 或 4 上的齿和做在啮合套 7 上齿的端部，且端部均为斜面称为锁止面。弹性元件是位于啮合套座两侧的弹簧圈。弹簧圈将置于啮合套座花键上中部呈凸起状的滑块压向啮合套。在不换档的中间位置，滑块凸起部分嵌入啮合套中部的内环槽中，使同步器用来换档的零件保持在中立位置上。滑块两端伸入锁环缺口内，而缺口的尺寸要比滑块宽一个接合齿。

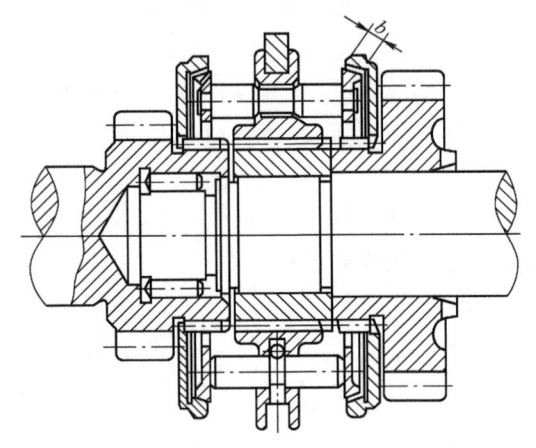

图3-22 外锥式锁销式同步器

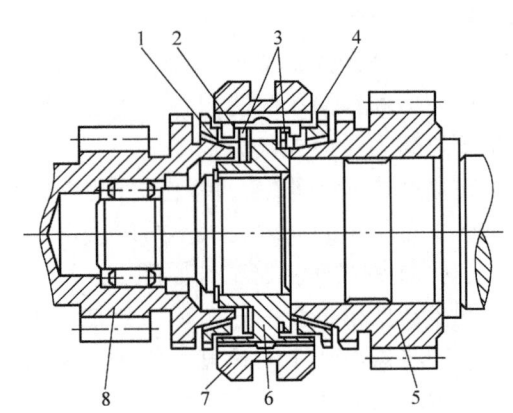

图3-23 锁环式同步器

（2）锁环式同步器工作原理

换档时，沿轴向作用在啮合套上的换档操作力，推动啮合套并带动滑块和锁环移动，直至锁环锥面与被接合齿轮上的锥面接触为止。之后，因作用在锥面上的法向力与两锥面之间存在角速度差 $\Delta\omega$，致使在锥面上作用有摩擦力矩，它使锁环相对啮合套和滑块转过一个角度，并由滑块予以定位。接下来，啮合套的齿端与锁环齿端的锁止面接触，使啮合套的移动受阻，同步器处在锁止状态，换档的第一阶段工作至此已完成。换档力将锁环继续压靠在锥面上，并使摩擦力矩增大，与此同时在锁止面处作用有与之方向相反的拨环力矩。齿轮与锁环的角速度逐渐接近，在角速度相等的瞬间，同步过程结束，完成了换档过程的第二阶段工作。之后，摩擦力矩随之消失，而拨环力矩使锁环回位，两锁止面分开，同步器解除锁止状态，啮合套上的接合齿在换档力作用下通过锁环去与齿轮上的接合齿啮合，完成同步换档。

锁环式同步器有工作可靠、零件耐用等优点，但因结构布置上的限制，转矩容量不大，而且由于锁止面在锁环的接合齿上，会因齿端磨损而失效，因而主要用于乘用车和总质量不大的货车变速器中。

图3-24所示为用于乘用车等许多车型上的锁环式同步器。与图3-23所示同步器比较，在结构上两者的定位弹簧不一样，并有定位钢球。

（3）锁环式同步器主要尺寸的确定

1）接近尺寸 b。同步器换档第一阶段中间，在滑块侧面压在锁环缺口侧边的同时，在啮合套相对滑块做轴向移动之前，啮合套接合齿与锁环接合齿倒角之间的轴向距离 b（图3-25），称为接近尺寸。尺寸 b 应大于零，取 $b=0.2\sim0.3$mm。

2）分度尺寸 a。滑块侧面与锁环缺口侧边接触时，啮合套接合齿与锁环接合齿中心线间的距离 a（图3-25），称为分度尺寸。尺寸 a 应等于1/4接合齿齿距。尺寸 a 和 b 是保证同步器处于正确锁止位置的重要尺寸。

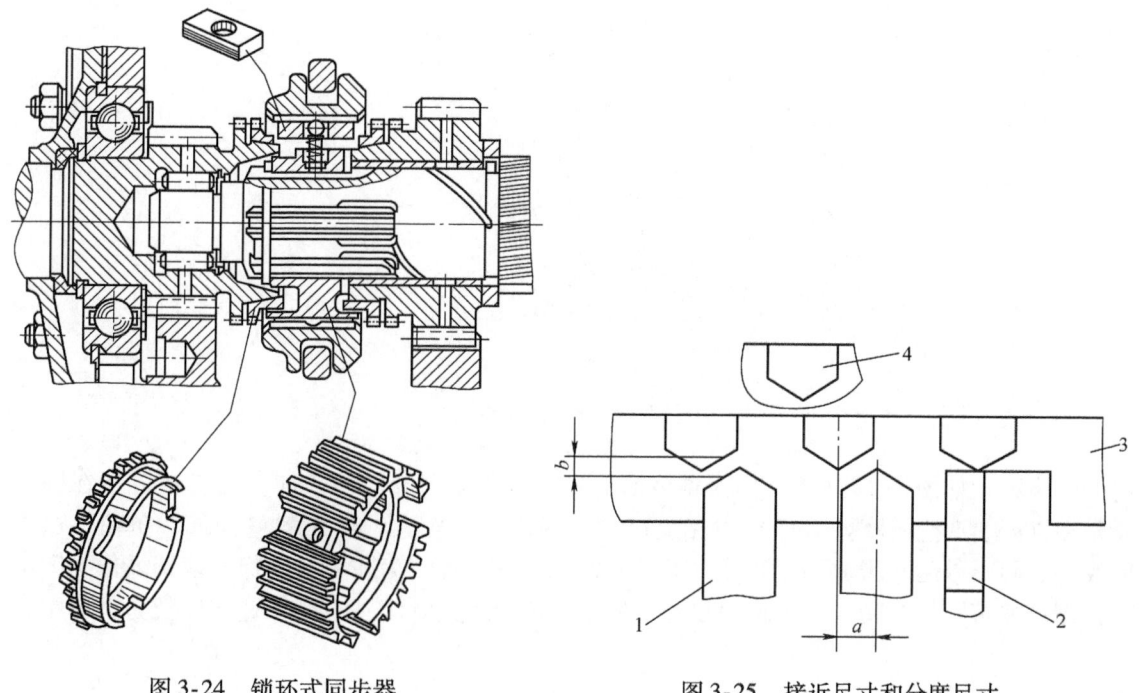

图 3-24　锁环式同步器　　　　　　图 3-25　接近尺寸和分度尺寸

3) 滑块转动距离 c。滑块在锁环缺口内转动距离 c 影响分度尺寸 a。滑块宽度 d、滑块转动距离 c 与缺口宽度尺寸 E 之间的关系如下

$$E = d + 2c \tag{3-32}$$

滑块转动距离 c 与接合齿齿距 t 的关系如下

$$c \approx \frac{R_1 t}{4R_2} \tag{3-33}$$

式中，R_1 为滑块轴向移动后的外半径（即锁环缺口外半径）；R_2 为接合齿分度圆半径。

4) 滑块端隙 δ_1。滑块端隙 δ_1 系指滑块端面与锁环缺口端面之间的间隙，如图3-26 所示，同时，啮合套端面与锁环端面的间隙为 δ_2，要求 $\delta_2 > \delta_1$。若 $\delta_2 < \delta_1$，则在换档时，在摩擦锥面尚未接触时，啮合套接合齿与锁环接合齿的锁止面已位于接触位置，即接近尺寸 $b < 0$，此刻因锁环浮动，摩擦面处无摩擦力矩作用，致使啮合套可以通过同步环，而使同步器失去锁止作用。为保证 $b > 0$，应使 $\delta_2 > \delta_1$，通常取 $\delta_1 = 0.5$mm 左右。

锁环端面与齿轮接合齿端面应留有间隙 δ_3（图3-26），并可称之为后备行程。

预留后备行程的原因是锁环的摩擦锥面会因摩擦而磨损，并换档时，锁环要向齿轮方向增加少量移动。随着磨损的增加，移动量也逐渐增多，导致间隙 δ_3 逐渐减少，直至为 0；此后，两摩擦锥面间会在这种状态下出现间隙和失去摩擦力矩。而此刻，若锁环上的摩擦锥面还未达到许用磨损的范围，同步器也会因失去擦力矩而不能同步换档，属于因设计不当而影响同步器寿命。一般应取 $\delta_3 = 1.2 \sim 2.0$mm。在空挡位置，锁环锥面的轴向间隙应保持在 $0.2 \sim 0.5$m。

3. 多锥式同步器

多锥式同步器的锁止面仍在同步环的接合齿上，只是在原有的两个锥面之间再插入两个

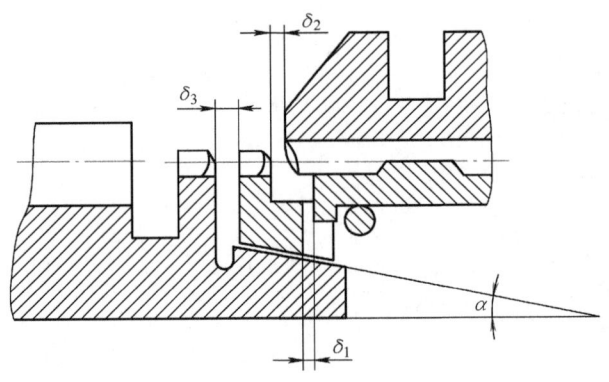

图 3-26　滑块端隙 δ_1

辅助同步锥，如图 3-27 所示。由于锥表面的有效摩擦面积成倍地增加，同步转矩（在同步器摩擦锥面上产生的摩擦力矩）也相应增加，因而具有较大的转矩容量和低热负荷。这不但改善了同步效能，增加了可靠性，而且使换档操作力度大为减小。若保持换档操作力度不变，则可缩短同步时间。多锥式同步器多用于总质量大的货车主、副变速器以及分动器中。

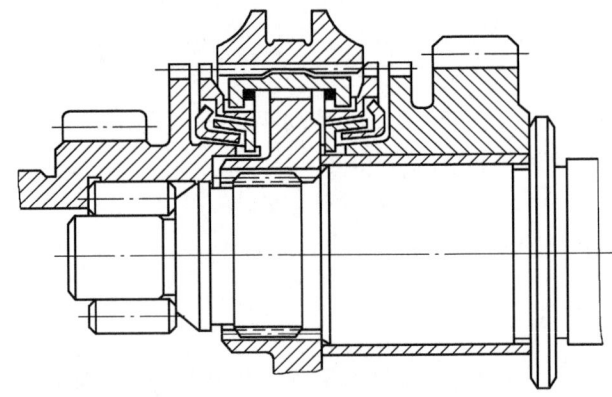

图 3-27　多锥式同步器

4. 惯性增力式同步器

惯性增力式同步器又称为波舍（Porshe）式同步器，如图 3-28 所示。它能可靠地保证

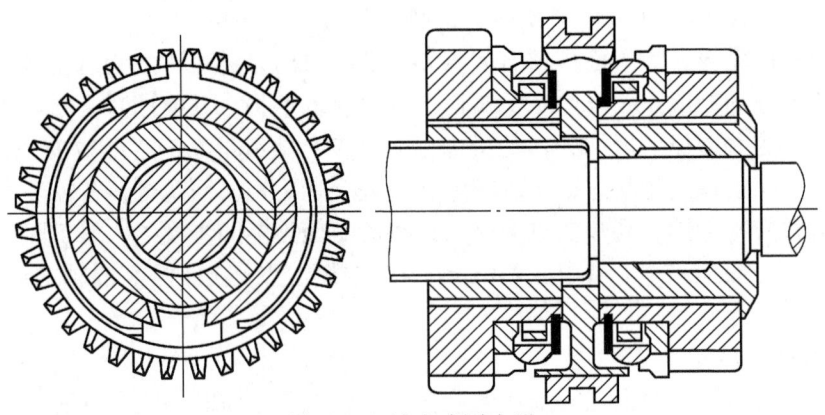

图 3-28　波舍式同步器

只在同步状态下实现换档。只要啮合套和换档齿轮之间存在转速差，弹簧片的支承力就阻止同步环缩小，从而也就阻止了啮合套移动。只有在转速差为零时，弹簧片才卸除载荷，这样才可能实现换档。波舍式同步器的摩擦力矩大、结构简单、工作可靠、轴向尺寸短。

3.6.2 主要参数的确定

1. 摩擦因数 f

汽车在行驶过程中换档，特别是在高档位区换档次数较多，同步器工作频繁。同步器在同步环与连接齿轮之间存在角速度差的条件下工作，要求同步环有足够的使用寿命，应当选用耐磨性能良好的材料。为了获得较大的摩擦力矩，又要求用摩擦因数大而且性能稳定的材料制作同步环。另一方面，同步器在油中工作，使摩擦因数减小，这就为设计工作带来困难。

摩擦因数除与选用的材料有关外，还与工作面的表面粗糙度、润滑油种类和温度等因素有关。与同步环锥面接触的齿轮上的锥面部分与齿轮做成一体，用低碳合金钢制成。同步环对锥面的表面粗糙度要求较高，需要保证在使用过程中摩擦因数变化足够小。若锥面的表面粗糙度值大，则在使用初期容易损害同步环锥面。

同步环常选用能保证具有足够高的强度和硬度、耐磨性能良好的黄铜合金制造，如锰黄铜、铝黄铜和锡黄铜等。早期用青铜合金制造的同步环，因使用寿命短已被淘汰。由黄铜合金与钢材料构成的摩擦副，在油中工作的摩擦因数 f 取为 0.1。

摩擦因数 f 对快速同步换档齿轮和轴的角速度有重要作用。摩擦因数大，则可换档省力或缩短同步时间；摩擦因数小则反之，甚至失去同步作用。为此，在同步环锥面处制有破坏油膜的细牙螺纹槽及与螺纹槽垂直的泄油槽，用来保证摩擦面之间有足够的摩擦因数。

2. 同步器主要尺寸

（1）同步环锥面上的螺纹槽

如果螺纹槽螺线的顶部设计得窄些，有利于刮去存在于摩擦锥面之间的油膜。但顶部宽度过窄会影响接触面压强，加快磨损。试验还证明：螺纹的齿顶宽对 f 的影响很大，f 随齿顶的磨损而降低，换档费力，故齿顶宽不易过大。螺纹槽设计得大些，可使被刮下来的油存在于螺纹之间的间隙中，但螺距增大又会使接触面减少，增加磨损速度。图 3-29a 中给出的尺寸适用于轻、中型汽车，图 3-29b 适用于总质量大些的货车。通常轴向泄油槽为 6~12 个，槽宽 3~4mm。

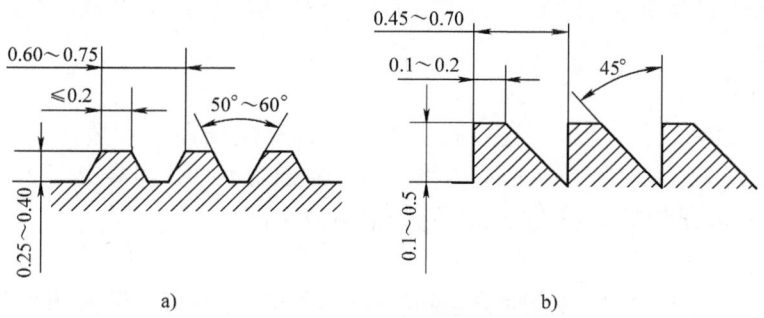

图 3-29 同步环螺纹槽形式

（2）锥面半锥角 α

摩擦锥面半锥角 α 越小，摩擦力矩越大。但 α 过小则摩擦锥面将产生自锁现象，避免自锁的条件是 $\tan\alpha \geqslant f$。一般取 $\alpha = 6° \sim 8°$。$\alpha = 6°$ 时，摩擦力矩较大，但有黏着和咬住的倾向；在 $\alpha = 7°$ 时就很少出现咬住现象。

（3）摩擦锥面平均半径 R

R 设计得越大，则摩擦力矩越大。R 往往受结构限制，包括变速器中心距及相关零件的尺寸和布置的限制，R 值过大还会影响同步环径向厚度。原则上是在满足约束的条件下，尽可能将 R 取大些。

（4）锥面工作长度 b

缩短锥面工作长度 b（图3-30）可使变速器的轴向长度缩短，但同时也减小了锥面的工作面积，增加了单位压力并使磨损加速。设计时可根据下式计算确定 b：

$$b = \frac{M_m}{2\pi pfR^2} \tag{3-34}$$

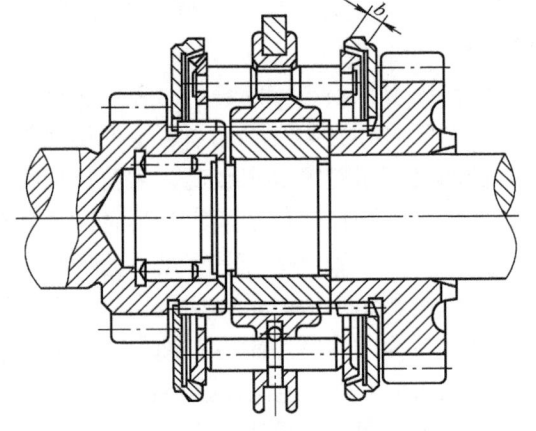

式中，p 为摩擦面的许用压力，对黄铜与钢的摩擦副，$p \approx 1.0 \sim 1.5\text{MPa}$；$M_m$ 为摩擦力矩；f 为摩擦因数；R 为摩擦锥面的平均半径。

上式中面积是假定在没有螺纹槽的条件下进行计算的。

（5）同步环径向厚度

与摩擦锥面平均半径一样，同步环的径向厚度要受结构布置上的限制，包括变速器中心距及相关零件特别是锥面平均半径 R 和布置上的限制，因此不宜取得很厚，但必须同时保证同步环有足够的强度。

图3-30 外锥式锁销式同步器

乘用车同步环厚度比货车小些，应选用锻件或精密锻造工艺制成，这能提高材料的屈服强度和疲劳寿命。货车同步环可用压铸加工。锻造时选用锰黄铜等材料，铸造时选用铝黄铜等材料。有的变速器用高强度、高耐磨性的钢与钼配合的摩擦副，即在钢质或球墨铸铁同步环的锥面上喷镀一层钼（厚约 $0.3 \sim 0.5\text{mm}$），使其摩擦因数在钢与铜合金的摩擦副范围内，而耐磨性和强度有显著提高。也有的同步环是在铜环基体的锥孔表面喷上厚 $0.07 \sim 0.12\text{mm}$ 的钼制成，喷钼环的寿命是铜环的 2~3 倍。钢质基体的同步环不仅可以节约铜，还可以提高同步环的强度。

3. 锁止角 β

锁止角 β 选取得合适，可以保证在换档的两个部分之间角速度差达到零值才能进行换档。影响锁止角 β 选取的因素，主要有摩擦因数、摩擦锥面平均半径 R、锁止面平均半径和锥面半锥角 α。已有结构的锁止角在 $26° \sim 42°$ 范围内变化。

4. 同步时间 t

同步器工作时，要连接的两个部分达到同步的时间越短越好。除去同步器的结构转动惯量以外，变速器输入轴、输出轴的角速度差及作用在同步器摩擦锥面上的轴向力均对同步时间有影响。轴向力大，则同步时间减少。而轴向力与作用在变速杆上的力有关，不同车型要求作用到变速杆上的力也不相同。因此,同步时间与车型有关,计算时可在下述范围选取:对乘用车变速器,高档位取 0.15~0.30s,低档位取 0.50~0.80s;对货车变速器,高档位取 0.30~0.808s,低档位取 1.00~1.50s。

5. 转动惯量

换档过程中依靠同步器改变转速的零件,统称为输入端零件,它包括第一轴及离合器的从动盘、中间轴及其上的齿轮、与中间轴上齿轮相啮合的第二轴上的常啮合齿轮。其转动惯量的计算方法是:首先求得各零件的转动惯量,然后按不同档位转换到被同步的零件上。对已有的零件,其转动惯量值通常用扭摆法测出;若零件未制成,可将这些零件分解为标准的几何体,并按数学公式合成求出转动惯量值。

3.6.3 同步器计算

同步器计算的目的,是确定摩擦锥面和锁止面的角度,这些角度是保证同步器正常工作的条件,以及计算摩擦力矩和同步时间。换档第一阶段,处于空档瞬间,考虑到润滑油阻力在常温条件下对齿轮转速的降低作用可忽略不计,同步时间小于 1s,则可忽略道路阻力,认为在该瞬间汽车速度保持不变,即变速器输出端转速在换档瞬间不变,而输入端靠摩擦作用达到与输出端同步。如上所述,换档时为保证没有冲击地将齿轮和轴连接起来,必须使它们的转动角速度相等。如图 3-31 所示,此时同步器必需的摩擦力矩 M_m 为

$$M_m = \frac{J_r \Delta \omega}{t} = J_r \frac{(\omega_b - \omega_a)}{t}$$

$$= J_r \frac{1}{t} \left(\frac{\omega_e}{i_{k+1}} - \frac{\omega_e}{i_k} \right)$$

$$= \frac{J_r \omega_e}{t} \left(\frac{1}{i_{k+1}} - \frac{1}{i_k} \right) \tag{3-35}$$

式中,J_r 为离合器从动盘、第一轴和与第二轴常啮合齿轮连接在一起转动的齿轮的转动惯量;ω_e 为发动机的角速度;ω_a 为在第 k 档工作时变速器输出轴的角速度;ω_b 为第 $k+1$ 档的输出轴上齿轮的角速度;i_k、i_{k+1} 为变速器第 k 和 $k+1$ 档的传动比。

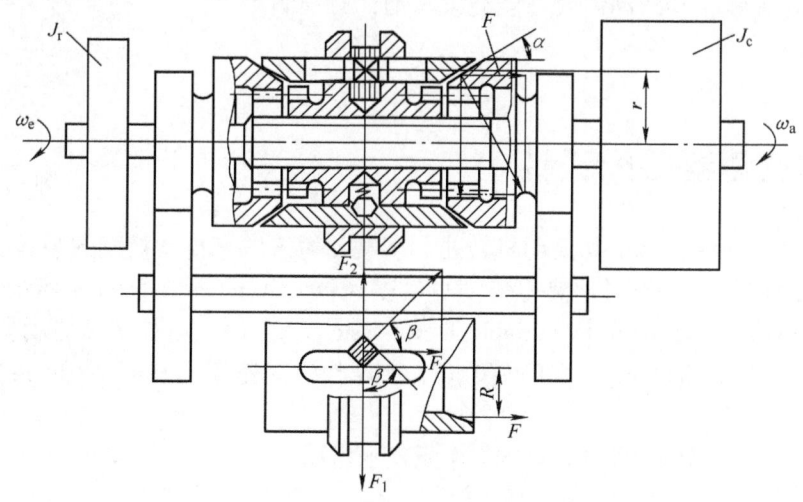

图 3-31 惯性式同步器计算简图

另一方面，设换档时作用在变速杆上的法向力为 F_s（对乘用车和客车，取 $F_s = 60N$；对货车，取 $F_s = 100N$），变速杆到啮合套的传动比为 i_{gs}，则作用在同步器摩擦锥面上的轴向力 F 应为

$$F = F_s i_{gs} \eta \tag{3-36}$$

式中，η 为换档机构的传动效率。

由此可算得工作面上的摩擦力矩 M_m 为

$$M_m = \frac{FfR}{\sin\alpha} \tag{3-37}$$

式中，α 为摩擦锥面半锥角；f 为工作锥面间的摩擦因数；R 为摩擦锥面平均半径。

同步时的摩擦力矩方程式为

$$\frac{FfR}{\sin\alpha} = \frac{J_r \omega_e}{t} \left(\frac{1}{i_{k+1}} - \frac{1}{i_k} \right) \tag{3-38}$$

$$t = \frac{J_r \omega_e \sin\alpha}{FfR} \left(\frac{1}{i_{k+1}} - \frac{1}{i_k} \right) \tag{3-39}$$

以图 3-31 所示同步器结构为例，分析研究同步器应满足的锁止条件。

为防止连接件在转动角速度相等以前接合换档，必须满足下述条件：

$$F_1 > F_2$$

式中，F_1 为由摩擦力矩 M_m 产生的，用来防止过早换档的力，即

$$F_1 = \frac{M_m}{r} = \frac{FfR}{r\sin\alpha} \tag{3-40}$$

F_2 为因锁止面倾斜而产生的力，即

$$F_2 = F\tan\beta \tag{3-41}$$

式中，r 为锁止面平均半径；β 为锁止面锁止角。

将式（3-40）、式（3-41）代入 $F_1 > F_2$ 中，得

$$\frac{FfR}{r\sin\alpha} > F\tan\beta \tag{3-42}$$

因此，欲保证锁止和滑动齿套不能继续移动，必须满足

$$\tan\beta < \frac{fR}{r\sin\alpha} \tag{3-43}$$

3.7 自动变速器匹配设计

自动变速器是一种能够根据发动机转速和车辆动力需求来自动换档的装置。常见的汽车自动变速器有四种形式，分别是液力传动自动变速器（Automatic Transmission，AT）、机械式无级自动变速器（Continuously Variable Transmission，CVT）、电控机械自动变速器（Automated Mechanical Transmission，AMT）和双离合器自动变速器（Dual-Clutch Transmission，DCT）。

图 3-32 所示是一个 CVT 的结构与工作原理示意图。

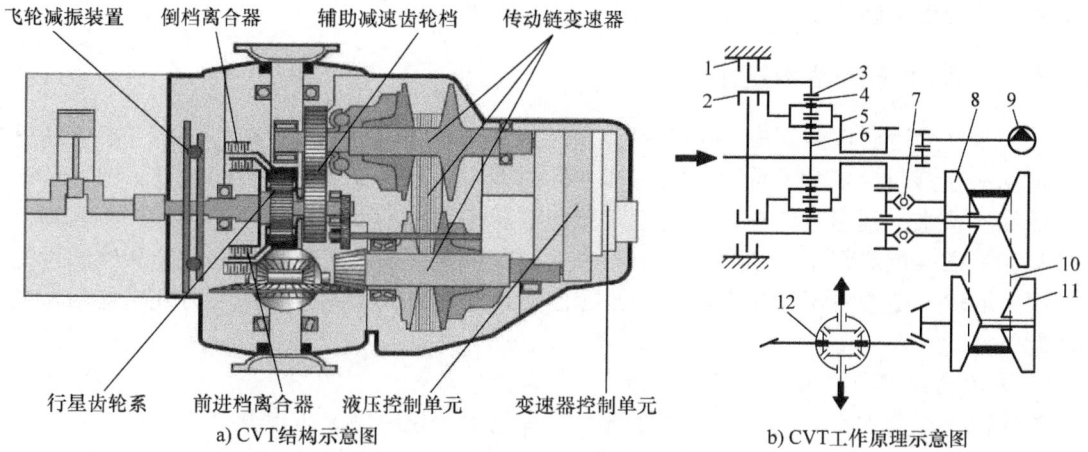

图 3-32 CVT 结构与工作原理示意图
1—倒档制动器 2—前进档离合器 3—齿圈 4—行星轮 5—行星架 6—太阳轮
7—转矩感应装置 8—链轮装置1 9—液压泵 10—传动链 11—链轮装置2 12—差速器

3.7.1 自动变速器匹配设计总体原则

1. 选型匹配

根据整车性能、传动系统参数和尺寸要求，选择合适性能参数和外形尺寸的自动变速器。在满足整车布置和性能要求的基础上，自动变速器尽可能选用现有产品。若现有选型产品无法满足匹配要求，可以对现有产品进行优化，以达到通用化设计，缩减开发成本。

2. 优化匹配

基于选型的自动变速器等相关参数，利用软件仿真计算整车动力性和经济性，将仿真计算结果与性能开发目标进行对比分析。如满足动力性和经济性目标要求，则再进一步进行整车试验验证。如不满足要求，则重复以上步骤，直到选择的自动变速器在整车中合理布置，与整车、发动机等系统各接口尺寸匹配合理，令整车具有最优性能。

3.7.2 自动变速器结构匹配设计

1. 自动变速器与整车结构匹配

自动变速器与整车结构匹配主要包括：自动变速器在整车中的布置，即安装姿态；自动变速器与周围零部件的间隙要求；自动变速器外部控制线束布置；自动变速器的拆装维修方便性要求；自动变速器的冷却、耐腐蚀和涉水要求。

2. 自动变速器与发动机、传动轴结构匹配

自动变速器与发动机的匹配主要包括：离合器与飞轮的匹配，自动变速器法兰面与发动机法兰面的匹配。自动变速器与传动轴的匹配主要包括：根据自动变速器最大输入转矩、差速器相关参数、油封边界尺寸匹配要求开展传动轴的匹配设计。

3. 自动变速器与悬置系统匹配

自动变速器与悬置系统匹配主要包括：定义自动变速器与整车连接悬置部分的参数和接口形式。再根据自动变速器的质心、转动惯量及安装孔位关系等信息，利用 CAE 仿真分析和试验验证等手段确认悬置系统的合理匹配。

3.7.3 自动变速器性能匹配设计

关于自动变速器性能匹配主要考虑动力性、传动效率、换档平顺性、结构复杂性等方面。自动变速器包含多个子系统，它们有各自的特性。即便各子系统性能优良，但是若缺乏精心匹配，很难得到理想的总体性能。液力变矩器作为众多类型自动变速器的核心部件，它与整车参数的匹配对整车的动力性能和经济性能有重要影响。然而，动力性能和经济性能很大程度上取决于液力变矩器与发动机的匹配性能，因此下面重点介绍从液力变矩器与发动机的匹配。

1. 液力变矩器与发动机的匹配原则

为使得整车具有良好的动力性和经济性，理想的匹配应满足以下几个方面：

1）液力变矩器零速工况的输入特性曲线通过发动机的最大实用转矩点，以使发动机在最大载荷时获得最大输出转矩。

2）液力变矩器最高效率工况的输入特性曲线通过发动机最大实用功率的转矩点，同时高效范围在发动机最大实用功率点附近，以提高发动机的功率利用率。

3）发动机应在比油耗低的区域运转，以保证良好的经济性能。

4）满足车辆使用的特殊要求，如轿车要求噪声小和舒适性好。

以上匹配原则表明液力变矩器与发动机的匹配，需要通过对动力性能和经济性能的全面分析比较，最后选取一种最好的方案，一般以工作范围内平均输出功率最大和平均燃料消耗作为最合理的匹配，常用功率输出系数 φ_P 和燃料消耗系数 φ_{ge} 来评价，其计算公式为

$$\varphi_P = \frac{P_{TP}}{P_{dn}} \tag{3-44}$$

$$\varphi_{ge} = \frac{g_{eTP}}{g_{en}} \tag{3-45}$$

式中，P_{TP} 是涡轮轴平均输出功率；P_{dn} 是内燃机标定功率；g_{eTP} 是传动系工作中的平均比油耗；g_{en} 是内燃机标定工况的比油耗。

功率输出系数 φ_P 和燃料消耗系数 φ_{ge} 往往相互矛盾，难以同时达到最优值，一般只能选择既保证动力性能又兼顾经济性能的折中方案。

2. 实现液力变矩器与发动机匹配的方法

发动机和液力变矩器都已给定，根据液力变矩器输入特性，液力变矩器泵轮转矩为

$$M_B = \rho g \lambda_B n_B^2 D^5 \tag{3-46}$$

式中，ρ 是由液密度；g 是重力加速度；λ_B 是泵轮容量系数；n_B 是泵轮转速；D 是循环圆直径。

由此可知，改变 n_B、λ_B 都可使液力变矩器输入特性改变。

1）改变 n_B。在发动机和液力变矩器中间加一增速或减速装置。如果中间装置是增速器，即 $i_g < 1$（i 为中间传动输入轴与输出轴的转速比），则发动机和液力变矩器共同工作范围左移；如果中间装置是减速器，即 $i > 1$，则发动机和液力变矩器共同工作范围右移。

2）改变 λ_B。选用具有不同 λ_B 的液力变矩器，可改变发动机和液力变矩器共同工作范围。如采取改变叶片形状、泵轮叶片可旋转、导轮叶片可旋转、双导轮或双涡轮等措施。λ_B 增大时共同工作范围向低转速区移动。

3. 自动变速器档位数和传动比的确定原则

液力变矩器后边一般都装置多档机械变速器，称作液力机械自动变速器。为了有良好的动力性能和经济性能，不但需要液力变矩器和发动机匹配良好，而且必须合理地确定机械变速器的档数和传动比。

除确定液力自动变速器档数和机械传动中机械变速器的档数以外，还要保证各档下液力变矩器长期运转在高效范围。

液力机械自动变速器各档传动比通常按公比为 q 的几何级数考虑。理论上，其公式为

$$q = \frac{i_{bn}}{i_{b(n+1)}} = \frac{K_{g1}M_{Bg1}}{K_{g2}M_{Bg2}} = \frac{i_{g1}n_{Bg1}}{i_{g2}n_{Bg2}} \tag{3-47}$$

式中，i_{bn}、$i_{b(n+1)}$ 分别是第 n 档和第 $n+1$ 档的传动比；i_{g1}、i_{g2} 是液力变矩器的高效工作范围涡轮与泵轮转速比的下限与上限；M_{Bg1}、n_{Bg1} 分别是液力变矩器在 i_{g1} 工况与发动机共同工作的转矩和转速；M_{Bg2}、n_{Bg2} 分别是液力变矩器在 i_{g2} 工况与发动机共同工作的转矩和转速。

在要求的牵引力范围内的最少档数 n 为

$$n = \frac{\lg\dfrac{F_{max}}{F_{min}}}{\lg q} \tag{3-48}$$

式中，F_{max} 是 1 档在液力变矩器 i_{g1} 工况的牵引力；F_{min} 是最高档在液力变矩器 i_{g2} 工况的牵引力。

由式（3-47）和式（3-48）可见，液力机械自动变速器的档数和各档传动比 q 的确定，与发动机特性、液力变矩器特性和液力变矩器与发动机的匹配有关。反之，液力机械自动变速器的转速比划分也影响着各档实际的应用工作范围。档位数和传动比选取不当，液力变矩器和发动机共同工作的最优输出特性就得不到发挥。液力机械自动变速器的档位数及传动比的确定和液力变矩器与发动机的匹配是互相影响的，它们的计算往往需交叉反复进行。

3.8 机械式无级变速器

3.8.1 结构与工作原理

速比可实现无级变化的变速器，称为无级变速传动（Continuously Variable Transmission, CVT）。

液力变矩器以及借助液体压能变化传动或变换能量的液压传动都属于流体式无级变速器，而带传动式（金属带式和链带式）无级变速器属于机械式无级变速器范畴。

CVT 的主、从动轮均由活动带轮和固定带轮组成，其工作原理如图 3-33 所示。因活动带轮与固定带轮工作面为锥面，组合后在两带轮之间形成可容纳传动带的 V 形槽。通过改变液压控制缸中的油压，可使活动带轮在与固定带轮做成一体的轴上作轴向移动，并随之改变传动带与带轮的接触部位，令工作半径发生变化。当主动轮的活动带轮沿轴向向外移动，同时从动轮的活动带轮沿轴向向内移动时，从动轮与主动轮工作半径的比值增加，即传动比增大；反之传动比减小。由于工作半径是连续变化的，所以传动比的变化也是连续的。

工作时发动机动力经离合器传至主动轮和传动带，然后经从动轮和中间减速齿轮、差速器传至驱动轮。

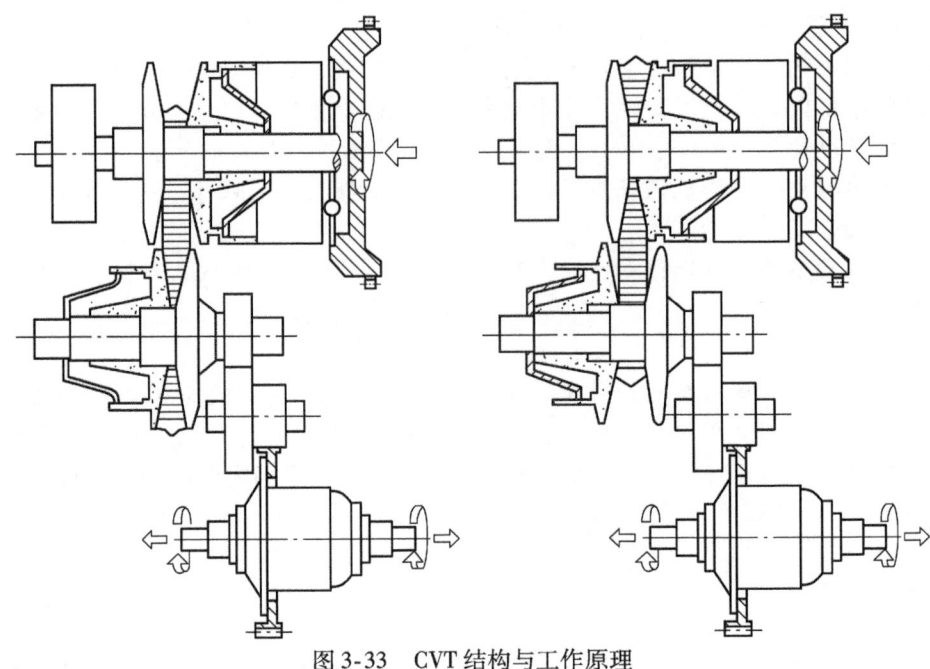

图 3-33 CVT 结构与工作原理

3.8.2 传动带

由 V 形金属片和金属带环组成的金属传动带具有高柔性,如图 3-34 所示。金属片数根据传递转矩的大小在 280~400 片间选取。片数越多,与带轮接触的压力越小,可提高耐久性。增加带宽可以提高传动容量,早期带宽为 24mm,现已增至 30mm。V 形金属片厚为 1.4~2.2mm,并在两侧带轮的挤压力作用下传递动力。金属片两侧的金属带环由数片厚度为 0.18mm 的带环叠合而成,在传递动力时用来支承和引导金属片的运动,兼有承担传递部分转矩的功能。选用较薄的厚度有利于减少工作噪声。

因金属传动带的圈绕半径小,所以与带轮共同工作时可使传动比增大,同时传递转矩的容量也较大。

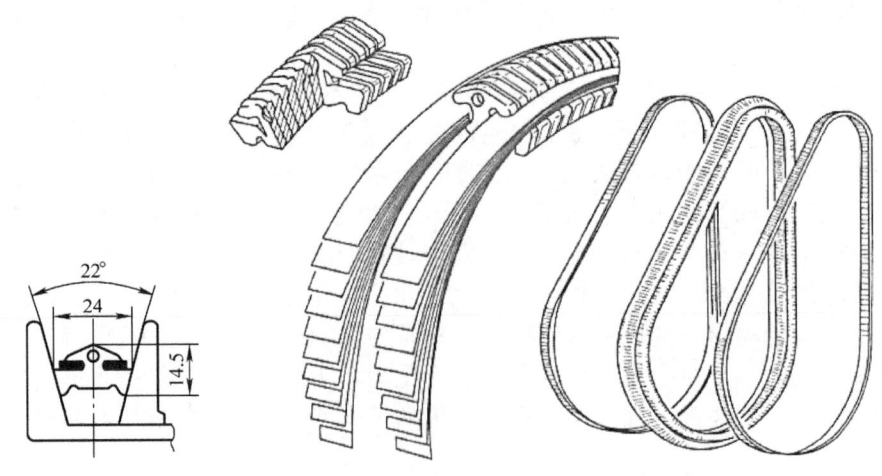

图 3-34 金属传动带

3.9 新能源汽车变速器

3.9.1 混合动力专用变速器 DHT

DHT 变速器（Dedicated Hybrid Transmission）指的是混合动力汽车专用变速器，与传统以内燃机作为单一动力输入源的变速器不同，DHT 变速器通过增加动力耦合单元，使用内燃机和一个或多个电机共同对车辆进行驱动，以提高车辆的动力性能。由于电机的介入，内燃机可以始终工作在高效工作区间，所产生的多余能量被电机转化并存储，这大幅提高了车辆的能源使用效率。通常，为了适应混合动力汽车多样的行驶路况，DHT 变速器需要在多种模式下进行智能切换，由于模式切换的临界条件十分复杂，驾驶人很难在最合适的换档点进行换档操作，以发挥出 DHT 变速器最佳的动力性能与节油效率，因此，必须应用电控、液压等技术，配合相应的换档执行机构，实现换档的智能化，以提升车辆驾驶的便利性，以及变速器的燃油经济性与动力性。DHT 是专门针对发动机和电机的功率和转矩特性，重新系统开发的新型结构的混合动力变速器。它是一种混合动力驱动，本质上借助于电驱动实现其功能，例如在汽车的运行中调整内燃机的转速和转矩。DHT 有以下三个重要的优点：①DHT 系统结构更加紧密有效率。在传统自动变速器不断增加档位数量，来推动驱动技术发展的同时，DHT 的档位数量显著减少。②DHT 使环保出行成为可能。因为在电气驱动的支持下，内燃机能够更加精确地运行在高燃效区间，以此实现降低能耗。③电气驱动可以在额外功率的最佳状态下运行，以提高动力，进而增强驾驶乐趣，这也是混合驱动汽车能赢得市场的重要优势。

近几年来，越来越多的汽车厂家和关键部件供应商启动了 DHT 的开发工作。常见的有日本汽车制造商采用的基于行星齿轮结构和双电机的 THS 混动变速器；美国某汽车制造商基于双排普通单级行星齿轮机构和双电机的混合动力变速器；中国某混动变速器公司采用基于 Ravigneaux 单齿圈复合行星齿轮机构和双电机的混合动力变速器；日本某汽车制造商采用的基于普通单级定轴齿轮和双电机的混动变速器。

按照目前全球混合动力汽车的发展趋势来看，将来对混动变速器有巨大的需求。DHT 混合动力专用变速器更加紧凑和高效，且更具成本效益。展望未来，随着混合动力汽车数量的不断增加，具有成本优势和更低电平衡油耗的 DHT 将受到市场越来越多的青睐，并逐渐实现 DHT 替代拓展式混合动力变速器，DHT 的搭载量及占比将会进一步提高。

3.9.2 纯电动汽车多档变速器

纯电动汽车直至今日都普遍采用单级减速器，一方面可以节约成本和精简结构，另一方面可以降低零部件的故障率，但其后程加速疲软、电耗较高的劣势在追求性能极致的超级跑车和赛车上非常明显，相关企业已经开始研发针对高性能纯电动汽车的多档变速器。2019 年全球知名的变速器制造商采埃孚公司研发出全球首款针对高性能纯电动汽车的二档变速器，并率先配备在保时捷 Taycan 纯电动轿跑车型上。Taycan 使用两台高性能永磁同步电机，前后轴各一台，正常可以最多输出 617hp（460kW）10s，TurboS 版本在此时最高可以输出 751hp（560kW）和 1050N·m 的动力，Turbo 则为 670hp 和 850N·m，官方百公里加速成绩最快为 2.8s，到 200km/h 只用 9.8s，极速 260km/h。为了达到兼顾加速性能和高速性能，

Taycan 革命性地搭载了全球首款专为纯电动汽车设计的二档变速器,可同时实现起步加速、后程加速和极限速度三项高性能指标。

图 3-35 所示为 Taycan 二档变速器的轮上转矩曲线图,由于变速器装配在后轴,图中只列出后轴输出转矩的曲线,其中实线为一档轮上转矩,虚线为二档轮上转矩,可以看到车辆在起步阶段即迸发出最大转矩,这是纯电动汽车的一贯优势,速度达到 50km/h 左右时转矩开始衰减,转矩输出逐渐下降与二档转矩曲线交汇,在速度大概 90km/h 处被二档轮上转矩超过,最终在速度达到 120km/h 之后停止是因为轮上转矩已经达到其在 16000rpm 时的最大输出,同时二档轮上转矩到达速度 100km/h 之后开始衰减,但其下降程度远慢于一档,一直持续到 250km/h 之后,二档的加入使 Taycan 在 80km/h 之后仍然保持较高的加速水准,相关测试结果显示加入二档变速器之后的 Taycan 的 0 ~ 100km/h 加速时间比单级减速器缩短 0.3s,72 ~ 128km/h 的加速时间缩短 0.5s,最大的提升是在 160 ~ 240km/h 加速时间缩短 1.4s。二档变速器使 Taycan 在后程加速的高速行驶时实现持续的高转矩输出,同时提高热效率和进一步降低能耗,做到了性能与节能的理想平衡。

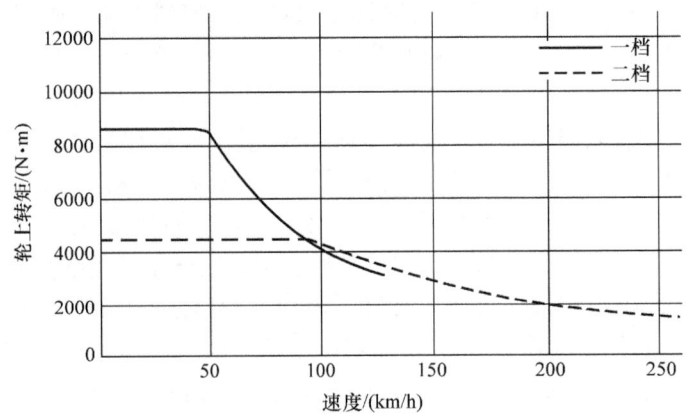

图 3-35　二档变速器轮上转矩曲线图

图 3-36 所示为两档 AMT 系统总成原理图。该变速器的档位切换只是依靠同步器实现,取消了离合器结构,并且切换过程中会出现瞬间的动力中断,因此我们称之为两档无离合变速器。其中,J_M—驱动电机转子转动惯量,J_{IN}—输入轴转动惯量,J_1、J_2—同步器主动部分转动惯量,J_0—同步器从动部分到输出轴转动惯量,J_3—差速器总成转动惯量,J_C—车辆重量等效转动惯量。

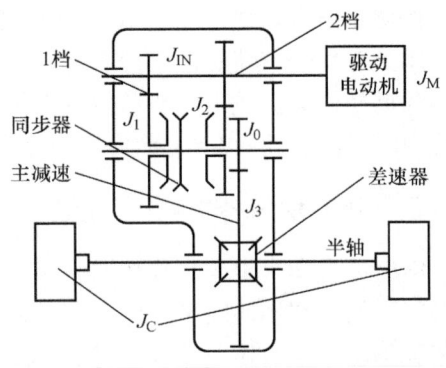

图 3-36　两档 AMT 系统总成原理图

由于二档变速器在体积、重量、成本等方面的制约,目前主要应用在部分高端品牌纯电动车型,随着技术的不断改进,预计未来将会有更多的纯电动乘用车采用。纯电动汽车多档变速器令电动汽车的性能和节能两方面都有显著的提升,但目前对其研发还处于初级阶段,在技术路线、结构分布、成本控制等方面还有诸多障碍和限制,需要相关企业和研发单位共同努力进一步推动多档变速器在电动汽车上的应用。

第4章 万向节和传动轴设计

4.1 概述

（1）主要作用场景

万向传动轴装置由万向节、传动及其伸缩花键等组成，对于长轴距的汽车，有时还需加装中间支承。其主要作用是在工作过程中相对位置不断改变的两根轴间传递转矩和旋转运动。万向传动装置的主要作用场景包括下述几种情况。

1）由于车辆整体布置的关系，两根轴不在同一轴线上。如变速器输出轴和驱动桥输入轴之间的传动，需要采用一般由两个十字轴万向节和一根传动轴组成的万向传动装置。

2）两根轴虽然同一轴线，但由于安装困难，或由于机架变形等原因，实际工作中难以保证两轴的同轴性。如动力总成输出轴与变速器输入轴之间的万向传动装置。

3）在多轴驱动的汽车上，在分动器与各驱动桥之间或驱动桥与另一驱动桥之间也需要用万向传动装置传递动力。若变速器与分动器分开时，为了便于装配及考虑车架变形的影响，变速器与分动器之间也应有万向传动装置。

4）连接在工作中相对位置变化的两根传递动力的轴，如转向驱动桥中内、外两半轴。作为转向轮，要求它能在最大转角范围内任意偏转某一角度；作为驱动轮又要求半轴在车轮偏转过程中不间断地将动力传递到车轮。因此，转向驱动桥的半轴不能制成整体，而要分段，且用万向节连接起来，以适应车辆行驶过程中半轴各段的夹角不断变化的需要。

5）汽车的转向系统中也会采用万向传动装置来传递动力。

（2）基本要求

为了实现上述场景中的作用，万向传动轴装置设计应满足如下基本要求：

1）保证所连接的两轴的夹角及相对位置在一定范围内变化时，能可靠而稳定地传递动力。

2）保证所连接的两轴尽可能等速运转。由于万向节夹角而产生的附加载荷、振动和噪声应在允许的范围内，在使用车速范围内不应产生共振现象。

3）传动效率高，使用寿命长，结构简单，制造方便，维修容易等。

根据在扭转方向上是否有明显的弹性，万向节分为刚性万向节和挠性万向节。刚性万向节是靠零件的铰链式连接传递动力的，又可分成不等速万向节、准等速万向节和等速万向节；挠性万向节是靠弹性零件传递动力的，具有缓冲减振作用。

不等速万向节是指万向节连接的两轴夹角大于零时，输出轴和输入轴之间以变化的瞬时角速度比传递运动，但平均角速度相等的万向节，例如比较常见的十字轴万向节；准等速万向节是指在设计角度下以相等的瞬时角速度传递运动，而在其他角度下以近似相等的瞬时角速度传递运动的万向节。输出轴和输入轴以始终相等的瞬时角速度传递运动的万向节，称之为等速万向节。万向节分类如图4-1所示。

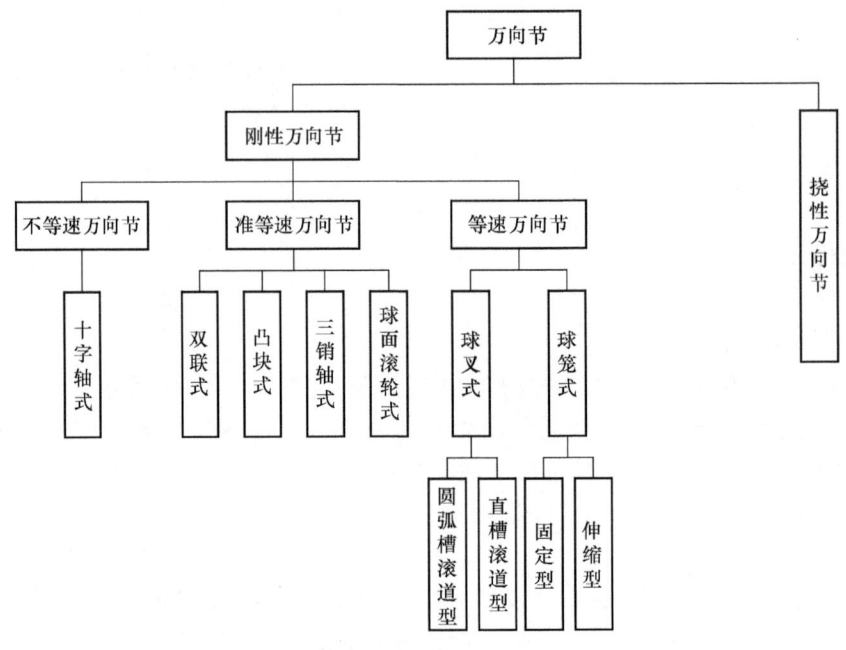

图4-1　万向节分类

4.2　普通十字轴向万向节

最常用的不等速万向节是十字轴万向节，它的结构简单、传动可靠、效率高，且允许两传动轴之间有较大的夹角（一般为15°~20°），故广泛应用于各类车辆的传动系统中。

4.2.1　普通十字轴向万向节结构

十字轴刚性万向节的构造如图4-2所示。它主要由一个十字轴4、两个万向节叉2和6以及滚针轴承等组成。万向节叉2和6上的孔分别套在十字轴4的两对轴颈上。当主动轴转动时，从动轴可随之转动，而十字轴绕其中心可在任意方向摆动。为了减少摩擦，提高传动效率，在十字轴轴颈和万向节叉孔间装有滚针轴承。为了防止轴承从万向节叉内脱出，套筒9用螺钉和轴承盖1固定在万向节叉上，并用锁片锁紧。十字轴中间有孔道，用以储存润滑脂。润滑脂从注油嘴3注入十字轴

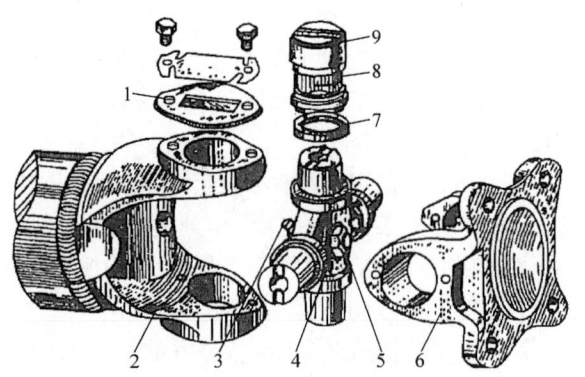

图4-2　十字轴刚性万向节
1—轴承盖　2、6—万向节叉　3—注油嘴　4—十字轴
5—安全阀　7—毛毡油封　8—滚针　9—套筒

内。为避免润滑脂流出及尘垢进入轴承，在十字轴轴颈上装有带金属座圈的毛毡油封7。在十字轴的中部还装有安全阀5。如果十字轴内的润滑脂压力大于允许值，安全阀被顶开，润滑脂外溢，使油封不致因油压过高而损坏。

十字轴万向节的损坏多数是以十字轴轴颈和滚针轴承的磨损为主，因此润滑与密封的好坏直接影响万向节的使用寿命。毛毡油封由于密封、防尘、防水效果差，且在加注润滑油时，在个别滚针轴承中可能出现空气阻塞而造成缺油，已不能满足越来越高的使用要求。结构较复杂的双刃口复合油封（图 4-3a）中，反装的单刃口橡胶油封用于径向密封，另一双刃口橡胶油封用于端面密封。当向十字轴内腔注入润滑油时，陈油、磨损产物及多余的润滑油便从橡胶油封内圆表面与十字轴轴颈接触处溢出，不需安装安全阀，防

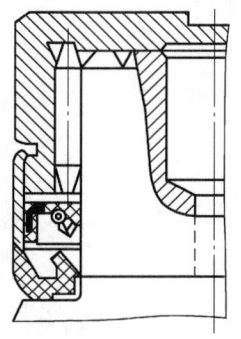
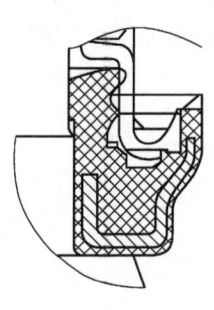

a) 双刃口复合油封　　b) 多刃口油封

图 4-3　滚针轴承油封

尘、防水效果良好。在灰尘较多的环境中，滚针轴承采用双刃口复合油封可显著提高万向节的寿命。图 4-3b 所示为乘用车上采用的多刃口油封，它安装在无润滑油流通系统且一次润滑的万向节中。

4.2.2　单个十字轴向万向节的运动特性

当十字轴万向节的主、从动轴之间的夹角为 α 时，主、从动轴的角速度 ω_1、ω_2 之间存在如下关系

$$\frac{\omega_2}{\omega_1} = \frac{\cos\alpha}{1 - \sin^2\alpha \cos^2\varphi_1} \tag{4-1}$$

式中，φ_1 为主动叉转角，定义为万向节主动叉所在平面与万向节主、从动轴所在平面的夹角。

由于 $\cos\varphi_1$ 是周期为 2π 的周期函数，所以 ω_2/ω_1 也为同为周期函数。当 φ_1 为 0、π 时，ω_2 达最大值 $\omega_1/\cos\alpha$；当 φ_1 为 $\pi/2$、$3\pi/2$ 时，ω_2 达最小值 $\omega_1\cos\alpha$。因此，当主动轴以等角速度转动时，从动轴时快时慢，此即为普通十字轴万向节传动的不等速性。

如图 4-4 所示，图中，横坐标 φ_1 表示主动轴转过的角度，纵坐标 $\varphi_1 - \varphi_2$ 表示主、从动轴转过的角度差。由图可见，主动轴转角 φ_1 在 $0°\sim90°$ 的范围内，从动轴转角相对主动轴是超前的，即 $\varphi_2 > \varphi_1$，并且两转角差在 $45°$ 时达到最大值，随后差值减小，即在此区间从动轴旋转角速度大于主动轴旋转角速度，即先加速后减速。当主动轴转到 $90°$ 时，从动轴也转到 $90°$。从 $90°$ 到 $180°$，从动轴转角相对主

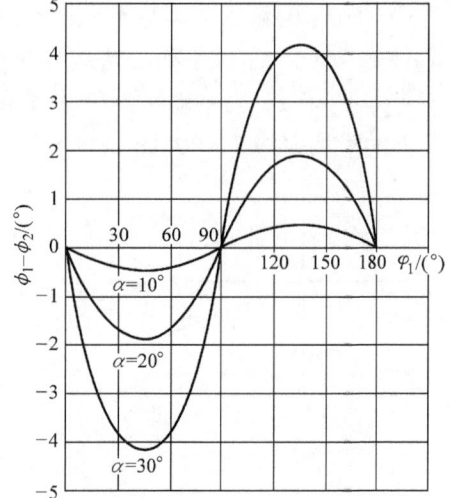

图 4-4　普通十字轴万向节的不等速
特性曲线图

轴是滞后的，即 $\varphi_2 < \varphi_1$，并且两转角差在135°时达到最大值，随后差值减小，即在此区间从动轴旋转角速度小于主动轴旋转角速度，即先减速后加速。当主动轴转到180°时，从动轴也转到180°。后半周情况与前半周相同。因此，如果主动轴以等角速转动，则从动轴转动时快时慢。必须注意的是，所谓"传动的不等速性"是瞬时转速不相等，而主、从动轴的平均转速是相等的，因为主动轴转一周，从动轴也转一周，即平均转速相等。

十字轴万向节传动的不等速性可用转速不均匀系数 K 来表示

$$K = \frac{\omega_{2max} - \omega_{2min}}{\omega_1} = \sin\alpha\tan\alpha \tag{4-2}$$

如不计万向节的摩擦损失，主、从动轴转矩 T_1 和 T_2 与各自相应的角速度有 $T_1\omega_1 = T_2\omega_2$ 的关系，这样有

$$T_2 = \frac{1 - \sin^2\alpha \cos^2\varphi_1}{\cos\alpha} T_1 \tag{4-3}$$

显然，当 ω_2/ω_1 最小时，从动轴上的转矩为最大值，$T_{2max} = T_1/\cos\alpha$；当 ω_2/ω_1 最大时，从动轴上的转矩为最小值，$T_{2min} = T_1\cos\alpha$。当 T_1 与 α 一定时，T_2 在其最大值与最小值之间每一转变化两次。

具有夹角 α 的十字轴万向节，由于其主、从动叉轴上的转矩 T_1、T_2 作用在不同的平面上，因此仅在主动轴驱动转矩和从动轴反转矩的作用下是不能平衡的。在不计万向节惯性力矩时，主、从动叉轴上的转矩 T_1、T_2 的矢量互成一角度而不能自行封闭，此时在万向节上必然还作用有另外的力矩。从万向节叉与十字轴之间的约束关系分析可知，主动叉对十字轴的作用力矩，除主动轴驱动转矩 T_1 之外，还有作用在主动叉平面的弯曲力矩 T_1'。同理，从动叉对十字轴也作用有从动轴反转矩 T_2 和作用在从动叉平面的弯曲力矩 T_2'。在这四个力矩的作用下，使十字轴万向节得以平衡。

下面仅讨论主动叉在两特殊位置时，附加弯曲力矩的大小及变化特点。

当主动叉处于 $\varphi_1 = 0$ 和 π 位置时（图4-5a），由于 T_1 作用在十字轴轴线平面上，故 T_1' 必为0；而 T_2 的作用平面与十字轴不共平面，必有 T_2' 存在，且矢量 T_2' 垂直于矢量 T_2，合矢量 $T_2' + T_2$ 指向十字轴平面的法线方向，与 T_1 大小相等，方向相反。这样，从动叉上的附加弯矩 $T_2' = T_1\sin\alpha$。当主动叉处于 $\varphi_1 = \pi/2$ 和 $3\pi/2$ 位置时（图4-5b），同理可知 T_2' 为0，主动叉上的附加弯矩 $T_1' = T_1\tan\alpha$。

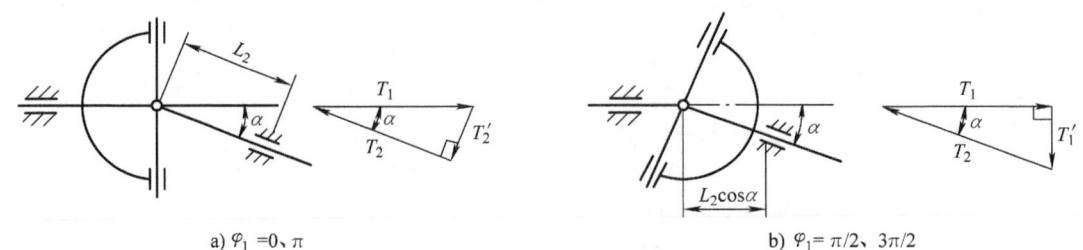

a) $\varphi_1 = 0$、π　　　　b) $\varphi_1 = \pi/2$、$3\pi/2$

图4-5　十字轴万向节的力矩平衡

分析可知，附加弯矩 T_1'、T_2' 的大小是在零与上述两者最大值之间变化，变化周期为 π，即每一转变化两次。T_2' 使从动叉轴支承承受周期性变化的径向载荷为

$$F_{2j} = \frac{T'_2}{L_2} = \frac{T_1 \sin\alpha}{L_2} \quad (4-4)$$

式中，L_2 为万向节中心至从动叉轴支承间的距离。

此时，万向节也承受与上述力大小相等、方向相反的力。与此方向相反的反作用力矩则由主动叉轴的支承承受。同样，T'_1 使主动叉轴支承承受周期性变化的径向载荷，万向节也承受与其大小相等、方向相反的力。在从动轴支承和万向节上造成大小相等、方向相反的侧向载荷为

$$F_{2c} = \frac{T_1 \tan\alpha}{L_2 \cos\alpha} \quad (4-5)$$

附加弯矩可引起与万向节相连零部件的弯曲振动，在万向节主、从动轴支承上引起周期性变化的径向载荷，从而激起支承处的振动，使传动轴产生附加应力和变形，从而降低传动轴的疲劳强度。因此，为了控制附加弯矩，应避免两轴之间的夹角过大。

如果十字轴万向节的主动叉轴转速不变，则从动叉轴周期地加速、减速旋转，产生的惯性力矩为

$$T_{2c} = J_2 \varepsilon_2 \quad (4-6)$$

式中，J_2 为从动叉轴旋转质量的转动惯量；ε_2 为从动叉轴的角加速度，可通过对式（4-1）求导得出

$$\varepsilon_2 = \frac{\omega_1^2 \cos\alpha \sin^2\alpha \sin 2\varphi_1}{(1 - \sin^2\alpha \cos^2\varphi_1)} \quad (4-7)$$

可见，当输入轴转速很高，且输入、输出轴之间夹角较大时，由于从动叉轴旋转的不均匀加剧所产生的惯性力矩，可能会超过结构许用值。应采取有效方法降低此惯性力矩。

4.2.3　双十字轴向万向传动的运动特性

单十字轴万向节传动的不等速性使从动轴及其相连的传动件产生扭转振动，形成附加的动载荷，影响零部件使用寿命。为了克服这一缺点，常采用两个十字轴万向节组成的双万向节传动，如图 4-6a、c 所示。双万向节等速传动的条件是：

① 三轴在同一平面内。

② 第一万向节连接的两轴间夹角 α_1 和第二万向节连接的两轴间夹角 α_2 相等，即 $\alpha_1 = \alpha_2$。

③ 第一万向节从动叉和第二万向节主动叉在同一平面内。即使满足以上条件，其中中间轴也不是匀速转动的，只是输入轴、输出轴的旋转是匀速的。应该说明的是，在实际使用中并不能完全满足以上条件，故只能是近似的等角速传动。

在双万向节传动中，直接与输入轴和输出轴相连的万向节叉所受的附加弯矩分别由相应轴的支承反力平衡。当输入轴与输出轴的轴线平行时（图 4-6a），直接连接传动轴的两万向节叉所受的附加弯矩彼此平衡，传动轴会发生图 4-6b 中双点画线所示的弹性弯曲，从而引起传动轴的弯曲振动。当输入轴与输出轴的轴线相交时（图 4-6c），传动轴两端万向节叉上所受的附加弯矩方向相同，不能彼此平衡，传动轴会发生图 4-6d 中双点画线所示的弹性弯曲，因此对两端的十字轴产生大小相等、方向相反的径向力。此径向力作用在滚针轴承座的底部，并在输入轴与输出轴的支承上引起反力。

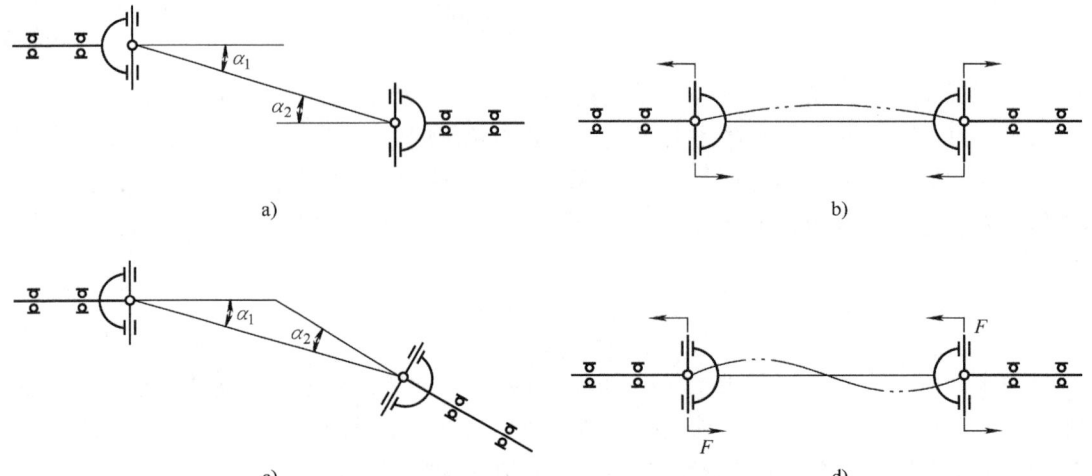

图 4-6 附加弯矩对传动轴的作用

4.2.4 多十字轴向万向传动的运动特性

多万向节传动的从动叉相对主动叉的转角差 $\Delta\varphi(\mathrm{rad})$ 的计算公式与单万向节相似，可写成

$$\Delta\varphi = \frac{\alpha_e^2}{4}\sin 2(\varphi_1 + \theta) \tag{4-8}$$

式中，α_e 为多万向节传动的当量夹角；θ 为主动叉的初相位角；φ_1 为主动轴转角。

式（4-8）表明，多万向节传动输出轴与输入轴的运动关系，与具有夹角为 α_e，而主动叉具有初相位的单万向节传动一样。

假如多万向节传动的各轴轴线均在同一平面，且各传动轴两端万向节叉平面之间的夹角为零或 π/2，则当量夹角 α_e 为

$$\alpha_e = \sqrt{|\alpha_1^2 \pm \alpha_2^2 \pm \alpha_3^2 \pm L|} \tag{4-9}$$

式中，α_1、α_2、α_3 等为各万向节的夹角。式中的正负号这样确定：当第一万向节的主动叉处在各轴轴线所在的平面内，在其余的万向节中，如果其主动叉平面与此平面重合定义为正，与此平面垂直定义为负。

为使多万向节传动的输出轴与输入轴等速旋转，应使 $\alpha_e = 0$。

万向节传动输出轴与输入轴的转角差会引起动力总成支承和悬架弹性元件的振动，还能引起与输出轴相连齿轮的冲击和噪声及驾驶室内的谐振噪声。因此，在设计多万向节传动时，总是希望其当量夹角 α_e 尽可能小。一般设计时，应使空载和满载两种工况下的 α_e 不大于 3°。另外，对多万向节传动输出轴的角加速度幅值 $\alpha_e^2\omega_1^2$ 应加以限制。对于乘用车，$\alpha_e^2\omega_1^2 \leq 350\mathrm{rad/s^2}$；对于商用车，$\alpha_e^2\omega_1^2 \leq 600\mathrm{rad/s^2}$。

4.2.5 十字轴向万向节的设计

十字轴万向节的损坏形式主要有十字轴轴颈和滚针轴承的磨损，十字轴轴颈和滚针轴承座工作表面出现压痕和剥落。一般情况下，当磨损或压痕超过 0.15mm 时便应报废。十字轴

主要失效形式是轴颈根部断裂，所以设计时应保证该处有足够的抗弯强度。

设作用于十字轴轴颈中点的力为 F （图4-7）则

$$F = \frac{T_1}{2r\cos\alpha} \tag{4-10}$$

式中，T_1 为万向传动轴的计算转矩；r 为合力 F 作用线到十字轴中心之间的距离；α 为主、从动叉轴的最大夹角。

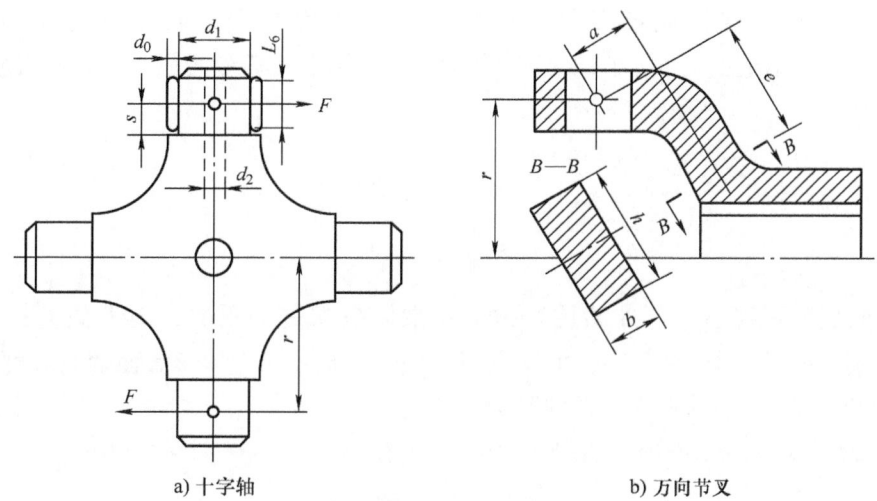

a) 十字轴   b) 万向节叉

图4-7　十字轴及万向节叉受力简图

十字轴轴颈根部的弯曲应力 σ_w 和切应力 τ 应满足

$$\sigma_w = \frac{32 d_1 F s}{\pi (d_1^4 - d_2^4)} \leqslant [\sigma_w]$$

$$\tau = \frac{4F}{\pi (d_1^2 - d_2^2)} \leqslant [\tau] \tag{4-11}$$

式中，d_1 为十字轴轴颈直径（mm）；d_2 为十字轴油道孔直径（mm）；s 为合力 F 作用线到轴颈根部的距离（mm）；$[\sigma_w]$ 为弯曲应力的许用值，为 250~350MPa；$[\tau]$ 为切应力的许用值，为 80~120MPa。

十字轴滚针轴承中的滚针直径通常不小于 1.6mm，以免压碎，而且尺寸差别要小，否则会加重载荷在滚针间分配的不均匀性，公差带控制在 0.003mm 以内。滚针轴承径向间隙过大时，承受载荷的滚针数减少，有出现滚针卡住的可能性；间隙过小又有可能出现受热卡住或因脏物阻滞卡住。合适的间隙为 0.009~0.095mm，滚针轴承的周向总间隙以 0.08~0.30mm 为好。滚针的长度一般不超过轴颈的长度，这可使其既具有较高的承载能力，又不致因滚针过长发生歪斜而造成应力集中。滚针在轴向的游隙通常不应超过 0.2~0.4mm。

十字轴滚针轴承的接触应力应满足

$$\sigma_j = 272 \sqrt{\left(\frac{1}{d_1} + \frac{1}{d_0}\right) \frac{F_n}{L_b}} \leqslant [\sigma_j] \tag{4-12}$$

式中，d_0 为滚针直径（mm）；L_b 为滚针工作长度（m），$L_b = L - (0.15 \sim 1.00) d_0$，$L$ 为滚

针总长度（m）；F_n 为在合力 F 作用下一个滚针所受的最大载荷（N），由式（4-13）确定

$$F_n = \frac{4.6F}{iZ} \tag{4-13}$$

式中，i 为滚针列数；Z 为每列中的滚针数。

当滚针和十字轴轴颈表面硬度在 58HRC 以上时，许用接触应力 $[\sigma_j]$ 为 3000 ~ 3200MPa。

万向节叉与十字轴组成连接支承，在力 F 作用下产生支承反力，在与十字轴轴孔中心线成 45°的 $B-B$ 截面处，万向节叉承受弯曲和扭转载荷，其弯曲应力 σ_w 和扭应力 τ_b 应满足

$$\begin{aligned} \sigma_w &= \frac{Fe}{W} \leqslant [\sigma_w] \\ \tau_b &= \frac{Fa}{W_t} \leqslant [\tau_b] \end{aligned} \tag{4-14}$$

式中，W、W_t 别为截面 $B-B$ 处的抗弯截面系数和抗扭截面系数，矩形截面：$W = bh^2/6$，$W_t = kb^2h$；圆形截面：$W = bh^2/10$，$W_t = \pi b^2 h/16$；h、b 分别为矩形截面的高和宽或椭圆形截面的长轴和短轴；k 是与 h/b 有关的系数，按表 4-1 选取；e、a 如图 4-7 所示；弯曲应力的许用值 $[\sigma_w]$ 为 50 ~ 80MPa，扭转应力的许用值 $[\tau_b]$ 为 80 ~ 160MPa。

表 4-1 系数 k 的选取

h/b	1.0	1.5	1.75	2.0	2.5	3.0	4.0	10
k	0.208	0.231	0.239	0.246	0.258	0.267	0.282	0.312

十字轴万向节的传动效率与两轴的轴间夹角 α、十字轴的支承结构和材料、加工和装配精度以及润滑条件等有关。当 $\alpha \leqslant 25°$ 时，可按下式计算

$$\eta_0 = 1 - f\frac{2d_1 \tan\alpha}{r\pi} \tag{4-15}$$

式中，η_0 为十字轴万向节传动效率；f 为轴颈与万向节叉的摩擦因数，滑动轴承：$f = 0.15 \sim 0.20$，滚针轴承：$f = 0.05 \sim 0.10$；其符号意义同前。

通常情况下，十字轴万向节的传动效率约为 97% ~ 99%。

十字轴常用材料为 20CrMnTi、20Cr、20MnVB、12CrNi3A 等低碳合金钢，轴颈表面进行渗碳淬火处理，渗碳层深度为 0.8 ~ 1.2mm，表面硬度为 58 ~ 64HRC，轴颈端面硬度不低于 55HRC，心部硬度为 33 ~ 48HRC。万向节叉一般采用 35、40、45 中碳钢或中碳合金钢 40CrNiMo，经调质处理，硬度为 18 ~ 33HRC，滚针轴承碗材料一般采用 GCr15。

4.3 挠性万向节

挠性万向节依靠内部弹性件的弹性变形来保证在相交两轴间传动时不发生机械干涉。弹性件可以是橡胶盘、橡胶金属套筒、六角形橡胶圈或其他结构形式。由于弹性件的弹性变形量有限，故挠性万向节一般用于两轴间夹角不大于 5°和只有微量轴向位移的万向传动场合。例如，常用来连接固定安装在车架上的两个部件（如发动机与变速器或变速器与分动器）

之间，以消除制造安装误差和车架变形对传动的影响。此外，它还具有结构简单、无润滑、能吸收传动系统中的冲击载荷和衰减扭转振动等优点。

用于橡胶金属套筒结构的橡胶应具有的力学特性为：抗拉强度不小于15MPa；相对伸长率不小于350%；肖氏硬度65~75HS；最大挤压应力为7.5~8.0MPa；切变模量$G = 0.85$MPa；工作温度为 $-45 \sim 80$℃。

1. 挠性万向节的结构

盘式挠性万向节的弹性元件通常是4~12层的橡胶纤维或橡胶帘布片结构，并用金属零件加固。在挠性万向节装配时，通常使纤维层依次错开，以便于当挠性盘变形时，保证纤维帘布层承受最小的力。六角环形橡胶挠性万向节的橡胶与用钢或铝合金制成的金属骨架硫化在一起。为了使橡胶与金属可靠地结合，在硫化之前，骨架镀一层黄铜覆盖。使用这种万向节时，为了保证高速转动时传动轴总成有良好的动平衡，常在万向节所连接的两轴端部设专门机构保证对正中心。图4-8a为具有球面对中机构的环形挠性万向节。这种结构中装有无需润滑的球形滑动对中轴承，如能正确地选择轴承配合，可使其内部在装配后具有适当的预紧力。为使万向节有足够的寿命，需要设法使其轴向位移引起的轴向力、侧向位移引起的侧向力和万向节工作角引起的力矩尽可能小，使挠性万向节主要传递工作转矩。有的结构允许有一定的轴向变形（图4-8b）。当这种环形挠性万向节的轴向变形量满足使用要求时，可省去伸缩花键。

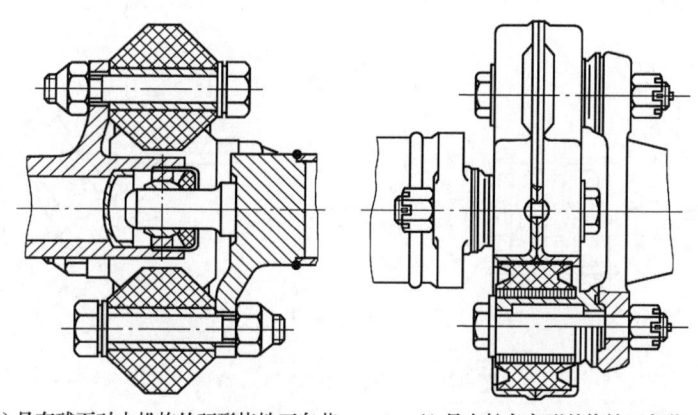

a) 具有球面对中机构的环形挠性万向节　　b) 具有轴向变形的挠性万向节

图 4-8　环形挠性万向节

2. 挠性万向节的设计

盘式挠性万向节中橡胶盘的拉应力和挤压应力应满足：

$$\sigma_L = \frac{T_{max}}{iRb(R_1 - R_2 - d_0)} \leq [\sigma_L]$$

$$\sigma_j = \frac{T_{max}}{iRbd_0} \leq [\sigma_j]$$

(4-16)

式中，T_{max}为万向节静强度计算用转矩（N·mm）；i为一个万向节叉上的螺栓数；R为橡胶盘的平均半径（mm）；R_1、R_2为橡胶盘的外半径和内半径（mm）；b为橡胶盘的厚度（mm）；d_0 为螺栓孔的直径（mm）；许用拉应力 $[\sigma_L] = 12 \sim 15\text{MPa}$；许用挤压应力 $[\sigma_j] = 8.0\text{MPa}$。

4.4 准等速万向节

准等速万向节是根据上节双万向节实现等速传动的原理而设计的，常见的有双联式、凸块式、三销轴式和球面滚轮式万向节。

1. 双联式万向节

双联式万向节实际上是由两个十字轴万向节组合而成，如图4-9所示。图中的双联叉3相当于两个在同一平面上的万向节叉。为了使主动轴与从动轴的角速度相等，应保证 $\alpha_1 = \alpha_2$。为此，在双联式万向节的结构中装有分度机构，以保证双联叉的对称线平分所连两轴的夹角。偏心十字轴双联式万向节取消了分度机构，也可以确保所连接的两轴接近等速转动。无分度杆的双联式万向节，在军用越野车的转向驱动桥中用得相当广泛。此时，采用主销中心偏离万向节中心 $1.0 \sim 3.5\text{m}$ 的方法，使两万向节的工作转速接近相等。双联式万向节的主要优点是允许两轴间的夹角较大（一般可达50°，偏心十字轴双联式万向节可达60°），轴承密封性好，传动效率高，工作可靠，制造方便；缺点是外形尺寸较大，零件数目较多，结构较复杂，传递转矩有限。当应用于转向驱动桥时，由于双联式万向节轴向尺寸较大，为使主销轴线的延长线与地面交点到轮胎的印迹中心偏离不大，就必须用较大的主销内倾角。

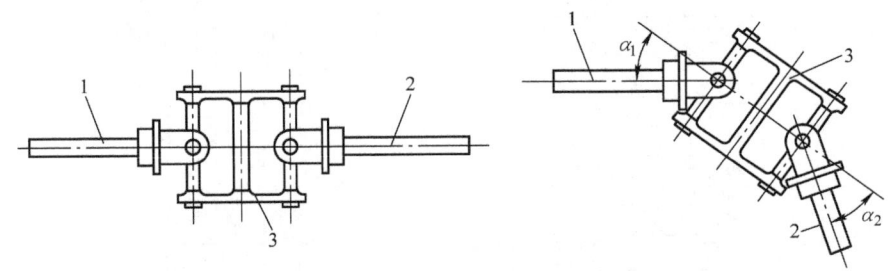

图4-9 双联式万向节示意图
1—主动轴 2—从动轴 3—双联叉

图4-10为一种双联式万向节的具体结构。在万向节从动叉6的内端有球头，与球碗9的内圆面相配合，球碗座2则嵌在万向节主动叉1的内端。球头与球碗的中心与十字轴中心的连线中点重合。当万向节从动叉相对主动叉在一定范围内摆动时，双联叉5也被带动偏转相应角度，使两十字轴的中心连线与万向节主、从动叉轴线之间的夹角差值最小，从而保证输入轴、输出轴的角速度接近相等，其差值在一定范围内，故双联式万向节具有准等速性。

2. 凸块式万向节

就运动副来看，凸块式万向节（图4-11）也是一种双联式万向节。它主要由两个万向节叉1和4以及两个不同形状的特殊凸块2和3组成。两凸块相当于双联万向节装置中两端带有位于同一平面上的两万向节叉的中间轴及两十字销，因此可以保证输入轴与输出轴近似

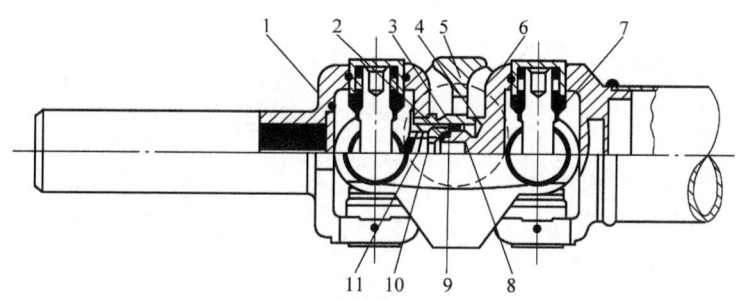

图 4-10 双联式万向节
1—万向节主动叉 2—球碗座 3—衬套 4—防护圈 5—双联叉
6—万向节从动叉 7—油封 8、10—垫圈 9—球碗 11—弹簧

等速。这种结构工作可靠，加工简单，允许万向节夹角可达 50°；但是由于它的工作面全为滑动摩擦，摩擦表面易磨损，所以传动效率低，并对密封和润滑要求较高。它主要用于传递转矩较大的越野车转向驱动桥。

3. 三销轴式万向节

三销轴式万向节（图 4-12）是由双联式万向节演变而来，它主要由两个偏心轴叉、两个三销轴和六个滚针轴承及其密封件等组成。三销轴式万向节可直接暴露在外面，并不需要加外球壳和密封装置；对万向节与转向节的同心度要求不太严，中心不一致可由万向节内三销的轴向滑动来补偿；允许所连接的两轴最大夹角较大，可达 45°。但其外形尺寸较大，零件形状较复杂，毛坯需要精确模锻。由于在工作中三销轴间有相对轴向滑动，万向节的两轴受有附加弯矩和轴向力，所以主动轴一侧需装轴向推力轴承。这种结构主要用于总质量较大的越野车转向驱动桥。

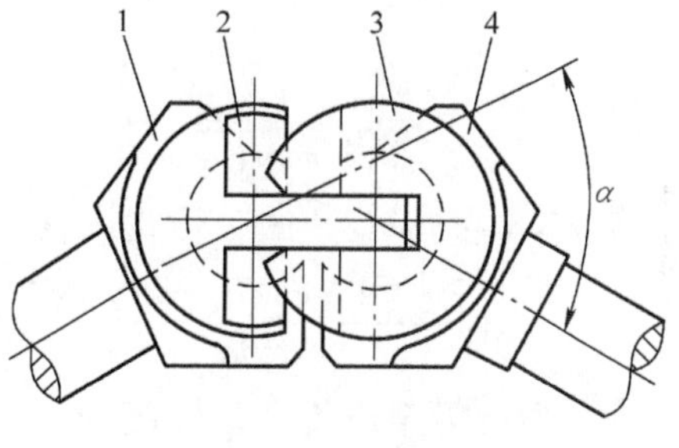

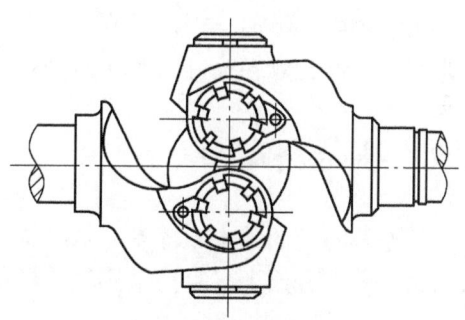

图 4-11 凸块式万向节
1—左万向节叉 2—左凸块
3—右凸块 4—右万向节叉

图 4-12 三销轴式万向节

4. 球面滚轮式万向节

球面滚轮式万向节是应用较为广泛的准等速万向节，其结构如图 4-13 所示。装在万向节轴 5 端部的三个销轴 3 上的球面滚轮 4，可沿着与万向节轴 1 相连的圆管上的三个起伸缩花键作用的轴向槽 2 内移动，同时通过三个球面滚轮与轴向槽壁之间传递转矩。其结构应保证沿圆周等分的三个球面滚轮的轴线始终位于或近似位于万向节两轴夹角的等分面上。这种结构允许两轴间的工作夹角可达 43°，加工也比较容易。

5. 准等速万向节的运动特性

在此仅以双联式万向节为例分析其运动特性。双联式万向节的运动分析简图如图 4-14 所示，它具有两个摆动中心 A、B。当主动轴偏转 α 角时，其摆动中心 A 移到 A'，从动轴的摆动中心 B 移到 B'，摆动中心间的距离保持不变，即 $AB = A'B' = a + b$ 并等于中间架前、后

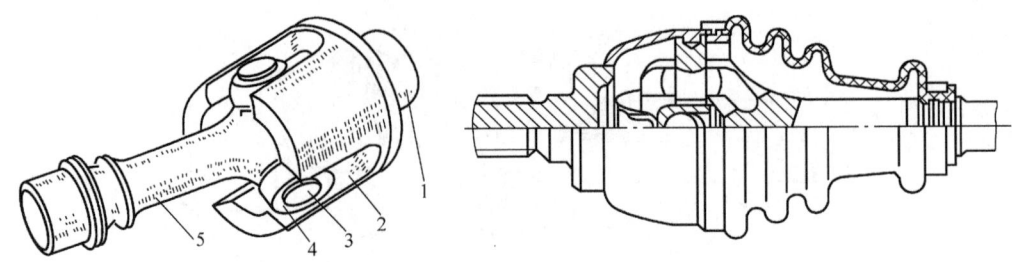

图 4-13 球面滚轮式万向节
1、5—万向节轴 2—轴向槽 3—销轴 4—球面滚轮

万向节叉孔间的距离。

由图 4-14 中的 $\Delta A'B'C$ 并根据正弦定理有

$$\sin\alpha_1 = \frac{b\sin\alpha}{a+b} \quad (4-17)$$

将 $\alpha = \alpha_1 + \alpha_2$ 代入式，可得

$$\cot\alpha_1 = \frac{[(a+b)/b] - \cos\alpha_2}{\sin\alpha_2} \quad (4-18)$$

为了实现等角速传动，应使 $\alpha_1 = \alpha_2$，代入式，可得

$$\cos\alpha_1 = (a+b)/2b \quad (4-19)$$

对于结构已确定的双联式万向节，a 和 b 是确定的值，则 α_1 与 α_2 只在某一转角下才能相等，因此双联式万向节在不同转角下只能实现近似等角速传动。

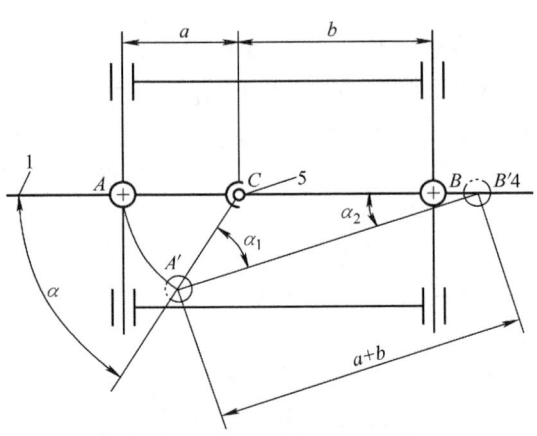

图 4-14 双联式万向节的运动分析简图

4.5 等速万向节

等速万向节的基本原理是，从结构上保证万向节在工作过程中的传力点永远位于主、从动轴交点的平分面上。目前采用较广泛的等速万向节主要有球叉式万向节和球笼式万向节。

4.5.1 球叉式万向节

球叉式万向节按钢球滚道形状可分为圆弧槽滚道型和直槽滚道型两种。

圆弧槽滚道型球叉式万向节（图 4-15a）由两个万向节叉、四个传力钢球和一个定心钢球组成。在主、从动叉上各有四个侧向的圆弧槽滚道，装合后两叉的滚道分别相对，中间各装一个传力钢球。定心钢球装在两叉中心的球心凹窝内，用于确定两叉之间相互摆动的中心。两球叉上的圆弧槽中心线是以 O_1 和 O_2 为圆心而半径相等的圆，O_1 和 O_2 到万向节中心 O 的距离相等。当万向节两轴绕定心钢球中心 O 转动任何角度时，传力钢球中心始终在滚道中心线即两圆弧的交点上，从而保证输出轴与输入轴以等角速转动。这种球叉式万向节结构较简单，可以在夹角不大于 32°~33°的条件下正常工作。由于四个传力钢球在单向传动时只有相对着的两个传递力，故单位压力较大，磨损较快。另外，这种万向节只有在传力钢球与滚道之间具有一定的预紧力时，才能保证等角速传动。预紧力用选择不同尺寸级别的传力钢球来保证。使用中，随着磨损的增加，预紧力逐渐减小以至消失，此后两球叉之间便发生轴向窜动，从而破坏了传动的等速性，严重时会造成钢球脱落。圆弧槽型球叉式万向节主要应用于总质量不大的越野车转向驱动桥。近年来，有些圆弧槽滚道型球叉式万向节中省去了定位销和锁止销，定心钢球上也没有凹面，靠压力来装配。这样，结构更为简单，但拆装困难。

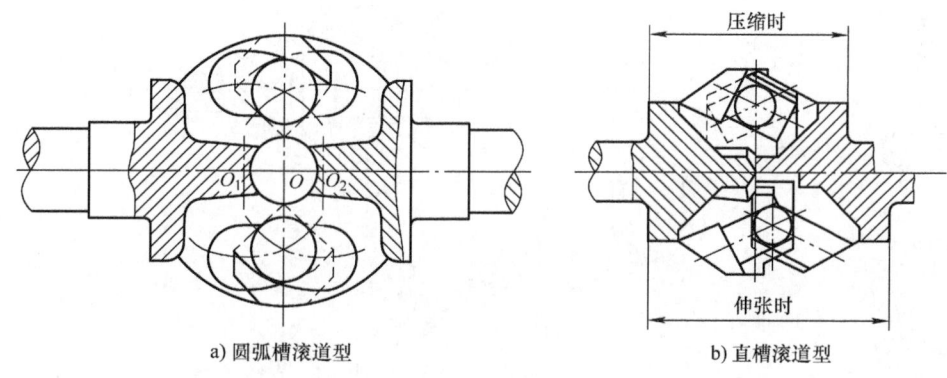

a) 圆弧槽滚道型　　　　　　　b) 直槽滚道型

图 4-15　球叉式万向节

直槽滚道型球叉式万向节如图 4-15b 所示，两个球叉上的直槽与轴的中心线倾斜相同的角度且彼此对称。两球叉之间的滚道内装有 4 个传动钢球。由于两球叉中的滚道所处的位置是对称的，这就保证了 4 个钢球的中心处于两轴夹角的等分平面上。这种万向节加工比较容易，允许的两轴夹角不超过 20°，在两叉间允许有一定量的轴间滑动。直槽滚道型球叉式万向节主要应用于断开式驱动桥中，当半轴摆动时，用它可补偿半轴的长度变化而省去滑动花键。

4.5.2　球笼式万向节

根据万向节轴向能否运动，球笼式万向节分为固定型球笼式万向节（Birfield 型）和伸缩型球笼式万向节。

固定型球笼式万向节的结构如图 4-16 所示。星形套 7 通过内花键与主动轴 1 相连，其外表面有 6 条回槽，形成内滚道。球形壳 8 的内表面有相应的 6 条凹槽，形成外滚道。6 个传力钢球 6 分别装在各条凹槽中，并由保持架 4 使之保持在一个平面内。动力由主动轴经传力钢球、球形壳输出。其中球形壳和星形套的滚道不同心，其球心对称地偏离万向节中心。这样，即使轴间夹角为 0°，靠内、外滚道的交叉也能使钢球停留在正确的位置。当轴间夹角为 0° 时，内、外滚道决定的钢球中心轨迹的夹角稍大于 11°，这是能可靠地确定钢球正确位置的最小角度。滚道的横断面为椭圆形，接触点和球心间的连线与过球心的径向线呈 45°，椭圆在接触点处的曲率半径选为钢球半径的 1.03~1.05 倍。当受载时，钢球与滚道的接触点实际上为椭圆形接触区。在工作时，由于球的每个方向都有可以传递转矩，且由于球和球笼的配合是球形的，因此对这种万向节的润滑应给予足够的重视。润滑剂的使用主要取决于传动的转速和角度。在转速达 1500r/min 时，一般使用防锈润滑脂。若转速和角度都较大时，则使用润滑油。比较好的方法是采用油浴和循环油润滑。另外，万向节的密封装置应保证润滑剂不漏出，根据传动角度的大小采取不同形式的密封装置。这种万向节允许的工作角可达42°。在传递转矩时，由于六个钢球同时参加工作，其承载能力和耐冲击能力强，传动效率高，结构紧凑，安装方便；但是滚道的制造精度高，成本较高。

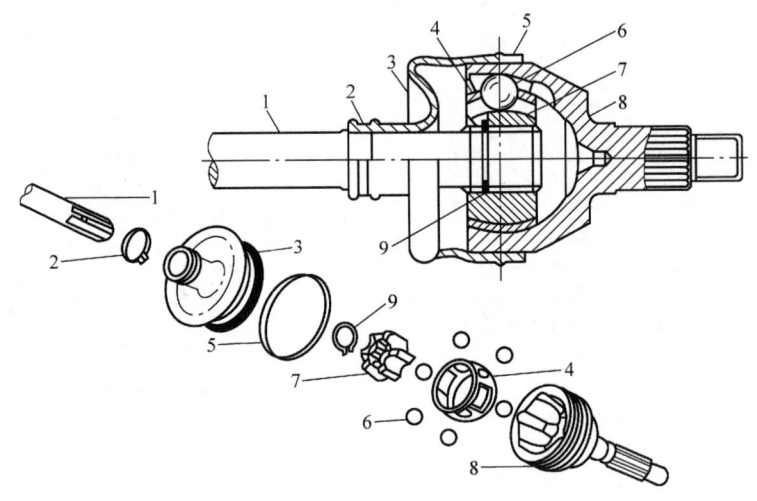

图 4-16 固定型球笼式万向节

1—主动轴 2、5—钢带箍 3—外罩 4—保持架（球笼） 6—传力钢球
7—星形套（内滚道） 8—球形壳（外滚道） 9—卡环

球笼式万向节的等速传动原理如图4-17所示。外滚道（球形壳）8的中心A与内滚道（星形套）7的中心B分别位于万向节中心O的两边，且与O等距离。传力钢球6的球心C到A、B两点的距离也相等。保持架4的内外球面、星形套7的外球面和球形壳8的内球面均以万向节中心O为球心。因此，当两轴夹角变化时，保持架可沿内、外球面滑动，以保持传力钢球在一定位置。由此可见，由于$OA=OB$，$CA=CB$，则三角形$\triangle COA$与$\triangle COB$全等，因此，$\angle COA = \angle COB$，即两轴相交任意角α时，其传力钢球6的球心C都位于夹角的平分面上。此时，传力钢球到主动轴1和从动轴的距离a和b相等，从而保证了主、从动轴以相等的角速度转动。

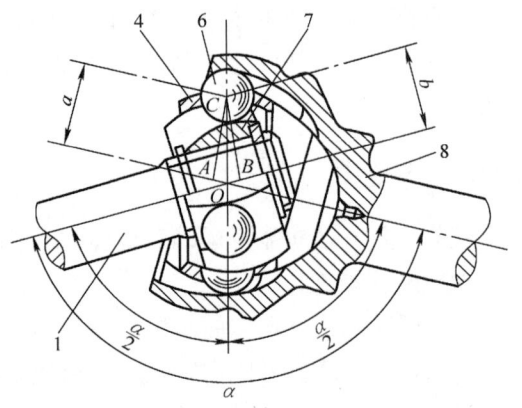

图 4-17 球笼式万向节等速传动原理

O—万向节中心 A—外滚道中心 B—内滚道中心
C—钢球球心 α—两轴夹角（指钝角）

伸缩型球笼式万向节的结构如图4-18所示。该结构形式的内、外滚道是圆筒形的，在传递转矩过程中，星形套与筒形壳可以沿轴向相对移动，故可省去第4章万向传动其他万向传动装置中必须有的滑动花键。这不仅使结构简化，而且由于星形套与筒形壳之间的轴向相对移动是通过传力钢球沿内、外滚道滚动来实现的，与滑动花键相比，其滑动阻力小，最适

用于断开式驱动桥。这种万向节保持架的内球面球心 B 与外球面球心 A 位于万向节中心 O 的两边，且与 O 等距离。钢球球心 C 到 A、B 距离相等，以保证万向节的主、从动轴做等角速转动。

除此之外，球笼式万向节还有一种 Rzeppa 型。Rzeppa 型球笼式万向节以前主要用于转向驱动桥，目前应用较少。Birfield 型球笼式万向节和伸缩型球笼式万向节广泛地应用在具有独立悬架的转向驱动桥上，在靠近转向轮一侧采用 Birfield 型万向节，靠近差速器一侧则采用伸缩型球笼式万向节，可以补偿由于前轮跳动及载荷变化而引起的轮距变化。伸缩型万向节还被广泛地应用到断开式驱动桥中。

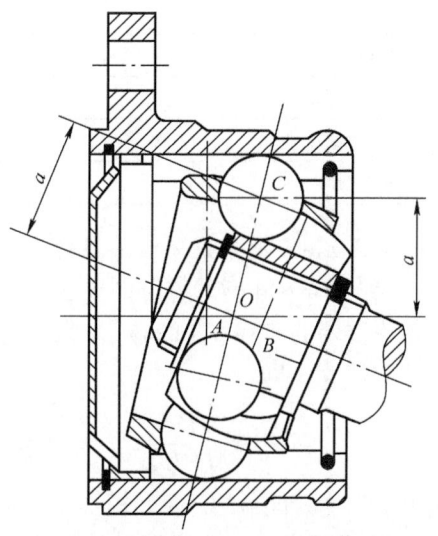

图 4-18　伸缩型球笼式万向节

4.5.3　球笼式万向节的设计

球笼式万向节的失效形式主要是钢球与接触滚道表面的疲劳点蚀。在特殊情况下，因热处理不当、润滑不良或温度过高等也会因磨损而损坏。由于星形套滚道接触点的纵向曲率半径小于外半轴滚道的纵向曲率半径，所以前者上的接触椭圆比后者上的要小，即前者的接触应力大于后者。因此，应控制钢球与星形套滚道表面的接触应力，并以此来确定万向节的承载能力。不过，由于影响接触应力的因素较多，计算较复杂，目前还没有统一的计算方法。

1. Rzeppa 型球笼式万向节设计

假定带分度机构的 Rzeppa 型球笼万向节在传递转矩时 6 个传力钢球均匀受载，则钢球的直径可按下列经验公式确定

$$d = \sqrt[3]{\frac{T_1}{2.1 \times 10^4}} \tag{4-20}$$

式中，d 为传力钢球直径（mm）；T_1 为万向节的计算转矩（N·mm）。

计算所得的钢球直径应圆整并取最接近国家标准的直径。

当钢球的直径 d 确定后，其中的球笼、星形套等零件及有关结构尺寸，可参见图 4-19，并按如下关系确定：

钢球中心分布圆半径	$R = 1.71d$
星形套宽度	$B = 1.8d$
球笼宽度	$B_1 = 1.8d$
星形套滚道底径	$D_1 = 2.5d$
万向节外径	$D = 4.9d$
球笼厚度	$b = 0.185d$
球笼槽宽度	$b_1 = d$
球笼槽长度	$L = (1.33 \sim 1.8)d$（普通型取下限，长型取上限）
滚道中心偏移距	$h = 0.18d$

(续)

轴颈直径	$d' \geq 1.4d$
星形套花键外径	$D_2 \geq 1.55d$
球形壳外滚道长度	$L_1 = 2.4d$
中心偏移角	$\delta \geq 6°$

2. Birfield 型球笼万向节设计

对于 Birfield 型球笼万向节，以与星形套连接轴的直径 d_s (mm) 作为万向节的基本尺寸，即

$$d_s = \sqrt[3]{\frac{T_1 S_F}{87.2}} \quad (4-21)$$

式中，T_1 为万向节的计算转矩（N·mm）；S_F 为使用因素，对于无振动的理想传动取 1.0，有轻微振动的取 1.2~1.5，有中等振动的取 1.7~2.0，振动十分严重的取 2.7~3.6。

Birfield 型球笼万向节的其他尺寸可根据基本尺寸 d_s 查表 4-2 确定。

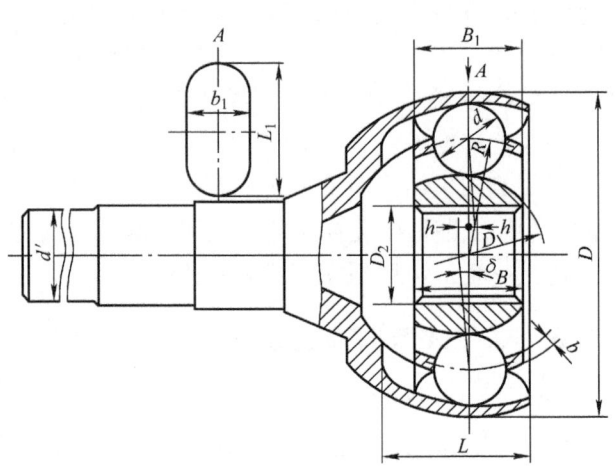

图 4-19 球笼式万向节的基本尺寸

表 4-2 Birfield 型球笼万向节的系列数据

轴颈直径 d_s	单位：in	0.750	0.875	0.937	1.000	1.125	1.250	1.500	1.750	2.000	2.250	2.500	3.000
	单位：mm	19.1	22.2	23.8	25.4	28.6	31.8	38.1	44.5	50.8	57.2	63.5	76.2
钢球直径	单位：in	9/16	21/32	0.7087	3/4	27/32	15/16	9/8	21/16	3/2	27/16	15/8	9/4
	单位：mm	14.288	16.669	18.000	19.050	21.431	23.812	28.575	33.338	38.100	42.862	47.625	57.150
星形套 最大直径	单位：mm	22.42/22.35	26.67/26.59	26.67/26.59	30.48/30.35	33.15/33.02	37.16/37.08	46.10/45.97	53.34/53.24	60.45/60.33	66.70/66.57	74.37/74.24	—
星形套 最小直径	单位：mm	20.22/20.09	24.67/24.56	24.69/24.56	25.53/25.40	30.61/30.48	33.35/33.32	41.28/41.15	48.08/47.96	54.10/53.98	59.66/59.54	66.55/66.42	—
星形套 槽距	单位：mm	22.75/45.5	22.75/45.5	22.75/45.5	20/40	20/40	13/26	10.5/21	9/18	8/16	7.25/14.5	6.5/13	—
花键齿数		19	23	23	23	25	18	18	18	18	18	18	—
球形壳外径	单位：mm	70	81	88	92	103	115	137	160	182	204	227	272

4.6 传动轴结构分析与设计

1. 传动轴结构及特点

传动轴管由壁厚均匀易平衡、壁薄（1.5~3.0m）、管径较大、扭转强度高、弯曲刚度大、适于高速旋转的低碳钢板卷制的钢管焊接制成，常用在变速器与驱动桥之间的动力传

递。这种轴一般较长，且转速高，必要时加中间支承，以减小其长度。由于所连接的两部件间的相对位置经常变化，因而要求传动轴长度也相应地变化，以保证正常运转。图4-20所示为某中型货车传动轴和中间支承的结构图。传动轴的结构一般具有以下特点：

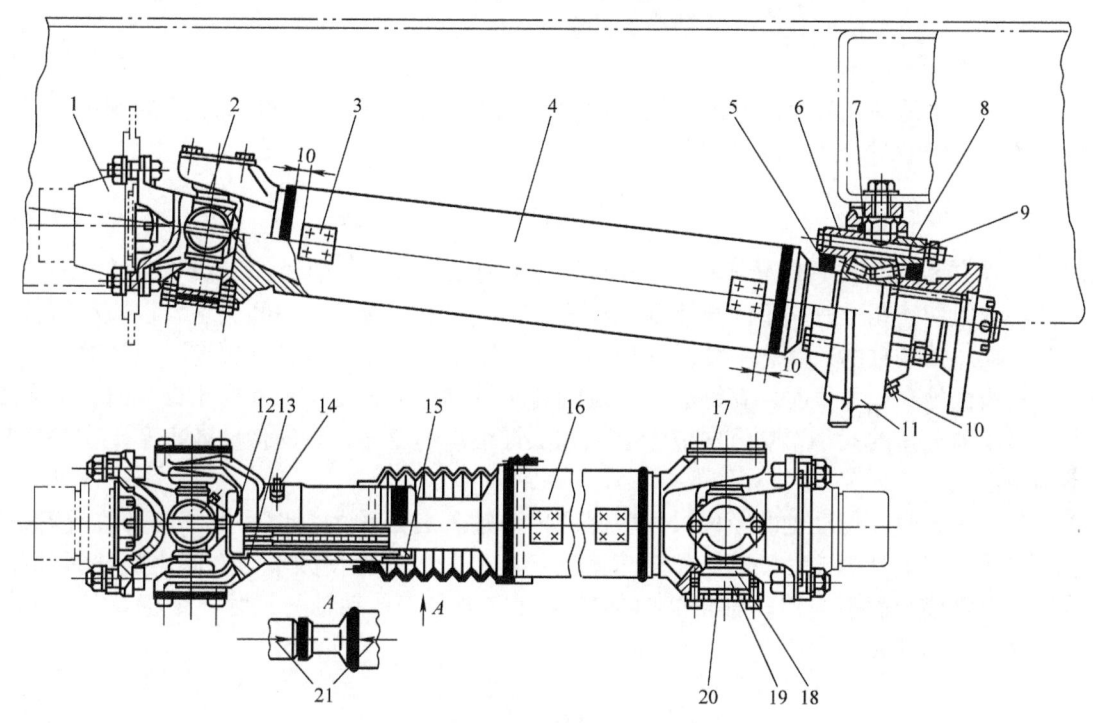

图 4-20　传动轴总成

1—凸缘叉　2—万向节十字轴　3—平衡片　4—中间传动轴　5、15—油封　6—中间支承前盖
7—橡胶垫环　8—中间支承后盖　9—双列圆锥滚子轴承　10、14—注油嘴　11—支架
12—堵盖　13—万向节滑动叉　16—主传动轴　17—锁片　18—滚针轴承油封
19—万向节滚针轴承　20—滚针轴承承盖　21—装配位置标记

1) 广泛采用空心传动轴。这是因为在传递相同转矩情况下，空心轴具有更大的刚度和强度，而且重量轻，能传递较大的转矩，比实心传动轴具有更高的临界转速。所以空心传动轴主要应用于传动系的万向传动轴。而实心传动轴仅用于作为与等速万向节相连的转向驱动桥的半轴，或用作断开式驱动桥的摆动半轴。

2) 传动轴是高速转动件，为了避免离心力引起剧烈振动，要求传动轴的质量沿圆周均匀分布，故通常不用无缝钢管，而是用钢板卷制对焊成管形圆轴（因为无缝钢管管壁不易均匀，而钢板厚度较均匀）。此外，当传动轴和万向节装配以后，要经过动平衡，用焊小钢片（称平衡片）的办法使之平衡。平衡后应在叉和轴上刻上记号，以便拆装时保证两者原来的相对位置。

3) 传动轴上有花键连接部分，传动轴一端焊有花键接头轴，与万向节滑动叉的花键套结合。这样传动轴允许伸缩。花键长度应保证传动轴在各种工作情况下，既不脱开又不顶死。为了润滑花键，通过注油嘴注入润滑脂，用油封防止润滑脂外流，有时还加防尘套。传动轴另一端则与万向节叉焊成一体。

为了减小滑动花键的轴向滑动阻力和磨损，有时对花键齿进行磷化处理或喷涂尼龙层，有的则在花键槽中放入滚针、滚柱或滚珠等滚动元件，以滚动摩擦代替滑动摩擦，从而提高传动效率。但这种结构较复杂，成本较高。有时对于有严重冲击载荷的传动，还采用具有弹性的传动轴。传动轴上的花键应有润滑及防尘措施，花键齿与键槽间隙不宜过大，且应按对应标记装配，以免装错而破坏传动轴总成的动平衡。

2. 传动轴结构设计

传动轴中由滑动叉和矩形或渐开线花键轴组成的滑动花键来实现传动长度的变化。当传递转矩的花键伸缩时，产生的轴向阻力 F_a 为

$$F_a = f \frac{T_2}{r} \tag{4-22}$$

式中，T_2 为传动轴所传递的转矩；r 为滑动花键齿侧工作表面的中径；f 为摩擦因数。

传动轴的伸缩花键一端不应靠近后驱动桥，而应靠近变速器或中间支承，以减小其轴向阻力和磨损。传动轴的长度和夹角及它们的变化范围由汽车总布置设计决定。设计时应保证在传动轴长度处在最大值时，花键套与花键轴有足够的配合长度；长度处于最小时，两者不顶死。传动轴夹角的大小影响万向节十字轴和滚针轴承的寿命、万向传动效率和十字轴旋转的不均匀性。

在长度一定时，传动轴的断面尺寸应保证传动轴具有足够的强度和足够高的临界转速。所谓临界转速，就是当传动轴的工作转速接近于其弯曲固有振动频率时，即出现共振现象，以致振幅急剧增加而引起传动轴折断时的转速，它决定于传动轴的尺寸、结构及其支承情况。传动轴的临界转速为

$$n_k = 1.2 \times 10^8 \frac{\sqrt{D_c^2 + d_c^2}}{L_c^2} \tag{4-23}$$

式中，n_k 为传动轴的临界转速（r/min）；L_c 为传动轴的支承长度（m），取两万向节中心之间的距离；d_c 和 D_c 分别为传动轴轴管的内、外径（mm）。

在设计传动轴时，取安全系数 $K = n_k/n_{max} = 1.2 \sim 2.0$，$K = 1.2$ 用于精确动平衡、高精度的伸缩花键及万向节间隙比较小时；n_{max} 为传动轴的最高转速（r/min）。

由式（4-23）可知，在 D_c 和 L_c 相同时，实心轴比空心轴的临界转速低，且浪费材料。另外，当传动轴长度超过 1.5m 时，为了提高 n_k 以及总布置上的考虑，常将传动轴断开成两根或三根，万向节用三个或四个，而在中间传动轴上加设中间支承。

传动轴轴管断面尺寸除应满足临界转速的要求以外，还应保证有足够的扭转强度。轴管的扭转应力 τ_c（MPa）应满足

$$\tau_c = \frac{16 D_c T_1}{\pi (D_c^4 - d_c^4)} \leq [\tau_c] \tag{4-24}$$

式中，T_1 为传动轴的计算转矩（N·m）；$[\tau_c]$ 为许用扭转应力，$[\tau_c] = 300\text{MPa}$；其余符号同前。

对于传动轴上的花键轴，通常以底径计算其扭转应力 τ_h（MPa），许用应力一般按安全系数 $2 \sim 3$ 确定。

$$\tau_h = \frac{16 T_1}{\pi d_h^3} \tag{4-25}$$

式中，T_1 为传动轴的计算转矩（N·mm）；d_h 为花键轴的花键内径（mm）。

传动轴花键的齿侧挤压应力 σ_y（MPa）应满足

$$\sigma_y = \frac{T_1 K'}{\left(\dfrac{D_h + d_h}{4}\right)\left(\dfrac{D_h - d_h}{2}\right) L_h n_0} \leq [\sigma_y] \qquad (4\text{-}26)$$

式中，T_1 为传动轴的计算转矩（N·mm）；K' 为花键转矩分布不均匀系数，$K' = 1.3 \sim 1.4$；D_h 和 d_h 分别为花键外径和内径（mm）；L_h 为花键的有效工作长度（mm）；n_0 为花键齿数；当花键的齿面硬度大于 35HRC 时：许用挤压应力 $[\sigma_y] = 25 \sim 50$MPa，对于非滑动花键：$[\sigma_y] = 50 \sim 100$MPa。

传动轴总成的不平衡是传动系弯曲振动的一个激励源，当高速旋转时，将产生明显的振动和噪声。万向节中十字轴的轴向窜动、传动轴滑动花键中的间隙、传动轴总成两端连接处的定心精度、高速回转时传动轴的弹性变形、传动轴上点焊平衡片时的热影响等因素，都能改变传动轴总成的不平衡度。

（1）传动轴的不平衡度

1）对于乘用车，在 3000～6000r/min 时应不大于 25～35g·cm。

2）对于商用车，在 1000～4000r/min 时不大于 50～100g·cm。

3）传动轴总成的径向全跳动应不大于 0.5～0.8mm。

（2）降低传动轴不平衡度的措施

1）提高滑动花键的耐磨性和万向节花键的配合精度。

2）缩短传动轴长度并增加其弯曲刚度。

3）为了消除点焊平衡片的热影响，应在冷却后对传动轴进行动平衡检验。

4.7 中间支承结构分析与设计

在长轴距汽车上，为了提高传动轴临界转速，避免共振以及考虑整车总体布置上的需要，常将传动轴分段。在乘用车中，有时为了提高传动系的弯曲刚度，改善传动系弯曲振动特性，减小噪声，也将传动轴总成分成两段。当传动轴分段时，需加设中间支承。

中间支承通常安装在车架横梁上或车身底架上，以补偿传动轴轴向和角度方向的安装误差，以及车辆行驶过程中由于弹性支承的发动机的窜动和车架等变形所引起的位移。

1. 中间支承的结构

图 4-21 为目前广泛采用的橡胶弹性中间支承，其结构中采用单列滚子轴承，橡胶弹性元件能吸收传动轴的振动，降低噪声。这种弹性中间支承不能传递轴向力，它主要承受传动轴因不平衡、偏心等因素引起的径向力以及万向节上的附加弯矩所引起的径向力。

图 4-22 为摆臂式中间支承，摆臂机构能适应中间传动轴轴线在纵向平面的位置变化，改善了轴承的受力状况，橡

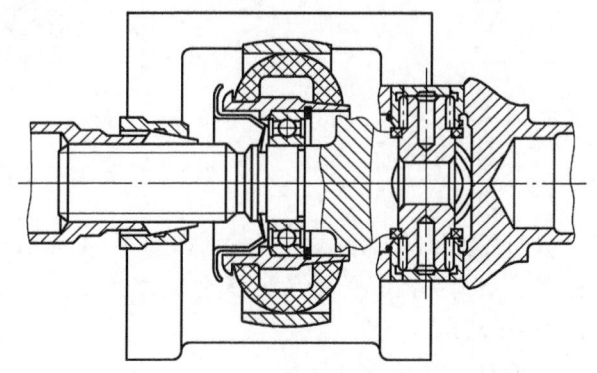

图 4-21 橡胶弹性中间支承

胶衬套能适应传动轴轴线在横向平面内少量的位置变化。

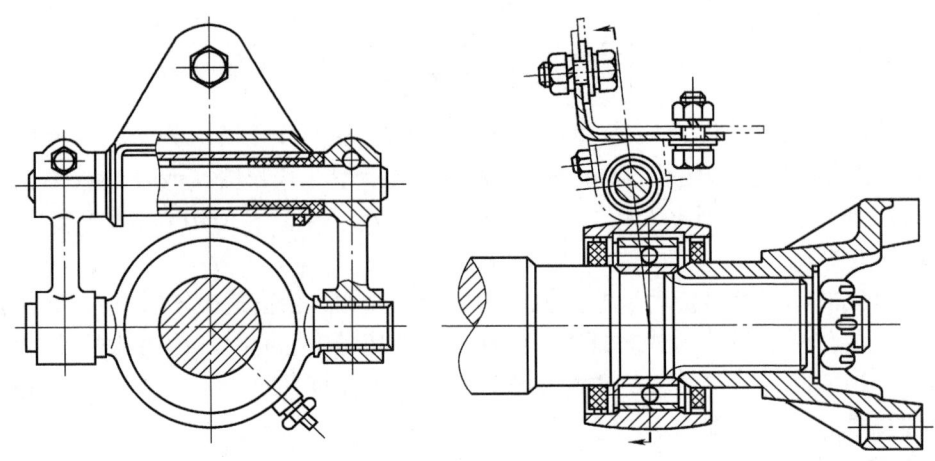

图 4-22 摆臂式中间支承

图 4-23 为蜂窝软垫式中间支承，由于蜂窝形橡胶垫的弹性作用。能适应安装误差和行驶中出现的位移。此外，还可吸收振动并减小噪声。单列球轴承通过润滑脂来实现润滑，并在球轴承两端安装油封加以密封。蜂窝软垫式结构简单，效果良好。

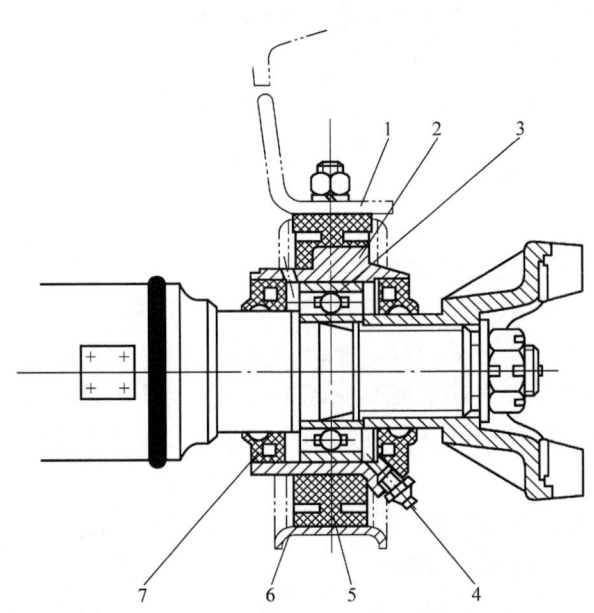

图 4-23 蜂窝软垫式中间支承

双列圆锥滚子轴承式中间支承如图 4-24 所示。该中间支承安装在越野车的中驱动桥上。其特点是双列圆锥滚子轴承可承受较大的轴向力，可以平衡万向节的附加弯矩，且便于调整，使用寿命长。

2. 中间支承的设计

中间支承的固有频率可按下式计算

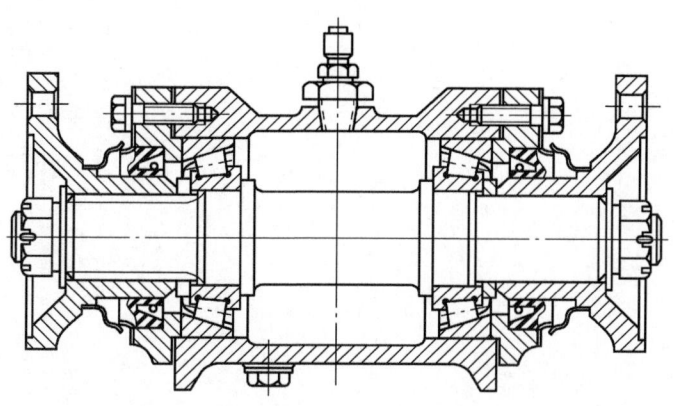

图 4-24 双列圆锥滚子轴承式中间支承

$$f_0 = \frac{1}{2\pi}\sqrt{\frac{C_R}{m}} \tag{4-27}$$

式中,f_0 为中间支承的固有频率(Hz);C_R 为中间支承橡胶弹性元件的径向刚度(N/mm);m 为中间支承悬置质量(kg),它等于传动轴落在中间支承上的一部分质量与中间支承轴承及其轴承座所承受的质量之和。

在设计中间支承时,应合理选择橡胶弹性元件的径向刚度 C_R,使固有频率 f_0 对应的临界转速 $n = 60f_0$(r/min)尽可能低于传动轴的常用转速范围,以免共振,保证隔振效果好。许用临界转速为 1000~2000/min,对于乘用车,取下限。当中间支承的固有频率依此数据确定时,由于传动轴不平衡引起的共振转速为 1000~2000r/min,而由于万向节上的附加弯矩引起的共振转速为 500~1000r/min。

第5章 驱动桥设计

5.1 概述

驱动桥位于传动系末端,其基本功用有以下两点:
1) 减速、增矩,改变转矩的传递方向。驱动桥可以增大由传动轴或变速器传来的转矩,并将转矩合理地分配给左、右驱动车轮。
2) 承受作用于路面和车架或车身之间的垂直力、纵向力和横向力,以及制动力矩和反作用力矩等。

驱动桥一般由主减速器、差速器、车轮传动装置和桥壳等组成,转向驱动桥的组成还包括等速万向节。

驱动桥设计应当满足以下基本要求:
1) 选择适当的主减速比,以保证汽车在给定条件下具有最佳的动力性和燃油经济性。
2) 外形尺寸小,保证汽车具有必要的离地间隙,以满足通过性要求。
3) 齿轮及其他传动件工作平稳,噪声小。
4) 在各种载荷和转速工况下有高的传动效率。
5) 保证足够的强度和刚度的前提下尽量减小质量,尤其是簧下质量,以减少冲击载荷,提高汽车行驶平顺性。
6) 与悬架导向机构运动协调。另外,转向驱动桥还应与转向机构运动协调。
7) 结构简单,制造容易,维修、调整方便,成本低。

5.2 驱动桥的结构方案分析

驱动桥分为两类:断开式驱动桥和非断开式驱动桥。

当车轮采用独立悬架时,选用断开式驱动桥(图5-1)。断开式驱动桥的结构特点是:没有刚性的整体外壳,主减速器等装在车架或车身上,两侧驱动轮与车架或车身之间弹性连接,并可独立相对于车架或车身做上下摆动,车轮用万向节驱动。为防止运动干涉,应采用滑动花键轴或允许两轴有适量轴向移动的万向传动机构。

非断开式驱动桥(图5-2)的桥壳是一根支承在左右驱动车轮上的刚性空心梁,主减速器、差速器和半轴等所有传动件都装在其中。

断开式驱动桥的结构较复杂,成本较高,但它有以下优点:
1) 可以增加汽车的离地间隙。
2) 显著减小簧下质量,从而改善行驶平顺性,提高汽车的平均行驶速度。

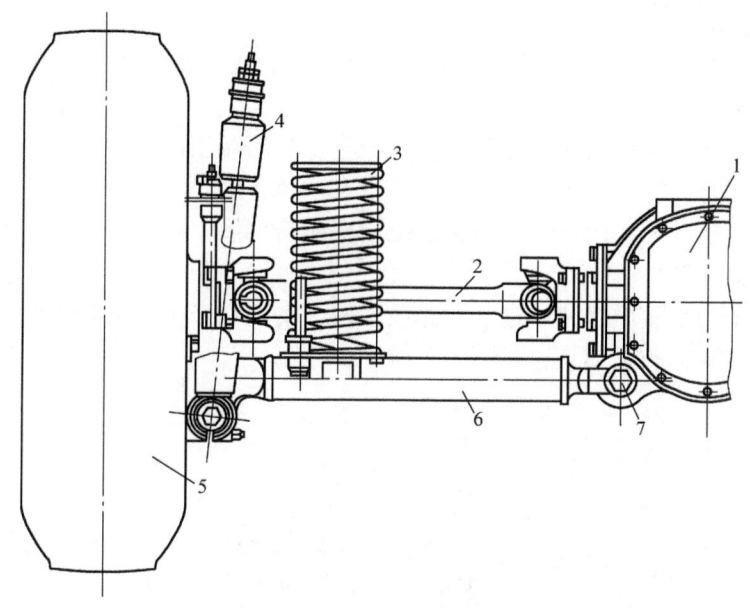

图 5-1　一种断开式驱动桥
1—主减速器　2—半轴　3—弹性元件　4—减振器　5—车轮　6—摆臂　7—摆臂轴

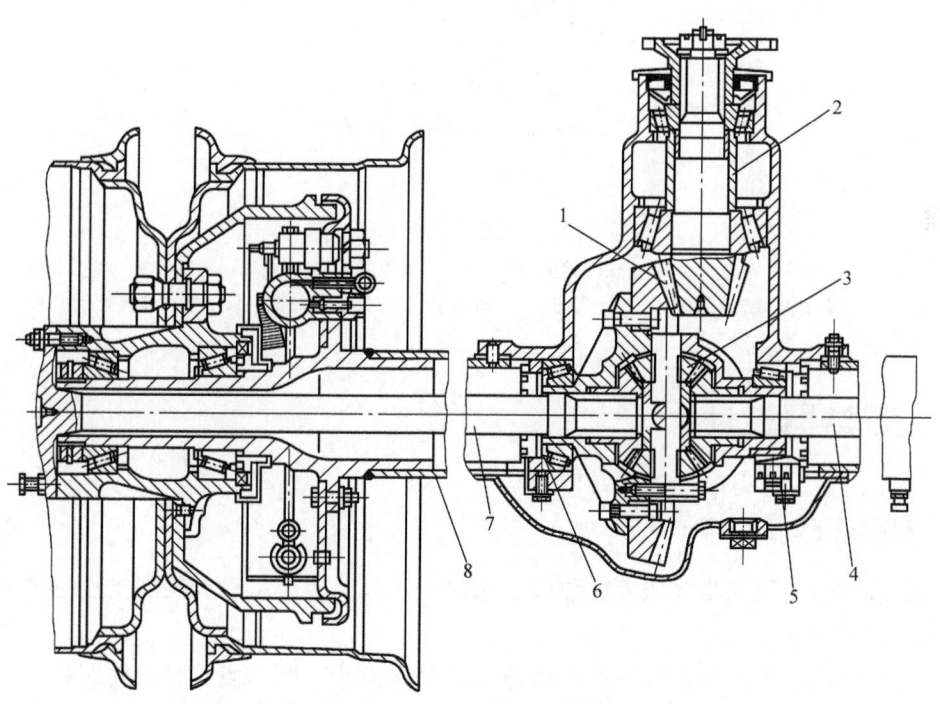

图 5-2　非断开式驱动桥
1—主减速器　2—套筒　3—差速器　4、7—半轴　5—调整螺母　6—调整垫片　8—桥壳

3）减小汽车在行驶时作用于车轮和车桥上的动载荷，提高零部件的使用寿命。

4）由于驱动轮与地面的接触情况及对各种地形的适应性较好，断开式驱动桥可以大幅增强车轮的抗侧滑能力。

5) 与之配合的独立悬架导向机构若能设计得合理,可增加汽车的不足转向效应,提高汽车的操纵稳定性。

断开式驱动桥在乘用车和通过性高的越野汽车上应用相当广泛。

非断开式驱动桥的结构简单、工作可靠、维修调整方便、成本低,广泛应用于各种商用车、多数越野汽车和部分乘用车上。但它的驱动桥质量均属于簧下质量,不利于汽车的平顺性提高以及动载荷降低。

为了提高汽车的承载质量和通过性,总质量较大的商用车大多采用多桥驱动方式,而各驱动桥又采用贯通式的布置形式,如图5-3所示。

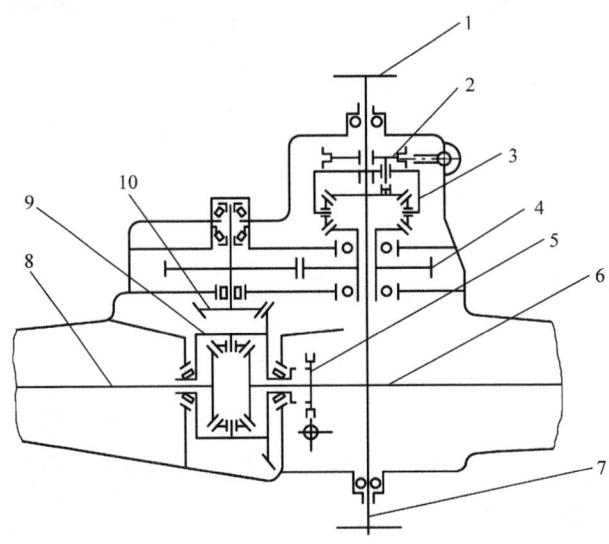

图 5-3 贯通式驱动桥结构简图

1—输入轴凸缘 2—轴间差速器锁 3—轴间差速器 4—贯通用圆柱齿轮
5—轮间差速器锁 6、8—半轴 7—输出轴 9—轮间差速器 10—主减速器

5.3 主减速器设计

5.3.1 主减速器的结构形式

主减速器的结构形式是根据齿轮类型、减速形式以及主、从动齿轮的支承形式分类的。

1. 主减速器的齿轮类型

主减速器的齿轮类型主要有弧齿锥齿轮、双曲面齿轮、圆柱齿轮和蜗轮蜗杆等。

(1) 弧齿锥齿轮传动(图5-4a)

其特点为:

1) 主、从动齿轮轴线垂直相交于一点。

2) 齿轮并不同时在全长上啮合,而是逐渐从一端连续平稳地转向另一端。

3) 轮齿端面重叠导致至少有两对以上的轮齿同时啮合。

由于以上特点，弧齿锥齿轮有传动工作平稳、可以承受较大负荷、制造简单的优点。但是相应地，弧齿锥齿轮也有很多缺点。弧齿锥齿轮在工作中对啮合精度很敏感，齿轮副锥顶稍不吻合便会使工作条件急剧恶化，进而加剧磨损并使噪声增大。

为使齿轮正确啮合，必须将轴承预紧，提高支承刚度，增大主减速器的壳体刚度。

（2）双曲面齿轮传动（图5-4b）

其特点为：

1）主、从动齿轮的轴线相互垂直而不相交，主动齿轮轴线相对从动齿轮轴线偏移一段距离 E，称为偏移距。

2）偏移距 E 使主动齿轮螺旋角 β_1 大于从动齿轮螺旋角 β_2，这两个螺旋角之差为偏移角 ε（图5-5）。

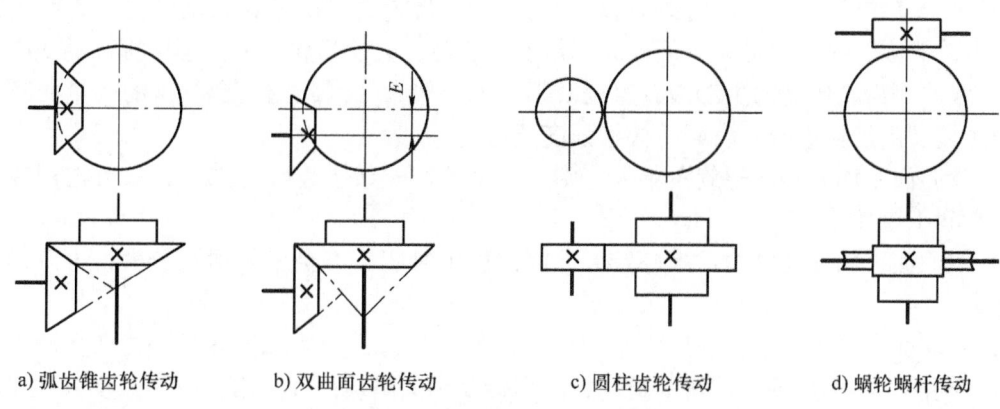

a) 弧齿锥齿轮传动　　b) 双曲面齿轮传动　　c) 圆柱齿轮传动　　d) 蜗轮蜗杆传动

图 5-4　单级主减速器的传动形式

对啮合时的双曲面齿轮轮齿进行受力分析，根据啮合面上法向力相等，可求出主、从动齿轮圆周力之比为

$$\frac{F_1}{F_2} = \frac{\cos\beta_1}{\cos\beta_2} \quad (5\text{-}1)$$

式中，F_1、F_2 分别为主、从动齿轮的圆周力；β_1、β_2 分别为主、从动齿轮的螺旋角。

螺旋角是指在锥齿轮节锥表面展开图上的齿线任意一点 A 的切线 TT 与该点和节锥顶点连线间的夹角。齿面宽中点处的螺旋角称为中点螺旋角，无特殊说明时螺旋角通常指中点螺旋角。

双曲面齿轮的传动比 i_{0s} 为

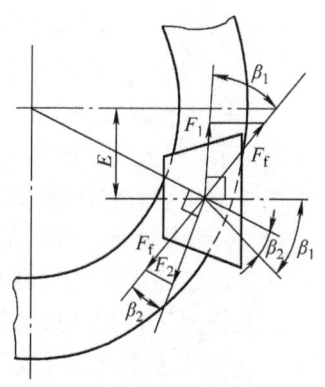

图 5-5　双曲面齿轮副受力情况

$$i_{0s} = \frac{F_2 r_2}{F_1 r_1} = \frac{r_2 \cos\beta_2}{r_1 \cos\beta_1} \quad (5\text{-}2)$$

式中，r_1、r_2 分别为主、从动齿轮平均分度圆半径。

令 $K = \cos\beta_2/\cos\beta_1$，则 $i_{0s} = Kr_2/r_1$，又由于 $\beta_1 > \beta_2$，所以系数 $K > 1$，一般为 1.25~1.50。

弧齿锥齿轮的传动比 i_{01} 为

$$i_{01} = \frac{r_2}{r_1} \tag{5-3}$$

综合上述原因，相比弧齿锥齿轮传动，双曲面齿轮传动具有以下优点：

1) 当双曲面齿轮与弧齿锥齿轮尺寸相同时，双曲面齿轮传动有更大的传动比。

2) 当传动比一定、从动齿轮尺寸相同时，双曲面主动齿轮比弧齿锥齿轮有更大的直径、更高的轮齿强度、更大的主动齿轮轴和轴承刚度。

3) 当传动比一定、主动齿轮尺寸相同时，双曲面从动齿轮直径比相应的弧齿锥齿轮的更小，因此其离地间隙更大。

4) 由于存在偏移距，因此在双曲面齿轮传动中不仅存在沿齿高方向的侧向滑动，还有沿齿长方向的纵向滑动，有利于改善齿轮的磨合过程，提高其运转平稳性。

5) 由于存在偏移距，在双曲面齿轮传动中主动齿轮的螺旋角比从动齿轮大，因此同时啮合的齿数更多，重合度更大，既提高了传动平稳性，又使齿轮的弯曲强度提高约30%。

6) 双曲面齿轮传动的主动齿轮直径及螺旋角都较大，因此相啮合轮齿的当量曲率半径较相应的弧齿锥齿轮更大，齿面的接触强度更高。

7) 双曲面主动齿轮的螺旋角更大，则不产生根切的最小齿数可减小，故可选用较少的齿数，有利于增加传动比。

8) 双曲面齿轮传动的主动齿轮较大，因此加工时所需刀盘、刀顶距较大，可以延长切削刃寿命。

9) 双曲面齿轮的偏移距对于汽车的总体布置也有利。主动齿轮轴若布置在从动齿轮中心上方，则便于实现多轴驱动桥的贯通，增大传动轴的离地高度；若布置在从动齿轮中心下方，则有利于降低乘用车万向传动轴的高度，进而降低车身高度，并可降低车身地板中部凸起通道的高度。

相应地，双曲面齿轮传动存在以下缺点：

1) 沿齿长的纵向滑动会加剧摩擦损失，降低传动效率。双曲面齿轮副的传动效率约为96%，而弧齿锥齿轮副的传动效率可高达99%。

2) 齿面间大的压力和摩擦功，可能导致油膜破坏和齿面烧结咬死，抗胶合能力较低，因此必须采用可改善油膜强度和含有防刮伤添加剂的特种润滑油。

3) 主动齿轮具有较大的轴向力，导致其轴承负荷也较大。

由于双曲面齿轮传动具有一系列的优点，因此应用比弧齿锥齿轮广泛。

一般情况下，当主减速器传动比大于4.5而轮廓尺寸又有限时，采用双曲面齿轮传动更合理。这是因为主动齿轮直径相同时，双曲面齿轮传动的从动齿轮直径比弧齿锥齿轮传动更小。当传动比小于2.0时，双曲面齿轮传动的主动齿轮比弧齿锥齿轮主动齿轮更大，占据空间更多，这时选用弧齿锥齿轮传更合理，因为后者具有较大的差速器可利用空间。对于中等传动比，两种齿轮传动均可采用。

(3) 圆柱齿轮传动（图5-4c）

圆柱齿轮传动一般采用斜齿轮，它广泛地应用于发动机前横置的前轮驱动的乘用车驱动桥（图5-6）和双级主减速器贯通式驱动桥（图5-8）以及轮边减速器（图5-10）。

(4) 蜗轮蜗杆传动（图5-4d）

蜗杆传动与其他几种传动形式相比具有以下优点：

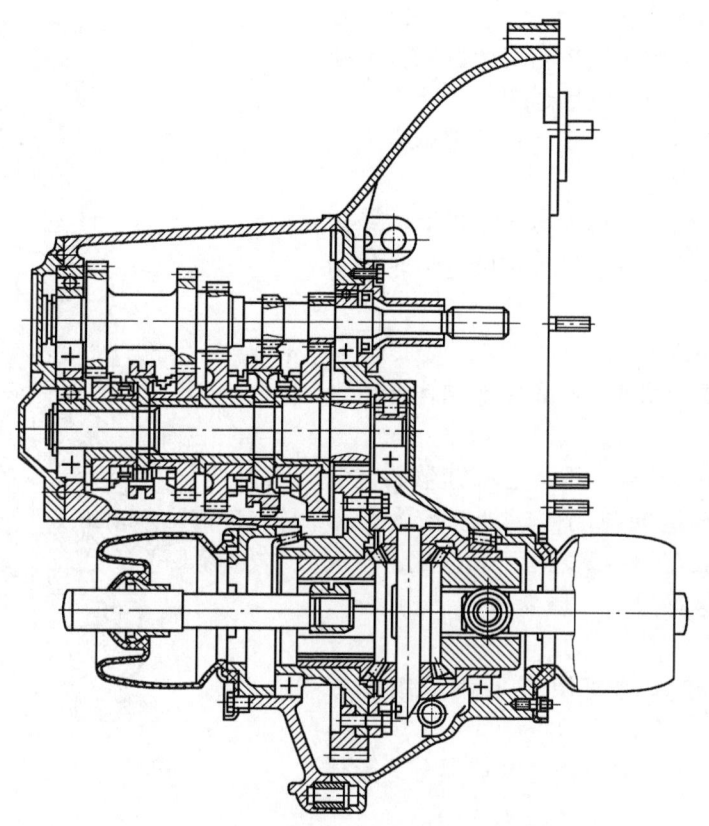

图 5-6 发动机前横置的前轮驱动乘用车驱动桥

1) 轮廓尺寸和结构质量较小,并且有较大的传动比(一般在 8~14 之间)。
2) 工作非常平稳、无噪声。
3) 便于汽车的总体布置及贯通式多桥驱动布置。
4) 能传递较大载荷,使用寿命长。
5) 结构简单,拆装方便,调整容易。

相应地,其主要缺点如下:
1) 由于蜗轮齿圈要求用高质量合金(锡青铜)制作,成本较高。
2) 传动效率较低。

蜗杆传动主要用于生产批量不大的个别重型多桥驱动汽车和具有高转速发动机的客车上。

2. 主减速器的减速形式

主减速器可分为单级主减速器、双级主减速器、双速主减速器和贯通式主减速器以及单、双级减速配轮边减速器,其中双级主减速器分为整体式和分开式,贯通式主减速器又分为单级贯通式和双级贯通式。

(1) 单级主减速器

单级主减速器(图5-7)由一对锥齿轮、一对圆柱齿轮或蜗轮蜗杆组成。它的优点有结构简单、质量小、尺寸紧凑、成本低及使用方便等。

但是其主传动比不能太大，一般 $i_0 \leq 7$。若主传动比过大，将导致从动齿轮直径过大，不利于减小离地间隙和从动齿轮热处理。

一般乘用车和轻、中型商用车采用单级主减速器。

单级主减速器的传动形式多为弧齿锥齿轮传动或双曲面齿轮传动，有的也采用圆柱齿轮传动或蜗杆传动。

(2) 双级主减速器

双级主减速器（图5-8）的主要结构特点为有两级齿轮减速。

相较于单级主减速器，双级主减速器的优势为其可以在保证离地间隙的同时拥有较大传动比，传动比 i_0 一般在 7~12 之间。相应地，双级主减速器的缺点包括尺寸、质量大，结构复杂，成本较高。

一般总质量较大的商用车采用双级主减速器。

根据结构特点可以将双级主减速器分为整体式和分开式两种。

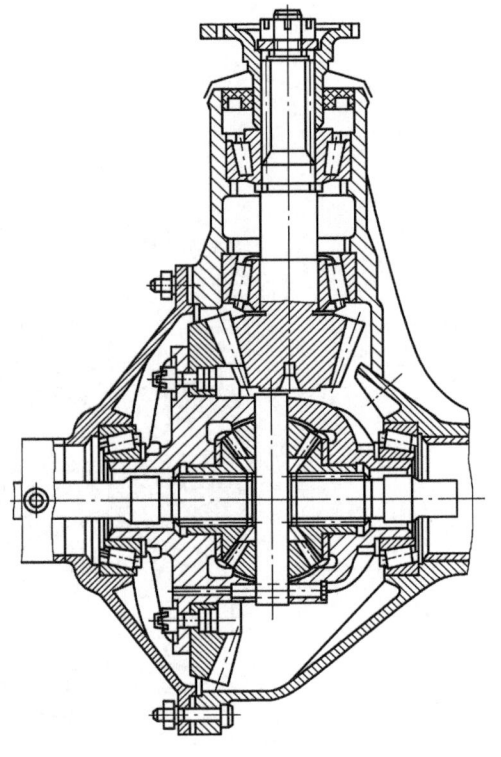

图5-7　单级主减速器

1) 整体式双级主减速器的结构方案有如下四种：

① 第一级为锥齿轮，第二级为圆柱齿轮（图5-9a）。

② 第一级为锥齿轮，第二级为行星齿轮。

③ 第一级为行星齿轮，第二级为锥齿轮（图5-9b）。

④ 第一级为圆柱齿轮，第二级为锥齿轮（图5-9c）。

采用第一级为锥齿轮、第二级为圆柱齿轮的减速结构时，两级位置有纵向水平、斜向和垂向三种布置方案。

纵向水平布置可以使总成的垂向轮廓尺寸减小，从而降低汽车的质心高度。该布置方案有使纵向尺寸增大的缺点。纵向水平布置适用于长轴距汽车，可减小传动轴长度，但不适用于短轴距汽车，因为传动轴过短将导致万向传动轴夹角增大。

垂向布置有利于减小驱动桥的纵向尺寸，进而减小万向传动轴的夹角。但由于主减速器壳固定在桥壳上方，不仅会增加垂向轮廓尺寸，还降低了桥壳刚度，不利于齿轮工作。该布置方案便于布置贯通式驱动桥。斜向布置有利于传动轴布置和提高桥壳刚度。在分配锥齿轮-圆柱齿轮结构的双级主减速器的传动比时，圆柱齿轮副和锥齿轮副传动比的比值通常在 1.1~2.0 之间，且锥齿轮副的传动比一般在 1.7~3.3 之间，这样可减小锥齿轮啮合时的轴向载荷和作用在从动锥齿轮及圆柱齿轮上的载荷，同时可使主动锥齿轮的齿数适当增多，使其支承轴颈的尺寸适当加大，进而改善其支承刚度，提高啮合平稳性和工作可靠性。

2) 分开式双级主减速器的第一级称为中央减速器，位于驱动桥中部；第二级称为轮边减速器，位于轮边。

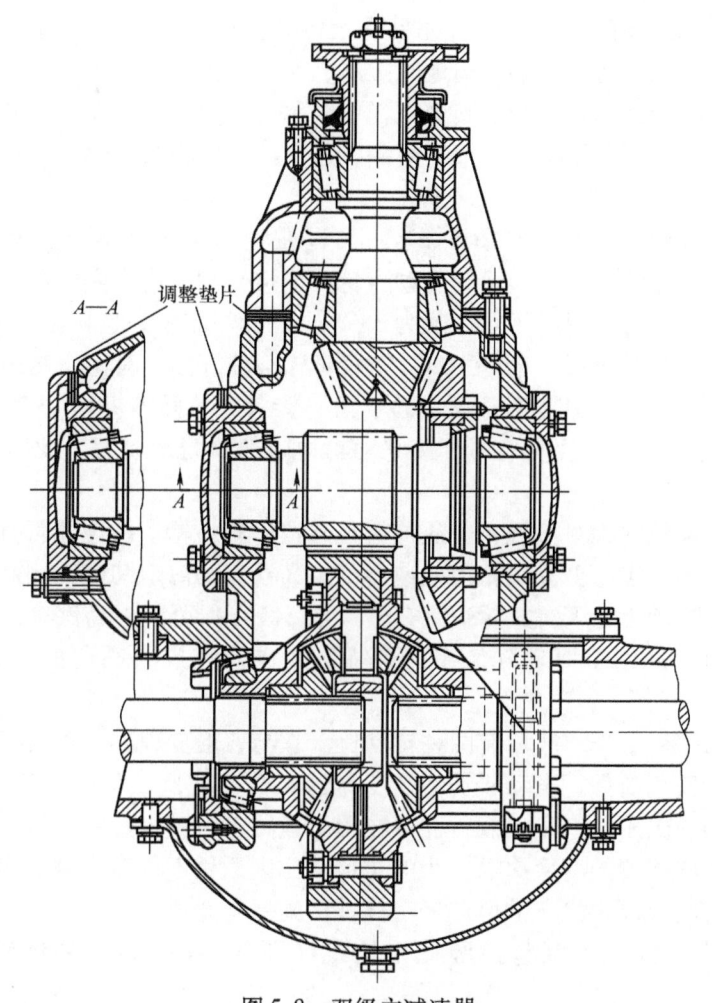

图 5-8 双级主减速器

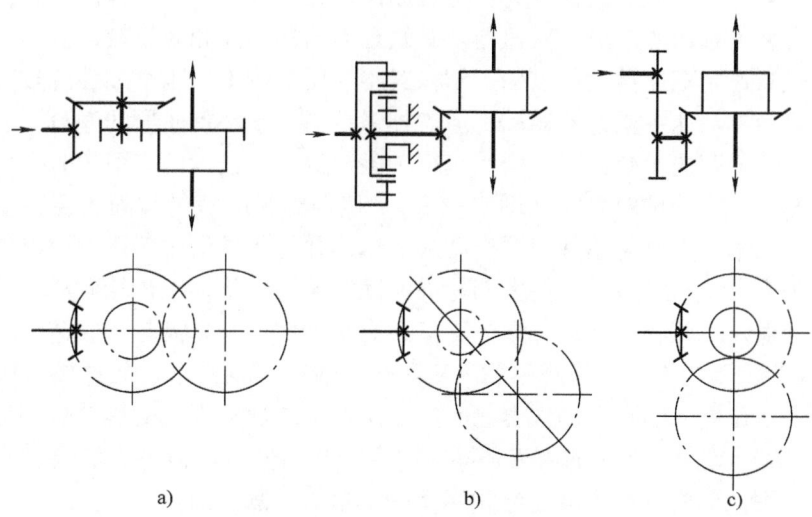

图 5-9 双级主减速器的结构方案

分开式双级主减速器的优点为：可在具有大传动比的前提下，驱动桥中央部分尺寸较小，离地间隙较大，因此适用于要求离地间隙高、牵引力大的汽车上。

分开式双级主减速器的缺点为：其必须在每个驱动轮旁增设一轮边减速器，因此相较于整体式结构更复杂，簧下质量更大，成本更高，还会给车辆轮毂、轴承、车轮和制动器的布置增加难度。

圆柱行星齿轮式轮边减速器（图5-10a）可以在轮廓尺寸较小的前提下拥有较大传动比，并且可以布置在轮毂内。太阳轮为驱动齿轮并连接半轴，内齿圈由花键连接在半轴套管上，行星齿轮架驱动轮毂。行星齿轮一般为3~5个，均匀布置，这样可使太阳轮自动定心。

行星锥齿轮式轮边减速器（图5-10b）布置于轮毂的外侧，有两个轮边减速比。接合轮12位于图示位置时，轮边减速器处于低档位状态；接合轮被操纵机构13移向外侧并与侧盖15的花键孔内齿相接合时，会使半轴直接驱动轮边减速器壳及轮毂，此时轮边减速器处于高档位状态。

根据主、从动齿轮的相对位置，普通外啮合圆柱齿轮式轮边减速器可分为主动齿轮上置和下置两种形式。主动齿轮上置式轮边减速器可提高桥壳的离地间隙，因此适用于高通过性的越野汽车；由于主动齿轮下置式轮边减速器（图5-10c）可以提高汽车行驶稳定性，方便乘客上、下车，因此适用于要求降低车身地板高度和汽车质心高度的城市客车和长途客车上。

3）双速主减速器（图5-11）有两种传动比。它与普通变速器相配合可以倍增汽车的档位数。根据汽车的使用条件、发动机功率及变速器各档传动比，可选定双速主减速器的高、低档传动比。高档一般用于汽车满载行驶或在困难道路上行驶，这样可以克服较大的行驶阻力并减少变速器中间档位的变换次数；小的主传动比则适用于汽车空载、半载行驶或良好路面上的行驶，这有利于改善汽车的燃油经济性并提高平均车速。

双速主减速器的构成类型包括圆柱齿轮式（图5-11a）和行星齿轮式（图5-11b）两种。

圆柱齿轮式双速主减速器的优点为：主传动比较大；只要更换圆柱齿轮轴，去掉一对圆柱齿轮，即可变型为普通的双级主减速器。其缺点为结构尺寸和质量较大。

行星齿轮式双速主减速器的优点为：结构紧凑、质量较小、刚度和强度较高。另外桥壳与主减速器壳可与非双速主减速器通用，但需加强行星轮系和差速器的润滑。

对于行星齿轮式双速主减速器，当汽车行驶条件要求有较大的牵引力时，驾驶人通过操纵机构将啮合套及太阳轮推向右方（图示位置），接合轮5的短齿与固定在主减速器上的接合齿环相接合，太阳轮1就与主减速器壳联成一体，并与行星齿轮架3的内齿环分离，而仅与行星齿轮4啮合。此时行星机构的太阳轮成为固定轮，与从动锥齿轮联成一体的齿圈2为主动轮，与差速器左壳联在一起的行星齿轮架3为从动件，行星齿轮起减速作用，其传动比为$(1+\alpha)$，α为太阳轮齿数与齿圈齿数之比。在一般行驶条件下，通过操纵机构使啮合套及太阳轮移到左边位置，啮合套的接合轮5与固定在主减速器壳上的接合齿环分离，太阳轮1与行星齿轮4及行星齿轮架3的内齿环同时啮合，从而使行星齿轮无法自转，行星齿轮机构不再起减速作用。此时双速主减速器相当于一个单级主减速器。

双速主减速器的换档是由远距离操纵机构实现的，一般有电磁式、气压式和电-气压综合式操纵机构。由于双速主减速器无换档同步装置，因此其主减速比的变换需要在停车时进

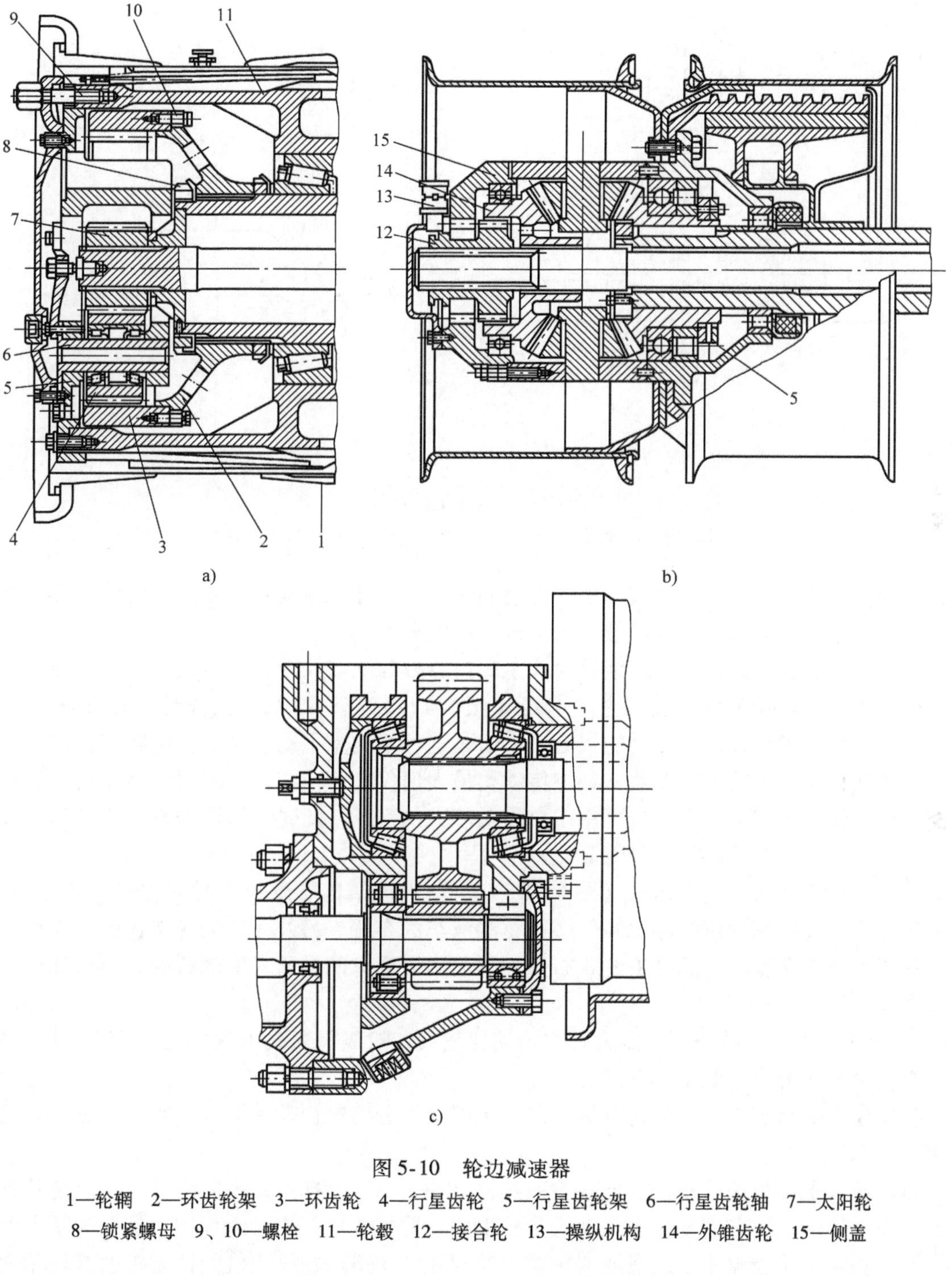

图 5-10 轮边减速器

1—轮辋 2—环齿轮架 3—环齿轮 4—行星齿轮 5—行星齿轮架 6—行星齿轮轴 7—太阳轮 8—锁紧螺母 9、10—螺栓 11—轮毂 12—接合轮 13—操纵机构 14—外锥齿轮 15—侧盖

行。双速主减速器主要应用于单桥驱动且总质量较大的汽车上。

4) 贯通式主减速器。贯通式主减速器分为单级贯通式主减速器和双级贯通式主减速器。

① 单级贯通式主减速器（图 5-12）主要有结构简单、质量较小、尺寸紧凑等优点。另

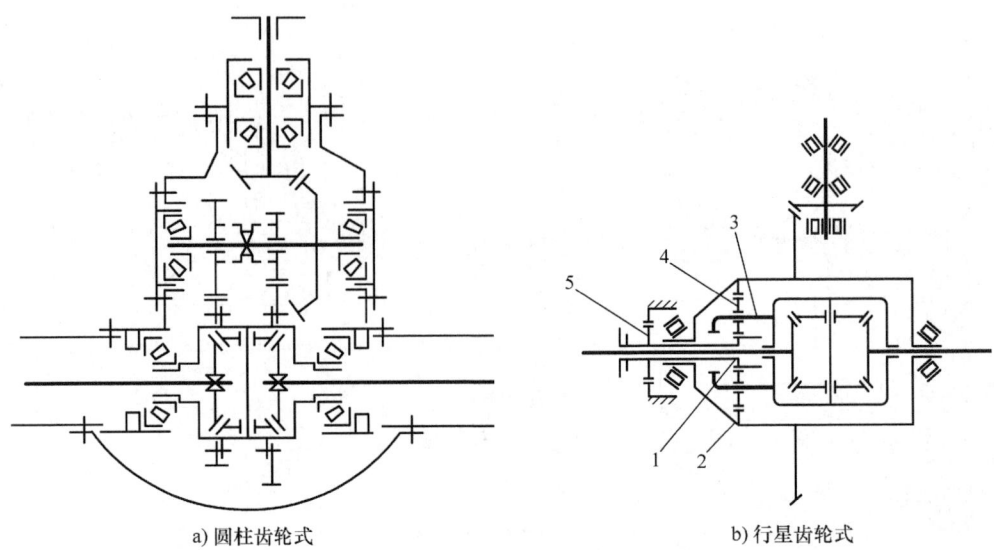

图 5-11 双速主减速器
1—太阳轮 2—齿圈 3—行星齿轮架 4—行星齿轮 5—接合轮

外，单级贯通式主减速器可使汽车中、后桥的大部分零件，尤其是桥壳、半轴等主要零件具有互换性。它主要适用于总质量较小的多桥驱动汽车上。

根据减速齿轮形式，可将单级贯通式主减速器分为准双曲面齿轮式及蜗杆式两种结构。

准双曲面齿轮式单级贯通式主减速器（图 5-12a）具有准双曲面齿轮副轴线偏移的特点，有一根穿过中桥并通向后桥的贯通轴。但是这种结构受主动齿轮最少齿数和偏移距大小的限制，并且主动齿轮工艺性差，其主传动比最大值仅在 5 左右，故多用于具有贯通式驱动桥的总质量较小汽车上。有时也可用于总质量较大的汽车，此时可采用增设轮边减速器或加大分动器传动比等方法以加大总传动比。

蜗杆式单级贯通式主减速器（图 5-12b）可在保证结构质量较小时拥有较大的传动比，适用于应用贯通式驱动桥的各种吨位多桥驱动汽车的布置。另外，它的优点还有工作平滑无声、便于汽车总布置。当蜗杆下置式布置方案应用于客车的贯通式驱动桥时，可以降低车厢地板高度。

② 双级贯通式主减速器。因为其主传动比较大，双级贯通式主减速器（图 5-13）多应用于总质量较大的多桥驱动汽车。

根据齿轮的组合方式，可将双级贯通式主减速器分为锥齿轮 - 圆柱齿轮式和圆柱齿轮 - 锥齿轮式两种形式。

锥齿轮 - 圆柱齿轮式双级贯通式主减速器（图 5-13a）有较大的主传动比，但是其高度较高，主动锥齿轮工艺性差，而从动锥齿轮采用悬臂式支承，支承刚度差，拆装也不方便。

圆柱齿轮 - 锥齿轮式双级贯通式主减速器（图 5-13b）的第一级圆柱齿轮副有利于贯通式布置，并且具有减速作用。若仅用于贯通式布置，可取其传动比为 1。在设计中，锥齿轮的螺旋方向应根据中、后桥锥齿轮的布置、旋转方向、双曲面齿轮的偏移方式以及圆柱齿轮副在锥齿轮副前后的位置等因素来确定。所选的螺旋方向应使主、从动锥齿轮有相斥的轴向力。圆柱齿轮 - 锥齿轮式结构与前者相比，具有结构紧凑、高度低的优点，有利于降低车厢

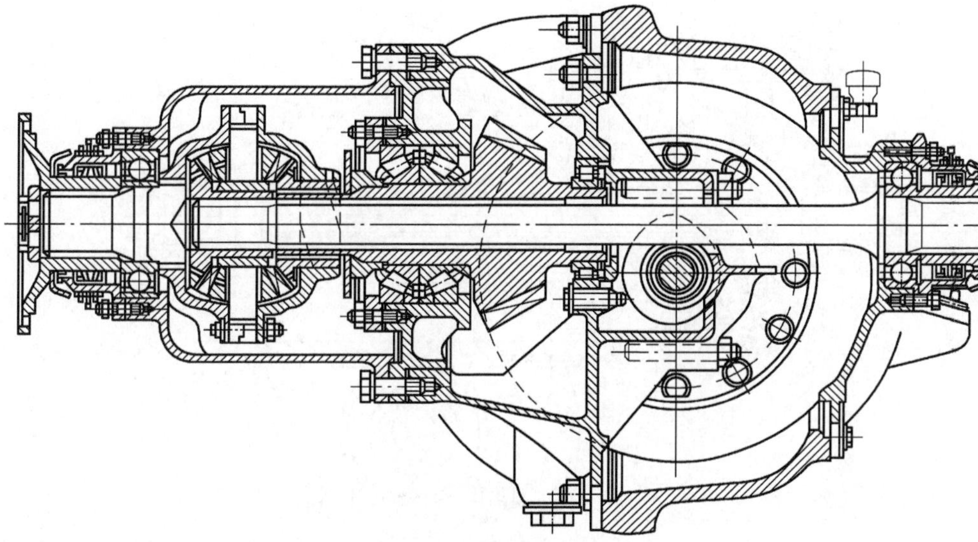

a) 双曲面齿轮式

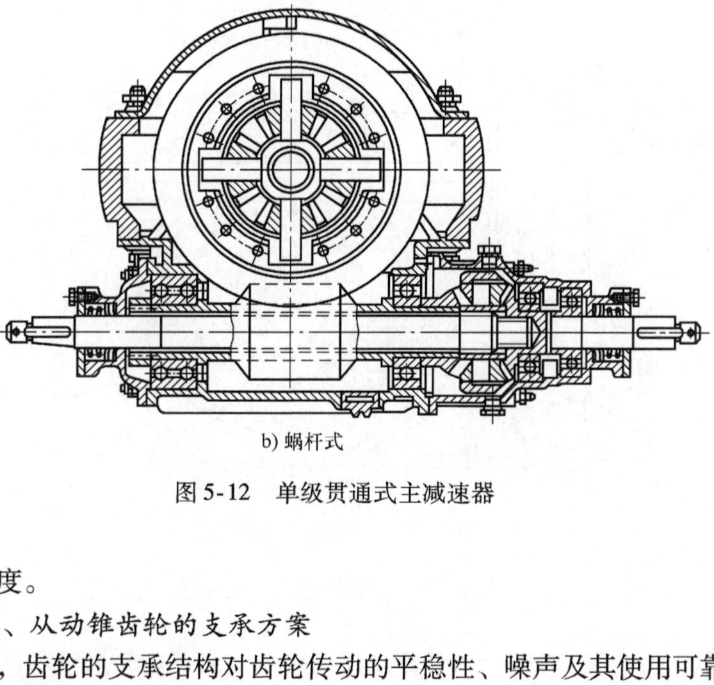

b) 蜗杆式

图 5-12 单级贯通式主减速器

地板及整车质心高度。

3. 主减速器主、从动锥齿轮的支承方案

锥齿轮传动中,齿轮的支承结构对齿轮传动的平稳性、噪声及其使用可靠性等性能的影响很大。齿轮的正确啮合,与齿轮的加工质量、装配调整及轴承、主减速器壳体的刚度有关外,还与齿轮的支承刚度有关。齿轮的支承刚度表现在两个方面:齿轮轴的弯曲刚性和轴向刚性。

(1) 主动锥齿轮的支承

主动锥齿轮的支承形式包括悬臂式支承和跨置式(简支梁式)支承两种。

悬臂式支承(图 5-14a)的结构特点为:在锥齿轮大端一侧安装较长的轴颈,其上有两个圆锥滚子轴承。

为改善支承刚度,需要减小悬臂长度 a 和增加两支承间的距离 b,这时应使两轴承的圆

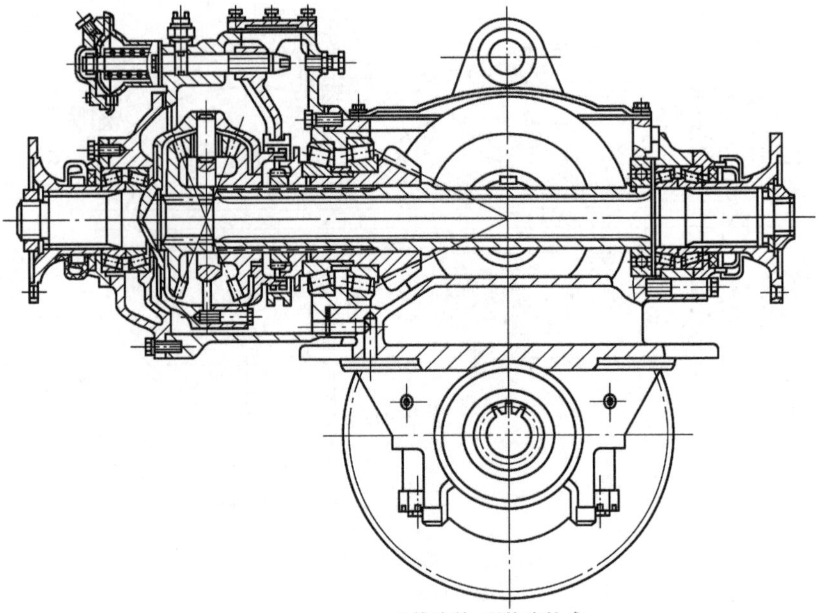

a) 锥齿轮-圆柱齿轮式

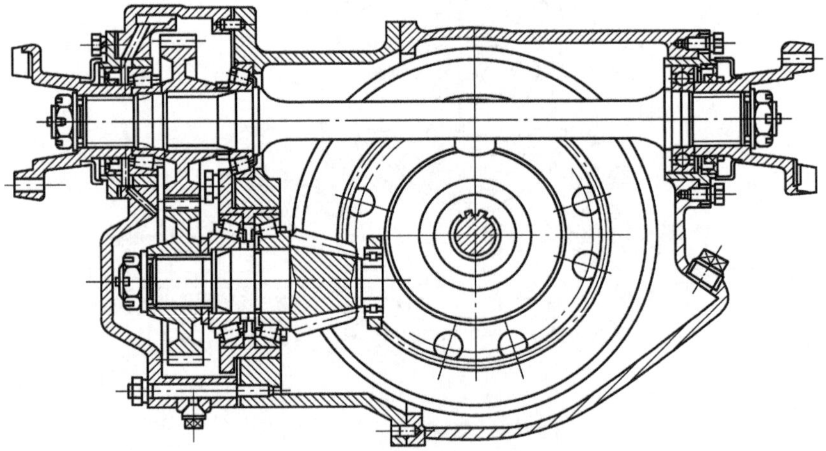

b) 圆柱齿轮-锥齿轮式

图 5-13 双级贯通式主减速器

锥滚子大端朝外,使作用在齿轮上离开锥顶的轴向力由靠近齿轮的轴承承受,而反向轴向力则由另一轴承承受。

此外,为了尽可能增加支承刚度,支承距离 b 应大于悬臂长度 a 的 2.5 倍,且应比 70% 齿轮节圆直径还大,另外靠近齿轮的轴径应不小于尺寸 a。

为了方便拆装,应使靠近齿轮的轴承轴径比另一轴承的支承轴径大些。

靠近齿轮的支承轴承有时也采用圆柱滚子轴承,这时另一轴承必须采用能承受双向轴向力的双列圆锥滚子轴承。

支承刚度除了与轴承形式、轴径大小、支承间距离和悬臂长度有关外,还与轴承与轴及轴承与座孔之间的配合度有关。

悬臂式支承结构简单，支承刚度较差，适用于传递转矩较小的主减速器，一般乘用车、轻型车的单级主减速器及许多双级主减速器都采用悬臂式支承结构。

跨置式支承（图 5-14b）的结构特点为：在锥齿轮的两端均有轴承支承，这样可大大增加支承刚度，又可减小轴承负荷，改善齿轮的啮合条件，因此采用该支承结构的齿轮的承载能力高于悬臂式。

由于齿轮大端一侧轴颈上的两个相对安装的圆锥滚子轴承间的距离很小，因此主动齿轮轴的长度可以缩短，使布置更紧凑，并可减小传动轴夹角，有利于整车布置。但跨置式支承必须在主减速器壳体上有支承导向轴承所需要的轴承座，这使主减速器壳体结构复杂，其加工成本也随之提高。

另外，因主、从动齿轮间的空间很小，致使主动齿轮的导向轴承尺寸受到限制，有时甚至布置不下或使齿轮拆装困难。

跨置式支承中的导向轴承都为圆柱滚子轴承，并且内外圈可以分离或根本不带内圈，它仅承受径向力，尺寸根据布置位置而定，是易损坏的一个轴承。

跨置式支承适用于传递较大转矩的情况。

对于弧齿锥齿轮来说，由于两齿轮的轴线必须相交，主动齿轮只能采用悬臂式支承；对于双曲面齿轮传动，由于主动齿轮有偏移距的存在，可用简支梁的方法支承。采用简支梁式支承的轴的弯曲刚度要比悬臂式支承轴大得多。

主动齿轮的轴向刚性和轴承的预紧度有关。若轴承有一定的预紧度，其承受轴向力时能够减小轴承的轴向变形，从而大大降低主动齿轮的轴向位移。因此在结构上应考虑给予圆锥滚子轴承适当调节其预紧度的能力，常用方法包括：选择两圆锥滚子轴承之间厚度适当的垫片和隔离套筒的长度；采用弹性伸缩隔离套筒。

（2）从动锥齿轮的支承

从动锥齿轮支承形式（图 5-14c）的支承刚度与轴承的形式、支承间的距离以及轴承之间的分布比例有关。从动锥齿轮多用圆锥滚子轴承支承。

为增加支承刚度，两轴承的圆锥滚子大端应向内，以减小 $(c+d)$ 的值。

为了使从动锥齿轮背面的差速器壳体处有足够的空间设置加强肋以增强支承稳定性，$(c+d)$ 的值应不小于从动锥齿轮大端分度圆直径的 70%。

为了使载荷能尽量均匀分配在两轴承上，应尽量使 c 的值不小于 d。

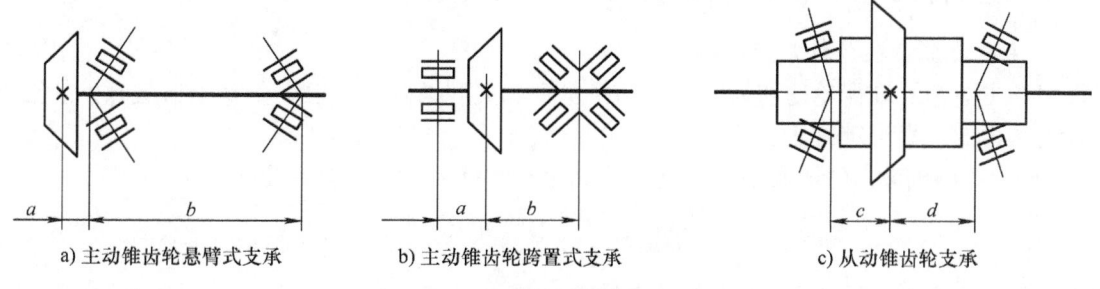

a) 主动锥齿轮悬臂式支承　　b) 主动锥齿轮跨置式支承　　c) 从动锥齿轮支承

图 5-14　主减速器锥齿轮的支承形式

对于从动锥齿轮，其轴承的调整一般用调整螺母或调整垫片。为了限制从动锥齿轮因受轴向力作用而产生偏移，采用轴向止推销以限制从动锥齿轮。该结构称为辅助支承结构，如

图 5-15 所示。辅助支承与从动锥齿轮背面间的间隙应保证偏移量达到允许极限时能制止从动锥齿轮继续偏移。主、从动锥齿轮受载变形或移动的许用偏移量如图 5-16 所示。由图示可知，支承面与从动锥齿轮背面间的安装间隙应不大于 0.25mm。

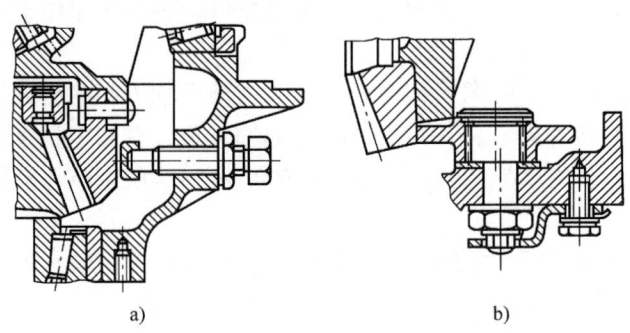

图 5-15 从动锥齿轮辅助支承结构

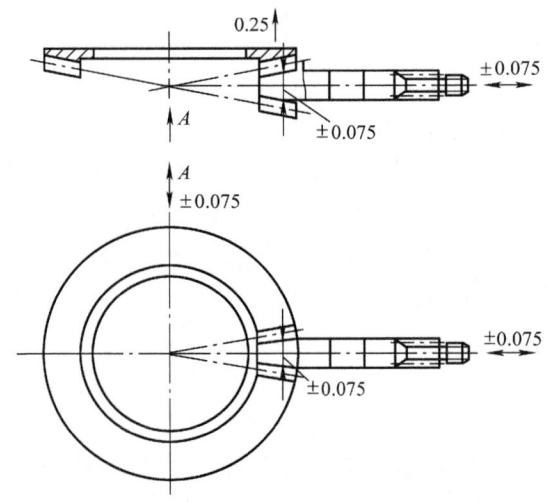

图 5-16 主、从动锥齿轮受载变形或移动的许用偏移量

5.3.2 主减速器基本参数选择与计算载荷的确定

1. 主减速器齿轮计算载荷的确定

汽车主减速器锥齿轮的切齿方法包括格里森和奥利康两种，以下仅介绍格里森齿制锥齿轮计算载荷的三种确定方法。

1）按发动机最大转矩和最低档传动比确定从动锥齿轮的计算转矩 T_{ce}。

$$T_{ce} = \frac{k_d T_{emax} k i_1 i_f i_0 \eta}{n} \quad (5-4)$$

式中　T_{ce} 为计算转矩（N·m）；T_{emax} 为发动机最大转矩（N·m）；k 为液力变矩器变矩系数，$k = [(k_0 - 1)/2] + 1$，k_0 为最大变矩系数；i_0 为主减速器传动比；i_1 为变速器一档传动比；η 为发动机到万向传动轴之间的传动效率；n 为计算驱动桥数，取法见表 5-1；i_f 为分动器传动比，具体取法见表 5-1；k_d 为猛接合离合器所产生的动载系数，对于液力自动变速器：$k_d = 1$，具有手动操纵的机械变速器的高性能赛车：$k_d = 3$，性能系数 $f_j = 0$ 的汽车：$k_d = 1$，$f_j > 0$ 的汽车：$k_d = 2$ 或由经验选定。性能系数由下式计算：

$$f_j = \begin{cases} \dfrac{1}{100}\left(16 - 0.195 \dfrac{m_a g}{T_{emax}}\right), & 0.195 \dfrac{m_a g}{T_{emax}} < 16 \\ 0, & 0.195 \dfrac{m_a g}{T_{emax}} \geq 16 \end{cases} \quad (5\text{-}5)$$

式中，m_a 为汽车满载质量（kg），若有挂车，则要加上挂车质量。

表 5-1 n 与 i_f 的选取

车型	高、低档位传动比 i_{fg}、i_{fd} 的关系	i_f	n
4×4	$i_{fg} > i_{fd}/2$	i_{fg}	1
	$i_{fg} < i_{fd}/2$	i_{fd}	2
6×6	$i_{fg}/2 > i_{fd}/3$	i_{fg}	2
	$i_{fg}/2 < i_{fd}/3$	i_{fd}	3

2）按驱动轮打滑转矩确定从动锥齿轮的计算转矩 T_{cs}。

$$T_{cs} = \frac{G_2 m_2' \varphi r_r}{i_m \eta_m} \quad (5\text{-}6)$$

式中，T_{cs} 为计算转矩（N·m）；G_2 为满载状态下一个驱动桥上的静载荷（N）；m_2' 为汽车最大加速度时的后轴负荷转移系数，乘用车：$m_2' = 1.2 \sim 1.4$，商用车：$m_2' = 1.1 \sim 1.2$；r_r 为车轮滚动半径（m）；i_m 为主减速器从动齿轮到车轮之间的传动比；η_m 为主减速器主动齿轮到车轮之间的传动效率；φ 为轮胎与路面间的附着系数，对于安装一般轮胎的公路用汽车，在良好的混凝土或沥青路上，$\varphi = 0.85$，对于安装防滑轮胎的乘用车，$\varphi = 1.25$，对于越野车，φ 值变化较大，一般取 $\varphi = 1$。

3）按汽车日常行驶平均转矩确定从动锥齿轮的计算转矩 T_{cf}。

$$T_{cf} = \frac{F_t r_r}{i_m \eta_m n} \quad (5\text{-}7)$$

式中，T_{cf} 为计算转矩（N·m）；F_t 为汽车日常行驶平均牵引力（N）；其他参数见式（5-5）和式（5-6）。

由式（5-5）和式（5-7）求得的计算转矩，是作用到从动锥齿轮上的最大转矩，不同于用式（5-7）求得的日常行驶平均转矩。当计算锥齿轮最大应力时，计算转矩 T_c 应取前两种的较小值，即 $T_c = \min[T_{ce}, T_{cs}]$；当计算锥齿轮疲劳寿命时，$T_c$ 取 T_{cf}。

主动锥齿轮的计算转矩为

$$T_z = \frac{T_c}{i_0 \eta_G} \quad (5\text{-}8)$$

式中，T_z 为主动锥齿轮计算转矩（N·m）；i_0 为主传动比；η_G 为主、从动锥齿轮间的传动效率。

弧齿锥齿轮副计算时，η_G 取 95%；双曲面齿轮副计算时，当 $i_0 > 6$ 时，η_G 取 85%，当 $i_0 \leq 6$ 时，η_G 取 90%。

2. 锥齿轮主要参数的选择

主减速器锥齿轮的主要参数包括主、从动锥齿轮齿数 z_1 和 z_2，从动锥齿轮大端分度圆

直径 D_2 和端面模数 m_s，主、从动锥齿轮齿面宽 b_1 和 b_2，准双曲面齿轮副的偏移距 E，中点螺旋角 β、螺旋方向以及法向压力角 α。

(1) 主、从动锥齿轮齿数 z_1 和 z_2

选择主、从动锥齿轮齿数时应考虑以下因素：

1) 为了磨合均匀，z_1 和 z_2 应避免有公约数。

2) 为了得到理想的齿面重合度和高轮齿弯曲强度，主、从动锥齿轮的齿数和应不小于40。

3) 为了啮合平稳、噪声小、疲劳强度高，对于商用车，z_1 一般不小于6；对于乘用车，z_2 一般不小于9。

4) 当主传动比 i_0 较大时，z_1 应尽量取小，以获得合理的离地间隙。

5) 对于不同的主传动比 i_0，z_1 和 z_2 应有适宜的搭配。

(2) 从动锥齿轮大端分度圆直径 D_2 和端面模数 m_s

对于单级主减速器，D_2 增大将影响桥壳的离地间隙；D_2 减小则影响跨置式主动齿轮前支承座的安装空间和差速器的安装。

D_2 可根据经验公式初选：

$$D_2 = K_{D_2} \sqrt[3]{T_c} \tag{5-9}$$

式中，D_2 为从动锥齿轮大端分度圆直径（mm）；K_{D_2} 为直径系数，一般为 13.0~15.3；T_c 为从动锥齿轮的计算转矩（N·m），$T_c = \min[T_{ce}, T_{cs}]$。

m_s 由下式计算

$$m_s = D_2/z_2 \tag{5-10}$$

式中，m_s 为齿轮端面模数。

同时，m_s 还应满足

$$m_s = K_m \sqrt[3]{T_c} \tag{5-11}$$

式中，K_m 为模数系数，取 0.3~0.4。

(3) 主、从动锥齿轮齿面宽 b_1 和 b_2

锥齿轮齿面过宽并不能提升齿轮的强度和寿命，反而会导致锥齿轮轮齿小端齿沟变窄，引起切削刀头顶面过窄及刀尖圆角过小，这样不仅减小了齿根圆半径，加大了应力集中，还降低了刀具的使用寿命。

此外，若在安装时出现位置偏差或由于制造、热处理变形等，齿轮工作时载荷会集中于轮齿小端，引起轮齿小端过早损坏和疲劳损伤。

另外，齿面过宽也会引起装配空间减小。而齿面过窄又会降低轮齿表面的耐磨性。

对于从动锥齿轮齿面宽 b_2，推荐不大于其节锥距 A_2 的 0.3 倍，即 $b_2 \leq 0.3A_2$，且应满足 $b_2 \leq 10m_s$，一般推荐 $b_2 = 0.155D_2$。对于弧齿锥齿轮，b_1 一般比 b_2 大10%。

(4) 准双曲面齿轮副的偏移距 E

E 值过大将使齿面纵向滑动过大，从而引起齿面早期磨损和擦伤；而 E 值过小，则不能发挥准双曲面齿轮传动的特点。

一般对于乘用车和轻型商用车，取 $E \leq 0.2d_2$，且 $E \leq 0.4A_2$；对于大质量商用车和越野车，E 应不大于 $(0.10 \sim 0.12)D_2$，且 $E \leq 0.2A_2$。

另外，主传动比增大，则 E 值也应随之增大，但应保证齿轮不会发生根切。

准双曲面齿轮的偏移有上偏移和下偏移两种。由从动齿轮的锥顶向其齿面看去，并使主动齿轮处于右侧，若主动齿轮在从动齿轮中心线的上方，则为上偏移；在从动齿轮中心线的下方，则为下偏移。若主动齿轮处于左侧，则情况相反。图 5-17a、b 所示为主动齿轮轴线下偏移的情况，图 5-17c、d 所示为主动齿轮轴线上偏移的情况。

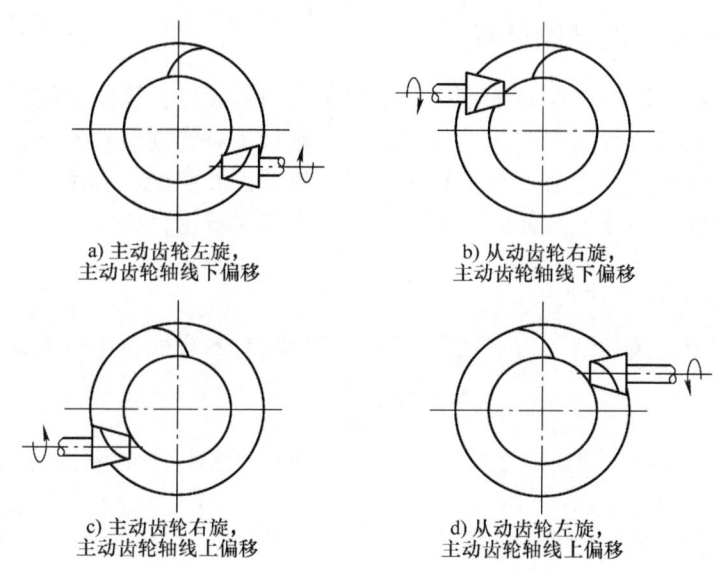

图 5-17　准双曲面齿轮的偏移和螺旋方向

（5）中点螺旋角 β

螺旋角沿齿宽是变化的，轮齿大端的螺旋角最大，轮齿小端的螺旋角最小。

弧齿锥齿轮副的中点螺旋角是相等的，双曲面齿轮副的中点螺旋角是不等的，且 $\beta_1 > \beta_2$，两者之差称为偏移角。

选择 β 时，应考虑其对齿面重合度 ε_F、轮齿强度和轴向力大小的影响。β 越大，则 ε_F 也越大，同时啮合的齿数越多，传动就越平稳，噪声越小，轮齿强度越高。一般 ε_F 应不小于 1.25，在 1.5~2.0 时效果最好。但是 β 过大，齿轮上所受的轴向力也会增大。

汽车主减速器弧齿锥齿轮螺旋角或双曲面齿轮副的平均螺旋角一般为 35°~40°。乘用车选用较大的 β 值以保证较大的 ε_F，使运转平稳，噪声小；商用车选用较小的 β 值以防止轴向力过大，通常取 35°。

（6）螺旋方向

从锥齿轮锥顶看，齿形从中心线上半部向左倾斜为左旋，向右倾斜为右旋。主、从动锥齿轮的螺旋方向是相反的。螺旋方向与锥齿轮的旋转方向影响其所受轴向力的方向。当变速器处于前进档时，应使主动齿轮的轴向力离开锥顶方向，这样可使主、从动齿轮有分离趋势，防止轮齿卡死而导致损坏。

（7）法向压力角 α

法向压力角大一些可以增加轮齿强度并减小齿轮不发生根切的最少齿数。但对于小尺寸的齿轮，压力角大易使齿顶变尖及刀尖宽度过小，并使齿轮端面重合度下降。因此，对于小负荷齿轮一般用小压力角，使齿轮运转平稳、噪声小。

对于弧齿锥齿轮，乘用车的法向压力角 α 一般选用 14°30′或 16°，商用车的 α 选为 20°，大质量商用车的 α 选为 22°30′。

对于双曲面齿轮，从动齿轮较大，其轮齿两侧的压力角相等；而主动齿轮较小，其轮齿两侧的压力角不等。选取平均压力角时，乘用车为 19°或 20°，商用车为 20°或 22°30′。

5.3.3 主减速器锥齿轮强度计算

初选主减速器锥齿轮的主要参数后，可根据所选择的齿形计算锥齿轮的几何尺寸，之后根据所确定的计算载荷进行强度验算，以保证锥齿轮有足够的强度和寿命。

轮齿损坏的主要形式有弯曲疲劳折断、过载折断、齿面点蚀及剥落、齿面胶合、齿面磨损等。下面介绍的强度验算是近似的，在实际设计中还要根据台架和道路试验及实际使用情况等来检验。

1. 单位齿长圆周力

常用轮齿上的单位齿长圆周力来估算主减速器锥齿轮的表面耐磨性，即

$$p = \frac{F}{b_2} \tag{5-12}$$

式中，p 为齿轮上单位齿长圆周力（N/mm）；F 为作用在轮齿上的圆周力（N）；b_2 为从动齿轮的齿面宽（mm）。

1）按发动机最大转矩计算时，有

$$p = \frac{2k_d T_{emax} k i_g i_f \eta}{n D_1 b_2} \times 10^3 \tag{5-13}$$

式中，i_g 为变速器传动比；D_1 为主动锥齿轮中点分度圆直径（mm）。

2）按驱动轮打滑转矩计算时，有

$$p = \frac{2G_2 m_2' \varphi r_r}{D_2 b_2 i_m \eta_m} \times 10^3 \tag{5-14}$$

式中符号同上。

单位齿长圆周力许用值 $[p]$ 见表 5-2。在现代汽车设计中，由于材质及加工工艺等制造质量的提高，$[p]$ 有时会高出表中数值的 20%~25%。

表 5-2 单位齿长圆周力许用值 $[p]$

汽车类别		$[p]$/(N/mm)（按发动机最大转矩计算时）			$[p]$/(N/mm)（按驱动轮打滑转矩计算时）	轮胎与地面的附着系数 φ
		一档	二档	直接档		
乘用车		893	536	321	893	0.85
商用车	货车	1429	—	250	1429	
	客车	982	—	214	—	

2. 轮齿抗弯强度

锥齿轮轮齿的齿根弯曲应力为

$$\sigma_w = \frac{2T_c k_0 k_s k_m}{k_v m_s b D J_w} \times 10^3 \tag{5-15}$$

式中，σ_w 为锥齿轮轮齿的齿根弯曲应力（MPa）；T_c 为所计算齿轮的计算转矩（N·m），对于从动齿轮，$T_c = \min[T_{ce}, T_{cs}]$ 和 T_{cf}，对于主动齿轮，T_c 还要按式（5-8）换算；k_0 为过载系数，一般取 1；k_s 为尺寸系数，它反映了材料性质的不均匀性，与齿轮尺寸及热处理等因素有关，当 $m_s \geqslant 1.6$ mm 时，$k_s \geqslant (m_s/25.4)^{0.25}$，当 $m_s < 1.6$ mm 时，$k_s = 0.5$；k_m 为齿面载荷分配系效，跨置式（简支梁式）结构取 $k_m = 1.0 \sim 1.1$，悬臂式结构取 $k_m = 1.00 \sim 1.25$；k_v 为质量系数，当轮齿接触良好，齿距及径向跳动精度高时，$k_v = 1.0$；b 为所计算齿轮的齿面宽（mm）；D 为所计算齿轮大端分度圆直径（mm）；J_w 为所计算齿轮的轮齿弯曲应力综合系数，取法见文献 [16]。

上述计算的最大弯曲应力应不超过 700MPa；疲劳弯曲应力应不超过 210MPa，破坏的循环次数为 6×10^6。

3. 轮齿接触强度

锥齿轮轮齿的齿面接触应力为

$$\sigma_J = \frac{c_p}{D_1} \sqrt{\frac{2T_z k_0 k_s k_m k_f}{k_v b J_J} \times 10^3} \tag{5-16}$$

式中，σ_J 为锥齿轮轮齿的齿面接触应力（MPa）；D_1 为主动锥齿轮大端分度圆直径（mm）；b 为 b_1 和 b_2 中的较小值（mm）；k_s 为尺寸系数，它考虑了齿轮尺寸对淬透性的影响，通常取 1.0；k_f 为齿面品质系数，它取决于齿面的表面粗糙度及表面覆盖层的性质（如镀铜、磷化处理等），对于制造精确的齿轮，k_f 取 1.0；c_p 为综合弹性系数，对于钢齿轮，c_p 取 232.6$N^{1/2}$/mm；J_J 为齿面接触强度的综合系数，取法见文献 [16]。

上述按 $\min[T_{ce}, T_{cs}]$ 计算的最大接触应力应不超过 2800MPa；按 T 计算的疲劳接触应力应不超过 1750MPa。主、从动齿轮的齿面接触应力是相同的。

5.3.4 主减速器锥齿轮轴承的载荷计算

1. 锥齿轮齿面上的作用力

锥齿轮在工作过程中，相互啮合的齿面上作用一法向力。该法向力可分解为沿齿轮切线方向的圆周力、沿齿轮轴线方向的轴向力及垂直于齿轮轴线的径向力。

（1）齿宽中点处的圆周力

齿宽中点处的圆周力 F 为

$$F = \frac{2T}{D_{m2}} \tag{5-17}$$

式中，T 为作用在从动齿轮上的转矩；D_{m2} 为从动齿轮齿宽中点处的分度圆直径，由下式确定

$$D_{m2} = D_2 - b_2 \sin\gamma_2 \tag{5-18}$$

式中，D_2 为从动齿轮大端分度圆直径；b_2 为从动齿轮齿面宽；γ_2 为从动齿轮节锥角。

由 $F_1/F_2 = \cos\beta_1/\cos\beta_2$ 可知，对于弧齿锥齿轮副，作用在主、从动齿轮上的圆周力是相等的；对于双曲面齿轮副，其圆周力是不等的。

（2）锥齿轮的轴向力和径向力

图 5-18 所示为主动锥齿轮齿面受力图，其螺旋方向为左旋，从锥顶看旋转方向为逆时针。F_T 为作用在节锥面上的齿宽中点 A 处的法向力。在 A 点处螺旋方向的法平面内，F_T 可

分解为两个相互垂直的力 F_N 和 F_f。F_N 垂直于 OA 且位于 $\angle OOA$ 所在的平面内，F_f 位于以 OA 为切线的节锥切平面内。F_f 在此切平面内又可分解为沿切线方向的圆周力 F 和沿节母线方向的力 F_s。F 与 F_f 间的夹角为螺旋角 β，F_T 与 F_f 间的夹角为法向压力角 α。因此可得

$$F = F_T \cos\alpha \cos\beta \tag{5-19}$$

$$F_N = F_T \sin\alpha = F\tan\alpha / \cos\beta \tag{5-20}$$

$$F_s = F_T \cos\alpha \sin\beta = F\tan\beta \tag{5-21}$$

于是作用在主动锥齿轮齿面上的轴向力 F_{az} 和径向力 F_{Rz} 分别为

$$F_{az} = F_N \sin\gamma + F_s \cos\gamma \tag{5-22}$$

$$F_{Rz} = F_N \cos\gamma - F_s \sin\gamma \tag{5-23}$$

主动锥齿轮的螺旋方向和旋转方向改变时，主、从动锥齿轮齿面上所受的轴向力和径向力见表 5-3。

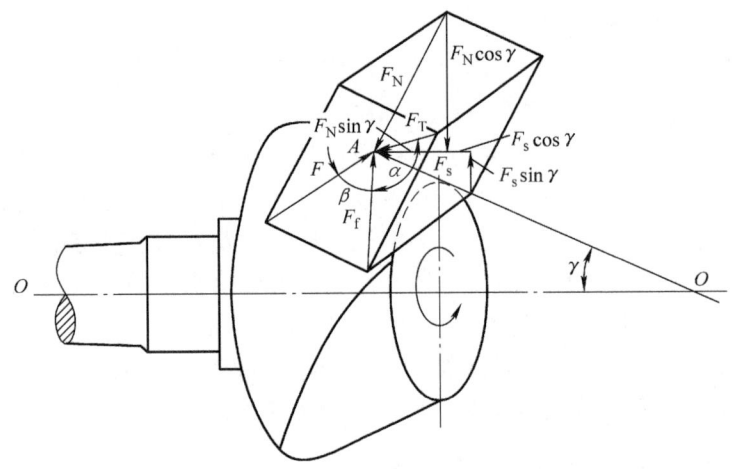

图 5-18 主动锥齿轮齿面受力图

表 5-3 齿面上的轴向力和径向力计算公式

主动小齿轮		轴向力	径向力
螺旋方向	旋转方向		
右	顺时针	主动齿轮 $F_{az} = \dfrac{F}{\cos\beta}(\tan\alpha\sin\gamma - \sin\beta\cos\gamma)$	主动齿轮 $F_{Rz} = \dfrac{F}{\cos\beta}(\tan\alpha\cos\gamma + \sin\beta\sin\gamma)$
左	逆时针	从动齿轮 $F_{ac} = \dfrac{F}{\cos\beta}(\tan\alpha\sin\gamma + \sin\beta\cos\gamma)$	从动齿轮 $F_{Rc} = \dfrac{F}{\cos\beta}(\tan\alpha\cos\gamma - \sin\beta\sin\gamma)$
右	逆时针	主动齿轮 $F_{az} = \dfrac{F}{\cos\beta}(\tan\alpha\sin\gamma + \sin\beta\cos\gamma)$	主动齿轮 $F_{Rz} = \dfrac{F}{\cos\beta}(\tan\alpha\cos\gamma - \sin\beta\sin\gamma)$
左	顺时针	从动齿轮 $F_{ac} = \dfrac{F}{\cos\beta}(\tan\alpha\sin\gamma - \sin\beta\cos\gamma)$	从动齿轮 $F_{Rc} = \dfrac{F}{\cos\beta}(\tan\alpha\cos\gamma + \sin\beta\sin\gamma)$

2. 锥齿轮轴承的载荷

当锥齿轮齿面上所受的圆周力、轴向力和径向力通过计算确定后，根据主减速器齿轮轴

承的布置尺寸，即可求出轴承所受载荷。图 5-19 所示为单级主减速器轴承布置尺寸图，各轴承的载荷计算公式见表 5-4。

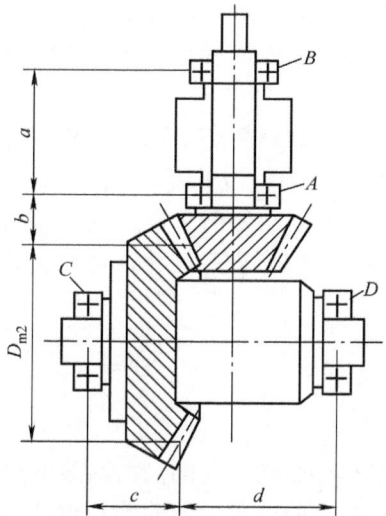

图 5-19　单级主减速器轴承布置尺寸

表 5-4　轴承的载荷计算公式

轴承 A	径向力	$\sqrt{\left[\dfrac{F(a+b)}{a}\right]^2+\left[\dfrac{F_{Rz}(a+b)}{a}-\dfrac{F_{az}D_{m1}}{2a}\right]^2}$	轴承 C	径向力	$\sqrt{\left(\dfrac{Fd}{c+d}\right)^2+\left[\dfrac{F_{Rc}d}{c+d}-\dfrac{F_{ac}D_{m2}}{2(c+d)}\right]^2}$
	轴向力	F_{az}		轴向力	F_{ac}
轴承 B	径向力	$\sqrt{\left(\dfrac{Fb}{a}\right)^2+\left[\dfrac{F_{Rz}b}{a}-\dfrac{F_{az}D_{m1}}{2a}\right]^2}$	轴承 D	径向力	$\sqrt{\left(\dfrac{Fc}{c+d}\right)^2+\left[\dfrac{F_{Rc}c}{c+d}-\dfrac{F_{ac}D_{m2}}{2(c+d)}\right]^2}$
	轴向力	0		轴向力	0

注：D_{m1}、D_{m2} 分别为主、从动齿轮轮齿宽中点的分度圆直径。

5.3.5　锥齿轮材料

驱动桥锥齿轮的工作条件相当恶劣，与传动系其他齿轮相比，驱动桥锥齿轮所受载荷大、作用时间长、变化多、有冲击，是传动系统中的薄弱环节，其材料应满足以下要求：

1）具有高的弯曲疲劳强度和表面接触疲劳强度，齿面具有高硬度以保证有高耐磨性。
2）轮齿芯部应有适当的韧性以适应冲击载荷，避免在冲击载荷作用下齿根折断。
3）锻造性能、可加工性能及热处理性能良好，热处理后变形小或变形规律易控制。
4）选择合金材料时，尽量少用含镍、铬元素的材料，而选用含锰、钒、硼、钛、钼、硅等元素的合金钢。

汽车主减速器锥齿轮目前常用渗碳合金钢制造，主要包括 20CrMnTi、20MnVB、20MnTiB 及 22CrNiMo 等材料。

渗碳合金钢的优点是表面可得到含碳量较高的硬化层（一般碳的质量分数为 0.8% ～

1.2%），具有相当高的耐磨性和抗压性，而芯部较软，具有良好的韧性，故这种材料的弯曲强度、表面接触强度和承受冲击的能力均较好。由于含碳量较低，因此该材料锻造性能和切削加工性能较好。渗碳合金钢的主要缺点是热处理成本高；表面硬化层以下的基底较软，在承受很大压力时可能产生塑性变形；渗透层与芯部的含碳量相差过多时会引起表面硬化层的剥落。

为改善新齿轮的磨合，防止其在运行初期出现早期的磨损、擦伤、胶合或咬死，锥齿轮在热处理及精加工后，进行厚度为 0.005~0.020mm 的磷化处理或镀铜、镀锡处理。对齿面进行应力喷丸处理，可提高齿轮寿命。对于滑动速度高的齿轮可进行渗硫处理，以提高耐磨性。渗硫后摩擦因数可显著降低，这样即使润滑条件较差，也能防止齿面擦伤、咬死和胶合。

5.4 差速器设计

汽车在行驶过程中，左、右车轮在同一时间内所滚过的路程往往并不相等。例如转弯时内、外侧车轮行程不等；左右轮胎内的气压、胎面磨损程度、车轮负荷不同使车轮滚动半径不等，导致左右车轮行程不等；左右车轮接触的路面条件不同而导致左右车轮行程不等。因此若驱动桥的左、右车轮刚性连接，则行驶时很可能引起车轮在路面上的滑移或滑转。这样一方面会加剧轮胎磨损与功率和燃料消耗，另一方面会使转向沉重、通过性和操纵稳定性变差。因此在驱动桥的左、右车轮间都装有轮间差速器。在多桥驱动的汽车上还常装有轴间差速器，以提高通过性，同时避免在驱动桥间产生功率循环及由此引起的附加载荷，进而导致传动系统零件损坏、轮胎磨损和燃料消耗加剧等。

差速器的功用为在两输出轴间分配转矩，并保证两输出轴能以不同的角速度转动。

5.4.1 差速器结构形式选择

按差速器结构特征可将之分为齿轮式、凸轮式、蜗轮式和牙嵌自由轮式等多种形式。

1. 对称锥齿轮式差速器

对称锥齿轮式差速器的优点包括结构简单、质量较小等，在汽车上被广泛采用。锥齿轮式差速器又可分为普通锥齿轮式差速器、摩擦片式差速器和强制锁止式差速器等。

（1）普通锥齿轮式差速器

普通锥齿轮式差速器的结构简单、工作平稳可靠，因此广泛应用于一般使用条件下工作的汽车驱动桥中。

普通锥齿轮式差速器结构如图 5-20 所示，图中 ω_0 为差速器壳体角速度；ω_1、ω_2 分别为左、右两半轴的角速度；T_0 为差速器壳接受的转矩；T_r 为差速器的内摩擦力矩；T_1、T_2 分别为左、右两半轴对差速器的反转矩。

根据运动分析可得

$$\omega_1 + \omega_2 = 2\omega_0 \qquad (5-24)$$

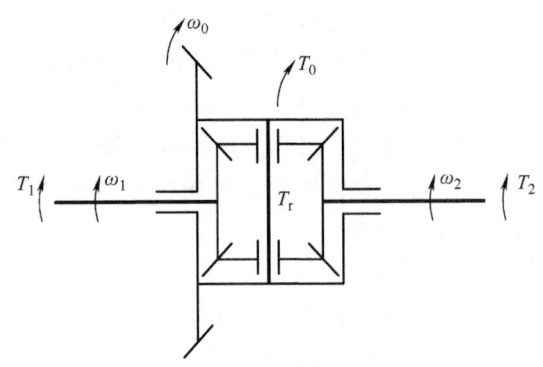

图 5-20 普通锥齿轮式差速器示意图

显然，当一侧半轴不转时，另一侧半轴将以两倍的差速器壳体角速度旋转；当差速器壳体不转时，左、右半轴将等速反向旋转。

根据力矩平衡可得

$$\begin{cases} T_1 + T_2 = T_0 \\ T_2 - T_1 = T_r \end{cases} \tag{5-25}$$

差速器性能常以锁紧系数 k 来表征，k 定义为差速器的内摩擦力矩与差速器壳接受的转矩之比，所以有

$$k = T_r/T_0 \tag{5-26}$$

结合式（5-25）可得

$$\begin{cases} T_1 = 0.5T_0(1-k) \\ T_2 = 0.5T_0(1+k) \end{cases} \tag{5-27}$$

定义快慢转动半轴的转矩比 $k = T_2/T_1$，则 k_b 与 k 之间的关系为

$$k_b = \frac{1+k}{1-k}, \quad k = \frac{k_b - 1}{k_b + 1} \tag{5-28}$$

普通锥齿轮式差速器的锁紧系数 k 一般为 0.05~0.15，两半轴转矩比 k_b 为 1.11~1.35，可以看出左、右半轴的转矩差别不大，因此可以认为分配给两半轴的转矩大致相等。这样的分配比例对于在良好路面上行驶的汽车来说是合适的。

根据差速器的工作特性可知，当装备普通差速器的汽车越野行驶或在泥泞、冰雪路面上行驶，一侧驱动轮与地面的附着系数很小时，尽管另一侧车轮与地面有良好的附着，其驱动转矩也不得不随附着系数小的一侧车轮同样地减小，无法发挥潜在牵引力，以致汽车停驶。

（2）摩擦片式差速器

为了增加差速器的内摩擦力矩，摩擦片式差速器将摩擦片2安装于半轴齿轮7与差速器壳体1之间（图5-21）。两根行星齿轮轴5互相垂直，轴的两端制成V形面4与差速器壳孔上的V形面相配，两个行星齿轮轴5的V形面是反向安装的。每个半轴齿轮背面有压盘3和主、从动摩擦片2，主、从动摩擦片2分别经花键与差速器壳体1和压盘3相连。

传递转矩时，差速器壳通过斜面对行星齿轮轴产生沿行星齿轮轴线方向的轴向力，而该轴向力可以推动行星齿轮使压盘将摩擦片压紧。当左、右半轴转速不等时，主、从动摩擦片之间将产生相对滑转，从而产生摩擦力矩。此摩擦力矩 $T_r(\text{N}\cdot\text{m})$ 与差速器所传递的转矩 T_0 成正比，可表示为

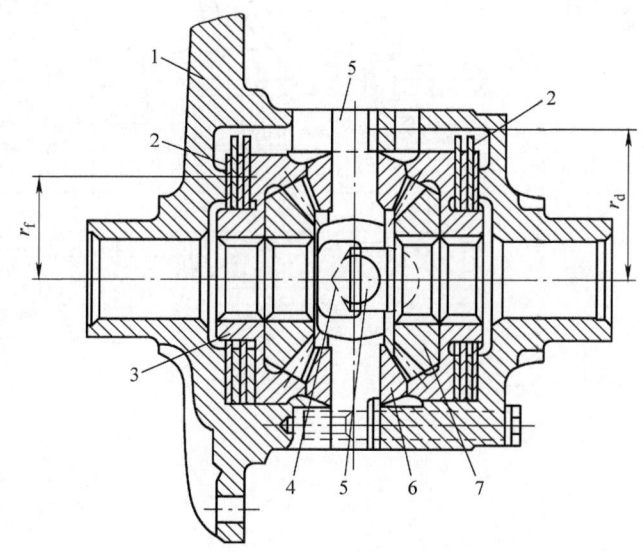

图5-21 摩擦片式差速器
1—差速器壳体 2—摩擦片 3—压盘 4—V形面
5—行星齿轮轴 6—行星齿轮 7—半轴齿轮

$$T_r = \frac{T_0 r_f}{r_d} fz\tan\beta \tag{5-29}$$

式中，r_f 为摩擦片平均摩擦半径；r_d 为差速器壳体 V 形面中点到半轴齿轮中心线的距离；f 为摩擦因数；z 为摩擦面数；β 为 V 形面的半角。

摩擦片式差速器的锁紧系数 k 可达 0.6，k_b 可达 4。这种差速器结构简单，工作平稳，可明显提高汽车通过性。

(3) 强制锁止式差速器

当一个驱动轮处于附着系数较小的路面时，可通过液压或气动操纵机构使内、外接合器（即差速锁）啮合，从而将差速器壳与半轴锁紧，使差速器不起作用。这样可以充分利用地面附着系数，使牵引力达到可能的最大值。

使用中，在汽车进入难行驶路段之前操纵差速锁锁止差速器，在驶出难行驶路段、刚进入较好路段时，应及时将差速锁松开，以避免因无差速作用导致的不良后果。

对于装有强制锁止式差速器（图 5-22）的 4×2 型汽车，假设一驱动轮行驶在低附着系数 $\varphi_{\min}$ 的路面上，另一驱动轮行驶在高附着系数 φ 的路面上，这样装有普通锥齿轮差速器的汽车所能发挥的最大牵引力 F_t 为

$$F_t = \frac{G_2}{2}\varphi_{\min} + \frac{G_2}{2}\varphi_{\min} = G_2\varphi_{\min} \tag{5-30}$$

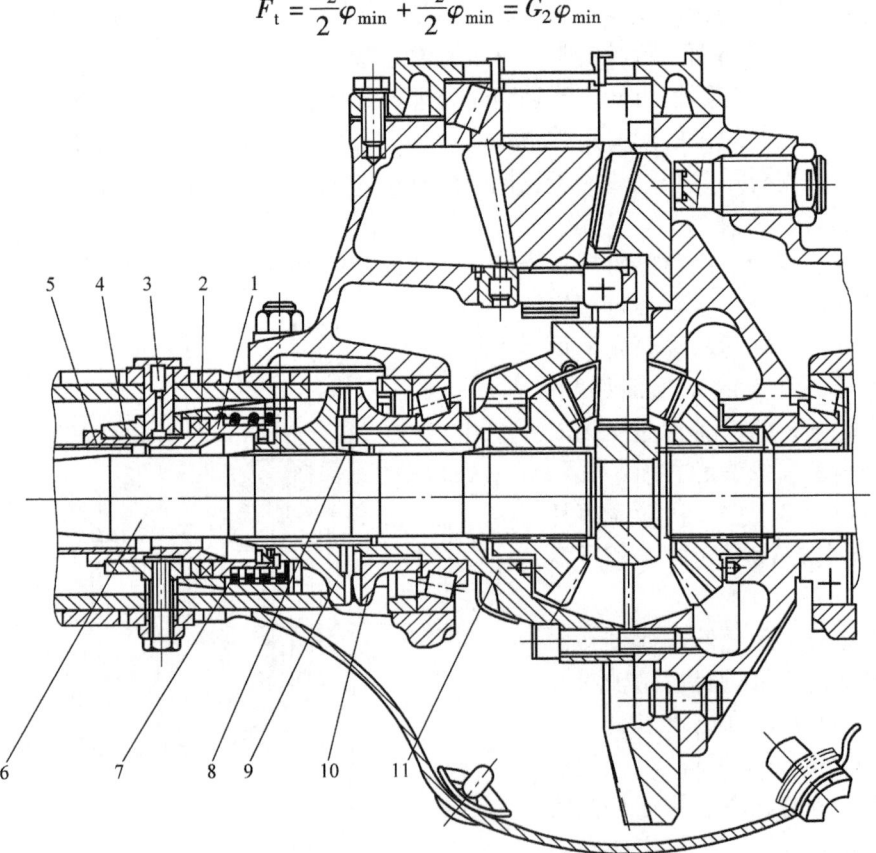

图 5-22 强制锁止式差速器
1—活塞 2—活塞皮碗 3—气管路接头 4—工作缸 5—套管 6—半轴
7—压力弹簧 8—锁圈 9—外接合器 10—内接合器 11—差速器

式中，G_2 为驱动桥上的负荷。

若差速器完全锁住，则汽车所能发挥的最大牵引力为 F'_t 为

$$F'_t = \frac{G_2}{2}\varphi + \frac{G_2}{2}\varphi_{\min} = \frac{G_2}{2}(\varphi + \varphi_{\min}) \quad (5\text{-}31)$$

由上述可知，利用差速锁将普通锥齿轮差速器锁住，可使汽车的牵引力提高（$\varphi + \varphi_{\min}$）/$2\varphi_{\min}$ 倍，从而提高汽车通过性。

当然，若左、右车轮都处于低附着系数的路面，那么尽管锁住差速器，牵引力仍超过车轮与地面间的附着力，汽车也无法行驶。

强制锁止式差速器可充分利用原差速器结构，并且结构简单，操作方便。

2. 滑块凸轮式差速器

滑块凸轮式差速器（图5-23）的主动件是与差速器壳1连接在一起的套，套上有两排径向孔，滑块2装于孔中并可作径向滑动。滑块两端分别与差速器的从动件内凸轮4和外凸轮3接触。内、外凸轮分别与左、右半轴用花键连接。当差速器传递动力时，主动套带动滑块并通过滑块带动内、外凸轮旋转，同时允许内、外凸轮转速不等。理论上凸轮形线应是阿基米德螺线，为简化加工考虑，可用圆弧曲线代替。

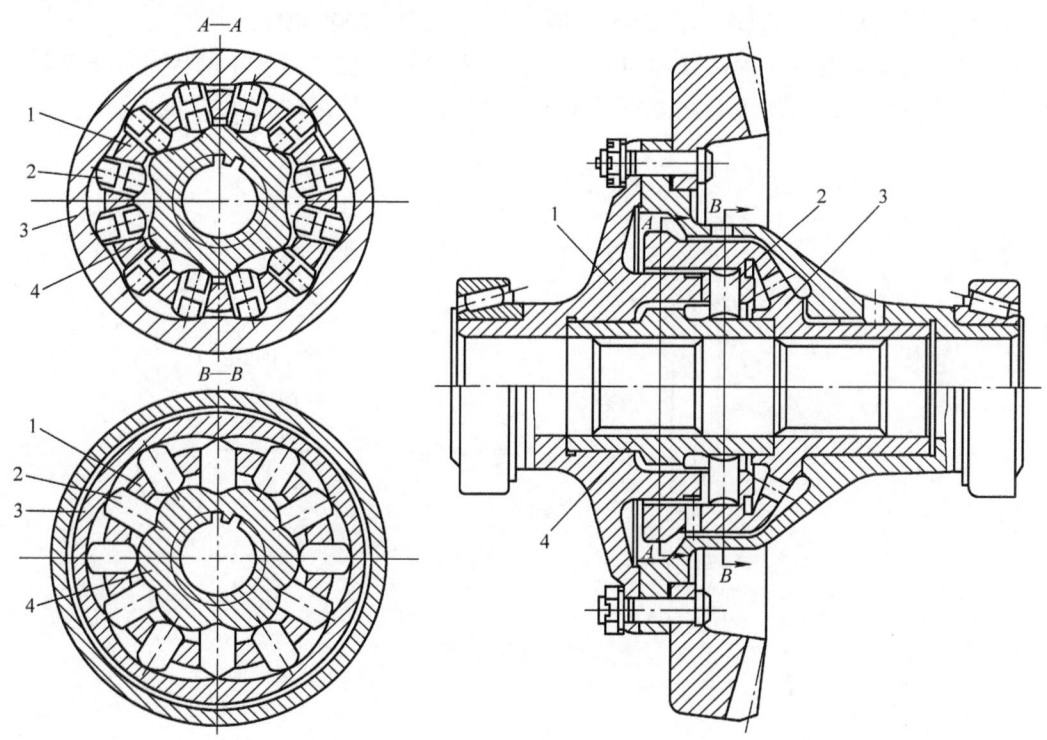

图5-23 双排径向滑块凸轮式差速器
1—差速器壳 2—滑块 3—外凸轮 4—内凸轮

图5-24为滑块受力图。滑块与内凸轮、外凸轮以及主动套之间的作用力分别为 F_1、F_2 和 F，由于接触面间的摩擦，这些力与接触点法线方向均存在摩擦角 ρ。由 F_1、F_2 和 F 构成的力三角形可知：

$$\frac{F_1}{\sin[90°-(\beta_2+2\rho)]} = \frac{F_2}{\sin[90°-(\beta_1-2\rho)]} = \frac{F}{\sin(\beta_1+\beta_2)} \quad (5\text{-}32)$$

式中，β_1、β_2 分别为内、外凸轮形线的升角。

左、右半轴受的转矩 T_1 和 T_2 分别为

$$T_1 = F_1 r_1 \sin(\beta_1-\rho), \quad T_2 = F_2 r_2 \sin(\beta_2+\rho) \quad (5\text{-}33)$$

式中，r_1、r_2 为滑块与内、外凸轮接触点的半径。

将式（5-32）代入式（5-33）可得

$$T_1 = \frac{F r_1 \sin[90°-(\beta_2+2\rho)]\sin(\beta_1-\rho)}{\sin(\beta_1+\beta_2)}$$

$$T_2 = \frac{F r_2 \sin[90°-(\beta_1-2\rho)]\sin(\beta_2+\rho)}{\sin(\beta_1+\beta_2)} \quad (5\text{-}34)$$

因此，滑块凸轮式差速器左、右半轴的转矩比 k_b 为

$$k_b = \frac{T_2}{T_1} = \frac{r_2 \sin[90°-(\beta_1-2\rho)]\sin(\beta_2+\rho)}{r_1 \sin[90°-(\beta_2+2\rho)]\sin(\beta_1-\rho)} \quad (5\text{-}35)$$

滑块凸轮式差速器的半轴转矩比 k_b 可达 2.33~3.00，差速器锁紧系数 k 可达 0.4~0.5。在设计该差速器时，滑块与凸轮的接触应力应不超过 2500MPa。

滑块凸轮式差速器是一种高摩擦自锁差速器，有结构紧凑、质量小的优点，但其结构较复杂，对零件材料、机械加工、热处理、化学处理等方面有较高的技术要求。

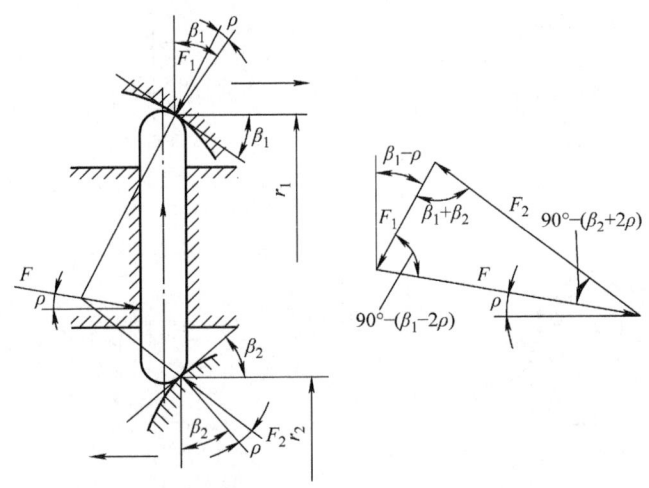

图 5-24 滑块受力图

3. 蜗轮式差速器

蜗轮式差速器（图 5-25）也是一种高摩擦自锁差速器。蜗杆 2、4 同时与行星蜗轮 3 以及半轴蜗轮 1、5 啮合，从而组成行星齿轮系统。

该形式差速器半轴的转矩比为

$$k_b = \frac{\tan(\beta+\rho)}{\tan(\beta-\rho)} \quad (5\text{-}36)$$

式中，β 为蜗杆螺旋角；ρ 为摩擦角。

蜗轮式差速器的半轴转矩比 k_b 可高达 5.67~9.00，锁紧系数 k 可达 0.7~0.8。但由于内摩擦很高，差速器磨损快、寿命短。当把 k_b 降到 2.65~3.00，k 降到 0.45~0.50 时，可提高该差速器的使用寿命。这种差速器结构复杂，制造精度要求高，因而它的应用受到了限制。

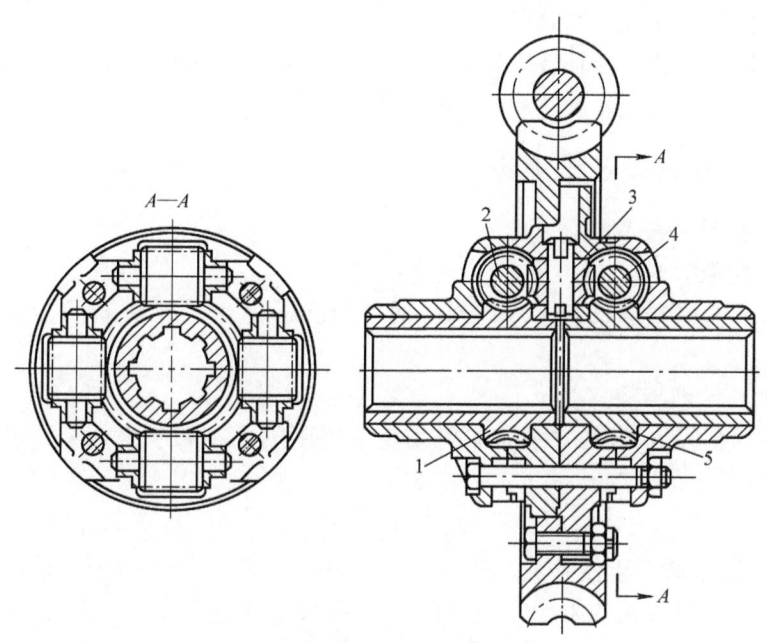

图 5-25　蜗轮式差速器
1、5—半轴蜗轮　2、4—蜗杆　3—行星蜗轮

4. 牙嵌式自由轮差速器

牙嵌式自由轮差速器（图 5-26）是自锁式差速器的一种。

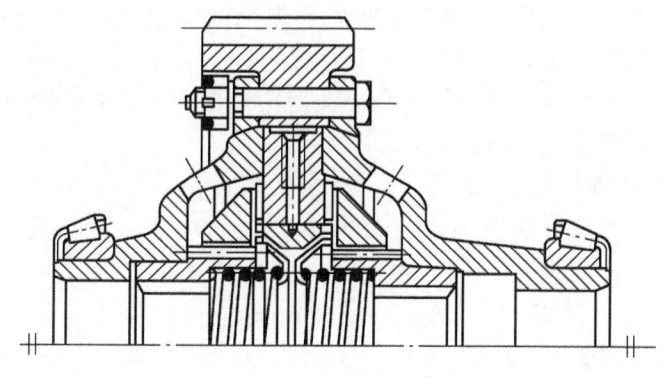

图 5-26　牙嵌式自由轮差速器

装有这种差速器的汽车在直线行驶时，主动环可将由主减速器传来的转矩按左、右车轮阻力的大小分配给左、右从动环（即左、右半轴）。

当一侧车轮悬空或进入泥泞、冰雪等路面时，主动环的转矩可全部或大部分分配给另一侧车轮。

转弯时，外侧车轮转速更快，使外侧从动环与主动环脱开，即中断对外轮的转矩传递；内侧车轮转速更慢，使内侧从动环与主动环压得更紧，即主动环转矩全部传给内轮。

由于该差速器在转弯时是内轮单边传动，因此会引起转向沉重的现象，这种现象在拖带挂车时尤为明显。此外，由于左、右车轮的转矩时断时续，车轮传动装置承受的动载荷较大，单边传动也使其承受较大的载荷。

牙嵌式自由轮差速器的半轴转矩比 k_b 是可变的，最大可为无穷大。该差速器工作可靠，使用寿命长，锁紧性能稳定，制造加工也不复杂。

5.4.2 普通锥齿轮式差速器齿轮设计

1. 差速器齿轮的主要参数

（1）行星齿轮数 n

行星齿轮数 n 需根据承载情况来选择。通常情况下，乘用车取 $n=2$，商用车或越野车取 $n=4$。

（2）行星齿轮球面半径 R_b

行星齿轮球面半径 R_b 反映了差速器锥齿轮节锥距的大小和承载能力，可根据经验公式来确定，即

$$R_b = K_b \sqrt[3]{T_d} \tag{5-37}$$

式中，K_b 为行星齿轮球面半径系数，$K_b = 2.5 \sim 3.0$，有四个行星齿轮的乘用车和公路用货车取小值，有两个行星齿轮的乘用车及有四个行星齿轮的越野车和矿用车取大值；T_d 为差速器计算转矩（N·m）；R_b 为球面半径。

行星齿轮节锥距 A_0 为

$$A_0 = (0.98 \sim 0.99) R_b \tag{5-38}$$

（3）行星齿轮和半轴齿轮齿数 z_1、z_2

为使轮齿有较高强度，一般取较大的模数，相应齿轮尺寸随之增大，因此又要求行星齿轮的齿数 z_1 取小些，但 z_1 一般不小于 10。半轴齿轮齿数 z_2 在 14~25 之间。大多数汽车的半轴齿轮与行星齿轮的齿数比 z_2/z_1 在 1.5~2.0 之间。

为使两个或四个行星齿轮能同时与两个半轴齿轮啮合，两半轴齿轮的齿数和必须能被行星齿轮数整除，否则差速齿轮不能装配。

（4）行星齿轮和半轴齿轮的节锥角 γ_1、γ_2 及模数 m

行星齿轮和半轴齿轮的节锥角 γ_1、γ_2 分别为

$$\begin{cases} \gamma_1 = \arctan(z_1/z_2) \\ \gamma_2 = \arctan(z_2/z_1) \end{cases} \tag{5-39}$$

锥齿轮大端的端面模数 m 为

$$m = \frac{2A_0}{z_1}\sin\gamma_1 = \frac{2A_0}{z_2}\sin\gamma_2 \tag{5-40}$$

（5）压力角 α

汽车差速器齿轮通常采用压力角为 20°30′、齿高系数为 0.8 的齿形。某些大质量商用车采用 25°压力角，从而提高齿轮强度。

（6）行星齿轮轴直径 d 及支承长度 L

行星齿轮轴直径 d (mm) 为

$$d = \sqrt{\frac{T_0 \times 10^3}{1.1[\sigma_c]nr_d}} \tag{5-41}$$

式中，T_0 为差速器传递的转矩（N·m）；n 为行星齿轮数；r_d 为行星齿轮支承面中点到锥顶的距离（mm），约为半轴齿轮齿宽中点处平均直径的一半；$[\sigma_c]$ 为支承面许用挤压应力，取 98MPa。

行星齿轮在轴上的支承长度 L 为

$$L = 1.1d \tag{5-42}$$

2. 差速器齿轮强度计算

差速器齿轮的尺寸受结构限制，且承受的载荷较大，但与主减速器齿轮相比，它并不经常处于啮合传动状态，只有当汽车左、右轮行驶不同的路程时，或一侧车轮滑转时，差速器齿轮才有啮合传动的相对运动。因此，对于差速器齿轮，主要应进行弯曲强度计算。轮齿弯曲应力 σ_w(MPa) 为

$$\sigma_w = \frac{2T_c k_s k_m}{k_v m b_2 d_2 J n} \times 10^3 \tag{5-43}$$

式中，n 为行星齿轮数；J 为综合系数，取法见相关文献；b_2、d_2 为半轴齿轮齿宽及其大端分度圆直径（mm）；T_c 为半轴齿轮计算转矩 k_v(N·m)，取 $T_c = 0.6T_0$；k_v、k_s、k_m 为按主减速器齿轮强度计算的有关数值选取。

当 $T_0 = \min[T_{ce}, T_{cs}]$，即静强度计算时，$\sigma_w = 980$MPa；当 $T_0 = T_{cf}$，即疲劳强度计算时，$\sigma_w = 210$MPa。

差速器齿轮与主减速器齿轮一样，基本由渗碳合金钢制造，目前用于制造差速器锥齿轮的材料为 20CrMnTi、20CrMoTi、22CrMnMo 和 20CrMo 等。由于差速器齿轮轮齿要求的精度较低，精锻差速器齿轮工艺已被广泛应用。

5.4.3 多桥驱动汽车的轴间差速器

多桥驱动汽车在行驶过程中，各驱动桥上的车轮转速会因车轮行程或滚动半径的差异而不等，如果前、后桥间刚性连接，则前、后驱动车轮将以相同的角速度旋转，从而产生前、后驱动车轮运动学上的不协调。

通常，后轮由于负荷较大使得滚动半径变小而趋于滑移，而前轮趋于滑转，并分别引起与行驶方向相反或相同的道路切向反作用力，使前轮具有正驱动力，成为真正的驱动轮，而后轮具有负驱动力，成为事实上的制动轮。

因此，传到前轮的功率除用于克服车轮的滚动阻力、滑动阻力和汽车空气阻力等所消耗的功率外，还用于克服后轮上的负驱动力所消耗的功率 P'_2。而负驱动力的方向与车轮旋转方向一致，因此 P'_2 为后轮的输入功率。由此形成功率流，即功率 P'_2 由前驱动车轮经地面传给后驱动轮并经传动系重新返回前驱动轮，周而复始地循环传递。通常将 P'_2 称为循环功率或寄生功率。

功率流的存在会导致发动机功率的无益消耗，加速轮胎磨损，损坏传动系，降低汽车的动力性、经济性和通过性。当前、后轮滚动半径差别较大，尤其在硬路面上行驶时，上述现象更为严重。为此，公路用多桥驱动汽车应装有轴间差速器（图5-27）。轴间差速器的缺点

是结构复杂,同时降低了汽车的抗滑转能力,需要安装差速锁或自锁式差速器。

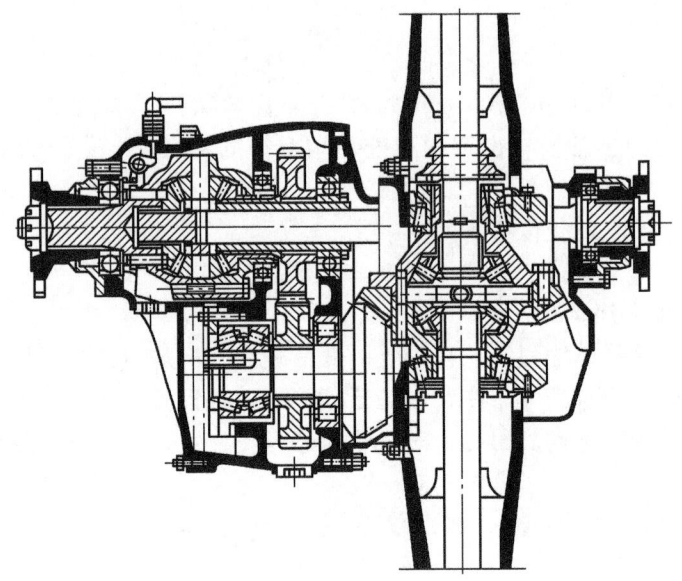

图 5-27　轴间差速器

5.4.4　黏性联轴器结构及在汽车上的布置

黏性联轴器是一种利用液体黏性传递动力的装置,以其优良的性能不仅广泛应用于四轮驱动汽车上,而且也应用于两轮驱动汽车上。

1. 黏性联轴器结构和工作原理

黏性联轴器结构如图 5-28 所示。内叶片 2 与 A 轴 1 以花键连接,叶片可在轴上滑动;外叶片 6 与壳体 3 也以花键连接,但叶片内有隔环 7,防止外叶片轴向移动。隔环的厚度决定了内、外叶片的间隙。叶片上各自加工有孔或槽,壳体内充入作为黏性工作介质的硅油 4,用油封密封。

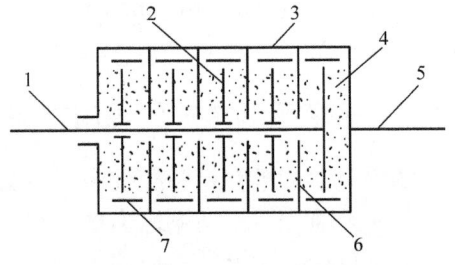

图 5-28　黏性联轴器结构简图
1—A 轴　2—内叶片　3—壳体　4—硅油
5—B 轴　6—外叶片　7—隔环

黏性联轴器属于液体黏性传动装置,是依靠硅油的黏性阻力来传递动力,即通过内、外叶片间硅油的油膜剪切力来传递动力。一般在密封的壳体内填充了占其空间的 80%~90% 的硅油(其余是空气),高黏度的硅油存在于内、外叶片的间隙内。当 A 轴与 B 轴之间有转速差时,内、外叶片间将产生剪切阻力,使转矩由高速轴传递到低速轴。它所能传递的转矩与联轴器的结构、硅油黏度及输入轴、输出轴的转速差有关。

2. 黏性联轴器在车上的布置

根据全轮驱动形式的不同,黏性联轴器在汽车上有不同的布置形式。

图 5-29 为黏性联轴器用作轴间差速器限动装置的简图。轴间差速器壳体上的齿轮 1 与变速器输出轴上的齿轮相啮合,壳体内的左齿轮通过空心轴 2 与右侧的前桥差速器 6 壳体相

连，右齿轮通过空心轴 4 和齿轮 7 等与后桥差速器壳上的齿轮相连。黏性联轴器 5 的壳体与空心轴 4 相连，内叶片连接在空心轴 2 上，这样它就与轴间差速器 3 并联在一起，内、外叶片的转速分别反映了前、后差速器壳体的转速。

当前、后桥差速器壳体转速相近时，黏性联轴器内、外叶片转速相近，它并不起限动作用，此时轴间差速器将转矩按固定比例分配给前、后桥。当某一车轮（如前轮）严重打滑时，前桥差

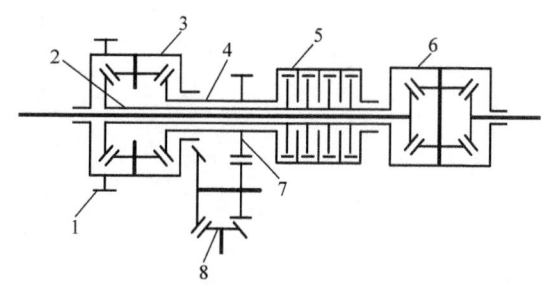

图 5-29　黏性联轴器用作轴间差速器的限动装置
1—齿轮（与变速器输出轴上的齿轮相啮合）　2、4—空心轴
3—轴间差速器　5—黏性联轴器　6—前桥差速器
7—齿轮　8—锥齿轮（通向后桥）

速器壳的转速升高，黏性联轴器的内、外叶片转速差增大，阻力矩增大，轴间差速器中与后桥相连的转速较低的齿轮就获得了较大的转矩，使附着条件较好的后轮产生足够的驱动力。

在有些汽车中，用黏性联轴器取代了轴间差速器。当汽车正常行驶时，前后轮转速基本相等，黏性联轴器不工作，此时相当于前轮驱动。当汽车加速或爬坡时，汽车质心后移，前轮将出现打滑现象，转速升高，前、后轮出现转速差，黏性联轴器开始工作，将部分转矩传给后桥，使之产生足够的驱动力帮助前轮恢复正常的附着状态。由于黏性传动不如机械传动可靠，所能传递的转矩较小，故该形式主要用于乘用车。

5.5　车轮传动装置设计

传动装置位于传动系统的末端，其基本功用是接受从差速器传来的转矩并将其传给车轮。对于非断开式驱动桥，车轮传动装置的主要零件为半轴；对于断开式驱动桥和转向驱动桥（图 5-30），车轮传动装置为万向传动装置。本节仅介绍半轴的设计。

5.5.1　结构形式分析

根据其车轮端支承方式，可半轴将分为半浮式、3/4 浮式和全浮式三种。

半浮式半轴（图 5-31a）的结构特点为：半轴外端支承轴承位于半轴套管外端的内孔中，车轮装在半轴上。

除传递转矩外，半浮式半轴的外端还承受由路面对车轮的反力所引起的全部力和力矩。半浮式半轴结构简单，所受载荷较大，只用在乘用车和小质量商用车上。

3/4 浮式半轴（图 5-31b）的结构特点为：半轴外端仅有一个轴承并装在驱动桥壳半轴套管的端部，直接支承着车轮轮毂，而半轴则以其端部凸缘与轮毂用螺钉联接。

3/4 浮式半轴的受载情况与半浮式半轴相似，只是载荷有所减轻，一般仅用在乘用车和轻型商用车上。

全浮式半轴（图 5-31c）的结构特点为：半轴外端的凸缘用螺钉与轮毂相连，而轮毂又借用两个圆锥滚子轴承支承在驱动桥壳的半轴套管上。

理论上来说，全浮式半轴只承受转矩，作用于驱动轮上的其他反力和弯矩全由桥壳来承受，但桥壳变形、轮毂与差速器半轴齿轮不同心、半轴法兰平面相对其轴线不垂直等因素，

1
2
3
4
5

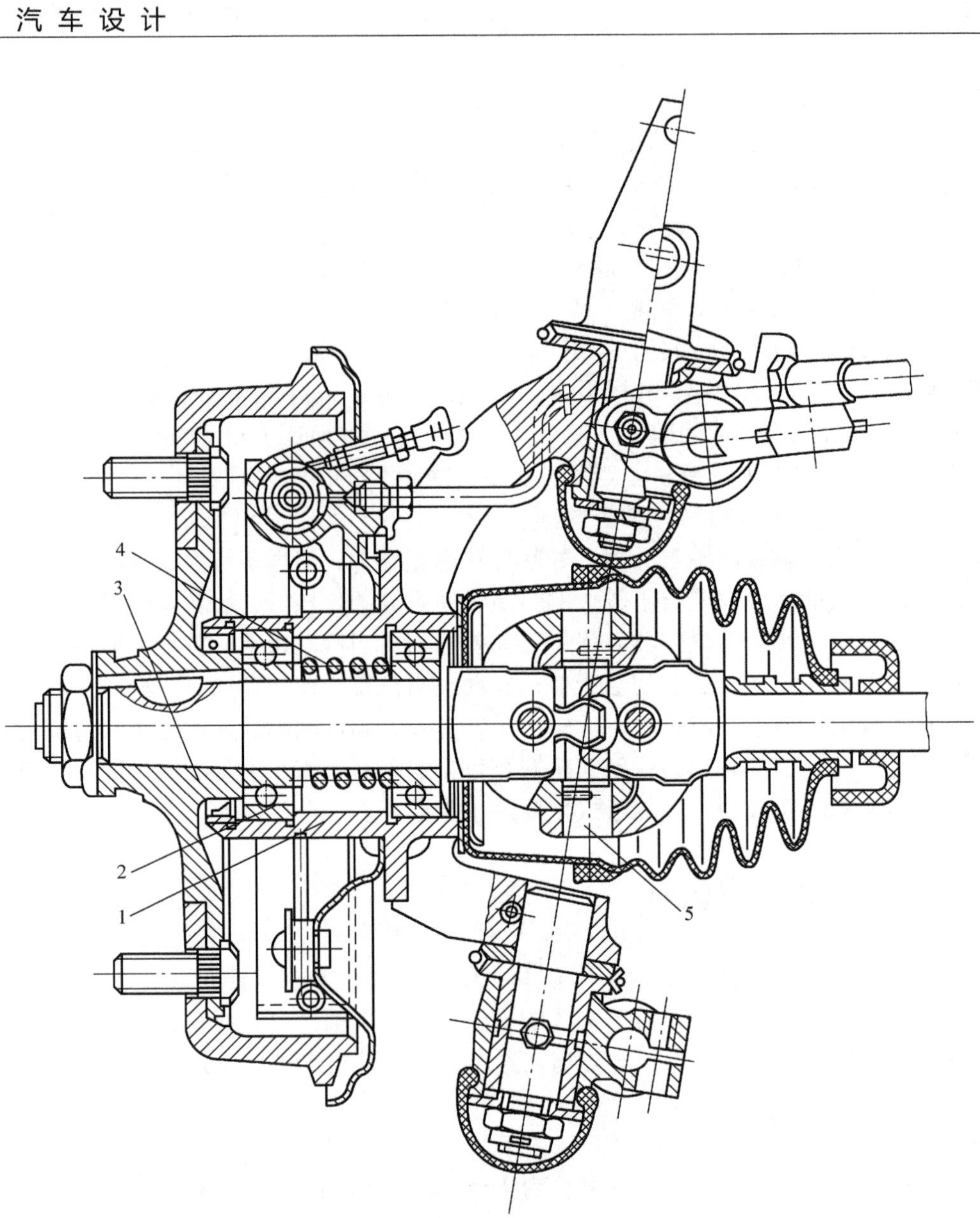

图 5-30　转向驱动桥

1—轮毂　2—轮毂轴承　3—制动鼓　4—固定弹簧　5—等速万向节

a
r_r
F_{y2}
F_{x2}
F_{z2}
a) 半浮式
b) 3/4浮式
c) 全浮式

图 5-31　半轴结构形式简图及受力情况

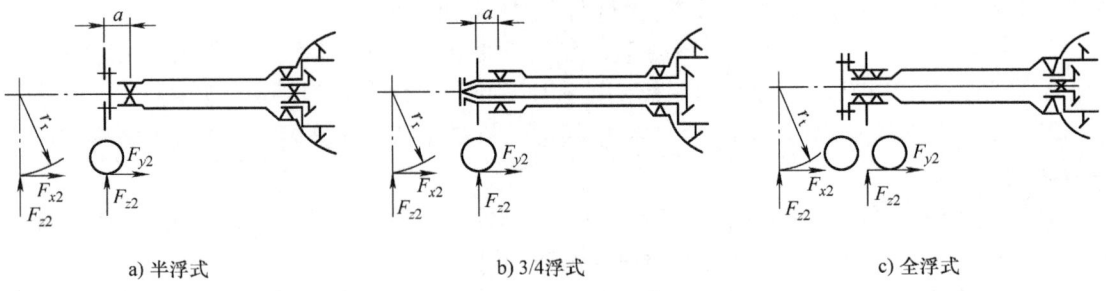

都会导致半轴的弯曲变形,由此引起的弯曲应力一般为 5~70MPa。全浮式半轴主要用在较大质量的商用车上。

5.5.2 半轴计算

1. 全浮式半轴

全浮式半轴的计算载荷可按车轮附着力矩 M_φ 计算,有

$$M_\varphi = \frac{1}{2} m'_2 G_2 r_r \varphi \tag{5-44}$$

式中,G_2 为驱动桥的最大静载荷;r_r 为车轮滚动半径;m'_2 为负荷转移系数;φ 为附着系数,计算时取 0.8。

半轴的扭转切应力为

$$\tau = \frac{16 M_\varphi}{\pi d^3} \tag{5-45}$$

式中,τ 为半轴扭转切应力;d 为半轴直径。

半轴的扭转角为

$$\theta = \frac{Ml}{GI_p}\left(\frac{180}{\pi}\right) \tag{5-46}$$

式中,θ 为扭转角;l 为半轴长度;G 为材料剪切弹性模量;I_p 为半轴截面的极惯性矩,$I_p = \pi d^4/32$。

半轴的扭转切应力应在 500~700MPa 之间,转角宜为 6°~15°/m。

2. 半浮式半轴

半浮式半轴设计应考虑如下三种载荷工况

1) 最大驱动力工况,此时纵向力 F_{x2} 最大,而侧向力 F_{y2} 为 0。

垂向力 $F_{z2} = m'_2 G_2/2$,纵向力最大值 $F_{x2} = F_{z2}\varphi = m'_2 G_2 \varphi/2$,计算时 m'_2 可取 1.2,φ 取 0.8。

半轴弯曲应力 σ 和扭转切应力 τ 为

$$\begin{cases} \sigma = \dfrac{32a\sqrt{F_{x2}^2 + F_{z2}^2}}{\pi d^3} \\ \tau = \dfrac{16 F_{x2} r_r}{\pi d^3} \end{cases} \tag{5-47}$$

式中,a 为轮毂支承轴承到车轮中心平面的距离,如图 5-31a 所示。

合成应力为

$$\sigma_n = \sqrt{\sigma^2 + 4\tau^2} \tag{5-48}$$

2) 最大侧向力工况,此时侧向力 F_{y2} 最大,而纵向力 F_{x2} 为 0。

这意味着汽车发生侧滑,外轮上的垂直反力 F_{z2o} 和内轮上的垂直反力 F_{z2i} 分别为

$$\begin{cases} F_{z2o} = G_2\left(0.5 + \dfrac{h_g}{B_2}\varphi_1\right) \\ F_{z2i} = G_2 - F_{z2o} \end{cases} \tag{5-49}$$

式中，h_g 为汽车质心高度；B_2 为轮距；φ_1 为侧滑附着系数，计算时 φ_1 可取 1.0。

外轮上的侧向力 F_{y2o} 和内轮上的侧向力 F_{y2i} 分别为

$$\begin{cases} F_{y2o} = F_{z2o}\varphi_1 \\ F_{y2i} = F_{z2i}\varphi_1 \end{cases} \tag{5-50}$$

内、外车轮上的总侧向力 $F_{y2} = G_2\varphi_1$。

故右侧半轴的弯曲应力 σ_0 和左侧半轴的弯曲应力 σ_i 分别为

$$\begin{cases} \sigma_0 = \dfrac{32(F_{y2o}r_r - F_{z2o}a)}{\pi d^3} \\ \sigma_i = \dfrac{32(F_{y2i}r_r - F_{z2i}a)}{\pi d^3} \end{cases} \tag{5-51}$$

3) 最大垂向力工况，垂向力 F_{z2} 最大，纵向力 $F_{x2} = 0$，侧向力 $F_{y2} = 0$。

此时汽车通过不平路面，垂直力最大值 F_{z2} 为

$$F_{z2} = \frac{1}{2}kG_2 \tag{5-52}$$

式中，k 为动载系数。

对于乘用车 k 取 1.75；对于货车 k 取 2.0；对于越野车 k 取 2.5。

半轴弯曲应力 σ 为

$$\sigma = \frac{32F_{z2}a}{\pi d^3} = \frac{16kG_2 a}{\pi d^3} \tag{5-53}$$

半浮式半轴的许用合成应力为 $600 \sim 750\text{MPa}$。

3. 3/4 浮式半轴

3/4 浮式半轴的计算与半浮式类似，只是半轴的危险断面不同，其危险断面位于半轴与轮毂装配表面的内端。

3/4 浮式半轴和半轴齿轮一般采用渐开线花键相连，对花键应进行挤压应力和键齿切应力验算，且挤压应力应不大于 200MPa，切应力应不大于 73MPa。

5.5.3 半轴可靠性设计

在汽车设计中，可靠性已成为重要的技术指标之一。产品设计须考虑各参量的统计分散性，进行随机不确定分析，真实正确地反映产品的强度与受载等情况。

1. 可靠度计算

对于全浮式半轴来说，所受的扭转切应力 τ 按下式计算

$$\tau = \frac{16T}{\pi d^3} \tag{5-54}$$

式中，T 为半轴所传递的转矩；d 为半轴的直径。

根据二阶矩技术，以应力极限状态表示的状态方程为

$$g(X) = r - \frac{16T}{\pi d^3} \tag{5-55}$$

式中，r 为半轴材料的扭转强度；X 为基本随机变量矢量，$X = \begin{bmatrix} r & T & d \end{bmatrix}^T$。

设基本随机变量矢量 X 的均值 $E(X) = [\mu_r \quad \mu_T \quad \mu_d]^T$，方差 $D(X) = [\sigma_r^2 \quad 0 \quad 0 \quad \sigma_T^2 \quad 0 \quad 0 \quad \sigma_d^2]^T$，且认为这些随机变量是服从正态分布的相互独立的随机变量。$g(X)$ 是反映半轴状态和性能的状态函数，可表示半轴的两种状态：

$$\begin{cases} g(X) \leq 0 & \text{失败状态} \\ g(X) > 0 & \text{安全状态} \end{cases}$$

将 $g(X)$ 在均值 $E(X) = \overline{X}$ 处展开成二阶泰勒级数，可得到 $g(X)$ 的二阶近似均值 μ_g 和一阶近似方差 σ_g^2

$$\begin{cases} \mu_g = E[g(X)] = g(\overline{X}) + \dfrac{1}{2}\dfrac{\partial^2 g(\overline{X})}{\partial X^{T2}}D(X) \\ \sigma_g^2 = D[g(X)] = \dfrac{\partial g(\overline{X})}{\partial X^T}D(X) \end{cases} \quad (5\text{-}56)$$

不论 $g(X)$ 服从什么分布，可靠性指标都定义为

$$\beta = \mu_g/\sigma_g \quad (5\text{-}57)$$

可靠度的一阶估计量为

$$R = \varphi(\beta) \quad (5\text{-}58)$$

式中，$\varphi(\beta)$ 为标准正态分布函数。

2. 可靠性设计

给定半轴可靠度 R，查表得可靠性指标 β，由式（5-56）经推导整理得

$$(\mu_r^2 - \beta^2 \sigma_r^2)\mu_d^6 - 2\mu_r A \mu_d^3 + A^2 - \beta^2 B = 0 \quad (5\text{-}59)$$

式中，$A = \dfrac{16\sigma_T}{\pi} + \dfrac{96\mu_T}{\pi} \times (0.005)^2$；$B = \dfrac{256\sigma_T^2}{\pi^2} + \dfrac{2304\mu_T^2}{\pi^2} \times (0.005)^2$。

根据加工误差和 3σ 法则，取半轴直径标准差 σ_d 为 0.005 倍的半轴直径均值 μ_d，求解式（5-59）即可求得半轴最小直径的均值 μ_d 和标准差 σ_d。

5.5.4 半轴结构设计

半轴结构设计应注意以下几项：

1) 全浮式半轴杆部直径可按下式初步选取，即

$$d = K\sqrt[3]{M_\varphi} \quad (5\text{-}60)$$

式中，d 为半轴杆部直径（mm）；M_φ 为半轴计算转矩（N·mm），按式（5-44）计算；K 为直径系数，取 0.205 ~ 0.218。

根据初选的 d，按前面的应力公式进行强度校核。

2) 半轴的杆部直径应不大于半轴花键的底径，以便使半轴各部分基本达到等强度。

3) 半轴的破坏形式大多是扭转疲劳损坏，在结构设计时应尽量增大各过渡部分的圆角半径，尤其是凸缘与杆部、花键与杆部的过渡部分，以减少应力集中。

4) 杆部较粗且外端凸缘也较大时，可采用两端用花键连接的结构。

5) 设计全浮式半轴杆部的强度应低于驱动桥其他传力零件的强度，使半轴起到"熔丝"的作用。通过半浮式半轴直接连接车轮，应视为保安件。

5.6 驱动桥壳设计

驱动桥壳的主要功用是支承汽车质量,承受由车轮传来的路面的反力和反力矩,并经悬架传给车架(或车身),它也是主减速器、差速器、半轴的装配基体。

驱动桥壳的设计应满足的要求如下:

1) 应具有足够的强度和刚度,以保证主减速器齿轮啮合正常并不使半轴产生附加弯曲应力。

2) 在保证强度和刚度的前提下,尽量减小质量以提高汽车行驶平顺性。

3) 保证足够的离地间隙。

4) 结构工艺性好,成本低。

5) 保护装于其上的传动部件并防止泥水浸入。

6) 拆装、调整、维修方便。

5.6.1 驱动桥壳结构方案分析

驱动桥壳大致可分为可分式、整体式和组合式三种形式。

1. 可分式桥壳

可分式桥壳(图 5-32)有一个分为左右两部分的垂直接合面,两部分通过螺栓连接。每一部分均由一个铸造壳体和一个压入其外端的半轴套管组成,轴管与壳体用铆钉连接。

可分式桥壳的优点包括:结构简单,制造工艺性好,主减速器支承刚性好。相应地,其缺点为:拆装、调整、维修很不方便,桥壳的强度和刚度受结构的限制,曾用于轻型汽车上,现已较少使用。

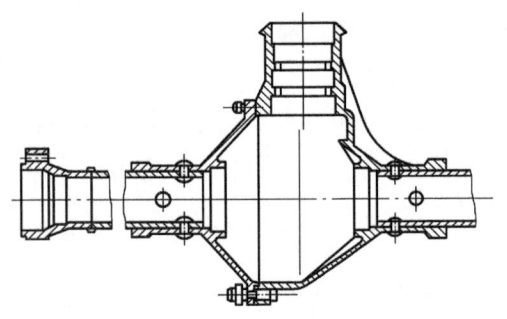

图 5-32 可分式桥壳

2. 整体式桥壳

整体式桥壳(图 5-33)的特点是整个桥壳是一根空心梁。其优点包括:强度和刚度较大,主减速器拆装、调整方便等。

整体式桥壳按制造工艺的不同,可分为铸造式(图 5-33a)、钢板冲压焊接式(图 5-33b)和扩张成形式三种。

铸造式桥壳的强度和刚度较大,但质量大,加工面多,制造工艺复杂,主要用于较大质量的货车上。钢板冲压焊接式和扩张成形式桥壳质量小,材料利用率高,制造成本低,适于大量生产,广泛应用于乘用车和较小质量的商用车。

3. 组合式桥壳

组合式桥壳(图 5-34)将主减速器壳与部分桥壳铸为一体,而后用无缝钢管分别压入壳体两端,两者间用塞焊或销钉固定。其优点包括:从动齿轮轴承的支承刚度较高,主减速器的装配、调整比可分式桥壳方便。但是组合式桥壳要求有较高的加工精度,常用于乘用车和质量较小的商用车上。

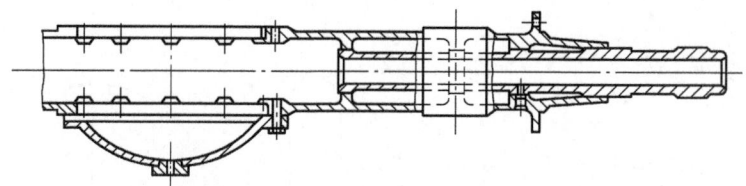

a) 铸造式

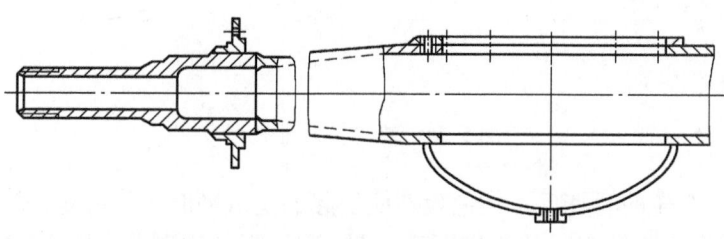

b) 钢板冲压焊接式

图 5-33　整体式桥壳

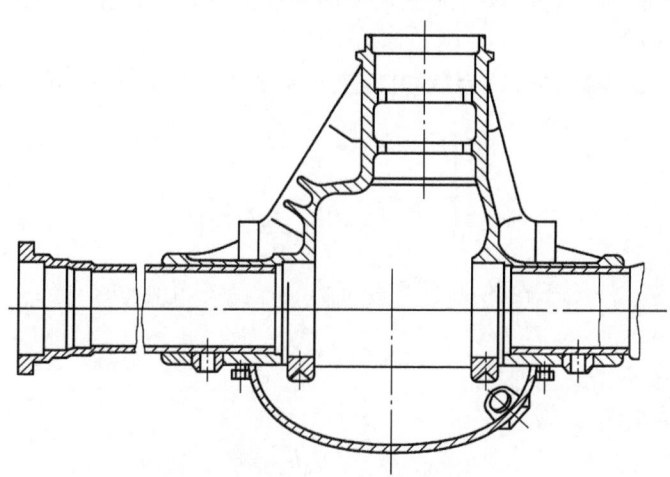

图 5-34　组合式桥壳

5.6.2　驱动桥壳强度计算

对于具有全浮式半轴的驱动桥，强度计算的载荷工况与半轴强度计算的三种载荷工况相同。图 5-35 所示为驱动桥壳受力情况，桥壳的危险截面通常在钢板弹簧座内侧附近，桥壳端部的轮毂轴承座根部也应列为危险断面并进行强度验算。

（1）牵引力或制动力最大时

此时桥壳钢板弹簧座处为危险断面，其弯曲应力 σ 和扭转切应力 τ 分别为

$$\begin{cases} \sigma = \left(\dfrac{M_v}{W_v} + \dfrac{M_h}{W_h} \right) \\ \tau = \dfrac{T_T}{W_T} \end{cases} \quad (5\text{-}61)$$

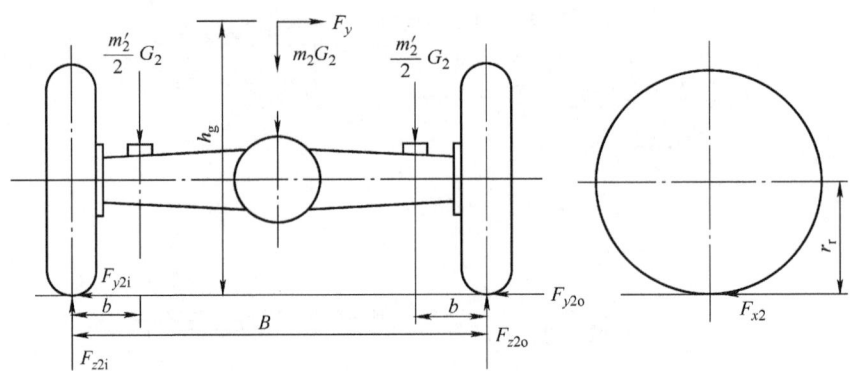

图 5-35 桥壳受力简图

式中，M_v 为地面对车轮的垂直反力在危险断面引起的垂直平面内的弯矩，$M_v = m_2' G_2 b/2$，b 为轮胎中心平面到钢板弹簧座间的横向距离；M_h 为一侧车轮上的牵引力或制动力 F_{x2} 在水平面内引起的弯矩，$M_h = F_{x2} b$；T_T 为牵引或制动时，上述危险断面所受转矩，$T_T = F_{x2} r_r$；W_v、W_h、W_T 为危险断面处的垂直平面和水平面弯曲的抗弯截面系数及抗扭截面系数。

(2) 侧向力最大时

此时桥壳内、外钢板弹簧座处为危险断面，其弯曲应力 σ_i、σ_o 分别为

$$\begin{cases} \sigma_i = \dfrac{F_{z2i}(b + \varphi_1 r_r)}{W_v} \\ \sigma_o = \dfrac{F_{z2o}(b - \varphi_1 r_r)}{W_v} \end{cases} \quad (5\text{-}62)$$

式中，F_{z2i}、F_{z2o} 为内、外侧车轮的地面垂直反力；r_r 为车轮滚动半径；φ_1 为侧滑时的附着系数。

(3) 当汽车通过不平路面时

危险断面的弯曲应力 σ 为

$$\sigma = \dfrac{kG_2 b}{2W_v} \quad (5\text{-}63)$$

桥壳的许用弯曲应力为 300~500MPa，许用扭转切应力为 150~400MPa。可锻铸铁桥壳取较小值，钢板冲压焊接桥壳取较大值。

第6章

悬架设计

6.1 概述

6.1.1 悬架的基础及分类

悬架是现代汽车的重要组成部分，悬架的主要功能是在车轮和车架之间传递所有的力和力矩，减少来自路面的冲击载荷和由这些载荷引起的振动，确保驾驶的平稳性，确保车轮在路面不平或载荷变化时具有理想的运动特性，并确保汽车的操纵稳定性。

悬架的主要组成部分是阻尼器、弹性元件、导向器、缓冲块和侧向稳定器。导向装置主要由一个导杆系统组成。导杆决定了车轮相对于框架（或车身）的运动特性，除了弹性元件传递的垂直力之外，还传递不同的力和力矩。当纵向安装的板簧被用作弹性元件时，它们结合了弹性元件和导向装置的功能。缓冲块的功能是减少车轴对车架和车身的直接冲击，防止弹性车身过度变形。它减少了车辆在转弯时的侧向外倾角和行驶时的侧向角振动。

悬架系统根据车辆的导向机构可以分为非独立式和独立式，如图6-1所示。悬架系统根据行驶过程中阻尼力或刚度是否发生变化，可分为被动式、半主动式和主动式，半主动式悬架还可分为无级式和渐进式。半主动悬架和主动悬架应用更为广泛，因为人们对舒适性要求比较高。

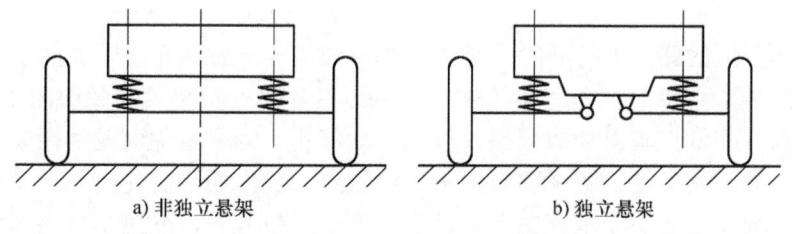

a) 非独立悬架　　　　b) 独立悬架

图6-1　悬架的结构形状草图

非独立悬架结构的特点是，两侧车轮通过一个集成轴连接，然后通过悬架与车架（或车身）连接。在发生撞击的情况下，左轮和右轮将相互影响。如果车轮上下移动有微小的变化，使用弹性板簧可以提供恒定的引导，简化悬架结构并降低成本。如图6-1所示，纵向钢板弹簧被用作弹性元件，同时它是一个具有导向作用的非独立悬架。其主要优点是结构简单、易于制造、易于维护和操作可靠。其缺点是：限于整车的布局，特别是对于前悬架，钢板弹簧的长度有限而刚度较大，导致行驶时平顺性差；簧下质量大；在不平整的路面上行驶时，左右车轮相互影响，造成车轴（轮轴）和车身倾斜；当汽车在不平坦的道路上直线行驶时，左轮和右轮会反向跳动或只有一侧跳动，导致车轴转向特性变差；在弯道上行驶时，离心力会产生不利的轴转向特性；车轴上方必须有相应的弹簧行程空间。非独立前悬架主要用作载货车和客车的前后悬架，以及一些乘用车的后悬架。

独立悬架的特点是，左、右车轮通过各自的悬挂与车架（或车身）相连。其主要优点是：簧下质量小；所占空间较小；弹性车身只受垂直力的作用；可以使用刚度较小的弹簧；降低了车身振动的频率，汽车的平稳性提高；发动机的位置可以降低，左、右车轮的运动不会相互影响，车身的倾斜度也较小。左、右车轮不容易受到振动的影响，即使在不平坦的路面上也能与地面良好接触。与非独立悬架相比，独立悬架有以下缺点：结构更复杂，技术要求更高，生产成本更高，维护成本更高，维修更困难，行驶时更容易改变前轮的位置和轮距，轮胎磨损更大。独立悬架主要用于乘用车、一些轻型载货车、公共汽车和越野车。独立悬架也分为横臂悬架、麦弗逊悬架、纵臂悬架、多连杆悬架和拖曳臂悬架。

一个合格的悬架的设计要求是：
1）保证车辆的行驶平顺性，提高舒适性。
2）有足够的能力来衰减振动。
3）保证汽车具有良好的操纵稳定性。
4）确保转弯时纵向倾斜度小，横向倾斜度适当，车辆在制动和加速时稳定。
5）良好的隔声效果。
6）结构紧凑，占用空间小。
7）使用具有足够强度和寿命的轻量化材料，能够可靠地传递车架（或车身）和车轴（或车轮）之间的各种力和力矩。

为了使汽车能够舒适地行驶，由弹簧和橡胶上的质量组成的振动系统的自然频率必须在适当的频率范围内，并尽可能地低。匹配前后悬架的自然频率是合理的，对于乘用车来说，前悬架的自然频率应略低于后悬架的自然频率，以尽可能避免悬架与车架或车身之间的碰撞。在簧上质量发生变化的条件下，最好使用具有非线性弹性特性的悬架来避免车身高度的突然变化。

当汽车在不平坦的路面上行驶时，悬架的弹性效应会导致汽车上下振动。为了迅速减少这种振动，并减少车身和车轮之间的共振，有必要在悬架上安装具有足够阻尼力的减震器。通过使用阻尼器，降低汽车振动的振幅，直到振动停止。为了避免前轮的振动，必须正确选择悬架方案和参数，使车轮上下运动时主销的定位角不发生明显变化，并且车轮的运动与导向机构相协调。独立悬架引导系统在铰链处应使用橡胶衬套，以隔离车身与车轮撞击路面的影响。

6.1.2 新型悬架

随着科技的发展，现在也出现了许多新型悬架系统，如电磁式主动悬架、油气主动悬架和馈能悬架等。

1. 电磁式主动悬架

电磁式主动悬架在显著改善车辆乘坐舒适性的同时，结合车身姿态控制系统，极大地提升了车辆操纵稳定性。但由于其成本较高、结构较为复杂，因此其应用并不广泛。近年来，电磁式主动悬架技术开始装备于一些高档乘用车上。

普通悬架的减振器内有一个密封腔，腔内有一个活塞，活塞两侧的空腔都充满液压油，活塞上设置有节流孔。当活塞杆推动活塞在密封腔内运动时，液压油通过节流孔由高压侧流向低压侧从而抑制螺旋弹簧的压缩和回弹，起到吸收震动的作用。一般来说，这种减振器的阻尼特性是固定的。更好一点的减振器可以通过底部的旋钮调节悬架减振器的软硬。调节时需要手动操作，在行驶时一般不能进行调节。因此这种减振器无法根据路况实时调整阻尼特性。

图 6-2a 为电磁式主动减振器结构示意图，图 6-2b 为减振器作动力、速度特性图，与普通减振器不同的是电磁悬架的使用的是内部充满磁流变液体的减振器。电磁悬架减振器的结构与传统的悬架减振器相似。但电磁悬架减振器内部采用了磁流变液体。在活塞上还设置有线圈，对线圈通电能够产生磁场而改变位于节流孔中的磁流变液体的属性，从而改变电磁悬架减振器的阻尼特性。通过线圈的电流越大，悬架则越"硬"。

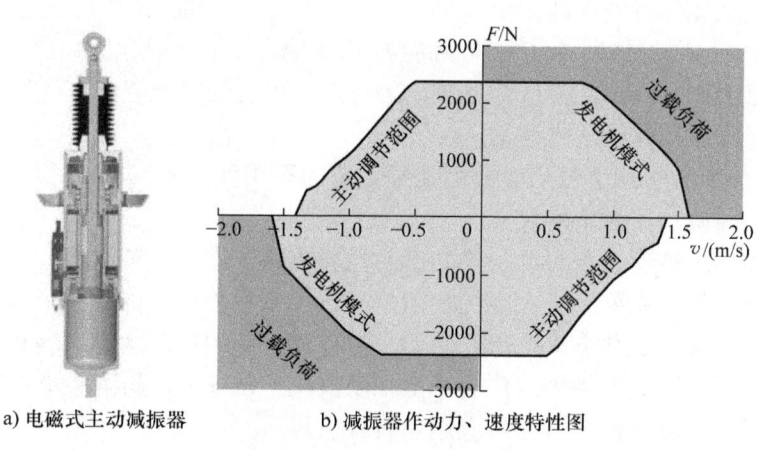

a) 电磁式主动减振器　　b) 减振器作动力、速度特性图

图 6-2　电磁式主动减振器

主动式电磁悬架的性能优势在于使用电磁悬架的车辆的操纵性比普通悬架要好。在车辆动力学分析中，使用电磁悬架的车辆转向响应更为迅速。而在转向盘角阶跃试验中，使用电磁悬架的车辆的行驶轨迹更短，这表明车辆的操纵性更好。在车辆弯道性能测试中，电磁悬架可以每秒上千次地调整悬架阻尼值，增强车辆悬架过弯时的支撑性以及轮胎侧向抓地力，减小了车身侧倾。在颠簸路面的加速测试中，电磁悬架限制了车身跳动，让轮胎时刻与地面接触从而获得更好加速性能。电磁悬架在舒适性上与传统悬架相比也有一定提高。在滤除车身低频振动以及高频路噪性能上，电磁悬架比传统悬架有明显优势。

总结一下，使用电磁悬架的汽车，能够根据路况和驾驶风格动态调节悬架的特性，弯道极限更高，在颠簸路面的贴地性更好。电磁悬架除了提升车辆的操控性能外，舒适性也会比传统悬架要好。

2. 油气主动悬架

油气悬架是以油气弹簧为弹性元件的主动悬架，它以气体作为弹性介质，油气弹簧中的气体通常是惰性气体（常选择氮），液体作为传力介质，不但具有良好的缓冲能力，还具有减振作用，同时还可调节车架的高度，由于其成本较高，一般应用于重型车辆、大客车或者高档轿车，图 6-3 为一种油气悬架结构示意图。

油气悬架的主要特点有：

1）非线性刚度：传统的悬架刚度基本保持不变，而在油气悬架中，弹性元件的刚度具有非线性、渐增减的特点，这就可以提高车辆在平坦路面上行驶平顺性，在劣质路面上因悬架能够吸收较多的冲击能量而使车辆保持一定的行驶稳定性。

2）非线性阻尼：相对于传统的被动悬架，油气悬架能够更迅速地衰减振动，使汽车在行驶的过程中保持良好的舒适性。

3）车身高度自由调节：通过悬架缸的同时或单独调节，车身高度可上下、前后或左右升降，显著改善了车辆的通过性能和行驶性能。

4）刚性闭锁：通过切断液压缸与蓄能器及其他液压元件的连接油路，利用油液压缩性较小的特点，可使油气悬架处于刚性状态，这种条件下车辆可承受较大载荷并能缓慢移动。

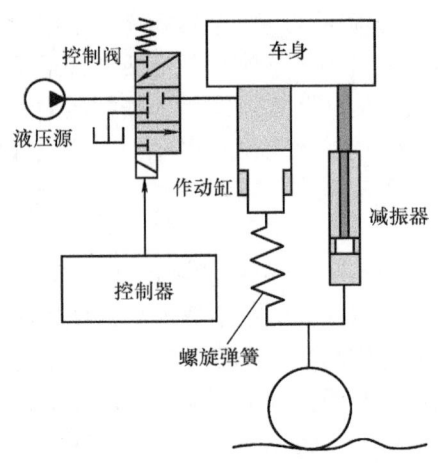

图 6-3　油气悬架结构示意图

5）单位储能比大：这个特点对应用油气悬架的军用和工程车辆有很大益处，在有效减小悬架的质量同时减小了悬架的尺寸。

油气悬架整体结构复杂，对油、气的密封性要求高，维修维护困难。油气悬架的特点使其特别适合重型车辆，主要用于大吨位自卸汽车、大型平板车，以及非公路车辆使用。国内油气悬架只有徐工集团、北方车辆研究所等少数单位研制的产品达到了装车要求，主要在少数工程自卸车及军工车辆上使用。代表车型如陕汽生产的 120T 宽体矿用自卸车和徐工宽体自卸车。油气悬架在载货汽车方面的应用还有待发展。

3. 馈能悬架

馈能悬架是指具有将车轮行驶过程中产生的振动能量进行一定量回收、存储并加以利用能力的悬架。馈能悬架可提升汽车的能效以及汽车的综合性能。

馈能型悬架主要分为四类：齿轮齿条式馈能悬架、滚珠丝杠式馈能悬架、直线电机式馈能悬架和曲柄连杆式馈能悬架。馈能悬架是一种涉及机械、电气、控制等多学科的新型减振系统，通过对馈能悬架文献的研究发现，馈能悬架至今难以产品化，存在的技术难题主要是以下四个方面：电机的零供电现象、能量回收与主动控制之间的矛盾、电压的存储问题、馈能悬架的整体控制技术不成熟。图 6-4 为一种齿轮齿条式馈能悬架结构示意图。

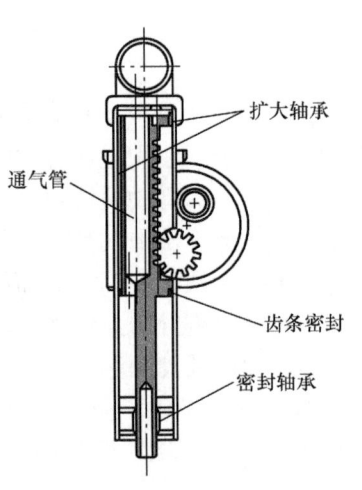

图 6-4　齿轮齿条式馈能悬架结构示意图

馈能悬架技术目前大多数停留在理论研究阶段，多数学者已经研究分析过工作原理、结构设计、可行性分析、馈能效率等方面，但完成试验测试工作的很少。一方面是因为馈能装置较为复杂、质量大、安装空间大、安装性差、不稳定等，这样就不利于实车的试验测试，馈能悬架的集成化和轻量化是制约馈能悬架产品化的关键因素。另一方面，馈能悬架的整体控制技术仍处于摸索中，还不成熟。虽然很多学者提出了各自的整体控制策略，但存在很多不成熟的方面，收到的实际效果也不好，这也是影响馈能悬架发展的技术难点。

但随着科技的不断发展，新材料、新技术不断涌现，相信馈能悬架技术也将迎来新的发展空间。

6.2 悬架的主要参数的确定

6.2.1 悬架的静挠度f_c

悬架的静挠度f_c是汽车满载时悬架上的载荷与悬架刚度之比，即$f_c = F_w/c$。由前后悬架质量和簧上质量组成的振动系统的固有频率，是影响汽车行驶平稳性的重要因素之一。由于现代汽车的质量分布系数ε约为1，可以认为汽车前、后轴上车身两点的振动没有关系。因此，车体前部和后部的固有频率n_1、n_2可以用以下公式表示

$$n_1 = \frac{\sqrt{c_1/m_1}}{2\pi}; \quad n_2 = \frac{\sqrt{c_2/m_2}}{2\pi} \tag{6-1}$$

式中，c_1，c_2为前、后悬架刚度（N/m）；m_1与m_2是前、后悬架的簧上质量（kg）。

对于具有线性变化的弹性特性的悬架，前、后悬架的静挠度可以用以下公式表示

$$f_{c1} = \frac{m_1 g}{c_1}; \quad f_{c2} = \frac{m_2 g}{c_2}$$

式中，g是重力加速度，一般取$g = 9.8 \text{m/s}^2$。

将上式代入式（6-1），我们得到

$$n_1 = 5/\sqrt{f_{c1}}; \quad n_2 = 5/\sqrt{f_{c2}} \tag{6-2}$$

对式（6-2）的分析表明，悬架的静挠度f_c对车体振动的偏频有直接影响。因此，为了确保良好的行驶性能，有必要选择一个适当的悬架静挠度。

在选择前、后悬架的静态挠度时，f_{c1}和f_{c2}的取值应是相近的，后悬架的静挠度f_{c2}小于前悬架的静挠度。这种选择的好处是，它可以防止车身产生过大的纵向角向振动。理论上，当车辆高速通过一个障碍物时，在$n_1/n_2 < 1$，纵向角振动小于$n_1/n_2 > 1$的车身，通常推荐$f_{c2} = (0.8 \sim 0.9)f_{c1}$。考虑到货车前、后轴载荷的差异和驾驶人的舒适性，取前悬架的静挠度值大于后悬架的静挠度值，一般建议$f_{c2} = (0.6 \sim 0.8)f_{c1}$。在设计小排量乘用车前后悬架的静态挠度时，后悬架的偏频应低于前悬架，以提高后座乘客的乘坐舒适性。

车辆平稳性的要求因车而异，乘用车对平稳性的要求最高，其次是货车。对于发动机排量小于1.6L的乘用车，前悬架偏频在1.00~1.45Hz，后悬架偏置频率在1.17~1.58Hz。一般来说，乘用车的发动机排量越大，悬架的偏频越低，要求在满负荷的情况下，前悬架偏频为0.80~1.15Hz，后悬架偏频为0.98~1.30Hz。

6.2.2 悬架的动挠度f_d

悬架的动挠度f_d是指当悬架从完全静态平衡位置到压缩到结构上允许的最大变形时（通常指当缓冲块被压缩到其自由高度的1/2或2/3），车轮中心相对车架（或车身）的垂直位移。在普通汽车中，悬架的动态挠度必须足够大，以避免在不平坦的路面上行驶时与缓冲块

频繁碰撞。乘用车的悬架动态挠度在 7~9cm 之间，卡车的动态挠度在 5~8cm 之间，而货车的动态挠度在 6~9cm 之间。

6.2.3 悬架的弹性特性

悬架受到的垂直外力 F 以及由此产生的车轮中心相对于车身的位移 f（悬架变形量）的曲线关系被称为悬架的弹性特性。这条曲线切线的斜率被称为悬架刚度。

悬架的弹性特性可分为两种类型：线性弹性特性和非线性弹性特性。当车辆悬架发生变形时，f 和垂直方向上的外力 F 之间的关系是成比例的，弹性特性是线性的，称为线性弹性特性，此时悬架的刚度是恒定的。当悬架变形 f 和垂直外力 F 不成比例变化时，其弹性特性如图 6-5 所示。

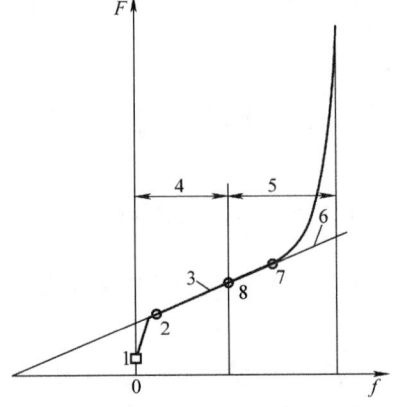

图 6-5 悬架的弹性特征曲线
1—缓冲器的恢复点
2—缓冲器在恢复过程中离开支承的点
3—主弹簧的弹性特征曲线
4—恢复行程　5—压缩行程
6—缓冲器被压缩时的弹性特征曲线
7—缓冲器被压缩时开始接触弹性支承的点
8—额定载荷点

在此过程中悬架的刚度是不断变化的，在满载位置附近（图 6-5 中 8 点），悬架的刚度低，曲线变化小，从而增加了平顺性。在距满载位置较远的两端，曲线变得陡峭，悬架刚度增大。因此相比线性悬架可以在有限的动挠度范围内，得到更多的动容量。悬架的动容量是指从静载荷位置开始，变形到结构所允许的最大变形量所消耗的功。悬架的动态容量越大，缓冲器失效的可能性就越小。

使用钢板弹簧的非独立悬架的弹性特性可以视为线性的，而带有副簧的钢板弹簧、空气弹簧和油气弹簧是具有刚度可变性和非线性弹性特性的悬架。

6.2.4 后悬架主弹簧和副弹簧的刚度分配

钢板弹簧一般用于货车的后悬架，通常采用主、副簧结构。此种悬架的弹性特性曲线如图 6-6 所示。负荷小的时候，副簧不工作，当负荷达到一定值时（图 6-6 中 F_K），副簧与托架接触，主、副簧同时开始工作。

副簧开始工作的载荷 F_K 与主弹簧和副弹簧之间的刚度分布受悬架的弹性特性以及主弹簧和副弹簧之间的载荷分布影响。一般来说，为了保证汽车的平稳性，从空载到满载的频率变化必须尽可能小，副弹簧参与运行前后悬架的频率变化也必须小。这两个条件不能同时满足。有两种具体确定方法：第一种方法是使副簧开始起作用时的悬架挠度 f_a 等于汽车空载时悬架的挠度 f_0，而使副簧开始起作用前一瞬间的挠度 f_K 等于满载时悬架的挠度 f_c。因此，它可以得到如下结果 $F_K = \sqrt{F_0 F_w}$。其中 F_0 和 F_w 分别为空载和满载时的悬架载荷。主簧和副簧的刚度之比为

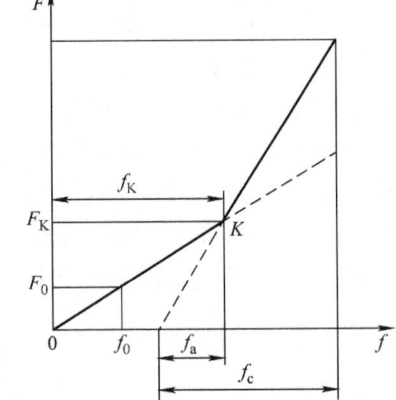

图 6-6 货车主、副簧为钢板弹簧结构的弹性特性

$$c_a/c_m = \sqrt{\lambda - 1}, \lambda = F_0/F_w \tag{6-3}$$

式中，c_a 为副簧的刚度，c_m 为主簧的刚度。

以这种方式确定的主簧刚度与副簧刚度之比，能使悬架在空载和满载工作范围内的振动频率变化最小，但在副簧与托架接触前后其振动频率变化会增加。

第二种方法是令副簧开始作用时的载荷等于空载和满载时悬架载荷的平均值，即 $F_K = 0.5(F_0 + F_w)$，F_0 与 F_w 之间的平均载荷等于所对应的频率 F_K 和 F_w，此时副簧刚度与主簧的刚度之比为

$$c_a/c_m = (2\lambda - 2)/(\lambda + 3) \tag{6-4}$$

以这种方式确定的主簧和副簧之间的刚度比能确保在副弹簧作用前后，悬架振动的频率变化较小。

6.2.5 悬架的侧倾角刚度以及前后轴之间的分配

悬架侧倾角刚度系数是指当簧上质量发生单位的侧倾角时，悬架对车身产生的弹性恢复力矩。悬架侧倾角刚度系数影响簧上质量的侧倾角，汽车侧倾角刚度过低或过高都会使驾驶人产生不适感。如果汽车侧倾角刚度过大且侧倾角过小，驾驶人缺乏发生侧翻的感觉，而同时轮胎的侧偏角增大。当这种情况发生在后轮时，会使汽车产生过度转向特性。对于侧向惯性为 0.4 的车身重量，乘用车车身侧倾角在 2.5°~4°，货车车身侧倾角不超过 6°~7°。

此外，当汽车转弯行驶时，在 $0.4g$ 的侧向加速度作用下，前、后轮侧偏角之差 $\delta_1 - \delta_2$ 应当在 1°~3°范围内。在设计过程中还必须考虑悬架在前后轴上的横向刚度分布，因为它影响到前后轮的横向偏转量，从而影响到转向特性。为了满足车辆轻微不足转向特性的需要，汽车前轴上轮胎的侧偏角必须略大于后轴。这意味着，前悬架的侧倾角刚度需要略大于后悬架的侧倾角刚度。对于乘用车来说，前后悬架的侧倾角刚度比通常为 1.4~2.6。

6.3 钢板弹簧的设计及计算

1. 钢板弹簧布置方案

汽车中的钢板弹簧有纵置和横置两种布置方式。在横向安装钢板弹簧的情况下，因为需要传递纵向力，所以必须安装导向装置，这使结构复杂化并增加了质量，因此很少有汽车使用这种系统。纵置可以传递各种力和力矩，而且结构简单，因而在汽车上被广泛使用。纵置钢板弹簧根据其结构特点分为对称型和不对称型。如果一个钢制弹簧的中心被固定在一个轴上，并且与弹簧两端的吊耳中心是等距的，它被称为对称的钢制弹簧；如果它们不是等距的，它被称为不对称的钢制弹簧。汽车上使用的一般是对称的钢板弹簧，非对称钢板弹簧用于改善车轴载荷的分布。

2. 钢板弹簧主要参数的确定

在计算钢板弹簧参数之前，需要知道以下初始条件：满载静止条件下汽车前后轴上的载荷 G_1 和 G_2 和簧下部分荷重 G_{u1} 和 G_{u2}。各钢板弹簧的载荷也相应地被计算出来：$F_{w2} = (G_{u1}, G_{u2})/2$，悬架的静挠度 f_c 及动挠度 f_d 等。

（1）满载弧高 f_a

满载弧高 f_a 是汽车满载时钢板弹簧主片顶部的最大高度与两端连接线（不包括片内径半

径）的差值（图 6-7）。f_a 用于保持汽车的高度不变，当 $f_a = 0$ 时，钢板弹簧在对称位置工作。考虑到钢板弹簧在使用过程中的塑性变形的影响，并在车架高度受限时获得足够的动挠度值，一般 $f_a = 10 \sim 20 \text{mm}$。

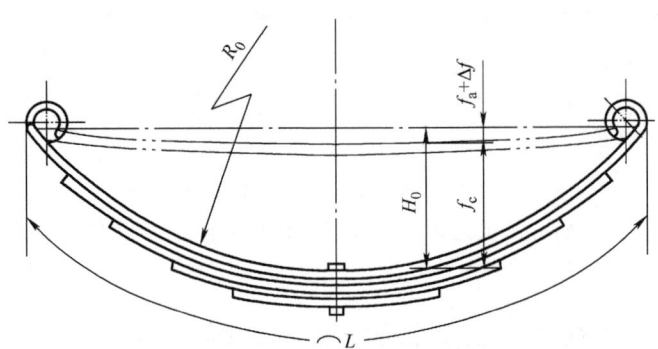

图 6-7 钢板弹簧总成在自由状态下的弧高

（2）钢板弹簧长度 L

钢板弹簧长度 L 是指弹簧伸直后两卷耳中心之间的距离。延长钢板弹簧的长度 L 可减少弹簧上的应力，从而增加弹簧的寿命，降低弹簧的刚度，提高车辆的平顺性，在给定垂直刚度 c 的情况下，又可以明显增加钢板弹簧的纵向角刚度。

钢板弹簧的纵向角刚度是钢板弹簧发生单位纵向旋转角度时，产生的作用到钢板弹簧上的纵向力矩值。增加钢板弹簧的纵向角度刚度可以减少由于车轮的扭转力矩引起的弹簧变形，但选择太长的钢板弹簧会使车辆部件难以定位。一般来说，在一般布置条件下，钢板弹簧应尽可能长。一般情况下：乘用车 $L = (0.40 \sim 0.55)$ 轴距；货车前悬架，$L = (0.26 \sim 0.35)$ 轴距，后悬架 $L = (0.35 \sim 0.45)$ 轴距。

（3）钢板断面尺寸和片数

1）钢板截面宽度 b 影响到钢板弹簧的刚度和强度，可以根据等截面的简支梁的公式计算，并通过添加挠度增加系数 δ 进行修正。因此，钢板弹簧所需的总惯性矩 J_0 可以根据简单支撑梁的修正公式计算。对于对称的钢板弹簧

$$J_0 = \frac{(L-KS)^3 c \delta}{48E} \tag{6-5}$$

式中，S 为 U 形螺栓中心距（mm）；K 为考虑到 U 形螺栓夹紧弹簧后的无效长度系数（刚性夹紧：$K = 0.5$，挠性夹紧：$K = 0$）；c 为钢板弹簧垂直刚度（N/mm），$c = F_w/f_c$；δ 为挠度增大系数（先确定与主片等长的重叠片数 n_1，再估计一个总片数 n_0，求得 $\eta = n_1/n_0$，然后用 $\delta = 1.5/[1.04(1+0.5\eta)]$ 初定 δ）；E 为材料的弹性模量（MPa）。

钢板弹簧的总横截面积系数 W_0 由以下公式计算

$$W_0 \geq \frac{F_w(L-ks)}{4[\sigma_w]} \tag{6-6}$$

式中，$[\sigma_w]$ 为许用弯曲应力，当使用表面经过喷丸处理的钢材，如 55SiMnVB 或 60Si2Mn 时，前弹簧和平衡悬架弹簧的允许弯曲应力为 $350 \sim 450 \text{MPa}$，后主弹簧的允许弯曲应力为 $450 \sim 550 \text{MPa}$，而后副簧为 $220 \sim 250 \text{MPa}$。

钢制板簧的平均厚度h_p是通过下式来计算的

$$h_p = 2J_0W_0 = \frac{(L-ks)^2\delta[\sigma_w]}{6Ef_e} \tag{6-7}$$

得到h_p后,下一步是选择钢板弹簧板的片宽b。增加钢板板簧的片宽可以增加卷耳的强度,但也会增加板簧受外力倾斜时的扭转应力。前悬架上使用较宽的片宽会影响转向盘的最大旋转角度,而较窄的片宽会增加弹簧钢片的数量,从而增加它们之间的摩擦和弹簧的总厚度。建议的片宽与片厚之比b/h_p为6~10。

2)钢板弹簧片的厚度h。等厚度和矩形截面的钢板弹簧的总惯性矩J_0可以通过以下公式计算出来

$$J_0 = nbh^3/12 \tag{6-8}$$

由上式可知,改变片数n、片厚h和片宽b都会影响总惯性矩J_0。结合式(6-5)可知总惯性矩的变化也影响到钢板弹簧的垂直刚度c,这反过来又影响到车辆的平顺性。对钢板弹簧的总惯性矩影响最大的是钢板厚度h。钢板弹簧最好各片厚度相等,但由于主片的使用环境恶劣,为了强化主片及卷耳,通常会将主片做得更厚,而将其他片做得稍薄。在这种情况下,每副钢板弹簧的厚度不应超过三组。每一片的寿命应保持相近,使最厚的一片与最薄的一片的厚度比不超过1.5。

最后,钢板的横截面尺寸中的h和b必须符合国家型材规范的尺寸。

3)矩形截面的钢板弹簧的中心轴位于钢板横截面的对称位置(图6-8a)。在工作状况下,拉应力施加在一侧,压应力施加在另一侧。且上下表面的名义拉应力和压应力的绝对值是相等的。由于钢材的抗拉性能比抗压性能低,疲劳破坏往往首先发生在拉应力一侧。在其他截面形状的叶片中(图6-8中的b、c和d),中性轴向上移动,使拉应力的绝对值在拉应力侧较低,压应力的绝对值在受压侧较高,从而改善了截面中的应力分布,提高了钢板弹簧的疲劳强度,降低了近10%的材料成本。

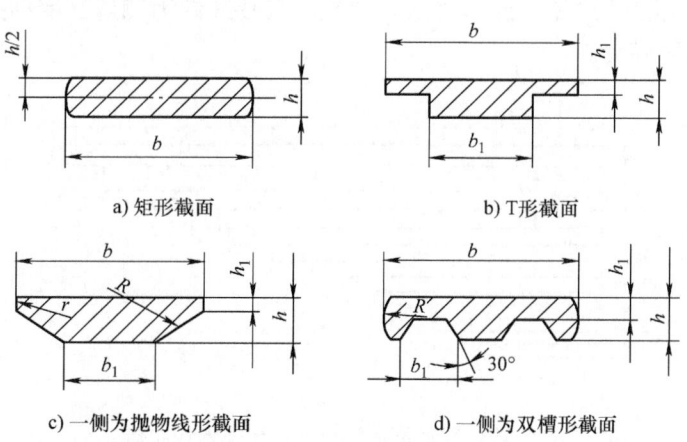

图6-8 叶片的断面形状

4)减少钢板弹簧的片数n适合加工和装配,减少板块之间的干摩擦,提高行驶平顺性。然而钢板弹簧的数量越少,相比同等强度的梁其材料的使用效率就越低。多片式钢板弹簧一般选择6~14片,对于总重量在14t以上的货车,最多可选择20片。

3. 钢弹簧各片长度

厚度恒定、宽度连续变化的单片钢板弹簧是等强度梁，其形状类似菱形；由两块三角形钢板组成的钢板弹簧被分成若干块等宽的钢板，按长度顺序排列并叠加在一起，形成近似效果的钢板弹簧。在实际中，钢板弹簧不可能是三角形的，因为必须有一定的宽度才能将钢板弹簧的中部固定在轴上，并通过两个吊耳可靠地传递力。因此，在实践中，最好使用矩形中心的双梯形钢板弹簧（图6-9）而不是三角形钢板弹簧。

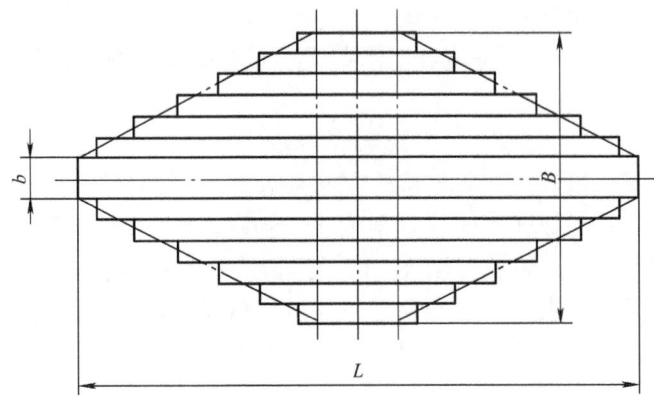

图6-9　双梯形的钢板弹簧

这些钢弹簧的宽度相同，但长度不同。钢板弹簧的长度是基于这样的原则：当钢板实际展开时，它类似于梯形梁的形状。首先，假设每片的厚度不同，具体步骤是首先在与图中纵坐标相同的刻度上绘制每块厚度 h 的立方值（图6-10），然后沿横坐标测量主件的一半长度 $L/2$ 和 U 形螺栓的一半中心距 $s/2$，得出 A、B 两点，连接这两点得到三角形的钢板弹簧展开图。AB 线与各叶片的上侧边交点为各片长度。如果存在与主片等长的重叠片，就从 B 点到最后一个重叠片的上侧边端点连一直线，此直线与各片的上侧边交点即为各片长度。各片实际长度需经圆整后确定。

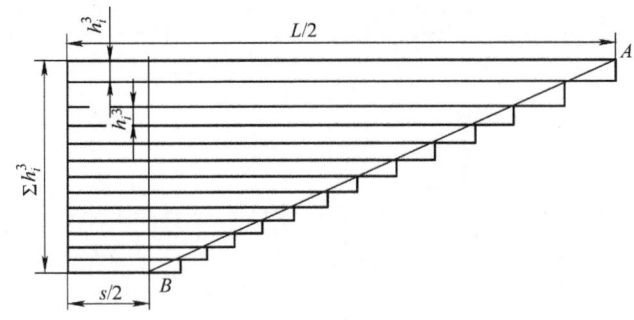

图6-10　确定钢板弹簧各片长度的作图法

4. 钢板弹簧的刚度检查

在钢板弹簧的设计完成之前，相关的挠度增加系数 δ，惯性矩 J_0，弹簧片末端的形状和弹簧片的长度还没有被确定得足够精确，所以需要进行刚度校准。使用共同曲率法计算钢板弹簧刚度的前提条件是，假设同一截面上各片的曲率变化值是相同的，各片所承受的弯矩与

惯性矩成正比，同时该截面上各片的弯矩之和等同于外力所引起的弯矩。刚度验算公式为

$$c = 6\alpha E / \left[\sum_{k=1}^{n} a_{k+1}^3 (Y_k - Y_{k+1}) \right] \quad (6-9)$$

与此同时

$$a_{k+1} = (l_1 - l_{k+1}) \qquad Y_k = 1 / \sum_{i=1}^{k} J_i \qquad Y_{k+1} = 1 / \sum_{i=1}^{k+1} J_i$$

式中，α 是经验校正系数，$\alpha = 0.90 \sim 0.94$；E 是材料的弹性模量；l_1、l_{k+1} 是主件的长度和第 $k+1$ 片的长度。

式（6-9）中主片的一半 l_1，假如用中心螺栓到卷耳中心之间的距离来代替，得出的刚度就是钢板弹簧总成的自由刚度 c_j；假如用有效长度 $l'_1 = l_1 - 0.5ks$ 代入式（6-9），则求出的刚度值为钢板弹簧总成的夹紧刚度 c_z。

5. 自由状态下钢板弹簧总成的弧高和曲率半径

1) 自由状态下钢板弹簧总成的弧高为 H_0，在每个钢板弹簧片组装完成后，且预压和安装 U 形螺栓之前，主片顶部和两端连接线之间的最大高度差（图6-11）被称为自由状态下钢板弹簧总成的弧高 H_0，它的计算公式如下

$$H_0 = f_c + f_a + \Delta f \quad (6-10)$$

式中，f_c 为静挠度；f_a 为满载弧高；Δf 为用 U 形螺栓夹紧后导致钢板弹簧组件的弧高变化，用公式计算

$$\Delta f = \frac{s(3L-s)(f_c + f_a)}{2L^2} \quad (6-11)$$

s 是 U 形螺栓的中心距，L 是钢板弹簧主叶片的长度。

2) 确定钢板弹簧各片在自由状态下的曲率半径。

自由状态下的钢板弹簧总成的曲率半径

$$R_0 = L^2 / (8H_0)$$

钢板弹簧组装后产生预应力，这个值决定了自由状态下的曲率半径。之所以各片自由状态下的曲率半径不同（见图6-11），是为了使每片钢板弹簧能更好地贴合，这样可以减少主体部分的工作应力，使每片的寿命更接近。自由状态下钢板弹簧的曲率半径，矩形截面的钢板弹簧的曲率半径可以通过以下公式得到

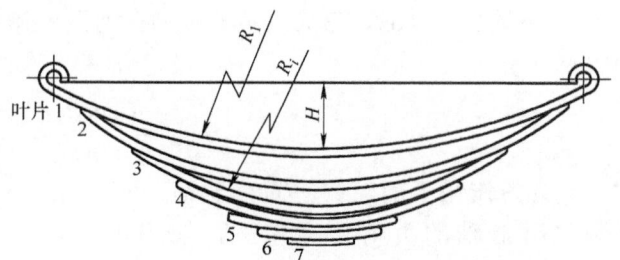

图 6-11 每片弹簧自由时的曲率半径

$$R_i = R_0 / \left(1 + \frac{2\sigma_{0i} R_0}{E h_i} \right) \quad (6-12)$$

式中，R_i 是指第 i 片弹簧自由状态下的曲率半径（mm）；R_0 是自由状态下板弹簧组件的曲率半径（mm）；σ_{0i} 是各片弹簧预应力（MPa）；E 是材料的弹性模量（MPa），此处取 $E = 2.1 \times 10^5$ MPa；h_i 是第 i 片弹簧的厚度（mm）。

在确定自由状态下钢板弹簧总的曲率半径 R_0 和每片弹簧的预紧应力 σ_{0i} 后，可以用

式（6-12）计算出来各片弹簧在自由状态下的曲率半径 R_i。在选择每个弹簧的预应力时，要求各片弹簧之间的间隙在装配前不能太大，装配后能很好地配合，主片和相邻长片的应力能充分降低，主片和相邻长片有足够的使用寿命。这意味着，如果钢板弹簧片的厚度相同，每片的预应力值不应该选择太高。如果钢板弹簧的厚度不一样，较厚叶片的预应力可能会更高些。建议主片根部的工作应力和预应力叠加后产生的合成应力应在 300～350MPa 范围内。

在确定每个弹簧片的预应力时，可以从理论上假设每个弹簧片根部的预应力引起的力矩为 M_i 的代数和为零，即

$$\sum_{i=1}^{n} M_i = 0 \tag{6-13}$$

如果第 i 片弹簧片的片长为 L_i，则弹簧的弧高为

$$H_i \approx L_i^2 / (8R_i) \tag{6-14}$$

6. 钢板弹簧总成弧高

由于自由状态的钢板弹簧每片的曲率半径 R_i 是由选取预应力 σ_{0i} 后由式（6-12）计算，受到预应力 σ_{0i} 的影响其计算结果会有所不同。因此需要核验钢板弹簧总成的弧高。

根据最小势能原理，钢板弹簧总成的稳态平衡被认为是各个部分的势能之和最小的状态，因此等厚叶片弹簧的 R_0 为

$$\frac{1}{R_0} = \sum_{i=1}^{n} (L_i / R_i) / \sum_{i=1}^{n} L_i \tag{6-15}$$

式中，L_i 是指钢板弹簧第 i 片的长度。

钢板弹簧总成的弧高为

$$H \approx L^2 / (8R_0) \tag{6-16}$$

公式（6-16）和公式（6-10）的结果应该是相近的，如果有明显的差异，应该重新选择各片的预应力并重新计算。

7. 钢板弹簧的强度验算

1）在紧急制动时，最大的负荷施加在前钢板弹簧上，最大的应力 σ_{max} 产生在后半部分，其值为

$$\sigma_{max} = \frac{G_1 m_1' l_2 (l_1 + \varphi c)}{(l_1 + l_2) W_0} \tag{6-17}$$

式中，G_1 为作用于前轮的垂直静载荷；m_1' 是制动时前轴的负荷传递系数，乘用车 $m_1' = 1.20\sim1.40$，货车 $m_1' = 1.40\sim1.60$；l_1、l_2 为钢板弹簧前、后段长度；φ 为道路附着系数，取 0.8；W_0 为钢板弹簧的总截面系数；c 为钢板弹簧的固定点到路面的距离（见图 6-12）。

2）当汽车行驶时，后钢板弹簧承受最大的负荷，后钢板弹簧承受最大的应力 σ_{max} 是按以下公式计算的

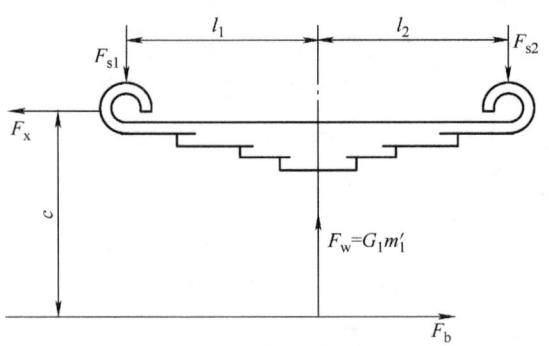

图 6-12 汽车制动时钢板弹簧的受力图

$$\sigma_{max} = \frac{G_2 m_2' l_1 (l_2 + \varphi c)}{(l_1 + l_2) W_0} + G_2 m_2' \varphi / b h_1 \quad (6\text{-}18)$$

式中，G_2 为作用于后轮的垂直静载荷；m_2' 为驾驶乘用车时后轴的负荷传递系数；φ 为道路附着系数；b 是钢板弹簧片的宽度；h_1 是钢板弹簧主片的厚度。

在通过不平坦的路面时，也必须验算钢板弹簧的强度，许用应力设为 1000MPa。

3) 钢制弹簧卷耳和弹簧销的强度校核。

钢制弹簧主片的卷耳受力如图 6-13 所示。卷耳的应力 σ 是弯曲和拉伸应力的合成应力，即

$$\sigma = \frac{3F_x (D + h_1)}{b h_1^2} + F_x / (b h_1) \quad (6\text{-}19)$$

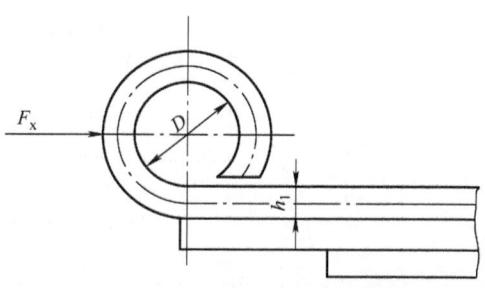

式中，F_x 是沿弹簧纵向作用于卷耳中心线的力；D 是卷耳的内径；b 是板弹簧的宽度；h_i 是主片的厚度。

图 6-13 钢制弹簧主片卷耳受力图

许用应力 $[\sigma]$ 被设定为 350MPa。

钢板弹簧销需要验算其受静载荷时受到的挤压应力：

$$\sigma_z = F_s / (bd) \quad (6\text{-}20)$$

式中，F_s 是钢片弹簧末端在满载时的载荷；b 是卷耳处的叶片宽度；d 是钢板弹簧销直径。

对于液体碳氮共渗的 30 和 40 钢，弹簧销的许用挤压应力 $[\sigma_z] = 3 \sim 4$MPa；对于渗碳的 20 或 20Cr 钢以及感应淬火的 45 钢，许用挤压应力为 $[\sigma_z] = 7 \sim 9$MPa。最常见的钢制弹簧的材料是 55SiMnVB 钢和 60Si2Mn 钢。为了提高钢板弹簧的使用寿命，经常使用钢制弹簧的表面喷砂和减少表面脱碳层深度的措施。

8. 少片弹簧

乘用车和一些商用车的板簧片数较少，它们是由 1 到 3 个长度和宽度相同但截面不同的板簧片组合而成（图 6-14）。

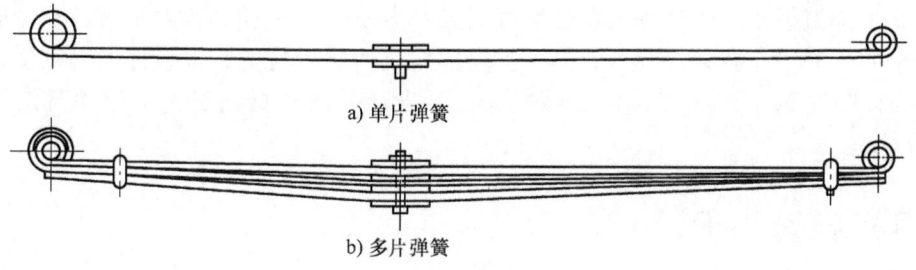

a) 单片弹簧

b) 多片弹簧

图 6-14 单片弹簧和多片弹簧

少片弹簧是变厚度截面，在比多片弹簧减少 20% 到 40% 的重量的同时保持相同的强度特性。为了减少钢板之间的摩擦，在钢板之间放置塑料垫片或者做成只在端部接触。图 6-15 显示了有一个单片变截面弹簧的末端部分。端部 CD 与中间的夹持部分为的厚度是 h_1 和 h_2 的等截面。BC 各段的厚度各不相同。BC 节段的厚度可以是抛物线或者线性变换。

1) 抛物线。在这种情况下，其厚度为 h_x 以及随长度变化的规律是 $h_x = h_2 (x/l_2)^{1/2}$，惯

性矩 $J_x = J_2(x/l_2)^{3/2}$，因此，单片的刚度为

$$c = \frac{6EJ_2\xi}{l^3[1+(l_2/l)^3 k]} \tag{6-21}$$

式中，E 是材料的弹性模量；ξ 是校正系数，设定为 0.92；

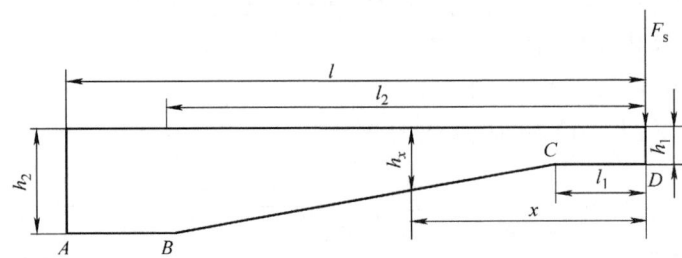

图 6-15　单片变截面弹簧的末端部分

$J_2 = (bh_2^3)/12$，式中 b 是钢板的宽度；$k = 1-(h_1/h_2)^3$；l、l_2 如图 6-15 所示。

弹簧在其抛物线截面的所有点上受到相同的应力，其值为 $\sigma = \dfrac{6F_s l}{bh_2^2}$。

2) 线性变化。在线性变化情况下，厚度 h_x 随着长度的变化而变化，为 $h_x = A'x + B'$，式中，$A' = (h_2 - h_1)/(l_2 - l_1)$，$B' = (h_1 h_2 - h_2 l_1)/(l_2 - l_1)$。单片弹簧的刚度依然采用公式（6-21）计算，但公式中的系数 k 以 k' 替代，即

$$k' = \gamma^3 - \frac{3}{2}\left(\frac{1-\alpha}{1-\beta}\right)^3 \left[2\ln\beta + \frac{4(1-\beta)(1-\gamma)}{(1-\alpha)} - \left(\frac{1-\gamma}{1-\alpha}\right)^2 (1-\beta^2)\right] - 1 \tag{6-22}$$

式中，$\alpha = l_1/l_2$；$\beta = h_1/h_2$；$\gamma = \alpha/\beta$。

如果 $l_1 > l_2(2\beta - 1)$ 或 $2h_1 < h_2$，则最大的弹簧应力发生在 $x = B'/A'$ 处，此时 $h_x = A'x + B' = 2B'$，最大应力值 $\sigma_{max} = 3F_s/2bA'B'$。

如果 $l_1 \leq l_1(2\beta - 1)$ 最大应力点发生在 B 点，则为 $\delta_{max} = 3F_s l_2/2bh_2^2$。$\sigma_{max}$ 应小于许用应力。

采用 n 片弹簧组成的少片弹簧整体刚度是各部分刚度的总和，应力是由各部分的载荷分量计算出来的。如果布置条件允许，少片弹簧的宽度应尽可能宽，以增加横向刚度，通常在 75~100mm，厚度 $h_1 > 8$mm 以确保足够的剪切强度，并防止材料过薄而发生碎裂。h_2 通常取 12~20mm。

6.4　扭杆弹簧的设计

扭杆弹簧是弹性悬挂元件的一类，其末端与车架（车身）和导向臂相连。扭杆弹簧在工作中会产生一个扭转力矩。

扭杆弹簧的单位质量储能能力比钢板弹簧高得多，这意味着悬挂质量更小，现在它们经常被用于总长度较短的公共汽车和总质量较小的货车。扭杆弹簧还具有更可靠、更容易维护和修理的优点。

扭杆弹簧可以根据其横截面形状和弹性元件的数量进行分类。根据其截面形状可分为圆形，片形和管形。根据弹性元件的数量分为单杆型（图 6-16a、b）和组合型，组合扭杆也

可以并联（图6-16c、d）或串联（图6-16e）。圆形截面扭杆的端部一般制成花键，这样设计的优点是易于装配，做工好，比管状扭杆使用得更广泛，缺点是跟管形扭杆相比材料利用率不够高。管状截面扭杆的不足是制造工艺非常复杂。片形截面扭杆的优点在于即使其中一片断裂的情况下也能发挥作用，工作性能更可靠，更容易加工，弹性和扭角更大。组合式扭杆能有效减少弹性材料的长度，有利于在汽车上布置。当使用圆断面组合式扭杆时，可以将两根、四根或六根扭杆组合起来，形成一个组合扭杆。

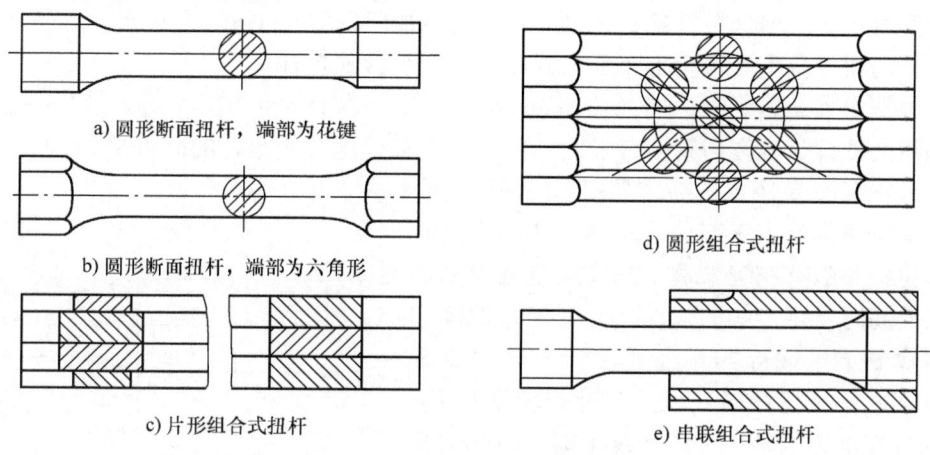

图6-16 扭杆断面形状及端部结构

接下来以汽车中常用的圆形截面的扭杆为例，详细解释扭杆弹簧的设计要点。设计之前应当按照车辆平顺性的要求，先选择悬架的刚度 c。设计扭杆弹簧的主要尺寸有扭杆长度 L 和扭杆直径 d（图6-17）。

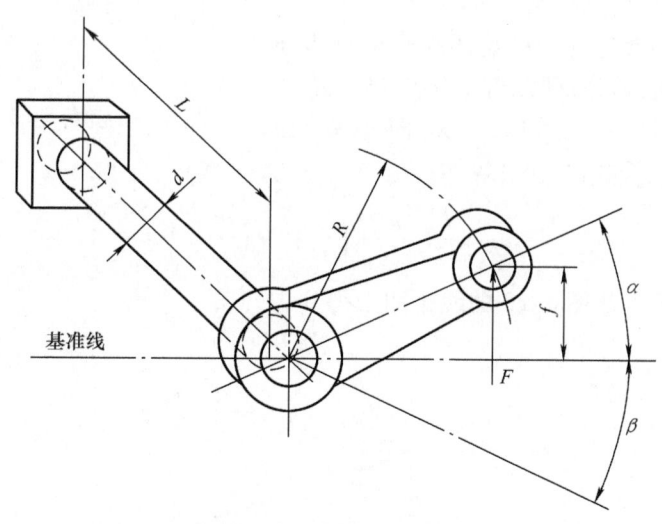

图6-17 扭杆弹簧与臂

在设计时，扭杆直径 d 应根据它承受的最大扭矩来计算，即

$$d = \sqrt[3]{16 M_{\max}/(\pi \tau)} \tag{6-23}$$

式中，$M_{\max}$ 是扭杆所承受的最大扭矩，τ 是扭转切应力，可取许用扭转切应力。

扭杆的有效长度 L 为

$$L = \pi d^4 G / (32 c_n) \tag{6-24}$$

式中，G 是剪切模量，此处取 $G = 7.7 \times 10^4 \text{MPa}$；$c_n$ 是扭杆的扭转刚度。

由式（6-24）可知，扭转刚度 c_n 受扭杆直径 d 和有效长度 L 影响。当扭杆的直径 d 增加时，扭杆的扭转刚度 c_n 随之增加。由于悬架的刚度与扭杆的扭力刚度成正比，这意味着汽车的平稳性降低。另一方面，扭杆的直径 d 必须满足式（6-23）给出的强度要求，如果直径太小，强度将不足。增加扭杆的有效长度 L 能有效降低扭杆的扭转刚度 c_n，改善汽车平顺性；但过长的扭杆很难在汽车上布置，因此应采用组合式扭杆。

扭杆通常由弹簧钢制成，如 45CrNiMoVA、40Cr、42CrMo 和 50CrV 等。扭杆一般需要通过预扭和喷丸处理，以提高其疲劳强度。预扭和喷丸处理后的扭杆的允许剪切应力 $[\tau]$ 可以在 800～900MPa 范围内选择，乘用车一般取上限，货车取下限。

扭杆弹簧通常分为三部分：端部、杆部和过渡部。圆形扭杆一般有花键末端，其优点是减少末端部分直径的同时提供足够的强度。为了确保端部和杆部的寿命相同，端部的直径通常为 $D = (1.2 \sim 1.3)d$，其中 d 是扭杆的直径，花键的长度是 $l = 0.4D$，末端花键通常是一个渐开线花键。端部的直径和杆部的直径之间的区域被称为过渡段。为了最大限度地减少该区域的应力集中，过渡段的尺寸应缓慢变化。一种常见的方法是将杆件的两端与锥体呈 30°角连接（图 6-18a），并提供不同长度的过渡段 $L_g = (D - d)/2\tan 15°$，过渡圆角 $r = 1.5d$。

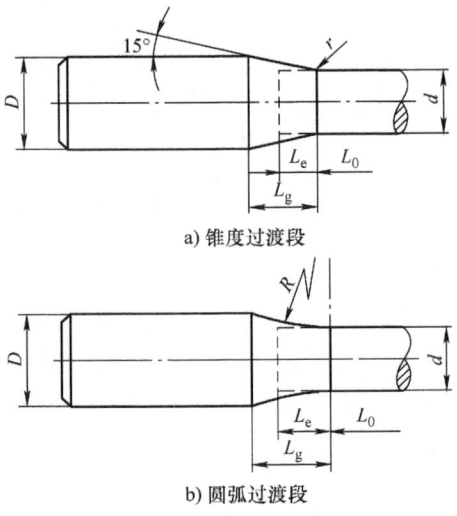

a) 锥度过渡段

b) 圆弧过渡段

图 6-18 扭杆端部、杆部与过渡段

过渡段通常分为接近的花键端部的非有效部分和靠近的杆部的有效部分，即该部分可以当作扭杆工作长度的一部分，称为有效长度 L_e。对于如图 6-18a 所示结构，有效长度 L_e 可用下式计算

$$L_e = \frac{L_g}{3} \left[\frac{d}{D} + \left(\frac{d}{D}\right)^2 + \left(\frac{d}{D}\right)^3 \right] \tag{6-25}$$

有效长度 L_e 也可以从图 6-19 的线路图中得到。

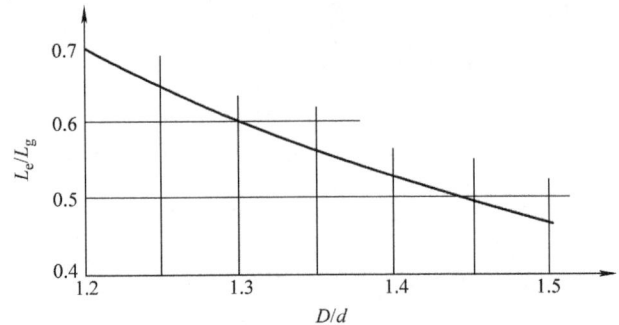

图 6-19 求过渡段有效长度的线图

对于如图6-18b所示的结构，有效长度为L_e是

$$L_e = \frac{L_g}{48}\left[8\left(\frac{d}{D}\right)^3 + 10\left(\frac{d}{D}\right)^2 + 15\frac{d}{D} + 15\left(\frac{d}{D-d}\right)^{0.5}\arctan\left(\frac{D}{d}-1\right)^{0.5}\right] \quad (6\text{-}26)$$

过渡段圆弧的半径R是

$$R = \frac{L_g^2}{D-d} + \frac{D-d}{4} \quad (6\text{-}27)$$

扭杆的工作长度L是杆身长L_0加上有效长度L_e的两倍，即$L = L_0 + 2L_e$。

连接扭杆花键的轴承内花键的长度应长于扭杆外花键的长度，并且内花键的两端超过扭杆花键的长度。

有些扭杆端头直接锻造成六边形。为了提升侧边的直线度，在锻造后会再次进行精压加工。六角形对边的宽度B和扭杆的直径d必须保持$B = (1.2 \sim 1.4)d$，确保六边形端部有足够的强度。

6.5 独立悬架导向机构的设计

6.5.1 设计要求

前轮独立悬架导向机构的设计要求是：

1）确保当悬架上的载荷变化时，轴距的变化不超过±4.0mm，轴距过多变化会导致轮胎过早磨损。

2）前轮的定位参数必须具备合理的变化特性，避免悬架系统载荷发生变化时，车轮产生纵向加速度。

3）车辆转弯时，使车身侧倾角足够小。当侧向加速度为$0.4g$时，车身侧倾角应保持在6°~7°范围内，使得车身与车轮的倾斜方向相同，强化车辆的不足转向特性。

4）车辆制动时避免前俯，加速避免后仰。

后轮独立悬架导向系统的设计要求是：

1）轮距不会随着悬架上负载的变化而发生明显变化。

2）转弯时可以通过减少侧倾和将车轮向与车身相反的方向倾斜来减少过度转向特性。此外，导向机构也必须保证足够的强度，来可靠地传递除垂直力以外的所有力和力矩。

目前，汽车主要使用麦弗逊式独立悬架和上、下臂不等长的双横臂式独立悬架。下面，我们将分别以这两种悬架为例，讨论独立悬架的导向机构参数选择，并分析导向机构参数对前轮定位参数和轮距的影响。

6.5.2 导向机构的布置参数

1. 侧向倾斜中心

（1）双横臂式独立悬架侧倾中心

双横臂式独立悬架侧倾中心W可按图6-20所示方式获得。通过延长连接上下横臂内外转动点，可以得到极点P，同时得到P点的高度。然后，把P点和车轮接地点N连接，就能在汽车轴线上找到侧倾中心W。当横臂相互平行时（图6-21），P点处在无穷远处。作出

与其平行的通过 N 点的平行线，即可得到侧倾中心 W。

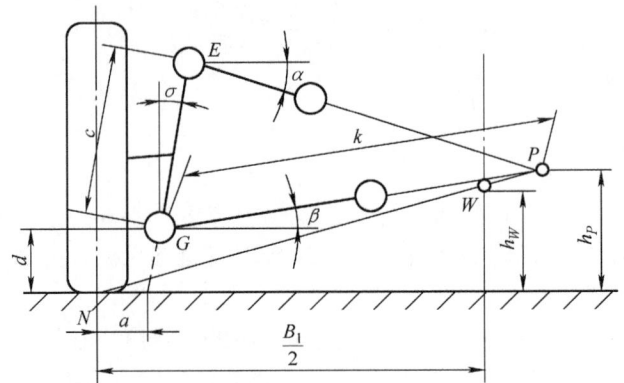

图 6-20 双横臂式独立悬架侧倾中心 W 的确定

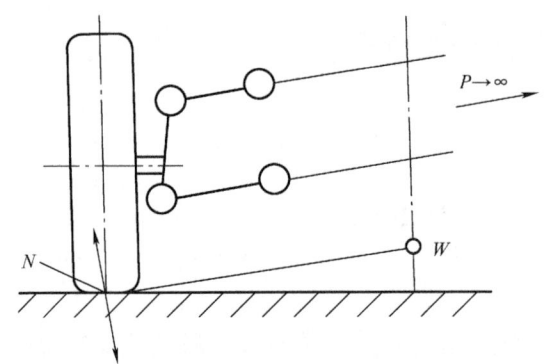

图 6-21 横臂相互平行的双横臂式悬架侧倾中心的确定

双横臂式独立悬架的侧倾中心高度 h_W 为

$$h_W = \frac{B_1}{2} \frac{h_P}{(k\cos\beta + d\tan\sigma + a)} \tag{6-28}$$

其中

$$k = c\frac{\sin(90°+\sigma-\alpha)}{\sin(\alpha+\beta)}h_P = k\sin\beta + d$$

(2) 麦弗逊式独立悬架的侧倾中心

麦弗逊式独立悬架的侧倾中心可以按图 6-22 所示方式得出。从悬架与车身的固连点到 E 点，画一条垂直于活塞杆运动方向的线并向下横臂延长，这两条线的交点为极点 P。P 点与车轮的接地点 N 连线的交汇点就是侧倾中心 W。麦弗逊式独立悬架的下横臂 GD 布置得越水平，弹簧减振器轴线 EG 越垂直，侧倾中心 W 将越靠近地面，从而导致车轮向上跳动时车轮外倾角的变化不够理想。

麦弗逊式独立悬架侧倾中心的高度 h_W 为

$$h_W = \frac{B_1 h_P}{2(k\cos\beta + d\tan\sigma + a)} \tag{6-29}$$

其中 $k = \frac{c+o}{\sin(\alpha+\beta)}h_P = k\sin\beta + d$

2. 侧倾轴线

在独立悬架系统中，汽车前部和后部侧倾中心的连线即为侧倾轴线，该线应与地面尽量保持平行，且尽可能让离地高度较高。平行意味着前后轴上的轴向负荷变化大致相等，以确保在弯道中行驶时的中性转向特性，而离地高度尽可能高则意味着车身侧倾被控制在可接受的范围内。

但是前悬架的侧倾中心高度受到许用轮距变化限制，并且不可超过 150mm。在前轮驱动车辆上，因为前桥

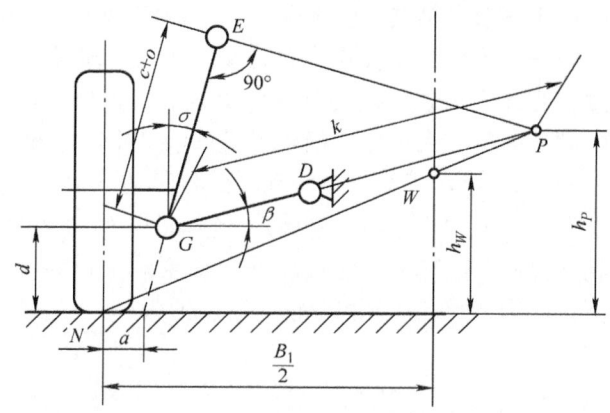

图 6-22　麦弗逊式独立悬架侧倾中心的确定

轴荷大，且作为驱动桥应尽可能限制前轮轮荷变化。一般在独立悬架（纵臂式悬架除外）中，侧倾中心高度通常前悬架取 0~120mm，后悬架取 80~150mm。

在设计中，首先确定前悬架的侧倾中心高度（受轮距变化影响），然后确定后悬架的侧倾中心高度。如果后悬架为独立悬架，那么侧倾中心的高度会稍大一些。如果使用钢板弹簧非独立悬架，则必须增加后悬架侧倾中心的高度。

3. 纵倾中心

（1）双横臂式独立悬架纵倾中心

双横臂式独立悬架的纵向倾斜中心可以用作图来确定，如图 6-23 所示，作双横臂式转动轴 C 与 D 的延长线交与一点 O，该点则为纵倾中心。

（2）麦弗逊式独立悬架纵倾中心

麦弗逊式独立悬架的纵向倾斜中心可以通过作一条通过 E 点且垂直于减振器运动方向的垂线，这条垂直线与横臂轴 D 延长线的交点就是纵向倾斜中心，如图 6-24 所示。

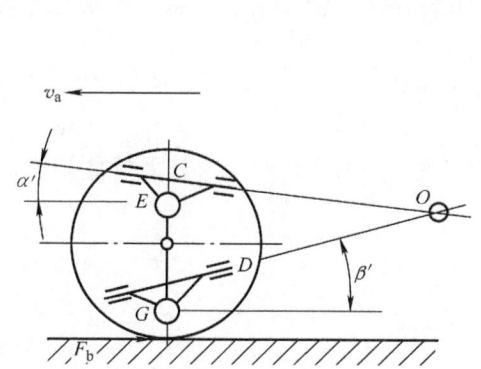

图 6-23　双横臂式独立悬架的纵倾中心

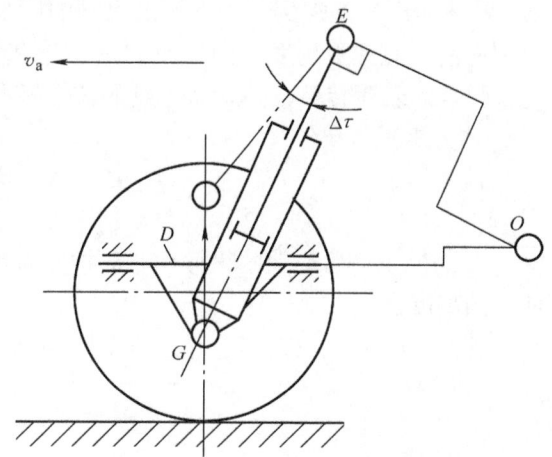

图 6-24　麦弗逊式独立悬架的纵倾中心

4. 抗制动纵倾性

抗制动纵倾性可有效减少制动时车头的下沉量和车尾的提升量。只有当前后悬架的纵倾

中心位于两根车轴之间的情况下,才能实现这一目标,如图6-25所示。

前悬架采用双横臂式独立悬架,并且上横臂轴轴线向后倾斜,下横臂轴轴线水平布置,纵倾中心位于两个轴线的延长线并交汇于O_1,当后悬架采用钢板弹簧非独立悬架结构时,纵向倾斜的中心大致处于钢板弹簧前卷耳中心O_2处。

图6-25显示了汽车在制动时的各种动态力,但没有考虑汽车静止时的重力和前后轮的静态反作用力。当车辆以减速度j制动时,作用于汽车质心的惯性力为$F_j = m_a j$,改变了前、后轮的负载。前轮、后轮负载的增加或减少量为ΔG,其值为$\Delta G = F_j h/L$,h是车辆质心的高度,L是轴距。前轮和后轮的制动力为F_{B1}、F_{B2},总制动力为$F_B = F_j$,得前轮和后轮的制动力为

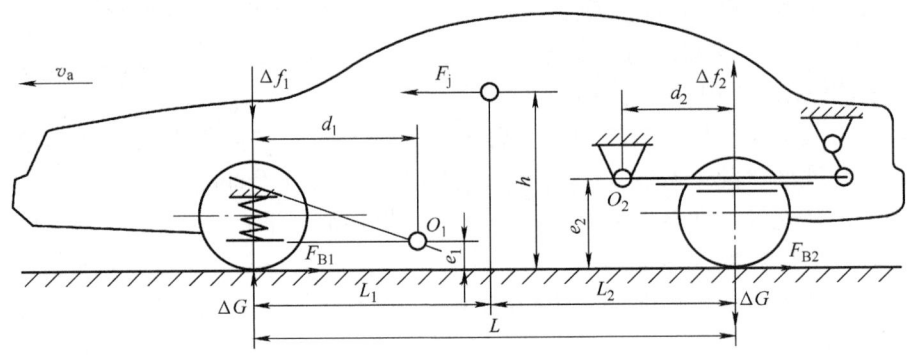

图6-25 抗制动纵倾性

$$\begin{cases} F_{B1} = \beta F_B = \beta F_j \\ F_{B1} = F_B - F_{B1} = (1-\beta)F_B = (1-\beta)F_j \end{cases} \quad (6-30)$$

式中,β是制动力分配系数。

在F_j的作用下,车身会发生前俯导致前弹簧的额外压缩变形Δf_1和后弹簧的额外拉伸变形Δf_2,从而产生施加到前后弹簧的上端的附加力$\Delta F_1 = C_1 \Delta f_1$,$\Delta F_2 = C_2 \Delta f_2$,式中的$C_1$、$C_2$分别为前、后弹簧刚度。如果我们把车轮和悬架作为自由体来分析,且用车轮的载荷转移代替弹簧的载荷转移,并忽略车轮的惯性矩和滚动阻力,那么依据前、后悬架各动态力对O_1、O_2的力矩平衡条件可得

$$(C_1 \Delta f_1 - \Delta G)d_1 + F_{B1} e_1 = 0 \quad (6-31)$$

$$(C_2 \Delta f_2 - \Delta G)d_2 + F_{B2} e_2 = 0 \quad (6-32)$$

式中,d_1、d_2是前后悬架的纵倾中心到前后轴中心的距离;e_1与e_2是前、后悬架纵倾斜中心到地面的高度。

整理式(6-30)、(6-31)和(6-32)可得

$$\begin{cases} \Delta f_1 = \dfrac{F_j}{c_1 d_1}\left(\dfrac{h}{L}d_1 - \beta e_1\right) \\ \Delta f_2 = \dfrac{F_j}{c_2 d_2}\left[\dfrac{h}{L}d_2 - (1-\beta)e_1\right] \end{cases} \quad (6-33)$$

分析式(6-32),制动时车身前倾的程度与Δf_1和Δf_2、总布置参数、制动力的大小及其分布、悬架的刚度等有关,主要由纵向倾斜中心的位置O_1和O_2决定。对前轮来说,O_1点位

置可由 e_1、d_1 值确定。满足无前俯现象的纵倾中心位置，对车身前部而言应满足 $\Delta f_1 = 0$。即由式（6-32）可得

$$\frac{h}{L}d_1 - \beta e_1 = 0$$

或

$$\frac{e_1}{d_1} = \frac{h}{\beta L} \tag{6-34}$$

如果发生前俯，那么 $\Delta f_1 > 0$，即

$$\frac{h}{L}d_1 - \beta e_1 > 0$$

或

$$\frac{e_1}{d_1} > \frac{h}{\beta L} \tag{6-35}$$

一旦 h、L、β 这些参数被确定，可以通过选择悬架的纵倾角中心的位置以获得所需的抗前俯效果。为了降低从车轮传递至车身的冲击力，纵倾中心位置的选择不能达到理想的抗前俯效果。常见的有 $e_1/d_1 < h/\beta L$，这样制动时依然会发生前俯现象，并用 e_1/d_1 和 $h/\beta L$ 的比值的百分比来表示抗前俯的效率，以百分比表示，称为防坠落比率 η_d，计算公式为：

$$\eta_d = \frac{e_1 \beta L}{d_1 h} \times 100\% \tag{6-36}$$

对于乘用车而言，$\eta_d = 50\% \sim 70\%$。

5. 抗驱动纵倾性

抗驱动纵倾性的作用是减少车辆加速前进时前轮驱动车辆的车头抬高量，减少后轮驱动车辆的车尾下沉量。与抗制动纵倾性不同，该功能只在车辆为单轴驱动时发挥作用。在独立悬架的条件下，只有当纵倾中心高于驱动桥的车轮中心时才有可能实现。

6. 悬架横臂的定位角

在大多数情况下，独立悬架横臂的铰链轴为倾斜位置。为了方便描述，将横臂空间定位角定义为：横臂轴水平斜置角 α'，悬架抗前俯角 β'，悬架斜置初始角 θ'，如图 6-26 所示。

6.5.3 双横臂式独立悬架导向机构设计

1. 纵向平面内上、下横臂轴布置方案

上、下横臂抗前倾角的匹配对主销的后倾角的变化有很大影响。图 6-27 给出了六种不同的布置方案下主销的外倾角 γ 和车轮跳动的关系图。其中横坐标为 γ 值，而纵坐标是车轮地面中心垂直位移 Z。对于每一个匹配的案例，β'_1、β'_2 角度取值如图所示，其正负符号根据右手规则确定。

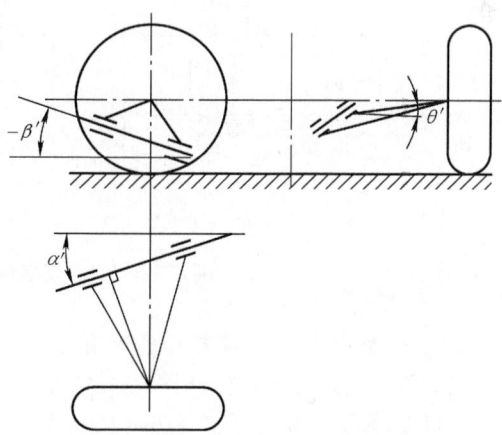

图 6-26　α'、β'、θ' 的定义

为了提高制动时的稳定性和舒适性，通常理想的主销后倾角的变化规律：弹簧拉伸时后倾角减小，悬架弹簧压缩时后倾角增大，从而造成制动时因主销后倾角变大而在控制臂支架

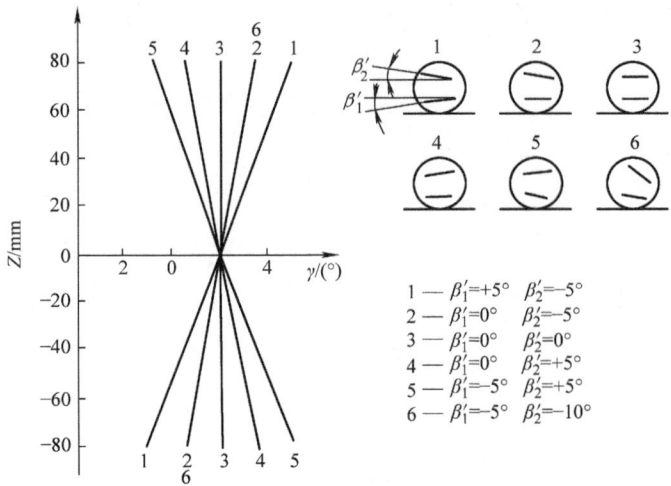

图 6-27 β_1'、β_2' 的匹配对 γ 的影响

上产生防止制动前俯的力矩。

分析图 6-27 中 γ 的变化曲线可知,第四和第五种方案中 γ 的变化规律是拉伸行程 γ 增加,压缩行程 γ 减少,这和主销后倾角的理想变化规律相反,所以这种方案在现代汽车中很少使用。第三种方案的销后倾角变化是最小的,但抗倾角效果也变弱,因此这种方案如今也很少使用。第一、二、六种方案主销后倾角的变化规律是较为合理的,这几个解决方案如今被广泛使用。

2. 横向平面内上、下横臂的布置方案

通过图 6-28a、b 和 c 的比较,可以确定由于上、下横臂布置方案不同,侧倾中心的位置也不相同,因此可以根据对侧倾中心位置的要求,设计不同的上下横臂布置方案。

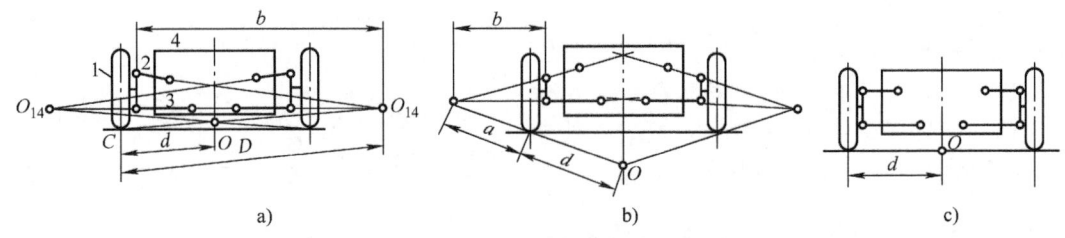

图 6-28 上、下横臂在横向平面内的布置方案

3. 水平面内上、下横臂轴的布置方案

如图 6-29 所示,横臂轴线在水平面上的布置主要有三种选择。

下横臂轴 $M-M$ 和上横臂轴 $N-N$ 分别是导向机构上、下横臂轴的水平斜置角,以 α_1' 和 α_2' 表示。通常,轴线的前端远离车辆纵轴的线方向的角度为正,反之则为负;若轴线的前端平行于纵轴线,则夹角取零。

在许多前置发动机车辆的悬架系统中,为了减少在通过障碍时车轮上下颠簸而传递给车身的冲击力,并便于发动机布置,通常悬架下横臂轴 $M-M$ 的斜置角 α_1' 取正数,上横臂轴 $N-N$ 的斜置角 α_2' 有三种布置方式:正值、零值和负值,如图 6-29a、b 和 c 所示。上、下横

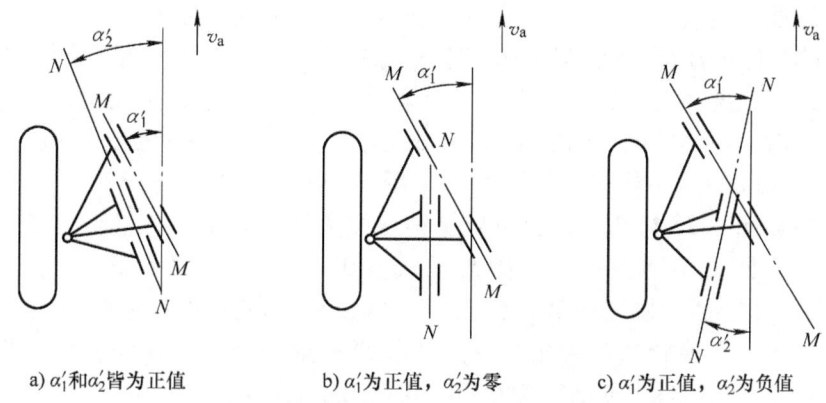

图 6-29 水平面内上、下横臂轴的布置方案

臂轴斜置角组合方式很大程度上影响车轮跳动过程中前轮定位参数的变化。当车轮向上跳动，此时下横臂轴斜置角 α_1' 取正值，上横臂轴斜置角 α_2' 为零或负值时，主销后倾角随车轮的上跳而增大。

图 6-29a 所示组合方案为上、下横臂轴斜置角 α_1'、α_2' 都为正值，则主销后倾角将随着车轮的跳动而增加或减少（当 $\alpha_1' < \alpha_2'$ 时）。布置方式的选择需要与上下横臂的纵向排列结合起来考虑，当车轮向上跳动时，主销的后倾角增加，在支撑车身的悬架处上产生一个反向力矩，这具有减少制动时前倾的效果。然而，如果主销的后倾角变得过大，就会在使支承处产生过大的反作用力矩，同时导致转向系统对侧向力非常敏感，容易导致转向盘上力的变化或车轮摆振。因此，乘用车理想的主销后倾角原始值为 $-1° \sim 2°$。当车轮上跳动时，悬架的压缩量每增加 10mm，主销后倾角变化范围在 10°~40°范围内。

为了满足上述要求，必须选择一个合适的抗前俯角，国际上已经根据设计经验绘制了图 6-30 所示的图表。

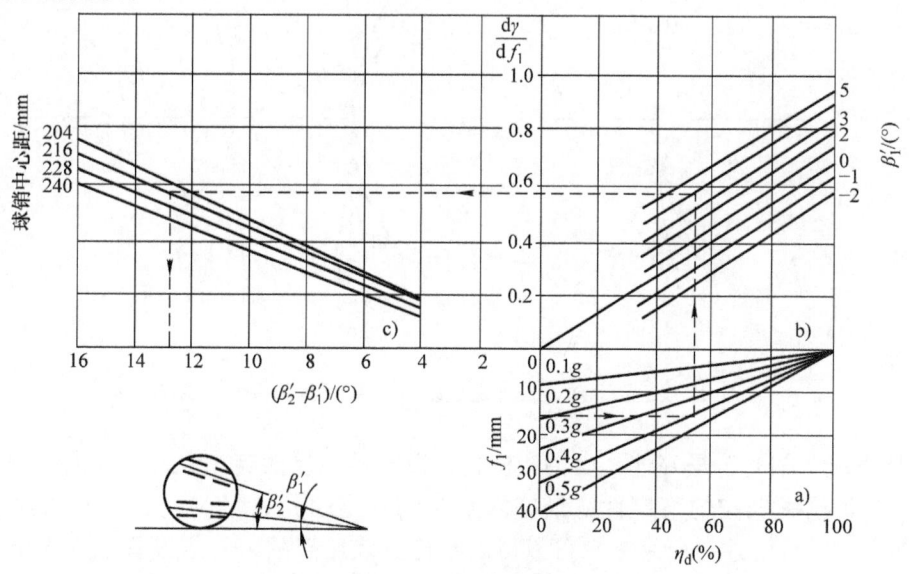

图 6-30 选择上、下横臂轴线纵向倾角的线图

该图由三组线图组成，图6-30a显示了当汽车以不同减速度制动时（作为重力加速度g的百分比），前轮上方的下沉量f_1与抗前俯率η_d的关系。图6-30b表明下横臂摆动轴线和水平线夹角β'_1不同的情况下，主销后倾角γ的变化率$d\gamma/df_1$和抗前俯率的关系；图6-30c为不同球销中心距时，主销后倾角的变化率$d\gamma/df_1$与上、下横臂摆动轴线夹角$\beta'_2-\beta'_1$的关系。

使用该图的步骤如下：首先根据设计的许用前俯角（$0.5g$情况下为$1°\sim3°$）确定f_1，之后得出η_d，并以图6-27初选β'_1，再得出主销后倾角的变化率（通常悬架压缩量为10mm时取$10°\sim40°$）；如果不在方位内，则重新选择β'_1，直到达到要求为止。接下来可用图6-30c确定球销中心距，以图6-30b确定的$d\gamma/df_1$值，与初选的球销中心距，在图上沿虚线所示方向找到上、下横臂轴的夹角$\beta'_2-\beta'_1$，如果布置上允许则认为初选结果符合要求。该图适用于轴距$2.8\sim3.2$m、质心高为$0.58\sim0.6$m的乘用车。

4. 上、下横臂长度的确定

双横臂式悬架上、下横臂的长度对车轮在颠簸中上下跳动时的定位参数有很大影响。现代乘用车中使用的双横臂式悬架，通常由一个短的上横臂和一个长的下横臂组成。这部分是出于方便发动机布置的原因，同时也是为了得到理想的悬架的运动特性。

图6-31是上横臂长度l_2变化，下横臂的长度l_1保持不变，使得l_2/l_1在0.4、0.6、0.8、1.0和1.2时，计算出悬架运动曲线。图中$Z-B_y$（Z是车轮与地面接触点的垂直位移，B_y是1/2轮距）是车轮在横向平面上的车轮接地点与车轮的跳动的特征曲线。图中显示，当上下横臂的长度比为0.6时，B_y曲线的变化最为缓慢；当l_2/l_1增加或减少时，B_y的曲率增加。图中的$Z-\alpha$和$Z-\beta$分别为车轮外倾角和主销内倾角随车轮跳动的特性曲线。当$l_2/l_1=1.0$时，α和β是垂直于横坐标的直线，而α和β在悬架运动中保持恒定。

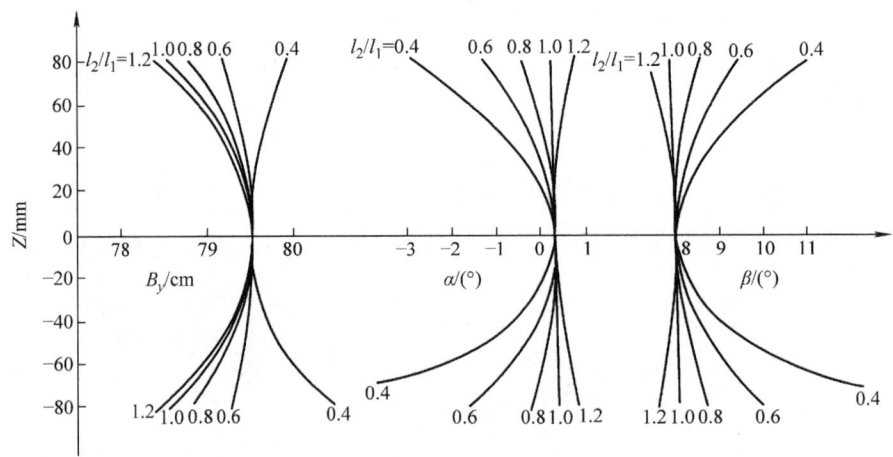

图6-31 上、下横臂长度之比l_2/l_1对悬架运动特性的影响

在设计车辆悬架时，最好能减少轴距变化，以改善轮胎的磨损和寿命，因此选择l_2/l_1为0.6左右。为了确保操控的稳定性，最好能减少前轮定位角度的变化，此时选用l_2/l_1应在1.0的范围内。结合上述分析结果，可以得出结论：该悬架的l_2/l_1应设置在0.6至1.0的范围内。美国的克莱斯勒和通用汽车认为横臂上下长度的最佳比例分别为0.70和0.66。

6.5.4 麦弗逊式独立悬架导向机构的设计

1. 导向机构的受力分析

根据图 6-32a 中麦弗逊式独立悬架受力简图可知:导向套上的横向力 F_3 可根据依据图中的布置尺寸解出

$$F_3 = \frac{F_1 ad}{(c+d)(d-c)} \tag{6-37}$$

式中,F_1 是前轮上的静态负荷 F_1' 减去前轴簧下重量的一半。

横向力 F_3 越大,则作用于导套的摩擦力就越大,这对车辆的平顺性有不利影响。为了减少摩擦力,导套和活塞的表面采用了耐磨材料并经过了特殊处理。可以从式(6-37)中看出,为了降低 F_3,必须增加 $c+b$ 的尺寸,或者降低 a 的尺寸。如果设计者增加 $c+b$ 的尺寸,悬架占用的空间就会增加,汽车的布置就会更加困难。通常的做法是在保持减振器轴线不变的情况下,将其 G 点外延到车轮内部,此时一方面尺寸 a 被缩短,另一方面可得到较小的主销偏移距,制动稳定性将得到改善。G 点移动后的主销轴线将不再与减振器轴线重合。

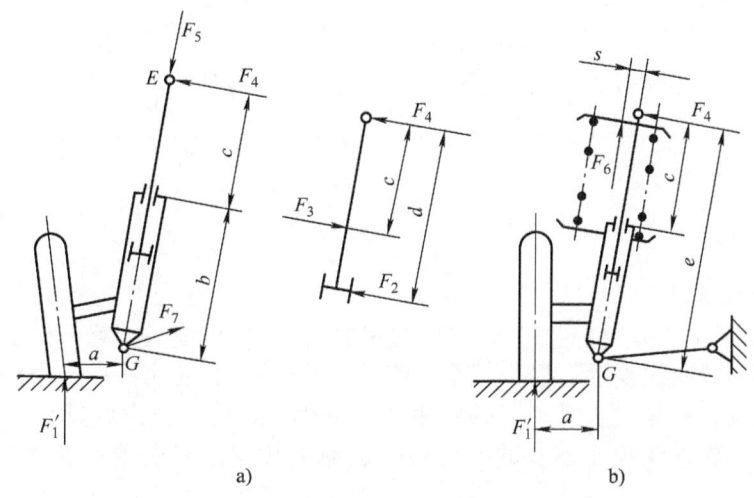

图 6-32 麦弗逊式独立悬架导向机构受力简图

从图 6-32 可看出,如果减振器和弹簧的轴线互相偏移了一段距离 s,并且考虑到了弹簧的轴向力 F_6 的作用,则作用在导向套上的力也被削弱了,即

$$F_3 = \frac{F_1 ad}{(c+d)(d-c)} - \frac{F_6 s}{(d-c)} \tag{6-38}$$

从公式(6-37)中可以看出,通过增加距离 s,可以减少作用在导套上的侧向力 F_3。

增强弹簧反力可有效减小横向力 F_3,某些情况下将弹簧的下端尽可能地靠近车轮,弹簧的轴线和减振器的轴线成一个角度。这就解释了为什么在麦弗逊式独立悬架中滑柱、主销轴线和弹簧的轴线并不重合。

2. 横臂轴线布置方式的选择

麦弗逊式独立悬架的横臂轴线和主销的后倾角对汽车的纵向稳定性的影响如图 6-33。O

点是汽车纵向平面内悬架相对于车身跳动的运动瞬心。当摆臂轴的抗前俯角 $-\beta'$ 等于主销在静态平衡位置的主销后倾角 γ 时，横臂的轴线将完全垂直于主销的轴线，瞬时运动中心将相交于无穷大，主销的轴线将在悬架跳动时处于平动状态。所以，γ 的值将是恒定的。

如果 $-\beta'$ 与 γ 的匹配使运动瞬心相交于前轮后方时（图6-33a），γ 的角度就会随着悬架的压缩行程而趋于增大。

如果 $-\beta'$ 与 γ 的匹配使运动瞬心相交于前轮前方时（图6-33b），γ 的角度就会随着悬架的压缩行程而趋于减小。

为了减少汽车制动时的纵向倾斜，一般希望主销后面的外倾角 γ 在悬架的压缩行程中趋于增加。因此，在设计麦弗逊式独立悬架时，应选用参数 β' 能使瞬心 O 相交于前轮后方。

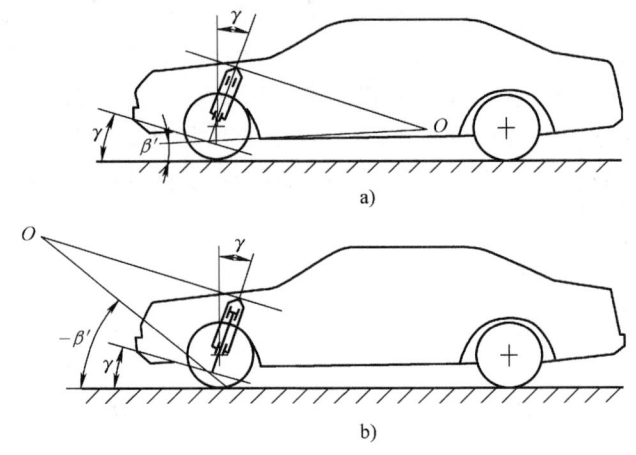

图6-33　γ 角变化示意图

3. 确定横臂的长度

图6-34 显示了某款采用麦弗逊式前独立悬架的汽车使用测量参数作为输入数据的计算结果。图中的不同组曲线表示不同下横臂 l_1 值时对应的悬架运动特性。由图可知，横臂越长，B_y 曲线越平滑，车轮发生跳动时的轮距变化越小，轮胎的寿命就越长。主销后倾角 γ、主销内倾角 β 和车轮外倾角 α 曲线的变化规律也同 B_y 相似，即摆臂长度越长，前轮的定位

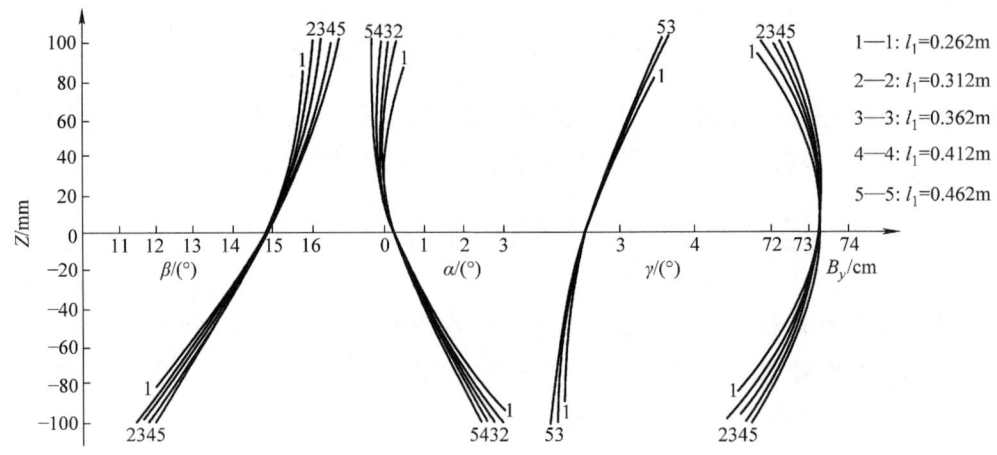

图6-34　麦弗逊式前独立悬架的运动特性

角度的变化越小，可以有效提升汽车操纵稳定性。因此，具体的设计要求摆臂在满足布置要求的情况下尽可能地长。

6.6 减振器的主要参数和尺寸的选择

1. 类别

悬架系统中最常见的减振器是液力式减振器。当汽车车身或车轮振动时，减振器内的液体在通过阻尼孔时克服了摩擦和黏性摩擦，同时将振动能量转变为热量消散在空气中，从而迅速降低振动。假如能量的耗散只发生在压缩或伸展行程中，那么该阻尼器被称为单向阻尼器，反之则称为双向阻尼器。后者的减振效果更好，应用更广泛。

减振器根据其结构形式可分为摇臂式和筒式。摇臂式减振器可以在更高的工作压力下工作（10~20MPa），但因为其工作特性不稳定，受工作温度变化和活塞磨损的影响很大。筒式减振器的工作压力较低（2.5~5MPa），但性能出色，被广泛用于汽车悬架系统中。筒式阻尼器主要分为三类：单筒式、双筒式和充气筒式。特别是双筒充气液力减振器因其稳定的运行特性、低干摩擦阻力、低噪声和总长度短的优势而被广泛用于乘用车。

设计减振器时的基本要求是确保平稳的行驶和稳定的性能以及足够的使用寿命。

2. 相对阻尼系数 ψ

减振器卸荷阀打开之前，内部阻力 F 和阻尼器的振动速度 v 存在以下关系

$$F = \delta v \tag{6-39}$$

式中，δ 是减振器的阻尼系数。

图 6-35b 显示了减振器的阻力与速度特性。该特征曲线由四条近似直线组成，两条为压缩行程特性曲线，两条为伸展行程特性曲线，每条特性线的斜率就是减振器的阻尼系数，其值为 $\delta = F/v$，这意味着减振器有四个阻尼系数。如果没有指定，减振器的阻尼系数将是卸荷阀打开前的阻尼系数。一般来说，压缩行程的阻尼系数 $\delta_y = F_y/v_y$ 和伸展行程的阻尼系数 $\delta_s = F_s/v_s$ 是不相等的。

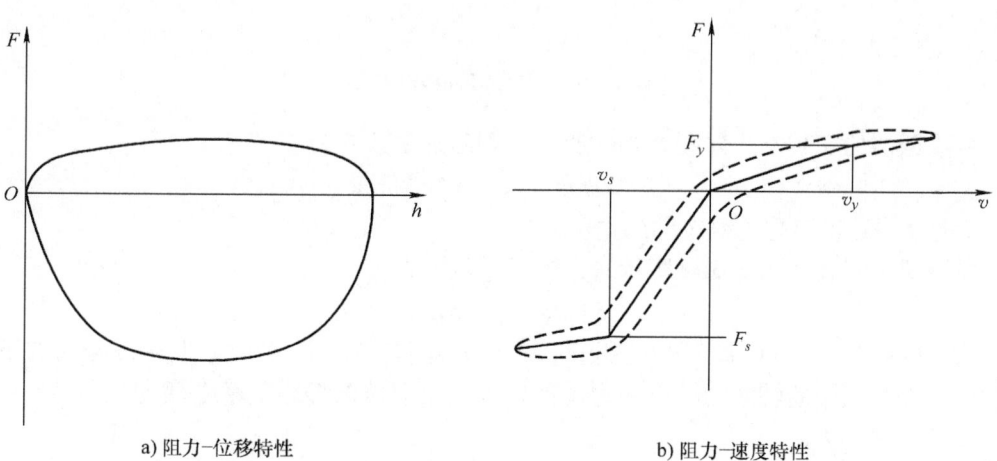

a) 阻力-位移特性　　b) 阻力-速度特性

图 6-35　减振器的特性

在有阻尼的汽车悬架系统中，簧上质量的振荡是周期性的阻尼振荡，相对阻尼系数为 ψ。相对阻尼系数的大小是用来评估振动衰减的速度。ψ 在这种情况下的表达式是

$$\psi = \frac{\delta}{2\sqrt{cm_s}} \tag{6-40}$$

式中，c 为悬架系统的垂直刚度；m_s 为弹簧的质量。

式（6-40）中相对阻尼系数 ψ 是不同刚度下减振器阻尼效果的物理意义。ψ 值较大时，振动会被迅速缓冲掉，而道路向车身传递的冲击力也较大。ψ 值较小时，情况恰恰相反。

对于采用无内摩擦的弹性元件的悬架，有 $\psi = 0.25 \sim 0.35$；对于具有内摩擦弹性元件的悬架，ψ 应减少。对于在路况不佳条件下行驶的汽车，其 ψ 可能更大，但一般来说 ψ_s 取 0.3 或更多，这样悬架就不会撞到框架。

3. 减振器的阻尼系数 δ

减振器的阻尼系数 δ 确定了减振器的尺寸。减振器的阻尼系数 $\delta = 2\psi\sqrt{cm_s}$ 取决于悬架系统的自然频率 $\omega = \sqrt{c/m_s}$，因此，在理论上 $\delta = 2\psi m_s \omega$，而实际上，减振器的阻尼系数必须根据减振器布置的特点来确定。如果减振器的布置如图 6-36a 所示，阻尼器的阻尼系数为

$$\delta = 2\psi m_s \omega n^2/a^2 \tag{6-41}$$

式中，n 是双横臂悬架下臂的长度；a 是下横臂上减振器的安装点与下横臂在车身铰链点之间的距离。

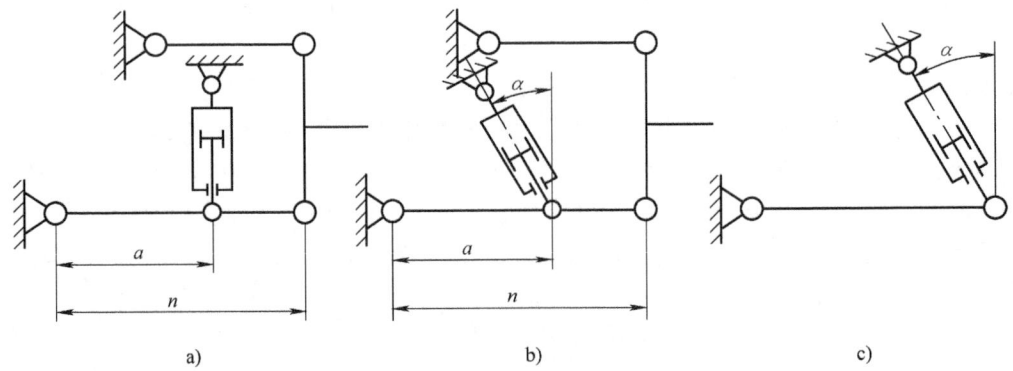

图 6-36 减振器的安装位置

如果减振器的安装方式如图 6-36b 所示，则阻尼系数 δ 为

$$\delta = 2\psi m_s \omega n^2/(a^2\cos^2\alpha) \tag{6-42}$$

式中，α 为减振器轴与垂直线之间的角度。

当减振器的安装如图 6-36c 所示时，阻尼系数 δ 为

$$\delta = 2\psi m_s \omega/\cos^2\alpha \tag{6-43}$$

对式（6-41）~式（6-43）的分析表明，当下臂的长度 n 不变时，改变减振器在下臂固定点的位置以及减振器轴线与垂直线之间的角度 α 会影响减振阻尼系数的变化。

4. 最大卸载力 F_0

当减振器活塞的振动速度达到一定阈值时，阻尼器就会打开卸荷阀，以减少从路面传递到车辆的冲击力。这时的活塞速度为卸载速度 v_x。如果减振器的安装方式如图 6-36b 所示，则

$$v_x = A\omega\alpha\cos\alpha/n \tag{6-44}$$

式中，v_x 是卸货速度，通常 $v_x = 0.15 \sim 0.30 \text{m/s}$；$A$ 是车身的振幅，$A = \pm 40 \text{mm}$；ω 是悬架的自然振动频率。

如果延长行程时的阻尼系数是已知的 δ_s，那么行程延长时的最大卸载力为 $F_0 = \delta_s v_x$。

5. 插装式减振器工作圆筒的直径 D

基于伸展行程的最大卸载力 F_0 计算工作缸的直径 D 为

$$D = \sqrt{\frac{4F_0}{\pi[P](1-\lambda^2)}} \tag{6-45}$$

式中，λ 为连杆直径与缸筒直径之比，对于双缸减振器，$\lambda = 0.40 \sim 0.50$，对于单缸减振器，$\lambda = 0.30 \sim 0.35$；$[P]$ 为工作缸最大允许压力，$[P]$ 取 $3 \sim 4 \text{MPa}$。

减振器操作筒的直径 D 有几种尺寸可供选择：20mm、30mm、40mm、45m、50mm 和 65mm。在选择时，需要参考并遵循 QC/T 491—2018《汽车减振器性能要求及台架试验方法》中相关规定。

6.7 横向稳定杆的设计

为了提高行驶的平稳性，车辆悬架的垂直刚度被设计得很低（静态变形相对较高），因此车辆的横向摇摆刚度也很低。这导致转弯时车身的侧倾角相对较大，影响了驾驶稳定性。为了同时获得大的静态挠度（低挠度）和大的侧向外倾刚度，横向稳定杆被广泛用于车辆中，如图 6-37 所示。

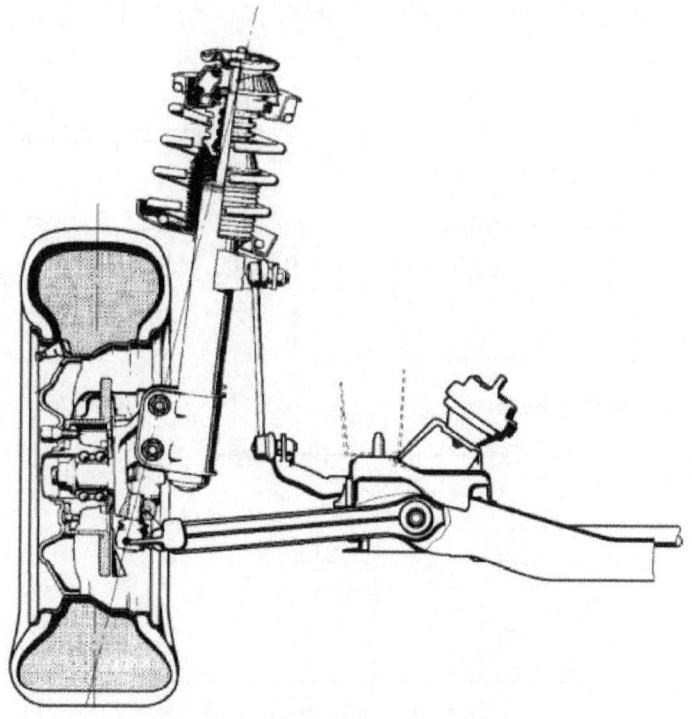

图 6-37 带横向稳定杆的车辆悬架

在前、后悬架上使用横向稳定杆，可以调整前、后悬架的外倾角刚度比，以达到理想的转向特性。在一些前轮驱动的车辆上，横向稳定杆也被用于后悬架，以减少在转向动作中向前轮（驱动轮）的负载转移，并保证足够的离地间隙。在前轮驱动车辆上使用普通锥齿轮差速器时，分配到左右轮的转矩大致相等，且前轴的驱动力取决于垂直负荷较小的车轮（内轮）的牵引力，发动机的牵引力不能得到充分利用。

使用横向稳定杆也会产生负面影响。在不平坦的路面上行驶时，左、右车轮的垂直位移将不一样，横向稳定杆将发生扭曲，增加了左、右车轮运动的联动性，使车内乘员感到不适。

图 6-38 显示了一个横向稳定杆在双横臂独立悬架系统上的安装方式。横向稳定杆 1 安装在固定在车身或框架上的铰链枢轴 2 上。横向稳定杆的杆端使用球铰链 3、连杆 5 和球铰链 4 与下摆臂连接。为了隔离振动，增加缓冲和减少噪声，横向稳定杆体的铰链枢轴通常安装有橡胶套。在一些悬架装置中，球铰链 3 和 4 也被橡胶部件所取代。

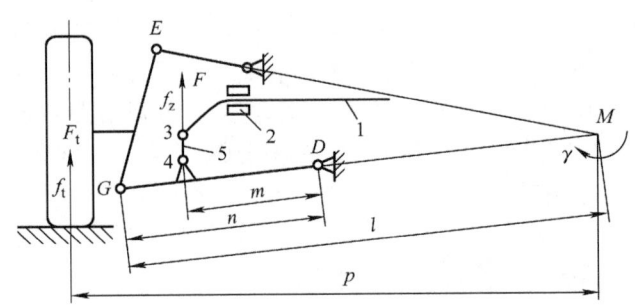

图 6-38 双横臂独立悬架系统上横向稳定杆的安装示意图
1—横向稳定杆 2—铰链枢轴 3、4—球铰链 5—连杆

因此，横向稳定杆往往具有更复杂的形状。为了简化计算，横向稳定杆可以近似为一个等臂的梯形，如图 6-39 所示。设计时还假设车身侧向倾斜时力臂的变化可以忽略不计。

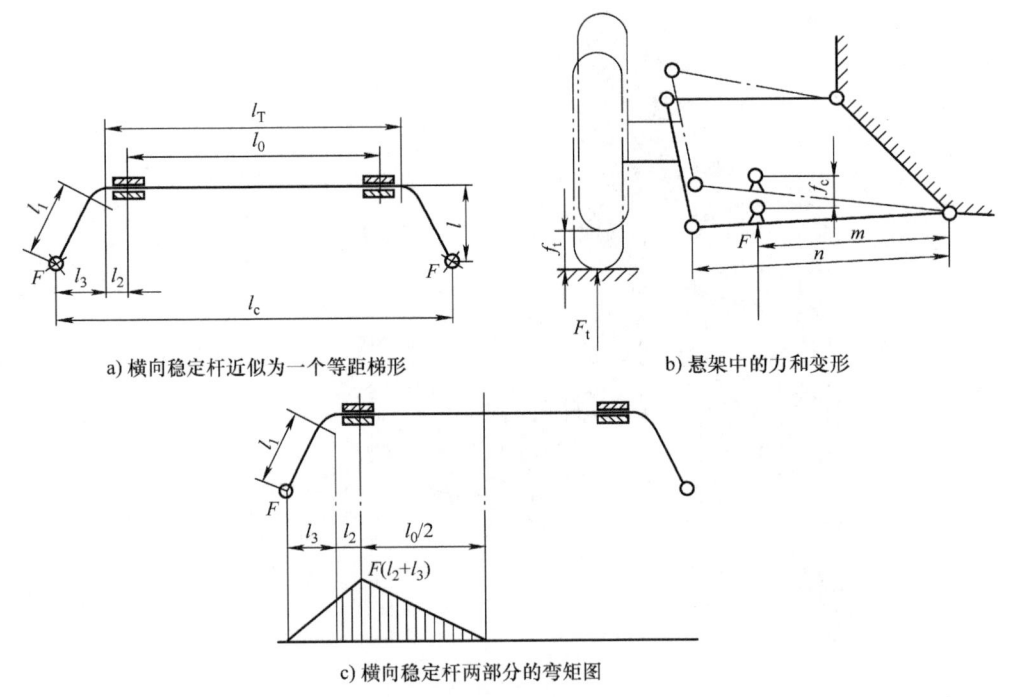

a) 横向稳定杆近似为一个等距梯形　　b) 悬架中的力和变形

c) 横向稳定杆两部分的弯矩图

图 6-39 横向稳定杆的近似分析模型

当车身向侧面倾斜时，一个力 F 被施加到横向稳定杆的一端，然后在另一端施加相同大小的力，方向相反。下面推导在 F 作用下横向稳定杆端点的位移 f_c。在力 F 作用下横向稳定杆要发生弹性变形，F 做的功与横向稳定杆中总的变形位能相等。可以利用这种关系计算位移 f_c。横向稳定杆半边的变形位能包括：l_T 段的扭转位能 U_1；l_1 段的弯曲位能 U_2。l_0 段的弯曲位能 U_3；l_2 段的弯曲位能 U_4。

根据材料力学的相关内容，上述势能计算如下：

（1）l_1 段的扭转势能 U_1

$$U_1 = \frac{(Fl)^2 l_T}{4G J_P} \tag{6-46}$$

式中，J_P 为稳定杆横向的临界惯性矩；G 为材料的剪切模量；l 为力 F 的力臂，如图 6-39a 所示，l_T 是发生扭转变形的杆件的长度。

（2）l_1 弯曲中的势能 U_2

$$U_2 = \frac{F^2 l_1^3}{6EJ} \tag{6-47}$$

式中，J 是稳定杆横截面在垂直方向上的惯性矩；E 是材料的弹性模量；l_1 如图 6-39a 所示。

（3）l_0 弯曲超过一半的截面势能 U_3

$$\begin{aligned}
U_3 &= \int_0^{\frac{l_0}{2}} \frac{M^2 x}{2EJ} dx = \frac{1}{2EJ} \int_0^{\frac{l_0}{2}} \left[\frac{F(l_3 + l_2) x}{\frac{l_0}{2}} \right]^2 dx \\
&= \frac{1}{2EJ} \frac{4 F^2 (l_3 + l_2)^2}{l_0^2} \int_0^{\frac{l_0}{2}} x^2 dx \\
&= \frac{1}{2EJ} \frac{4 F^2 (l_3 + l_2)^2}{l_0^2} \frac{1}{3} \left(\frac{l_0}{2} \right)^3 \\
&= \frac{F^2 l_0 (l_3 + l_2)^2}{12EJ}
\end{aligned} \tag{6-48}$$

x 轴的原点是横向稳定杆的对称中心。

（4）l_z 节段弯曲的势能 U_4

$$\begin{aligned}
U_4 &= \int_0^{l_2} \frac{M^2 x}{2EJ} dx = \frac{1}{2EJ} \int_0^{l_2} [F(l_3 + x)]^2 dx \\
&= \frac{F^2}{6EJ} [(l_3 + l_2)^3 - l_3^3]
\end{aligned} \tag{6-49}$$

横向稳定杆的端点位移从 0 到 f_c 过程中所作的功 W 为

$$W = \frac{C_h f_c^2}{2} = \frac{(C_h f_c) f_c}{2} = \frac{F f_c}{2} \tag{6-50}$$

式中，C_h 为横向稳定杆的线性刚度。

因为 F 等于稳定杆的总横向可变能量，也就是稳定杆的功

$$\frac{Ff_c}{2} = U_1 + U_2 + U_3 + U_4$$

$$= \frac{(Fl)^2 l_T}{4GJ_P} + \frac{F^2 l_1^3}{6EJ} + \frac{F^2}{12EJ}(l_3+l_2)^2 l_0 + \frac{F^2}{6EJ}[(l_3+l_2)^3 - l_3^3] \tag{6-51}$$

所以

$$f_c = \frac{2}{F}\left\{\frac{(Fl)^2 l_T}{4GJ_P} + \frac{F^2 l_1^3}{6EJ} + \frac{F^2}{12EJ}(l_3+l_2)^2 l_0 + \frac{F^2}{6EJ}[(l_3+l_2)^3 - l_3^3]\right\} \tag{6-52}$$

因为 l_2 一般来说很小，忽略方程右侧的第四项对结果的准确性影响不大，所以

$$f_c = F\left[\frac{l^2 \times l_T}{2GJ_P} + \frac{l_1^3}{3EJ} + \frac{(l_3+l_2)^2 l_0}{6EJ}\right] \tag{6-53}$$

还必须考虑到连杆中的橡胶轴承和橡胶垫引起的位移 f_d

$$f_d = \frac{F}{C_n} + \frac{F}{C_o'} = F\left(\frac{1}{C_n} + \frac{1}{C_o'}\right) = F\left(\frac{C_o' + C_n}{C_n C_o'}\right) \tag{6-54}$$

转换后的橡胶部件的总线刚度 C_z 为

$$C_z = \frac{C_n C_o'}{C_o' + C_n} \tag{6-55}$$

式中，C_n 是连杆的橡胶垫的线性刚度；C_o' 是垂直于稳定杆端点的橡胶支座转换的线性刚度，按以下方式获得

施加在橡胶轴承上的力 R 为

$$R = F\frac{l_e}{l_0} \tag{6-56}$$

式中，l_e 为横向稳定杆两端之间的横向距离。

轴承的变形 f_o 为

$$f_o = \frac{R}{C_o} = \frac{Fl_e}{C_o l_0} \tag{6-57}$$

式中，l_c 为橡胶轴承的径向刚度。

横向稳定杆的相应端点位移为

$$f_o' = f_o \frac{l_c}{l_0} = \frac{F}{C_o}\left(\frac{l_c}{l_0}\right)^2 = \frac{F}{C_o\left(\frac{l_0}{l_c}\right)^2} \tag{6-58}$$

所以

$$C_o' = \frac{F}{f_o'} = C_o\left(\frac{l_0}{l_c}\right)^2 \tag{6-59}$$

将方程（6-59）代入方程（6-55），得到

$$C_z = \frac{C_n C_o'}{C_n + C_o'} = \frac{C_n C_o\left(\frac{l_0}{l_c}\right)^2}{C_n + C_o\left(\frac{l_0}{l_c}\right)^2} = \frac{C_n C_o' l_0^2}{C_n l_o^2 + C_o l_o^2} \tag{6-60}$$

因此，稳定杆的总侧向位移 f_z 等于其端点的位移，即 f_e 与由于橡胶件的变形而产生的位移 f_d 的总和

$$f_z = f_e + f_d = F\left[\frac{l^2 l_T}{2G J_P} + \frac{l_1^3}{3EJ} + \frac{(l_3 + l_2)^2 l_0}{6EJ}\right] + \frac{F}{C_Z} \tag{6-61}$$

$$= F\left[\frac{l^2 l_T}{2G J_P} + \frac{l_1^3}{3EJ} + \frac{(l_3 + l_2)^2 l_0}{6EJ} + \frac{1}{C_Z}\right]$$

当车身向侧面倾斜时，由横向稳定杆产生的抵抗力矩为 T 和侧向倾斜角为 Φ，根据假设性位移的原则，可以得到

$$2F f_z = T\Phi \tag{6-62}$$

式中，稳定杆的端点在横向的位移 F 由以下公式给出；f_z 是虚拟位移。

$$F = \frac{T\Phi}{2 f_z} \tag{6-63}$$

存在以下关系

$$\frac{f_z n}{ml} p = f_t \tag{6-64}$$

式中，f_t 为车轮的位移，n、m、l 和 p 如图 6-38 所示。

$$\Phi = \frac{2 f_t}{B} \tag{6-65}$$

式中，B 为轮距。将式（6-64）代入式（6-65）得到

$$\Phi = \frac{2 f_z n p}{Bml} \tag{6-66}$$

即

$$\frac{\Phi}{f_z} = \frac{2pn}{mlB} \tag{6-67}$$

得到了

$$f_z = \frac{mlB\Phi}{2pn} \tag{6-68}$$

将式（6-67）代入式（6-63），得到

$$F = \frac{Tpn}{mlB} \tag{6-69}$$

将式（6-69）和式（6-68）代入式（6-61），得到

$$\frac{mlB\Phi}{2pn} = \frac{Tpn}{mlB}\left[\frac{l^2 l_T}{2G J_P} + \frac{l_1^3}{3EJ} + \frac{(l_3 + l_2)^2 l_0}{6EJ} + \frac{1}{C_Z}\right] \tag{6-70}$$

即

$$T = \frac{1}{2}\left(\frac{mlB}{pn}\right)^2 \frac{1}{\frac{l^2 l_T}{2G J_P} + \frac{l_1^3}{3EJ} + \frac{(l_3 + l_2)^2 l_0}{6EJ} + \frac{1}{C_Z}} \Phi \tag{6-71}$$

C_Φ 作为稳定杆的侧向角刚度

$$C_\Phi = \frac{dT}{d\Phi} = \left(\frac{mlB}{pn}\right)^2 \frac{1}{\frac{l^2 l_T}{2G J_P} + \frac{l_1^3}{3EJ} + \frac{(l_3 + l_2)^2 l_0}{6EJ} + \frac{1}{C_Z}} \Phi \tag{6-72}$$

从方程（6-63）可知

$$f_z = \frac{ml}{pn} f_t \tag{6-73}$$

将方程 (6-72) 代入方程 (6-60), 得到

$$\frac{ml}{pn} f_t = F\left[\frac{l^2 l_T}{2GJ_P} + \frac{l_1^3}{3EJ} + \frac{(l_3+l_2)^2 l_0}{6EJ} + \frac{1}{C_Z}\right] \tag{6-74}$$

根据假设性位移原则, 存在着一种关系

$$F f_2 = F_t f_t \tag{6-75}$$

而且

$$F = \frac{F_t f_t}{f_z} \tag{6-76}$$

式中, F_t 为施加在车轮地面接触中心的地面垂直力; f_z 为一个假设性的位移。

将式 (6-76) 代入式 (6-74), 得到

$$\frac{ml}{pn} f_t = \frac{F_t f_t}{f_z}\left[\frac{l^2 l_T}{2GJ_P} + \frac{l_1^3}{3EJ} + \frac{(l_3+l_2)^2 l_0}{6EJ} + \frac{1}{C_Z}\right] \tag{6-77}$$

即

$$F_t = \frac{ml}{pn}\frac{f_t f_z}{f_z} \times \frac{1}{\frac{l^2 l_T}{2GJ_P} + \frac{l_1^3}{3EJ} + \frac{(l_3+l_2)^2 l_0}{6EJ} + \frac{1}{C_Z}} \tag{6-78}$$

将式 (6-73) 代入式 (6-61), 得到

$$F_t = \left(\frac{ml}{pn}\right)^2 \times \frac{1}{\frac{l^2 l_T}{2GJ_P} + \frac{l_1^3}{3EJ} + \frac{(l_3+l_2)^2 l_0}{6EJ} + \frac{1}{C_Z}} \tag{6-79}$$

当左轮和右轮以相反方向跳动时, 由于横向稳定杆作用而导致的一个车轮的线性刚度 C_t 为

$$C_t = \frac{dF_t}{df_t} = \left(\frac{ml}{pn}\right)^2 \times \frac{1}{\frac{l^2 l_T}{2GJ_P} + \frac{l_1^3}{3EJ} + \frac{(l_3+l_2)^2 l_0}{6EJ} + \frac{1}{C_Z}} \tag{6-80}$$

横向稳定杆主要受到扭转力的作用, 因此一般只对扭转剪应力进行标定

$$\tau = \frac{Td}{2J_P} = \frac{T}{\frac{\pi d^4}{32}}\frac{d}{2} = \frac{16T}{\pi d^3} < [\tau] \tag{6-81}$$

式中, d 是横向稳定杆的直径, $[\tau]$ 是允许的扭转应力。

由于横向稳定杆是由与螺旋弹簧相同的材料制成的, 并以相同的方式进行热处理, 因此允许的应力 $[\tau] = 800 \text{N/mm}^2$。

第7章

转向系统设计

7.1 概述

图 7-1 示出一种汽车的机械转向系统（手动转向系统），其由转向器和转向传动机构组成。采用动力转向的汽车还有动力系统，即动力转向油泵、油管、动力转向器等，见图 7-2。近年来，在高级的轿车上出现了各种可调节转向助力的电子动力转向系统。电动转向系统主要是为了改善汽车的燃油经济性而研制的，它们在乘用汽车上得到广泛应用。

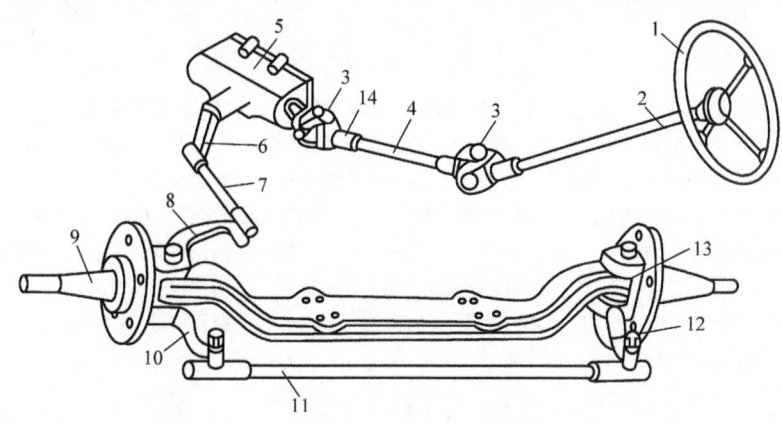

图 7-1 机械转向系统
1—转向盘 2—转向轴 3—转向万向节 4—转向传动轴 5—转向器 6—转向摇臂 7—转向直拉杆
8—转向节臂 9—左转向节 10、12—梯形臂 11—转向横拉杆 13—右转向节 14—花键

近年来，许多轿车上的转向系统中装设了防伤装置，这是为了减轻驾驶人在碰撞时受到的伤害。在图 7-2 所示转向系统中网格状转向轴 18 就是一种防伤装置。在发生碰撞事故时，当撞击力达到设定值时上述网格状转向轴就被压溃、发生塑性变形（如图 7-3 所示），同时吸收能量、限制对驾驶人的冲击力，从而减轻对驾驶人的伤害。

对转向系统有如下主要要求。

1）保证汽车拥有足够小的最小转弯半径，以使其能够在有限的狭小场地内进行转弯行驶。

2）保证汽车转弯行驶时所有的转向车轮都绕一个共同的瞬时转向中心进行旋转，各个车轮的侧偏角趋于一致，并且在满足性能要求时应尽可能小，以延长轮胎寿命、降低汽车行驶时的轮胎噪声。

3）操纵轻便。汽车转向时，驾驶人需要施加在转向盘上的最大切向力（转向力），对

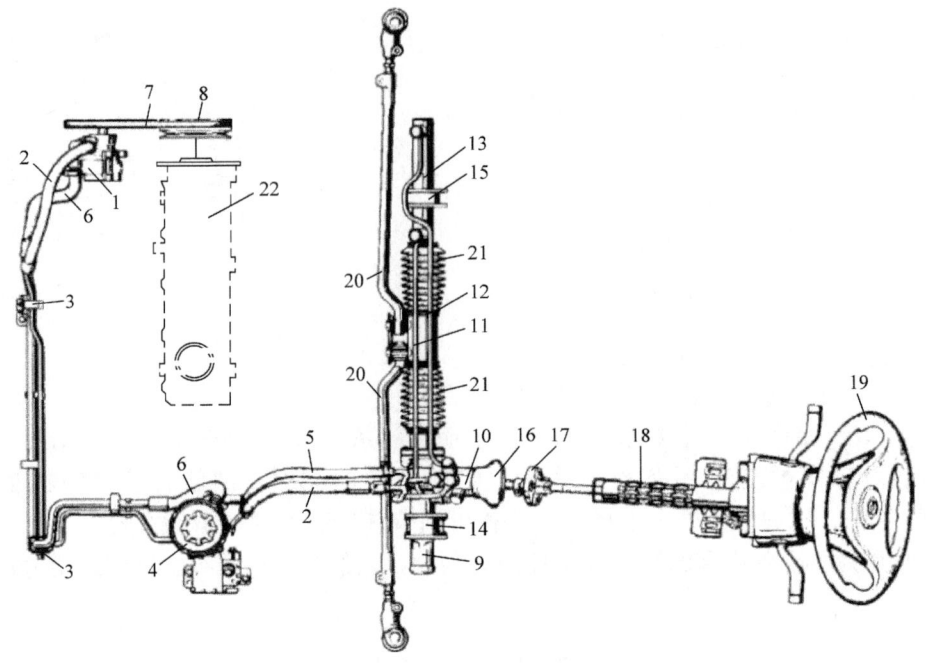

图 7-2 一种采用中央输出齿轮齿条式转向器的动力转向系统

1—动力转向泵（叶片泵） 2—压力油管（从泵向转向器输油） 3—油管的减振支座 4—油罐
5—回油管（从转向器向油罐输油） 6—吸油管（从油罐向泵输油） 7—V 带
8—带轮（安装在发动机曲轴上） 9—转向器（中央输出式齿轮齿条转向器，安装在驾驶室前围板上）
10—转向控制阀（转阀） 11、12—左、右油缸油管（在转阀和转向器动力油缸之间输油）
13—动力油缸 14、15—转向器安装支座 16—前围板密封 17—挠性万向节
18—网格状转向轴 19—转向盘 20—转向连杆 21—转向器密封套 22—发动机

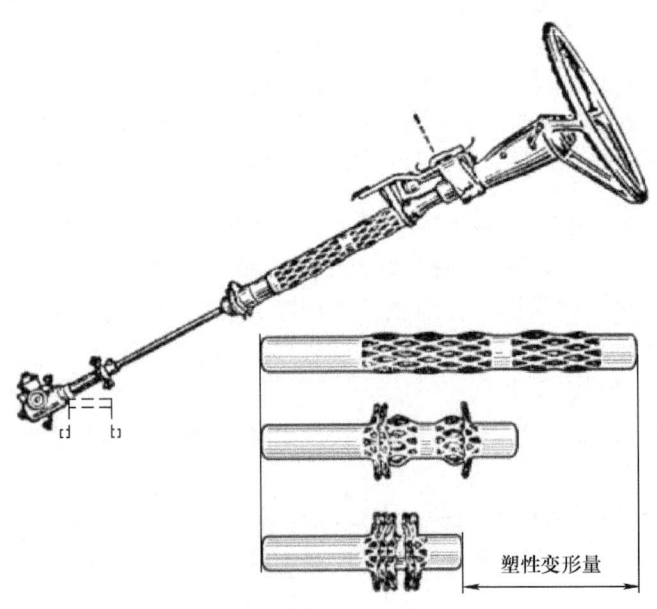

图 7-3 压溃前、后的网格状转向轴

于轿车来说不应超过200N，对于货车来说不应超过500N。在采用动力转向的情况下，一般可以保证汽车能进行停车转向，并且最大转向力一般都会明显小于上述极限值。

4）在完成转向过程后，转向盘能够自动回正，并使汽车保持在稳定的直线行驶状态。

5）兼顾高速行驶时的操纵稳定性和低速行驶时的转向迅速（需要驾驶人转动转向盘的圈数比较少）、轻便的要求。转向传动比选择对于机械转向系统十分重要。而对于动力转向系统来说，除了需要有适当的转向传动比，还需要提供适当的动力助力。

6）为减轻驾驶人的疲劳，应尽可能减小地面通过转向车轮而传到转向盘上的冲击力。这个性能要求对于在比较粗糙的路面上行驶的汽车意义比较大。

7）悬架导向机构和转向传动机构（杆系）匹配适当，使车轮上、下跳动（悬架压缩、伸张）时由上述两种机构的运动干涉所引起的车轮前束角变化尽可能小；汽车转向行驶、车身发生侧倾时，由上述两种机构运动干涉所引起的侧倾转向角（车轮前束角变化）尽可能小或有利于不足转向；由悬架中橡胶元件的受力变形所引起的车轮前、后移动要尽可能不引起前束角的变化。

8）在汽车直线行驶时，转向系统中的间隙应尽可能小。为了减少间隙的变化，有特定的调整机构来消除因磨损而产生的间隙。

9）在车祸中，当转向盘和转向轴由于车架或车身变形而后移时，转向系统有能使驾驶人免遭，或减轻伤害的防伤装置。

7.2 机械式转向器方案分析与设计

转向器是汽车转向系统的核心部件，对转向器有如下基本要求。

1）在汽车行驶时提供准确而轻便的转向控制，同时转向盘的转角范围不允许过大。这要求转向器的自由行程（由传动零件之间的间隙引起）尽可能小，传动比适当，驾驶人主动转动转向盘时的机械效率（正效率）高，可能还需要动力助力。

2）使地面对前轮的扰动尽可能少地被传到转向盘上，同时还要让驾驶人能够感觉得到路面状况（粗糙程度、附着力的大小等）的变化。这要求在前轮因受到地面干扰而试图转动转向盘时转向器的机械效率适当地低，即逆效率适当地低。

3）不能妨碍汽车完成转向后、返回直线行驶状态时的前轮自动回正，这又要求转向器的逆效率适当地高。

4）停车（车速为0）转向时驾驶人转动转向盘的力（转向力）应该被减小到最低限度。为了使驾驶人能够比较轻松地进行停车转向，一般要求采用动力助力。停车转向时所需要的转向力一般是最大的。

5）使汽车具有良好的高速操纵稳定性。这一般要求转向器的自由行程、摩擦尽可能小，有适当的传动比和动力助力（在采用动力助力的情况下）。

机械转向器是指完全靠人力操纵的转向器，其通过提供一定的机械增益（传动比）来减小驾驶人转动转向盘的力（即转向力）。

7.2.1 齿轮齿条式转向器

目前，齿轮齿条式转向器被广泛应用在所有的发动机前置 – 前轮驱动轿车以及一些发动机前置-后轮驱动轿车上。图7-4所示一种两端输出齿轮齿条式转向器，其中齿轮是输入元件，齿条是输出元件。图7-5所示一种采用两端输出齿轮齿条式转向器的转向系统，其中齿条的输出由转向连杆传递到转向节，而图7-4中两个转向连杆通过内侧球铰11与齿条4的两端相连，通过外侧球铰14与转向节相连。在图7-5所示系统中，采用的是麦弗森式独立悬架，齿轮齿条式转向器布置位置比较低，在这种情况下一般都采用两端输出式。在采用其他独立悬架的汽车中，如果采用齿轮齿条式转向器，一般都是两端输出式。图7-6给出了一个与双横臂式独立悬架匹配的两端输出式齿轮齿条式转向器，这样有利于获得较小的悬架与转向杆系的干涉转向角（前束角变化）。

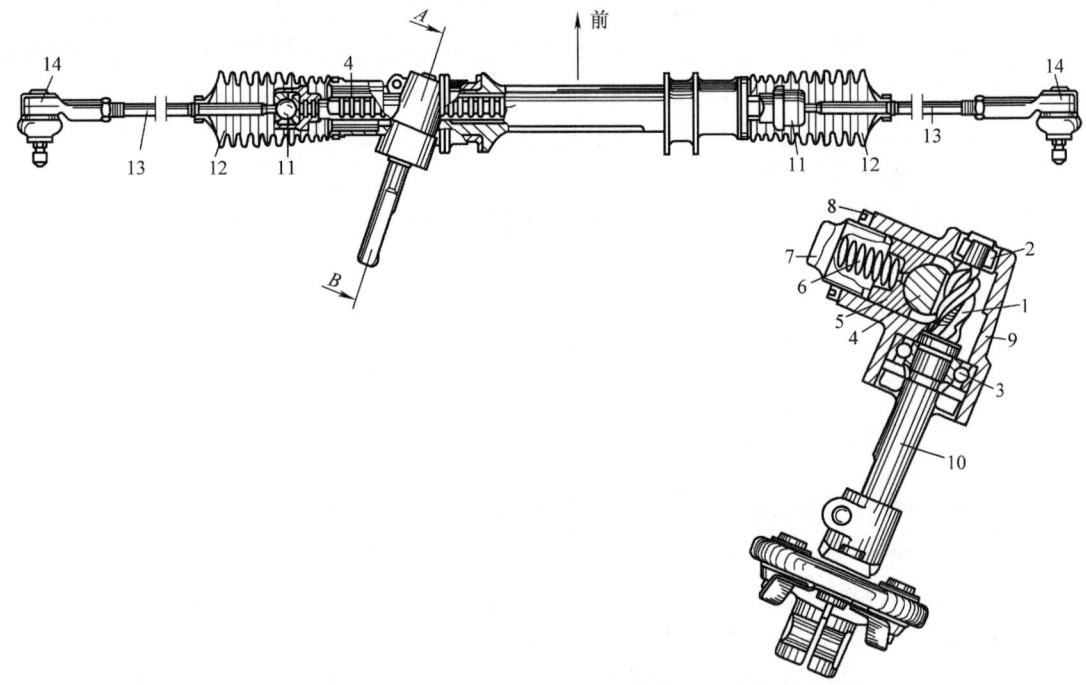

图7-4 一种两端输出齿轮齿条式转向器

1—齿轮 2—齿条下轴承 3—齿轮上轴承 4—齿条 5—齿条轴承 6—弹簧 7—调节螺母
8—锁紧螺母 9—转向器壳体 10—输入轴 11—内侧球铰 12—密封护套 13—转向连杆 14—外侧球铰

图7-7所示为一种中央输出式齿轮齿条式转向器，其转向连杆2用转向连杆固定螺栓3固定在齿条1的中央，在转向连杆固定螺栓3与连杆2上的孔之间安装有橡胶衬套4，这使得该安装点相当于一个球铰，同时具有减振、降噪作用。连杆2通过其外侧球铰9与转向节相连。前束调节双头螺柱7用于调整前束，它的两侧螺纹具有相反的螺旋方向。调好前束以后，用锁紧螺栓6、8进行固定。

图7-8所示为一个采用中央输出式齿轮齿条式转向器的转向系统。当汽车直线行驶时，转向连杆在齿条上的安装铰点几乎就在汽车的纵向垂直对称面上。只有在采用麦克弗森式独立悬架和齿轮齿条式转向器、并且转向器布置位置比较高的情况下，才采用中央输出式齿轮齿条式转向器。在采用这种悬架、转向连杆布置方式的情况下为了获得较小的干涉转向角（前束角变化），一般需要采用较长的转向连杆。

在齿轮齿条式转向器中，当转动齿轮时，齿条进行移动，而不是转动。所以，齿轮齿条式转向器自己没有转向器角传动比，而是有齿条增益 G_R：

第7章 转向系统设计

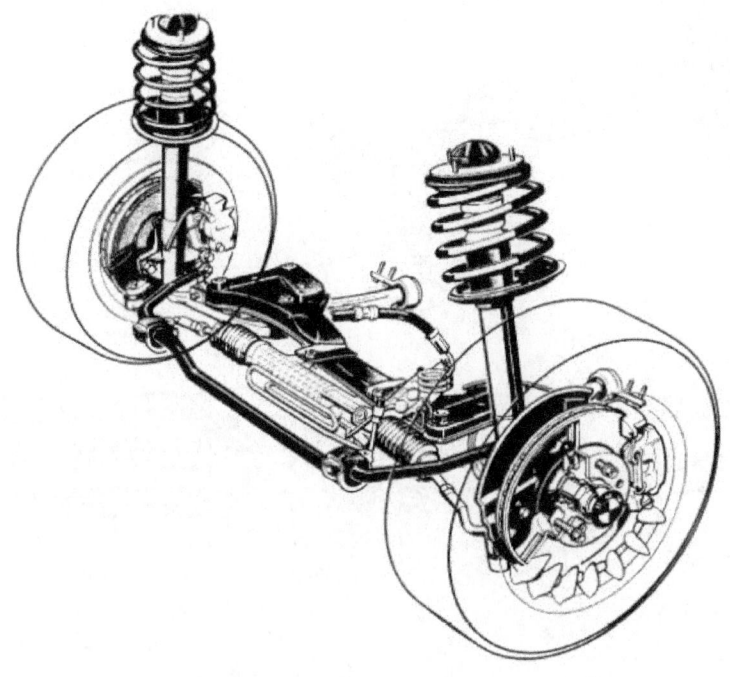

图 7-5　一种采用两端输出式齿轮齿条式转向器的转向系统

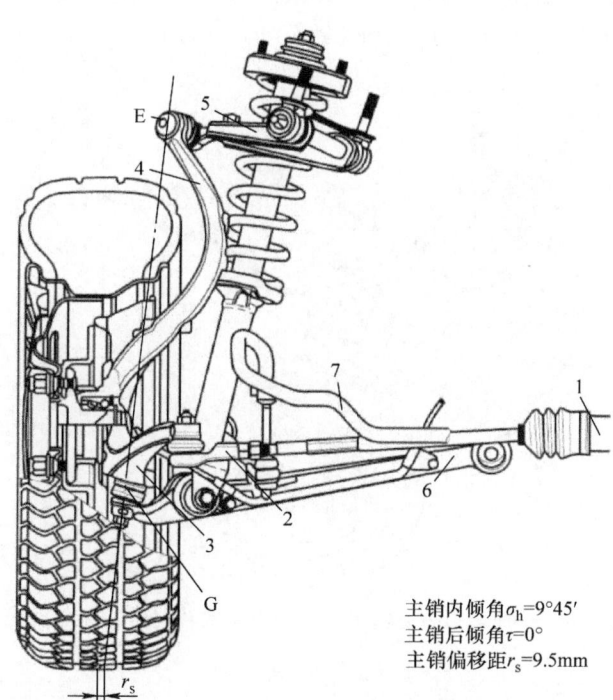

主销内倾角 $\sigma_h = 9°45'$
主销后倾角 $\tau = 0°$
主销偏移距 $r_s = 9.5$ mm

图 7-6　双横臂式独立悬架与齿轮齿条式转向器
1—转向器　2—转向横拉杆　3—转向梯形臂　4—车轮转向节　5—上横臂　6—下横臂　7—横向稳定杆
E—上横臂球铰　G—下横臂球铰

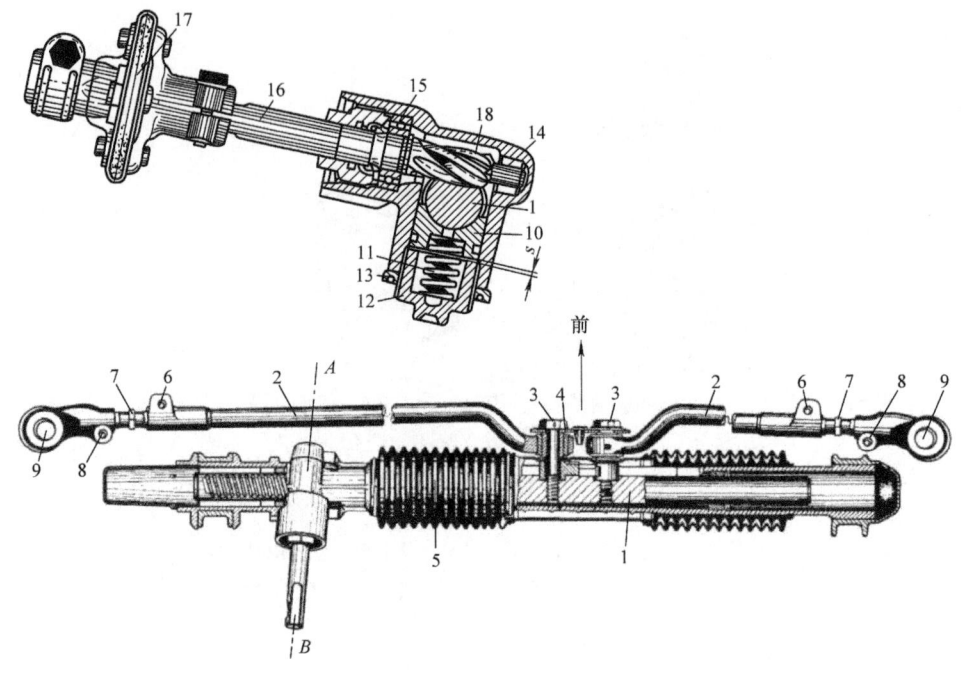

图 7-7 一种中央输出式齿轮齿条式转向器

1—齿条　2—转向连杆　3—转向连杆固定螺栓　4—橡胶衬套　5—密封套　6、8—锁紧螺栓
7—前束调节双头螺柱（两侧螺纹方向相反）　9—外侧球铰　10—齿条轴承　11—弹簧　12—调整螺母
13—锁紧螺母　14—齿轮下轴承　15—齿轮上轴承　16—输入轴　17—挠性万向节　18—齿轮

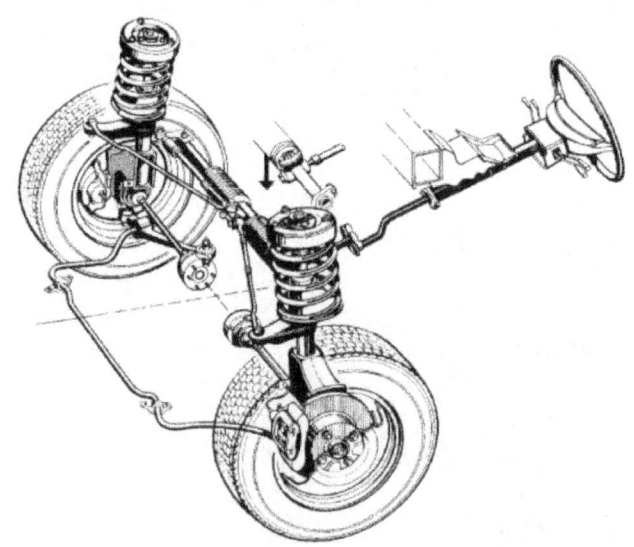

图 7-8 一种采用中央输出式齿轮齿条式转向器的转向系统

$$G_R = \frac{\Delta d}{\Delta n_h} \tag{7-1}$$

式中，G_R 是齿条增益（mm/r）；Δn_h 是转向盘所转动圈数的增量（r）；Δd 是齿条的位移增量（mm）。

齿条增益 G_R 增大，相应的转向系统角传动比就会减小。

齿轮齿条式转向器的优点包括：

① 构造比较简单。
② 成本较低。
③ 效率高，转向轻便。
④ 可以自动防止齿轮和齿条之间的松动，并且具有均匀的固有阻尼。
⑤ 有利于改善转向系统刚性。
⑥ 转向传动机构仅包括转向连杆和转向节，零件少、占用空间小（这正是所有发动机前置-前轮驱动型汽车都采用这种转向器的原因）。

齿轮齿条式转向器的主要缺点包括：
① 由于只有齿轮与齿条一对传动副，其摩擦小且传动效率高，由路面不平对车轮的冲击所引起的转向盘反击较大。
② 转向连杆受斜向力作用，连杆中的应力较大。
③ 当转向连杆采用两端输出式设计时连杆的设计长度会受到限制。
④ 前轮转向角的大小取决于齿条的位移，为了获得足够大的车轮转角，有时只能采用较短的转向节臂，这样会使整个转向装置受力较大。
⑤ 随着车轮转向角的增大，转向系统角传动比下降，使得汽车在驻车时转向会很费力。
⑥ 该转向器在非独立悬架中不能采用。

7.2.2 整体式转向器

整体式转向器包括蜗杆曲柄指销式（见图7-9）、蜗杆蜗轮式（见图7-10）、蜗杆滚轮

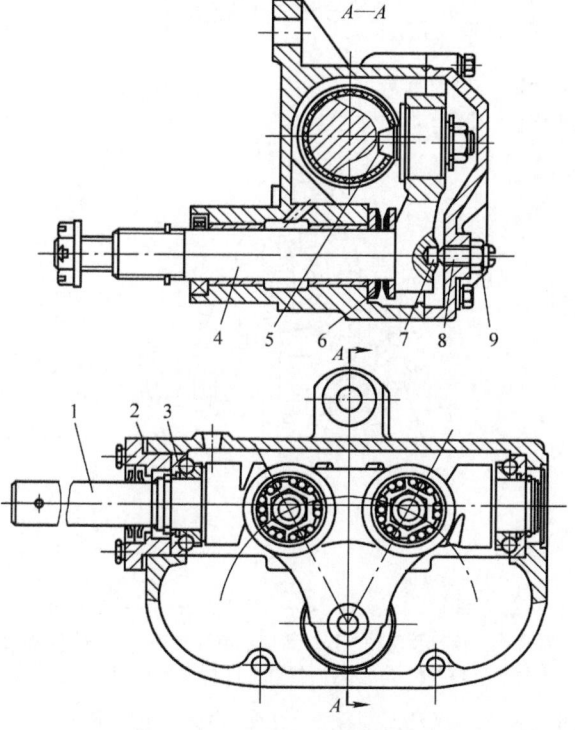

图7-9 一种蜗杆曲柄指销式转向器图
1—输入轴 2—垫片 3—轴承 4—转向摇臂轴 5—指销
6—弹簧片 7—顶销 8—调整螺钉 9—锁紧螺母

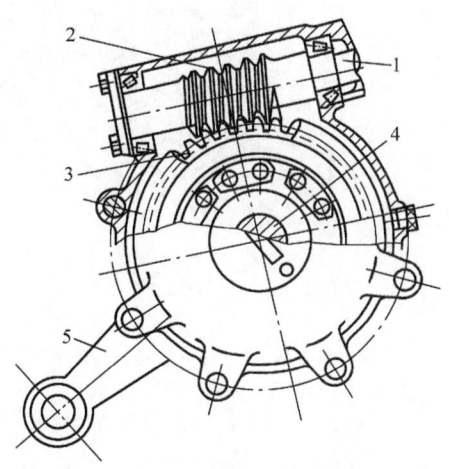

图7-10 一种蜗杆蜗轮式转向器
1—输入轴 2—蜗杆 3—蜗轮
4—转向摇臂轴 5—转向摇臂

式（见图7-11）和循环球式（见图7-12）等。这些转向器都是以转向摇臂轴作为输出元件的。在这些转向器中，循环球式转向器由于其机械效率比较高，有利于减小转向力，目前得到了最广泛的应用。

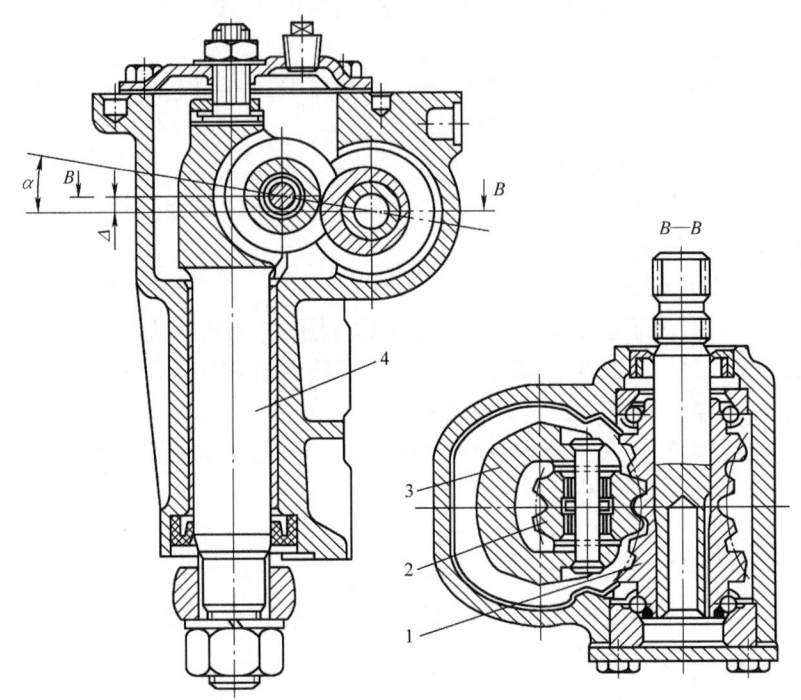

图7-11　一种蜗杆滚轮式转向器

1—蜗杆　2—滚轮　3—转向摇臂轴的曲柄　4—转向摇臂轴

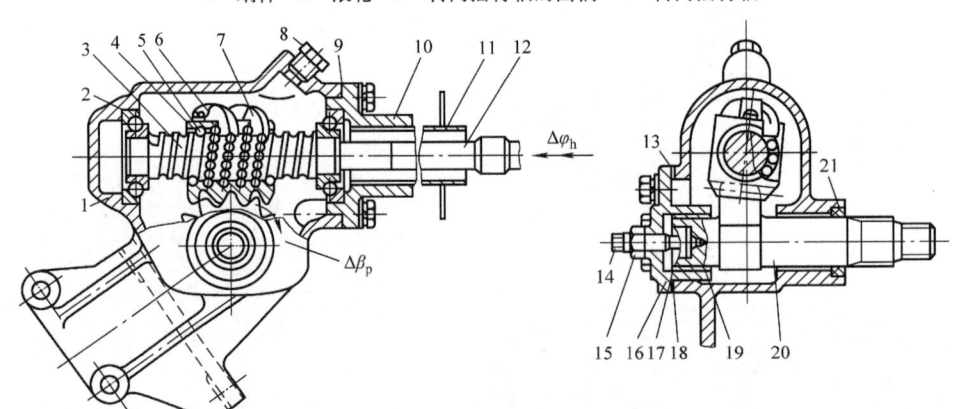

图7-12　一种循环球式转向器

1—转向器壳体　2—推力角接触球轴承　3—转向螺杆　4—转向螺母　5—钢球　6—钢球导管卡　7—钢球导管
8—六角头锥形螺塞　9—调整垫片　10—上盖　11—转向柱管总成　12—转向轴　13—转向器侧盖衬垫　14—调整螺钉
15—螺母　16—侧盖　17—孔用弹性挡圈　18—垫片　19—摇臂轴衬套　20—转向摇臂轴（齿扇轴）　21—油封

整体式转向器角传动比为转向盘转角增量与转向摇臂轴转角的相应增量之比，即

$$i_{\omega o} = \frac{\Delta \varphi_h}{\Delta \beta_p} \tag{7-2}$$

式中，$i_{\omega o}$是转向器角传动比；$\Delta \varphi_h$是转向盘转角增量；$\Delta \beta_p$是转向摇臂轴的转角增量（见图 7-12）。

图 7-13 示出循环球式转向器的力学模型，有如下关系：

$$\Delta \beta_p = \frac{\Delta \varphi_h}{2 \cdot \pi} t \frac{1}{r} \quad (7-3)$$

式中，t是螺杆螺距；r是齿扇节圆半径。

从式（7-3）可以得到这种转向器的角传动比 $i_{\omega o}$ 为

$$i_{\omega o} = \frac{\Delta \varphi_h}{\Delta \beta_p} = \frac{2\pi r}{t} \quad (7-4)$$

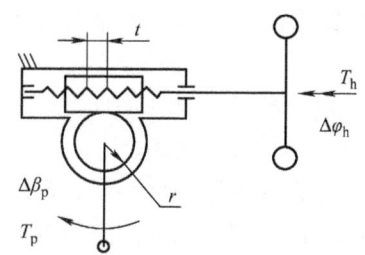

图 7-13　循环球式转向器的力学模型
t—螺杆螺距　r—齿扇节圆半径　T_h—输入轴转矩
T_p—转向摇臂轴转矩　$\Delta \varphi_h$—转向盘转角增量
$\Delta \beta_p$—转向摇臂轴转角增量

整体式转向器（输出元件是转向摇臂轴的转向器）的缺点主要是因为其没有布置转向连杆系统的空间，所以很难在发动机前置－前轮驱动形式的轿车上采用。而当采用独立前悬架的发动机前置－后轮驱动汽车采用这种转向器时，需要额外附加断开式转向梯形机构，如图 7-14 所示。这不仅仅会增加整车的重量和成本，而且燃油经济性也不如齿轮齿条式转向器。

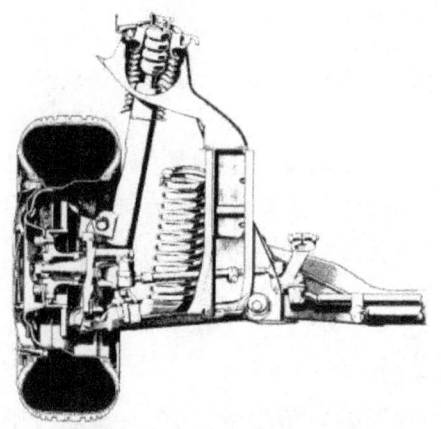

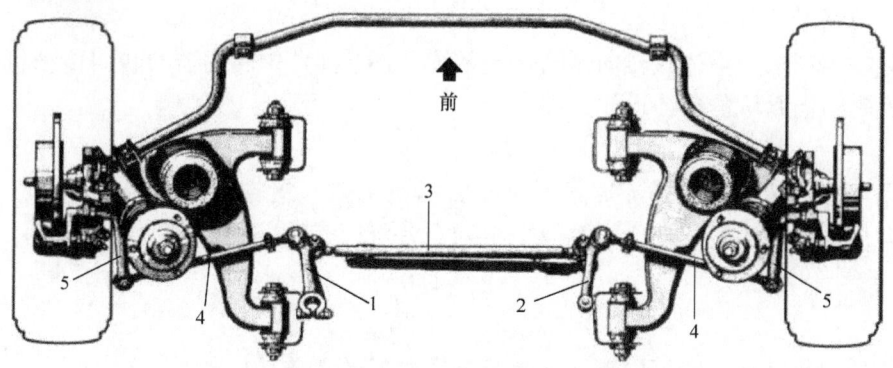

图 7-14　在前悬架为独立悬架的发动机前置－后轮驱动汽车上采用
整体式转向器所需要的断开式转向梯形机构
1—转向摇臂（与转向器转向摇臂轴通过花键相连）　2—惰性臂　3—中央转向连杆
4—外侧转向连杆　5—转向节臂

然而在没有转向助力的前提下比较这两种转向器,可以发现整体式转向器具有如下优点:

① 可以与非独立悬架匹配使用。
② 可以承受较大的力。
③ 具有较大的车轮转向角,转角范围可达 ±45°。
④ 可以采用较长的转向节臂或梯形臂来减小转向摇臂和中央拉杆中的载荷。
⑤ 转向传动机构可以设计得使其传动比随车轮转角变化很小。
⑥ 对地面冲击载荷不敏感。

7.3 机械式转向器主要性能参数

7.3.1 转向系统的角传动比

转向系统角传动比的定义:转向盘转角增量与两侧转向节转角的相应增量的平均值之比,即

$$i_\omega = \frac{2\Delta\varphi_h}{\Delta\beta_L + \Delta\beta_R} \tag{7-5}$$

式中,i_ω 是转向系统的角传动比;$\Delta\varphi_h$ 是转向盘转角增量;$\Delta\beta_L$、$\Delta\beta_R$ 分别是左、右转向节的转角增量。

如图 7-1 所示,在采用整体式转向器的情况下,转向器以下的零件组成转向传动机构,包括转向摇臂(垂臂)、转向直拉杆、转向节臂、转向节、梯形臂、转向横拉杆等。这种转向传动机构角传动比的定义:转向摇臂轴转角的增量与两侧转向节转角的相应增量的平均值之比,即

$$i_{\omega L} = \frac{2\Delta\beta_p}{\Delta\beta_L + \Delta\beta_R} \tag{7-6}$$

式中,$i_{\omega L}$ 是转向传动机构角传动比;$\Delta\beta_p$ 是转向摇臂轴转角增量;$\Delta\beta_L$、$\Delta\beta_R$ 分别是左、右转向节的转角增量。

可以看出,在采用整体式转向器的转向系统(图 7-1)中转向器与转向传动机构角传动比的乘积就是转向系统的角传动比,即

$$i_\omega = i_{\omega 0} i_{\omega L} \tag{7-7}$$

在使用整体式转向器(循环球式、蜗杆曲柄指销式、蜗轮蜗杆式转向器等)的转向系统中,转向传动机构的角传动比 $i_{\omega L}$ 在 0.85~1.1 之间,可以粗略认为是 1。这样,有

$$i_{\omega L} \approx 1.0 \tag{7-8}$$

$$i_\omega = i_{\omega 0} i_{\omega L} \approx i_{\omega 0} \tag{7-9}$$

即转向系统的角传动比一般可以近似认为等于转向器的角传动比 $i_{\omega 0}$。

7.3.2 转向系统的转矩传动比

在实际应用中,转向系统的转矩传动比定义为

$$i_{\mathrm{T}} = \frac{T_{\mathrm{Rt}}}{T_{\mathrm{h}}} = i_\omega \eta_{\mathrm{SG}} \eta_{\mathrm{SL}} \tag{7-10}$$

式中，i_{T} 是转向系统的转矩传动比；T_{Rt} 是在转向节上克服的转向阻力矩，由作用在左、右转向节上的转向阻力矩 $T_{\mathrm{Rt,L}}$ 和 $T_{\mathrm{Rt,R}}$ 组成（图7-1）；T_{h} 是驾驶人施加在转向盘上的转矩；i_ω 是转向系的角传动比；η_{SG} 是转向器在实际载荷下的效率；η_{SL} 是转向传动机构在实际载荷下的效率。

只能用实验的方法确定 η_{SG} 和 η_{SL}。

在实际应用中，整体式转向器的转矩传动比定义为

$$i_{\mathrm{To}} = \frac{T_{\mathrm{p}}}{T_{\mathrm{h}}} = i_{\omega\mathrm{o}} \eta_{\mathrm{SG}} \tag{7-11}$$

式中，i_{To} 是转向器转矩传动比；T_{p} 是转向摇臂轴上的转向阻力矩；$i_{\omega\mathrm{o}}$ 是转向器角传动比；η_{SG} 是转向器在实际载荷下的效率。

一般有如下关系

$$i_{\mathrm{T}} = i_\omega \eta_{\mathrm{SG}} \eta_{\mathrm{SL}} \approx i_{\omega\mathrm{o}} \eta_{\mathrm{SG}} = i_{\mathrm{To}} \tag{7-12}$$

即可以近似认为，转向系统的转矩传动比就是转向器的转矩传动比。

7.3.3 转向器的效率

1. 转向器的正效率

只能使用试验方法才能确定在实际载荷下的转向器正效率 $\eta_{\mathrm{SG}+}$。图7-13 所示为对整体式转向器进行效率试验的示意图，其中的转向器壳固定。在进行正效率试验时，需要主动在转向器输入轴上施加一个转矩 T_{h}，测量传到转向摇臂轴上的转矩 T_{p}，有如下关系

$$T_{\mathrm{h}} i_{\omega\mathrm{o}} \eta_{\mathrm{SG}+} = T_{\mathrm{p}} \tag{7-13}$$

$$\eta_{\mathrm{SG}+} = \frac{T_{\mathrm{p}}}{T_{\mathrm{h}} i_{\omega\mathrm{o}}} \tag{7-14}$$

式中，$i_{\omega\mathrm{o}}$ 是转向器角传动比；$\eta_{\mathrm{SG}+}$ 是转向器在实际载荷下的正效率。提高转向器正效率有助于减小驾驶人需要施加的转向力。

2. 转向器的逆效率

只能使用试验方法才能确定在实际载荷下的转向器的逆效率 $\eta_{\mathrm{SG}-}$。图7-13 所示为对整体式转向器进行效率试验的示意图，其中转向器壳固定。在进行逆效率试验时，需要主动在转向摇臂轴上施加一个转矩 T_{p}，测量传到转向器输入轴上的转矩 T_{h}，有如下关系

$$T_{\mathrm{h}} i_{\omega\mathrm{o}} = \eta_{\mathrm{SG}-} T_{\mathrm{p}} \tag{7-15}$$

$$\eta_{\mathrm{SG}-} = \frac{T_{\mathrm{h}} i_{\omega\mathrm{o}}}{T_{\mathrm{p}}} \tag{7-16}$$

式中，T_{p} 是在转向摇臂轴上主动施加的力矩；T_{h} 是被传到转向输入轴上的转矩；$i_{\omega\mathrm{o}}$ 是转向器角传动比；$\eta_{\mathrm{SG}-}$ 是转向器在实际载荷下的逆效率。

汽车的使用性能会受到转向器的逆效率影响。当转向器逆效率较大的情况下，车轮所受到的地面传来的力，大部分会经过转向系统被传递到转向盘上，这种转向器被称为可逆式转向器。这种转向器可以保证汽车转向后转向车轮及转向盘自动回正，路感强，在好路面上行驶有利于减轻驾驶人的劳动强度，提高行驶安全性。但是在不规则路面上行驶时，车轮受到

的大部分冲击力也会被传至转向盘，使驾驶人感到"打手"，容易使驾驶人感到疲劳，影响行驶安全性。所以，可逆式转向器适用于在良好路面上行驶的车辆。现代汽车上采用的转向器都是可逆式转向器。其中，由于齿轮齿条式转向器的逆效率最高，往往需要在结构设计中添加一些结构措施来降低其逆效率。

在车辆行驶时车轮受到的冲击力，不能传到转向盘的转向器被称为不可逆式转向器。此时车轮受到的冲击力完全由转向传动机构的零件承受，因此这些零件承受的载荷比较大。应该指出，在坏路面上行驶时，这种转向器可以保证转向盘不受地面冲击力的影响，有助于减轻驾驶人的疲劳。但是，这种转向器不能保证转向结束后车轮自动回正，驾驶人在驾驶时又会缺乏路感。由于有这些缺点，在如今的汽车上已经基本上不采用这种转向器。

极限可逆式转向器介于不可逆式与可逆式之间。当车轮受到冲击力作用时，这个力只有小部分（逆效率小于50%）传到转向盘。它的逆效率较低，在坏路上行驶时传递的冲击力比不可逆式的要小，同时驾驶人也不会感到很紧张。

3. 影响转向器效率的因素

影响转向器效率的因素有：转向器的类型、结构特点、结构参数和制造质量等。

（1）转向器的类型

汽车上常用的转向器形式有循环球式、蜗杆滚轮式、齿轮齿条式及蜗杆曲柄指销式等。

齿轮齿条式转向器的效率最高，因为其只有一对传动副。

循环球式转向器以滚动摩擦代替滑动摩擦，正、负效率都较高，一般在75%~85%之间。

蜗杆滚轮式转向器的正效率 η_{SG+} =54%~75%，逆效率 η_{SG-} =54%~60%。

蜗杆指销式转向器的正效率 η_{SG+} =75%，逆效率 η_{SG-} =60%。

转向器的效率除了与设计有关以外，与制造质量也关系密切。

（2）转向器的结构参数与效率

对于蜗杆和螺杆类转向器，如果只考虑啮合副的摩擦损失，而忽略轴承和其他地方的摩擦损失，其正效率可表示为

$$\eta_+ = \frac{\tan\alpha_o}{\tan(\alpha_o + \rho)} \tag{7-17}$$

式中，α_o 是蜗杆（或螺杆）的螺线导程角（螺线升角）；ρ 是摩擦角，$\tan\rho = f$，f 是摩擦系数。

蜗杆和螺杆类转向器的逆效率可表示为

$$\eta_- = \frac{\tan(\alpha_o - \rho)}{\tan\alpha_o} \tag{7-18}$$

从式（7-17）和式（7-18）可见，导程角（螺线升角）α_o 增大，使正、逆效率都增大。所以，应该选一个合适值，使正、逆效率达到综合平衡。

当导程角 $\alpha_o \leq \rho$ 时，逆效率 $\eta_- \leq 0$，表明这种转向器是不可逆式的。因此，为使转向器有适当的逆效率，导程角的最小值必须大于摩擦角。螺线的导程角 α_o 一般选在8°~10°之间。

7.4 动力转向机构设计

7.4.1 动力转向系统概述

为了在采用适当转向传动比的情况下减小需要驾驶人施加到转向盘上的转向力，会在汽车上使用动力转向系统。为了减小转向力，转向器的一个发展方向是提高其机械效率，为此发明了循环球式转向器（见图 7-12），但是其效率很难超过 85%。另外一个减小转向力的发展方向是增大转向器的传动比。但是，如果传动比过大，为了使汽车转向时前轮摆动一定角度而需要转动转向盘的圈数过多（转向从容性差），这也是不能接受的。而采用动力转向是同时保证转向轻便性与转向从容性的有效措施。

从 20 世纪 30 年代起，人们开始在汽车上安装动力转向系统。当时主要是在重型汽车上安装，采用的动力源包括真空、压缩空气和液压。在第二次世界大战期间，美国的军用车辆上广泛应用了液压动力转向系统，例如重型货车、装甲车等，为现代汽车的动力转向系统打下了基础。

到了 20 世纪 50 年代初期，轿车已经明显向着大型化和高速化发展。并且，为了提高乘坐舒适性降低了轮胎的气压。轿车大型化意味着其前桥负荷的增大，再加以轮胎气压降低，都使前轮的转向阻力增大。这些汽车设计的变化实际上意味着为了减小转向力，或者至少把其恢复到以前的水平，动力转向系统已经变得必不可少了。到了 20 世纪 50 年代初期，动力转向系统被引入到轿车上。自此以后，动力转向系统在轿车上的应用比例不断攀升。

自从 1973 年因第四次中东战争而爆发石油危机以来，建造更小和重量更轻的轿车成为世界潮流。而这并没有减少对动力转向系统的需要。其原因在于，现在具有横置发动机的前轮驱动轿车广受欢迎，这导致高达 65% 的整车重量集中在转向轮上；而且广泛采用了低断面、宽胎面轮胎，如果不采用动力转向系统，就会导致转向力不可接受。所以，目前大多数轿车上都采用了动力转向系统。在其他类型的汽车上也广泛采用了动力转向系统。

1. 动力转向的优点与缺点

（1）采用动力转向系统的优点

1）大幅减小了停车转向力，使驾驶人可以比较轻松地进行停车转向。汽车行驶中的转向力也得到了减小，有利于减轻驾驶人的疲劳。

2）减少了转向盘从一端到另一端的极限转动圈数，一般在 2.5~3 圈之间，使驾驶人操纵转向比较从容，有利于选择最佳转向角传动比，而不必考虑转向沉重问题。例如，根据操纵稳定性要求选择最佳传动比，兼顾低速大转角转向从容性（转向盘转动圈数要少），转向系统的角传动比一般在 14~24 之间。

3）减小了路面干扰对转向盘的影响。动力转向系统具有自动抵抗这种干扰的特性，特别是在比较差的路面上行驶时，有利于减轻驾驶人的驾驶疲劳感。

4）在汽车行驶时，某个轮胎突然爆破的情况下，可以更好地阻止车辆的突然转向，从而提升车辆的安全性。

5）在转向车轮承受较大负荷的情况下，转向力还可以保持在合理的范围以内，有利于增大汽车总体布置的自由度。

(2) 采用动力转向系统的缺点
1) 比机械转向系统复杂、成本高。
2) 使汽车能耗有一定程度的增大。
3) 有可能引起振动、噪声问题。

由于动力转向的优点明显，所以其应用范围在不断扩大。在如今汽车上得到广泛应用的动力转向系统之一是液压动力助力转向系统，它具有如下优点：

① 具有固有的自润滑特性。
② 很容易产生高压。
③ 可以在很小的空间传递很大的力。
④ 很大的力可以很容易地施加和解除。
⑤ 液体的不可压缩性使得其可以精确地控制运动。
⑥ 它是一种封闭的动力转向器系统，可以防止异物侵入。
⑦ 容易安装在可以获得的安装空间之内。

液压动力转向系统主要由动力转向泵、动力转向油管（包括压力油管、回油管、吸油管等）、动力转向器和动力转向油罐等组成，如图 7-2、图 7-15 所示。

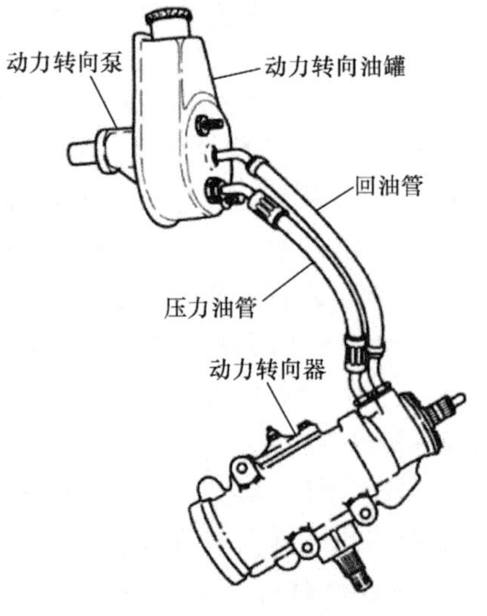

2. 对动力转向系统的主要性能要求

(1) 安全性

动力转向系统应该具有失效 - 安全特性。由于此原因，动力助力系统一般都会与常规的机械转向机构并联工作，以保证在动力助力系统失效（例如发动机停车）的情况下，车辆仍然有使用机械转向机构进行转向的能力。当然，在这种情况下转向力往往会比平常大得多，而且这种非正常工作状态只被允许持续相当短的时间，否则会引起机械转向机构的损坏。

图 7-15 一种整体式液压动力转向系统

(2) 敏感性

动力转向系统除了在各种行驶情况下都能够提供足够的助力以外，还应该允许在转向盘上保持足够高的路感。在采用动力转向时要求驾驶时的预先警告信号能够传到转向盘上，如转向盘在急转弯时逐渐变轻，使驾驶人能够及时做出正确反应来预防侧滑这种危险情况的发生。应该指出，这种要求与前文所述的阻止路面干扰传到转向盘的要求是相互矛盾的，在设计时应该在这两者之间取合理的平衡。

(3) 维修保养性

对动力转向系统的一般要求如下。

1) 对于轿车，每行驶 10000km 就应该检查各处的外泄漏情况和动力转向油罐的油面高度；而对于重型货车，上述检查行驶里程间隔需要减半。

2) 每行驶 20000km 检查动力转向泵的驱动带的状况和张紧力。

3) 在动力转向油罐中有可更换过滤器的情况下，每行驶 32000km 予以更换。

7.4.2 整体式动力转向器

图 7-16 和图 7-17 给出一种整体式动力转向器（循环球式动力转向器）的剖视图，这种动力转向器的方向控制阀是转阀。

如图 7-17 所示，输入短轴和控制阀（转阀）分总成主要包括输入短轴 6、转阀总成 8、扭杆 5。整个输入轴和转阀总成被用端面止推力轴承系统 3、9 和输入短轴径向滚针轴承 A4 支承在转向器壳体和输入短轴上，可以自由转动。这个总成还包括一个机械后备系统，当动力助力失效时，其把输入短轴 6 和螺杆 23 机械相连（图 7-18）。在输入短轴 6 下端制有两个槽，而在螺杆 23 上制有舌。在转向器装配时，这两个舌分别安放在输入短轴的两个槽中。在汽车直线行驶、输入短轴 6 上没有转矩作用时，舌与槽之间有间隙，输入短轴 6 仅通过扭杆 5 与螺杆机械连接。当在输入短轴 6 上施加的转矩较大、扭杆 5 大约扭转 7° 时，槽与舌接触，输入短轴 6 通过上述槽与舌的接触直接与螺杆 23 相连。如果这时发动机运转，则液压助力已经达到最大，其中转向器中转阀的间隙已经被完全堵死，动力转向泵处于限压状态。如果发动机不运转，驾驶人在转向盘上施加的转矩仅通过上述槽与舌的接触直接传给螺杆 23，这时没有动力助力。

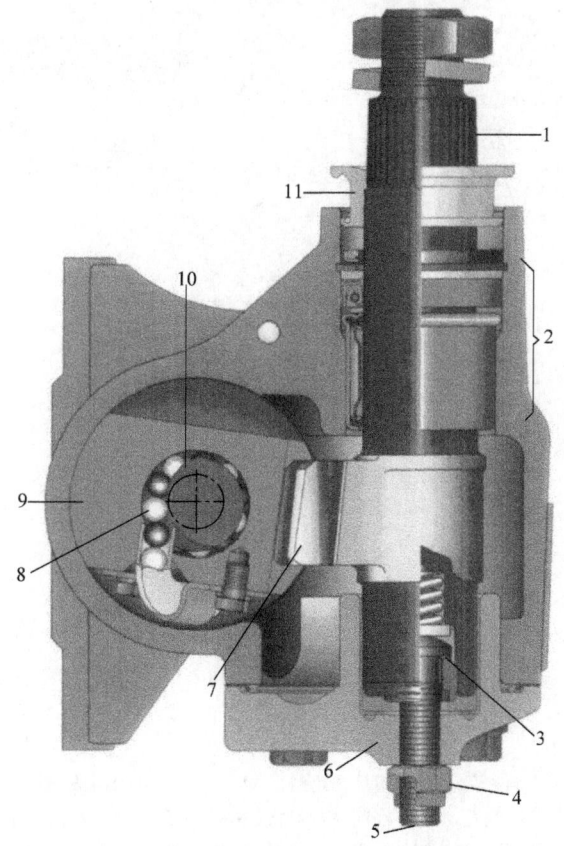

图 7-16 一种整体式动力转向器的剖视图（1）

1—转向摇臂轴（输出） 2—转向摇臂轴轴承和油封 3—磨损垫圈 4—锁紧螺母 5—预加载荷调整螺栓
6—侧盖 7—转向摇臂轴齿扇 8—循环球 9—齿条 10—螺杆 11—尘封

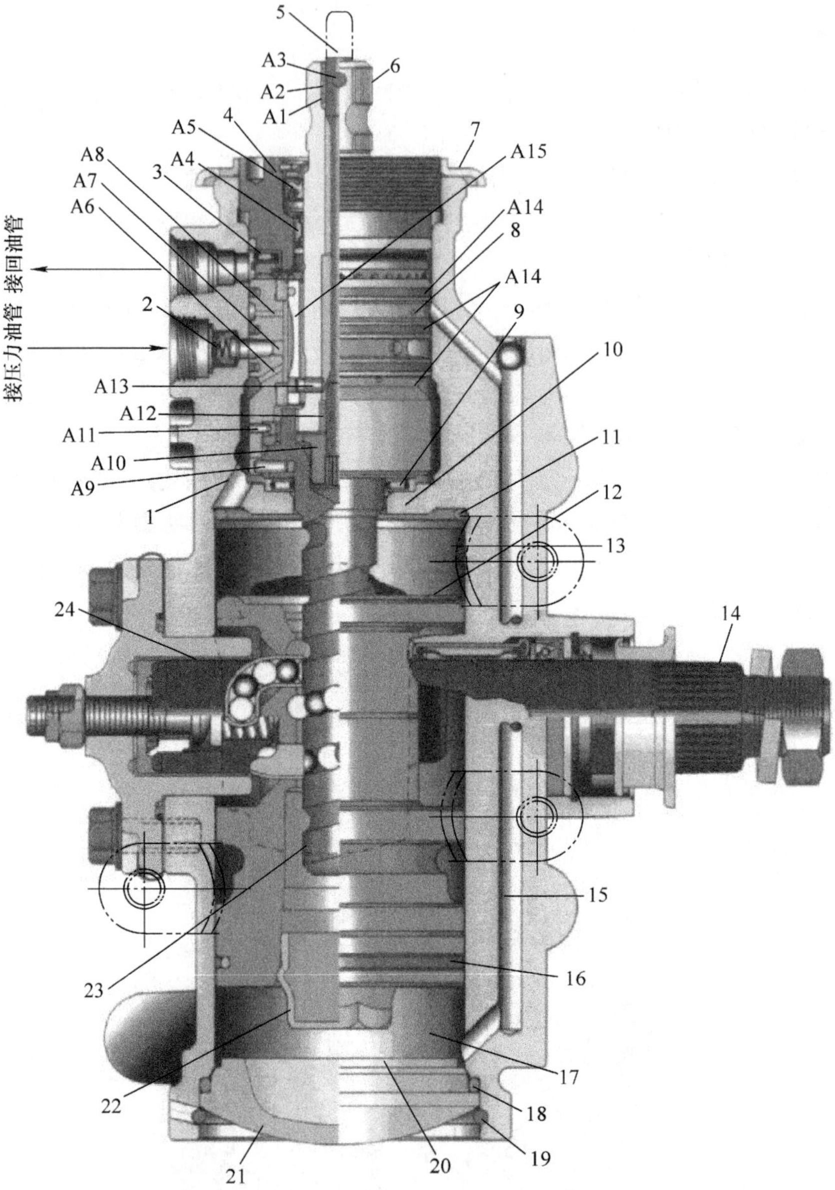

图 7-17 一种整体式动力转向器的剖视图（2）

1—2 号油缸油道　2—单向阀　3—上推力轴承系统　4—调整塞总成　5—扭杆　6—输入短轴
7—调整塞锁紧螺母　8—转阀总成　9—下推力轴承系统　10—挡壁　11—齿条行程限位器　12—齿条/活塞/螺母
13—2 号油缸腔　14—转向摇臂轴（输出）　15—1 号油缸油道　16—活塞密封环　17—1 号油缸腔
18—O 形密封圈　19—钢丝挡圈　20—齿条行程限位器　21—端盖　22—齿条塞　23—螺杆　24—循环球返回导管
A1—O 形油封　A2—扭杆铜衬套　A3—扭杆固定销　A4—输入短轴径向滚针轴承　A5—输入短轴油封
A6—阀体中制出的 2 号径向油孔　A7—在阀体中制出的中心油孔　A8—在阀体中制出的 1 号径向油孔
A9—螺杆销　A10—扭杆帽　A11—扭杆帽销　A12—扭杆铜衬套　A13—阀芯销　A14—转阀密封环　A15—阀芯

阀体在转向器壳体和阀芯 A15 之间提供液压控制。在阀体外圆上开有三道周向环槽，三个转阀密封环 A14 把它们相互隔开，防止发生内泄漏。在上述每个阀体外圆环槽中，还

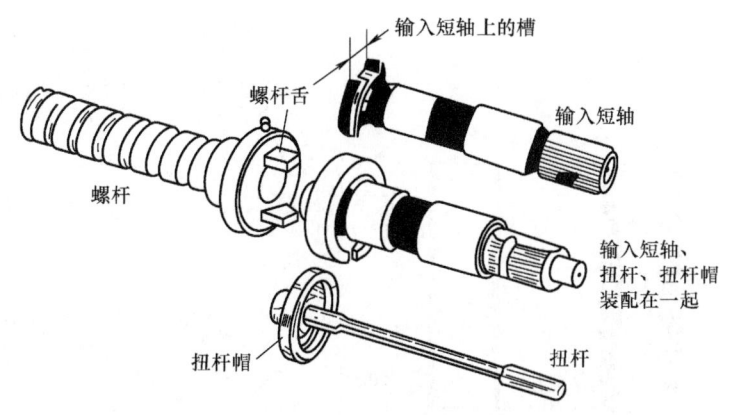

图 7-18 整体式动力转向器的机械后备系统

在阀体中制有径向油孔 A6、A7、A8，其中 A7 用于直接与压力油管、油泵相通，A6 与 2 号油缸油道相通，A8 与 1 号油缸油道相通。A6、A8 通过在阀芯 A15 外圆上制出的轴向槽、在阀体内圆上制出的轴向槽与 A7 相通（与动力转向泵相通）或与输入短轴中心相通（与油罐相通）。图 7-19 示出阀体、阀芯的横截面（示意图）。图 7-19 所示状态对应于汽车直线行驶，没有转矩作用在扭杆上，扭杆的扭角为零。改变阀芯表面的几何特性就可以改变车辆转向的感觉（图 7-20）。这些改变（例如槽的宽度）一般都在阀芯上进行，主要是因为这样做比在阀体上做容易得多。

如图 7-17，扭杆 5 在阀体和阀芯 A15 之间起扭杆弹簧作用，它趋向于使阀芯 A15 在阀体内返回其中间位置（汽车直行位置，如图 7-19 所示）。扭杆

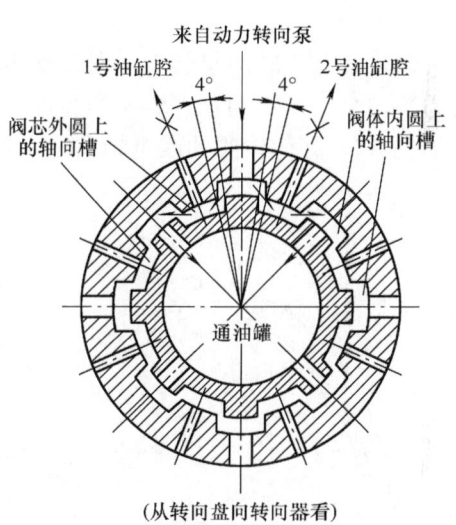

图 7-19 转阀的横向剖视图（没有转矩作用在扭杆上，其扭角为零）

的直径决定了其刚度，是一个影响阀力（也就是转向力）、从而影响转向感觉（路感）的因素。一般来说，增大扭杆刚度就可以增强路感，但是又会增大转向力。所以，在确定扭杆刚度时的主要考虑就是要保证路感与转向力的合理折中。扭杆 5 的一端通过花键安装在扭杆帽 A10 上，而扭杆帽通过扭杆帽销 A11 固定在阀体上，阀体又通过螺杆销 A9 固定在螺杆轴上。因此，扭杆 5 的一端固结在阀体上，而其另一端在进行转阀平衡时用扭杆固定销 A3 固定在输入短轴 6 上。

在转向器壳体上加工出一个活塞孔，同时作为球螺母的活塞在其中滑动，形成一个双作用液压缸。在壳体中制有液压油通道，连接油缸和控制阀。在壳体上装有油封防止发生油的外泄漏。另外，在壳体中还制有转阀孔，转阀装在其中。

1. 整体式动力转向器的工作原理

图 7-21 示出一种在轿车上采用的整体式动力转向系统。当发动机工作时，其曲轴通过

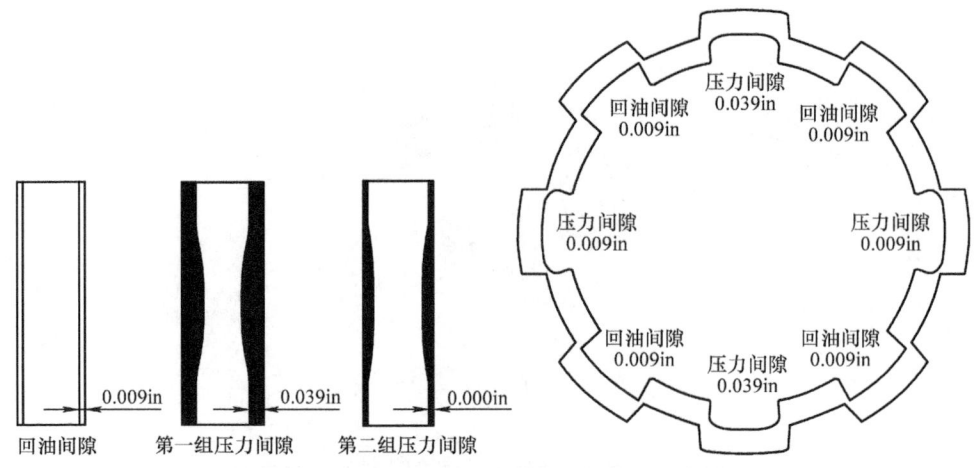

图7-20 通过改变阀芯表面的几何特性可以改变车辆转向的感觉

注：1in = 25.4mm

皮带轮带动动力转向泵转动，向外输出液压油。液压油的流向依次是（图7-17、图7-19）：动力转向泵、压力油管、转向器壳体上的压力油口、转阀阀体外圆中央环形槽、阀体中的中心油孔A7、阀体内圆的四个轴向槽。然后，进一步的流向由转阀控制。

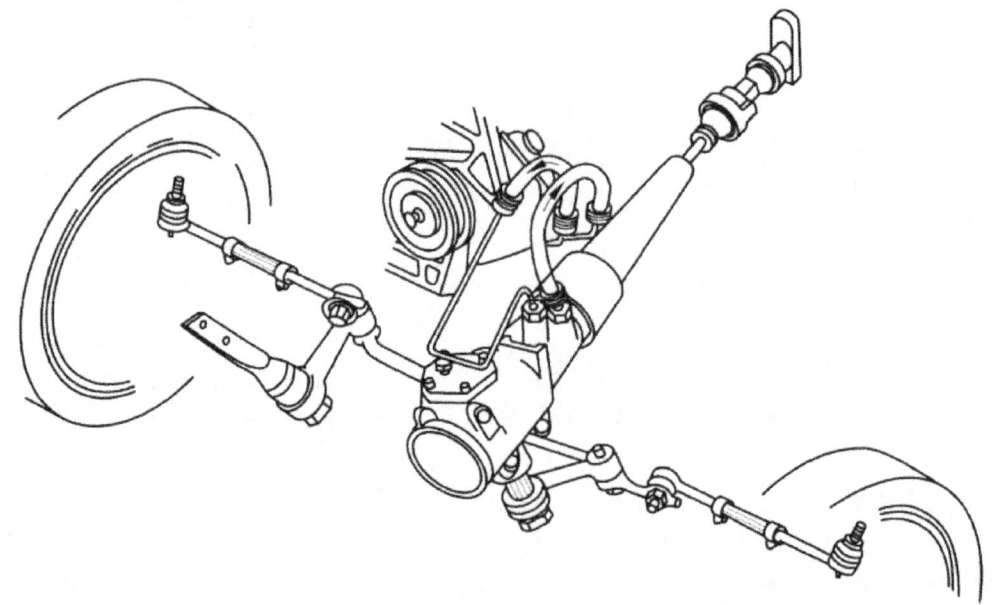

图7-21 一种在轿车上采用的整体式动力转向系统

（1）动力转向器在汽车直线行驶时的工作状态

在汽车直线行驶时，转向盘位于中间位置，驾驶人不向转向盘施加任何转矩。这时，在扭杆弹簧的作用下，转阀中的阀芯相对于阀体处于对称位置，各个对应的阀间隙的流通面积相等，见图7-20、图7-22。油流方向如图7-22所示，即来自动力转向泵的流量首先流进阀体外圆上的中央环槽，再通过中心油孔A7流进阀体内圆上的轴向槽；经过压力间隙流进在阀芯外圆上的轴向槽，再经过回油间隙流进在阀体内圆上的轴向槽；再经过在阀芯上的油孔进入输入短轴的中心,流回动力转向油罐。即压力油管与回油管直接连通。由于动力转向器的活塞固定不动,没有流量进入油缸,但是转阀中的压力传入了活塞两侧的油腔。这种工作状态也叫开放中心状态。在此状态下,系统压力低(表压在0.3~0.4MPa),不产生助力,因为在活塞两边的压力相等。

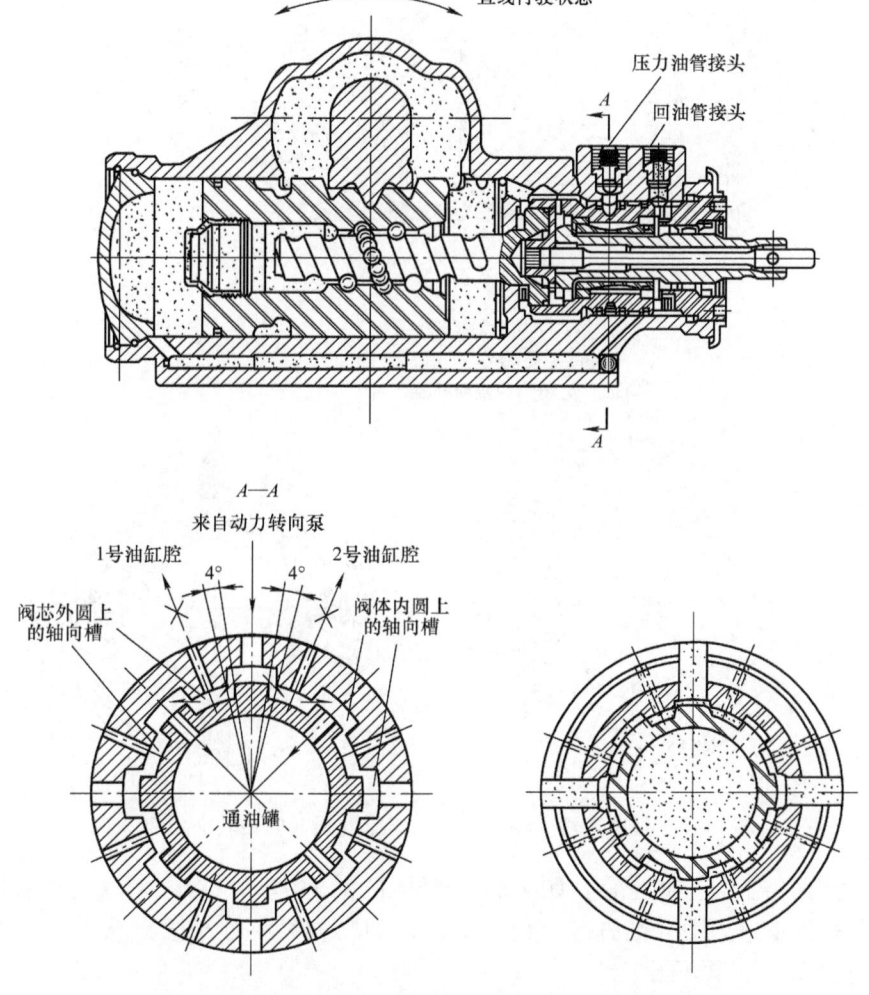

图7-22 整体式动力转向器的工作原理图(直线行驶状态)

(2)动力转向器在汽车向右转时的工作状态

向右转动转向盘,把一个转矩施加在输入短轴上,再通过扭杆固定销A3把其传到扭杆的上端。而扭杆的下端固结在阀体、螺杆上,由于转向车轮的阻力和转向器内部的摩擦力而把一个反转矩施加在扭杆的下端,这就引起扭杆发生扭转变形,使阀芯相对于阀体转动一个角度。假定在扭杆上施加了一个很大的转矩(相应的前轮转向阻力必须很大,否则在扭杆上无法加上这样大的转矩),使阀芯相对于阀体转动了一个足够大的角度,处于图7-23所示的状态,使压力油管与回油管完全隔绝。这时,在动力转向器中存在两条油路,即高压油路和低压油路。

1)高压油路在动力转向器活塞左侧的1号油缸腔仅与动力转向泵相通,来自动力转向

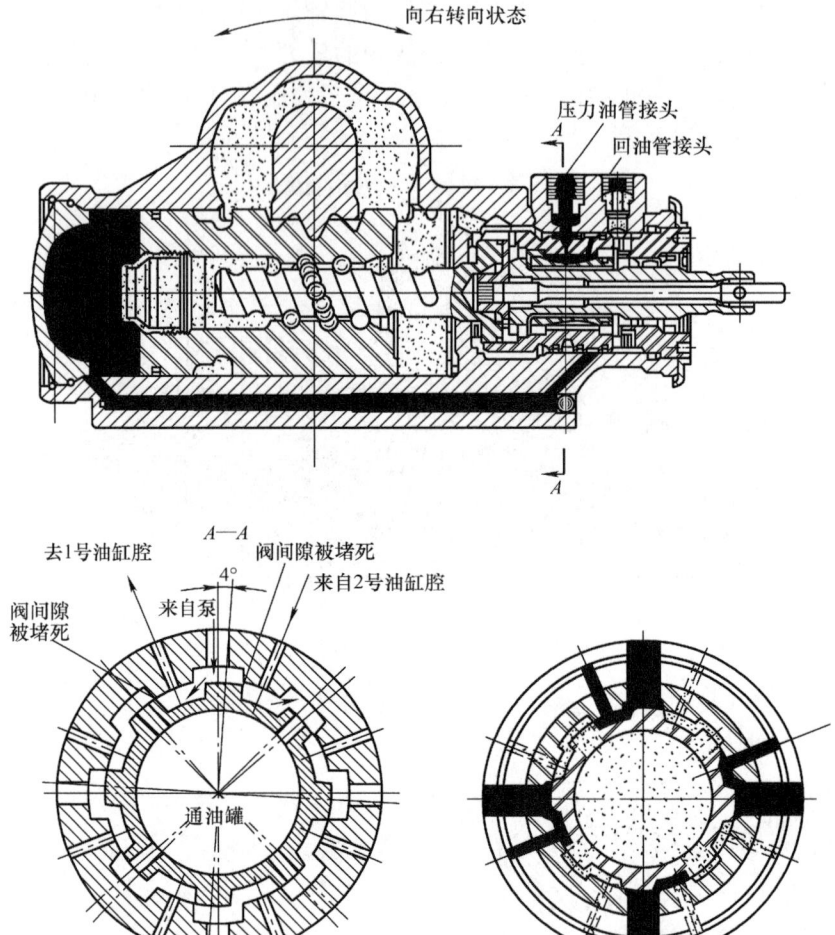

图 7-23　整体式动力转向器的工作原理图（向右转向状态）

泵的流量完全被引入 1 号油缸腔。如果转向器中的活塞不动（例如前轮已经碰到了限位块），则也没有流量进入 1 号油缸腔，但是这时动力转向泵将处于限压状态，1 号油缸腔的压力达到最大，即泵的限压压力。

2）低压油路在动力转向器助力活塞右侧的 2 号油缸腔仅与输入短轴中心的低压区域相通，来自该 2 号油缸腔的油被直接排入油罐。如果助力活塞不动，则没有流量进入油罐，但是 2 号油缸腔的压力将与油罐中的压力基本上相等，是低压。

这样，便在助力活塞左、右两侧之间产生了一个大压力差，在助力活塞上作用一个向右的合力。如果它再加上驾驶人通过扭杆、螺杆、循环球施加到球螺母（即助力活塞）上的力超过了转向车轮的阻力和转向器的内摩擦力，球螺母/活塞向右移动，来自泵的高压油继续流进 1 号油缸腔；在 2 号油缸腔内的油被活塞推出，通过转阀中的油道返回油罐。如果作用在助力活塞上的压力差和驾驶人的机械推力超不过前轮转向阻力与内摩擦之和，则助力活塞保持静止，动力转向泵的输出通道被堵死，其将处于限压状态。

（3）动力转向器在汽车向左转时的工作状态

图 7-24 示出汽车向左转向时动力转向器的工作状态，其分析与向右转向的类似。

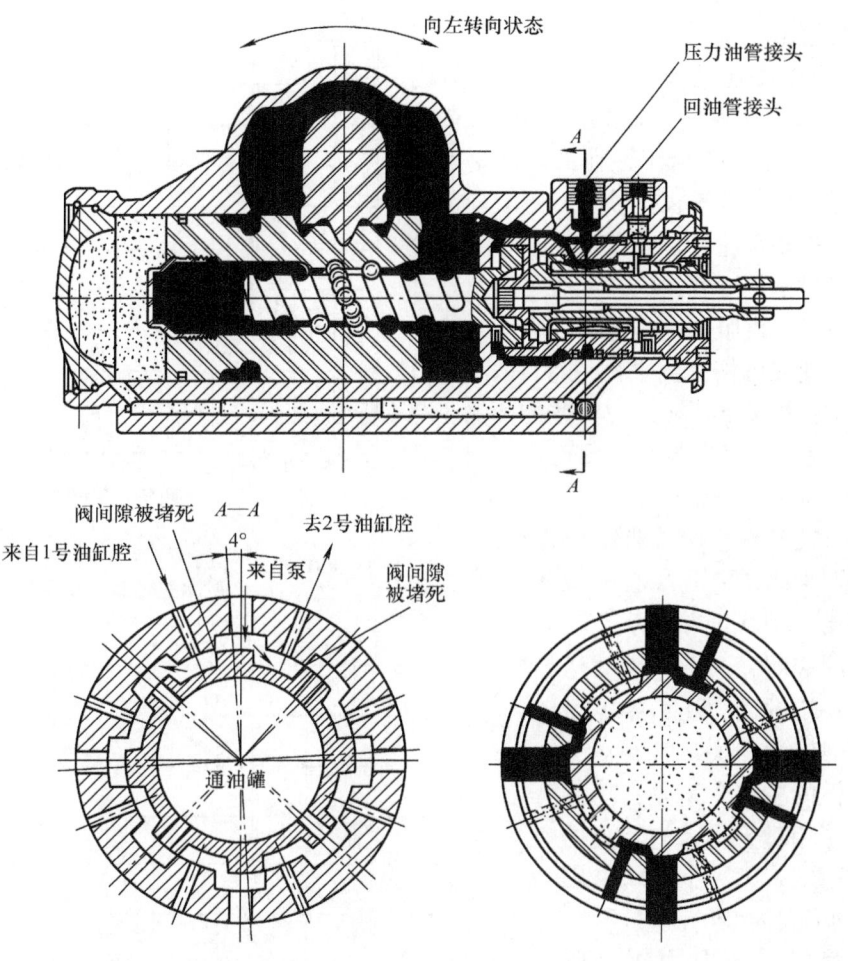

图7-24 整体式动力转向器的工作原理图（向左转向状态）

2. 对动力助力工作过程的基本理解

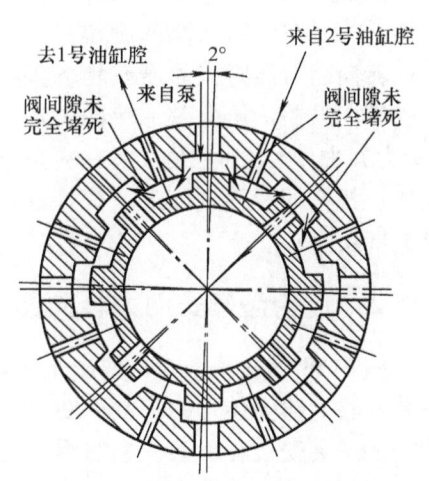

图7-25 阀间隙未完全堵死的状态

在图7-23和图7-24中所示的都是极端状态，即一侧油缸腔体完全与动力转向泵出油口相通，另一侧油缸室完全与油罐相通，系统中油压很高（例如10MPa或14MPa），泵处于限压状态。这种状态一般出现在转向阻力较大的情况下，例如，当转向车轮已经处于其极限转角位置、并且已经碰上限位块而驾驶人继续加大施加在转向盘上的转向力时。但是，对于大部分转向状态，施加在扭杆上的转矩比较小，扭杆的扭角不足以使阀芯相对于阀体转动到阀间隙都堵死的状态。如图7-25所示，来自泵的高压油的大部分进入1号油缸腔，另一部分直接通过阀间隙返回回油管。阀间隙的大小便决定了助力油缸两侧的压力差和助力的大小。

上述阀间隙的变化与扭杆的扭角成正比，即与驾驶人施加的转向力成正比。驾驶人施加的转向力越大，扭杆的扭角就越大，阀间隙的变化就越大，在助力活塞两侧产生的压力差就越大，从而助力就越大。

当驾驶人释放转向盘（施加的转向力为零）时，在扭杆的作用下，阀芯在阀体内又恢复到中性位置，如图7-22所示，在助力活塞两侧的压力差为零。如果汽车在行驶中，则车轮上的回正力矩便会推动车轮、转向盘返回正常直行位置。如果扭杆过细、刚度过小，就有可能出现其弹性恢复力不足以克服转阀内部加上转向管柱中的摩擦力矩，使转阀恢复到中性位置（图7-22）的情况。在这种情况下，在助力活塞的两侧还会残存一些压力差，阻止前轮自动回正。

3. 转阀的特性曲线

转阀的功能特性用两种曲线来描述。

1）响应曲线，即压力差–转角（阀芯相对阀体的转角）曲线（见图7-26）。

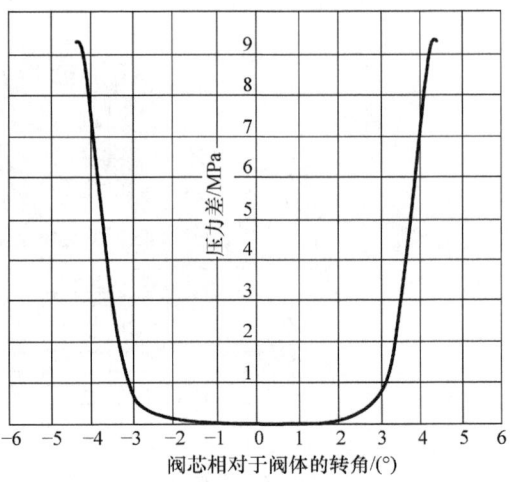

图7-26 压力差–转角（阀芯相对阀体的转角）曲线

这种曲线表明，为了在助力活塞两侧建立一定的助力压力差需要有多大的相对转角。决定转阀压力差–转角特性的主要因素是：①阀间隙随着阀芯相对于阀体的转角的变化特性（图7-20、图7-22~图7-25）；②动力转向泵的流量。

2）压力差–转向力矩（阀力）曲线（见图7-27）。这种曲线表明，为了在助力活塞两侧建立一定的转向助力压力差而需要施加多大的转向力矩。压力差–转向力矩（阀力）曲线由上述压力差–转角曲线、扭杆的扭转刚度、摩擦特性等共同决定。

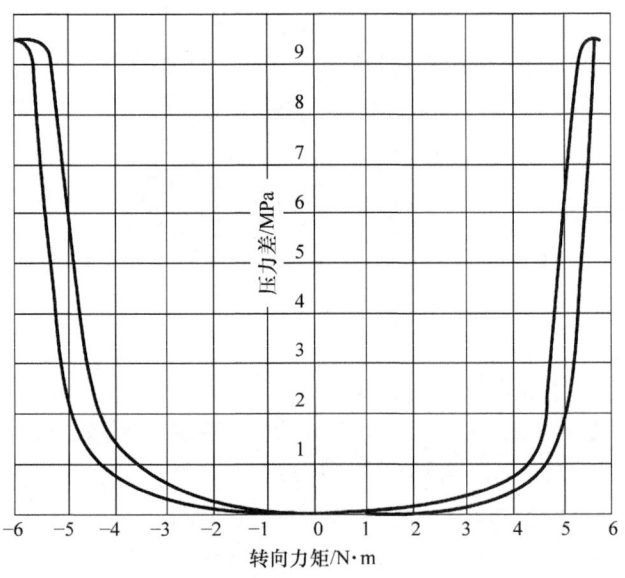

图7-27 压力差–转向力矩曲线

7.4.3 齿轮齿条式动力转向器

图7-28示出一个中央输出式齿轮齿条式动力转向器。其中，助力油缸缸筒5通过螺纹安装在转向器壳体4的一端；助力活塞10安装在助力活塞杆7上，用活塞螺母11固定；活塞杆的一端安装在齿条一端的圆柱孔中，用一个销钉固定；8号件是活塞杆的支承，9号件是活塞杆的油封；助力油缸的1号腔、2号腔分别通过油管2、3与转阀壳体1接通。

图7-29示出一个典型的用于齿轮齿条式动力转向器的转阀。其中，转阀壳体1通过注塑3固定在转向器壳体2上；4号件即是输入短轴，又是阀芯，即在输入短轴外圆上制出用于助力控制的轴向槽；在阀体外圆上制有三道环槽，用四道密封环隔开；扭杆5的上端通过

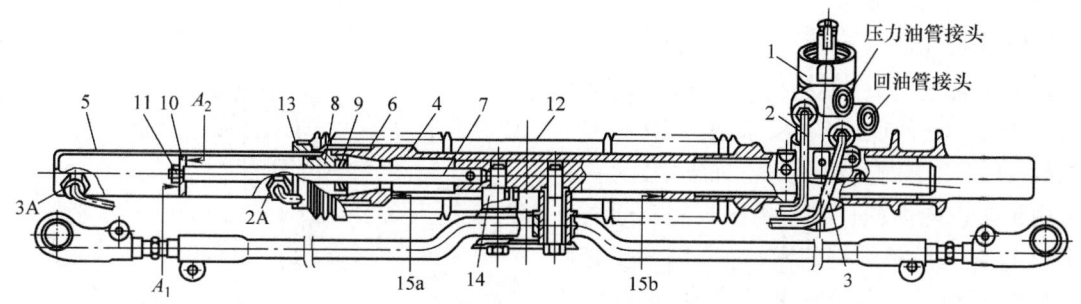

图 7-28 一个中央输出式齿轮齿条式动力转向器

1—转阀壳体 2—助力油缸油管（通 1 号助力油缸腔） 2A—油管 2 的接头
3—助力油缸油管（通 2 号助力油缸腔） 3A—油管 3 的接头 4—转向器壳体
5—助力油缸缸筒 6—助力油缸缸筒固定螺母 7—助力活塞杆 8—活塞杆支承 9—活塞杆油封
10—助力活塞 11—活塞 10 的固定螺母 12—密封套 13—密封套 12 的衬套
14—导向器 15a、15b—齿条行程限位

扭杆固定销钉 4A 固定在阀芯（输入短轴）的上端，扭杆 5 的下端通过花键固定在齿轮 7 上。这种转阀的工作原理与前述整体式转向器的相同，只是结构得到了简化。

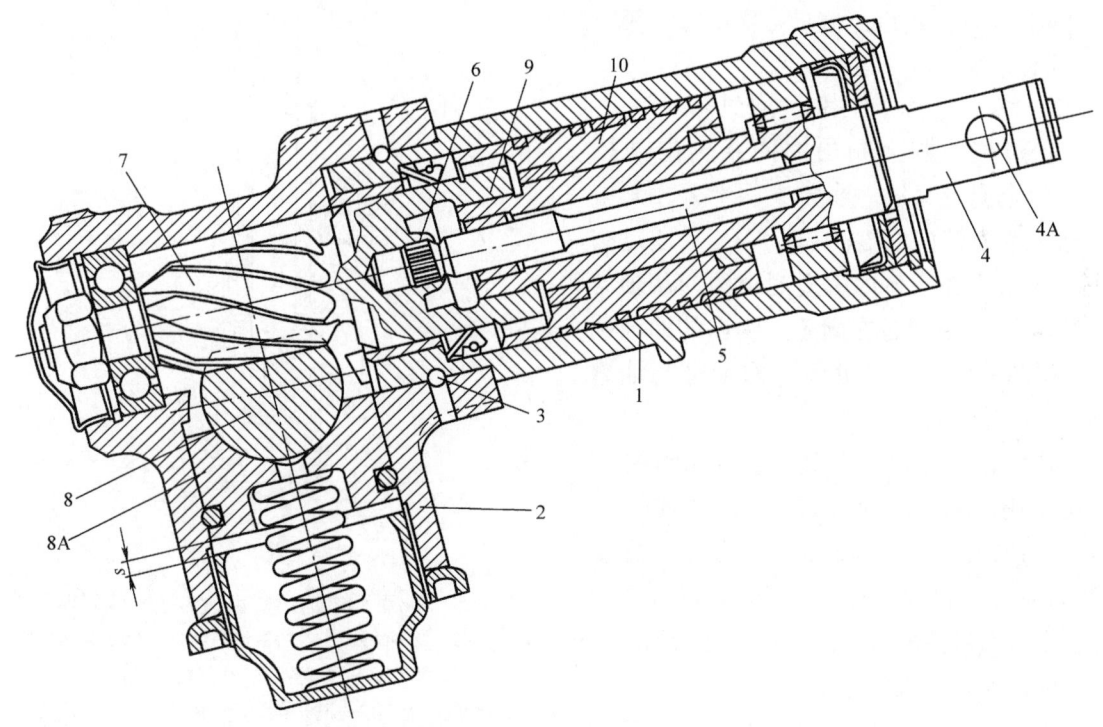

图 7-29 一个典型的用于齿轮齿条式动力转向器的转阀

1—转阀壳体 2—转向器壳体 3—注塑 4—输入短轴/阀芯 4A—扭杆固定销钉 5—扭杆
6—扭杆固定花键 7—齿轮 8—齿条 8A—齿条轴承 9—机械备份机构 10—转阀阀体

图 7-30 示出一种两端输出式齿轮齿条式转向器。齿条壳体 14 一般是用铝合金制造的，钢制的助力油缸缸筒 9 安装在其一端；助力活塞 6 安装在齿条 13 上，其兼起活塞杆的作用；

齿条的轴承有两处，一是在齿轮处（图7-29中的8A），另外一处在齿条的一端，即齿条轴承3A；助力油缸的油封包括齿条油封3、O形油封4、齿条油封10和O形油封11，用于防止外泄漏，而助力活塞环7用于防止内泄漏；在齿条中央制有通气孔12，以连通齿条两端的密封护套1，使它们内部的气压达到平衡；助力油缸通过油管接头5、8与油管连接，再通过油管与转阀（如图7-29所示）相连。

7.4.4 转阀特性曲线的计算

图7-31给出了转阀的分析模型。当汽车的发动机运转时，动力转向泵就向动力转向器输出流量 Q_T，其首先通过供油孔（中心油孔）E进入在阀体内圆上制出的四条轴向油槽F。然后，流量 Q_T 分成了两部分，即 Q_L 和 Q_R。

1) 流量 Q_L 流向左侧，通过阀间隙 B_1 进入在阀芯外圆上制出的四条轴向油槽 G_{L1}。这个流量又进一步分成两部分，其中 Q_B 进入动力转向油缸；$(Q_L - Q_B)$ 通过阀间隙 B_2 进入在阀体内圆上制出的四条轴向油槽 G_{L2}，然后通过在阀芯上制出的回油孔流入阀芯的中央，该处通过回油管与油罐相通，是低压区。

2) 流量 Q_R 流向右侧，通过阀间隙 A_1 流入在阀芯外圆上制出的四条轴向油槽 G_{R1}，与来自油缸的流量 Q_A 会合。流量 $(Q_R + Q_A)$ 通过阀间隙 A_2 进入在阀体内圆上制出的四条油槽 G_{R2}，然后通过在阀芯上制出的回油孔流入阀芯中央低压区。

当有转矩施加在转阀总成中的扭杆上时，阀芯相对于阀体转动一个角度，引起阀间隙 A_1、A_2、B_1、B_2 发生变化。根据液压原理中的薄壁小孔理论，有如下方程：

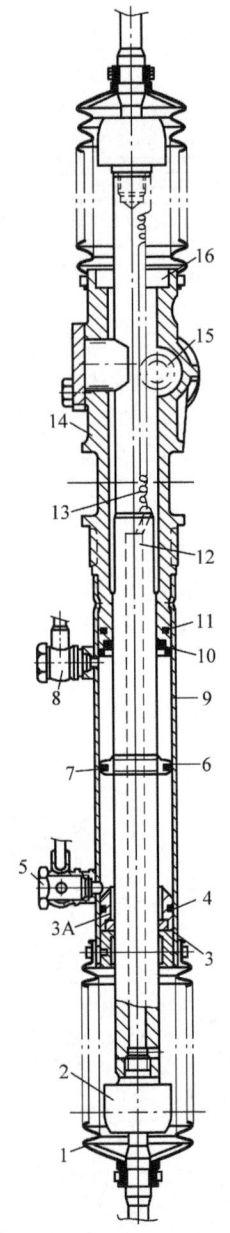

图7-30 一种两端输出式齿轮齿条式转向器
1—密封护套 2—球铰 3、10—齿条油封 3A—齿条轴承
4、11—O形油封 5、8—油管接头 6—助力活塞 7—活塞环
9—助力油缸缸筒 12—通气孔 13—齿条 14—齿条壳体
15—齿轮 16—齿条行程限位器

$$Q_R = C_q A_1 \sqrt{\frac{2(P_P - P_A)}{\rho}} \qquad (7\text{-}19)$$

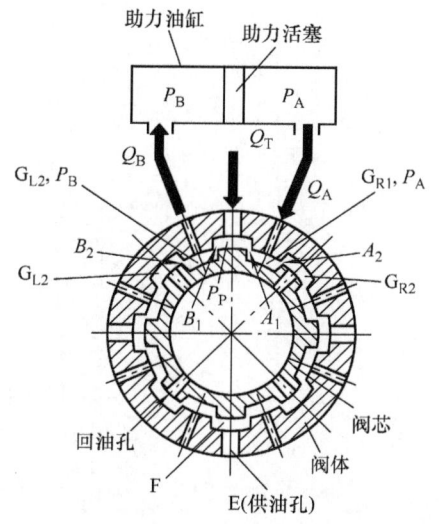
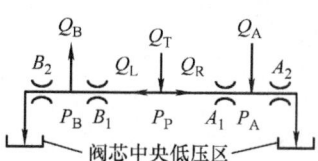

图 7-31　转阀的分析模型

$$Q_A + Q_R = C_q A_2 \sqrt{\frac{2P_A}{\rho}} \tag{7-20}$$

$$Q_L = C_q B_1 \sqrt{\frac{2(P_P - P_B)}{\rho}} \tag{7-21}$$

$$Q_L - Q_B = C_q B_2 \sqrt{\frac{2P_B}{\rho}} \tag{7-22}$$

$$Q_T = Q_L + Q_R \tag{7-23}$$

$$Q_A = Q_B \tag{7-24}$$

式中，假设在阀芯中央低压区的压力为零，忽略了内泄漏，P_P 是动力转向泵的输出压力，P_A、P_B 分别是在油槽 G_{R1}、G_{L1} 中的压力；C_q 是阀间隙的流量系数，$C_q = 0.7$；ρ 是油的密度，$\rho = 870 \text{kg/m}^3$。

在已知阀间隙 A_1、A_2、B_1、B_2 随着阀芯相对于阀体的转角而发生变化的特性和流量 Q_T、Q_A 时，就可以从式（7-19）～式（7-24）解出 P_P、P_A、P_B。图 7-32a 给出了一个转阀的阀间隙面积特性。而助力活塞两侧的压力差 P_{cy} 为

$$P_{cy} = P_B - P_A \tag{7-25}$$

图 7-32b 给出了与图 7-32a 对应的助力活塞两侧压力差 P_{cy} 的特性曲线。可以看出，流进、流出助力油缸的流量 Q_A、Q_B 对助力压力差有一定影响。在扭杆扭角一定的情况下，助力压力差随着它们的增大而降低。而转动转向盘的速度越快，助力活塞的移动速度就越快，Q_A、Q_B 就越大，而助力活塞两侧的压力差就越低，助力就越小，驾驶人会感到转向盘更"沉"。

图 7-33 示出实际测量的转阀特性和按照上述方法计算的转阀特性。可以看出两者相当接近。这表明了上述计算方法的合理性。

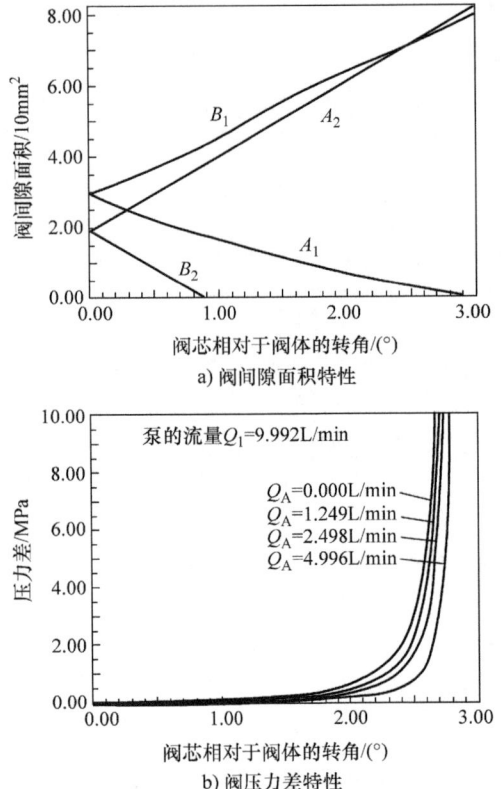

图 7-32 一个转阀的阀间隙面积特性和相应的助力压力差特性

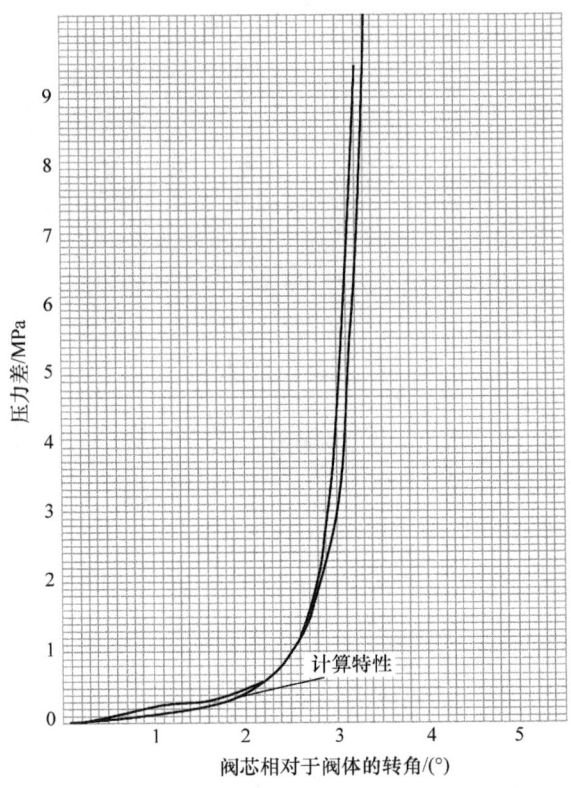

图 7-33 实际测量的转阀特性和计算的转阀特性

7.4.5 动力转向泵

在轿车等轻型汽车上，动力转向泵一般通过带轮由发动机驱动，如图 7-2 所示。在许多中、重型货车上动力转向泵由空气压缩机的曲轴驱动，动力转向泵与空气压缩机同轴，安装在其后方。动力转向泵的作用是把机械能转换成液压能，并且通过动力转向油管输送给动力转向器。

1. 对动力转向泵的要求

对动力转向泵的要求包括：

1) 在发动机怠速时能够提供足够的液压油流量和压力，以满足停车转向的要求。
2) 工作效率高，以减小能耗。
3) 在转速一定时流量波动要小，有利于降低噪声。
4) 工作可靠、耐久性好。
5) 工作温度在合理范围之内。
6) 带有限压阀，限制系统中的最高油压（起安全作用）。
7) 带有流量控制阀，以限制动力转向泵向动力转向器输送的最大流量，从而降低泵的功率消耗、降低温度、减小振动和噪声、降低压力。
8) 尺寸小、重量轻、成本较低。

目前，绝大部分动力转向泵是叶片泵。图7-34 显示了一种叶片式动力转向泵。图7-35 显示了叶片泵的泵油原理，其中泵油元件主要是转子、安装在转子十个径向槽中的十个叶片、定子和配流盘。定子的内轮廓由四段圆弧和四段过渡曲线组成。当转子高速转动时，叶片在离心力的作用下压靠在定子的轮廓面上。在图7-35 所示状态中，只有两个相对的叶片进入了那一对大圆弧面，它们是仅有的工作叶片。定子、转子、配流盘和两个工作叶片把定子内的空间分成了两对高压区（与压力油管相通）和两对低压区（与动力转向油罐相通）。这样，在由工作叶片隔开的两个腔之间是不连通的。工作叶片在转子的驱动下转动时，试图压缩高压区的容积，使其中的压力升高，向压力油管泵油；同时它试图增大低压区的容积，

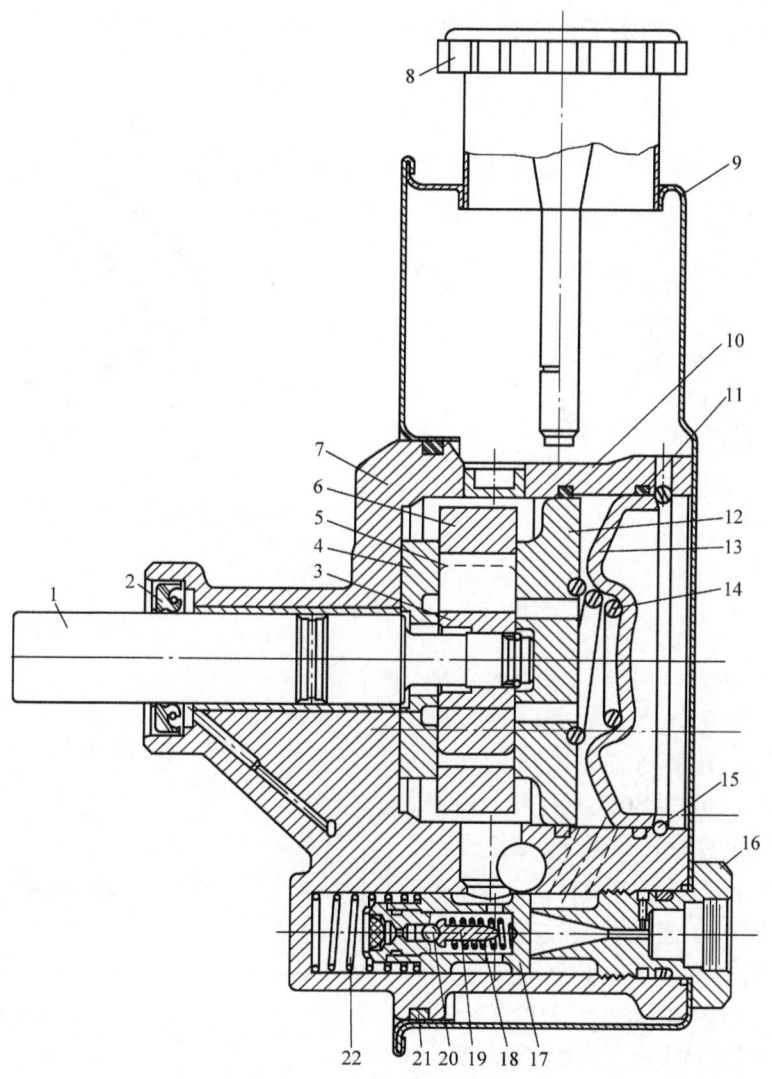

图7-34 一种叶片式动力转向泵

1—泵轴 2—轴油封 3—转子 4—前配流盘 5—叶片 6—定子 7—泵壳体 8—油罐盖 9—油罐
10、11、21—油封 12—后配流盘 13—端盖 14—压紧弹簧 15—钢丝挡圈 16—出油联合接头
17—流量控制柱塞 18—限压弹簧 19—限压球阀导杆 20—限压球阀 22—流量控制弹簧

使其中的压力降低,把油从油罐吸入。所以,在工作叶片的左、右两个面之间存在压力差,泵的输入功率主要用来推动这两个工作叶片克服上述压力差向前转动,一小部分输入功率用来克服其他的阻力(主要是摩擦阻力)。实际上,在任意时刻,这种叶片泵都只有两个工作叶片,它们相对布置,进入两对大的圆弧面。而其他叶片两侧的腔都通过配流盘相通,在其两个面之间不存在压力差,是非工作叶片。

叶片泵是一种容积泵。图 7-35 所示的叶片泵的理论流量按照下式计算:

$$Q = 2\left[\frac{\pi(D^2 - d^2)}{4} - mt\frac{D-d}{2}\right]Bn \times 10^{-6} \qquad (7-26)$$

式中,Q 是泵的流量(L/min);n 是转子的转速(r/min);D 是定子轮廓的大圆弧直径(mm);d 是转子直径(即定子轮廓的小圆弧直径,mm);B 是定子的宽度(mm);m 是叶片数;t 是叶片厚度(mm)。

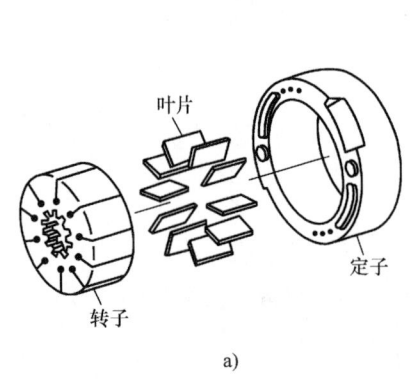

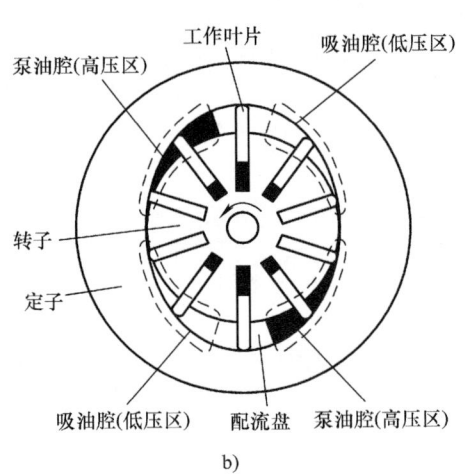

图 7-35 叶片泵的泵油原理

图 7-36 示出动力转向泵的输出流量随着发动机转速的变化特性。如果叶片泵的流量不加以控制,其将随着发动机的转速线性增大,如图 7-36 中的实线所示。由于要求动力转向泵在急速时能够提供足够的流量来满足停车转向的要求,而在汽车高速行驶时发动机的转速可能超过其急速转速的 10 倍,如果对流量不加以控制,泵的输出流量也可能超过其急速流量的 10 倍。但是,汽车高速行驶时所需要的泵流量一般不超过其急速流量的 2~3 倍。而过大的泵流量输出会引起功率消耗增大、油温过高、压力过高、零件过载、振动和噪声增大等严重问题。所以,必须对泵的输出流

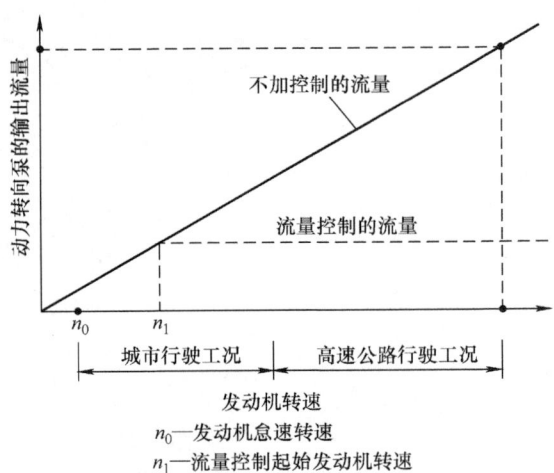

图 7-36 动力转向泵的输出流量随着发动机转速的变化特性

量加以控制。图 7-36 中的虚线代表在流量控制阀的作用下得到的实际泵输出流量特性曲线，即泵的输出流量增大到一定程度（一般不超过怠速流量的 2~3 倍）后就不再随着发动机转速继续增大，而是基本上保持不变。这是动力转向系统所希望的泵的输出流量特性。

彩图 7-37 示出一种典型动力转向泵的流量与限压阀控制油道。见图 7-34、彩图 7-37，流量控制阀和限压阀总成由出油联合接头 16、流量控制柱塞 17、限压弹簧 18、限压球阀导杆 19、限压球阀 20、流量控制弹簧 22 组成。在泵壳体 7 上加工出一个高精度的流量控制阀孔，流量控制柱塞 17 安装在该孔中，在其后端安装有流量控制弹簧 22。在柱塞中的限压弹簧 18 具有较大的刚度和预紧力，只有当限压球阀 20 两侧的压力差达到限压设定值（例如 10MPa）时，球阀才能被打开。出油联合接头 16 通过螺纹安装在泵壳体 7 上，在其中央有通油孔，一方面用于连接压力油管，向转向器供油；另一方面用于进行流量控制和限压控制。在出油联合接头中央的通油孔的截面面积是变化的，在截面面积最小的喉部钻出一个径向通孔，其中最细的部分是限压控制量孔。在泵体中制有控制油道，其把上述限压控制量孔与流量控制柱塞 17 左端连通。图 7-38 示出在泵体上制造控制油道的方法，即分别钻出三条相通的孔，然后利用两个钢球进行密封，从而形成上述控制油道。

2. 动力转向泵的低速工作模式

参见图 7-34 和彩图 7-37，当动力转向泵的转速为零时，在出油联合接头 16 中的流速也为零，所以喉管处的压力与流量控制柱塞 17 右侧的压力相同。这个压力通过控制油道被传到流量控制柱塞 17 的左侧。因此，在流量控制柱塞 17 的左、右两侧的压差为零。流量控制柱塞 17 在流量控制弹簧 22 的作用下被压靠在出油联合接头 16 的左端面上（彩图 7-37）。

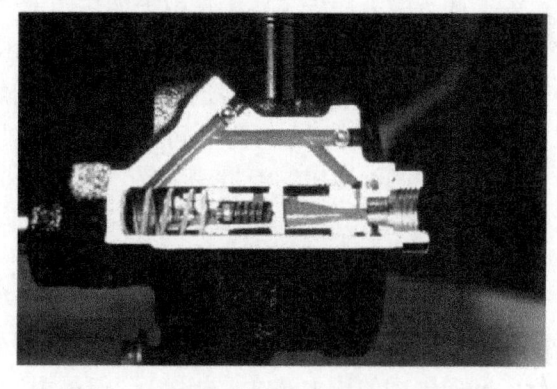

图 7-38 在泵体上制造控制油道的方法
（交汇钻孔；利用两个钢球进行密封）

起动发动机，动力转向泵开始转动，就有油被旋转的叶片泵出，其通过泵油道和在出油联合接头 16 侧壁上钻出的油孔进入出油联合接头 16，有流量输出到压力油管。由于在出油联合接头 16 中有了流量，在其喉管处的压力就低于在柱塞右侧的压力。而喉管处的低压力通过控制油道传到流量控制柱塞 17 的左侧。在限压球阀 20 两侧的压力差不足以使其打开，其保持关闭状态。所以，在流量控制柱塞 17 的左、右两侧产生了压力差。动力转向泵的转速越高，通过出油联合接头 16 向压力油管输出的流量就越大，上述压力差就越大。当上述压力差足以克服流量控制弹簧 22 的预紧力时，流量控制柱塞 17 就开始向左方移动。当动力转向泵的转速低于 n_1 时（图 7-36），泵体中的增压通道保持处于关闭状态（彩图 7-37），叶片所泵出的油全部输送到压力油管、转向器。在这种状态时，动力转向泵的输出流量与其转速成正比。当发动机处于怠速或汽车低速行驶时，动力转向泵处于这种工作状态。

3. 动力转向泵的流量控制状态

当动力转向泵的转速高于 n_1 时（图 7-36），在流量控制柱塞 17 左、右两侧所产生的压力差足以克服流量控制弹簧 22 的压紧力时，使柱塞向左方移动足够远，使泵体中的增压通道被打开（彩图 7-39），叶片所泵出的油一部分被输送到压力油管、转向器；另外一部分以高速冲入增压通道，由于增压通道的设计保证其沿着与吸油道（彩图 7-39）相切的方向冲入，起到射流泵的作用，帮助从油罐中把油吸入，同时还使泵的低压油腔中的压力有所升高（彩图 7-39）。这些都有利于泵的高速工作。在这种状态时，动力转向泵输出到压力油管、转向器的流量基本上保持不变（图 7-36）；在限压球阀 20 两侧的压力差不足以使其打开，保持关闭状态。当汽车以中、高速行驶时，动力转向泵处于这种工作状态。

4. 动力转向泵的限压状态

当前轮已经转到极限转角位置而碰到限位块时，动力转向器中的活塞已经静止，如果驾驶人还继续加大施加到转向盘上的力矩，也不能推动转向器活塞，只是使转向器中的转阀间隙被完全堵死。这时，动力转向泵没有流量输出，泵中的压力急剧上升，如图 7-23 所示。由于在出油联合接头 16 中没有流量，压力处处相等（图 7-34、彩图 7-40）。喉管处的高压通过控制油道传到流量控制柱塞 17 的左侧。这时，在限压球阀 20 的两侧产生了一个足够大的压力差，克服限压弹簧 18 的压力使限压球阀打开。球阀一打开，控制油道中就有了流量，在限压量孔的两侧便产生了比较大的压力差，其中的低压被传到流量控制柱塞 17 的左侧，而其右侧的压力大致与限压量孔上游（即喉管中）的压力相等，所以在流量控制柱塞 17 左、右两侧之间就产生了一个足够大的压力差，克服流量控制弹簧 22 的压力使流量控制柱塞 17 向左移动足够远，使增压通道被打开，如彩图 7-41 所示。叶片所泵出的油全部以高速冲入增压通道，使泵内的压力迅速降低。这个降低了的压力通过控制油道传到流量控制柱塞 17 左侧，使限压球阀 20 两侧之间的压力差降低。在限压弹簧 18 的作用下限压球阀 20 被重新关闭，在控制油道中的流量变为零，使得流量控制柱塞 17 左、右两侧的压力相等。在流量控制弹簧 22 的作用下，流量控制柱塞 17 又向右移动，关闭增压通道，使泵内压力又迅速上升，下一个限压循环又开始。

所以，在动力转向泵处于限压状态时，流量控制柱塞 17 始终处于快速左、右振动状态，增压通道被不断地快速打开、关闭，以此来限制整个转向系统中的最大油压（泵内、压力油管、转向器中的压力基本上相等）。但是由于油压较高（对于轿车，一般约为 10MPa；对重型货车，最高的约为 17MPa），叶片所泵出的油都存在泵内循环过程，油温将迅速上升。所以，动力转向泵的限压状态一般仅允许持续几秒钟；否则，泵便会由于过热而损坏。动力转向泵的最高允许工作温度一般不超过 135℃。

在动力转向泵处于限压状态时一般都会发出比较特殊的振动、噪声，这时应该马上减小施加在转向盘上的力矩，直至这种振动、噪声消失。

5. 动力转向泵的特性曲线

图 7-42 给出了一个动力转向泵在输出压力为 4.8265MPa 时输出流量与泵转速之间的特性曲线。4.8265MPa 大致相当于一些汽车在良好路面上进行停车转向所需要的压力。可以看出，在喉管直径不同时，开始进行流量控制的转速不同，最大输出流量也不同。随着喉管直径的增大，开始进行流量控制的转速升高，最大输出流量增大。

图 7-43 给出了上述动力转向泵在输出压力为 0.34475MPa 时的输出流量与泵转速之间的特性曲线。0.34475MPa 大致相当于汽车在公路上直线行驶（驾驶人对转向盘施加的转矩为零或接近为零）时的压力。可以看出，在喉管直径不同时，开始进行流量控制的转速不同，最大输出流量也不同。随着喉管直径的增大，开始进行流量控制的转速升高，最大输出流量增大。

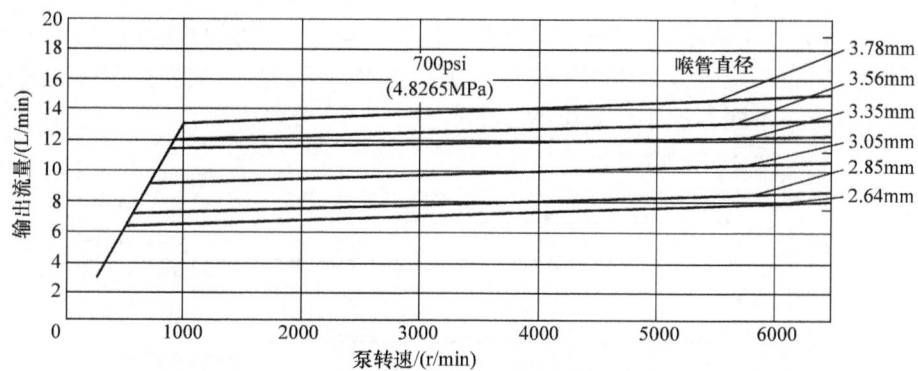

图 7-42　一个动力转向泵在输出压力为 4.8265MPa 时的
输出流量与泵转速之间的特性曲线

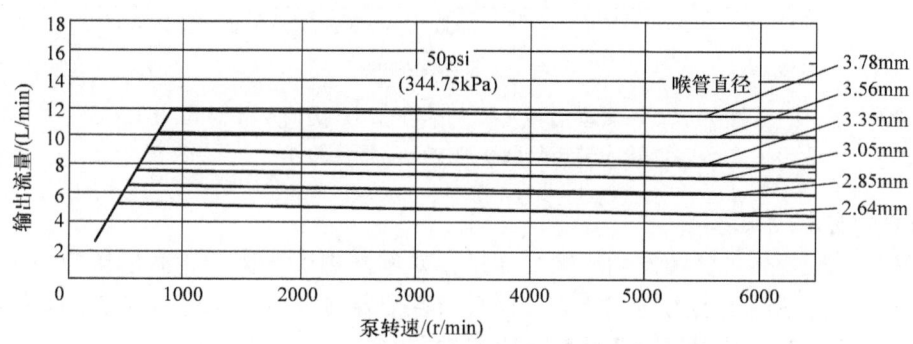

图 7-43　一种动力转向泵在输出压力为 0.34475MPa 时的
输出流量与泵转速之间的特性曲线

图 7-44 给出了上述动力转向泵在不同输出压力时所需要的输入功率与泵转速之间的特性曲线。在输出压力一定时，泵所需要的输入功率随着转速线性增大。而且，输出压力越大，所需要的输入功率随着转速增大的斜率越大。

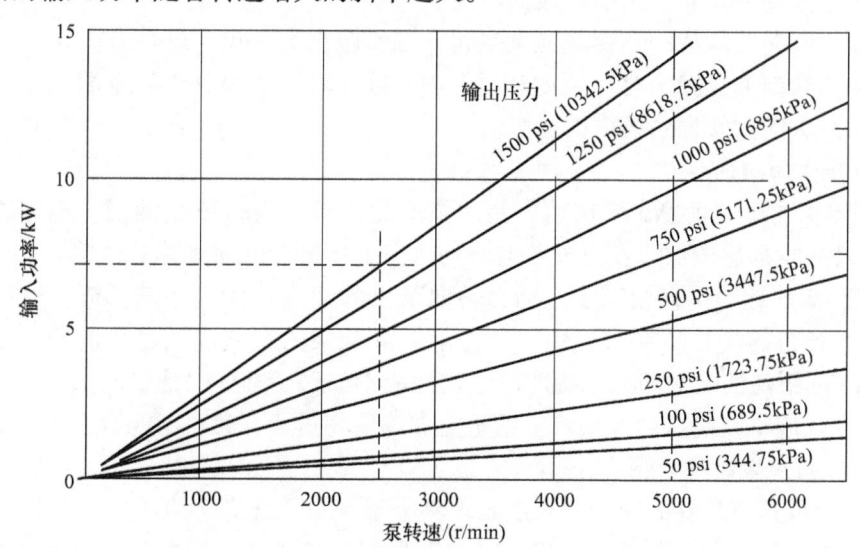

图 7-44　一种动力转向泵在不同输出压力时所需要的
输入功率与泵转速之间的特性曲线

图 7-45 给出了上述动力转向泵在不同输出压力时所需要的输入转矩与泵转速之间的特性曲线。在输出压力一定时，泵所需要的输入转矩基本上不随着转速发生变化，基本上是个常数。但是输出压力不同，这个转矩常数不同。

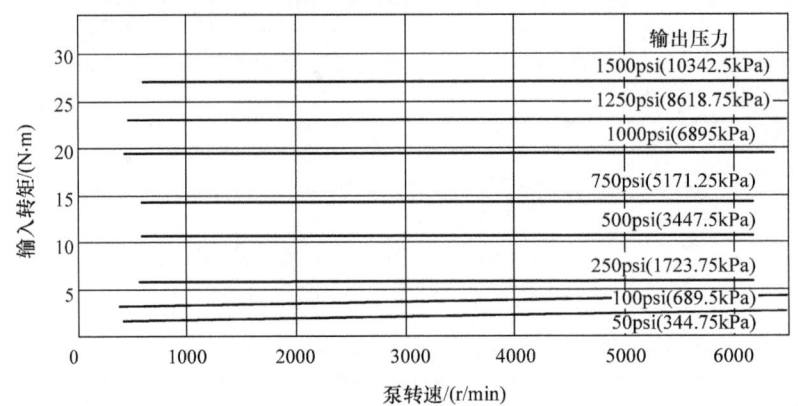

图 7-45　一种动力转向泵在不同输出压力时所需要的
输入转矩与泵转速之间的特性曲线

6. 动力转向泵的安装

动力转向泵应该尽可能与发动机刚性连接，如果采用安装支架，其刚度应该尽可能大。泵安装高度一般应该高于动力转向器。发动机向各个方向转动、振动不应该引起带轮的前后振动，因为这会在动力转向泵的驱动轴上引起轴向力。

7.4.6　动力转向油罐

1. 动力转向油罐的功能

1）用于向动力转向系统添加液压油。

2）用于检查动力转向液压油的液面高度。

3）为动力转向液压油的热膨胀提供空间（油温范围为 -40～149℃）。

4）当动力转向油管膨胀时（例如动力转向泵限压时）提供补偿液压油。

5）用于除去动力转向系统中的空气。

2. 动力转向油罐的类型

（1）整体式油罐　直接安装在动力转向泵上的油罐称为整体式油罐。整体式油罐的制造成本、保修成本都比较低。在有安装空间的情况下尽可能采用整体式油罐。

（2）远距离油罐　不直接安装在动力转向泵上的油罐称为远距离油罐。这种油罐主要用在安装空间紧张的场合。在布置中，这种油罐离开泵的距离应该尽可能短，建议不超过450mm。采用远距离油罐的转向系统的冷起动性能不如采用整体式油箱的系统；由于有更多的潜在泄漏点，成本较高；当发动机上的垂直加速度超过25g时，不能装在发动机上。

3. 动力转向油罐的设计要求

1）油罐应该具有足够的容积，一般要求不小于600mL（图7-46）。

2）油罐中空气体积与液压油体积的比率为1:2～1:2.5（例如在总容积为600mL的油罐中，空气体积为200mL，油的体积为400mL）。

3）油罐应该带有加油颈和回油管接头；安装油罐盖，其功能包括：密封，即液压油封闭在油罐之内；提供油面高度指示器；通大气，即允许空气进入、排出油罐，保持油罐中适当的气压，有利于冷却。

4）回油管接头能够使油顺畅地从转向器流向油罐，并不引起涡流（它会把掺入空气的油吸入泵的进油口），为此回油管接头一般布置在油罐低部（总是在油面以下至少50mm），以免回油打破油面，引起空气吸入；油罐的吸油口也必须总是位于油面以下（至少50mm），必须使由回油引起的涡流不集中在进油口。

5）在油罐中适当设置阻隔板，以控制流动、减小油中的空气含量，防止油的泡沫化。

6）在任何情况下（例如急转向、爬陡坡时），与吸油管相连的吸油口都在油面以下。

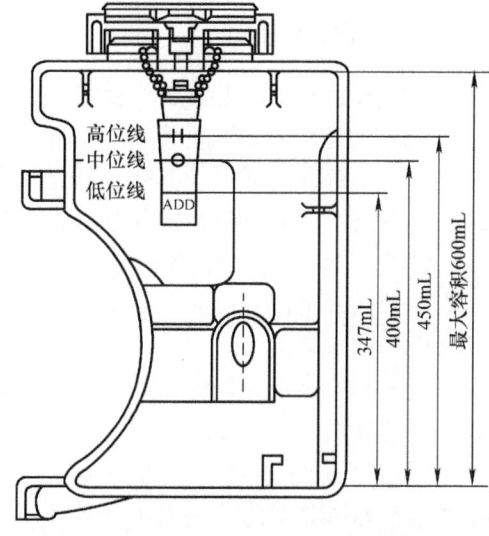

图 7-46 动力转向油罐示意图

7）能为动力转向泵提供顺畅的供油，防止由回油引起的气泡进入吸油管。

8）设置磁铁槽，把磁铁安放在涡流最小的位置，并适当固定，以收集外来的铁和钢颗粒。

9）油罐中的工作油面应该高于动力转向泵，在整体式油罐中油面至少应该比泵的进油口高30mm。

10）外部颜色一般建议采用黑色。

11）油罐的材料应该能够满足使用温度的要求，一般的工作温度范围是 -40~150℃。

对于远距离油罐还有如下设计要求：吸油管的直径至少为15.88mm，以保证把油顺畅地从远距离油罐输送到动力转向泵的吸油口；从油罐到动力转向泵的距离一般不超过450mm，油罐中的油面至少比泵进油口高75mm，如图7-47所示；远距离油罐的设计标准要求其最小容积是泵每分钟流量的两倍，但是动力转向油罐的容积一般都不能达到这个标准，所以加隔板减弱涡流很重要。

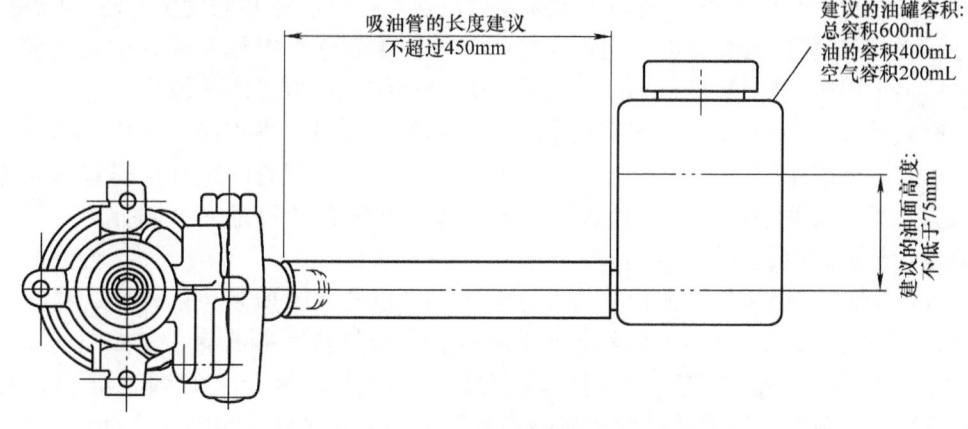

图 7-47 推荐的远距离油箱的布置

7.4.7 动力转向油管

动力转向油管包括压力油管和回油管，如图 7-48、图 7-49 所示。

在采用远距离油罐的情况下，还有吸油管，如图 7-47 所示。可以看出，动力转向油管都是由硬管（钢管）和柔性油管（橡胶油管）组成的。为了保证压力油管和回油管具有足够的抗腐蚀能力，在钢管上制有专门的覆盖层。为了加强散热、降低油温，在一些回油管上安装了散热片型散热器或管型散热器，如图 7-49 所示。图 7-50 示出一种散热片型散热器的外形。

1. 动力转向油管的功能

（1）传输液压油

压力油管（图 7-48）用于从动力转向泵向动力转向器传输压力油。回油管（图 7-49）用于从动力转向器向动力转向油罐传输回油。

（2）降低动力转向系统的噪声

液压动力转向系统在工作时常常会引起严重的噪声。主要的噪声源是动力转向泵（液压泵），动力转向器中的转阀也是一个重要的噪声源。对于液压动力转向系统，可以定义三种不同的噪声，即空气传播的噪声（ABN），其在空气中传播，人耳可以听到；结构传播的噪声（SBN），即系统组件的机械振动，往往是 ABN 的直接原因；液体传播的噪声（FBN），即液压油中的压力波动，往往是 SBN 的主要原因，而 SBN 又引起 ABN。

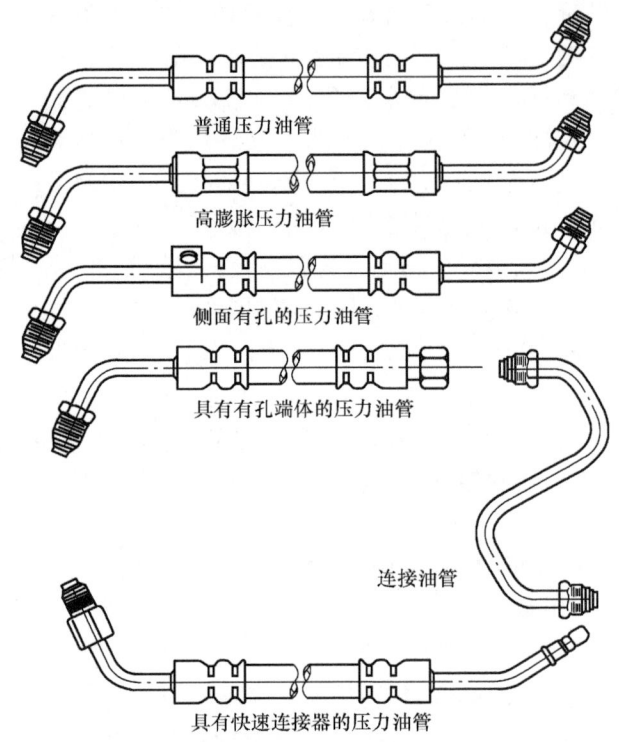

图 7-48　典型的压力油管

柔性油管对于隔振是很有效的，从而有利于减小 SBN。柔性油管也是很好的 FBN 的衰减器。通过仔细设计液压管路（例如适当选择其长度）可以避免共振发生，使 FBN 最小化。图 7-48 所示的高膨胀压力油管的径向刚度较小（橡胶油管中的帘线与油管中心线成一斜角布置），在油压作用下其直径变化较大，有利于降低系统的固有频率、增大阻尼，在一些情况下可以有效地降低噪声。当动力转向系统发出呻吟（Moan）噪声时，采用调谐压力油管的方法可以有效地减小这种噪声。如图 7-51 所示，把一条可弯曲的螺旋金属管（叫作调谐器管）放置在橡胶油管总成之内，构成调谐器油管。调谐器油管是一种四分之一波长衰减器，即调谐器管的长度是噪声波长的四分之一。

颤抖（Shudder）噪声是一种在发动机低转速下进行转向时所发生的振动、噪声。在一些情况下，可以通过在动力转向系统的回油管中加装调谐器管来消除它，如图 7-51 所示。从图 7-51b 可以看出，回油管中的调谐器管较长；而压力油管中的调谐器管较短，如图 7-51a 所示，这意味着回油管中的颤抖噪声具有比较大的波长，即比较低的频率。

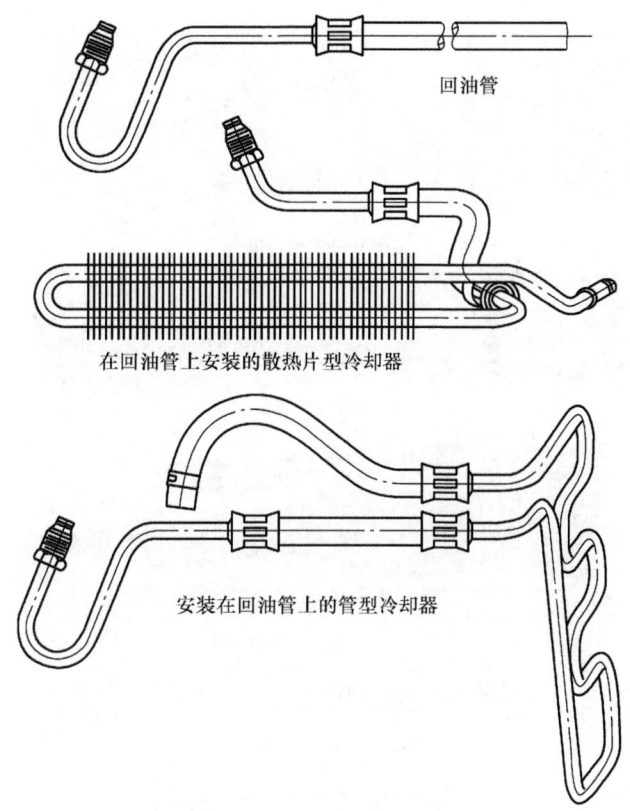

图 7-49　典型的回油管

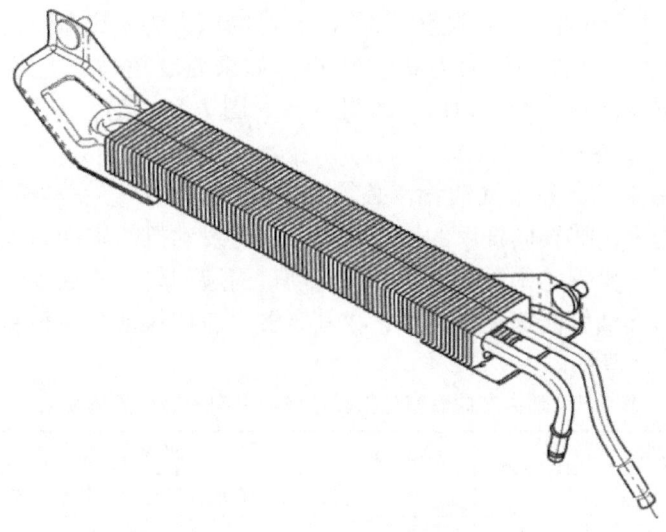

图 7-50　一种散热片型散热器的外形

仅当绝对必要时才采用调谐器油管,因为其成本高。

(3) 降低液压油的温度

动力转向油管中的钢管部分散热性能较好。在出现油温过高的情况下,需要加强散热,一般在回油管上安装散热片型散热器或管型散热器,如图 7-49、图 7-50 所示。

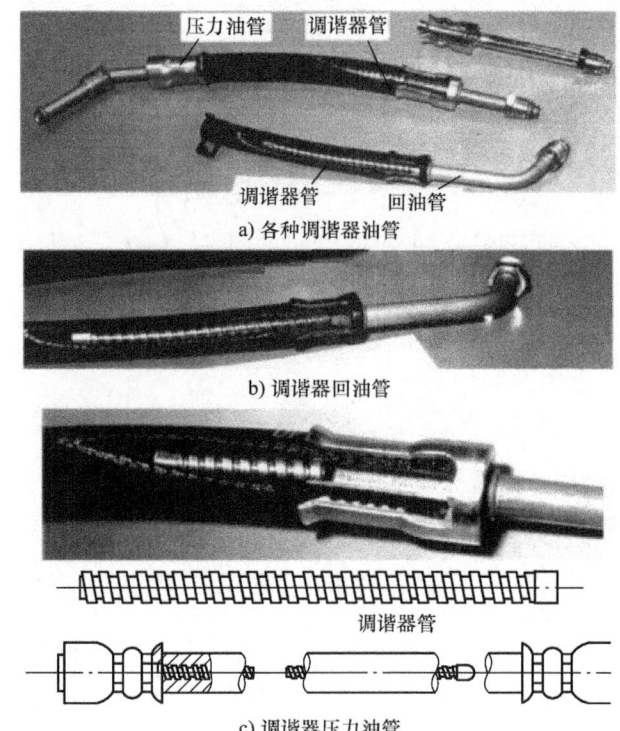

图 7-51 在压力油管和回油管中的调谐器管

轿车的动力转向油管的连续工作状态一般如下：对于压力油管，在温度135℃时允许的压力为11.03MPa；对于回油管，在温度135℃时允许的压力为0.68MPa；对于远距离油罐的吸油管，在温度135℃时允许的压力为0.136MPa。如果温度超过了上述推荐的水平，需要考虑采用管型冷却器或散热片型冷却器，如图7-49、图7-50所示。

2. 动力转向油管在车辆上的安装

为了在发动机舱盖下合理布置油管，必须考虑如下因素：①发动机相对车架的运动情况；②悬架的运动情况；③转向杆系的运动情况；④与发动机热零件的接近程度；⑤是否暴露于从路面溅起的泥、水等之中；⑥由于调整传动带引起的附件位置改变。

为了保证动力转向油管能够正常工作，在其布置中应该保证其与相邻的零部件之间具有需要的间隙，如表7-1所示。

表7-1 动力转向油管与相邻零部件之间的最小间隙要求

间隙的位置	间隙/mm	间隙的位置	间隙/mm
钢管与热零件（如排气歧管）之间	15	橡胶油管与运动零件之间	30
橡胶油管与热零件之间	60	钢管与固定零件之间	10
钢管与运动零件之间	25	橡胶油管与固定零件之间	30

发动机对外输出转矩时会发生侧倾。应该这样布置动力转向油管，即当发动机侧倾时橡胶油管仅发生弯曲，而不发生扭转和拉伸。图7-52示出布置动力转向油管的一些情况。为此，油管的最小长度一般不短于300mm，橡胶油管的最小半径应该不小于60mm。

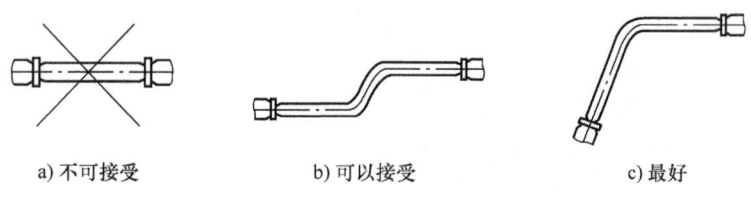

图 7-52 一些动力转向油管布置的例子

7.5 转向梯形设计

在图 7-1 所示的转向系统中,转向梯形机构由左、右梯形臂 10、12 和转向横拉杆 11 组成,用来保证:在汽车进行转弯行驶时,所有车轮都应该尽可能绕一个瞬时转向中心、在不同的圆周上作无滑动的纯滚动。

整体式转向梯形和断开式转向梯形是两种汽车的转向梯形类型。图 7-1 所示转向梯形是整体式,其特点是有一根完整的转向横拉杆 11。图 7-5、图 7-6、图 7-8、图 7-14 所示都是断开式转向梯形,其特点是转向横拉杆由多段杆件组成。在采用独立前悬架的汽车上都采用断开式转向梯形。为使转向梯形机构受到前轴的保护,其一般布置在前轴之后,比较安全。但是,当发动机位置很低或前轴驱动时,由于在前轴之后没有安装转向梯形的空间,有把转向梯形机构置于前轴之前的。

7.5.1 汽车转向时理想的内、外前轮转角关系

图 7-53 示出一辆正在转向行驶的两轴汽车(俯视图)。其中,L 是轴距,B、A 分别是左、右主销中心线的延长线与地面的交点;K 是 A、B 两点之间的距离。假定汽车正在向右转向且速度很慢,其侧向加速度很小,车轮的侧偏角可以忽略。在转向过程中,为了使各个车轮处于纯滚动状态而无滑动发生,则要求全部车轮都绕一个瞬时转向中心做圆周运动。对两个后轮来说,它们的运动方向应该与它们到转向中心的连线垂直,即转向中心在后轴轴线的延长线上。同样,内前轮的运动方向也与它到转向中心的连线垂直,这样就可以确定上述三个车轮的转向中心 O。如果外前轮的滚动轴线的延长线也与 O 相交,则各个车轮都绕同一个瞬时转向中心 O 作圆周运动,各个车轮处于纯滚动状态。这时有如下关系:

$$L\cot\theta_o - L\cot\theta_i = K \tag{7-27}$$

$$\cot\theta_o - \cot\theta_i = \frac{K}{L} \tag{7-28}$$

式中,θ_o 是外前轮转角;θ_i 是内前轮转角。式(7-28)称为理想的内、外前轮转角关系,也称为艾克曼(Ackerman)转向几何关系。汽车转向时若能满足上述条件,则车轮作纯滚动运动。但是,这是有条件的,即在轮胎的侧偏角可以忽略的情况下。现有汽车的转向梯形机构不能在整个转向范围内使上述条件完全得到满足。

参见图 7-53,BD 和 AC 是两条平行于汽车纵轴线的直线,分别与后轴相交于 D、C 点。E 点是纵轴线与 AB 的交点,连接 E、C 点得到 EC 线。在 EC 线上任取一点 F,它与 A、B

两点连线所组成的∠FBE 和∠FAE，就是符合式（7-28）的理想内、外前轮转角。下面对其进行证明：

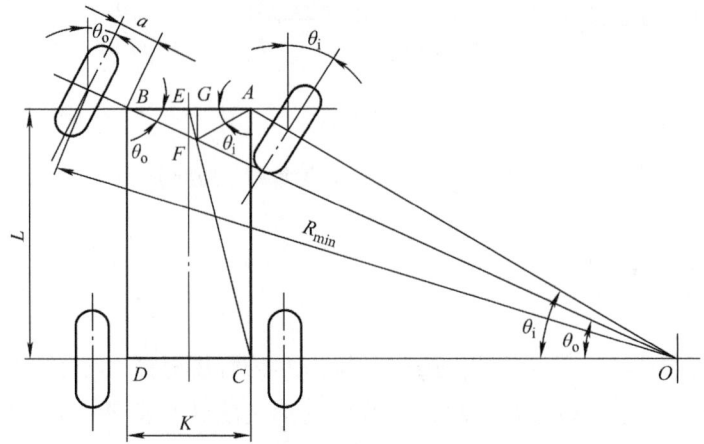

图 7-53 汽车转向时理想的内、外前轮转角关系分析模型

过 F 作 AB 的垂线，G 是垂足。设∠FBE = θ_o（外轮转角）；∠FAE = θ_i（内轮转角），则

$$\cot\theta_o - \cot\theta_i = \frac{K}{L} \tag{7-29}$$

$$\cot\theta_i = \frac{AG}{FG} = \frac{AE - EG}{FG} = \frac{BE - EG}{FG} \tag{7-30}$$

$$\cot\theta_o - \cot\theta_i = \frac{2EG}{FG} \tag{7-31a}$$

由于△EGF 相似于△EAC，所以

$$\cot\theta_o - \cot\theta_i = \frac{2EG}{FG} = \frac{2\frac{K}{2}}{L} = \frac{K}{L} \tag{7-31b}$$

因此，直线 EC 就是保证内、外前轮转角正确关系的理想特性线。有了这条线，就可以比较方便地用图解法来校核转向梯形的设计质量。

7.5.2 整体式转向梯形机构的设计校核

图 7-54 示出确定校核用当量转向梯形的方法。在图 7-54a 所示侧视图上，E 点是转向横拉杆与梯形臂的球铰中心。过 E 点作主销轴线的垂线，V 是垂足。E 点到 V 点的水平距离为 a。过 V 点作平行于地面的直线，并且延长到图 7-54a 所示的后视图上。

在图 7-54a 所示的后视图上，上述过 V 点的水平线与右侧主销轴线相交于 V_R。V_R 与 A 之间的水平距离是 b。A 是主销轴线的延长线与地面的交点。用类似的方法可以确定 V_L，如图 7-54b 所示。

在图 7-54b 所示的俯视图上，E_L、E_R 分别是转向横拉杆与左、右梯形臂的球铰中心，根据尺寸 a、b 就可以确定 V_L、V_R 点的位置。校核用当量转向梯形的顶点就是 E_L、E_R、V_L、V_R。

对转向梯形机构进行设计校核的图解方法包括如下步骤。

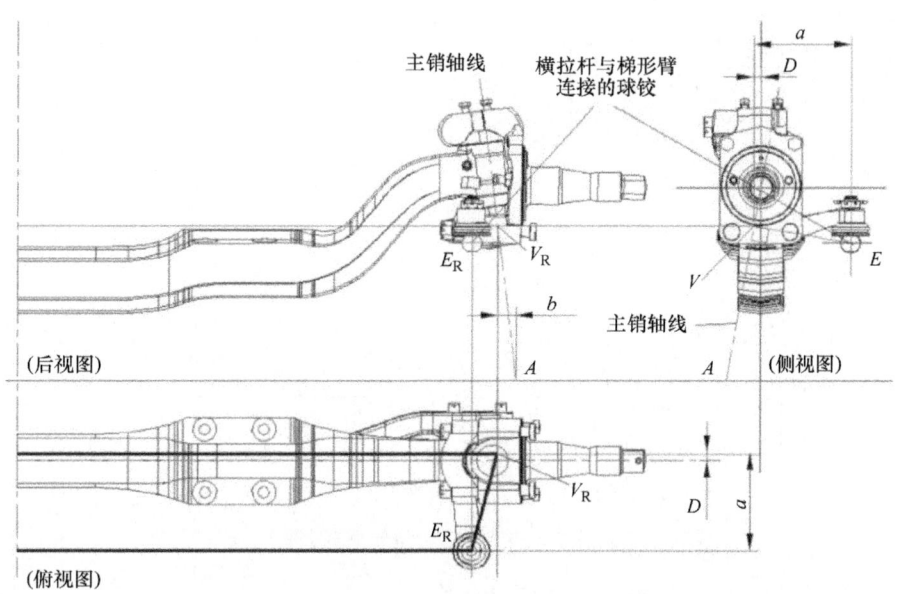

a) 一半前桥

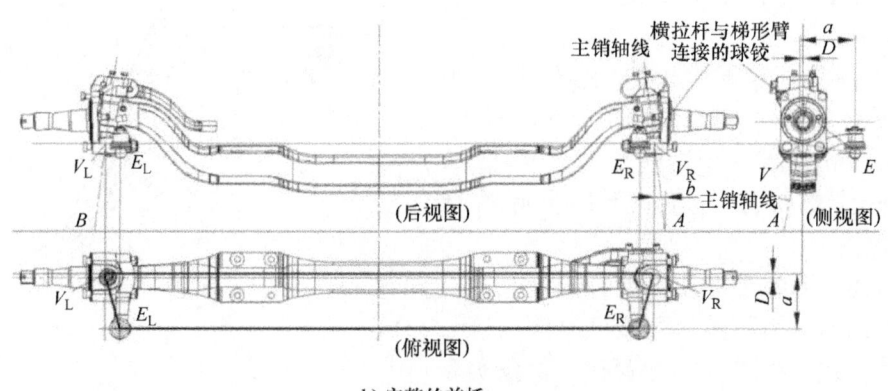

b) 完整的前桥

图 7-54　确定校核用当量转向梯形的方法

1）按照图 7-54 所示方法确定校核用当量转向梯形，如图 7-55 所示。该当量转向梯形底角 γ 按照下式初选：

$$\tan\gamma = \frac{L}{\frac{K}{2} - b} \tag{7-32}$$

$$a = (0.11 \sim 0.15)K \tag{7-33}$$

当量转向梯形的梯形臂 m 为

$$m = \frac{a}{\sin\gamma} \tag{7-34}$$

有了 a 和 γ 就可以确定转向横拉杆与梯形臂的球铰中心 E_L、E_R 的位置，如图 7-54 所示。

2）画出在中间位置时的当量转向梯形图，如图 7-55 所示。

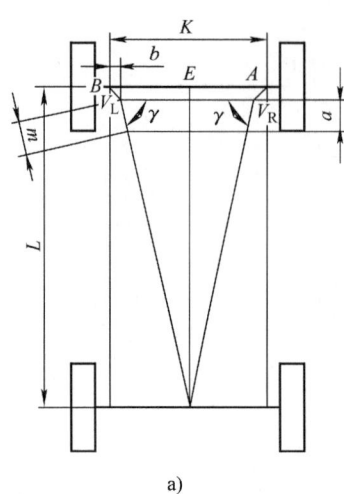 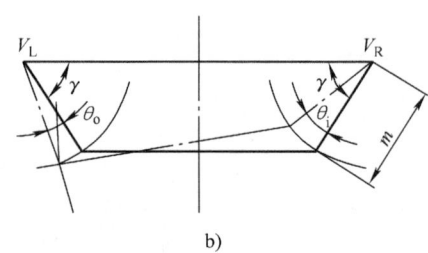

图 7-55 校核用当量转向梯形

3) 再给出一系列内轮转角 θ_i，利用校核用当量转向梯形（图 7-55）通过作图求得对应的外轮转角 θ_o。

4) 再分别以 A 和 B 为原点，把 θ_i 和 θ_o 画在图上（图 7-56），得到两组两两成对的射线。每对射线有一个交点，把这些交点连接起来，就得到在选定的梯形底角 γ 下的实际特性曲线。

如果上述实际特性曲线不能令人满意，再选择一个底角 γ_2，用同样的方法可以得到另一条实际特性曲线。在图 7-56 中画出了两条实际特性曲线，对应的当量梯形底角分别是 γ_1 和 γ_2。EC 是理想特性曲线。若给出一系列梯形底角，便得到一系列的实际特性曲线。

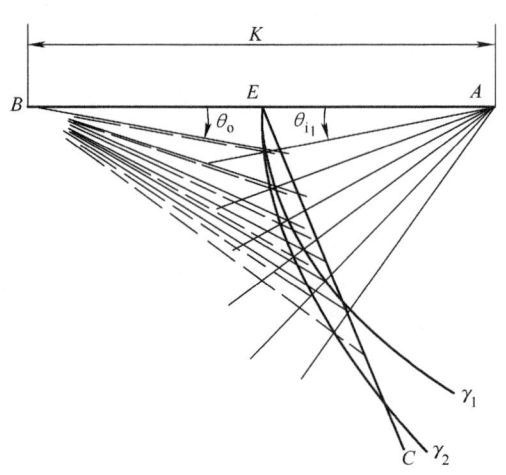

图 7-56 转向梯形与实际特性曲线

从其中选取一条比较理想的实际特性曲线，以其底角作为最后选定的梯形底角 γ。考虑到轮胎的侧偏角，应该使实际内、外前轮转角的差值比利用式（7-28）计算的小些。通常要求在内轮转到最大转角时使实际特性曲线与理想特性曲线 EC 相交。

7.5.3 轮胎侧偏角对转向时内、外前轮转角之间理想关系的影响

应该指出，式（7-28）所描述的理想特性（Ackerman 转向几何关系）比较适用于低速转向行驶的场合，例如车速在 5km/h 以下。在这种情况下，汽车轮胎侧偏角很小，可以忽略不计。但是，当汽车在以中、高速行驶中进行转向时，侧向加速度可能比较大，轮胎会产生较大的侧向力和侧偏角，这时它们就会对 Ackerman 转向几何关系产生影响。如图 7-57 所示，在汽车转向行驶时，各个轮胎都产生了侧偏角，使得各个轮胎中心的瞬时速度方向都偏离了轮胎的对称线。这时，各个轮胎的瞬时运动中心仍然在与其行驶速度矢量相垂直的直线

上。这些直线相交于 B 点,它就是汽车的瞬时转动中心。可以看出,上述轮胎侧偏角使汽车的瞬时转向中心从 A 变到了 B,即向前移了一个距离。

有人研究了轮胎侧偏角对轮胎磨损速率的影响,发现轮胎的磨损速率与侧偏角的平方到 4 次方成正比,具体正比的侧偏角方次取决于轮胎本身的结构、地面情况、车轮定位参数、使用情况等不同因素。所以,为了减轻轮胎的磨损,就要

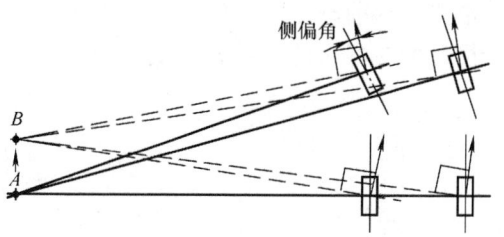

图 7-57 轮胎侧偏角对汽车瞬时
转向中心位置的影响

设法减小各个轮胎的侧偏角,而使各个轮胎的侧偏角相等。因此,在存在侧偏角的情况下,理想的内、外前轮转角(转向前、后车轮对称线之间的夹角)应该保证它们具有相同的侧偏角。在不断研究过程中人们发现,当艾克曼校正率为 73% ~ 93% 时,内、外前轮的侧偏角趋于一致,轮胎的磨损最小。其中,艾克曼校正率 R_A 的定义式为

$$R_A = \frac{\theta_{ia} - \theta_o}{\theta_i - \theta_o} \tag{7-35}$$

式中,θ_o 是外前轮转角;θ_i 是根据 θ_o 利用艾克曼几何关系式(7-28)计算得到的内前轮转角;θ_{ia} 是当外前轮转角为 θ_o 时汽车的实际内前轮转角。

有人也根据这种原理对保证内、外前轮侧偏角相等的理想内、外前轮转角关系进行了模拟研究,其中利用三自由度汽车操纵性模型根据前轮角输入计算轮胎的侧偏角。图 7-58 示出一些研究结果,即保证内、外前轮侧偏角相等的理想内、外前轮转角关系曲线。在图 7-58 中也示出了对应的不考虑侧偏角(实际上侧偏角为零)的艾克曼几何关系曲线,即式(7-28)描述的内、外前轮转角关系曲线。可以看出,在车速为 5km/h 时,保证内、外前轮侧偏角相等所要求的内、外侧车轮转角差与艾克曼几何关系基本上相同,这是因为在这样低的车速转向行驶时侧向加速度很小,轮胎基本上没有侧偏角;汽车速度越高、前轮转角越小,保证内、外前轮侧偏角相等所要求的内、外前轮的转角差就越小,当达到 80km/h 的车速时,基本上要求内、外前轮的转角相等,即基本上是平行转向;而车速达到 100km/h 时,甚至要求内前轮的转角小于外前轮的转角。

在前面介绍整体式转向梯形设计校核时提到,通常要求在内轮转到最大转角时使实际特性曲线与理想特性曲线 EC 相交。这种设计符合保证侧偏角相等的原理。内轮以最大转角转向行驶时一定对应的是低车速,所以这时满足艾克曼几何关系可以保证轮胎的磨损最小。而随着内轮转角的减小,汽车转向行驶的车速也可以逐渐提高,内、外前轮转角之差小于艾克曼几何关系所规定的值(即艾克曼校正率小于 100%),有利于减小内、外前轮的侧偏角,使其趋于一致。实际上,只要使在内轮最大转角时的艾克曼校正率在 75% 以上,效果一般都很好,即轮胎不会发生异常磨损,而且还可以减小汽车的转向半径。

一些轿车的艾克曼校正率在 60% 以下,主要就是为了减小转向半径,同时也没有发生轮胎异常磨损现象。

整体式转向梯形机构仅适用于采用非独立前悬架的汽车。如果汽车的转向轮(前轮)采用独立悬架,由于要保证左、右车轮的跳动没有相互影响,转向梯形中的横拉杆都做成断开式的,即断开式转向梯形,如图 7-5、图 7-6、图 7-8、图 7-14 所示。对于这种断开式的转向梯形机构,其设计的基本指导思想与设计整体式转向梯形机构是相同的,即确定转向时

目标内、外前轮之间的转角关系曲线,转向梯形的设计也是要尽可能保证实际特性曲线与上述目标曲线尽可能接近,只是在根据内轮转角求对应的外轮转角的方法上比较复杂。

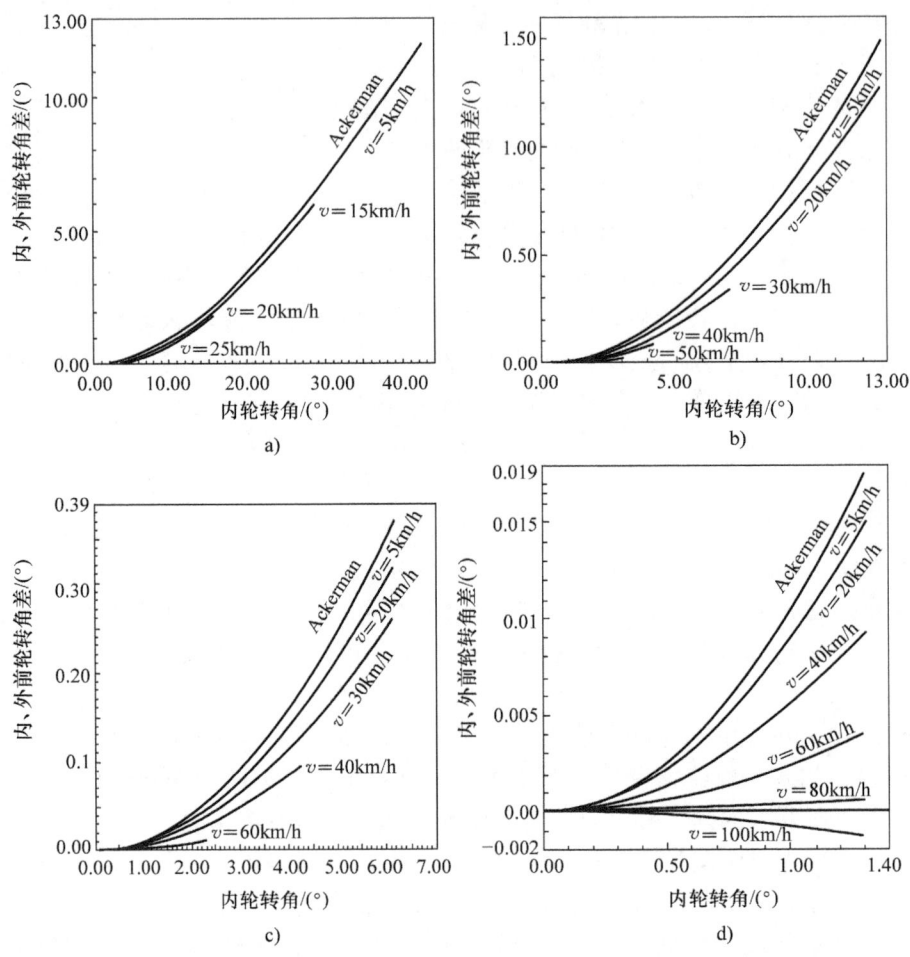

图 7-58 保证内、外前轮侧偏角相等的理想内、外前轮转角关系曲线

7.6 转向杆系与悬架的匹配设计

在汽车转向杆系与悬架的匹配设计中主要考虑如下要求:

1)当车轮上、下跳动(悬架压缩、伸张)时由转向杆系与悬架的运动干涉所引起的车轮前束角变化尽可能小。

2)汽车转向行驶、车身发生侧倾时,由上述两种机构运动干涉所引起的侧倾转向角(车轮前束角变化)尽可能小或有利于产生不足转向。

3)由悬架中橡胶元件的受力变形所引起的车轮前、后移动要尽可能不引起前束角的变化。

汽车转向杆系的布置方式与汽车采用的悬架、转向器的类型直接相关。

7.6.1 在前悬架是纵置钢板弹簧的汽车中转向纵拉杆的布置

在前悬架是纵置钢板弹簧的汽车中，转向杆系与悬架的匹配设计就是如何布置转向纵拉杆的问题。图 7-59 所示出常规的货车转向纵拉杆的布置情况。如图 7-59 所示，转向纵拉杆的两端分别通过球铰 G、E 与转向摇臂、转向节臂相连。

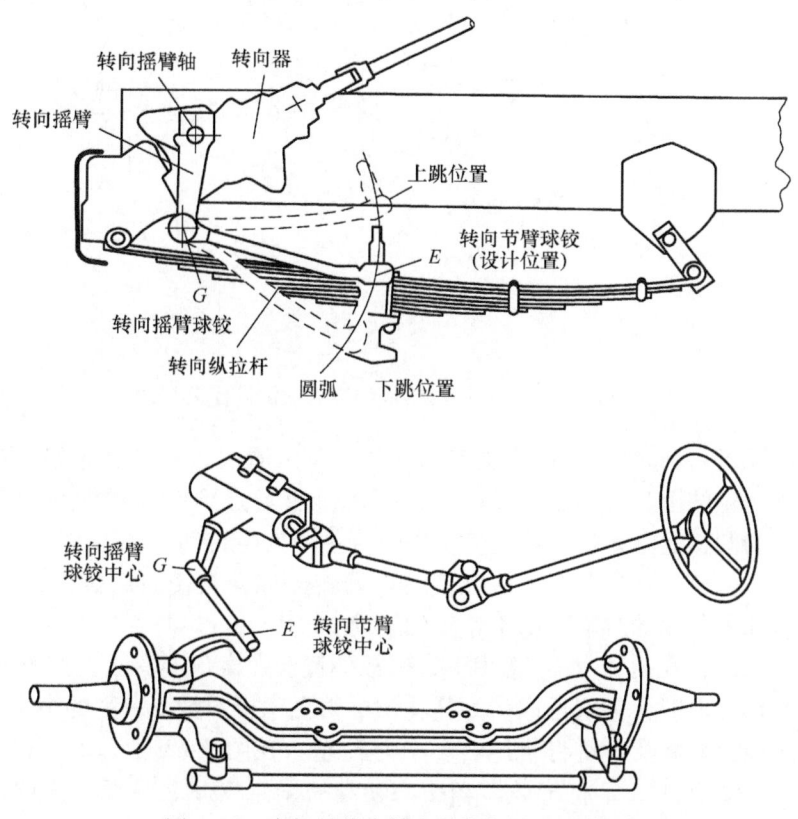

图 7-59　常规的货车转向纵拉杆的布置情况

首先，分析车桥的运动规律。图 7-60 所示为汽车满载时车架、钢板弹簧、前轴的位置。对一般的钢板弹簧（对称或近似对称）而言，在车轮上、下跳动时，其中部与前桥夹紧的一段与前桥一起作平移运动。弹簧主片中心点 A 的轨迹为一圆弧，其圆心 Q 的位置在纵向方向（沿着钢板弹簧前、后卷耳中心 C、D 的连线方向）与卷耳中心 C 相距 $L_e/4$，其中 L_e 为卷耳中心到前 U 形螺栓中心的距离；沿着垂直于 C、D 连线的方向，Q 点与卷耳中心相距 $e/2$，其中 e 是卷耳半径。由于前桥随着钢板弹簧中部被 U 形螺栓夹紧段作平移，故转向节臂与转向纵拉杆的球铰中心 E 与主片中心 A 的连线 AE 也作平移。连接 A、Q，且从 E 点开始作 AQ 的平行线 ER；再从 Q 开始作 AE 的平行线与 RE 交于 R 点，则得到一个平行四边形 $AERQ$，即 E 点的回转中心是 R。只有这样，才能保证前轴在跳动时，AE 点的连线总是相互平行，即前轴作平移。以 R 为圆心、RE 为半径画圆弧，此圆弧即为悬架决定的 E 点的运动轨迹（圆弧）。

在图 7-60 中，转向纵拉杆与转向摇臂的球铰中心 G 与 R 点不重合，当车轮上下跳动时，只要转向纵拉杆不发生变形或断裂，E 点由该转向纵拉杆决定的运动轨迹是以 G 点为圆

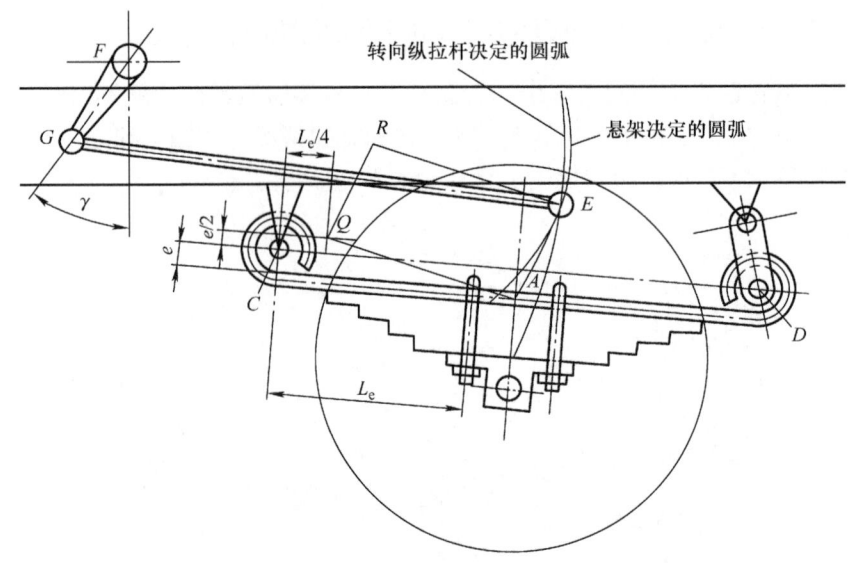

图 7-60　转向纵拉杆与钢板弹簧悬架的匹配分析图

心、GE 为半径的圆弧，即转向纵拉杆决定的圆弧。可以看出，其与由悬架决定的圆弧不重合。因此，随着车轮的上、下跳动，转向纵拉杆将迫使 E 点到 G 点的距离保持不变，即沿转向纵拉杆决定的圆弧运动，这必将迫使转向节绕主销发生转动，从而发生不希望的前轮转角。所以，当汽车处于直行位置时，应该使转向器转向摇臂与转向纵拉杆的铰点 G 与 R 点重合；否则，将随着车轮的跳动产生不希望的转向。

另外，在制动时，在制动力 F_B 作用下，钢板弹簧会发生 S 形变形，如图 7-61 所示。钢板弹簧在发生 S 形变形时，一般近似认为其转动中心在钢板弹簧第一片的中点 A 的下方一个卷耳半径 e 处。钢板弹簧及前桥将绕该转动中心转动。在图 7-61 中，E 点布置得较高。在钢板弹簧发生 S 形变形时，E 将绕该转动中心转动一个角度 φ，从而使其向前移动一个距离，这是由悬架决定的运动。但是，在转向纵拉杆不发生变形或断裂的情况下，E 点到 G 点的距离保持不变，即迫使 E 点基本上不向前移动。这相当于使 E 点向后移动了一个距离。从图 7-61 可以看出，这会使前轮向右转动一个角度。因此，在 E 点相对于 S 形变形的转动中心布置得较高的情况下，在制动时汽车将发生向右的制动跑偏。为了避免这种制动跑偏，应该使转向纵拉杆与转向节臂连接的球铰中心 E 在侧视图上与钢板弹簧的 S 形变形的转动中心重合。图 7-62 给出了最佳的转向纵拉杆布置位置，其可以保证制动时不发生制动跑偏，车轮上下跳动时车轮不发生绕主销的转动。

在汽车设计中，一般可以比较容易地实现 E 点与钢板弹簧 S 形变形的转动中心相重合（在侧视图上）。但是，有时不能把 G 点布置在理想的 R 点上（图 7-63）。例如，在很多平头货车上，其驾驶人的位置很靠前，而转向器又在驾驶人之前，这就决定了不方便把 G 点布置得与 R 点重合。在这种情况下，可以在 E 点和 R 点连线的延长线上布置 G 点。这样，一般也可以保证车轮上、下跳动时绕主销的转角比较小，而且上、下跳动时该干涉转角的转动方向相同。

而为了获得侧倾不足转向性能，可以把 G 点适当地布置在 E 点、R 点连线的延长线的下方，如图 7-64 所示。假设汽车向右转向行驶，左前轮是外侧车轮，其相对于车架向上跳

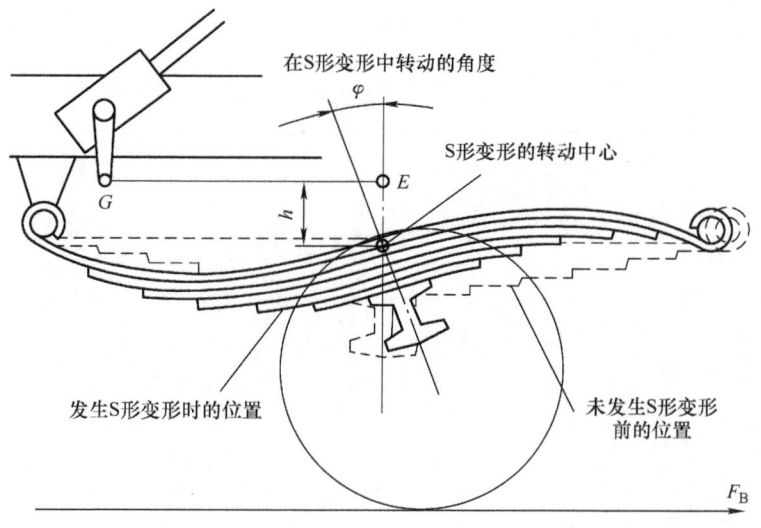

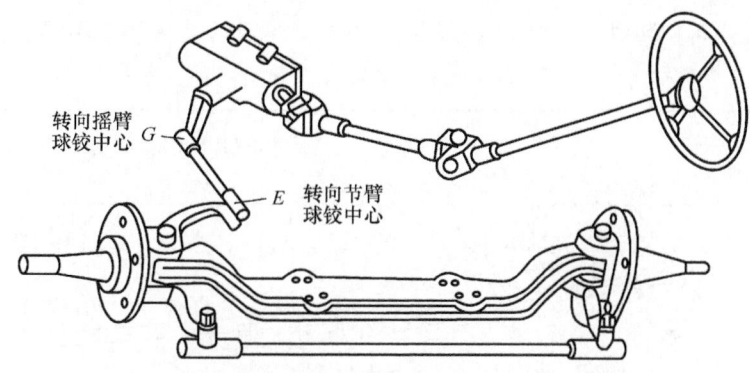

图 7-61 制动时钢板弹簧发生的 S 形变形及其对转向的影响

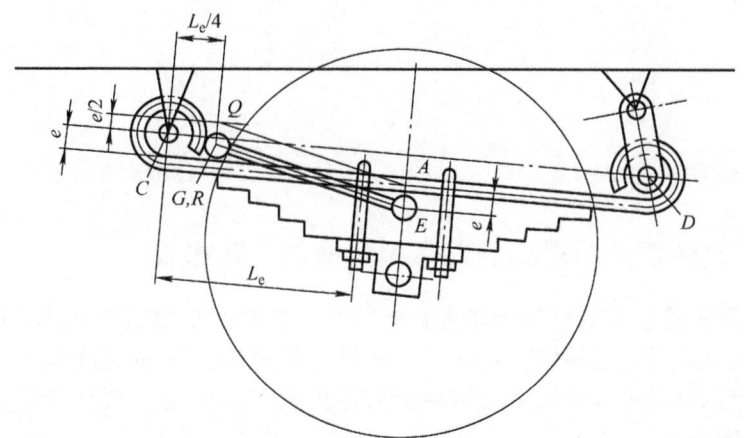

图 7-62 最佳的转向纵拉杆布置位置

动。根据图 7-64 所示悬架决定的圆弧和转向纵拉杆决定的圆弧之间的相互关系，转向纵拉杆会拉动转向节臂球铰中心 E 点向前，从而使左前轮绕主销向左转动一个角度，再通过转

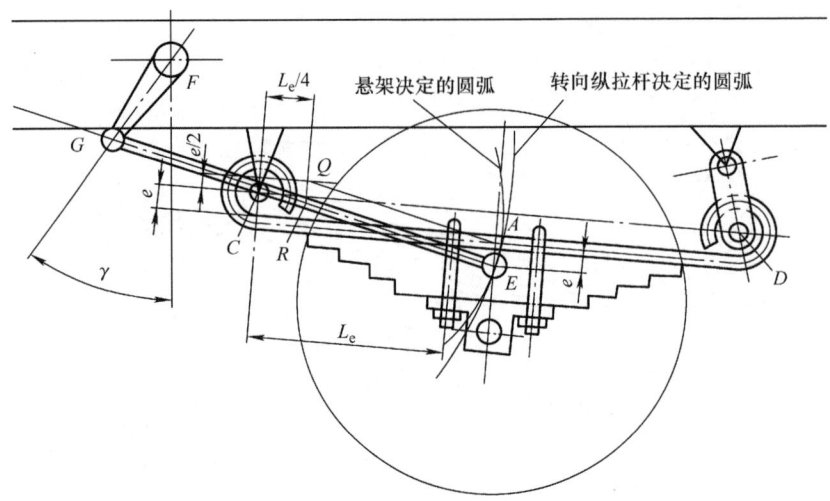

图 7-63　在 E、R 点连线的延长线上布置 G 点

向梯形也使右前轮向左转动一个角度。因此，这种干涉转角是有利于不足转向的。

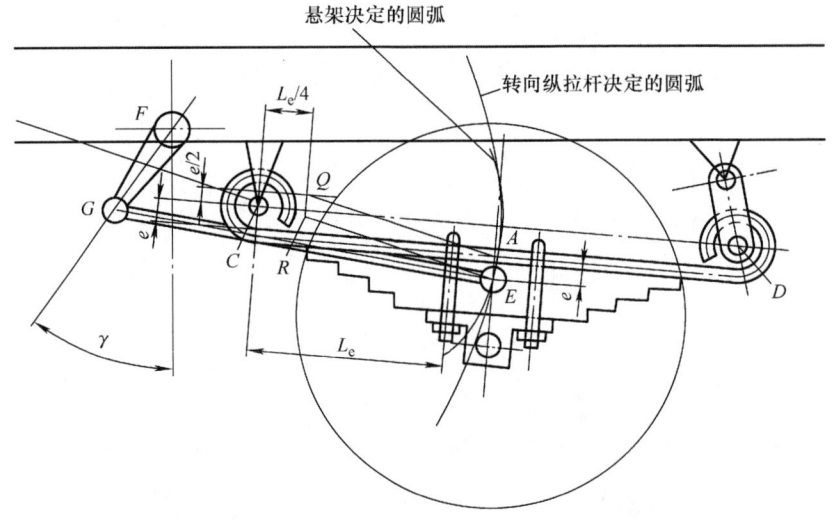

图 7-64　G 点布置在 E、R 连线的延长线的下方以获得侧倾不足转向

7.6.2　在采用双横臂式前悬架的汽车中的转向杆系布置

在采用双横臂式前悬架的汽车中布置转向杆系，主要就是确定断开式梯形的断开点。在图 7-65 所示系统中采用的是整体式转向器，断开点就是外侧转向连杆与中央转向连杆连接的球铰中心。在图 7-66 所示系统中采用的是齿轮齿条式转向器，断开点就是转向连杆与齿条端部连接的球铰中心。

在此，介绍利用图解法（基于三心定理）确定断开点的方法（图 7-67）。已知条件包括：汽车在设计状态时，上横臂的转轴 C、球铰 E；下横臂的转轴 D、球铰 G；转向节臂球铰 U。待求的是断开点 T，实际上就是确定转向连杆的方位和长度。

在图 7-67 所示系统中，转向节臂铰点 U 高于悬架下横臂与转向节的铰点 G，低于上横

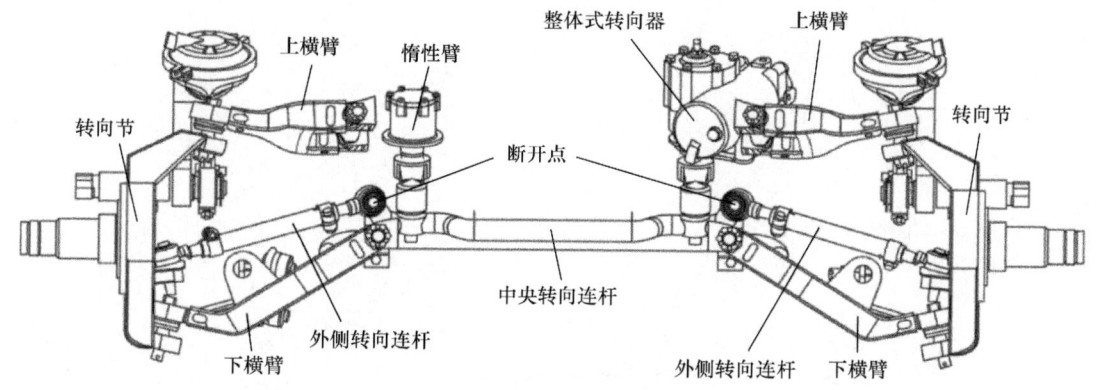

图 7-65　一个双横臂式悬架和整体式转向系统

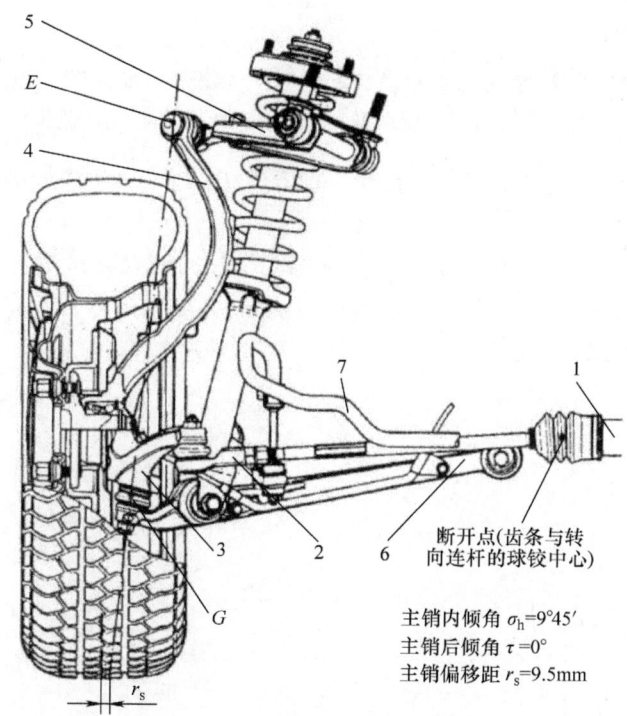

图 7-66　双横臂式悬架和齿轮齿条式转向系统
1—转向器　2—转向横拉杆　3—转向梯形臂　4—车轮转向节　5—上横臂　6—下横臂
7—横向稳定杆　E—上横臂球铰　G—下横臂球铰

臂与转向节的铰点 E。在这个系统中确定断开点 T 的步骤如下。

1）确定转向节的瞬时运动中心 P_1。它是 E、C 连线的延长线与 G、D 连线的延长线的交点。

2）确定 P_2。它是 G、E 连线的延长线与 D、C 连线的延长线的交点。

3）确定角 α。它是 G、D 连线与 U、P_1 连线的夹角。其中，U、P_1 的连线就是转向连杆的方位。还需要确定转向连杆的长度。

4）确定 P_3。作直线 P_1P_3，使其与直线 P_1P_2 的夹角为 α。由于直线 P_1U 在直线 P_1G 的

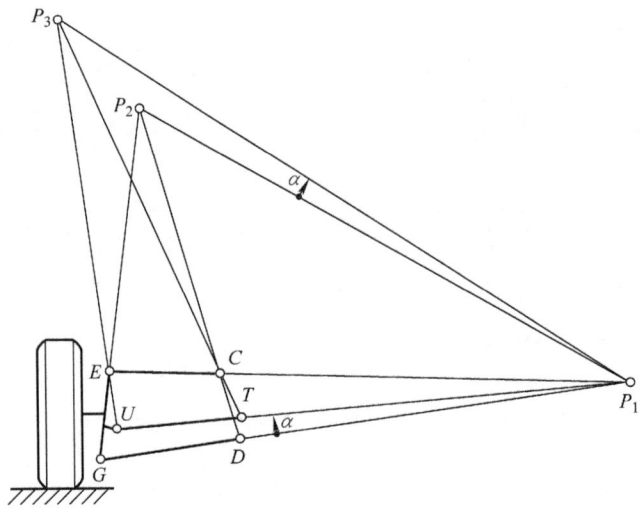

图 7-67　在双横臂式独立悬架中确定断开点 T（情况 1：转向节臂铰点 U 高于悬架下横臂与转向节的铰点 G，低于上横臂与转向节的铰点 E）

上方，所以直线 P_1P_3 要在直线 P_1P_2 的上方。直线 P_1P_3 与 U、E 连线的延长线的交点就是 P_3。

5）确定断开点 T。P_3、C 连线的延长线与直线 P_1U 的交点就是 T。

在图 7-68 所示系统中，转向节臂铰点 U 高于悬架上摆臂与转向节的铰点 E。在这个系统中确定断开点 T 的步骤如下。

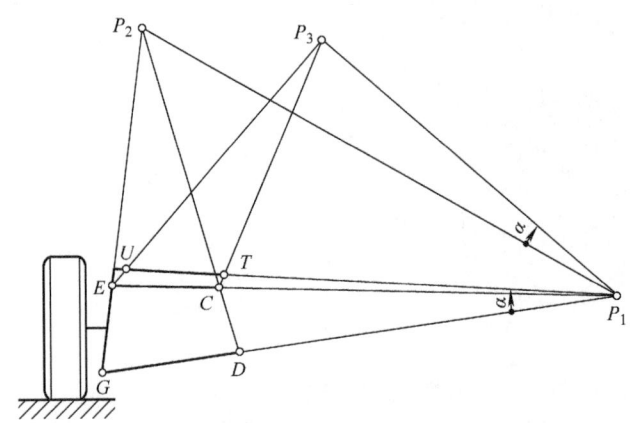

图 7-68　在双横臂式独立悬架中确定断开点 T（情况 2：转向节臂铰点 U 高于悬架上摆臂与转向节的铰点 E）

1）确定转向节的瞬时运动中心 P_1。它是 E、C 连线的延长线与 G、D 连线的延长线的交点。

2）确定 P_2。它是 G、E 连线的延长线与 D、C 连线的延长线的交点。

3）确定角 α。它是 G、D 连线与 U、P_1 连线的夹角。其中，U、P_1 的连线就是转向连杆的方位。还需要确定转向连杆的长度。

4）确定 P_3。作直线 P_1P_3，使其与直线 P_1P_2 的夹角为 α。由于直线 P_1U 在直线 P_1G 的

上方,所以直线 P_1P_3 要在直线 P_1P_2 的上方。直线 P_1P_3 与 E、U 连线的延长线的交点就是 P_3。

5) 确定断开点 T。P_3、C 连线与直线 P_1U 的交点就是 T。

在图 7-69 所示系统中,两个横臂互相平行,转向节臂铰点 U 低于悬架上横臂与转向节的铰点 E、高于下横臂与转向节的铰点 G。在这个系统中确定断开点 T 的步骤如下。

1) 由于上、下横臂相互平行,转向节的瞬时运动中心 P_1 点在无穷远处。

2) 确定转向连杆的方位。过 U 点作直线 GD 的平行线,即为转向连杆的方位。这两条平行线之间的距离为 a。

3) 确定 P_2。它是 G、E 连线的延长线与 D、C 连线的延长线的交点。

4) 确定 P_3。过 P_2 作直线 GD 的平行线,在该直线上方再作一条直线 GD 的平行线,使上述两条新作平行线之间的距离为 a。其中,较高平行线与 U、E 连线的延长线的交点就是 P_3。

5) 确定断开点 T。P_3、C 连线的延长线与过 U 点、平行于直线 GD 的直线的交点就是 T。

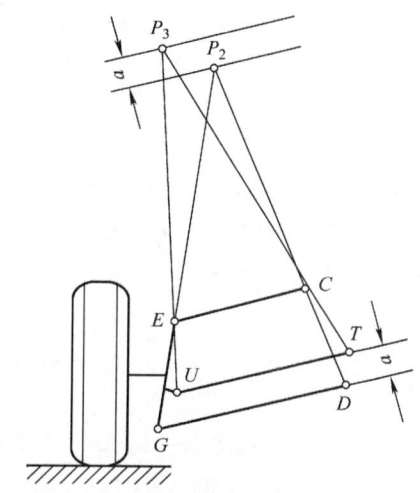

图 7-69 在双横臂式独立悬架中确定断开点 T
(情况 3:两个横臂互相平行,转向节臂铰点 U 在低于悬架上横臂与转向节的铰点 E、高于下横臂与转向节的铰点 G)

7.6.3 在采用麦克弗森式前悬架的汽车中的转向杆系布置

在汽车采用麦克弗森式独立悬架情况下(图 7-70),当前轮上、下跳动时,E 和 G 点之间的距离要发生变化。因此,要采用不同的方法确定转向连杆断开点的位置。

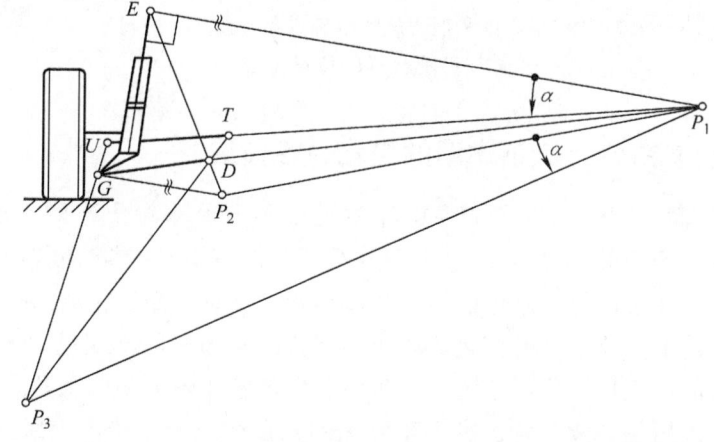

图 7-70 在麦克弗森式悬架中确定断开点 T(情况 1:转向节臂铰点 U 在主销轴线外侧;并且稍高于悬架下摆臂与转向节的铰点 G)

在图 7-70 所示系统中，转向节臂铰点 U 在主销轴线外侧，并且稍高于悬架下摆臂与转向节的铰点 G。在这个系统中确定断开点 T 的步骤如下：

1）确定转向节的运动瞬时中心 P_1。转向节在 E 点的绝对速度就是沿着减振器轴线的相对速度，因为在这一点的牵连速度（由减振器轴线绕 E 点转动引起）为零，所以转向节在 E 点的瞬时运动中心位于过 E 点所做的与减振器轴线相垂直的直线 EP_1 上。悬架控制臂轴线 GD 的延长线与 EP_1 相交于点 P_1，其就是转向节的瞬时运动中心。

2）确定 P_2。过 G 点作直线 EP_1 的平行线 GP_2，其与 E、D 连线的延长线交于 P_2。

3）确定 α。U 是转向节臂与转向横拉杆的铰点。转向横拉杆应该位于 U、P_1 点的连线上。直线 EP_1 与直线 UP_1 之间的夹角为 α。

4）确定 P_3。过 P_1 作一条直线 P_1P_3 使其与直线 P_1P_2 的夹角也为 α；P_1P_3 与 U、G 连线的延长线交于点 P_3。

5）确定断开点 T。P_3、D 点连线的延长线与直线 P_1U 交于点 T，它就是转向连杆的断开点。

在图 7-71 所示系统中，转向节臂铰点 U 在主销轴线内侧、并且比较高。而 U 点位置越高（高过 G 点），并且其越靠内侧，则将获得越长的转向连杆 UT，这种情况下需采用中央输出式齿轮齿条转向器（图 7-2、图 7-8）。

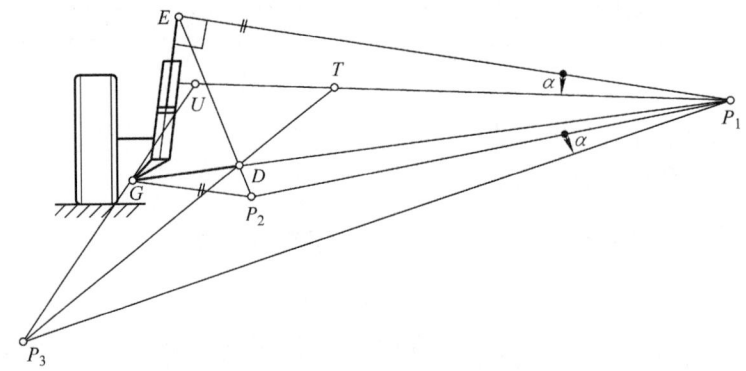

图 7-71　在麦克弗森式悬架中确定断开点 T（情况 2：转向节臂铰点 U 的位置比较高）

7.6.4　前束角随着前轮上、下跳动的变化特性曲线

图 7-72 示出三辆前轮驱动汽车的左前轮的前束角随着车轮上下跳动的变化特性曲线（测量结果）。其中，具有特性曲线 1、2 的汽车采用的基本上是按照前述方法确定的转向连杆断开点，其特点是在设计位置附近前束角随着车轮上下跳动而变化的斜率基本上是零，而且在整个车轮跳动范围内前束角的变化比较小（最大变化量一般不超过 1°）。特性曲线 3 不同，其在设计位置的前束角变化斜率为一个负值，即随着车轮上跳前束角减小。而在汽车向右转向行驶时，左前轮是外侧车轮，由于车身侧倾，其相对于车身向上跳动，前束角减小，有利于不足转向。如图 7-73 所示，假设转向节球铰 U 在前轮中心线以前（图 7-8），则把断开点 T_2 布置在理想断开点 T 以上就可以获得图 7-72 中曲线 3 那样的前束角变化特性，即当车轮向上跳动时，U 点就会被推向外侧，引起车轮的前束角减小。当然，如果要定量评价侧

倾不足转向，一般需要对车轮的运动规律进行空间运动学分析。

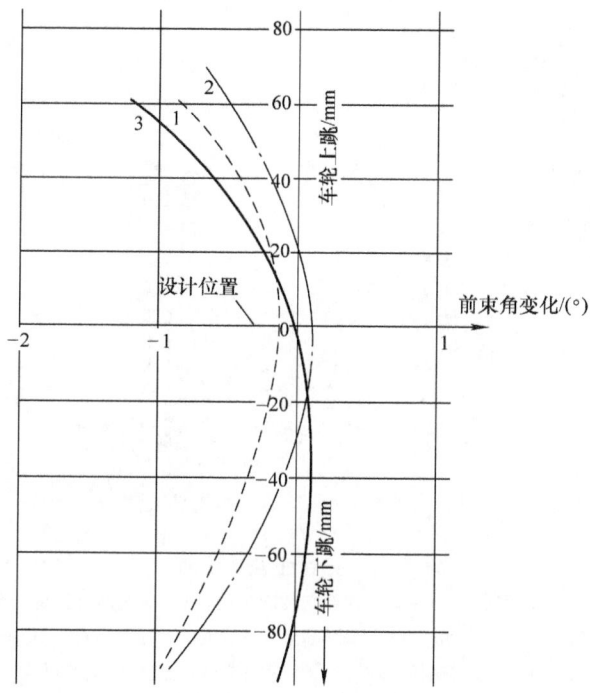

图 7-72 三辆前轮驱动汽车的左前轮的前束角随着车轮上下跳动的变化特性曲线（测量结果）

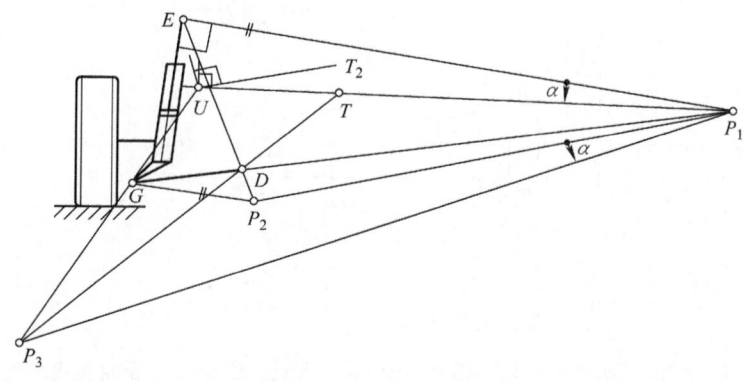

图 7-73 把断开点 T_2 布置在理想断开点 T 以上

7.6.5 车轮前、后移动时前束角的控制

在许多发动机前置－前轮驱动轿车上采用麦克弗森式后悬架。图 7-74 示出一个这样的悬架。如图 7-74、图 7-75 所示，这种悬架的后下摆臂一般比前下摆臂长。当制动时，制动力 $F_{b,r}$ 基本上由纵臂 5 承受，但是其对主销轴线有一个力矩 $M = F_{b,r} r_s$，其会在杆系中引起弹性变形，产生负的前束角增量。而在后下摆臂比前下摆臂长的情况下，在制动力的作用下，后下摆臂与转向节的铰点 3 变到 3A，前下摆臂与转向节的铰点 4 变到 4A，使后轮产生一个正的前束角增量 Δ_t。所以，这两个前束角增量相互抵消，减小了实际产生的前束角变化。

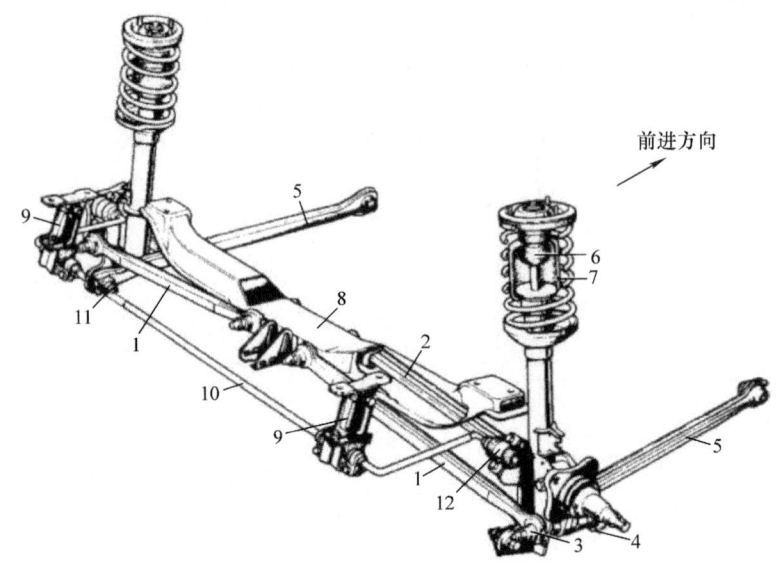

图 7-74 麦克弗森式后悬架

1—后下摆臂 2—前下摆臂 3—后下摆臂与转向节的铰点 4—前下摆臂与转向节的铰点
5—纵臂 6—副簧 7—密封套 8—后副车架 9—后横向稳定杆支架 10—后横向稳定杆
11—纵臂安装螺栓 12—后横向稳定杆与转向节的安装机构

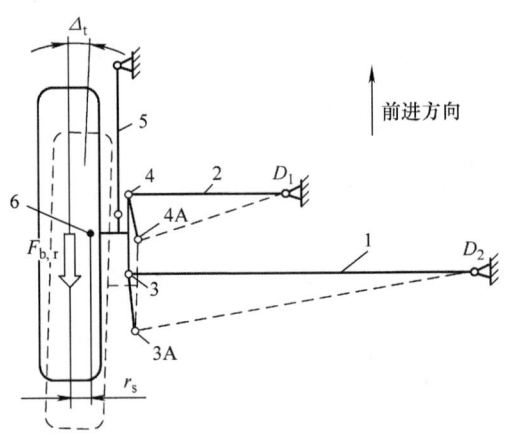

图 7-75 在制动力 $F_{b,r}$ 作用下后轮产生的前束角 Δ_t 变化（麦克弗森式后悬架）

1—后下摆臂 2—前下摆臂 3—后下摆臂与转向节的铰点 4—前下摆臂与转向节的铰点
5—纵臂 6—主销轴线与地面的交点 r_s—主销偏移距

为了降低采用子午线轮胎所引起的噪声，一般要求车轮能够相对于车身前、后移动一定距离。图 7-76 示出一个为了达到这个目的而采用的悬架和转向杆系设计，其中采用麦克弗森式悬架和齿轮齿条式转向器。在图 7-76 所示系统中，悬架下摆臂的前安装点 A 相当于一个球铰点，后安装点 B 是一个具有一定刚度的橡胶件。在驱动力 F_a、制动力 F_R 的作用下，下摆臂在 B 点处将发生一定的横向位移，使车轮能够向前移动 14mm、向后移动 12mm，以此来降低子午线轮胎的噪声。如图 7-77 所示，转向连杆和悬架下摆臂的设计应该保证车轮在纵向力作用下只作平动，而不发生前束角的变化。

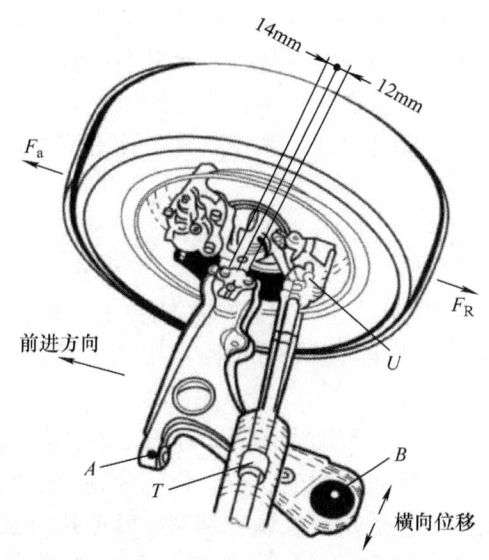

图 7-76 麦克弗森式前悬架（下摆臂）与齿轮齿条式转向器
A—下摆臂在水平面内的转动中心　B—橡胶件　U—转向节铰点
T—齿条铰点（转向连杆断开点）　F_a—驱动力　F_R—制动力

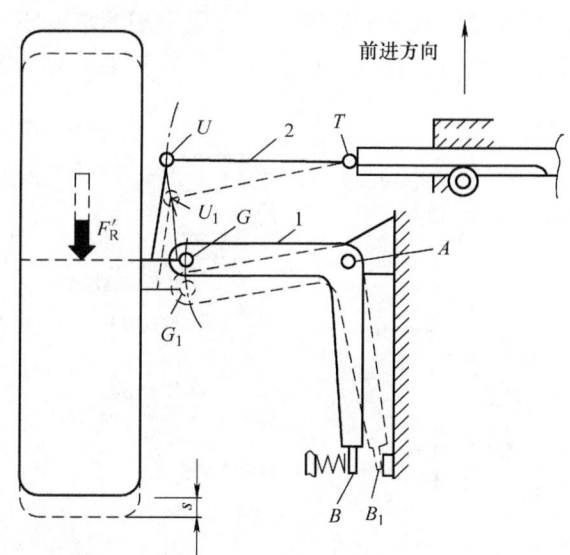

图 7-77 麦克弗森式悬架与齿轮齿条式转向器
1—下摆臂　2—转向连杆
A—下摆臂水平摆动中心　B—下摆臂的橡胶铰点　U—转向节臂铰点　T—转向连杆断开点　s—车轮的偏移距离

7.7 线控转向系统

随着汽车技术的日益革新，在转向方面，各公司与科研机构取得了长足进步。汽车动力转向系统的发展从最初的机械转向和液压动力转向，发展为电动助力转向。为了进一步提高各项性能，目前各大机构和企业都着手研究关于线控转向方面的技术。

线控转向系统即用电信号的传递与控制代替传统转向系统中的机械连接结构。同时转向时转向盘上的阻力矩也由电动机模拟产生，可以自由地设计转向系统的角传递特性和力传递特性。在改善路感、转向特性，提高稳定性和安全性方面有明显优势，并且有利于底盘一体化集成控制。

7.7.1 线控转向结构组成

线控转向系统组成如图7-78所示。线控转向系统在工作的过程中，转向盘和转向执行器之间没有机械连接，根据转向功能可以划分为路感模拟子系统、转向执行子系统、控制器及线束子系统和电源子系统4个部分。

路感模拟子系统由转向盘、路感反馈电动机、扭杆、转矩转角传感器和蜗轮蜗杆减速器组成；转向执行子系统主要包括转向执行电动机、齿轮齿条减速器、齿条位置传感器和转向拉杆；控制器及线束子系统主要包括路感反馈控制器、转向执行控制器、通信总线线束及相关传感器线束。路感反馈控制器获取车辆运动状态信息（如车速、横摆角速度和轮速信号等）、转向执行控制器信息（齿条位置和转向电动机电流等）、转向盘转角和转向盘转矩信号，通过控制路感反馈作动器实现路感反馈功能、转向盘主动回正功能以及更高级的行车功能（如车道保持功能）；转向控制器接受转向盘转向指令和车辆状态信息，对车辆行驶状态和驾驶人指令进行判断，在智能化较高的车辆上，可以实现紧急避障、自动泊车和主动前轮转向等高级功能。在功能安全方面，在各个控制器中都要实现故障诊断、冗余切换和传感器信息诊断功能。

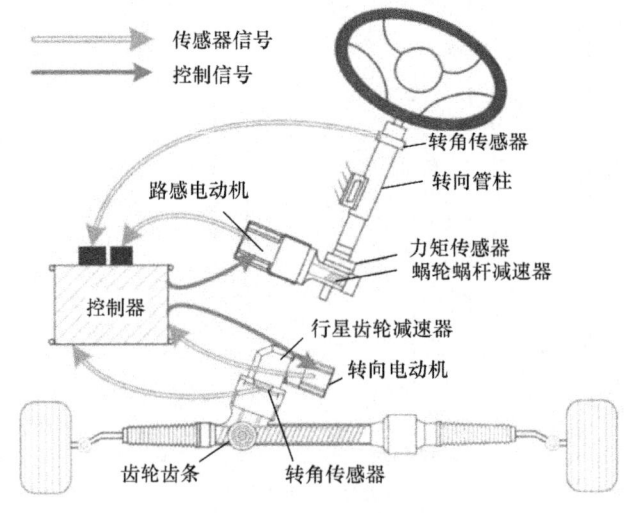

图7-78 线控转向系统组成

线控转向系统的设计需要在舒适性、安全性以及成本上均衡，从而提出多种系统构型。典型构型可以根据是否有机械备份、转向执行电动机的数量、路感反馈作动器的选择、转向轮的布置和电动机的绕组数量进行分类。机械备份是采用电磁离合器实现的，主要有两个功能，一是安全冗余的功能，二是转向盘零位对正的功能。为了提高转向的功能安全级别，目前有两种提高转向电动机安全性的方法，第一种利用双电动机转向器替换当前的单电动机转向器,另一种方法是增加单电动机的绕组数,利用六相永磁同步电动机替换当前的三相永磁同步电动机。

7.7.2 路感反馈控制策略

路感反馈控制策略分为反馈力矩计算和主动回正两个部分。反馈力矩计算分为路感反馈力矩计算和力矩控制两层;主动回正包括回正逻辑判断和回正过程控制。

1. 反馈力矩计算

路感反馈控制的目的是让驾驶人转向操纵轻松且稳定,同时让驾驶人感受到车辆的行驶状态和路面情况,以便于驾驶人做出更佳的转向策略。线控转向路感反馈需要一定的保真模型以保证转向的真实性和舒适性。得益于电力电子技术的发展,电动机的响应带宽和控制精度大大提高,使得模拟出上述的路感是完全可行的。路感反馈控制策略可以分为两层,第一层是路感反馈力矩计算,第二层是路感反馈作动器闭环控制。电动机电流闭环控制的方案相对成熟,路感反馈力矩计算一直是研究的重点。路感反馈力矩计算需要多方面的考虑,如信号计算的实时性、快速性、降低手感波动和反映真实路况等。路感反馈力矩由3个部分组成,分别是理想路感反馈力矩、机械系统补偿力矩和主动回正力矩。理想路感反馈力矩计算方法主要包括4种。

第1种是传感器测量的方法,通过传感器测量齿条力的大小,齿条力同时反映出路面条件、回正力矩以及轮胎特性等信息,从而保证路感的真实性,然而力传感器的价格昂贵,转向系统的成本增加。

第2种是参数拟合的方法,有直接构建反馈力矩关于转向盘转角或者是转向盘转角和转向盘转速的 MAP 图,常常用于驾驶模拟器等简单的应用场景。也可以选取车速信号和转向盘转角信号两个参数,定义反馈力矩和转向盘转角存在可变刚度,同时把反馈力矩设计成车速的多项式函数,形成反馈力矩关于车速和转向盘角度的 MAP 图,满足转向低速轻便性和高速稳定性的要求。反馈力矩计算还可以模块化,由主要反馈力矩,摩擦力矩,阻尼力矩,惯量力矩以及主动回正力矩组成:主要反馈力矩由齿条力、车速信号和转向模式得到,其中转向模式分为舒适模式、运动模式以及正常模式;摩擦力矩,阻尼力矩,惯量力矩和主动回正力矩由转向系统的转向盘转角转速以及驾驶人力矩得到,这种分模块叠加得到反馈力矩的方法,有利于对手感的调节。参数拟合的方法计算简单,实时性高,但缺乏路面信息和真实工况的反馈。

第3种是车辆动力学计算法,通过获取车辆运动状态信息,计算得到反馈力矩。部分学者研究了估算轮胎回正力矩及设计助力系数,计算得到反馈力矩的方法。估算回正力矩主要存在两类方法,第1类通过质心侧偏角估计,结合车辆横摆角速度、车速和转向盘转角信号得到轮胎侧偏角,利用经验轮胎模型得到轮胎回正力矩;第2类是通过多体动力学软件与 MATLAB/Simulink 联合建模,利用悬架和轮胎的弹性动力学计算得到轮胎回正力矩,再结合转向系统的动力学模型计算出反馈力矩。

第4种是齿条力估计法,采用齿条力估计法有两个原因,单纯由车速信号和转向盘转角信号或者是车辆状态信息得到的反馈力矩,驾驶人无法从手感中判断路面信息,甚至是碰到减速带和路缘,驾驶人也无法做出正确的判断;另外力传感器的成本较高,采用电流传感器和齿条位置传感器成本较低,用转向执行电动机电流和齿条位置估算齿条力可以达到齿条力观测精度和快速性需求,然后结合电动助力转向的助力策略计算出反馈力矩。齿条力估计法可以反映真实路面,实时性较好。

2. 路感评价

转向路感客观评价一直是重要的挑战,有学者将转向过程分为驾驶人主导的转向阶段和车辆主导的转向阶段。对应上述两个转向阶段,设置了4个准则。前两个准则设定在驾驶人主导转向阶段,反馈力矩应在驾驶人打算转弯时告知驾驶人线控系统被激活;当驾驶人进入稳定的弯道转向,反馈力矩应当告知驾驶人转向过程完成;第3个准则产生于车辆主导转向的过程,反馈力矩应始终如一地引导驾驶人返回直线行驶状态;最后的准则设定转向的所有过程,即反馈力矩在任何驾驶条件下,不能影响驾驶人的转向操纵感。除了上述相对定性的客观评价,定量的客观评价包括转向灵敏度、回正能力、中心位置感觉,转向力矩线性度和最大转向力矩。

路感反馈作动器扭矩控制的评价标准是反馈力矩的跟随性及路感模拟子系统的鲁棒性。为了提高反馈力矩的跟随性,主要有开环控制和闭环控制两种方法,如图7-79所示。开环控制利用转向盘转角和转矩信号产生前馈补偿力矩,用以补偿机械系统固有摩擦力矩、阻尼力矩和转动过程引起的惯量力矩。闭环控制系统的设计要更加复杂,转向力矩传感器比较灵敏,作为反馈容易使转向系统振荡。转矩闭环的控制方法多采用比例积分控制方法,结合前馈控制实现更好的控制效果;也有采用滑模控制方法实现期望转矩跟踪。

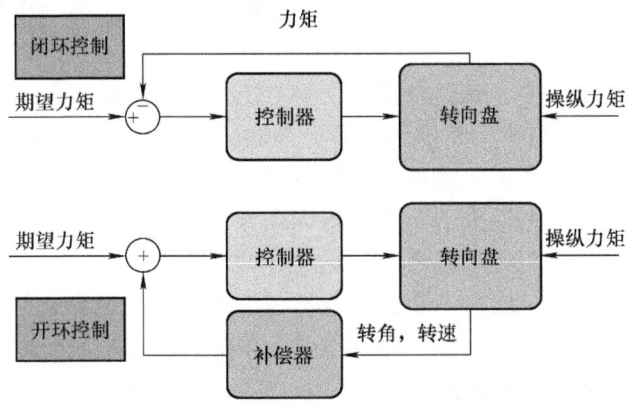

图7-79 反馈力矩闭环与开环控制

转矩闭环系统由两个环路组成,一个是执行器转矩闭环,另一个是驾驶人决策闭环。有研究者考虑驾驶人的神经肌肉力学,建立基于肌肉力学模型的驾驶人模型,设计出符合人因工程学的反馈手感。在线控转向系统中,转向盘转角和转向盘转矩是解耦的,定义转向盘转矩到转向盘转角的传递函数为输入阻抗,可以利用输入阻抗的相频特性和幅频特性进一步判断反馈力矩的稳定性和品质。

3. 主动回正逻辑设计

主动回正逻辑如图7-80所示,车辆低速行驶时,反馈力矩小,车辆趋于回正不足;在高速行驶时,车辆横摆阻尼减小,车辆趋于回正超调。

转向系统具备回正功能,可以减少驾驶人的转向负荷,回正功能包括回正逻辑判断和回正过程控制。回正逻辑判断要求准确、滞后小,回正判断条件包括驾驶人操纵力矩变化、转

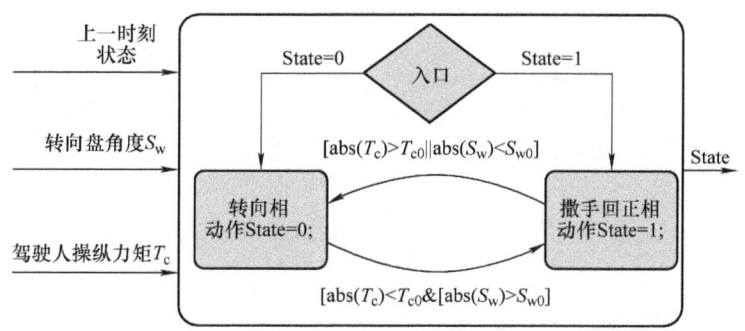

图 7-80 主动回正逻辑切换

向盘转角大小及转向方向。回正过程要求平顺、快速，高速行驶不能回正超调，低速行驶避免回正不足。在改善车辆的回正性能下，确保不影响驾驶人操纵手感。有研究者采用扩展卡尔曼滤波（Extended Kalman Filter）对车辆的附着系数进行实时估计，从而根据路面附着情况精细地调节回正电流，进行回正控制。

7.7.3 转向执行控制策略

1. 位置伺服控制

转向执行控制器转角指令来自驾驶人和车辆稳定性控制器，驾驶人转动转向盘实现循迹的目标，车辆稳定性控制器为实现可变传动比和主动前轮转向的功能，修正驾驶人的转角指令。然后转向执行控制器控制转向作动器实现转角伺服的功能。乘用车转向作动器可选用直流电动机、直流无刷电动机或永磁同步电动机。

永磁同步电动机的功率密度高、转矩波动小及输出转矩大，逐渐成为转向执行器的第一选择，为满足所有工况，转向电动机的功率需在 500~1000W。位置跟踪控制是相对成熟的技术，但车辆是高速运动物体，情况复杂，导致转向负载变化较大，位置跟踪控制器需有较高的鲁棒性及自适应能力。常见的控制方法仍然是比例 - 积分 - 微分控制（Proportional - Integral - Derivative Control，PID），为了提高位置跟踪的精度和快速性，部分研究者在 PID 控制的基础上引入负载观测器。位置跟踪控制通常包括位置 - 转速 - 电流三环。如图 7-81 所示，其中基于模型的智能控制方法为降低反馈增益及减小外部模型的干扰，增加负载观测器充当前馈通道。观测器的设计可采用鲁棒观测器、滑模观测器、卡尔曼滤波、扩展卡尔曼滤波以及最常用的低通和高通滤波方法。

2. 双电机协同控制

在线控转向系统中，转向盘与轮胎之间没有机械连接，传感器和作动器发生错误可能会导致转向失败。有些研究者采用双电动机框架来提高转向系统的安全性。双电动机转向系统，可以在单点故障时继续维持转向系统；另外双电动机协同工作可以提供更大的转矩，可以用于轻型商用车。双电动机的控制策略分为两种，第一种是主从控制（master - slave）的形式，当主电动机失效，从电动机可以快速准确地接管，电动机干预时间远小于驾驶人反应时间，对驾驶人的操纵感觉影响较小；第二种是双电动机协同控制，协同控制的难点是速度同步。利用两执行电动机的速度偏差得到偏差电流叠加到双电动机执行器上，从而实现良好的速度同步效果。双电动机的控制逻辑如图 7-82 所示。

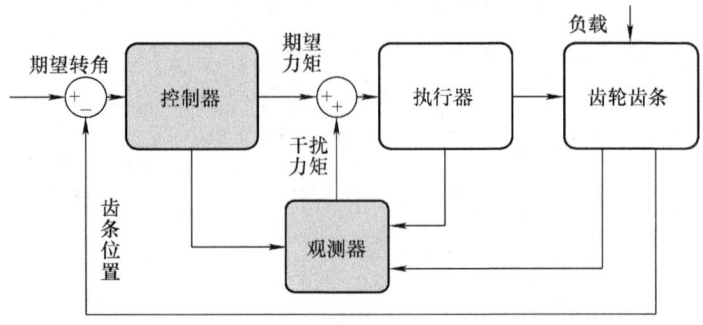

图 7-81　基于观测器的转角闭环控制

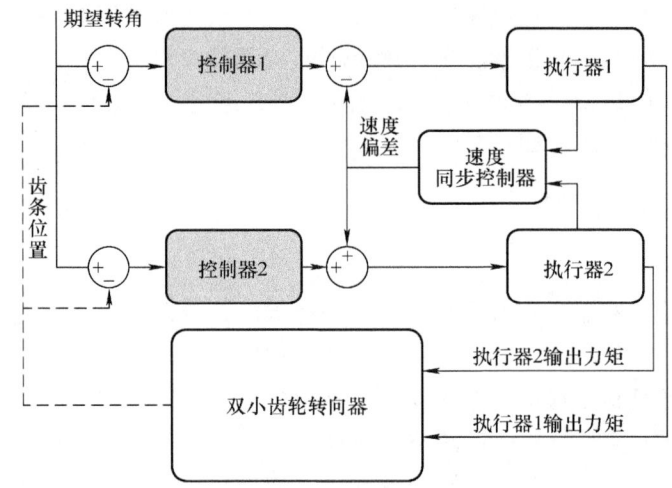

图 7-82　双电机协同控制

转角执行跟踪的评价方法主要有时域和频域两种评价方法。在时域上，包括稳态误差、最大转角速度、上升时间等参数。在频域上，包括带宽、剪切频率、稳定裕度以及稳态幅值增益等参数。

7.7.4　主动前轮转向控制策略

在电动助力转向中，转向盘和前轮之间存在机械连接，主动转向控制和驾驶人的转向操纵之间存在干扰；在线控转向中，驾驶人转向操纵与前轮转向分开，易于实现主动前轮转向的功能。相对于直接横摆力矩控制，主动前轮转向可以在不影响纵向运动的同时改变侧向和横摆运动，从而提高驾驶舒适性。主动前轮转向是基于驾驶人意图的提前主动控制策略，如在对开路面制动，可以减小制动距离、减小侧向距离偏移、减小横摆角残留及降低驾驶人的操作负担。主动前轮转向可以用于优化轮胎侧向力，以保证在紧急转向中提供更多轮胎附着力可以用于纵向运动控制，从而提高车辆在紧急工况下的稳定性。主动前轮转向主要存在于紧急工况，体现于瞬态过程。为了提高正常工况的操纵性，可变传动比也是一种重要的转向策略。

1. 可变传动比

当车辆转向系统的传动比几乎是固定值时，在车辆低速行驶时，较大的转向盘角度会增加驾驶人的工作量，特别是在转向角变化较大的操纵（如泊车）情况下；在高速行驶时，相对较小的转向角输入会产生较大的侧向加速度，而较大的侧向加速度增益需要驾驶人进行更为细致的转向操作，以维持车辆的稳定性。在线控转向系统中，转向系统的传动比被设计随车速变化，可以提高车辆在低速和高速行驶下的操纵性。可变传动比的设计要参考转向盘转角大小，在恒定行驶车速下，横摆角速度增益随着转向盘转角的增大而减小，会降低转弯时的操纵性，从而传动比的设计也要随转向盘转角动态变化。图 7-83 为可变传动比的 MAP 图。

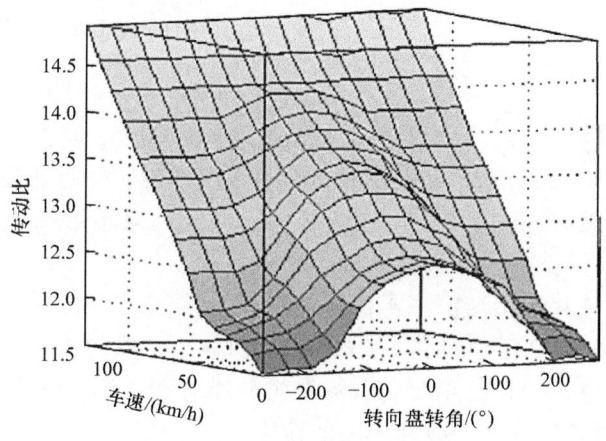

图 7-83　可变传动比 MAP 图

2. 车辆稳定性控制

车辆稳定性控制分为三步：参考模型的选取、被控参数的选取以及控制方法。参考模型的选取主要是线性二自由度模型，为了提高参考模型考虑到轮胎非线性的真实性，有学者提出基于经验轮胎模型的非线性二自由度模型和多自由度非线性模型。为了提高被控参数跟踪的平顺性，在参考模型输出后加上一阶惯性或者二阶阻尼环节。被控参数选取一般为横摆角速度，质心侧偏角和侧向加速度。为了应对复杂行驶工况、参数时变及被控对象的不确定性，越来越多的控制方法用于侧向稳定性控制中。

第8章 制动系统设计

8.1 概述

制动系是能够直接影响汽车行驶安全性的系统之一。如今，对汽车制动系统的性能要求有逐步提高的趋势。行车、驻车、应急和辅助制动是汽车的四种制动装置。

1）行车制动装置能够在汽车正常行驶中根据驾驶人的意愿给汽车以必要的减速度，直至停车。驾驶人能够在行驶中用脚来操纵行车制动装置。

2）驻车制动装置主要作用是使汽车在原地可靠地停住，特别是在坡道上。为了能够长期提供稳定的驻车制动力，驻车制动装置一般采用机械驱动机构。

3）应急制动装置，主要在行车制动装置发生故障时起作用，保证汽车还具有一定的制动能力。驻车制动装置也可以起到应急制动的作用。

4）辅助制动装置，一般用来在汽车下长坡时防止车速过快、保持稳定车速使用，并且可以减轻行车制动装置的负荷。

上述制动装置都由制动器和制动驱动机构组成。

设计制动系时应满足如下主要要求：

1）具有足够的制动效能。一定制动初速度下的制动减速度和制动距离是用来评定行车制动能力的两项指标；汽车在良好路面上能可靠地停驻的最大坡度是用来评定汽车的驻坡能力的标准。详见 QC/T 239—2015《商用车辆行车制动器技术要求及台架试验方法》。

2）工作可靠。行车制动装置至少有两套独立的驱动制动器的管路，当其中一套管路失效时，另一套完好的管路应保证汽车制动能力不低于没有失效时规定值的30%。

3）在任何行驶状态下制动时，汽车都不应该丧失操纵性和方向稳定性。有关方向稳定性的评价标准，详见 QC/T 239—2015。

4）防止水和污泥等杂质进入制动器的工作面。

5）制动能力的热稳定性良好。具体要求详见 QC/T 564—2008《乘用车制动器性能要求及台架试验方法》。

6）操纵轻便，并具有良好的随动性。

7）制动时，制动系统所发出的噪声应该尽可能的微小，同时应该尽可能降低对人体有害的石棉纤维等物质的散发。

8）制动反应时间应尽可能短。制动反应时间以制动踏板开始动作至达到给定的制动效能所需的时间来评价。

9）摩擦衬片（块）应该有符合标准的使用寿命。

10）应设置自动调整间隙机构来消除摩擦副因磨损而产生的间隙。

11）当制动驱动装置的任何元件发生故障并使其基本功能遭到破坏时，汽车制动系应有驾驶人能注意到的报警提示。

8.2 制动器的结构方案分析

制动器主要有摩擦式、液力式和电磁式等几种形式。电磁式制动器有作用反应时间短、易于连接而且接头可靠等优点，但缺点是成本较高，所以一般只作为车轮制动器或缓速器在一部分总质量较大的商用车上使用；液力式制动器一般只用作缓速器。摩擦式制动器目前被广泛使用。摩擦式制动器按摩擦副结构形式的不同，可分为鼓式、盘式和带式三种。带式制动器只用作中央制动器；鼓式和盘式制动器的结构形式有多种，如图8-1所示。

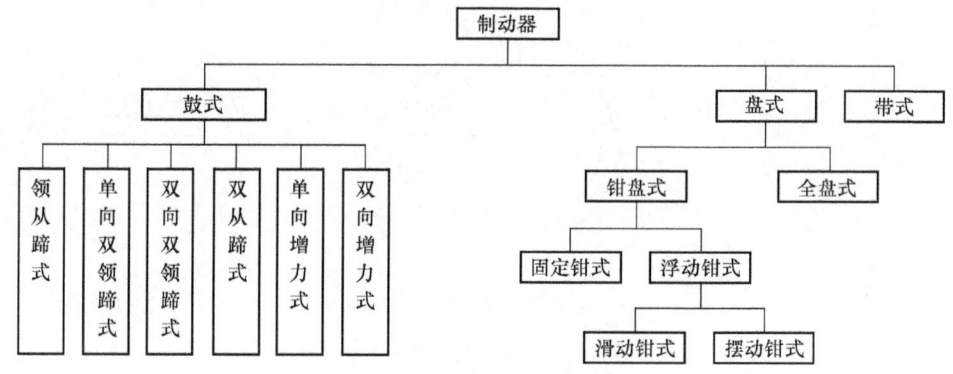

图 8-1 摩擦式制动器分类

8.2.1 鼓式制动器

鼓式制动器的各种结构形式如图8-2a～f所示。

不同形式鼓式制动器的主要区别有：①蹄片固定支点的数量和位置；②张开装置的形式与数量；③制动时两块蹄片之间有无相互作用。

因蹄片的固定支点和张开力位置不同，使不同形式鼓式制动器的领、从蹄数量有差别，并使制动效能不一样。

制动器在单位输入压力的作用下所输出的力或力矩，被称为制动器效能。在评比不同形式制动器的效能时，常用一种无因次指标称为制动器效能因数。制动器效能因数的定义为：在制动鼓或制动盘的作用半径 R 上所得到的摩擦力（M_μ/R）与输入力 F_0 之比，即

$$K = \frac{M_\mu}{F_0 R}$$

式中，K 为制动器效能因数；M_μ 为制动器输出的制动力矩。

制动器效能的稳定性是指其效能因数 K 对摩擦因数 f 的敏感性（dK/df）。使用中 f 与温度和水湿程度有关。制动器的效能稳定性好，即是其效能对 f 的变化敏感性要小。

1. 领从蹄式

领从蹄式制动器的每块蹄片都有自己的固定支点，而且两固定支点位于两蹄的同一端（图8-2a）。张开装置有两种形式，第一种用凸轮或楔块式张开装置（图8-3）。其中，平衡

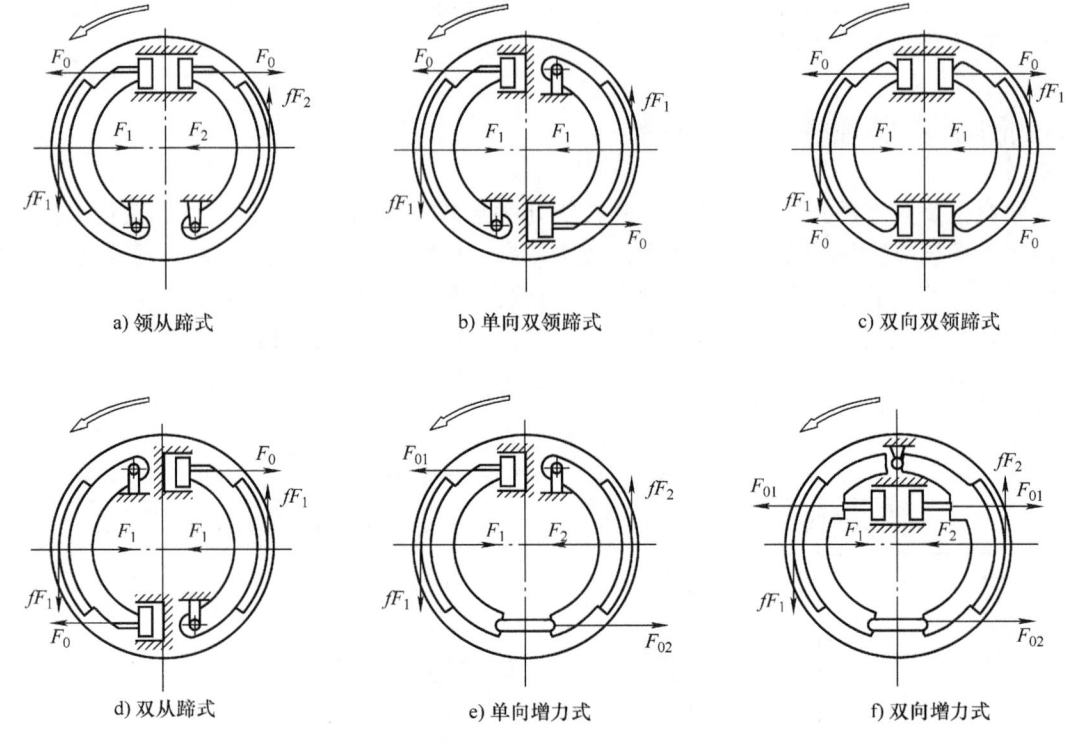

图 8-2 鼓式制动器示意图

凸块式（图 8-3b）和楔块式（图 8-3c）张开装置中的制动凸轮和制动楔块是浮动的，故能保证作用在两蹄上的张开力相等。非平衡式的制动凸轮（图 8-3a）的中心是固定的，所以不能保证作用在两蹄上的张开力相等。第二种用两个活塞直径相等的轮缸（液压驱动），可保证作用在两蹄上的张开力相等。

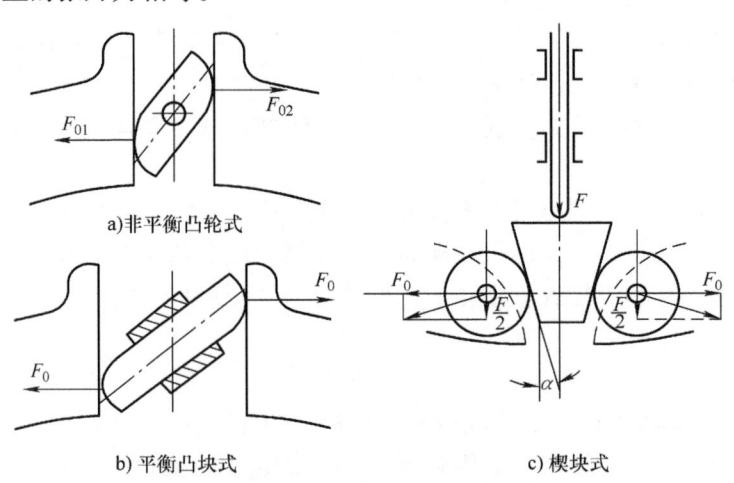

图 8-3 机械式张开装置

领从蹄式制动器的效能和效能稳定性，在各式制动器中处于中游位置；前进、倒退行驶的制动效果不变；结构简单，成本低；便于附装驻车制动驱动机构；易于调整蹄片与制动鼓之间的间隙。但领从蹄式制动器也有两蹄片上的单位压力不等（在两蹄上摩擦衬片面积相同的条件下），导致两蹄衬片磨损不均匀、寿命不同的缺点。此外，因只有一个轮缸，两蹄必须在同驱动回路作用下工作。

领从蹄式制动器在乘用车和总质量较小的商用车的后轮上得到了广泛的应用。

2. 单向双领蹄式

单向双领蹄式制动器的两块蹄片各有自己的固定支点，而且两固定支点位于两蹄的不同端，如图8-2b所示；领蹄的固定端在下方，从蹄的固定端在上方。每块蹄片有各自独立的张开装置，且位于与固定支点相对应的一方。

这种制动器在汽车处于前进状态制动时的制动效能非常高。由于有两个轮缸，故可以用两个各自独立的回路分别驱动两蹄片。除此之外，这种制动器结构还有利于调整蹄片与制动鼓之间的间隙，两蹄片上的单位压力相等从而使其磨损程度相近、寿命相同等优点。单向双领蹄式制动器的制动效能稳定性仅强于增力式制动器。当倒车制动时，由于两蹄片皆为双从蹄，使制动效能明显下降。由于单向双领蹄式制动器结构中多了一个轮缸，与领从蹄式制动器比较，结构略显复杂。

这种制动器适用于前进制动时前轴轴荷及附着力大于后轴的汽车前轮上。因为其具备两个互相成中心对称的轮缸，难以在其上附加驻车制动驱动机构，所以不用于后轮。

3. 双向双领蹄式

双向双领蹄式制动器的结构特点是两蹄片浮动，用各有两个活塞的两轮缸张开蹄片（图8-2c）。

无论是前进或者是倒车制动，这种制动器的两块蹄片始终为领蹄，所以制动效能相当高。由于制动器内设有两个轮缸，所以适用于双回路驱动机构。当一套管路失效后，制动器转变为领从蹄式制动器。除此之外，双向双领蹄式制动器的两蹄片上单位压力相等，因而磨损程度相近，寿命相同。双向双领蹄式制动器因有两个轮缸，故在结构上相较于其他制动器复杂，且蹄片与制动鼓之间的间隙调整困难是它的缺点。

这种制动器得到比较广泛的应用。但如需应用于后轮之上，则需另设中央驻车制动器。

4. 双从蹄式

双从蹄式制动器的两蹄片各有一个固定支点，而且两固定支点位于两蹄片的不同端，并用两蹄片各自活塞的两轮缸产生推力张开蹄片（图8-2d）。

双从蹄式制动器的制动器效能稳定性最好，但因其较低的制动器效能，所以在现今汽车上很少采用。

5. 单向增力式

单向增力式制动器的两蹄片只有一个固定支点，两蹄下端经推杆相互连接成一体，制动器仅有一个轮缸用来产生推力张开蹄片（图8-2e）。

当汽车前进制动时，制动器两蹄片都为领蹄，次领蹄上不存在轮缸张开力，而且由于领蹄上的摩擦力经推杆作用到次领蹄，使得制动器效能比较高，居各种结构形式制动器之首。与双向增力式制动器比较，这种制动器的结构比较简单。因两块蹄片都是领蹄，所以制动器效能稳定性相当差。倒车制动时，两蹄又皆为从蹄，使制动器效能很低。又因为两蹄片上单位压力不等，造成蹄片磨损不均匀、寿命不同。这种制动器只有一个轮缸，故不适合用于双回路驱动机构，另外由于两蹄片下部联动，使调整蹄片间隙变得困难。

单向增力式制动器作为前轮制动器被用于少数总质量不大的商用车。

6. 双向增力式

双向增力式制动器的两蹄片端部有一个制动时不同时使用的共用支点,支点的下方有一轮缸,轮缸内部装有两个活塞用来同时驱动来张开两个制动器蹄片,两蹄片下方经推杆连接成一体(图8-2f)。

双向增力式制动器因两蹄片均为领蹄,所以该制动器的效能稳定性比较差。除此之外,两蹄片上单位压力不等,以至于两蹄片的磨损不均匀,寿命不同。调整磨损间隙的难度与单向增力式一样都比较困难。因为只有一个轮缸,故此类制动器不适合用于有些双回路驱动机构。基本尺寸比例相同的各式鼓式制动器效能因数与摩擦因数的关系曲线,如图8-4所示。

由图8-4可见,制动器的效能因数由高至低的顺序为:双向增力式制动器、双领蹄式制动器、领从蹄式制动器和双从蹄式制动器。制动器效能稳定性排序则恰好与上述情况相反。

另外应当指出,鼓式制动器的效能并非单纯取决于根据制动器的结构参数和摩擦因数计算出来的制动器效能因数值,而且还受蹄与鼓接触部位的影响。蹄与鼓仅在蹄的中部接触时,输出的制动力矩就小,而在蹄的端部和根部接触时输出的制动力矩就较大。制动器的效能因数越高,制动效能受蹄与鼓的接触情况的影响也越大,故对蹄与鼓的接触情况的正确调整对高性能制动器尤为重要。

应该指出,双领蹄式和双从蹄式制动器,由于结构的中心对称性,两蹄对制动鼓的法向压力和单位面积摩擦力的分布也是中心对称的,因而两蹄对鼓作用的合力恰好平衡,故双领蹄式和双从蹄式制动器都属于平衡式制动器。其余各种鼓式制动器都不能保证这种平衡,因而是非平衡式的。非平衡式制动器将对轮毂轴承造成附加径向载荷,而且领蹄(或次领蹄)摩擦衬片表面单位压力大于从蹄(或主领蹄),磨损较严重。为使磨损均匀,可在设计上采取一些额外的结构措施,使各蹄的单位压力趋于一致,从而使磨损趋于一致。

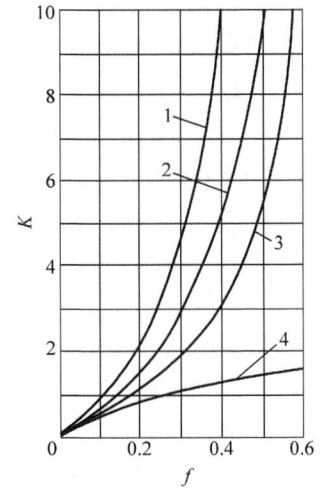

图8-4 鼓式制动器效能因数与摩擦因数的关系
1—双向增力式 2—双领蹄式
3—领从蹄式 4—双从蹄式

双领蹄式和双向双领蹄式制动器中都具有两个轮缸,适用于双回路制动系统。但是,双回路系统轮缸、管路、管接头等零件多、造价高,而且更易发生泄漏等故障。

领从蹄式制动器在汽车前进、倒车行驶时,其制动器效能及稳定性都表现得较为适中,还具有结构简单、造价较低、便于附装驻车制动驱动机构等特点,是目前仍然广泛用于重型货车的前、后轮以及一些轿车后轮的制动器。

增力式制动器次领蹄的制动力矩通常为主领蹄的2~3倍,整个制动器的效能因数很高。即使在制动驱动机构中不采用伺服装置,也可以通过施加较小的制动踏板力而获得很大的制动力矩。但是,其制动效能的稳定性比较差。为了改善其制动效能的稳定性,需要采用摩擦系数比较稳定的摩擦衬片。双向增力式制动器曾经在美国、澳大利亚等国的大型轿车中用得较多。

驻车制动要求制动器的正、反向效能都较高。驻车制动器在不用于紧急制动时不会产生高温，所以热衰退问题并不突出。因此，目前汽车的中央制动器广泛采用双向增力式制动器，这也是一些汽车采用双向增力式后制动器的原因之一。

8.2.2 盘式制动器

按摩擦副中固定元件的结构不同，盘式制动器分为钳盘式和全盘式两类。

钳盘式制动器（图 8-5）使用制动块作为固定摩擦元件，装在与车轴连接且不能绕车轴轴线旋转的制动钳中。制动衬块与制动盘接触面很小，故这种盘式制动器又称为点盘式制动器。

全盘式制动器中摩擦副的旋转元件及固定元件均为圆盘形，制动时各盘摩擦表面全部接触，作用原理如同离合器，故又称离合器式制动器。全盘式制动器中用得较多的是多片全盘式制动器。多片全盘式制动器既可用作车轮制动器，也可用作缓行器。

钳盘式制动器按制动钳的结构不同，分为以下几种。

1. 固定钳式

如图 8-5a 所示，制动钳固定不动，制动盘两侧均有液压缸。制动时仅两侧液压缸中的制动块向盘面移动。这种形式也称为对置活塞式或浮动活塞式。

2. 滑动钳式

1）滑动钳式制动器如图 8-5b 所示，制动钳可以相对于制动盘做轴向滑动，其中只在制动盘的内侧置有液压缸，外侧的制动块固装在钳体上。当车辆制动时，活塞在液压作用下使活动的制动块被压靠到制动盘上，而反作用力则推动制动钳体连同固定制动块被压向制动盘的另一侧，直到两制动块受力均等为止。

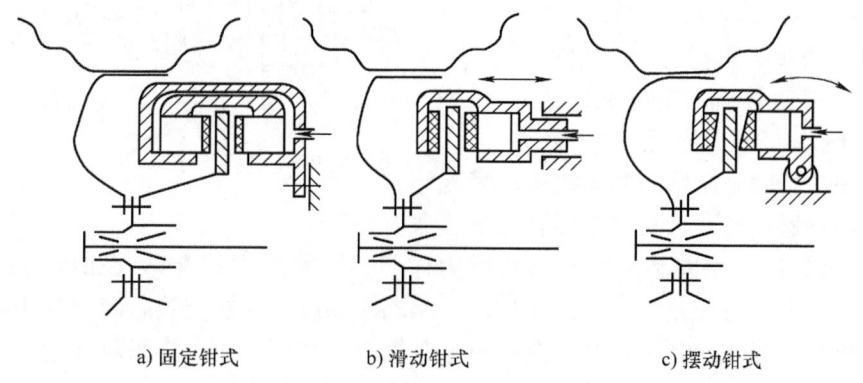

a) 固定钳式　　　b) 滑动钳式　　　c) 摆动钳式

图 8-5　钳盘式制动器示意图

2）摆动钳式制动器如图 8-5c 所示，它同样也是单侧液压缸结构，制动钳体与固定于车轴上的支座铰接。钳体在与制动盘垂直的平面内摆动从而实现制动。显然，这种制动方式下制动块不可能全面而均匀地磨损。为此，有必要将衬块的形状预先做成楔形（摩擦面对背面的倾斜角为6°左右）。在使用过程中，当衬块逐渐磨损到各处残存厚度均匀（一般为1mm左右）后应该立即更换。

固定钳式制动器的优点有：整个制动器结构中除活塞和制动块以外无其他滑动件，易于保证制动钳的刚度；整体结构及制造工艺与一般的制动轮缸相差不多；容易实现从鼓式到盘式的改型；能适应不同回路驱动系统的要求（可采用三或四液压缸结构）。固定钳式制动的缺点有：由于必须用跨越制动盘的内部油道或外部油管来连通，从而使制动器的径向和轴向尺寸增大，增加了在汽车上的布置难度；同时也增加了制动器的受热机会，容易使制动液温度过高而汽化；固定钳式制动器要兼作驻车制动器，必须在主制动钳上另外附装一套供驻车制动用的辅助制动钳，或是采用如图 8-6 所示的盘鼓结合式后轮制动器。辅助制动钳结构比较简单、摩擦衬块面积小。盘鼓结合式制动器中，鼓式制动器直径尺寸较小，常采用双向增力式鼓式制动器。与辅助制动钳式比较，它能产生可靠的驻车制动力矩。

浮动钳式制动器的优点有：仅在盘的内侧有液压缸，故轴向尺寸小，制动器能更进一步靠近轮毂；没有跨越制动盘的油道或油管，同时液压缸冷却条件好，使得制动液汽化的可能性小；成本低；浮动钳的制动块可兼用于驻车制动。

制动钳的安装位置可以在车轴之前或之后。由图 8-7 可见，制动钳位于轴后，能使车辆制动时轮毂轴承的合成载荷 F 减小；制动钳位于轴前，则可避免汽车在行驶时轮胎向制动钳内甩溅泥污。

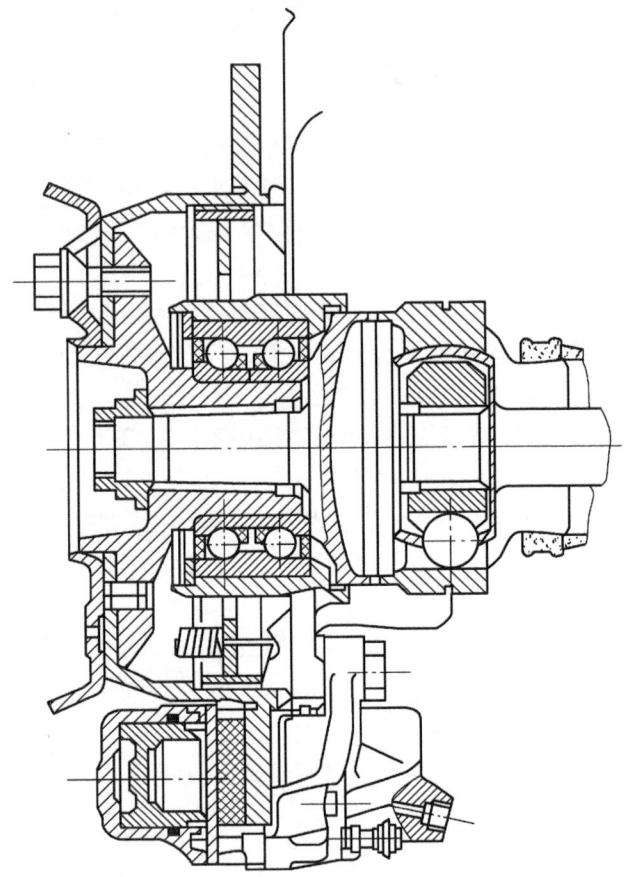

图 8-6 盘鼓结合式后轮制动器

与鼓式制动器比较，盘式制动器有如下优点：

1) 热稳定性好。原因是其没有自行增力作用，即摩擦力不会增大摩擦面之间的压紧力；衬块表面压力分布较鼓式的衬片更均匀。制动鼓和制动片在受热后制动效能降低，这种现象被称为机械衰退。而制动盘在轴向的热膨胀极小，并且径向热膨胀对性能无影响，所以几乎没有机械衰退。

2) 水稳定性好。制动块对制动盘的单位压力高，容易把水挤出，因而浸水后性能降低不多。又由于离心力的作用，出水后只需要经过一两次制动即能恢复正常。而鼓式制动器则需经十余次制动才能恢复正常。

3) 制动力矩与汽车行驶方向无关。一些鼓式制动器的制动力矩与行驶方向有关，例如双领蹄式制动器，当汽车倒车行驶时，该制动器的两个蹄都变成了从蹄，从而使得制动力矩减小。

4) 易于构成双回路制动系。例如，在每个制动器中布置两对制动块，各由一套单独的制动管路驱动。

5) 制动盘的热膨胀不会造成制动踏板的行程损失。而制动鼓需要采用比较复杂的间隙

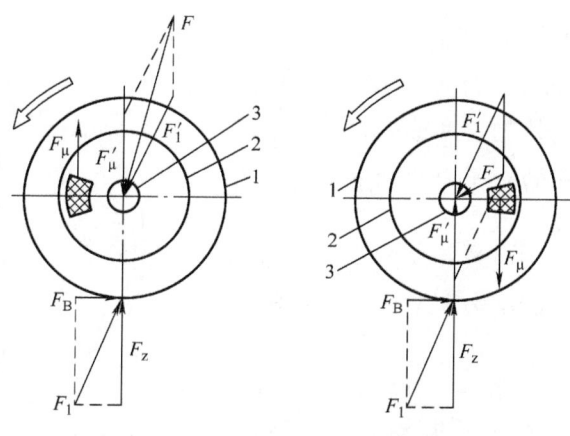

a) 制动钳位于轴前　　　b) 制动钳位于轴后

图 8-7　制动时车轮、制动盘及轮毂轴承受力示意图
1—车轮　2—制动盘　3—轮毂

F_z—路面法向反力　F_B—制动力　F_1、F_1'—F_B 与 F_z 的合力及相应的支反力
F_μ、F_μ'—制动衬块对制动盘摩擦力及相应的支反力　F—轮毂轴承的合成载荷

自动调整机构来补偿制动踏板的损失。

6）衬块比制动蹄上的摩擦衬片更容易更换，一般保养作业比较简单。

7）衬块与制动盘之间的间隙小（0.05～0.15mm），有助于缩短制动协调时间。

盘式制动器的主要缺点是：

1）难以完全防止尘污和锈蚀（封闭的多片全盘式制动器除外）。

2）兼作驻车制动器时，所需附加的手驱动机构比较复杂。

3）在制动驱动机构中必须装用助力器。

4）因为衬块工作面积小，所以磨损快，使用寿命低，需用高材质的衬块。

8.3　制动器主要参数的确定

8.3.1　鼓式制动器主要参数的确定

1. 制动鼓内径 D

输入力 F_0 一定时，制动鼓内径越大，制动力矩越大，且散热能力也越强。但制动鼓内径 D 的增大（图 8-8）受轮辋内径限制。为了不使制动鼓散热条件太差，同时不让轮辋受热后可能粘住内胎或烤坏气门嘴，制动鼓与轮辋之间应该保证有足够的间隙，通常要求该间隙不小于 20mm。制动鼓应有足够的壁厚，用来保证有较大的刚度和热容量，以减少汽车制动时制动鼓的温升。制动鼓的直径越小，刚度就越大，并有利于保证制动鼓的加工精度。

制动鼓直径与轮辋直径之比 D/D_r 的范围如下：

乘用车 $D/D_r = 0.64～0.74$；商用车 $D/D_r = 0.70～0.83$。

2. 摩擦衬片宽度 b 和包角 β

摩擦衬片的使用寿命和摩擦衬片宽度尺寸 b 的选取有相关影响。若衬片宽度的尺寸取得窄些，则会使衬片的磨损速度快且衬片寿命短；若衬片的宽度尺寸取宽些，则会使衬片的整体质量变大，不易加工，并且增加了成本。

制动鼓半径 R 确定后，衬片的摩擦面积为 $A_p = R\beta b$。制动器各蹄衬片的总摩擦面积 $\sum A_p$ 越大，制动时所受单位面积的正压力和能量负荷就越小，从而使磨损特性越好。

根据国外统计资料分析，单个车轮鼓式制动器的衬片面积随汽车总质量的增大而增大，具体数据见表 8-1。

试验表明，摩擦衬片包角 $\beta = 90° \sim 100°$ 时，磨损最小，制动鼓温度最低，且制动效能最高。β 角减小虽然有利于散热，但单位压力过高将加速磨损。实际上包角两端处的单位压力最小，因此过分

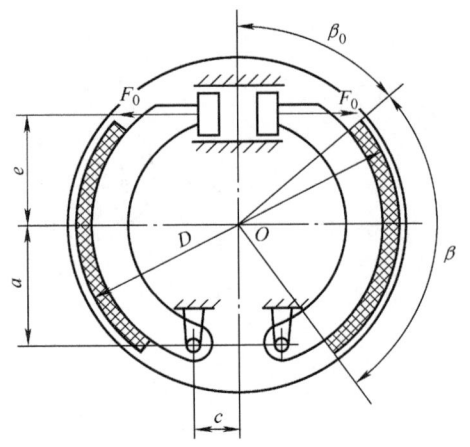

图 8-8 鼓式制动器主要几何参数

延伸衬片的两端以加大包角，对减小单位压力的作用不大，而且将使制动作用不平顺，容易使制动器发生自锁。因此，包角一般不宜大于 120°。

衬片宽度 b 较大可以减少磨损，但过大将不易保证与制动鼓全面接触。

表 8-1 衬片摩擦面积

汽车类别	汽车总质量 m_a/t	单个制动器总的衬片摩擦面积 A_p/cm²
乘用车	0.9 ~ 1.5	100 ~ 200
	1.5 ~ 2.5	200 ~ 300
商用车	1.0 ~ 1.5	120 ~ 200
	1.5 ~ 2.5	150 ~ 250（多为 150 ~ 200）
	2.5 ~ 3.5	250 ~ 400
	3.5 ~ 7.0	300 ~ 650
	7.0 ~ 12.0	550 ~ 1000
	12.0 ~ 17.0	600 ~ 1500（多为 600 ~ 1200）

3. 摩擦衬片起始角 β_0

一般将衬片布置在制动蹄的中央，即令 $\beta_0 = 90° - \beta/2$。有时会将衬片相对于最大压力点对称布置来改善磨损均匀性和制动效能，来适应单位压力的不同分布情况。

4. 制动器中心到张开力 F_0 作用线的距离 e

在保证轮缸或制动凸轮能够布置于制动鼓内的条件下，应使距离 e（图 8-8）尽可能大，以提高制动效能。初步设计时可暂定 $e = 0.8R$ 左右。

5. 制动蹄支承点位置坐标 a 和 c

应在保证两蹄支承端毛面不致互相干涉的前提下，使 a 尽可能大而 c 尽可能小（图 8-8）。初步设计时，也可暂定 $a = 0.8R$ 左右。

8.3.2 盘式制动器主要参数的确定

1. 制动盘直径 D

制定盘直径 D 应尽可能取大些，这样能增加制动盘的有效半径，可以减小制动钳的夹紧力，同时降低衬块的单位压力和工作温度。受车轮轮毂直径的限制，制动盘的直径通常选

择为轮辋直径的 70%~79%。汽车总质量大于 2t 时制动盘直径应取上限。

2. 制动盘厚度 h

制动盘质量和工作时的温升与制动盘厚度 h 有关。为了使制动盘的质量小些，制动盘厚度不宜取得很大；而为了减少工作时的温升，制动盘厚度又不宜取得过小。制动盘可以做成实心的，或者为了散热通风需要在制动盘中间铸出通风孔道。一般实心制动盘厚度可取为 10~20mm，通风式制动盘厚度取为 20~50mm，通常设计时采用较多的是 20~30mm。

3. 摩擦衬块外半径 R_2 与内半径 R_1

推荐摩擦衬块外半径 R_2 与内半径 R_1 的比值不大于 1.5。若此比值偏大，工作时衬块的外缘与内侧圆周速度相差较多，磨损不均匀，接触面积减少，最终将导致制动力矩变化大。

4. 制动衬块工作面积 A

应根据汽车质量来确定盘式制动器制动衬块工作面积 A，一般推荐汽车质量与 A 的比值在 1.6~3.5kg/cm² 范围内。

8.4 制动器的设计与计算

8.4.1 鼓式制动器的设计计算

1. 压力沿衬片长度方向的分布规律

由于法向压力的计算与许多因素有关，例如衬片的变形、制动鼓的变形、蹄片的变形、支承的变形等，因此计算其在摩擦衬片上的分布规律是比较困难的。所以在计算时一般只考虑衬片的径向变形这类影响较大的因素，而忽略其他影响较小的因素。

制动蹄分为一个自由度和两个自由度两种。

（1）有两个自由度的紧蹄（增势蹄）的摩擦衬片的径向变形规律

如图 8-9a 所示，将坐标原点选在制动鼓中心 O 点。y_1 坐标轴线通过蹄片的瞬时转动中心 A_1 点和 O 点；x_1 轴线垂直于 y_1 轴线。

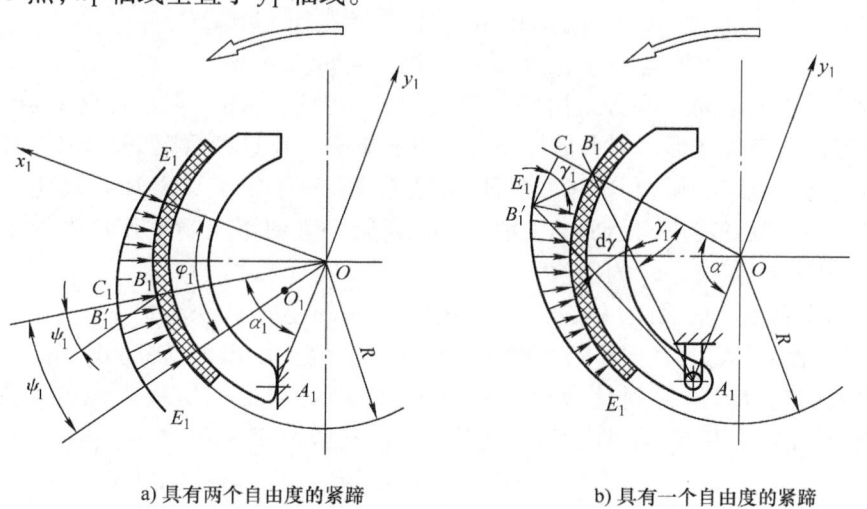

a）具有两个自由度的紧蹄　　　　b）具有一个自由度的紧蹄

图 8-9　计算摩擦衬片径向变形的模型

制动时，由于摩擦衬片变形，蹄片一面绕瞬时转动中心 A_1 转动，同时还顺着摩擦力作用的方向沿支承面移动。如果蹄片不变形，则蹄片中心位于 O_1 点。在制动鼓的约束下，未变形的摩擦衬片的表面轮廓 E_1E_1 线就沿 OO_1 方向移动进入了制动鼓内。摩擦衬片表面上所有点在这个方向上的变形都是一样的，为 OO_1。位于任意半径 OB_1 上的点 B_1 的变形就是 B_1B_1' 线段，所以该处的径向变形 δ_1 为

$$\delta_1 = B_1C_1 \approx B_1B_1'\cos\psi_1 \tag{8-1}$$

式中，近似认为 B_1C_1 垂直于 C_1B_1'。

而且有下述关系：

$$\psi_1 = (\varphi_1 + \alpha_1) - 90° \tag{8-2}$$

$$B_1B_1' = OO_1 = \delta_{1\max} \tag{8-3}$$

把式 (8-2)、式 (8-3) 代入式 (8-1)，得

$$\delta_1 \approx \delta_{1\max}\cos\psi_1 = \delta_{1\max}\sin(\alpha_1 + \varphi_1) \tag{8-4}$$

假定摩擦衬片上各点的压力 p_1 与该点的径向变形 δ_1 成正比，k 是比例系数（蹄片刚度），则

$$p_1 = k\delta_1 = k\delta_{1\max}\sin(\alpha_1 + \varphi_1) = p_{1\max}\sin(\alpha_1 + \varphi_1) \tag{8-5}$$

式中，α_1 是任意半径 OB_1 与 y_1 轴之间的夹角，其在分析中是自变量；ψ_1 是半径 OB_1 与最大变形线 OO_1 之间的夹角；φ_1 是 x_1 轴与最大变形线之间的夹角，其大小取决于沿着支承面的滑动距离和绕 A_1 点的转动角度；$p_{1\max}$ 是最大压力。

$$p_{1\max} = k\delta_{1\max} \tag{8-6}$$

如果假定最大变形方向沿着 y_1 轴的反方向，则 $\varphi_1 = 90°$，分别代入式 (8-4)、式 (8-5)，得

$$\delta_1 \approx \delta_{1\max}\sin(\alpha_1 + 90°) = \delta_{1\max}\cos\alpha_1 \tag{8-7}$$

$$p_1 = p_{1\max}\sin(\alpha_1 + 90°) = p_{1\max}\cos\alpha_1 \tag{8-8}$$

如果假定沿着支承面的滑动可以忽略不计，则两个自由度蹄就变成了具有一个自由度的蹄，这时 OO_1 与 Ox_1 轴重合，$\varphi_1 = 0°$，分别代入式 (8-4)、式 (8-5)，得

$$\delta_1 \approx \delta_{1\max}\sin(\alpha_1 + 0°) = \delta_{1\max}\sin\alpha_1 \tag{8-9}$$

$$p_1 = p_{1\max}\sin(\alpha_1 + 0°) = p_{1\max}\sin\alpha_1 \tag{8-10}$$

如果沿支承面的滑动大部分是由蹄与鼓之间的间隙造成的，则这种滑动是蹄的刚体位移，不会引起蹄的弹性变形，对蹄的压力分布没有影响。在这种情况下，即使有沿支承面的滑动，蹄上的弹性变形、压力分布仍然可以分别用式 (8-9)、式 (8-10) 描述。

如果是松蹄，则蹄将沿支承面向上滑动，但是转动方向不变，O_1 点位于 Ox_1 轴的上方，按照图 8-9a 中的 φ_1 定义，φ_1 为负值。

(2) 有一个自由度的紧蹄（增势蹄）的摩擦衬片的径向变形规律

如图 8-9b 所示，蹄片在张开力和摩擦力作用下，绕支承点 A_1 转动 $d\gamma$ 角。E_1E_1 线是未变形的衬片表面轮廓。摩擦衬片表面任意点 B_1 沿蹄片转动的切线方向的变形就是线段 B_1B_1'，其径向分量是 B_1B_1' 在半径 OB_1 延长线上的投影 B_1C_1。由于 $d\gamma$ 很小，可以认为

$$B_1B_1' = A_1B_1 d\gamma \tag{8-11}$$

所以，衬片在 B_1 点的径向变形为

$$\delta_1 = B_1C_1 = B_1B_1'\sin\gamma_1 = A_1B_1\sin\gamma_1 d\gamma \tag{8-12}$$

根据正弦定理，有如下关系

$$\frac{A_1B_1}{\sin\alpha} = \frac{OA_1}{\sin\gamma_1} \tag{8-13}$$

$$A_1B_1\sin\gamma_1 = OA_1\sin\alpha \tag{8-14}$$

把式（8-14）代入式（8-12），得

$$\delta_1 = OA_1\sin\alpha d\gamma \tag{8-15}$$

$$p_1 = k\delta_1 = kOA_1\sin\alpha d\gamma$$
$$= (kOA_1 d\gamma)\sin\alpha = p_{1\max}\sin\alpha \tag{8-16}$$

式中，k 是蹄的径向刚度。

综上所述，紧蹄片上各点的压力沿摩擦衬片长度的分布符合正弦曲线规律。由于在以上分析中并没有用到摩擦力，所以公式（8-16）也适用于松蹄。

对比图 8-9a、b 和式（8-10）、式（8-16）可以看出，如果具有两个自由度的紧蹄退化成具有一个自由度的蹄，沿蹄片的压力分布规律与仅具有一个自由度的紧蹄的完全相同，这时图 8-9a 中的角 α_1 与图 8-9b 中的角 α 相当。

2. 计算蹄片上的制动力矩

在此推导在具有一个自由度的蹄片上的制动力矩，如图 8-10 所示。在摩擦衬片表面取一微元面积 $bRd\alpha$（b 是衬片宽度）。在这一微元面积上的法向力为

$$dF_1 = p(bRd\alpha) = p_{\max}\sin\alpha bRd\alpha \tag{8-17}$$

摩擦力 $dF_1 f$ 产生的制动力矩为

$$M_{\mu t1} = \int_{a'}^{a''} dF_1 fR$$
$$= \int_{a'}^{a''} p_{\max}\sin\alpha bRd\alpha fR$$
$$= p_{\max}bR^2 f \int_{a'}^{a''} \sin\alpha d\alpha$$
$$= p_{\max}bR^2 f(\cos\alpha' - \cos\alpha'') \tag{8-18}$$

式中，f 是蹄与鼓之间的摩擦系数。

当法向压力分布均匀，即 $p = p_f = $ 常数时，有

$$M_{\mu t1} = \int_{a'}^{a''} dF_1 fR$$
$$= \int_{a'}^{a''} p_f bRd\alpha fR$$
$$= p_f bR^2 f(\alpha'' - \alpha') \tag{8-19}$$

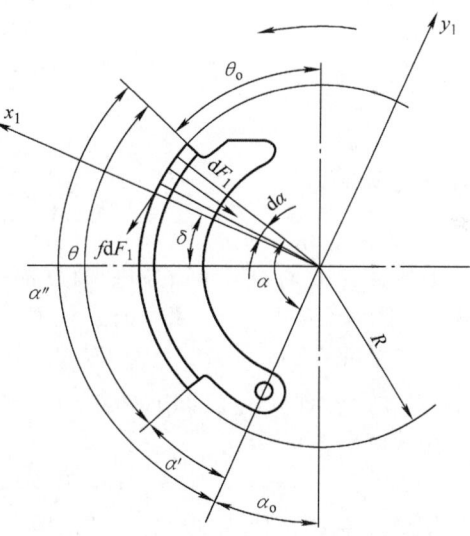

图 8-10 计算紧蹄制动力矩的力学模型

由式（8-18）可得

$$p_{\max} = \frac{M_{\mu t1}}{bR^2 f(\cos\alpha' - \cos\alpha'')} \tag{8-20}$$

由式（8-19）可得

$$p_f = \frac{M_{\mu t1}}{bR^2 f(\alpha'' - \alpha')} \tag{8-21}$$

则不均匀系数 Δ 为

$$\Delta = \frac{p_{\max}}{p_f} = \frac{\alpha'' - \alpha'}{\cos\alpha' - \cos\alpha''} \tag{8-22}$$

由于在以上分析中都没有考虑摩擦力方向的影响，分析结果既适用于紧蹄，也适用于松蹄。

3. 制动力矩与张开力之间的关系

图 8-11 示出计算紧蹄张开力 F_{o1} 的力学模型，其中蹄的合力作用点是 E。紧蹄制动力矩可用下式表达

$$M_{\mu t1} = fF_1 R_1 \tag{8-23}$$

其中，F_1 是紧蹄的法向合力；R_1 是摩擦力 fF_1 的作用半径。

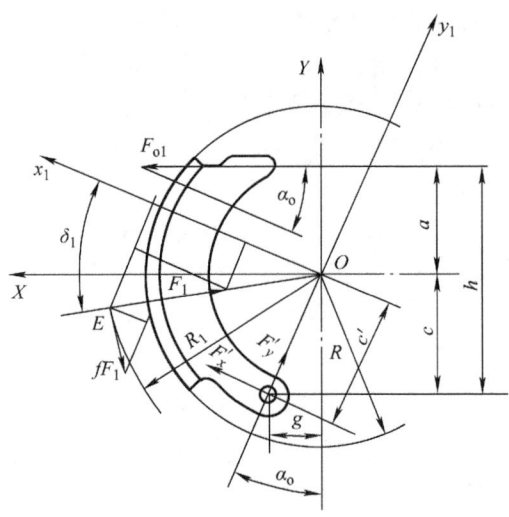

图 8-11 计算紧蹄张开力的模型

分别建立沿 x_1 轴方向的力平衡方程和绕制动鼓中心 O 的力矩平衡方程

$$F_{o1}\cos\alpha_0 + F'_x - F_1\cos\delta_1 - fF_1\sin\delta_1 = 0 \tag{8-24}$$

$$F_{o1}a - F'_x c' + fF_1 R_1 = 0 \tag{8-25}$$

式中，δ_1 是 x_1 轴和 F_1 之间的夹角；F'_x 是支承反力在 x_1 轴上的分力。

由式（8-24）可得

$$F'_x = -F_{o1}\cos\alpha_0 + F_1\cos\delta_1 + fF_1\sin\delta_1 \tag{8-26}$$

把式（8-26）代入式（8-25），得

$$F_{o1}a - (F_1\cos\delta_1 + fF_1\sin\delta_1 - F_{o1}\cos\alpha_0)c' + fF_1 R_1 = 0 \tag{8-27}$$

$$F_1 = \frac{F_{o1}(a + c'\cos\alpha_0)}{c'(\cos\delta_1 + f\sin\delta_1) - fR_1} = \frac{F_{o1}h}{c'(\cos\delta_1 + f\sin\delta_1) - fR_1} \tag{8-28}$$

在紧蹄上的制动力矩为

$$M_{\mu t1} = fF_1 R_1 = \frac{F_{o1}hfR_1}{c'(\cos\delta_1 + f\sin\delta_1) - fR_1} = F_{o1}D_1 \tag{8-29}$$

$$D_1 = \frac{hfR_1}{c'(\cos\delta_1 + f\sin\delta_1) - fR_1} \tag{8-30}$$

紧蹄的效能因数 K_{t1} 为

$$K_{t1} = \frac{M_{\mu+1}}{RF_{o1}} = \frac{F_{o1}D_1}{RF_{o1}} = \frac{D_1}{R} \quad (8-31)$$

$$M_{\mu t1} = F_{o1}D_1 = p_{1\max}bR^2f(\cos\alpha' - \cos\alpha'') \quad (8-32)$$

$$F_{o1} = \frac{p_{1\max}bR^2f(\cos\alpha' - \cos\alpha'')}{D_1} \quad (8-33)$$

$$p_{1\max}bR = \frac{F_{o1}D_1}{Rf(\cos\alpha' - \cos\alpha'')} \quad (8-34)$$

式中，$p_{1\max}$ 是紧蹄上的最大压力。

图 8-12 示出计算松蹄张开力 F_{o2} 的力学模型，其中蹄的合力作用点是 G，只是摩擦合力 fF_2 的方向与紧蹄的相反。松蹄制动力矩可用下式表达：

$$M_{\mu t2} = fF_2R_2 \quad (8-35)$$

式中，F_2 是松蹄的法向合力；R_2 是摩擦合力 fF_2 的作用半径。

分别建立松蹄沿 x_1 轴方向的力平衡方程和绕制动鼓中心 O 的力矩平衡方程：

$$F_{o2}\cos\alpha_0 + F'_x - F_2\cos\delta_2 + fF_2\sin\delta_2 = 0 \quad (8-36)$$

$$F_{o2}a - F'_xc' - fF_2R_2 = 0 \quad (8-37)$$

式中，δ_2 是 x_1 轴和 F_2 之间的夹角；F'_x 是支承反力在 x_1 轴上的分力。

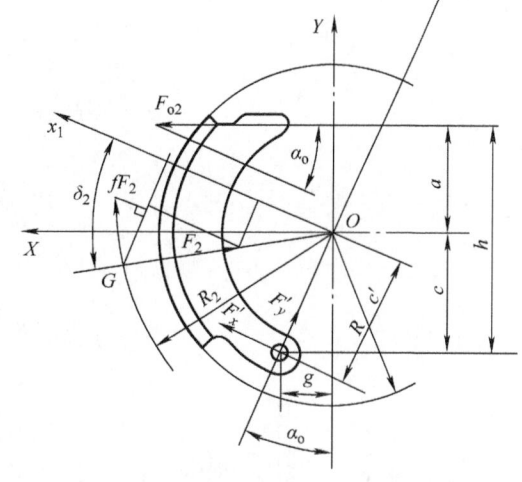

图 8-12 计算松蹄张开力 F_{o2} 的力学模型

从式 (8-36) 可得

$$F'_x = -F_{o2}\cos\alpha_0 + F_2\cos\delta_2 - fF_2\sin\delta_2 \quad (8-38)$$

把式 (8-36) 代入式 (8-37)，得

$$F_{o2}a - (F_2\cos\delta_2 - fF_2\sin\delta_2 - F_{o2}\cos\alpha_0)c' - fF_2R_2 = 0 \quad (8-39)$$

$$F_2 = \frac{F_{o2}(a + c'\cos\alpha_0)}{c'(\cos\delta_2 - f\sin\delta_2) + fR_2}$$

$$= \frac{F_{o2}h}{c'(\cos\delta_2 - f\sin\delta_2) + fR_2} \quad (8-40)$$

在松蹄上的制动力矩为

$$M_{\mu t2} = fF_2R_2 = \frac{F_{o2}hfR_2}{c'(\cos\delta_2 - f\sin\delta_2) + fR_2} = F_{o2}D_2 \quad (8-41)$$

$$D_2 = \frac{hfR_2}{c'(\cos\delta_2 - f\sin\delta_2) + fR_2} \quad (8-42)$$

松蹄的效能因数 K_{t2} 为

$$K_{t2} = \frac{M_{\mu t2}}{RF_{o2}} = \frac{F_{o2}D_2}{RF_{o2}} = \frac{D_2}{R} \quad (8-43)$$

$$M_{\mu t2} = F_{o2}D_2 = p_{2\max}bR^2f(\cos\alpha' - \cos\alpha'') \tag{8-44}$$

$$F_{o2} = \frac{p_{2\max}bR^2f(\cos\alpha' - \cos\alpha'')}{D_2} \tag{8-45}$$

$$p_{2\max}bR = \frac{F_{o2}D_2}{Rf(\cos\alpha' - \cos\alpha'')} \tag{8-46}$$

式中，$p_{2\max}$ 是松蹄上的最大压力。

为了计算 δ_1、δ_2、R_1、R_2 的值，必须求出法向力 F_1、F_2。图 8-10 示出紧蹄的受力情况，在摩擦衬片表面取一微元面积 $bRd\alpha$（b 是衬片宽度），在其上作用着微元法向力 dF_1，它们的合成分量分别是

$$\begin{aligned}
F_{x1} &= \int_{\alpha'}^{\alpha''} dF_1\cos(\alpha - 90°) \\
&= \int_{\alpha'}^{\alpha''} dF_1\sin\alpha \\
&= \int_{\alpha'}^{\alpha''} (p_{1\max}\sin\alpha)bRd\alpha\sin\alpha \\
&= \int_{\alpha'}^{\alpha''} p_{1\max}bR\sin^2\alpha d\alpha \\
&= \int_{\alpha'}^{\alpha''} p_{1\max}bR\frac{1-\cos2\alpha}{2}d\alpha \\
&= \frac{p_{1\max}bR[2(\alpha'' - \alpha') - \sin2\alpha'' + \sin2\alpha']}{4}
\end{aligned} \tag{8-47}$$

注意，此 F_{x1} 沿着 x_1 轴的方向（图 8-10）。

$$\begin{aligned}
F_{y1} &= \int_{\alpha'}^{\alpha''} dF_1\sin(\alpha - 90°) \\
&= -\int_{\alpha'}^{\alpha''} dF_1\cos\alpha \\
&= -\int_{\alpha'}^{\alpha''} (p_{1\max}\sin\alpha)bRd\alpha\cos\alpha \\
&= -\int_{\alpha'}^{\alpha''} p_{1\max}bR\sin\alpha\cos\alpha d\alpha \\
&= -\int_{\alpha'}^{\alpha''} p_{1\max}bR\frac{\sin2\alpha}{2}d\alpha \\
&= p_{1\max}bR\frac{\cos2\alpha'' - \cos2\alpha'}{4}
\end{aligned} \tag{8-48}$$

注意，此 F_{y1} 沿着 y_1 轴的方向。

在式（8-47）、式（8-48）的推导中仅利用了径向压力分布规律。它们既适用于紧蹄，也适用于松蹄，对于松蹄只是需要把 $p_{1\max}$ 换成 $p_{2\max}$，即

$$F_{x2} = \frac{p_{2\max}bR[2(\alpha'' - \alpha') - \sin2\alpha'' + \sin2\alpha']}{4} \tag{8-49}$$

$$F_{y2} = \frac{(\cos2\alpha'' - \cos2\alpha')p_{2\max}bR}{4} \tag{8-50}$$

注意，此 F_{x2} 沿着 x_1 轴的方向（图 8-10）；F_{y2} 沿着 y_1 轴的方向。

如图 8-11 所示，δ_1 是法向合力 F_1 与 x_1 轴的夹角，根据其定义有如下关系：

$$\delta_1 = \arctan\left(\frac{-F_{y1}}{F_{x1}}\right) = \arctan\left[-\frac{\cos2\alpha'' - \cos2\alpha'}{2(\alpha'' - \alpha') - \sin2\alpha'' + \sin2\alpha'}\right] \tag{8-51}$$

式中，δ_1 是法向合力 F_1 与 x_1 轴的夹角，仅取决于 α' 和 α''。

对于松蹄，有

$$\delta_2 = \arctan\left(\frac{-F_{y2}}{F_{x2}}\right) = \arctan\left[-\frac{\cos2\alpha'' - \cos2\alpha'}{2(\alpha'' - \alpha') - \sin2\alpha'' + \sin2\alpha'}\right] \tag{8-52}$$

式中，δ_2 是法向合力 F_2 与 x_1 轴的夹角，仅取决于 α' 和 α''。

对紧蹄，有

$$\begin{aligned}F_1 &= \sqrt{F_{x1}^2 + F_{y1}^2} \\ &= \frac{p_{1\max}bR}{4}\sqrt{[2(\alpha'' - \alpha') - \sin2\alpha'' + \sin2\alpha']^2 + (\cos2\alpha' - \cos2\alpha'')^2}\end{aligned} \tag{8-53}$$

$$M_{\mu t1} = p_{1\max}bR^2 f(\cos\alpha' - \cos\alpha'') = fF_1 R_1 \tag{8-54}$$

$$\begin{aligned}R_1 &= \frac{M_{\mu t1}}{fF_1} \\ &= \frac{p_{1\max}bR^2 f(\cos\alpha' - \cos\alpha'')}{f\dfrac{p_{1\max}bR}{4}\sqrt{[2(\alpha'' - \alpha') - \sin2\alpha'' + \sin2\alpha']^2 + (\cos2\alpha' - \cos2\alpha'')^2}} \\ &= \frac{4R(\cos\alpha' - \cos\alpha'')}{\sqrt{[2(\alpha'' - \alpha') - \sin2\alpha'' + \sin2\alpha']^2 + (\cos2\alpha' - \cos2\alpha'')^2}}\end{aligned} \tag{8-55}$$

即 R_1 仅取决于 α' 和 α'' 及 R。

把式（8-34）代入式（8-53），得

$$F_1 = \frac{F_{o1}D_1}{4Rf(\cos\alpha' - \cos\alpha'')}\sqrt{[2(\alpha'' - \alpha') - \sin2\alpha'' + \sin2\alpha']^2 + (\cos2\alpha' - \cos2\alpha'')^2} \tag{8-56}$$

对松蹄，有

$$\begin{aligned}F_2 &= \sqrt{F_{x2}^2 + F_{y2}^2} \\ &= \frac{p_{2\max}bR}{4}\sqrt{[2(\alpha'' - \alpha') - \sin2\alpha'' + \sin2\alpha']^2 + (\cos2\alpha' - \cos2\alpha'')^2}\end{aligned} \tag{8-57}$$

$$M_{\mu t2} = p_{2\max}bR^2 f(\cos\alpha' - \cos\alpha'') = fF_2 R_2 \tag{8-58}$$

$$\begin{aligned}R_2 &= \frac{M_{\mu t2}}{fF_2} \\ &= \frac{p_{2\max}bR^2 f(\cos\alpha' - \cos\alpha'')}{f\dfrac{p_{2\max}bR}{4}\sqrt{[2(\alpha'' - \alpha') - \sin2\alpha'' + \sin2\alpha']^2 + (\cos2\alpha' - \cos2\alpha'')^2}} \\ &= \frac{4R(\cos\alpha' - \cos\alpha'')}{\sqrt{[2(\alpha'' - \alpha') - \sin2\alpha'' + \sin2\alpha']^2 + (\cos2\alpha' - \cos2\alpha'')^2}}\end{aligned} \tag{8-59}$$

即 R_2 仅取决于 α' 和 α'' 及 R。

把式（8-46）代入式（8-57），得

$$F_2 = \frac{F_{o2}D_2}{4Rf(\cos\alpha' - \cos\alpha'')\sqrt{[2(\alpha'' - \alpha') - \sin2\alpha'' + \sin2\alpha']^2 + (\cos2\alpha' - \cos2\alpha'')^2}}$$

(8-60)

如图 8-11 所示,有

$$\sin\alpha_o = \frac{g}{c'} \tag{8-61}$$

紧蹄摩擦力 fF_1 在 OXY 坐标系(图 8-11)中的分力分别是

$$F_{1fx} = -fF_1\sin(\delta_1 - \alpha_o) \tag{8-62}$$

$$F_{1fy} = -fF_1\cos(\delta_1 - \alpha_o) \tag{8-63}$$

紧蹄径向合力 F_1 在 OXY 坐标系中的分力为

$$F_{1x} = -F_1\cos(\delta_1 - \alpha_o) \tag{8-64}$$

$$F_{1y} = F_1\sin(\delta_1 - \alpha_o) \tag{8-65}$$

设在紧蹄支承点的水平推力为 F_{xL},则紧蹄沿 OX 方向的受力平衡方程为

$$F_{o1} + F_{xL} + F_{1x} + F_{1fx} = 0 \tag{8-66}$$

$$\begin{aligned} F_{xL} &= -F_{o1} - F_{1x} - F_{1fx} \\ &= -F_{o1} + F_1\cos(\delta_1 - \alpha_0) + fF_1\sin(\delta_1 - \alpha_0) \end{aligned} \tag{8-67}$$

注意,如果紧蹄和松蹄片的 α'、α'' 角度不同,则在它们的相应参量的计算公式中应该代入相应的 α'、α'' 角度数值。

4. 鼓式制动器的自锁检查

在设计鼓式制动器时,必须检查蹄有无自锁的可能。式(8-29)是紧蹄的制动力矩计算公式,即

$$M_{\mu t1} = fF_1R_1 = \frac{F_{o1}hfR_1}{c'(\cos\delta_1 + f\sin\delta_1) - fR_1} = F_{o1}D_1$$

可以看出,紧蹄自锁的条件是

$$c'(\cos\delta_1 + f\sin\delta_1) - fR_1 = 0 \tag{8-68}$$

而不发生自锁的条件是

$$c'(\cos\delta_1 + f\sin\delta_1) - fR_1 > 0 \tag{8-69}$$

$$f < \frac{c'\cos\delta_1}{R_1 - c'\sin\delta_1} \tag{8-70}$$

8.4.2 盘式制动器的设计计算

图 8-13 所示为盘式制动器制动力矩的计算模型。假定衬块的摩擦表面全部与制动盘接触,并且各处的单位压力 p 分布均匀,则一个制动块施加给制动盘的制动力矩为

$$\begin{aligned} \frac{M_\mu}{2} &= \int_{-\theta}^{\theta}\int_{R_1}^{R_2} pR\mathrm{d}\varphi \mathrm{d}RfR \\ &= pf\int_{-\theta}^{\theta}\int_{R_1}^{R_2} R^2\mathrm{d}R\mathrm{d}\varphi \\ &= \frac{2}{3}fp(R_2^3 - R_1^3)\theta \end{aligned} \tag{8-71}$$

式中，M_μ 是盘式制动器（具有两个制动块）的制动力矩；f 是摩擦衬块与制动盘的摩擦系数；R_1、R_2 分别是制动块的内、外半径；θ 是制动块包角的一半。

盘式制动器的制动力矩 M_μ 为

$$M_\mu = \frac{4}{3} f p (R_2^3 - R_1^3) \theta \qquad (8\text{-}72)$$

盘式制动器的制动力矩可以定义为

$$M_\mu = 2 f F_\mathrm{o} R_\mathrm{a} \qquad (8\text{-}73)$$

式中，F_o 是单侧制动块对制动盘的压紧力：

$$F_\mathrm{o} = \int_{-\theta}^{\theta} \int_{R_1}^{R_2} p R \mathrm{d}\varphi \mathrm{d}R = 2p\theta \frac{R_2^2 - R_1^2}{2}$$

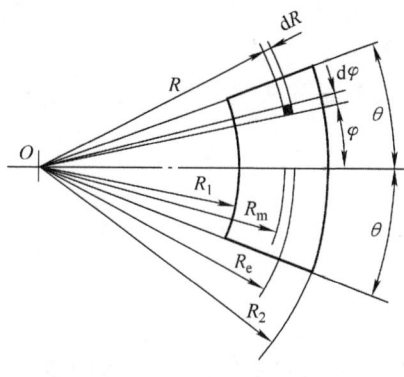

图 8-13 盘式制动器制动力矩的计算模型

$$= p\theta(R_2^2 - R_1^2) \qquad (8\text{-}74)$$

式中，R_a 是有效作用半径。

把式（8-72）、式（8-74）代入式（8-73），得

$$\frac{4}{3} f p (R_2^3 - R_1^3) \theta = 2 f p \theta (R_2^2 - R_1^2) R_\mathrm{a} \qquad (8\text{-}75)$$

$$R_\mathrm{a} = \frac{\frac{4}{3} f p (R_2^3 - R_1^3) \theta}{2 f p \theta (R_2^2 - R_1^2)} = \frac{2(R_2^3 - R_1^3)}{3(R_2^2 - R_1^2)} \qquad (8\text{-}76)$$

8.4.3 摩擦衬片磨损特性的计算

在汽车制动过程中，摩擦衬片（衬块）相对于制动鼓（制动盘）滑磨，其磨损程度受到许多因素的影响，例如温度、摩擦力、滑磨速度、制动鼓（制动盘）材质及其加工情况，以及衬片（衬块）本身材质等。从理论上精确计算磨损特性是很困难的。但是，试验表明，影响磨损特性的最重要因素是摩擦表面的温度和摩擦力。

当汽车处在制动强度很大的紧急制动过程中，很短的时间内，制动器几乎承担了汽车全部动能的耗散。此时，制动器内的热量来不及散到大气中从而会导致制动器温度升高，这就是所谓的制动器能量负荷。当制动器的能量负荷越大时，摩擦衬片（衬块）的磨损就会越严重。

目前，常用比能量耗散率来评价各种制动器的能量负荷。比能量耗散率定义为单位衬片（衬块）摩擦面积在单位时间耗散的能量，常用单位是 $\mathrm{W/mm^2}$。比能量耗散率也简称为能量负荷。

双轴汽车的单个前轮、单个后轮制动器的比能量耗散率 e_1、e_2 分别为

$$e_1 = \frac{1}{2} \frac{\delta m_\mathrm{a}(v_1^2 - v_2^2)}{2 t A_1} \beta \qquad (8\text{-}77)$$

$$e_2 = \frac{1}{2} \frac{\delta m_\mathrm{a}(v_1^2 - v_2^2)}{2 t A_2} (1 - \beta) \qquad (8\text{-}78)$$

$$t = \frac{v_1 - v_2}{j} \qquad (8\text{-}79)$$

式中，m_a 是汽车质量；δ 是汽车旋转质量换算系数；v_1、v_2 分别是制动的初、末速度；j 是制

动减速度；t 是制动时间；A_1、A_2 分别是前、后制动器衬片（衬块）的摩擦面积；β 是制动力分配系数。

在紧急制动停车的情况下，$v_2 = 0$，并且认为 $\delta = 1$，则

$$e_1 = \frac{1}{2} \frac{m_a v_1^2}{2tA_1} \beta \tag{8-80}$$

$$e_2 = \frac{1}{2} \frac{m_a v_1^2}{2tA_2} (1-\beta) \tag{8-81}$$

$$t = \frac{v_1}{j} \tag{8-82}$$

据相关资料推荐，鼓式制动器的比能量耗散率应该不大于 1.8W/mm^2。其中，计算 e_1、e_2 的条件为：①减速度 $j=0.6g$；②$v_1 = 100\text{km/h}$（轿车）；$v_1 = 80\text{km/h}$（$m_a \leq 3.5\text{t}$ 的货车）；$v_1 = 65\text{km/h}$（$m_a > 3.5\text{t}$ 的货车）。对于最高车速低于上述规定制动初速度 v 的汽车，按照上述条件计算的 e_1、e_2 允许略大于 1.8W/mm^2。在与上述相同的 v_1、j 的条件下，轿车盘式制动器的比能量耗散率应该不大于 6.0W/mm^2。应该指出，比能量耗散率过高不仅引起摩擦衬片（衬块）的加速磨损，而且有可能会使制动鼓或制动盘更早地发生龟裂。

另外一个磨损特性指标是单位衬片（衬块）摩擦面积的制动器摩擦力称为比摩擦力 f_o。

$$f_o = \frac{M_\mu}{RA} \tag{8-83}$$

式中，M_μ 是单个制动器的制动力矩；R 是制动鼓半径（或制动盘的有效半径 R_a）；A 是单个制动器的衬片（衬块）面积。

在 $j=0.6g$ 时，鼓式制动器的比摩擦力 f_o 以不大于 0.48N/mm^2 为宜。与之相应的衬片与制动鼓之间的平均单位压力 $p_m = f_o/f = 1.37 \sim 1.60\text{N/mm}^2$，其中摩擦系数 $f = 0.3 \sim 0.35$。

下面推导平均单位压力。有如下关系：

$$(p_m A)fR = M_\mu = f_o RA \tag{8-84}$$

$$p_m = \frac{f_o}{f} \tag{8-85}$$

8.4.4 前、后轮制动器制动力矩的确定

为了保证汽车有良好的制动效能，要求合理地确定前、后轮制动器的制动力矩。为此，首先选定同步附着系数 φ_0，并计算出前、后轮制动力矩的比值，即

$$\frac{M_{\mu 1}}{M_{\mu 2}} = \frac{L_2 + \varphi_0 h_g}{L_1 - \varphi_0 h_g} \tag{8-86}$$

式中，$M_{\mu 1}$、$M_{\mu 2}$ 为前、后轮制动器的制动力矩；L_1、L_2 为汽车质心至前轴和后桥的距离；h_g 为汽车质心高度。

然后，根据汽车满载在沥青、混凝土路面上紧急制动到前轮抱死拖滑，计算出前轮制动器的最大制动力矩 $M_{\mu 1\max}$；再根据前面已确定的前、后轮制动力矩的比值，计算出后轮制动器的最大制动力矩 $M_{\mu 2\max}$。

8.4.5 应急制动和驻车制动所需的制动力矩

应急制动系统或驻车制动系统一般是靠驾驶人手操纵的系统。在大部分汽车上驻车制动

系统兼起应急制动系统的作用，两者实际上是一套系统。应急制动系统一般使后桥制动器（在三桥汽车上一般仅有中桥制动器）或中央制动器产生制动力矩，并且传到相应的车轮上，从而引起地面制动力，使汽车制动。

1. 应急制动

应急制动时，后轮一般都将抱死拖滑，所以后轮制动力 F_{Br} 为

$$F_{Br} = \mu F_{zr} \tag{8-87}$$

式中，μ 是轮胎与地面之间的附着系数；F_{zr} 是制动车轮的垂直负荷。

对两轴汽车而言，得到的后轮制动力为

$$F_{Br} = \mu F_z \left(\frac{l_f}{l} - \frac{h}{l} z \right) \tag{8-88}$$

式中，F_z 是汽车重量；l 是汽车轴距；l_f 是汽车质心到前轴的距离；z 是制动减速度，单位为 g，

$$z = \frac{F_{Br}}{F_z} \tag{8-89}$$

把式（8-89）代入式（8-88），得

$$F_{Br} = \mu F_z \left(\frac{l_f}{l} - \frac{h F_{Br}}{l F_z} \right) \tag{8-90}$$

$$F_{Br} = \mu F_z \frac{l_f}{l} - \mu \frac{h}{l} F_{Br} \tag{8-91}$$

$$\left(1 + \mu \frac{h}{l}\right) F_{Br} = \mu F_z \frac{l_f}{l} \tag{8-92}$$

$$(l + \mu h) F_{Br} = \mu F_z l_f \tag{8-93}$$

$$F_{Br} = \frac{\mu F_z l_f}{l + \mu h} \tag{8-94}$$

如果应急制动力矩由车轮制动器发出，则需要一个车轮制动器发出的制动力矩 M_μ 为

$$M_\mu = \frac{F_{Br} r_e}{2} = \frac{\mu F_z l_f r_e}{2(l + \mu h)} \tag{8-95}$$

式中，r_e 是车轮的有效半径。

如果应急制动力矩由中央制动器发出，则需要其发出的制动力矩 M_μ 为

$$M_\mu = \frac{F_{Br} r_e}{2} = \frac{\mu F_z l_f r_e}{(l + \mu h) i_0} \tag{8-96}$$

式中，i_0 是主传动比。

2. 驻车制动所需要的制动力矩

驻车制动需要分别考虑上坡驻车和下坡驻车两种情况。

（1）上坡驻车制动

图 8-14 所示出汽车在上坡路上驻车制动时的受力情况。后轮的垂直分力 F_{zr} 为

$$F_{zr} = \frac{1}{l}(F_z l_f \cos\alpha + F_z h \sin\alpha) \tag{8-97}$$

式中，α 是坡度角。

在上坡路上驻车时后轮可以产生的最大制动力 F_{Br} 为

$$F_{Br} = \mu F_{zr}$$
$$= \frac{\mu}{l}(F_z l_f \cos\alpha + F_z h \sin\alpha) \quad (8\text{-}98)$$

设 α_1 是能够在上坡路上驻车的最大坡度角，则

$$F_{Br} = \frac{\mu}{l}(F_z \cos\alpha_1 l_f + F_z \sin\alpha_1 h) = F_z \sin\alpha_1 \quad (8\text{-}99)$$

$$\frac{\mu}{l}(\cos\alpha_1 l_f + \sin\alpha_1 h) = \sin\alpha_1 \quad (8\text{-}100)$$

$$\mu \cos\alpha_1 l_f = \sin\alpha_1 (l - \mu h) \quad (8\text{-}101)$$

$$\alpha_1 = \arctan\left(\frac{\mu l_f}{l - \mu h}\right) \quad (8\text{-}102)$$

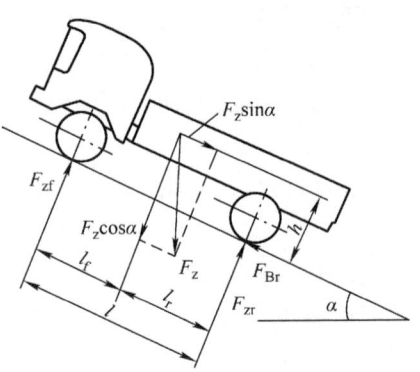

图 8-14　汽车在上坡路上驻车制动时的受力情况

设 α（$\alpha \leq \alpha_1$）是要求的上坡驻车坡度角，则要求的驻车制动力为 F_{Bro1}，则

$$F_{Bro1} = F_z \sin\alpha \quad (8\text{-}103)$$

如果驻车制动力矩由车轮制动器发出，则需要一个车轮制动器发出的制动力矩 M_μ 为

$$M_\mu = \frac{F_{Bro1} r_e}{2} = \frac{F_z r_e \sin\alpha}{2} \quad (8\text{-}104)$$

如果驻车制动力矩由中央制动器发出，则需要其发出的制动力矩 M_μ 为

$$M_\mu = \frac{F_{Bro1} r_e}{i_0} = \frac{F_z r_e \sin\alpha}{i_0} \quad (8\text{-}105)$$

式中，i_0 是主减速比。

(2) 下坡驻车制动

下坡驻车制动时后轮的垂直分力 F_{zr} 为

$$F_{zr} = \frac{1}{l}[F_z l_f \cos(-\alpha) + F_z h \sin(-\alpha)] \quad (8\text{-}106)$$

$$F_{zr} = \frac{1}{l}[F_z l_f \cos\alpha - F_z h \sin\alpha] \quad (8\text{-}107)$$

在下坡路上驻车时后轮可以产生的最大制动力 F_{Br} 为

$$F_{Br} = \mu F_{zr} = \frac{\mu}{l}[F_z l_f \cos\alpha - F_z h \sin\alpha] \quad (8\text{-}108)$$

设 α_2 是能够在下坡路上驻车的最大坡度角，则

$$F_{Br} = \frac{\mu}{l}(F_z l_f \cos\alpha_2 - F_z h \sin\alpha_2) = F_z \sin\alpha_2 \quad (8\text{-}109)$$

$$\frac{\mu}{l}(l_f \cos\alpha_2 - h \sin\alpha_2) = \sin\alpha_2 \quad (8\text{-}110)$$

$$\mu l_f \cos\alpha_2 = \sin\alpha_2 (l + \mu h) \quad (8\text{-}111)$$

$$\alpha_2 = \arctan\left(\frac{\mu l_f}{l + \mu h}\right) \quad (8\text{-}112)$$

设 α（$\alpha \leq \alpha_2$）是要求的下坡驻车坡度角，则要求的驻车制动力为 F_{Bro2}，则

$$F_{Bro2} = F_z \sin\alpha \quad (8\text{-}113)$$

如果驻车制动力矩由车轮制动器发出，则需要一个车轮制动器发出的制动力矩 M_μ 为

$$M_\mu = \frac{F_{\text{Bro2}} r_e}{2} = \frac{F_z \sin\alpha}{2} r_e \tag{8-114}$$

如果驻车制动力矩由中央制动器发出，则需要其发出的制动力矩 M_μ 为

$$M_\mu = \frac{F_{\text{Bro2}} r_e}{i_0} = \frac{F_z \sin\alpha}{i_0} r_e \tag{8-115}$$

式中，i_0 是主减速比。

8.5 制动驱动机构

制动驱动机构用于将驾驶人或其他动力源的制动作用力传给制动器，使之产生制动力矩。根据制动力来源的不同，制动驱动机构可以分为简单制动、动力制动以及伺服制动三大类型。而力的传递方式又可以分为机械式、液压式、气压式和气压-液压式等不同类型。

8.5.1 简单制动系

简单制动系即人力制动系，是靠驾驶人作用于制动踏板上或手柄上的力作为制动力源，而力的传递方式可以是机械式，也可以是液压式。机械式是靠杆系或钢丝绳来传力，其结构简单、工作可靠、造价较低，但是由于机械效率较低，目前仅在中、小型汽车的驻车制动装置中使用。

液压式的简单制动系（图8-15）一般用于行车制动装置。其优点是作用滞后时间短（0.1~0.3s），工作压力大（可达10~12MPa），且缸径尺寸小，可作为制动蹄的张开机构或制动块的压紧机构。但由于其有限的力传动比的缺点限制了其在汽车上的使用范围。另外，液压管路在过度受热时会产生汽阻，使制动效能降低甚至失效；而当气温过低时（-25℃或更低时），由于制动液的黏度增大，会使工作的可靠性降低，当有局部损坏时，整个系统甚至都不能继续工作。液压式简单制动系由于其操纵较沉重，无法满足如今驾驶人对汽车操纵轻便性的要求，所以当前仅在微型汽车上使用，在轿车和轻型汽车上已极少采用。

8.5.2 动力制动系

动力制动系是利用发动机动力形成的气压或液压势能作为汽车制动的全部力源，而驾驶人作用于制动踏板或手柄上的力仅用于对制动回路中的控制元件进行操纵。在简单制动系中的踏板力与其行程间的反比例关系在动力制动系中便不复存在，因此，此处的踏板力较小且可有适当的踏板行程。

动力制动系包括气压制动系、气顶液式制动系和全液压动力制动系三种。

1. 气压制动系

气压制动系是动力制动系最常见的形式，其被广泛用于总质量为8t以上（尤其是15t以上）的货车、越野汽车和客车上，原因是其在汽车制动时可获得较大的制动驱动力，且主车与被拖的挂车以及汽车列车之间制动驱动系统的连接装置结构简单、连接和断开均很方便。但气压制动系必须采用空气压缩机、储气筒、制动阀等装置，使其结构复杂、笨重、轮

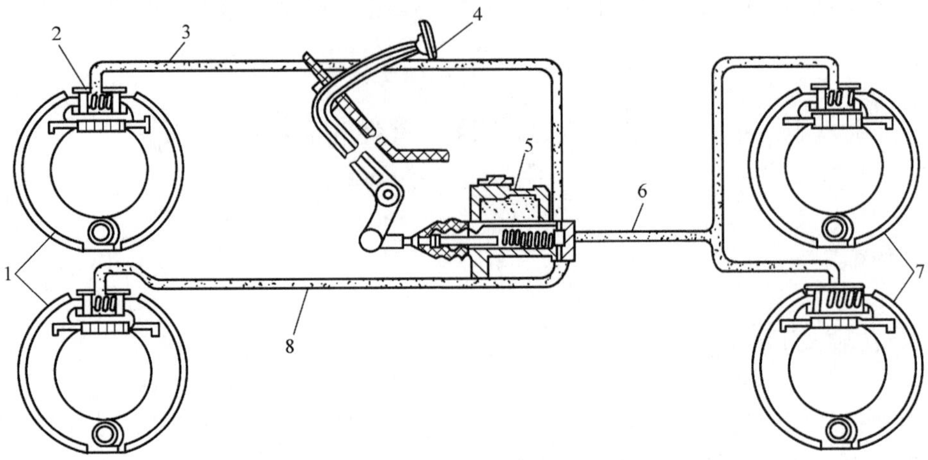

a) 示意图

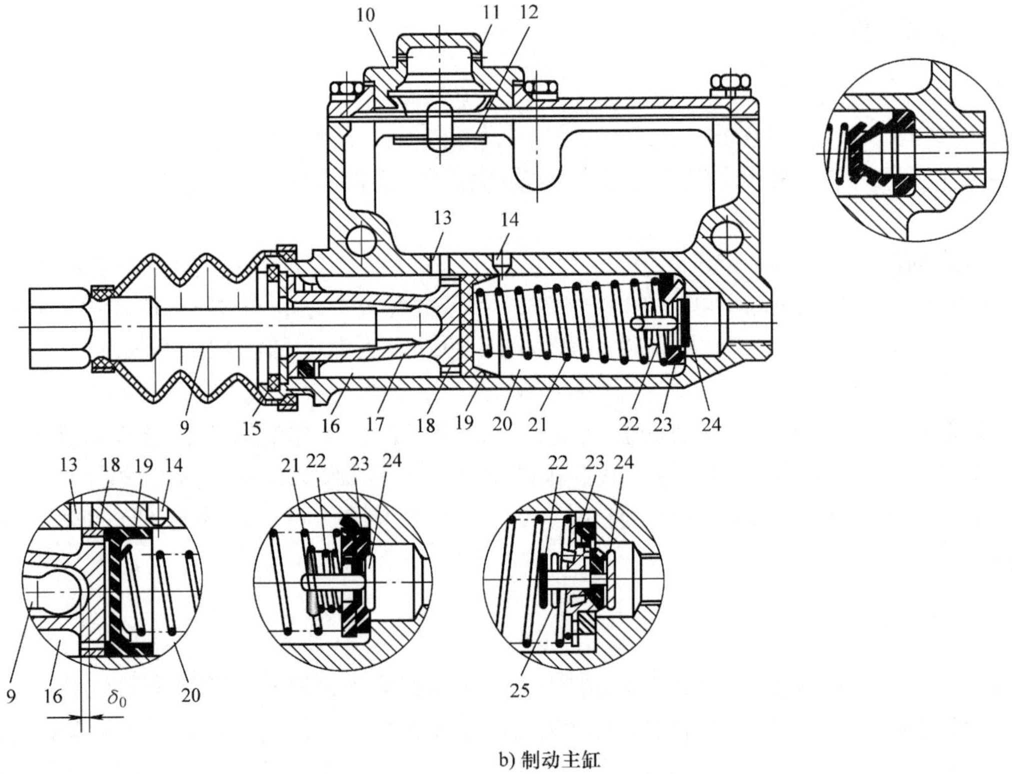

b) 制动主缸

图 8-15 液压简单制动系示意图及制动主缸

1—前轮制动器 2—制动轮缸 3、6、8—油管 4—制动踏板 5—制动主缸 7—后轮制动器 9—活塞推杆 10—加油塞 11—通气孔 12—挡油盘 13、14—油孔 15—止推垫圈锁环 16、20—空腔 17—活塞 18—孔 19—橡胶皮碗 21、22—弹簧 23—回油阀 24—出油阀 25—导向座

廓尺寸大、造价高；管路中气压的产生和泄放均较慢，作用滞后时间较长（0.3~0.9s）。因此，当制动阀到制动气室和储气筒的距离较远时，有必要加设气动的第二级控制元件，即继动阀（也称为加速阀）、快放阀。管路工作压力较低，一般为 0.5~0.7MPa，因而制动气

室的直径大，只能置于制动器之外，再通过杆件及凸轮或楔块驱动制动蹄，使非簧载质量增大。另外，制动气室排气时也有较大噪声。

图 8-16 所示为一种气压制动系的双回路示意图。由发动机驱动的双缸空气压缩机 1 把空气压缩，并将其通过单向阀 3 充入湿储气筒 5，其用来将压缩空气冷却并进行油、水分离，再将清洁的压缩空气经单向阀 8 向汽车前桥及后桥储气筒充气，并经挂车制动阀 9 等向挂车储气筒充气。放气阀 4 可供外界使用压缩空气。当湿储气筒的气压达到 0.833 ~ 0.882MPa 时，安全阀 7 应该打开放气。前、后桥储气筒分别与串列双腔气制动阀 16 相连接，以控制前、后轮的制动，并分别经管路与双针气压表 19 和调压阀 20 相连。双针气压表 19 的上、下指针分别表示前、后桥储气筒气压。当气压达到 0.784 ~ 0.813MPa 时，调压阀 20 中的阀门被打开，使双缸空气压缩机 1 顶部的卸荷阀 2 工作，不再向储气筒充气。当气压降至 0.617 ~ 0.666MPa 时，调压阀 20 的阀门又关闭使空气压缩机又开始向储气筒充气。当气压低于 0.45MPa 时，压力报警灯开关 12 的触点闭合，接通电路，使报警灯亮，同时蜂鸣器发出音响信号。单向阀 3、8 可以防止倒充气。

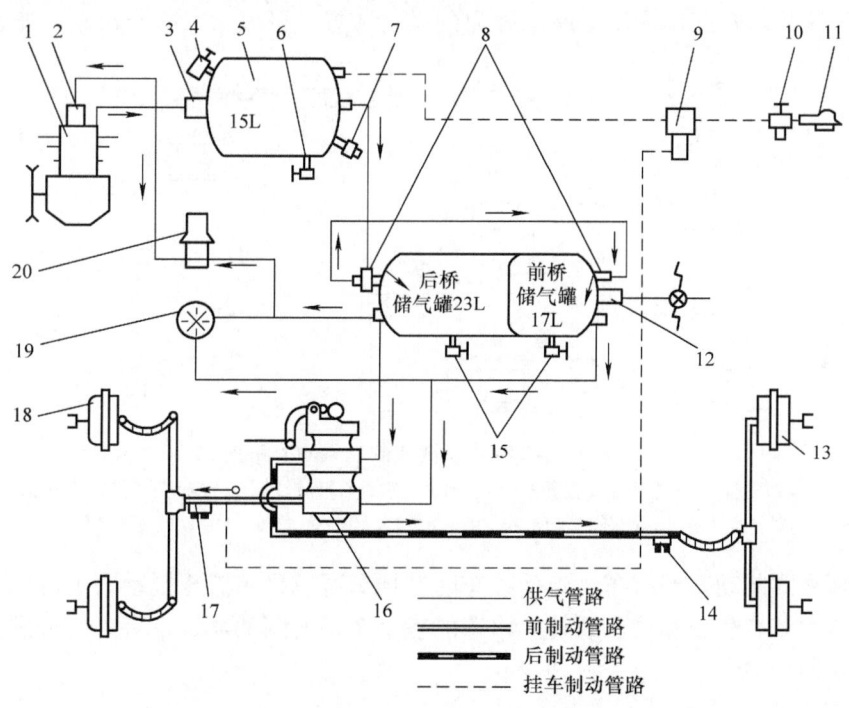

图 8-16　一种气压制动系的回路图（双回路）

1—双缸空气压缩机　2—卸荷阀　3、8—单向阀　4—放气阀　5—湿储气筒　6—油水放出阀　7—安全阀
9—挂车制动阀　10—接通开关　11—连接器　12—压力报警灯开关　13—后轮制动气室　14—制动灯开关
15—油水放出阀　16—串列双腔气制动阀　17—制动灯开关　18—前轮制动气室　19—双针气压表　20—调压阀

相对于液压式简单制动系，气压制动系可以比较容易地满足在踏板力不过大、踏板行程又不过长的条件下产生较大制动力的要求。但气压系统的工作压力比液压系统的工作压力低得多，因此，其部件的尺寸及质量均比液压系统的相应部件大得多。例如，液压制动系的轮缸可以安装在制动器内，直接用作提供制动蹄张开力的供力装置，而气压制动系的相应部件，即制动气室，却因尺寸过大而只能装在制动器外，且必须通过制动臂和制动凸轮轴等一

系列零件来为制动蹄提供张开力,而这些零件及其支承座均比较笨重,且属于汽车的非簧载质量,不利于汽车的行驶平顺性。因此,气压制动系只适用于中型、重型货车/客车。此外,在踩下和松开制动踏板时,气压系统中的工作压力的建立、泄放均比液压系统缓慢得多(通常,气压制动系的工作滞后时间约3倍于液压制动系)。

为了兼得气压系统和液压系统二者的优点,有些重型汽车采用了气顶液式制动系。

2. 气顶液式制动系

气顶液式制动系是动力制动系的另一种形式,即利用气压系统作为普通液压制动系统主缸的驱动力源的一种制动驱动机构,它兼有液压制动和气压制动的主要优点。由于其气压系统的管路短,故作用滞后时间也较短。由于其结构复杂、质量大、造价高,故主要用于重型汽车上,一部分总质量为9~11t的中型汽车上也有所采用。

图8-17所示为一种气顶液式制动系的回路图。在该图的双回路制动系统中,供能装置和控制装置均为气压式的,传动装置则是气压-液压组合式的。通过动力气室3及在其作用下的液压主缸6把气压能转换为液压能。气压系统可以布置得尽量紧凑以缩短气压管路长度和滞后时间。用液压轮缸作为制动蹄张开力的供力装置,可以大大减小汽车的非簧载质量。

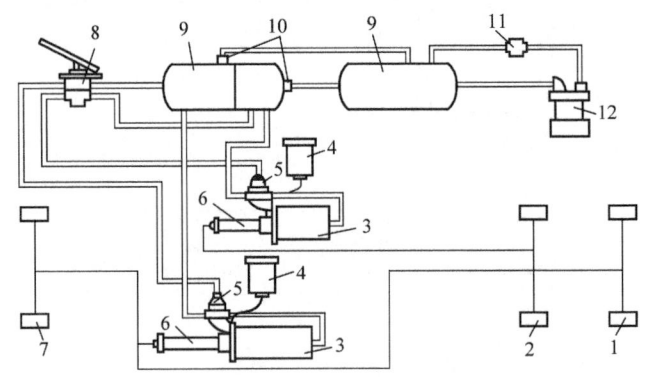

图8-17 一种气顶液式制动系的回路图

1—后桥制动器轮缸 2—中桥制动器轮缸 3—动力气室 4—储液罐 5—气动控制阀 6—液压主缸
7—前桥制动器轮缸 8—串列双腔气制动阀 9—储气筒 10—单向阀 11—调压器 12—空气压缩机

采用气顶液式制动系的汽车当牵引挂车时,挂车可以采用液压制动,也可以采用气压制动。此外,这种兼有气压和液压系统的汽车的各个车桥的制动器,也有可能分别采用液压促动和气压促动制动蹄。

3. 全液压动力制动系

全液压动力制动系是用发动机驱动油泵产生的液压作为制动力源。其制动系的液压系统与动力转向的液压系统相同,也有开式(常流式)和闭式(常压式)两种。开式(常流式)系统在不制动时,制动液在无负荷状况下由油泵经制动阀到储液罐不断地循环流动,制动时则借助于阀的节流而产生所需的液压进入轮缸。闭式(常压式)回路因平时保持着高液压,故又称为常压式。它对制动操纵的反应比开式的快,但对回路的密封要求较高。当油泵出故障时,开式的将立即不起制动作用,而闭式的还有可能利用回路中的蓄能器的液压继续进行若干次制动。故目前汽车用的全液压动力制动系多用闭式(常压式)的。

图8-18所示为一种闭式全液压动力制动系的回路图。由油泵4输出的液压先后输入以

单向阀8相互串联的两个蓄能器5，后者分别是分立的前、后制动管路的压力源。蓄能器中的压力约为16MPa。并列双腔液压制动阀9在工作时输出的与制动踏板位置成比例的工作液压分别输至前桥和中、后桥钳盘式制动器轮缸。后制动钳中装有由液压控制的弹簧制动装置。在双控制单向阀6的作用下，弹簧制动装置在任一蓄能器的压力降至一定值时均能自动进行应急制动，平时则可在驻车制动控制阀10的操纵下起驻车制动作用。

各种形式的动力制动系在其动力系统失效使回路中的气压或液压达不到正常压力时，制动作用即会全部丧失。

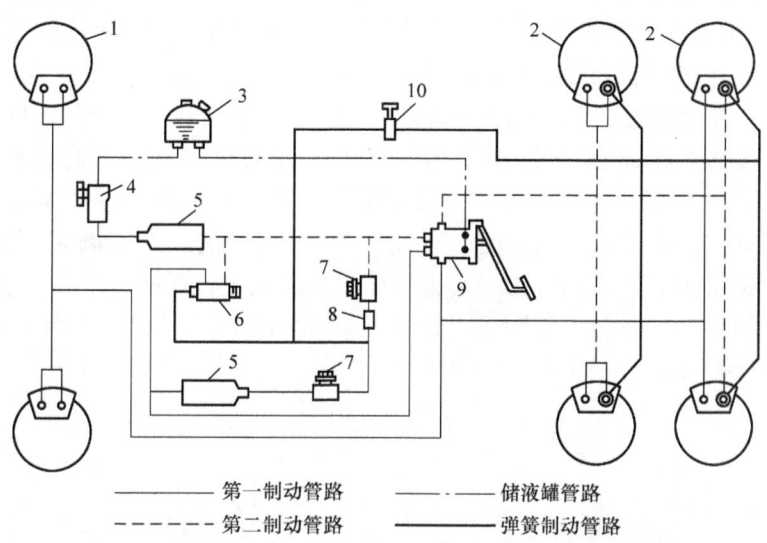

图8-18 一种闭式全液压动力制动系的回路图
1—前钳盘式制动器 2—中、后桥钳盘式制动器 3—储液罐
4—油泵（液压泵） 5—蓄能器 6—双控制单向阀 7—蓄能器切断阀
8—单向阀 9—并列双腔液压制动阀 10—驻车制动控制阀

8.5.3 伺服制动系

伺服制动系是在人力液压制动系的基础上加设一套由其他能源提供助力的装置，是兼用人力和发动机动力作为制动能源的制动系。在正常情况下，其输出工作压力主要由动力伺服系统产生，而在动力伺服系统失效时，可全由人力驱动液压系统产生一定程度的制动力，即由伺服制动转变为人力制动。因此，广泛地应用在轿车及轻、中型客、货汽车上。

按伺服系统能源为真空能（负气压能）、气压能和液压能的不同，可以分为真空伺服制动系、气压伺服制动系和液压伺服制动系。

真空伺服制动系是利用发动机进气歧管中节气门后的真空度（负压，一般可达0.05～0.07MPa）作动力源。一般的柴油车若采用真空伺服制动系时，则需有专门的真空源，其一般由发动机驱动的真空泵等构成。

气压伺服制动系是由发动机驱动的空气压缩机提供压缩空气作为动力源，伺服气压一般可达0.6～0.7MPa。故在输出力相等时，气压伺服气室直径比真空伺服气室直径小得多。在双回路制动系中，若伺服系统也是分立式的，则气压伺服比真空伺服更适宜。但气压伺服系统的其他组成部分却比真空伺服系统复杂得多。

真空伺服制动系多用于总质量在1.1t以上的轿车及装载质量在6t以下的轻、中型货车上；气压伺服制动系则在装载质量为6～12t的中、重型货车上以及少数高级轿车上被广泛使用。

液压伺服制动系一般是由发动机驱动高压油泵产生高压油液，供伺服制动系和动力转向系共同使用。

按照助力特点，伺服制动系又可分为助力式和增压式两种。

1. 真空助力式伺服制动系

图8-19所示为真空助力式（直动式）伺服制动系回路图。其中8-18a所示为对角线布置双回路液压制动系统，它采用了左前轮制动轮缸与右后轮制动轮缸为一液压回路、右前轮制动轮缸与左后轮制动轮缸为另一液压回路的布置，即为对角线布置的双回路液压制动系统。串列双腔制动主缸4的前腔通往左前轮盘式制动器的轮缸10，经感载比例阀9通向右后轮鼓式制动器的轮缸13；制动主缸4的后腔通往右前轮盘式制动器的制动轮缸11，并经感载比例阀9通向左后轮鼓式制动器的轮缸12。真空伺服气室3与控制阀2组合的真空助力器在工作时产生的推力，也同踏板力一起直接作用在制动主缸4的活塞推杆上。

在图8-19b所示的非对角线布置双回路液压制动系统中，前轮制动器都在一个制动回路中；而后轮制动器都在另外一个制动回路中。

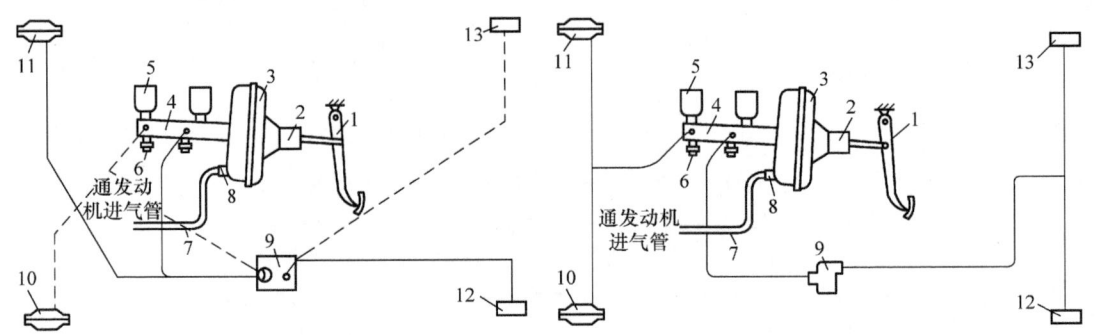

a) 对角线布置双回路液压制动系统　　　　b) 非对角线布置双回路液压制动系统

图8-19　真空助力式（直动式）伺服制动系回路图
1—制动踏板　2—控制阀　3—真空伺服气室　4—制动主缸　5—储液罐
6—制动信号灯液压开关　7—真空供能管路　8—真空单向阀　9—感载比例阀
10、11—前轮盘式制动器轮缸　12、13—后轮鼓式制动器轮缸

2. 气压助力式伺服制动系

图8-20所示为一种气压助力式（直动式）伺服制动系回路图，其中，液压和气压系统均为双回路式。外界空气经空气滤清器1和带单向阀的防冻乙醇杯2被吸入空气压缩机3。空气压缩机的两个气缸的出气管路分别通往两个主储气筒5顶部的调压阀6。压缩空气经调压阀中的单向阀进入主储气筒。当主储气筒的气压升至0.85～0.9MPa时，置于调压阀内的副储气筒充气阀则开启，因而开始向副储气筒4充气。当主、副储气筒内的气压升至1.0～1.2MPa时，调压阀开始起作用，使空气压缩机的出气管路与回气管路连通。因此，空气压缩机排出的压缩空气不再进入主、副储气筒，而是经回气管路流回空气压缩机的进气口，因而使空气压缩机卸荷空转。当储气筒压力降至0.8MPa时，调压阀又将回气管路与空气压缩

机的出气管路隔绝，因而充气又恢复。

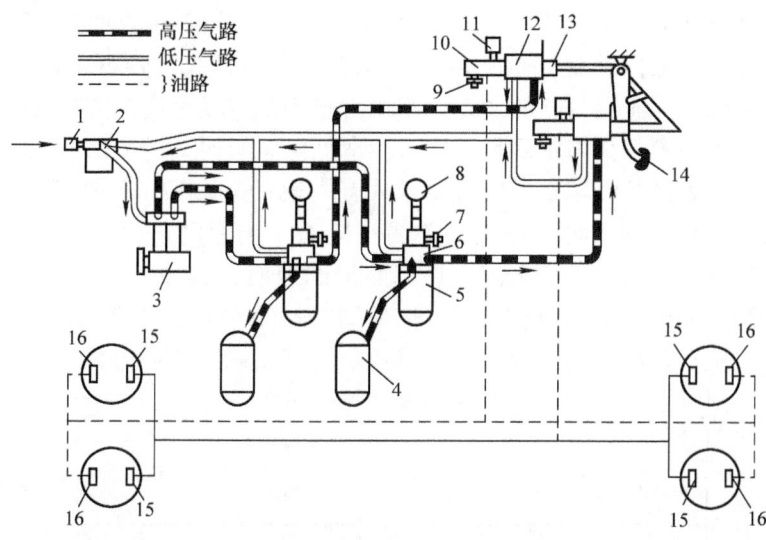

图 8-20 一种气压助力式（直动式）伺服制动系回路图
1—空气滤清器 2—带单向阀的防冻乙醇杯 3—空气压缩机 4—副储气筒 5—主储气筒 6—调压阀
7—低压报警灯开关 8—压力表 9—制动信号灯开关 10—制动主缸 11—储液罐 12—气压伺服气室
13—控制阀 14—制动踏板 15、16—制动轮缸

当主储气筒的气压高于副储气筒的气压时，气压伺服气室 12 由主储气筒供气。而当副储气筒的气压高于主储气筒的气压时，副储气筒即向主储气筒充气，并向气压伺服气室 12 供气。

当储气筒的气压因漏气或耗气过多而降至 0.5~0.6MPa 时，则低压报警灯开关 7 接通使灯亮。这时应该立即停车检查。

空气压缩机卸除负荷空转时输出的气体以及解除制动时由气压伺服气室 12 排出的气体均用回气管路引入防冻乙醇杯（或称防冻器）2，再由此流入空气压缩机 3 的进气口。采用这种封闭式循环气路可以消除排气噪声。但当空气压缩机不运转时，上述各处排出的气体均通过防冻乙醇杯 2 中的排气阀经空气滤清器 1 排入大气。

两个单腔制动主缸 10 分别接到两个由气压伺服气室 12 和控制阀 13 组成的气压助力器上。两个气压助力器可由制动踏板 14 通过平衡杠杆操纵。

图 8-20 所示汽车的前、后轮制动器均为双向双领蹄式的，由于其各个制动器的两个轮缸 15 和 16 都分属于两个液压回路，因此，当一个回路的气压系统或液压系统因发生故障而失效时，各个车轮制动器均仍然可以工作，只是由双向双领蹄式变为领从蹄式制动器而已。

3. 真空增压式和气压增压式伺服制动系

图 8-21 所示是跃进 NJ1061A 型汽车的真空增压伺服双回路制动系示意图；图 8-22 为日产 T80 系列汽车气压增压伺服双回路制动系示意图。

如两图所示，由真空（或气压）伺服气室、辅助缸和控制阀组成的真空（或气压）伺服装置位于制动主缸与制动轮缸之间，驾驶人通过制动踏板推动主缸活塞所产生的液压作用于辅助缸活塞上，同时也驱动控制阀使伺服气室工作，因此又称为远动式伺服制动系。伺服气室的推动力也作用于辅助缸活塞，使后者产生高于主缸压力的工作油液并输往制动轮缸，此即"增压式"名称的由来。

而由真空（或气压）伺服气室、辅助缸和控制阀等组成的伺服装置则称为真空（或气压）增压器。回路中当通向前轮（或后轮）制动轮缸的管路发生泄漏故障时，则安全缸内的活塞将移位并堵死通往泄漏管路的通道。当主缸输出油管发生泄漏故障时，增压式回路便无法控制，而助力式的则较为简单可靠。在采用双回路系统时，助力式的除了可采用两个独立的助力器以进一步满足其特别高的安全要求外，一般只需采用一个带双腔主缸的助力器即可；而增压式的则必须有两个增压器使回路更加复杂，或者仍采用一个增压器，但在通往前、后轮缸的支管路中各装一个安全缸，使回路局部地前、后分路，如图 8-22 所示。如果要将液压式简单制动系改造成伺服制动系，采用助力式的方法也比较简单，只需在踏板机构和主缸之间加进伺服气室和控制阀即可，当然还要有伺服系统的动力源。

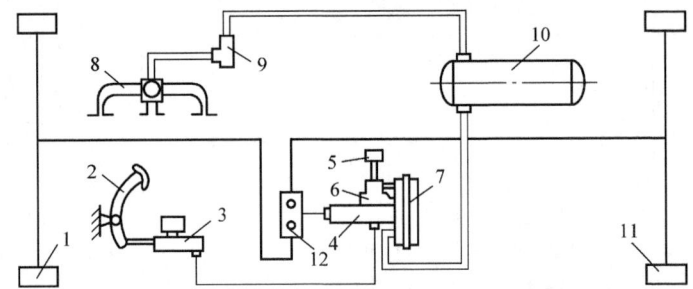

图 8-21　跃进 NJ1061A 型汽车的真空增压伺服双回路制动系示意图
1—前轮缸　2—制动踏板　3—制动主缸　4—辅助缸　5—空气滤清器　6—控制阀
7—真空伺服气室　8—发动机进气管　9—真空单向阀　10—真空罐　11—后轮缸　12—安全缸

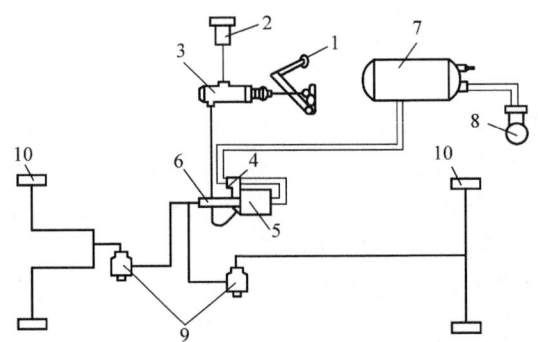

图 8-22　日产 T80 系列汽车气压增压伺服双回路制动系示意图
1—制动踏板　2—储液罐　3—制动主缸　4—控制阀　5—气压伺服气室
6—辅助缸　7—储气罐　8—空气压缩机　9—安全缸　10—制动轮缸

4. 液压伺服制动系

液压伺服制动系是以发动机驱动的液压油泵产生的高压油液为伺服动力源，且基本上均为助力式的。由于这种制动系的工作压力很高，因此可以大大地减小伺服机构的尺寸，且制动反应快，但对零部件的加工精度和密封性能要求很高。液压伺服制动系主要用于高级轿车。

液压伺服制动系的系统供能装置通常与动力转向系统等共用液压油泵及储油罐。传能装置

第8章 制动系统设计

与其他伺服制动系一样仍有制动主缸，但伺服机构为液压助力器，后者由伺服缸及控制阀组成。按系统的工作方式分为开式（常流式）和闭式（常压式）两种。前一种系统在不制动时，由液压油泵产生的高压油液在无负荷情况下经助力器到储油罐不断地循环流动。制动时助力器流回储油罐的通道被切断，在助力器内腔产生了压力而起着伺服作用，如图 8-23 所示。后一种即闭式（常压式）系统的液压油泵产生的高压油液充进储能器中，不制动时助力器内腔与储油罐相通，制动时储能器中的高压油液进入助力器内腔并在其中产生了压力。

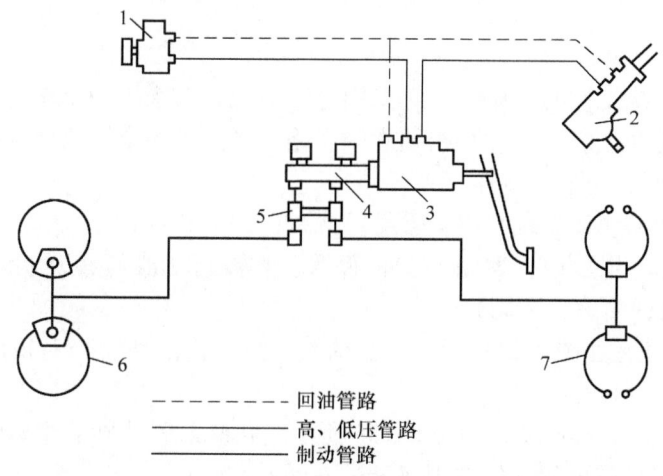

图 8-23　一种开式（常流式）液压伺服制动系的回路图
1—液压油泵及储油罐　2—动力转向器　3—伺服缸及控制阀　4—制动主缸
5—低压警报器开关　6—前盘式制动器　7—后鼓式制动器

图 8-24 所示为一种闭式（常压式）系统。其中，组合液压油泵的两个独立泵元件供给伺服制动系和自动平衡系统高压油液，其储存在储能器内，由其所带的调压阀进行调节，以

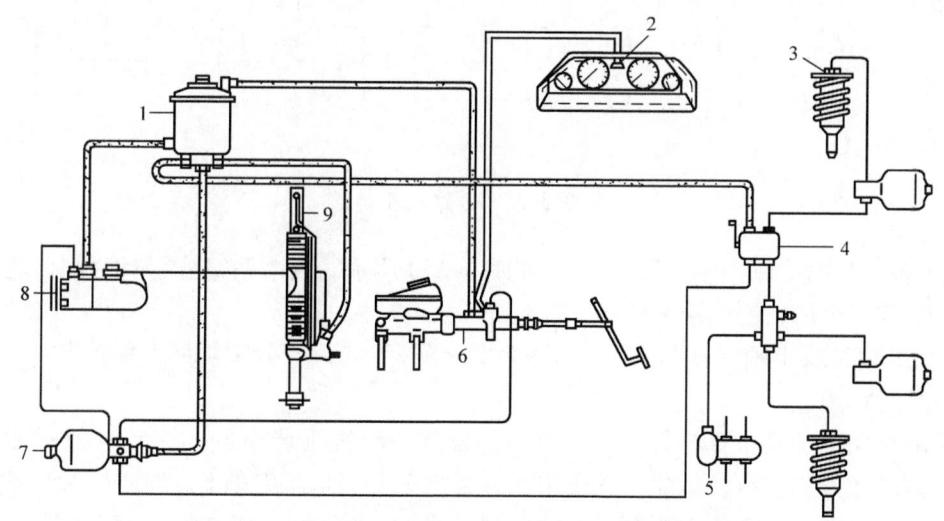

图 8-24　一种闭式（常压式）液压伺服制动系的回路图
1—储油罐　2—报警灯　3—自动平衡系统　4—调节阀　5—制动压力调节器
6—液压助力器及制动主缸　7—储能器　8—液压油泵　9—动力转向系统

保证压力低于14.4MPa时优先满足伺服制动系的需要，并使系统最高压力不大于15MPa。闭式（常压式）液压系统的滞后时间较短，且储存的能量可供后续若干次制动使用，但结构较复杂，对密封性要求较高。

还应该指出，动力制动系统和伺服制动系统中的管路液压与踏板力之间并不存在固定的比例关系，为了使驾驶人在制动时能直接感受到踏板力与制动强度间的比例关系，需要在制动阀或控制阀的设计中予以保证。

8.5.4 分路系统

为了提高制动系统工作的可靠性，应采用分路系统，该系统为全车的所有行车制动器的液压或气压管路分为两个或更多的互相独立的回路，当其中一个回路失效后，仍可利用其他完好的回路起制动作用（图8-25）。

双轴汽车的双回路制动系统有以下常见的五种分路形式：

1) 一轴对一轴（Ⅱ）型，如图8-25a所示，前轴制动器与后桥制动器各用一个回路（"Ⅱ型"是其形象的简称，下同）。

2) 交叉（X）型，如图8-25b所示，前轴的一侧车轮制动器与后桥的对侧车轮制动器同属一个回路。

3) 一轴半对半轴（HI）型，如图8-25c所示，两侧前制动器的半数轮缸和全部后制动器轮缸属于一个回路，其余的前轮缸则属于另一回路。

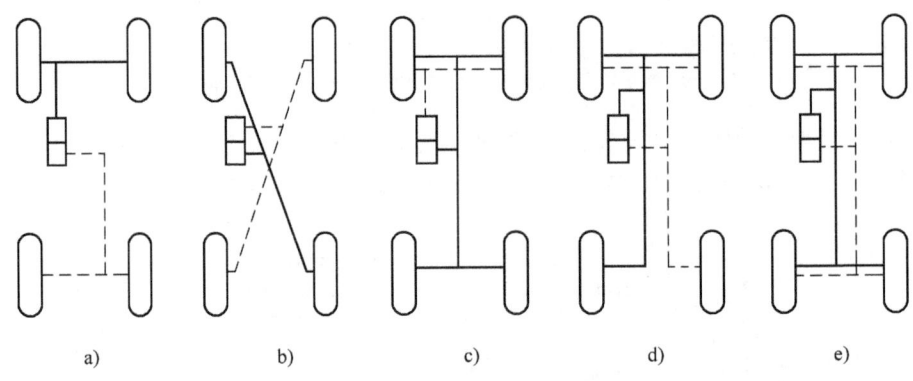

图8-25 分路系统

4) 半轴一轮对半轴一轮（LL）型，如图8-25d所示，两个回路分别对两侧前轮制动器的半数轮缸和一个后轮制动器起作用。

5) 双半轴对双半轴（HH）型，如图8-25e所示，每个回路均只对每个前、后制动器的半数轮缸起作用。

Ⅱ型的管路由于其布置较为简单，可与传统的单轮缸（或单制动气室）鼓式制动器配合使用，成本较低等特点，目前广泛应用在各类汽车特别是商用车上。对于这种形式，若后制动回路失效，则一旦前轮抱死会丧失转弯制动能力。对于采用前轮驱动因而前制动器强于后制动器的乘用车，当前制动回路失效而单用后桥制动时，制动力将严重不足（小于正常情况下的一半）。并且，若后桥负荷小于前轴负荷，则踏板力过大时易使后桥车轮抱死而产生侧滑。

X型的结构也很简单。直行制动时任一回路失效，剩余的总制动力都能保持正常值的50%。但是，一旦某一管路损坏造成制动力不对称，此时前轮将朝制动力大的一边绕主销转动，使汽车丧失稳定性。因此，这种方案适用于主销偏移距为负值（达20mm）的汽车上。

HI、HH、LL型结构都比较复杂。LL型和HH型在任一回路失效时，前、后制动力比值均与正常情况下相同，剩余总制动力可达正常值的50%左右。HI型单用一轴半回路时剩余制动力较大，但此时与LL型一样，紧急制动情况下后轮很容易先抱死。

8.5.5 液压制动驱动机构的设计计算

1. 制动轮缸直径 d

制动轮缸对制动蹄（块）施加的张开力 F_0 与轮缸直径 d 和制动管路压力 p 的关系为

$$d = \sqrt{4F_0/(\pi p)} \tag{8-116}$$

制动管路压力一般不超过 10~12MPa，盘式制动器可更高。压力越高，对管路（首先是制动软管及管接头）的密封性要求越严格，但驱动机构越紧凑。轮缸直径 d 应在标准规定的尺寸系列中选取，具体为 19mm、22mm、24mm、25mm、28mm、30mm、32mm、35mm、38mm、40mm、45mm、50mm、55mm。

2. 制动主缸直径 d_0

第 i 个轮缸的工作容积为

$$V_i = \frac{\pi}{4} \sum_1^n d_i^2 \delta_i \tag{8-117}$$

式中，d_i 为第 i 个轮缸活塞的直径；n 为轮缸中活塞的数目；δ_i 为第 i 个轮缸活塞在完全制动时的行程，初步设计时，对鼓式制动器可取 $\delta_i = 2.0~2.5$mm。

所有轮缸的总工作容积为

$$V = \sum_1^m V_i$$

式中，m 为轮缸数目。

制动主缸应有的工作容积为 $V_0 = V + V'$，式中，V' 为制动软管的变形容积。在初步设计时，制动主缸的工作容积可取为：对于乘用车 $V_0 = 1.1V$；对于商用车 $V_0 = 1.3V$。

活塞直径 d_0 与制动主缸工作容积的关系为

$$V_0 = \frac{\pi}{4} d_0^2 \delta_0 \tag{8-118}$$

一般主缸活塞行程 $S_0 = (0.8 ~ 1.2)d_0$。

主缸的直径 d_0 应符合 QC/T311—2018 中规定的尺寸系列，具体为 19mm、22mm、26mm、28mm、32mm、35mm、38mm、40mm、45mm。

3. 制动踏板力 F_p

制动踏板力 F_p 为

$$F_p = \frac{\pi}{4} d_0^2 p \frac{1}{i_p} \left(\frac{1}{\eta}\right) \tag{8-119}$$

式中，i_p 为踏板机构的传动比；η 为踏板机构及液压主缸的机械效率，可取 $\eta = 0.82~0.86$。

制动踏板力应满足以下要求：最大踏板力一般为500N（乘用车）或700N（商用车）。设计时，制动踏板力可在200~350N的范围内选取。

4. 制动踏板工作行程 S_p

$$S_p = i_p(S_0 + \delta_{01} + \delta_{02}) \tag{8-120}$$

式中，δ_{01} 为主缸中推杆与活塞间的间隙，一般取 $\delta_{01} = 1.5~2.0$ mm；δ_{02} 为主缸活塞的空行程，即主缸活塞从不工作的极限位置到使其皮碗完全封堵主缸上的旁通孔所经过的行程。

制动器调整正常时的踏板工作行程 S_p，只应占计及制动衬片（衬块）的容许磨损量在内的踏板行程的40%~60%。

为了避免空气侵入制动管路，在计算制动主缸活塞回位弹簧（同时也是回油阀弹簧）时，应保证踏板放开后，制动管路中仍保持0.05~0.14MPa的残余压力。

最大踏板行程（计入衬片或衬块的容许磨损量），对商用车不大于180mm，对乘用车应不大于100~150mm。此外，作用在制动手柄上最大的力，对乘用车不大于400N，对商用车不大于600N。制动手柄的最大行程，对乘用车不大于160mm，对商用车不大于220mm。

8.5.6 真空助力器的设计计算

图8-26所示为真空助力器结构图，带橡胶膜片密封装置的控制活塞1将助力缸分成A、B两个腔。A腔位于与制动主缸相连的一端，经真空单向阀与发动机进气管相连，保持一定的真空度；B腔内的压力由橡胶阀座3、滑柱4与橡胶反作用盘5调节。

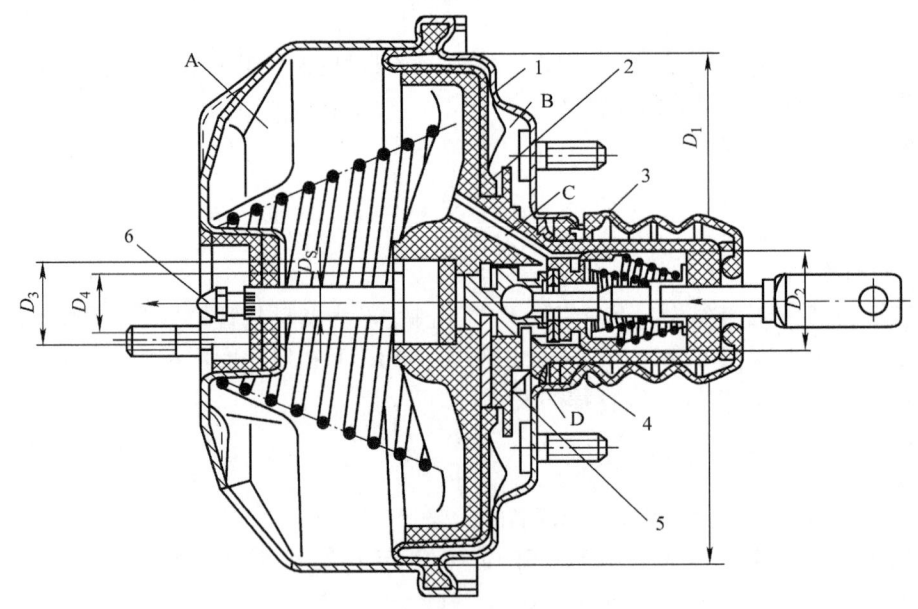

图8-26 真空助力器结构图
1—控制活塞 2—膜片 3—橡胶阀座 4—滑柱 5—橡胶反作用盘 6—制动主缸推杆

真空助力器的空气阀和真空阀一起构成了助力器的随动机构，即当助力器工作时，输出力和输入力始终成比例。助力器的随动作用是通过橡胶反作用盘的弹性实现的，在助力器处于平衡状态时，助力器产生的有效助力对反作用盘的压力，与控制活塞的推力对反作用盘的压力相等。因此，有如下方程式

$$F_p + F_1 - (F_0 - F_2) - p_0(A_1 - A_2)\eta - p(A_2 - A_5)\eta = 0 \quad (8\text{-}121)$$

$$\frac{F_0 - F_2}{A_4} = \frac{p_0(A_1 - A_2)\eta + p(A_2 - A_5)\eta}{A_3 - A_4} \quad (8\text{-}122)$$

式中,F_p 为真空助力器的输出力;F_0 为控制推杆上的输入力;F_1 为助力器回位弹簧的作用力;F_2 为推杆回位弹簧的作用力,p_0 为平衡前 A、B 两腔的压力差;p 为 A 腔的最大真空度;A_1 为膜片的有效面积;A_2 为控制阀套管的截面积;A_3 为橡胶反作用盘的截面积;A_4 为控制活塞的面积;A_5 为制动主缸推杆柄部的截面积;η 为助力器效率系数,一般取 0.90~0.95。

式 (8-121) 和式 (8-122) 适用于在最大助力点之前的输入输出关系的计算被称为真空助力器的静特性方程。当助力器的输出力达到最大助力点时,A、B 两腔的压力差达到最大值,并等于 A 腔的真空度,则

$$F_P = (F_0 - F_2) + p(A_1 - A_5)\eta - F_1 \quad (8\text{-}123)$$

当助力器的输出力超过最大助力点时,A 腔的真空度保持不变,输出力与输入力将同步变化。

图 8-27 所示为真空助力器在不同真空度下的输入输出特性曲线。一般设计到最大助力点时,对于乘用车,制动踏板力可取 200~250N;对于商用车,制动踏板力可取 300~450N。

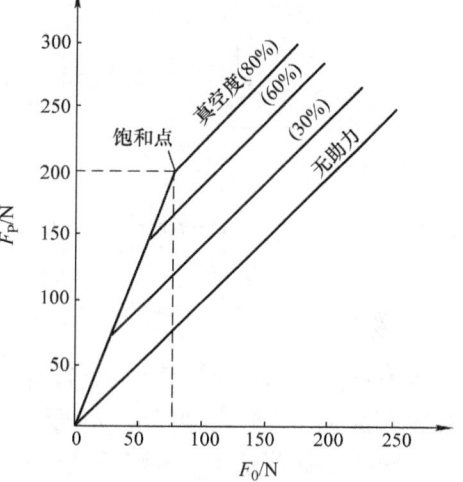

图 8-27 真空助力器助力特性曲线

8.6 制动力调节机构

制动力分配系数恒定的制动系,虽然可借选择较大的同步附着系数 φ_0 的办法,来保证在相当宽广的附着系数 $\varphi < \varphi_0$ 的范围内满足前轮先抱死的要求,但是除了在 φ_0 附近的不大区段以外,附着系数利用率都很低。此外,由于理想的制动力分配特性曲线 (I 线) 是因汽车实际装载情况而异的,为符合满载时的车轮抱死顺序和附着系数利用率要求而确定的实际制动力分配特性线 (β 线),在部分装载和空载的情况下,显然不能令人满意。为此,越来越多的各类汽车采用了不同形式的制动力调整装置,以使实际制动力分配特性曲线尽可能地接近理想特性。

8.6.1 限压阀

如图 8-28 所示,限压阀的阀门平时在弹簧力的作用下保持开启。由主缸来的制动液(其压力等于前制动管路压力 p_1)输入限压阀,通过开启着的阀门输出至后制动轮缸。设输出压力为 p_2,则此时 $p_1 = p_2$。输入压力同时也作用在阀门活塞上。当 p_1 升高到某一定值 p_s 时,其对活塞的作用力克服阀门弹簧的预紧力,阀门即关闭,切断了主缸至后轮的通路。此后,即使前制动管路压力 p_1 继续增大,后制动管路压力 p_2 仍保持上述定值 p_s 不变。限压阀的这一静特性如图 8-28b 中的折线 OAB 所示。图中曲线 1 和 2 分别为汽车满载和空

载时的前、后制动管路理想压力分配特性曲线。图中与坐标轴成45°夹角的直线 OK 为不用任何制动力调节装置时的实际制动管路压力分配静特性。

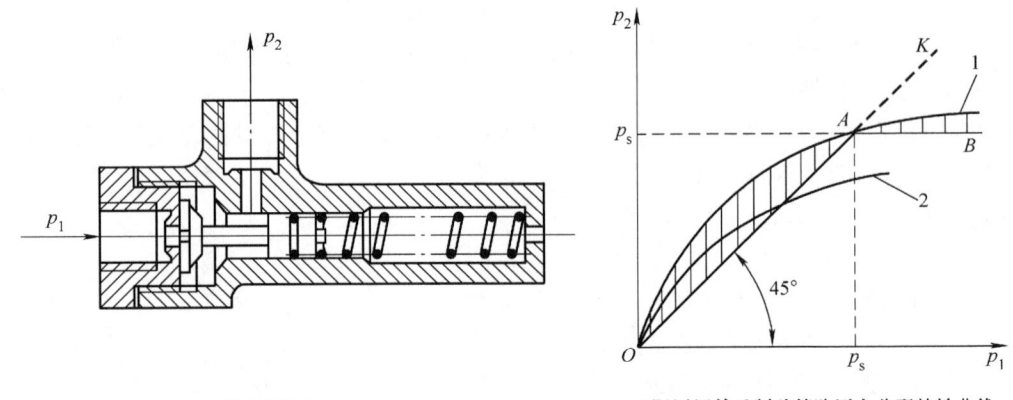

a) 限压阀结构
b) 限压阀前后制动管路压力分配特性曲线

图 8-28 限压阀及其静特性
1—满载理想特性 2—空载理想特性

由特性图可见,采用限压阀后,在理想特性线与实际特性线之间的整个影线区域都是前轮先抱死区域。实际特性线的 OA 段与不带限压阀时的相同。转折点 A 以后的 AB 段和理想特性的纵坐标差值越小,则附着系数利用率越高。因此,限压阀适用于轴距短且质心高、制动时轴荷转移较多的汽车。

由于这种限压阀的弹簧预紧力为定值,所以特性转折点—限压作用起始点的压力 p_s 也是恒定的。这对满载和空载理想特性曲线 1 和 2 距离很大的商用车是不利的。为了克服限压阀的缺点,又派生出比例阀、惯性阀和辐射式比例阀等,以满足不同类型汽车的需要。

8.6.2 防抱死制动系统（ABS）

车轮抱死拖滑是十分危险的,由于后轮抱死而发生的侧滑更为危险。汽车防抱死制动系统的基本功能就是可感知制动轮每一瞬时的运动状态,相应地调节制动器制动力矩的大小,避免出现车轮的抱死现象,因而是一个闭环控制系统。它可使汽车在制动时维持方向稳定性,缩短制动距离,有效地提高行车安全性。

汽车在制动过程中,车轮在路面上的运动是一个边滚边滑的过程,车轮未制动时可认为是纯滚动状态。当车轮抱死时,车轮在路面上的运动处于纯滑动状态。为了定量描述车轮的运动状态,引入车轮滑移率 S 这一参数,用来表示车轮滑动成分的多少,其定义为：

$$S = \frac{v - r_d \omega}{v}$$

式中,v 为车轮中心速度即汽车车身速度；r_d 为车轮动力半径；ω 为车轮的角速度。

滑移率反映了车轮在制动过程中的滑移程度。S 为零时,车轮处于纯滚动状态；S 为 1 时,车轮处于纯滑动状态,即车轮为抱死状态。ABS 通过控制制动管路中的压力使车轮滑移率保持在一定范围内,通常为 20% 左右。此时,轮胎纵向附着系数达到最大,制动效能也最好。

汽车的防抱死制动系统一般由转速传感器 7、电子控制器（ECU）9 和压力调节器 3 三部分组成（图8-29）。回轮齿圈8安装在车轮6的轴端上，并随车轮一起转动。转速传感器固定在制动底板上，并对准齿圈，与齿圈之间的正常工作间隙一般在1.3mm之内，它相对于车轮静止不动。当齿圈转动时，转速传感器可测出与车轮旋转速度成正比的交流信号，然后根据传感器齿圈的齿数，计算出车轮的转速；电子控制器9具有运算功能，它接收转速传感器的交流信号，计算出车轮速度、滑移率和车轮的加减速度，把这些信号加以分析，对压力调节器3发出控制指令；压力调节器安装在主缸（俗称总泵）2和轮缸（俗称分泵）4之间，它接受电子控制器的指令，由调节器内的电磁阀、液压泵、驱动电动机直接或间接地控制制动压力的增减。

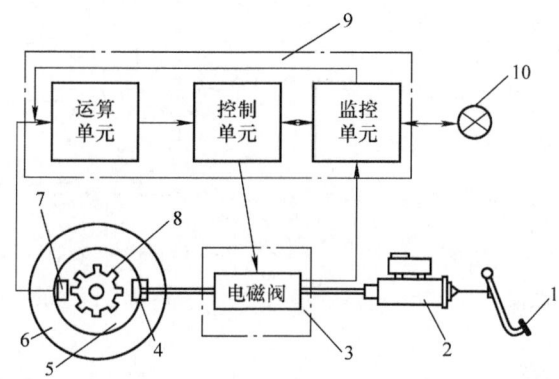

图8-29 ABS的组成

1—踏板 2—主缸 3—压力调节器 4—轮缸 5—制动盘 6—车轮 7—转速传感器
8—回轮齿圈 9—电子控制器 10—报警灯

由于ABS在制动过程中是根据车轮的运动状态来实时调节制动管路的压力，以实现防抱死制动的目的，因此控制方法的研究是十分重要的。目前主要有逻辑门限值控制方法和现代控制方法等，目的是在各种工况下制动时都可获得最佳的滑移率S，由此可获得最短的制动距离。下面以Bosch逻辑门限值控制方法为例，介绍其控制逻辑。

图8-30和图8-31分别为高、低附着系数路面的基本控制逻辑。图中显示了一个防抱死控制循环过程中制动压力p、轮速v_w、车轮加速度j、车速v_a、参考车速v'_a、参考滑移率S_1和电磁阀工作电流i等参数随时间变化的特性及其相互关系。其降压、保压或升压条件，按下面的不等式确定：

降压条件：$j_{cd} \leqslant -j_{c1}, S \geqslant S_1$　　只在第一循环中出现

　　　　　$j_{cd} \leqslant -j_{c1}$　　除第一循环外的各个循环

保压条件：$S \leqslant S_1, j_{cd} \leqslant -j_{c1}$　　只在第一循环阶段2出现

　　　　　$-j_{c1} \leqslant j_{cd} \leqslant J_c$　　在降压阶段3之后

　　　　　$j_{c2} \leqslant j_{cd} \leqslant J_c$　　在升压阶段5之后

　　　　　$j_{c2} \geqslant j_{cd} \geqslant -j_{c1}$　　在慢升压阶段7中的升压后

升压条件：$0 \geqslant j_{cd} \geqslant -j_{c1}$　　只在第一循环的阶段1出现

　　　　　$j_{cd} \geqslant J_c$　　快速，在保压阶段4之后

　　　　　$-j_{c1} \leqslant j_{cd} \leqslant j_{c2}$　　慢速，慢升压阶段7的保压后

式中，j_{cd}为制动防抱死过程中的车轮加速度；$-j_{c1}$为车轮减速度门限值；j_{c2}为车轮加速度

中门限值；J_c 为车轮加速度上门限值；S 为防抱死制动过程中的车轮滑移率；S_1 为滑移率门限值。

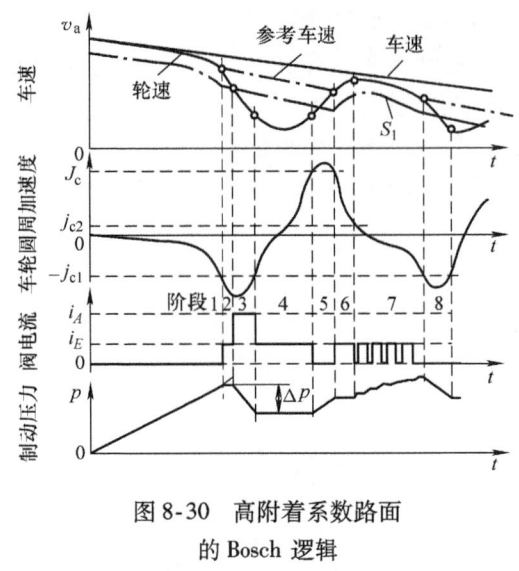

图 8-30　高附着系数路面的 Bosch 逻辑

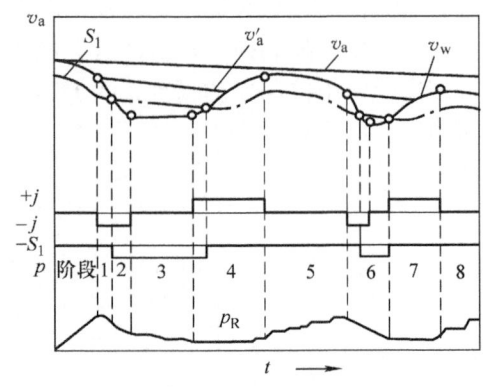

图 8-31　低附着系数路面的 Bosch 逻辑

8.7　线控制动系统

线控制动（Brake-by-Wire）技术是智能线控底盘的关键技术，包含传统制动技术，基于动力学、运动学、电控等多学科融合技术，技术壁垒较高。传统的制动系统无法实现主动制动和制动压力的精确、快速控制，不能满足智能汽车对制动系统的要求，制动系统需要电动化和智能化。目前线控制动产品正在不断出现在智能电动汽车上，对传统汽车制动行业而言，全新的挑战和机会促使制动行业不断变革。

传统乘用车制动系统是基于真空助力器的液压制动系统，其真空来源为发动机负压。电动车出现后，又出现了电子真空泵（Electronic Vacuum Pump，EVP）提供负压的过渡产品。目前电动汽车更倾向于应用电动助力器，完全用电动机助力来实现。根据乘用车线控制动系统的实现形式不同，目前线控制动系统可分为电子液压制动（Electro-Hydraulic Brake，EHB）系统和电子机械制动（Electro-Mechanical Brake，EMB）系统两类。

8.7.1　电子液压制动 EHB 系统

EHB 系统没有了真空助力器，结构更简单紧凑；电动驱动，响应也更加迅速；方便实现四轮制动分别控制；容易集成 ABS 牵引力控制系统（Traction Control System，TCS）以及电子稳定性控制（Electric Stability Control，ESC）等辅助功能，兼容性强；踏板解耦，能够主动制动以及能量回收。

1. 国外研究现状

EHB 系统仍保留了传统的液压管路部分，是电子和液压相结合的产物。典型带有 E-Booster 的 EHB 系统如图 8-32 所示。踏板位移和踏板力经电子传感器传导给 ECU，然后经过不同的助力形式，如电动液压泵高压蓄能器或者直流电动机等推动建立起液压，液压再分配给四个制动轮缸。

目前 EHB 有着不同的实现形式，按照是否集成 ESC、ABS 等功能的一体化，分为 One Box 和 Two Box 两种形式。按照踏板的解耦情况又可以分为全解耦和半解耦形式。

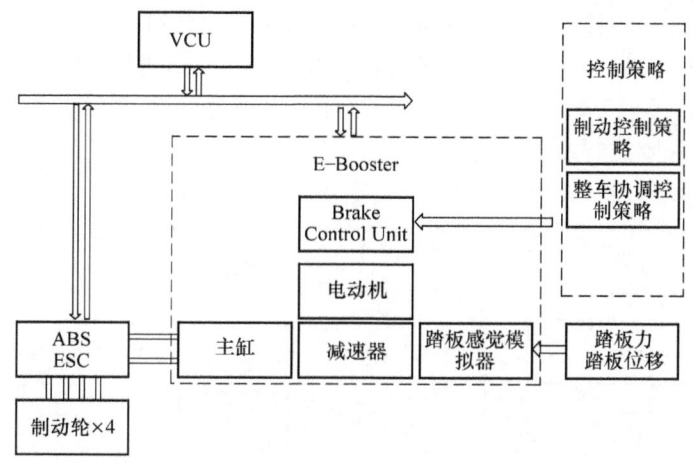

图 8-32　EHB 系统

目前行业中技术比较领先的如 Bosch、Continental、ZF/TRW 都拥有自己的 EHB 产品。ZF/TRW 拥有 IBC（Integrated Brake Control）产品，其核心是一个由超高速无刷电动机驱动的执行器，受旋转编码器监测，编码器向中央电子控制单元 ECU 提供电动机的转数、转速和位置数据。同时被集成其中的，还有一个独立的液压回路，它用电子信号向系统传达驾驶者的制动意图，保持了传统液压制动的制动踏板感觉。建压也比较迅速，达到 $1g$ 减速度只需要 150ms。

2. 国内研究现状

国内清华大学开发出一种分布式电液制动系统，能够实现快速、稳定、准确的液压控制。南京航空航天大学研制一种电控液压制动系统，对其动态性能进行理论和试验研究。吉林大学围绕集成电控制动系统的方案及执行机构控制器设计、仿真模型建立、参数辨识、仿真分析与硬件在环试验等关键问题进行了集成电控制动系统的设计与试验研究。同济大学针对现有电子液压制动系统的不足，设计一种双动力源电子液压制动系统。该系统可对制动主缸液压力和踏板感觉进行独立主动控制，实现踏板行程与液压力的解耦。北京理工大学、西南大学、武汉理工大学等高校也对线控液压制动系统动态特性进行了相关研究。

产品方面，浙江亚太公司与清华、吉林大学合作开发了 IEHB 产品。同驭汽车也生产出电动 Booster 产品，由内置踏板位移传感器、踏板感觉模拟器、电机、减速传动机构、制动主缸、壳体、控制器等组成，能够集成 AEB，陡坡缓降以及制动防俯仰等功能。芜湖伯特利公司也开发出一体化的 WCBS 系统，集成了 ABS、ESC 同时兼具能量回收功能，也能够与 AEB、ACC 等功能交互。拿森科技的 NBooster 已经在百度小巴上搭载了并与北汽新能源完成相关车型搭载协议。

8.7.2　电子机械制动 EMB 系统

电子机械制动 EMB 系统结构显得更简洁了，取消了制动系统的液压备份部分，踏板信号与执行器之间完全靠电子信号传输,与 ABS、TCS、ESC 等模块配合实现车辆底盘的集成控制,是真正的线控制动系统。与传统制动系统在结构以及执行器上有着明显的区别,EMB 的可靠性对其商业化有着至关重要的作用。按照制动器执行结构的不同,EMB 又可以分为机电盘式制动器(Electro – Mechanical Disk Brake)和机电鼓式制动器(Electro – Mechanical Drum Brake)。目前更多的机构选择的是机电盘式制动器。

EMB 结构精简,能够降低整车质量,易于维护,便于安装调试;完全解耦,制动响应更加迅速;便于底盘域控制及智能驾驶技术发展。20 世纪 90 年代,由博世、西门子、大陆等公司率先开展相关研发和试制。图 8-33 为电子机械制动系统简图。

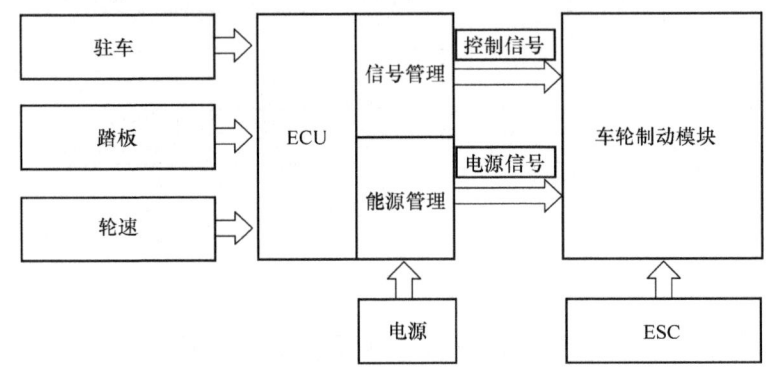

图 8-33 EMB 系统简图

踏板信号以及车辆信号首先传导到 ECU,决策后再向 4 个车轮制动模块发出制动指令。车轮制动模块上的电动机驱动制动摩擦材料块,然后实现摩擦制动。每一个车轮都有一个制动模块,可以单独分别控制,每个模块的驱动电动机也都有单独的电动机控制器。4 个模块作用下,实现制动力分配,制动稳定性控制等功能。轮边执行机构系统集成了转角传感器、转矩传感器,结构上又有将电动机转动转化为直线运动的机械机构,轮边工作环境恶劣,是 EMB 开发难度所在。

当前的 EMB 实现并没有标准形式,现将各个公司的 EMB 进行简要介绍。大陆公司的 EMB 执行器如图 8-34 所示。电动机在控制器作用下旋转,通过行星齿轮减速增矩,再通过滚珠丝杠机构将旋转转换为直线推动,从而达到制动盘压紧摩擦制动效果。如果需要解除制动,需要反向转动电动机。这种方式原理简洁、容易控制,制动间隙也可以根据磨损情况,通过电动机控制器来随时调节。缺点是减速增矩机构对制动力矩提升有限,整个系统的功能比较依赖于电动机的特性。

西门子公司的 EMB 采用了自增力机构,如图 8-35 所示。电动机驱动楔形块运动,主动、从动楔形块又将摩擦块和制动盘压紧。用过机械结构设计实现增力大小调节,对制动力矩增加明显,能够达到较好的制动减速效果,也能够降低电动机成本。缺点是机械工艺及精度要求较高,电动机转矩控制要求较高。

博世公司的 EMB 则采取电动机外置结构,如图 8-36 所示。电动机驱动内部行星轮系,再通过螺纹心轴等行星齿轮机构产生直线运动,从而推动摩擦块压紧制动盘,达到减速效果。内部还有作用不同的电磁离合器,这种结构更加紧凑,复杂性较高。

除了结构形式,当前 EMB 的控制执行算法对 EMB 的性能表现也至关重要,许多学者针

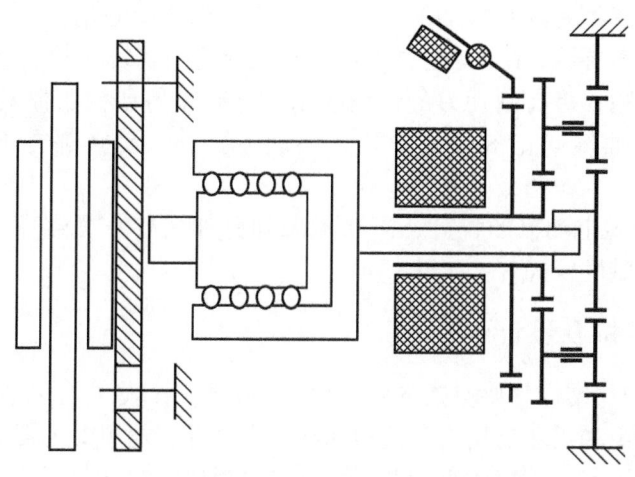

图 8-34　大陆公司的 EMB 简图

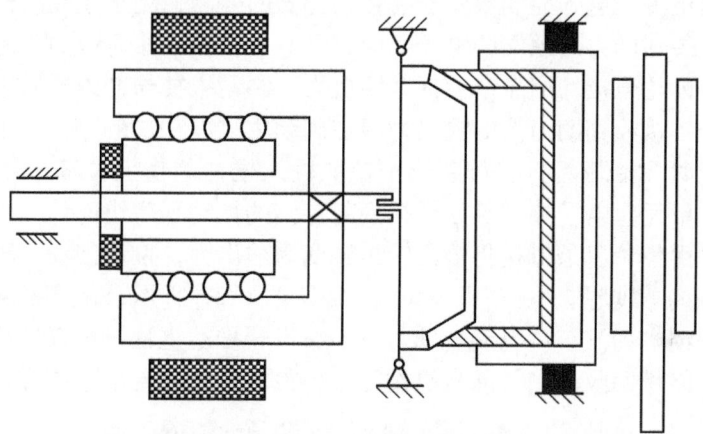

图 8-35　西门子公司的 EMB 简图

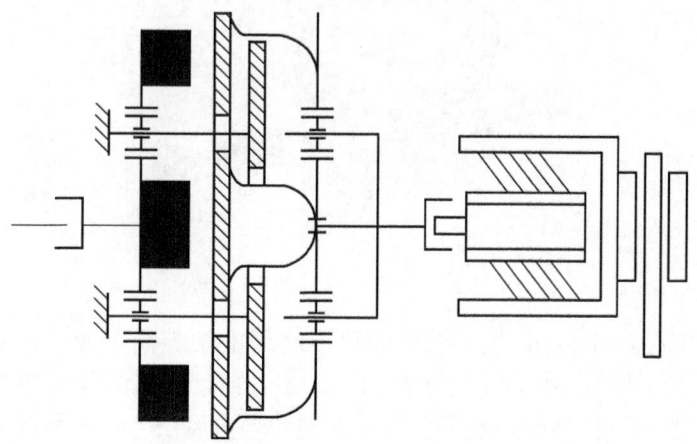

图 8-36　博世公司的 EMB 简图

对控制执行算法进行了相关研究。Chris 等人建立了 EMB 的数学模型，通过施加前馈补偿，能够改善制动力的稳态特性。Lee 等也提出线性参数变化控制算法和自适应前馈补偿两种方式来抑制制动抖动问题，提高制动力的精确控制。Saric S 等研究了制动热效应下制动力的计算模型，运用刚度曲线修正的方式来计算制动力。以上研究都在不断提升 EMB 性能表现。

此外，EMB 中力矩电动机的设计，需要考虑到例如堵转、恶劣环境（如热、水、泥）等特殊工况的要求，难度较大。

8.7.3 iBooster 结构及设计

iBooster 电子助力器结构主要包括输入推杆、助力器阀体、电子控制单元、踏板行程传感器、电子换向无刷电动机、齿轮齿条机构和制动主缸等。电子助力器的输出力主要由制动踏板输入推杆的输入力与齿轮齿条机构的伺服输出力组成。制动踏板输入推杆位于电子助力器的输入端，与外部制动踏板通过销连接，踏板行程传感器安装在助力器的底端，用于制动踏板的工作行程的检测。电子控制单元安装在助力器的外侧，用于接收踏板行程传感器所测得的数值，控制安装在助力器顶端的电子换向无刷电动机输出相对应的转矩。齿轮齿条机构与助力器阀体通过齿轮连接，用于产生伺服输出力。制动主缸与助力器通过螺钉连接，安装在助力器的输出端，接收到助力器的输出力后在制动主缸的一二腔中产生制动液压。iBooster 电子助力器工作时，由踏板行程传感器来获取输入推杆的输入位移，并把输入位移的信号输送至电子控制单元。电子控制单元根据内部存储的控制程序快速计算出电子换向无刷电机的输出转矩，并由齿轮齿条机构将输出转矩转变为输出力，推动制动主缸活塞，产生制动液压，达到制动目的。博世公司的 iBooster 产品如图 8-37 所示，此产品可适用于燃油车、混合动力汽车以及纯电动汽车。电动机助力，二级齿轮推动主缸，可以模拟不同的制动踏板感觉，也能够进行能量回收控制，拥有机械冗余备份以及软件备份来增加可靠性。

图 8-37　博世公司 iBooster 产品

基于电控传动特性，iBooster 电子助力器可以利用电子控制单元（ECU）中的电信号大小调节制动力度，实现同一 iBooster 电子助力器的多种制动模式的任意切换，根据整车制动系统的需求，设计者可以轻松调整电子助力器的制动响应风格与汽车驾驶人感应获取到的踏板感。此外，iBooster 电子助力器可以在自动驾驶的制动环境下发挥出色，配合 ESP 等其他汽车辅助系统，能够帮助汽车安全快速地完成制动，进一步提升车辆驾驶的安全性能。

第9章

汽车系统性能设计

9.1 车辆模型建立

9.1.1 数学模型设计

物理系统的特性和性能的计算预测是基于由多个方程构建的数学模型,其中的方程与其取代的物理系统的行为类似。在动态模型的情况下,例如用于预测机动车辆性能的动力学模型,通常由许多常微分方程建立。

模型的复杂性取决于许多因素,其复杂程度必须满足对系统的利益特征进行现实模拟的需要。模型越复杂,需要的数据越多,结果的解决和解释越复杂。今天可以建立非常复杂的模型,但过于复杂的模型不利于提取对系统行为有用的结果。

在构建模型之前,必须确定要从中获取什么。如果目标是对基础现象的良好的物理理解,而不需要精确的数字结果,那么简单的模型是最好的选择。相反,如果目的是精确的定量结果,即使以更难解释作为代价,也必须使用复杂模型。

最后,重要的是要考虑不同项目阶段可用的数据:在早期定义阶段,大多数数据仍然不可用,因而这些模型必须或多或少引入数值的任意估值。简单或合成的模型最适合初步分析。随着设计逐渐被定义,新特征可能被引入模型中,为最终模拟提供全面而复杂的模型。

这种用于模拟车辆许多特性的复杂模型可以被认为是真实的虚拟原型。虚拟现实技术允许这些模型产生大量的信息,不仅在车辆的性能和动态行为上,而且还包括各部件所采用的空间、细节的充分性,与以前只能从物理原型获得的相当。

给定车辆的模型通常最初朝着更大的复杂性演变,从合成模型到虚拟原型,再到后来更简单的模型。模型不仅对设计人员定义车辆及其部件,而且对测试工程师解释测试结果和执行所有调整也很有用。简单的模型可以在测试道路上使用,以便测试工程师能够了解调整的效果,并减少所需的测试次数,前提是它们足够简单,可以立即了解调整相关参数的效果。这里的最终目标是调整计算机上的虚拟样机,将结果转移到物理车辆,从而节省大量实车测试工作。

在相对低功耗的硬件上实时集成的简化模型在控制系统中也是有实用价值的。数学模型可以在其中监控车辆状态,并且是控制架构的一部分。

常使用的数学建模方法有:由描述相关现象的物理学方程组成的模型,可以被定义为分析模型;而经验模型通常被称为黑匣子模型。

在分析模型中,有近似系统各个部件行为的方程以及所需的近似值和简化公式。即使真实世界中没有弹簧的行为完全像线性弹簧(也就是刚度恒定),可以产生与其端部相对位移成比例的力，即使没有耗散能量的设备是真正线性的，仍可以通过常微分方程（ODE）来取得对质量-弹簧-阻尼器系统的动力学较好的近似描述。

$$m\ddot{x} + c\dot{x} + kx = f(t) \tag{9-1}$$

另一方面，由于轮胎的行为十分复杂，使得从其结构的物理和几何特征开始描述其行为的方程确定起来非常困难。魔术公式是经验黑匣子模型的典型例子。通过实验研究轮胎的行为，之后可以寻找能够描述轮胎，并确定实验数据中各种参数的数学表达式。虽然质量弹簧系统的运动方程中包括的每个参数 m、c 和 k 指代系统的一部分，具有真实的物理意义，但魔术公式中出现的许多 A、B、C 的系数 a_i、b_i 和 c_i 没有物理意义，但指代系统整体。

在构建黑匣子模型的许多方法中，基于神经网络的方法必须提及。这样的网络可以模拟复杂和高度非线性系统，调节它们的参数（网络的权重）产生与输入相关的输出，其模拟实际系统的输入-输出关系。

实际上，分析模型和黑匣子模型之间的区别并不像看起来那样清晰。系统的复杂性常常使得难以编写精确描述其部件行为的方程式，而不能始终以所需精度了解参数的值。在这种情况下，模型是通过编写近似于系统响应的一般模式的方程来构建的，其中确定的参数使模型的响应尽可能接近于实际系统的响应。在这种情况下，所识别的参数丢失了与系统在概念上相链接的各个部分有关的物理意义，它们变成了系统的全局参数。

下文将主要描述分析模型，并将尝试将各种参数链接到系统的组件。

9.1.2 连续和离散模型

构成我们现实世界的对象或多或少都具有柔性，柔性体通常被建模为连续体，或者如果其行为被认为是线性的并且阻尼被忽略，则可作为线性弹性连续体。很明显，弹性连续体只是一个模型，因为从原子尺度上来讲，它没有实体，但是对于大多数通过结构动力学研究的对象，连续模型是足够的。

然后可以将弹性体视为由无限个点组成。一旦表示所有点的位移的向量函数是已知的，则可以从初始位置获得任何时间 t 的位置。点的位移是矢量，其中多个分量等于参考帧的维数。该矢量的分量通常取为每个点的自由度，因此变形体的自由度数量是无穷大的。相应的广义坐标可以作为空间和时间坐标的函数进行操作，通常直到合适的阶都是连续的和可微分的，而材料的特征由连续体占据的空间的整个部分的坐标函数定义。一般来说，这些函数不一定是连续的。

连续函数理论是处理可变形连续性的自然工具。描述车身各点位移的函数 $u(x,y,z,t)$ 相对于时间至少可微分两次，u' 是位移速度，u'' 则是加速度。

假设作用在车身上的力由函数 $f(x,y,z,t)$ 表示，运动方程一般可写为

$$D[u(x,y,z,\dot{x},\dot{y},\dot{z},t)] = f(x,y,z,t) \tag{9-2}$$

其中微分算子 D 完全描述了车身的行为。式（9-2）是偏导数微分方程，通常是非线性的，包含关于时间和空间坐标和速度的导数。

如果系统是线性的，则式（9-2）也是线性的，如果系统是保守的，并且不包含速度 $\dot{x}$、$\dot{y}$、$\dot{z}$ 形似如此的方程，须施加其他方程式用以表达边界条件和初始条件。

微分算子的实际形式可以通过直接求解动态平衡方程或通过写入动能和势能并使用拉格朗日方程获得。边界条件通常遵循几何考虑因素。

由于积分方程，特别是边界条件产生的困难，式（9-2）仅在少数情况下可以以闭合形式求解。

对于复杂系统，唯一可行的方法是离散化连续体，然后采用用于离散系统的方法。将特征为具有无限自由度的连续系统替代为具有大但有限自由度的离散系统，通常被称为离散化。这一步在解决实际问题中至关重要，因为结果的准确性在很大程度上取决于离散模型是否足以代表实际系统。

近代以来，开发了许多离散化技术，其目的是用偏导数微分运动方程（相对于时间和空间坐标的导数）代替一组仅包含相对于时间的导数的常微分方程。如此获得的方程组通常由等于离散系统自由度数的多个二阶方程组成。

当模型不全部是由二阶方程组成时（通常情况下它们是），可以通过使用多个辅助变量将其减小到一阶的一组方程。如果模型具有 n 个自由度（由 n 个广义坐标定义）并且由一组 n 个二阶方程组成，则需要 n 个辅助变量（通常是广义速度），所得到的模型由 $2n$ 个一阶方程组成。$2n$ 个变量（n 个广义坐标和 n 个广义速度）是系统的状态变量。包含状态变量的向量称为状态向量，通常用 z 表示。

如果在状态变量的导数中求解 $2n$ 个一阶方程的集合变量，或者以单位形式求解，则具有形式：

$$\dot{z} = f(z, t) \tag{9-3}$$

离散模型的最简单的方法是通过将其惯性特性集中在一定数量的刚体甚至材料点中，其弹性和阻尼特性在无质量的弹簧和阻尼器中集中。前几章中分析汽车动力学行为的模型大多属于这种类型，例如由方程式（9-1）表示的质量-弹簧-阻尼器模型。

因为一个点在三维空间有 3 个自由度，所以最明显的选择是使用被称为惯性坐标系的点的 3 个坐标作为广义坐标。刚体在三维现实世界中具有 6 个自由度。因此，广义坐标的合理选择是使用其中一个点（通常为质心）和旋转与位移的各 3 个分量。位移是一个向量，所以选择与位移相关的 3 个分量没有任何困难，但是对于与旋转相关的坐标来说，事情要复杂得多，如下文所见，可能有不同的选择。

如果不能忽略系统某些部件的柔性，则可采用有限元方法（FEM）。车身被分为多个区域，即有限元，以此与空间无穷小区域相区别，每个区域的变形形状通过作为元素的广义坐标的参数组成的空间坐标的多个函数的线性组合来近似。通常，空间坐标的这些函数（形状函数）非常简单，广义坐标具有物理意义，例如称为节点元素的某些点的广义位移，然后通过编写一组典型的离散系统的微分方程式进行分析。

9.1.3 分析和数值模型

一旦离散化模型并写入运动方程式，假设初始条件已经表述，对任何输入响应的研究都是没有困难的。一般的方法是使用许多可用的数值积分算法中的一对构成模型的普通微分方程进行数值积分。这样，从输入（或强制函数）的任意给定时间关系曲线图获得广义坐标（或状态变量）的时间关系曲线图。

这种方法（通常称为模拟或数值实验）等同于物理实验，其中系统经受给定条件并测量其响应。这种方法是广泛适用的，因为其可用于任何类型和复杂的模型。

允许计算对任何类型输入的响应。其局限性也很清楚：不能计算出系统的一般行为，只反映其对给定实验条件的响应。

如果模型复杂，或者具有难以进行数值积分的特征，则可能需要较长的计算时间（因而成本较高）。

其对参数值变化的影响的预测以许多不同模拟为代价。

如果模型可以简化为具有常数系数的一组线性微分方程，则可以获得运动方程的一般解。可以独立于其强迫函数研究系统的自由行为，并且可以使用诸如拉普拉斯或傅里叶变换之类的数学工具来获得频域或拉普拉斯域中的解。这些解决方案通常比时域中的解决方案更加方便。如上所述，这通常是可用于非线性系统的唯一解决方案。

获得一般结果的可能性使其方便通过适当的线性化技术写出线性模型，以便进行后续研究。只有对线性化模型的行为进行了深入了解之后才能进行非线性模型的研究。在处理非线性系统时，从简化的方法（如谐波平衡）开始，或在开始以数字方式积分方程之前寻找系列解决方案，更有助益。

9.2 汽车操纵稳定性计算

不足转向度 K 的物理意义是以让车辆保持等半径稳态行驶为目的的单位侧向加速度的增加量所需要的前轮转向角增加量。由于车辆的不足转向特性一般与速度有关，这种定义有一些小的误差。但这种定义易懂且便于计算。在车辆的不足转向性能设计中，一般可以忽略上述不大的误差。需要关注的是，前文定义是在稳态转向工况既车辆行驶速度和转向半径不变的状态下做出的。下文介绍如何计算最经常碰到的低侧向加速度范围行驶工况下不足转向度 K 的方法。

9.2.1 线性三自由度车辆操纵性模型及模型参数

图 9-1 所示为线性三自由度车辆操纵性模型，其中采用 SAE 操纵性坐标系统，Z 轴通过车辆总质心垂直向下，坐标原点 O 是 Z 轴与悬上质量侧倾轴线 $x'-x'$ 的交点，X 轴水平向前，Y 轴水平向右。三个自由度分别是横摆角速度 ω、质心偏离角 β、悬上质量侧倾角 φ。该模型适用于低侧向加速度范围，涉及的模型参数为：α_f、α_r 分别是前轴、后轴侧偏角；u 是车辆前驶速度；a、b 分别是车辆质心至前轴、后轴的距离；δ_{ref} 是前轴的参考转角；δ_f、δ_r 分别是前轴、后轴的变形转向角；F_{yf}、F_{yr} 分别是前轴、后轴的侧向力；C_{af}、C_{ar} 分别是前轴、后轴一侧轮胎的侧偏刚度；γ_f、γ_r 分别是前轴、后轴车轮的外倾角；C_{yf}、C_{yr} 分别是前轴，后轴一侧轮胎的外倾刚度；$E_{\varphi f}$、$E_{\varphi r}$ 分别是前轴、后轴侧倾转向系数；E_{yf}、E_{yr} 分别是前轴、后轴侧向力变形转向系数；E_{nf}、E_{nr} 分别是前轴、后轴回正力矩变形转向系数；m_{uf}、m_{ur} 分别是前轴、后轴悬下质量；m_{sf}、m_{sr} 分别是前轴、后轴悬上质量；$A_{T,f}$、$A_{T,r}$ 分别是前轴、后轴回正力矩；N_{af}、N_{ar} 分别是前轴、后轴一侧轮胎回正力矩刚度（侧偏角引起）；$N_{\gamma f}$、$N_{\gamma r}$ 分别是前轴、后轴一侧轮胎回正力矩刚度（车轮外倾引起）；$\Gamma_{\varphi f}$、$\Gamma_{\varphi r}$ 分别是前轴、后轴侧倾外倾系数；Γ_{yf}、Γ_{yr} 分别是前轴、后轴侧向力变形车轮外倾系数；Γ_{nf}、Γ_{nr} 分别是前轴、后轴回正力矩变形车轮外倾系数；h_f、h_r 分别是前轴、后轴侧倾中心高度；h_{uf}、h_{ur} 分别是前轴、后轴悬下质量质心高度；m_s 是车辆悬上质量；φ 是侧倾轴线倾角；h_s 是悬上质量质心至侧倾轴线的距离；$C_{\varphi f}$、$C_{\varphi r}$ 分别是前轴，后轴悬架侧倾角刚度；a_{ys} 是悬上质心的侧向加速度。

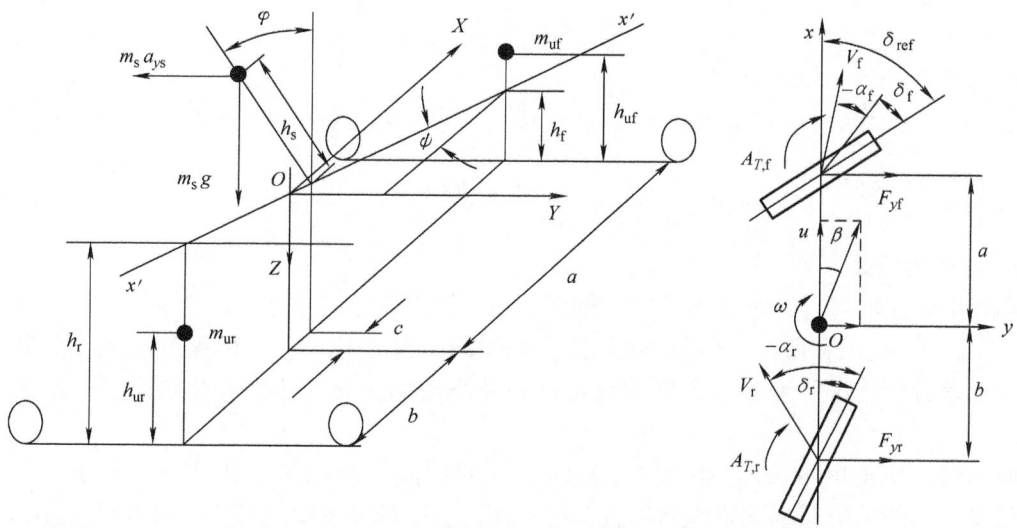

图 9-1 线性三自由度车辆操纵性模型

有关的模型公式如下:

$$\delta_{\text{ref}} = \delta_f - \alpha_f + \frac{u\beta + a\omega}{u} \tag{9-4}$$

$$\alpha_f = \frac{u\beta + a\omega}{u} + \delta_f - \delta_{\text{ref}} \tag{9-5}$$

$$\frac{-u\beta + b\omega}{u} = -\alpha_r - \delta_r \tag{9-6}$$

$$\frac{u\beta + b\omega}{u} - \delta_r = \alpha_r \tag{9-7}$$

$$F_{yf} = -2C_{af}\alpha_f + 2C_{\gamma f}\gamma_f \tag{9-8}$$

$$F_{yr} = -2C_{ar}\alpha_r + 2C_{\gamma r}\gamma_r \tag{9-9}$$

$$\delta_f = -E_{\varphi f}\varphi + E_{yf}\frac{m_{sf}(u\dot{\beta} + a\dot{\omega} + u\omega)}{2} - E_{nf}\frac{A_{T,f}}{2} \tag{9-10}$$

$$A_{T,f} = 2N_{af}\alpha_f + 2N_{\gamma f}\gamma_f \tag{9-11}$$

$$\gamma_f = \Gamma_{\varphi f}\varphi - \Gamma_{yf}\frac{m_{sf}(u\dot{\beta} + a\dot{\omega} + u\omega)}{2} + \Gamma_{nf}\frac{A_{T,f}}{2} \tag{9-12}$$

$$\delta_r = -E_{\varphi r}\varphi + E_{yr}\frac{m_{sr}(u\dot{\beta} - b\dot{\omega} + u\omega)}{2} - E_{nr}\frac{A_{T,r}}{2} \tag{9-13}$$

$$A_{T,r} = 2N_{ar}\alpha_r + 2N_{\gamma r}\gamma_r \tag{9-14}$$

$$\gamma_r = -\Gamma_{\varphi r}\varphi + \Gamma_{yr}\frac{m_{sr}(u\dot{\beta} - b\dot{\omega} + u\omega)}{2} - \Gamma_{nr}\frac{A_{T,f}}{2} \tag{9-15}$$

在稳态转向情况下,

$$\dot{\beta} = 0 \tag{9-16}$$

$$\dot{\omega} = 0 \tag{9-17}$$

$$\delta_f = -E_{\varphi f}\varphi + E_{yf}\frac{m_{sf}u\omega}{2} - E_{nf}\frac{A_{T,f}}{2} \tag{9-18}$$

$$\gamma_f = \Gamma_{\varphi f}\varphi - \Gamma_{yf}\frac{m_{sf}u\omega}{2} + \Gamma_{nf}\frac{A_{T,f}}{2} \tag{9-19}$$

$$\delta_r = -E_{\varphi r}\varphi + E_{yr}\frac{m_{sr}(u\omega)}{2} - E_{nr}\frac{A_{T,r}}{2} \tag{9-20}$$

$$\gamma_r = -\Gamma_{\varphi r}\varphi + \Gamma_{yr}\frac{m_{sr}(u\omega)}{2} - \Gamma_{nr}\frac{A_{T,f}}{2} \tag{9-21}$$

1. 车身侧倾的影响

当车辆向左转弯行驶时，车身向右侧倾，使右侧车轮相对于车身向上移动，左侧车轮向下移动。在SAE坐标系中，车身向右侧倾，侧倾角 φ 取正值。由于悬架导向机构和转向杆系的运动学特性，这种运动会引起车轮转角和外倾角的变化。这些变化会影响车辆的不足转向。

侧倾转向（Roll Steer）：测量侧倾转向特性的试验原理如图9-2所示。其中，车身固定，使支承车轮的地面绕车辆纵向垂直对称平面与水平地面的交线转动，转角即为车身侧倾角。同时测量车轮转向角和车身侧倾角，得到如图9-3所示的车轮转向角-车身侧倾角特性曲线。利用这些曲线计算侧倾转向系数（Roll Steer Coefficient）E_φ，也就是在0侧倾角时的曲线斜率，这是因为在低侧向加速度范围内所发生的侧倾角一般比较小。E_φ 的计算公式为

$$E_\varphi = \frac{\Delta\delta_R + \Delta\delta_L}{2\Delta\varphi} \tag{9-22}$$

式中，$\Delta\delta_R$、$\Delta\delta_L$ 分别是同一轴上右、左侧车轮的转向角增量；$\Delta\varphi$ 是车身侧倾角增量。注意图9-3中车轮转向角 δ 的符号，即在汽车向左转向行驶、侧倾角 φ 取正的情况下，规定向右的转向角 φ 取正。

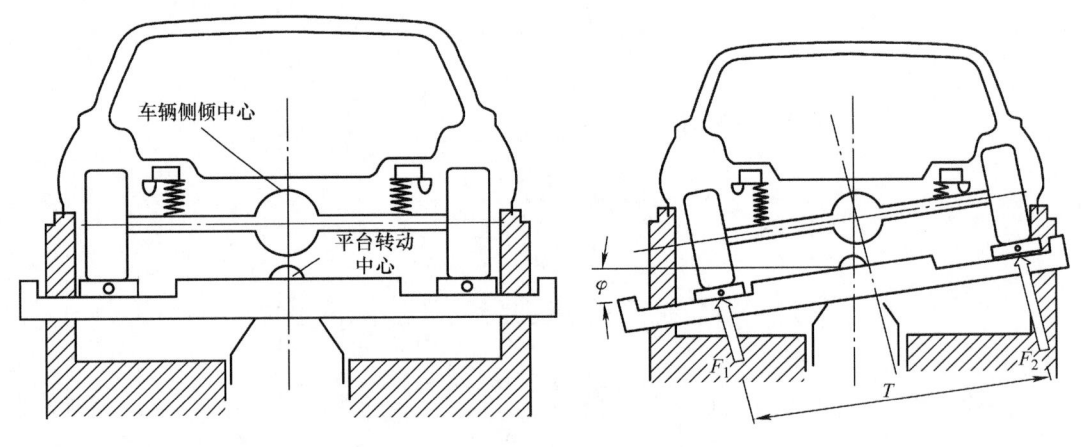

a) 可转动平台处于水平位置　　　　　　b) 可转动平台发生了转动

图9-2　测量侧倾转向特性的试验原理图

侧倾外倾（Roll Camber）：在车身发生侧倾时，由于悬架导向机构和转向杆系的运动学特性，车轮的外倾角一般也发生变化。车轮外倾角会引起一个侧向力（车轮外倾推力），它对车辆的不足转向有影响。在利用图9-2所示试验系统进行侧倾试验时，在测量车轮转向角和车身侧倾角的同时，还测量车轮外倾角，得到图9-4所示的车轮外倾角-车身侧倾角特性

曲线。利用这些曲线计算侧倾外倾角系数 Γ_φ，也就是在 0 侧倾角时的曲线斜率，这是因为在低侧向加速度范围内所发生的侧倾角一般比较小。Γ_φ 的计算公式为

$$\Gamma_\varphi = \frac{\Delta\gamma_R - \Delta\gamma_L}{2\Delta\varphi} \quad (9\text{-}23)$$

式中，$\Delta\gamma_R$、$\Delta\gamma_L$ 分别是同一轴上右、左侧车轮的外倾角增量；$\Delta\varphi$ 是车身侧倾角增量。注意图 9-4 中车轮外倾角 γ 的符号：车轮上端偏向车辆外侧为正，偏向内侧为负。

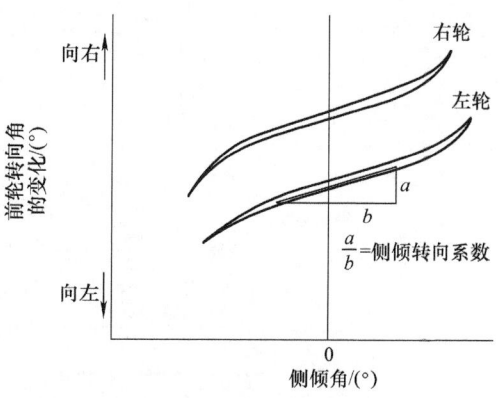

图 9-3　车轮转向角 - 车身侧倾角特性曲线

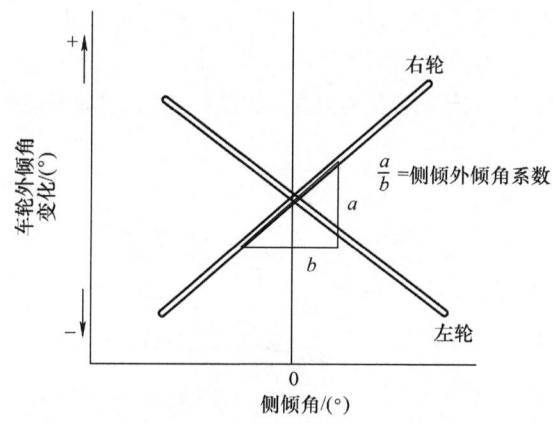

图 9-4　车轮外倾角 - 车身侧倾角特性曲线

2. 轮胎力的影响

车辆转向工况下，悬架和转向系统会承受来自地面作用在轮胎接地面上的侧向力。由侧向力造成弹性悬架和转向系统的车轮转向角和外倾角的变化，分别称为侧向力变形转向（Lateral Force Compliance Steer）和侧向力变形外倾（Lateral Force Compliance Camber）。

图 9-5 所示为用于测量侧向力变形转向和侧倾的试验原理，其中在浮动轮胎托盘上施加增量。注意图 9-6 中车轮转向角 δ 的符号，即在汽车向左转向行驶、侧向力指向左方的情况下，规定向右的转向角 δ 取正。

从图 9-7 中可以计算侧向力变形外倾系数 Γ_y，也就是在 0 侧向力时的曲线斜率

$$\Gamma_y = \frac{\Delta\gamma_R - \Delta\gamma_L}{2\Delta F_y} \quad (9\text{-}24)$$

式中，$\Delta\gamma_R$、$\Delta\gamma_L$ 分别是同一轴上右、左侧车轮的外倾角增量；ΔF_y 是在每个轮胎上的侧向力增量。注意图 9-7 中车轮外倾角 γ 的符号：车轮上端偏向车辆外侧为正，偏向内侧为负。

3. 轮胎回正力矩的影响

车辆转向工况下，轮胎接地面还会承受来自地面的回正力矩，该力矩会影响车轮的转向角使其变小。这些回正力矩作用在悬架和转向系统上。由回正力矩造成弹性悬架和转向系统的车轮转向角和外倾角的变化，分别称为回正力矩变形转向和回正力矩变形外倾。

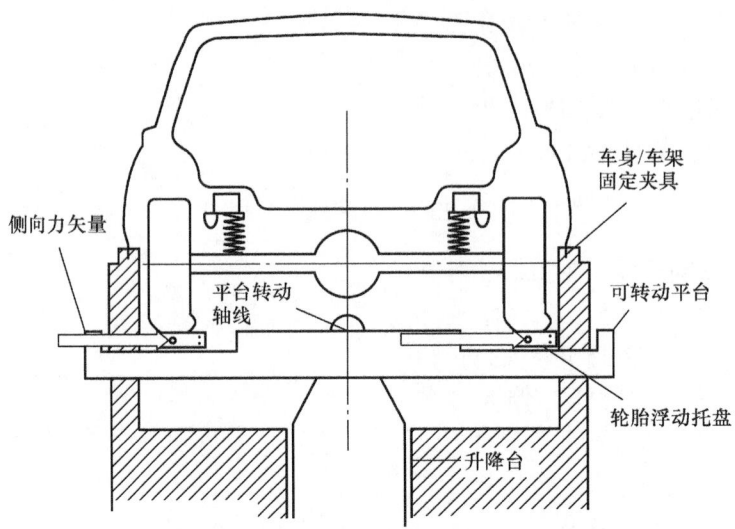

图 9-5　用于测量侧向力变形转向和侧倾的试验原理图

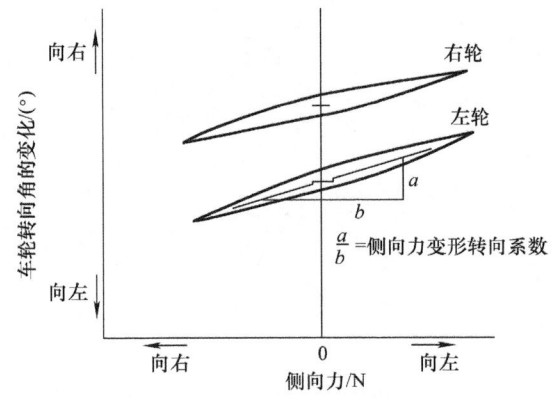

图 9-6　车轮转向角 – 侧向力特性曲线

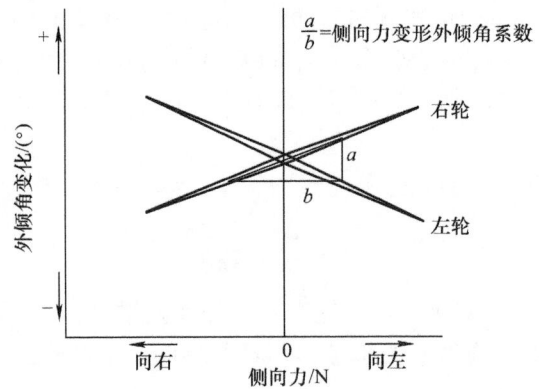

图 9-7　车轮外倾角 – 侧向力特性曲线

图 9-8 所示为用于测量回正力矩变形转向和侧倾的试验原理，其中在浮动轮胎托盘上施

加一个回正力矩 A_T，同时测量车轮转向角 δ 和外倾角 γ，获得车轮转向角 – 回正力矩特性曲线（图9-9）。虽然也可以获得车轮外倾角 – 回正力矩特性曲线，但由回正力矩引起的车轮外倾角对车辆不足转向的影响占比常可忽略，在此不对其进行研究。

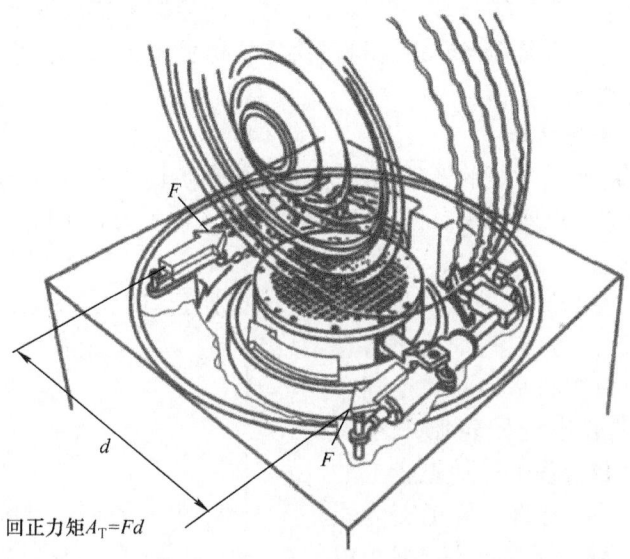

图 9-8　用于测量回正力矩变形转向和侧倾的试验原理图

在车辆行驶中，轮胎回正力矩是由轮胎侧偏角和外倾角所决定的。应该注意，车身侧倾和轮胎侧向力都会引起车轮外倾角的变化，从而对轮胎回正力矩造成影响。

从图 9-9 中可以计算回正力矩变形转向系数 E_n，也就是在 0 回正力矩时的曲线斜率

$$E_n = \frac{\Delta \delta_R + \Delta \delta_L}{2\Delta A_T} \tag{9-25}$$

式中，$\Delta \delta_R$、$\Delta \delta_L$ 分别是同一轴上右、左侧车轮的转向角增量；ΔA_T 是在每个轮胎上的回正力矩增量。注意图 9-9 中车轮转向角 δ 的符号，即在回正力矩方向为顺时针的情况下，规定向右的（顺时针的）转向角 δ 取正。

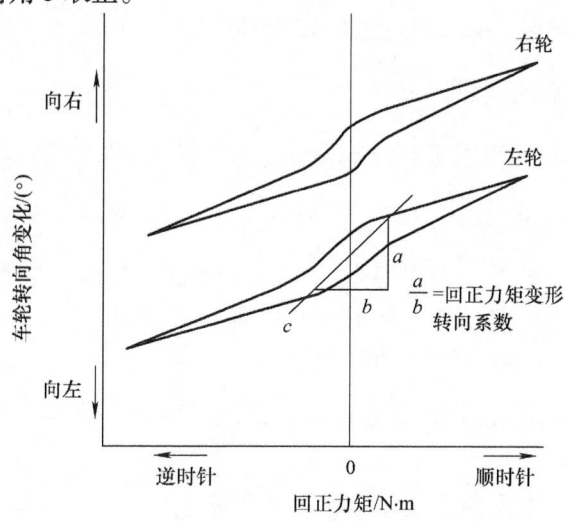

图 9-9　车轮转向角 – 回正力矩特性曲线

4. 车辆质量分布和轮胎侧偏刚度的影响

车辆质量在前、后轴上的分布直接决定车辆在转向行驶时前、后轴上需要发出的侧向力。为了产生这些侧向力，前、后轴轮胎需要产生的侧偏角对车辆的不足转向影响比较大。前轮侧偏角越大车辆越趋于直线行驶，既不足转向。而后轮侧偏角越大车辆转向加剧，既过多转向。作用于车轮的垂直载荷及其侧偏刚度决定了侧偏角的大小，垂直载荷越大，轮胎侧偏刚度越小，侧偏角就越大。

5. 刚体车身回正力矩转向

车轮上来自地面的回正力矩的整体作用会影响车辆使其脱离转向行驶，即有利于不足转向。但其影响不大，通常取刚体车身回正力矩转向 $D_{bA} = 0.25(°)/g$。

6. 侧倾刚度的测量

车辆侧倾刚度（Roll Stiffness）的单位是 $N \cdot m/(°)$。图9-2 示出进行侧倾刚度测量的原理图。其中车身固定，分别测量前、后悬架的侧倾刚度，然后把它们叠加起来得到车辆的侧倾刚度。在试验中旋转轮胎支承面（可转动平台），同时测量各个轮胎托盘上的正交力 F_1、F_2 把左、右轮胎上的正交力相减，得到正交力之差 $\Delta F = F_2 - F_1$，ΔF 乘以轮距 T 的一半就是侧倾力矩 M_φ：

$$M_\varphi = \Delta F \frac{T}{2} \quad (9\text{-}26)$$

图 9-10 所示为获得的侧倾力矩 – 侧倾角特性曲线。

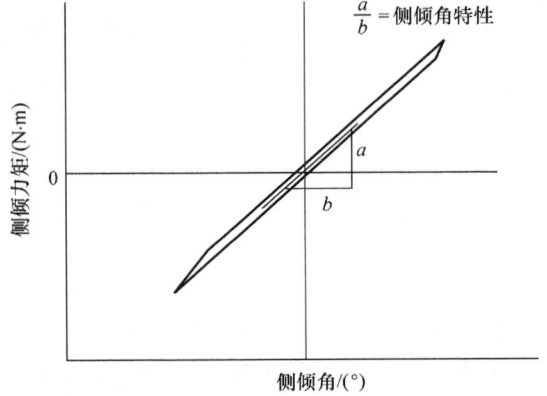

图 9-10　侧倾力矩 – 侧倾角特性曲线

从图 9-10 中可以计算侧倾刚度 K_φ，也就是在 0 侧倾角时的曲线斜率

$$K_\varphi = \frac{\Delta M_\varphi}{\Delta \varphi} \quad (9\text{-}27)$$

式中，ΔM_φ 为侧倾力矩增量；$\Delta \varphi$ 为车身侧倾角增量。

9.2.2　不足转向度 K 的计算

图 9-1、图 9-11 所示为考虑车辆悬架变形、侧倾特性的车辆转向模型。假设转向盘的转角为 δ_{SW}，转向系统的角传动比为 R_{st}，则得到一个前轮的参考转角 $\delta_{ref} = \dfrac{\delta_{SW}}{R_{st}}$。

在转向过程中，由于轮胎上的作用力、力矩（例如垂直力、轮胎侧偏力、回正力矩等）和悬架的运动，使车轮产生变形转角如图 9-1 和图 9-11 所示。

把式（9-4）和式（9-6）相加，得

$$\begin{aligned}\delta_{ref} - \delta_r - \alpha_r &= \delta_f - \alpha_f + \frac{u\beta + a\omega}{u} + \frac{-u\beta + b\omega}{u} \\ &= \delta_f - \alpha_f + \frac{L\omega}{u} = \delta_f - \alpha_f + \frac{L}{R}\end{aligned} \quad (9\text{-}28)$$

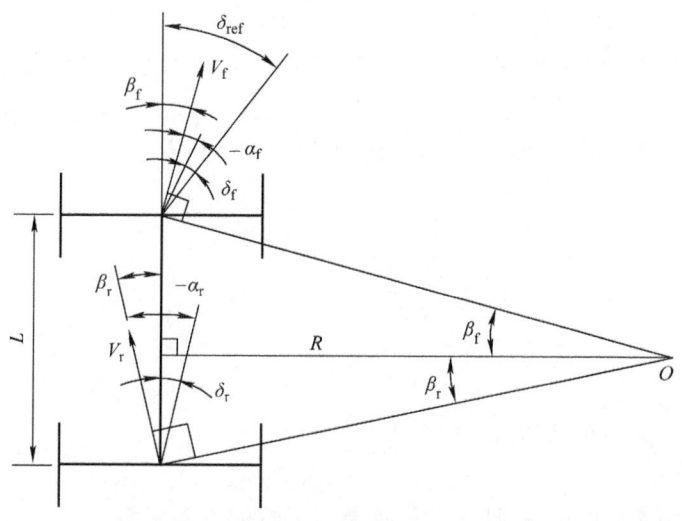

图 9-11 考虑转向柔度的车辆转向模型

$$\delta_{ref} = \delta_f - \alpha_f + \delta_r + \alpha_r + \frac{L}{R} \tag{9-29}$$

可以看出

$$Ka_y = \delta_f - \alpha_f + \delta_r + \alpha_r$$

$$K = \frac{\delta_f - \alpha_f + \delta_r + \alpha_r}{a_y} \tag{9-30}$$

在线性系统情况下,可以利用式(9-30)计算车辆的不足转向度。

下面介绍推导不足转向度 K 表达式的另外一种方法(图9-11)。前、后桥中心的速度分别为 V_f、V_r 它们的偏离角分别是 β_f、β_r,O 是瞬时转向中心,R 是转向半径。有如下关系式:

$$R\beta_r + R\beta_f = L \tag{9-31}$$

$$\beta_f + \beta_r = \frac{L}{R} \tag{9-32}$$

从图 9-11 可以看出

$$\beta_f = \delta_{ref} - \delta_f - (-\alpha_f) = \delta_{ref} - \delta_f + \alpha_f \tag{9-33}$$

$$\beta_r = (-\alpha_r) - \delta_r = -\delta_r - \alpha_r \tag{9-34}$$

把式(9-33)、式(9-34)代入式(9-32),得

$$\delta_{ref} - \delta_f + \alpha_f + (-\delta_r - \alpha_r) = \frac{L}{R} \tag{9-35}$$

$$\delta_{ref} = \delta_f - \alpha_f - (-\delta_r - \alpha_r) + \frac{L}{R} \tag{9-36}$$

$$\delta'_{ref} = \delta'_f - \alpha'_f - (-\delta'_r - \alpha'_r) \tag{9-37}$$

对式(9-1)相对于侧向加速度 a_y 求导数,得

$$\delta'_{ref} = \left(\frac{L}{R}\right)' + Ka'_y = K \tag{9-38}$$

所以

$$K = \delta'_f - \alpha'_f - \beta'_r = \delta'_f - \alpha'_f - (-\delta'_r - \alpha'_r) \tag{9-39}$$

应该注意，在对式（9-1）、式（9-36）相对于侧向加速度 a_y 求导数时都利用到了转向半径 R 固定不变这个条件，即认为车辆进行固定半径 R 行驶。

定义两个参数，即前转向柔度 D_f 和后转向柔度 D，其中

$$D_f = \frac{d(\delta_f - \alpha_f)}{da_y} = \delta'_f - \alpha'_f \tag{9-40}$$

$$D_r = \frac{d\delta_r}{da_y} = -\delta'_r - \alpha'_r \tag{9-41}$$

因此

$$K = D_f - D \tag{9-42}$$

在稳态转向时，侧向加速度 a_y 为

$$a_y = \omega\mu \tag{9-43}$$

式中，ω 是车辆的横摆角速度；μ 是汽车前进速度。它们都是常数。

9.3 汽车结构动力学设计

现实中的汽车结构是在自身动力或外部激励作用下处于运动状态，从而表现出振动特性。因此，考虑车辆的动态特性在汽车设计、评估中是极其必要的。

汽车底盘车架作为车辆的基体，一方面要支承车身等基础构件，另一方面则是经过悬架装置与车轮相连，通过车轮来接受不同道路系统的各种激励。当汽车的行驶路况不平坦时，随着车速和路况行驶条件的变化，车架主要承受对称的垂直动载荷和非对称的动载荷。对车架的动态分析的主要原因有如下几个方面：

1）降低车辆行驶中的共振影响，减少噪声的产生、确保车辆行驶的安全性，需要知道结构振动的固有频率及其相应的振型。

2）若车辆内某些结构由于外部激励产生共振现象，则会引起较大动应力，造成早期疲劳破坏或产生不允许的变形。

3）单一零部件的变形会影响车辆整体，进而影响到更多零部件，加速汽车构件的损坏，驾驶人的疲劳程度也会因为噪声的增加而增加，从而减少有效的工作时间。

不管汽车底盘各个零部件结构多么复杂，其动态分析也不外乎如下的分析步骤：

1）进行结构的振动模态特征预先估计、理论方法的选择，包括系统的频响函数的分析。

2）进行结构的有限元模型建立，包括结构动态特性分析的初始参数确定。

3）用相应的计算分析软件对结构的振动模态特征、振动响应进行有限元仿真计算分析，考虑弯曲振动、扭转振动和弯扭耦合振动。

4）通过结构动态优化设计，得到一个具有良好动特性的产品设计方法。即根据结构的功能要求选择设计参数的初值，并据此结构的振动模态特征、振动响应的仿真计算结果，进行结构振动特征、结构参数的优化。

5）结构的动态响应试验分析，包括实验室分析和现场工作状态分析。

9.3.1 振动模态分析的基本理论及方法

1. 模态分析的定义

模态是机械结构的固有振动特性，每一个模态都具有特定的固有频率、阻尼比和模态振型。模态分析是确定结构振动特性（固有频率和振型）的一种技术，它的经典定义是：将线性定常系统振动微分方程组中的物理坐标变换为模态坐标，将方程组解耦，成为一组以模态坐标及模态参数描述的独立方程，从而降低系统的模态参数的计算难度。坐标变换的变换矩阵为模态矩阵，其每列为模态振型。

模态分析分为两类，计算模态分析和试验模态分析。前者参数的分析过程由有限元计算的方法取得的；后者则是通过试验将采集的系统输入与输出信号经过参数识别获得。

2. 多自由度系统模态分析理论基础

（1）基本概念

设多自由度系统有 N 个自由度，并假设系统是线性，定常数的，力学模型如图 9-12 所示，其运动微分方程为

$$M\ddot{X} + C\dot{X} + KX = F \tag{9-44}$$

式中，M 为系统的质量阵，是实系数正定对称阵；K 为系统的刚度阵，对约束系统是正定对称，对有刚体运动的自由系统则是半正定的；C 为系统的阻尼矩阵，当阻尼为比例阻尼时，C 为对称矩阵；X 为系统各点的位移向量（响应），$X = [x_1, x_2, \cdots, x_N]^T$；$F$ 为系统各点的激励向量（力），$F = [f_1, f_2, \cdots, f_N]^T$。

前面 3 个矩阵均为 $N \times N$ 阶矩阵。

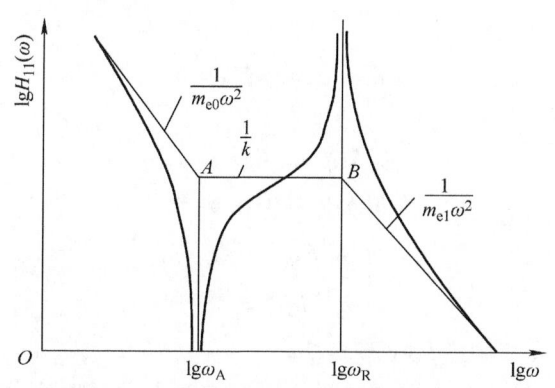

图 9-12 两自由度系统的 $H_{11}(\omega)$ 幅频图

式（9-44）是系统的物理坐标 X、$\dot{X}$、$\ddot{X}$ 描述的一组耦合运动方程组。

由上一节分析可知，对式（9-44）进行傅里叶变换可得到系统在频域中的运动微分方程

$$(K - \omega^2 M + j\omega C)X(\omega) = F(\omega) \tag{9-45}$$

可以看出，式中 $(K - \omega^2 M + j\omega C)$ 是阻抗矩阵，而其倒数即为传递函数矩阵。

由振动理论知，对线性时不变系统，系统的任一点响应均可表示为各阶模态的响应的线性组合。因此可对 l 点的响应写成线性组合形式：

$$x_l(\omega) = \varphi_{l1}q_1(\omega) + \varphi_{l2}q_2(\omega) + \cdots + \varphi_{lN}q_N(\omega) = \sum_{r=1}^{N}\varphi_{lr}q_r(\omega) \qquad (9\text{-}46)$$

式中,φ_{lr} 为第 l 个测点第 r 阶模态的振型系数。

由 N 个测点的振型系数所组成的列向量为

$$\boldsymbol{\Phi}_r = \{\varphi_1, \varphi_2, \cdots, \varphi_N\}_r^T \qquad (9\text{-}47)$$

它称为第 r 阶模态向量,反映了该阶模态的振动形状。由各阶模态向量组成的矩阵称为模态矩阵,记为

$$\boldsymbol{\Phi} = [\boldsymbol{\phi}_1 \quad \boldsymbol{\phi}_2 \quad \cdots \quad \boldsymbol{\phi}_r \quad \cdots \quad \boldsymbol{\phi}_N] \qquad (9\text{-}48)$$

式(9-46)中 $q_r(\omega)$ 称为第 r 阶模态坐标。

$q_r(\omega)$ 的物理意义:总体响应中各阶模态的占比。

$q_r(\omega)$ 的数学意义:加权系数。

它与激励频率有关,各阶模态在响应中的占比(或权系数)不同,一般低阶模态的权系数或贡献相比高阶模态较大。

由式(9-46)和式(9-48)可得系统的响应列向量为

$$X(\omega) = \boldsymbol{\Phi}Q = [\boldsymbol{\phi}_1 \quad \boldsymbol{\phi}_2 \quad \cdots \quad \boldsymbol{\phi}_N]\{q_1, q_2, \cdots, q_N\}_{N\times 1}^T \qquad (9\text{-}49)$$

将式(9-49)代入式(9-45)得

$$(K - \omega^2 M + j\omega C)\boldsymbol{\Phi}Q = F(\omega) \qquad (9\text{-}50)$$

对此式可分别考虑无阻尼情况和有阻尼情况进行讨论。

(2)无阻尼自由振动

$$(K - \omega^2 M)\boldsymbol{\Phi}Q = 0 \qquad (9\text{-}51)$$

对第 r 阶模态,有

$$(K - \omega_r^2 M)\boldsymbol{\phi}_r = 0$$

模态正交性表示为

$$\boldsymbol{\phi}_s^T M \boldsymbol{\phi}_r = 0, r \neq s \qquad (9\text{-}52)$$

$$\boldsymbol{\phi}_s^T K \boldsymbol{\phi}_r = 0, r \neq s \qquad (9\text{-}53)$$

$$\begin{cases} \boldsymbol{\phi}_r^T K \boldsymbol{\phi}_r = K_r \\ \boldsymbol{\phi}_r^T M \boldsymbol{\phi}_r = M_r \end{cases} \qquad (9\text{-}54)$$

式中,K_r 与 M_r 为第 r 阶模态刚度及模态质量。

它们不是矩阵,而是某个数。不同的模态刚度与模态质量对应着不同的模态,它们是模态参数。

对一定的模态,模态刚度与模态质量与模态向量 $\boldsymbol{\phi}_r$ 的归一化(或正则化)方法有关。

模态向量只表示振动形状而与振幅大小无关,因为它可用不同的比例因子来归一化。因此,对式(9-52)讨论其具体数值是没有多大意义的。

模态频率由下式得到

$$\omega_r^2 = K_r / M_r \qquad (9\text{-}55)$$

① 概念。

模态具有正交性。式(9-52)~式(9-54)是模态正交性条件。

主模态——一个无阻尼系统的各阶归一化后的模态称主模态(正则化后的模态叫正则

模态）。

主空间——各阶主模态向量所张成的空间称为主空间。

主坐标——主模态对应的模态坐标称为主坐标。

② 对模态正交性解释。

数学上，两个矢量在空间上正交，则彼此成为90°，互相之间投影为零，即互相独立。

模态正交的物理意义为：r 阶模态的惯性力（$\omega^2 \boldsymbol{\phi}_r M$）对 s 阶模态位移（$\boldsymbol{\phi}_s$）所做的功为零。

③ 解耦。

$$\boldsymbol{\Phi}^{\mathrm{T}}(K - \omega^2 M)\boldsymbol{\Phi} Q = 0$$

或写成

$$([K] - \omega^2 [M])Q = 0 \qquad (9\text{-}56)$$

式中，$[M]$、$[K]$ 为对角阵；Q 为模态坐标。

可见，式（9-56）是非耦合的方程组，其求解就变成了由每一个方程计算模态。

在计算中，由于归一化形成不同，模态坐标向量 Q 仅是个相对值。

④ 正则化。

如果对模态向量进一步归一化，即令

$$\widetilde{\boldsymbol{\Phi}} = \frac{1}{\sqrt{M_r}}\boldsymbol{\Phi} \qquad (9\text{-}57)$$

则称为正则模态向量（也称为加权模态向量），这种归一化也称为正则化。

对应的质量矩阵 M 和刚度矩阵 K 对正则模态向量的正交性条件为

$$\widetilde{\boldsymbol{\Phi}}_r^{\mathrm{T}} M \widetilde{\boldsymbol{\Phi}}_s = \begin{cases} 0, & r \neq s \\ 1, & r = s \end{cases} \qquad (9\text{-}58)$$

$$\widetilde{\boldsymbol{\Phi}}_r^{\mathrm{T}} K \widetilde{\boldsymbol{\Phi}}_s = \begin{cases} 0, & r \neq s \\ \omega_r^2, & r = s \end{cases} \qquad (9\text{-}59)$$

由上述公式可见，模态向量按式（9-57）正则化，则模态质量为1，模态刚度则为 ω_r^2，正则化更方便于计算。

（3）比例阻尼振动

比例阻尼满足下面条件

$$C = \alpha M + \beta K \qquad (9\text{-}60)$$

式中，α、β 为比例系数。

由于质量矩阵 M 与刚度矩阵 K 均为对称矩阵，且为实数矩阵，故比例阻尼矩阵 C 也为对称实数矩阵，亦满足解耦条件。正交性条件为

$$\widetilde{\boldsymbol{\Phi}}_s^{\mathrm{T}} C \widetilde{\boldsymbol{\Phi}}_s = \begin{cases} 0, & r \neq s \\ C_r, & r = s \end{cases} \qquad (9\text{-}61)$$

式中，C_r 为模态阻尼，它亦是一个数，而非矩阵。它与一定模态及模态向量归一化方法有关，亦为模态参数。

由此对式（9-50）左乘 $\boldsymbol{\Phi}^{\mathrm{T}}$ 得

$$\boldsymbol{\Phi}^{\mathrm{T}}(K - \omega^2 M + \mathrm{j}\omega C)\boldsymbol{\Phi} Q = \boldsymbol{\Phi}^{\mathrm{T}} F(\omega)$$

考虑到正交性条件，有

$$(K - \omega^2 M + j\omega C)Q = F \tag{9-62}$$

式中，M、K、C 为对角阵。

对第 r 阶模态，则有

$$(K_r - \omega^2 M_r + j\omega C_r)q_r = F_r \tag{9-63}$$

式中，$F_r = \phi_r^T F(\omega)$。

9.3.2 结构响应分析的基本理论及方法

当路面通过车轮激励底盘结构、发动机工作激励底盘结构时，可将底盘的响应分为两部分：强迫响应、瞬态响应。由于底盘结构是弹性体，一般也存在阻尼，所以在正常的响应分析中，瞬态响应不能明显地体现出来，甚至会很快消失。

为了能够充分分析瞬态响应的特性，通常对结构进行瞬态分析，以查看结构在时域的变化情况；而对结构进行强迫响应分析，以查看结构在频率域的变化情况。

用计算机软件进行分析时，瞬态分析是时间历程分析，可以施加一个简谐周期时间段上变化的载荷，计算出结构在这个时间段上的响应，用载荷函数表示简谐载荷加载就可以了。这种方法得到结构（或结构上某点）在载荷作用下位移（或应力）随时间变化的规律。

在使用计算机软件进行结构分析时，谐响应分析是进行频率段扫描，也就是说分析它在一个频率范围内的响应，可以得到在各个频率下的位移（或应力）响应。

1. 结构响应分析的基本理论

谐响应分析的动力方程为

$$M\ddot{X} + C\dot{X} + Kx = F \tag{9-64}$$

系统在简谐激励的作用下，系统上所有节点的运动频率相同，相位不同。因此，其位移可以表示为

$$x = x_{\max} e^{i\varphi} e^{i\omega t} \tag{9-65}$$

式中，φ 为相位差；$x_{\max}$ 为节点的最大位移。

把式（9-65）表示为复数的形式为

$$x = x_{\max}(\cos\varphi + i\sin\varphi)e^{i\omega t} \tag{9-66}$$

同样地，激励力也可以表示为

$$F = F_{\max} e^{i\varphi} e^{i\omega t} = x_{\max}(\cos\varphi + i\sin\varphi)e^{i\omega t} \tag{9-67}$$

式中，$F_{\max}$ 为激励力的振幅；φ 为相位。

将式（9-65）和式（9-67）代入式（9-64），可得

$$(-\omega^2 M + i\omega C + K)\{x_{\max}(\cos\varphi + i\sin\varphi)\}e^{i\omega t} = \{F_{\max}(\cos\varphi + i\sin\varphi)\}e^{i\omega t} \tag{9-68}$$

将上式两端同时消去 $e^{i\omega t}$ 得

$$(-\omega^2 M + i\omega C + K)\{x_{\max}(\cos\varphi + i\sin\varphi)\} = \{F_{\max}(\cos\varphi + i\sin\varphi)\} \tag{9-69}$$

把

$$x_1 = x_{\max}\cos\varphi,$$
$$x_2 = x_{\max}\sin\varphi,$$
$$F_1 = F_{\max}\cos\varphi,$$
$$F_2 = F_{\max}\sin\varphi$$

代入上式得

$$(K + i\omega_0 C - \omega_0^2 M)(x_1 + ix_2) = F_1 + iF_2 \tag{9-70}$$

对于上式的求解，采用完全法时，可将上式简化为

$$k_c x_c = F_c \tag{9-71}$$

式中，下标 c 表示复矩阵或者向量。

采用与静态分析相同的解法直接对上式进行求解，即可获得结构各个节点的响应位移。

2. 常用的分析方法

瞬态动力学分析与谐响应分析都可采用 3 种方法：完全（Full）法、模态叠加法和缩减（Reduced）法。

（1）完全法

完全法采用完整的系统矩阵计算瞬态响应，包括塑性、大变形、大应变等各类非线性特性。

完全法的优点是：易用，主自由度或振型不用自己选择；不涉及质量矩阵近似；所有的位移和应力一次分析就能得到；允许施加所有类型的载荷：节点力、外加的（非零）位移和单元载荷（压力和温度），还允许通过 Table 数组参数指定边界条件；允许在实体模型上施加的载荷。

完全法的缺点是：花费较大。

（2）模态叠加法

模态叠加法通过对模态分析得到的振型（特征值）乘上因子并求和来计算结构的响应。

模态叠加法的优点是：相较于缩减法和完全法处理时间更短、花费更小；允许考虑模态阻尼（阻尼比作为振型的函数）；

模态叠加法的缺点是：瞬态分析过程中必须保持恒定时间步长；唯一允许的非线性是简单的点点接触（间隙条件）；不能施加强制位移（非零）位移。

（3）缩减法

缩减法通过采用主自由度及缩减矩阵压缩问题规模。

缩减法的优点是：相较于完全法处理时间更短花费更小；允许施加加速度。

缩减法的缺点是：要得到完整空间上的位移、应力和力，需要进行扩展计算；不能施加单元载荷（压力、温度等），所有载荷必须加在用户定义的主自由度上（限制在实体模型上施加载荷）；瞬态分析过程中必须保持恒定时间步长；唯一允许的非线性是简单的点一点接触（间隙条件）。

9.4　汽车结构轻量化设计

轻量化设计是一个多层级的过程，即在概念化及其实现的不同回路中要进行多次的循环反复。大多使用迭代的方式，将已有的经验知识引入到方案设计中。仿生学在造型、拓扑和构造等方面都给轻量化设计指明了方向。

下面给出轻量化设计中应遵循的一些参考要点。

1）尽量直接的力导入与力平衡。设计中应使受力直接导入到主承载结构上。如果采用偏转或者回转设计，通常会因其复杂应力状态导致承载效果不佳，其结果是冗余的结构，示

例如图 9-13 所示。

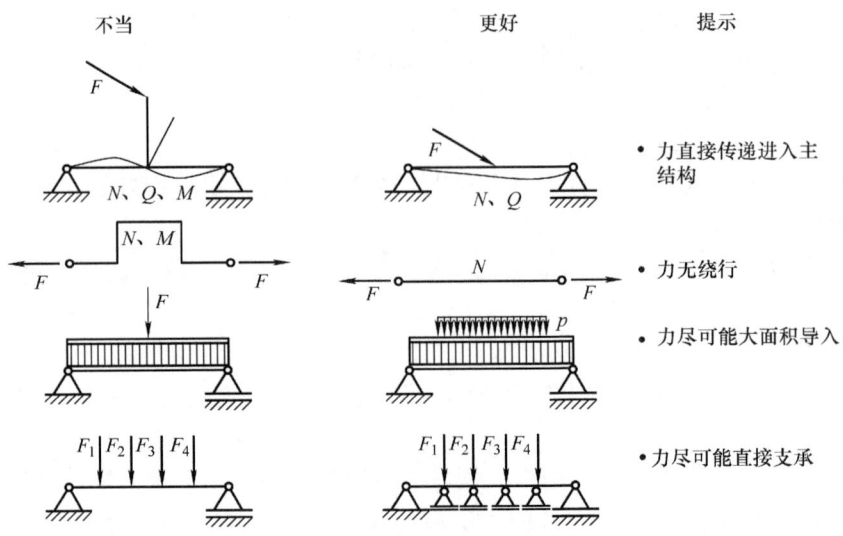

图 9-13　支承结构中典型的力导入问题

应多采用对称的设计，其好处是可利用结构内部力平衡。在如杆和梁等纯支承性设计中，这样的方式会使得剪切力场设计得到更好的利用。在型材的设计中也是一样，闭口型材比开口型材可承受更高的载荷，而产生的变形则小得多。这一点适用于各种几何形状的横截面。总的原则是设计结构或型材应是封闭的，至少也是可分割的，如图 9-14 所示。

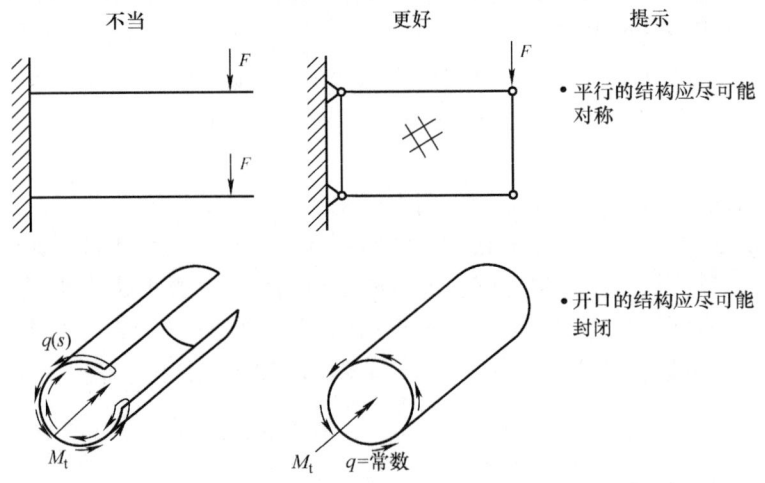

图 9-14　支承结构与截面的典型力平衡问题

2）尽量大的截面二次矩与阻力矩。在承受弯曲、扭转和压弯载荷的设计中，应在尽可能小的面积上实现大的截面二次矩与阻力矩，即达到尽量大的剖面形状因子。这种做法是将较多的材料从结构中心移开，并将其设置在外部的高承载区域。图 9-15 所示为设计的步骤，即从实心横截面到空心横截面以及到三明治横梁的设计过程。

空心型材的截面二次矩通常比实心横截面的高出很多。其所受到的局限是，结构的尺寸需有规律地放大，但自重要降低。通过采用适当的型芯结构，可以使得三明治结构设计很好

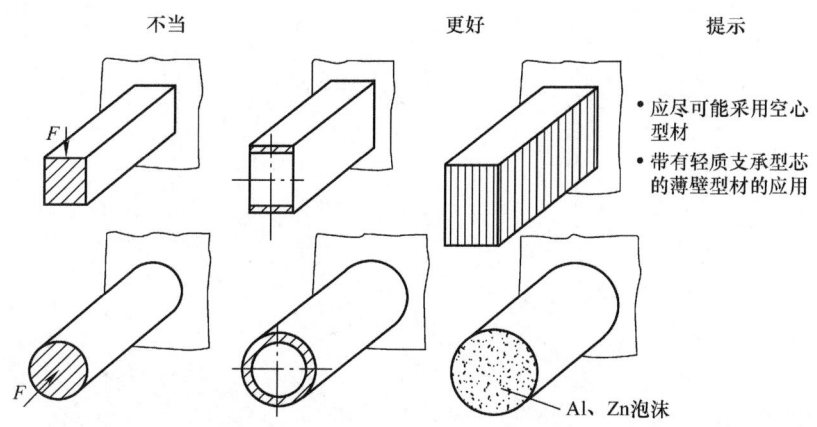

图 9-15 大剖面形状因子的横截面

地适应于受控载荷的类型，结构化型芯的抗弯刚度要比均匀化型芯的抗弯刚度高出约 4 倍。

3）轻盈的结构。带有加强肋的或下弦杆的支承结构、三明治结构的刚度通常都比实心支承结构的刚度要高出很多，可良好地完成轻量化的目的。图 9-16 所示为通过加强肋或下弦杆加固的平板、网格板和疙瘩板实现结构的轻量化设计。

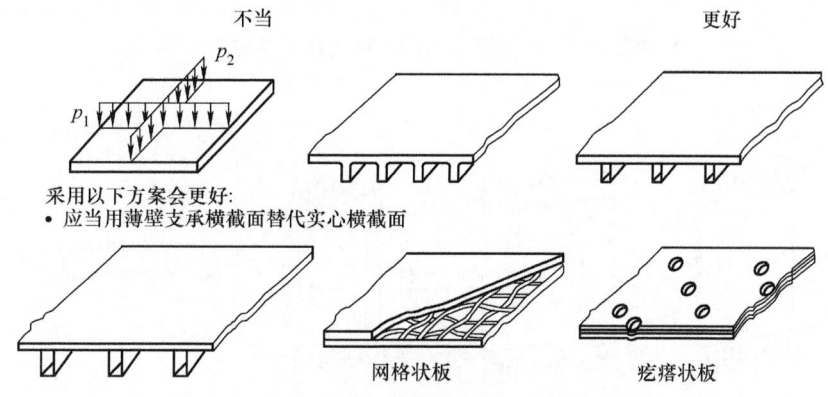

图 9-16 用肋或者横梁来增加板的刚度

4）利用曲率的自然支承作用。可通过预弯曲设计增加直盘或直板得截面二次矩，并提高其抗弯刚度、压弯刚度和翘曲刚度，消除不稳定的趋势，如图 9-17 所示。

5）在主承载方向进行有针对性的加固设计。有针对性地引入正交各向异性或者各向异性设计可提高构件在确定方向上的刚度。利用设计或者材料力学上的各向异性，以提高结构的承载能力和不稳定极限，如图 9-18 所示。

还可以通过不同的板材厚度（如拼焊板与拼焊管）来增加刚度，如采用激光焊接的方法将不同厚度与质量的板材焊接在一起，并一起加工成形，通过这种方法可加工出空心型材（如液压成形）与大的平面构件，如图 9-19 所示。

另外，还可以采用增强刚度的材料组合，如钢-铝型材/板材/复合（激光轧制转换接头）。这里所采用的连接技术为有针对性的表面堆焊与挤压。成形有机板，也称为热塑性纤维复合塑料，采用玻璃纤维、碳纤维或者芳纶纤维的单一方向连续纤维，也具有很好的应用前景。

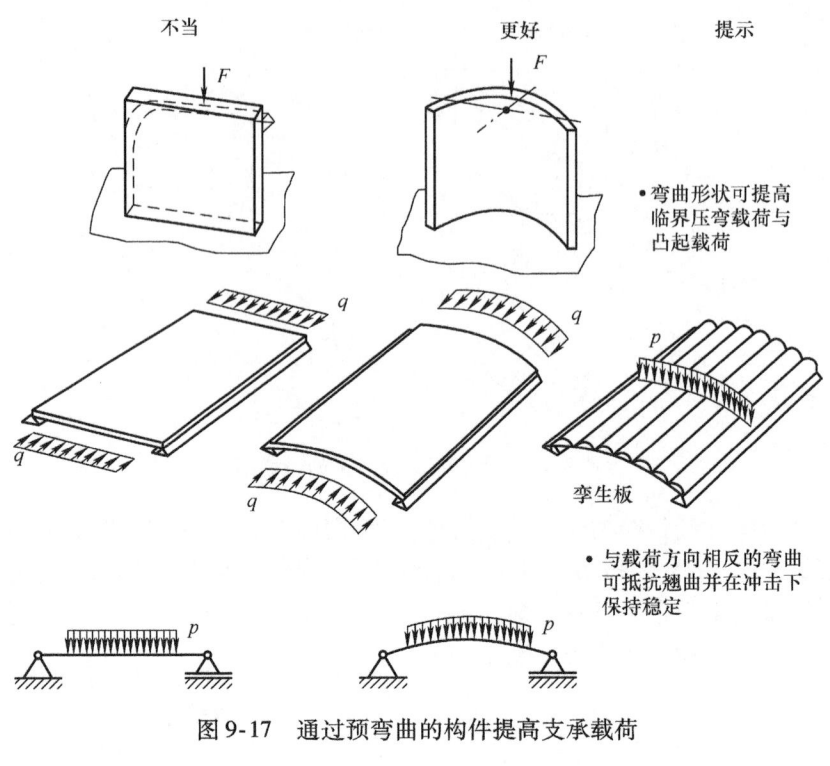

图 9-17　通过预弯曲的构件提高支承载荷

图 9-18　有针对性地加强刚度的构件

6)优先遵循集成化原则。轻量化设计结构应由尽量少的构件组成。连接多个单一构件需要繁多的连接工作和材料消耗,可能会使其可靠性降低或是导致装配困难。

采用这种方法的优点是可以节省材料、提升结构的安全性能、减少加工量,但模具的成本会更高(图9-20)。

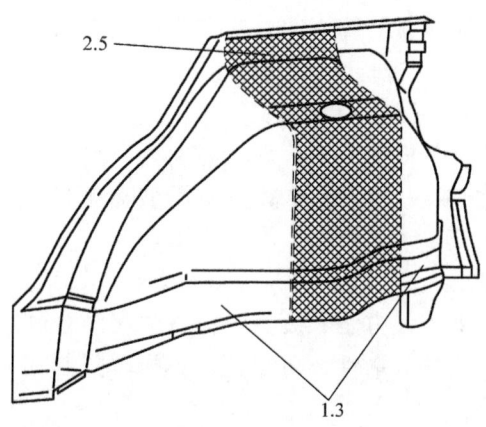

图9-19 在乘用车车轮外罩壳上通过板厚变化和几何尺寸的配合的平面加固方式

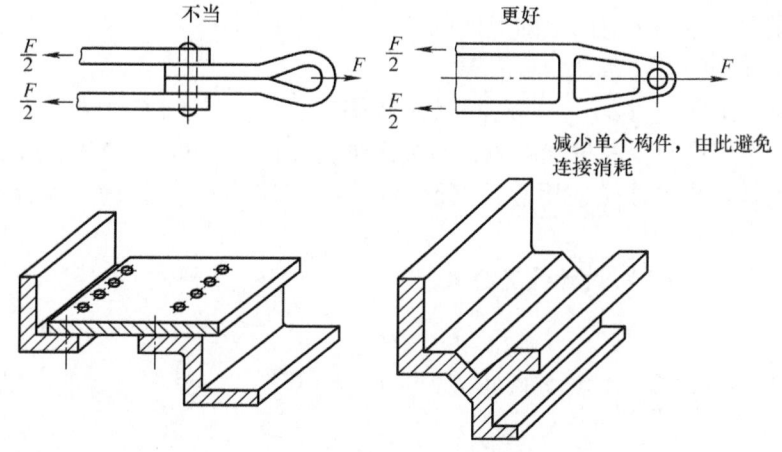

图9-20 将多个单一构件集成为整体式结构件

9.5 汽车结构抗疲劳和可靠性设计

9.5.1 零部件的抗疲劳设计方法

抗疲劳设计方法大致可分为以下4种:

(1)名义应力疲劳设计法

主要设计依据为$S-N$曲线,基本设计参数为名义应力的抗疲劳设计法称为名义应力疲劳设计法,分为如下两种方法:

1)无限寿命设计法:要求零部件使用永不破坏,主要的设计依据是疲劳极限,即$S-N$

曲线的水平部分。

2) 有限寿命设计法：又称安全寿命设计法，要求零部件在一定的使用期限内不破坏，主要设计依据是 $S-N$ 曲线的斜线部分。

(2) 局部应力应变分析法

一种基于低周疲劳的疲劳寿命估算方法，应变集中处的局部应变和局部应力为其基本设计参数。

(3) 损伤容限设计法

一种基于断裂力学的抗疲劳设计方法。承认材料内有初始缺陷是这种设计方法的前提思想，并把这种初始缺陷看作裂纹，根据材料在使用载荷下的裂纹扩展性质，估算其剩余寿命。

(4) 疲劳可靠性设计法

又称概率疲劳设计，概率统计方法和疲劳设计方法相结合的产物。其考虑了载荷、材料疲劳性能和其他疲劳设计数据的分散性，可以把破坏概率限制在一定的范围之内，设计精度比其他抗疲劳设计方法高。

1. 无限寿命设计法的基本概念

无限寿命设计法的出发点是，零件在低于疲劳极限的应力下具有无限寿命，零件能够长期安全使用。该方法适用于地面上的民用机械。

无限寿命设计法的设计条件：

等幅加载时，工作应力 $\sigma_{\max} < \sigma_{-1}$（疲劳极限），变幅、交变应力中，可忽略超过疲劳极限数值不大、作用次数少的过载应力，而按作用次数较多的最大交变应力 $\sigma_{\max} < \sigma_{-1}$（疲劳极限）进行设计。该方法是先用静强度设计确定出零件尺寸，再用其设计条件进行疲劳强度校核。

2. 对称循环 ($R = -1$) 设计计算公式

(1) 强度条件

$$n_\sigma = \frac{\sigma_{-1D}}{\sigma_a} = \frac{\sigma_{-1}}{(K_{\sigma D}\sigma_a)} \geq [n]（正应力），n_\tau = \frac{\tau_{-1D}}{\tau_a} = \frac{\tau_{-1}}{(K_{\tau D}\tau_a)} \geq [n]（切应力）$$
(9-72)

式中，n_σ、n_τ 为工作安全系数；σ_a、τ_a 为应力幅；σ_{-1D}、τ_{-1D} 为对称循环下的零件疲劳极限；σ_{-1}、τ_{-1} 为对称循环下的材料疲劳极限；$[n]$ 为许用安全系数；$K_{\sigma D}$、$K_{\tau D}$ 为对称循环下零件疲劳降低系数。

(2) $K_{\sigma D}$、$K_{\tau D}$ 的表达式

表达式表示为

$$K_{\sigma D} = \frac{K_\sigma}{\varepsilon} + \frac{1}{\beta_1} - 1（正应力）$$

$$K_{\tau D} = \frac{K_\tau}{\varepsilon_\tau} + \frac{1}{\beta_{1\tau}} - 1（切应力）$$
(9-73)

式中，K_σ、K_τ 为疲劳缺口系数；ε、ε_τ 为尺寸系数；β_1、$\beta_{1\tau}$ 为表面加工系数。

3. 简单的非对称循环 ($R = $ 常数) 设计计算公式

(1) 简单非对称循环下的强度条件

当极限应力线用直线形式时，使用以下强度条件：
正应力

$$n_\sigma = \frac{\sigma_{aD}}{\sigma_a} = \frac{\sigma_{-1}}{K_{\sigma D}\sigma_a + \varphi_\sigma \sigma_m} \geqslant [n] \tag{9-74a}$$

切应力

$$n_\tau = \frac{\tau_{aD}}{\tau_a} = \frac{\tau_{-1}}{K_{\tau D}\tau_a + \varphi_\tau \tau_m} \geqslant [n] \tag{9-74b}$$

式中，σ_{aD}、τ_{aD} 为应力比为 R 时零件的疲劳极限幅值；σ_m、τ_m 为材料（试样）的平均应力；φ_σ、φ_τ 为平均应力折算系数。

（2）平均应力折算系数
平均应力折算系数的计算公式如下：

$$\varphi_\sigma = (2\sigma_{-1} - \sigma_0)/\sigma_0 \approx \sigma_{-1}/\sigma_f \tag{9-75}$$

式中，σ_0 为脉动循环下的材料疲劳极限。

其他符号的意义与式（9-72）相同。

9.5.2 汽车可靠性设计

可靠性设计是为了使零件、部件、设备或系统等在保证达到给定的可靠程度，应用可靠性理论和设计参数的统计数据进行设计的一种设计方法。

可靠性设计所考虑的与设计有关的参数实际上都是随机变量，主要有载荷、强度、尺寸和寿命等。对这些随机变量在大量的试验基础上进行统计处理，通过建立数学模型，进行可靠性分析和计算，能极大地降低零件等在使用中的失效概率。通过对不同设计方案的比较，反复进行可靠性设计计算，能得到一个较优的设计方案。

衡量可靠性的指标分为概率指标和寿命指标。概率指标包括可靠度、不可靠度，或分为故障概率、失效概率及破坏概率。寿命指标包括失效前平均时间（MTTF）和平均故障间隔时间。

（1）可靠度
可靠度是零部件在规定条件下、规定时间内，完成规定功能的概率，一般记为 R。它是时间的函数，故也记为 $R(t)$，称为可靠度函数。

在生产过程中由于产品零件的选择、设计、制造工艺以及材料等因素所确定的可靠度称为产品的固有可靠度。除此之外，产品的可靠度还与使用有关，提高设备的管理技术是提高使用可靠度的重要保证。

产品从开始工作到发生失效或故障的时间记为随机变量 T，其概率密度为 $f(t)$，如图 9-21 所示。用 t 表示某一指定时刻，则该产品在该时刻的可靠度

$$R_t = P(T > t) = \int_t^\infty f(t)\mathrm{d}t \tag{9-76}$$

可靠度的观测值是指对于不可修复的产品，直到规定的时间区间终了为止，能完成规定功能的产品数与在该区间开始时投工作产品数之比，即

$$\hat{R}(t) = \frac{N_s(t)}{N} = 1 - \frac{N_f(t)}{N} \tag{9-77}$$

式中，N 为开始投入工作产品数；$N_s(t)$ 为到 t 时刻完成规定功能产品数，即残存数；$N_f(t)$ 为到 t 时刻未完成规定功能产品数，即失效数。

（2）不可靠度

上述可靠度 $R(t) = P(t)$ 的时间 t 是从全新出厂即 0 时刻算起的，实际使用中常需知道工作过程中某一段执行任务时间的度，即需要知道已经工作 t_1 后再继续工作 t_2 的可靠度。

从时刻 t_1 工作到时刻 $t_1 + t_2$ 的条件可靠度称为任务可靠度，计为 $R(t_1 + t_2/t_1)$。由条件概率关系可得

$$R(t_1 + t_2/t_1) = P(T > t_1 + t_2/T > t_1) = \frac{R(t_1 + t_2)}{R(t_1)} \tag{9-78}$$

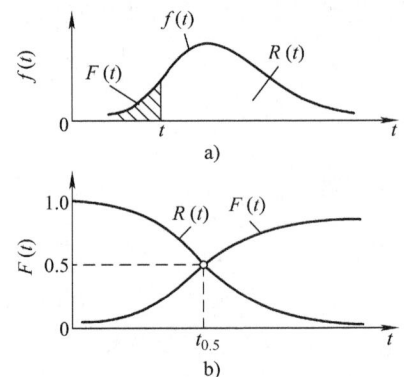

图 9-21 概率密度与可靠度、不可靠度

如已知寿命概率密度 $f(t)$，则

$$R(t_1 + t_2/t_1) = \frac{\int_{t_1+t_2}^{\infty} f(t)\,dt}{\int_{t_1}^{\infty} f(t)\,dt} \tag{9-79}$$

根据子样观测值，得到任务可靠度的观测值为

$$\hat{R}(t_1 + t_2/t_1) = \frac{N_s(t_1 + t_2)}{N_s(t_1)} \tag{9-80}$$

可靠性设计可以应用于一个零件、一台机器、一个机组或整个生产系统，以上统称为"系统"。由几个部分组成的系统，各部分的可靠度分别为 $R_1, R_2, \cdots, R_n$。

串联系统：若系统中任一部分的失效会导致系统失效，就称为串联系统。串联系统的可靠度为

$$R_s = R_1 R_2 \cdots R_n \tag{9-81}$$

并联系统：若系统中所有部分都失效，系统才失效，就称为并联系统。并联系统的可靠度为

$$R_p = 1 - (1 - R_1)(1 - R_2) \cdots (1 - R_n) \tag{9-82}$$

（3）失效率

产品工作到某一时刻时，在单位时间内发生故障的概率叫失效率，用符号 $\lambda(t)$ 表示。

设有 N 个产品，工作到时刻 t 的失效数为 $n(t)$，再工作到时刻 $(t + \Delta t)$ 的失效数为 $n(t + \Delta t)$，则失效率 $\lambda(t)$ 可用下面的公式表示

$$\lambda(t) = \frac{n(t + \Delta t) - n(t)}{[N - n(t)]\Delta t} \tag{9-83}$$

失效率的单位用时间表示时，多用 "%/10^3h = 10^{-5}/h" 为单位。对于失效率特别小的零件，也可采用 Fit 为单位：1Fit = 10^{-9}/小时。

失效率 $\lambda(t)$ 随时间而变化，是时间的函数。失效率有 3 种：递减失效率、等值失效率和递增失效率。

在实际产品或系统中，在不进行预防性维修时或对于不可修复的产品，其失效率随时间

的变化如图 9-22 所示（浴盆曲线）。

图 9-22 中，Ⅰ期——失效早期，是失效率下降的时期。失效率下降的原因，主要是设计和制造存在缺陷。随着时间的推移，就会稳定下来。

图 9-22 中，Ⅱ期——偶然失效期，在这期间，故障的发生是随机的。

图 9-22 中，Ⅲ期——耗损失效期。

（4）寿命

1）平均寿命。

平均寿命是寿命的平均值。失效前的平均时间 MTTF 表示不可修复的产品。对于可修复的产品，则用平均故障间隔 MTBF 来表示。

失效前平均时间——发生故障就不能修复的产品，从开始使用到发生故障的平均时间。不能修复的产品一般是指元件和材料。

平均故障间隔——产品出现故障的平均时间间隔，用于边修理边使用的产品，一般是设备或系统等。

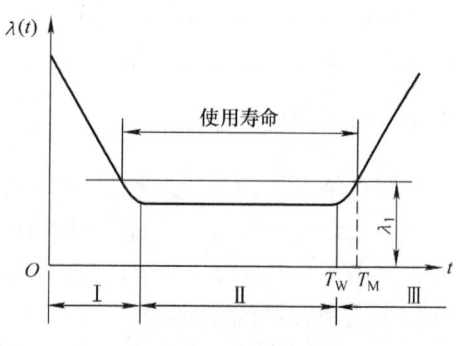

图 9-22　失效率曲线

对于可修复的产品，失效前平均时间与平均故障间隔，可以说两者是等效的，都采用 MTBF。不论哪种情况，它都代表产生失效的平均时间或平均寿命。对于系统来讲，两次相继失效不必是由于相同的元件失效。

无论 MTTF 还是 MTBF，它们都表示无故障工作时间 T 的期望 $E(t)$，或简记为 $\bar{t}$。

如已知 T 的概率密度 $f(t)$，则

$$\bar{t} = E(t) = \int_0^\infty t f(t) \mathrm{d}t \tag{9-84}$$

经分部积分后也可求得

$$\bar{t} = \int_0^\infty R(t) \mathrm{d}t \tag{9-85}$$

对于不可修复产品，平均寿命或平均无故障工作时间的观测值均可用下式来求，即

$$\hat{t} = \frac{1}{r} \sum t \tag{9-86}$$

式中，$\sum t$ 为总工作时间；r 为失效或故障次数。

2）可靠寿命和中位寿命。可靠寿命是给定的可靠度所对应的时间，一般记为 $t(R)$。

如图 9-23 所示，一般可靠度随着工作时间 t 的增大而下降，对给定的不同 R，则有不同的 $t(R)$，即

$$t(R) = R^{-1}(R) \tag{9-87}$$

式中，R^{-1} 为 R 的反函数，即由 $R(t) = R$ 反求 t。

当指定 $R = 0.5$，即 $R(t) = F(t) = 0.5$ 时的寿命称为中值寿命，记为 $\tilde{t}$ 或 $t_{0.5}$、$t(0.5)$。

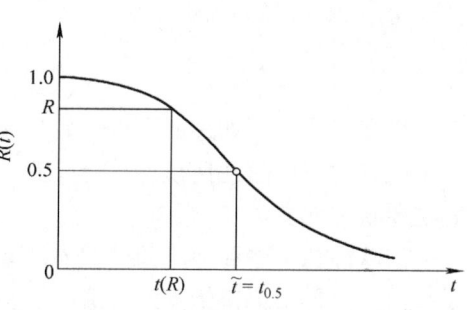

图 9-23　可靠寿命与中位寿命

9.6 汽车结构计算机辅助设计

在国外，有限元软件广泛应用于汽车行业，它所涉及的专业领域相当广泛，应用成熟度相对较高。初期的计算机辅助设计用 CAD（Computer Aided Design）表示，但随着 CAD 软件中计算机辅助绘图应用的广泛推广，CAD 的概念趋向于计算机辅助绘图（Computer Aided Drawing），而用 CAE（Computer Aided Engineering）来代替了计算机辅助设计。

9.6.1 计算机辅助技术

计算机辅助图形设计或称为计算机辅助绘图（CAD）最基本的功能是定义所设计产品的二维、三维几何模型，产品的计算机几何模型是产品生命周期中后续各项工作的基础。计算机辅助图形设计主要用来创建结构的几何模型。因此，计算机辅助绘图功能是计算机辅助设计中最重要的组成部分。

典型的计算机辅助图形设计系统可以分为两类：一类是二维系统，设计者在二维平面中绘制物体的投影图来表达自己的设计构想（图9-24）；另一类是三维系统，设计者在三维空间中构造三维形体来表达设计构想（图9-25）。计算机绘图软件提供了丰富的机械结构图形绘制功能，它们不但操作方便、绘图准确，而且具有强大的图形编辑功能。

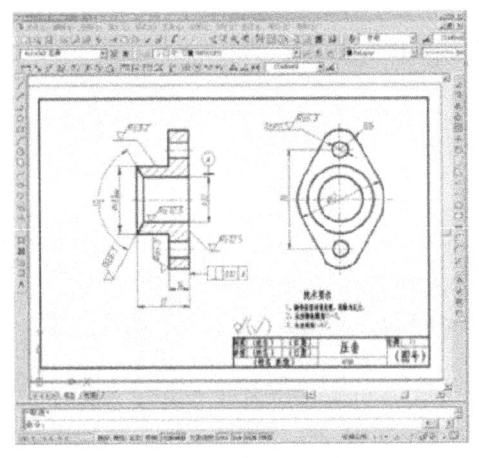

图 9-24　计算机辅助二维绘图

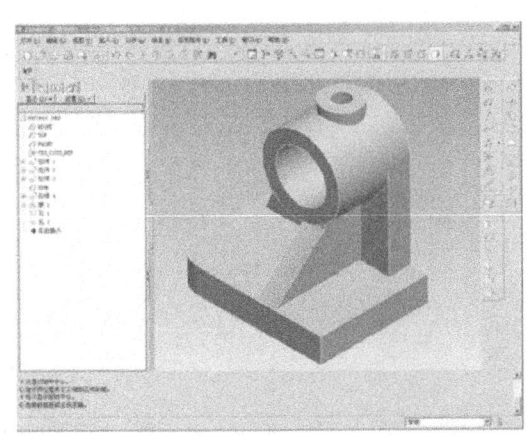

图 9-25　计算机辅助三维建模

实现交互式图形处理的硬件和软件是计算机辅助设计系统的重要组成部分。用户以二维或三维的方式对产品几何模型进行交互式的操作和分析的软件包，构成了计算机辅助设计系统的主要软件部分。

应用软件指一些商业二维、三维 CAD 系统，有些 CAD 系统是作为 CAD/CAE/CAM 集成系统的一个模块提供给用户。表9-1列出了一些广泛应用于 CAD/CAE 领域的商业软件。表9-1中右栏列出的是集成系统，这些系统均提供了许多可选模块，以根据用户的选择，配置具有不同功能的 CAD、CAE 系统。

表 9-1 广泛应用于 CAD/CAE 领域的一些商业软件

应用领域	软 件	集成系统
CAD 二维绘图	AutoCAD、CAXA 电子图板、AutoCAD Express Tools	Creo、Unigraphics、CATIA、I – DEAS
CAD 三维绘图	SolidEdge、SolidWorks、Inventor、Mechanical Desktop、SolidWorks	
CAE	NASTRAN、ANSYS、PATRAN、ADAMS、HyperWorks	

9.6.2 有限元辅助设计方法

有限元法（Finite Element Method，FEM）也称有限单元法。在 20 世纪 70 年代，美国汽车工程师协会就开展了有限单元法在车辆设计中的应用研究，我国汽车行业的有限元计算工作起步于 20 世纪 70 年代中期。

1. 有限元法与有限元分析

有限元法的基本思想是：将求解区域离散为一组有限个且按一定方式相互连接在一起的单元的组合体，即用一组离散化的单元组集来代替连续体结构进行分析，将一个表示机构或连续体的求解域离散为若干个子域（单元），并通过它们边界上的节点相互联结成为组合体，各个单元通过它们的角节点相互联结。

有限元法能对工程实际中几何形状不规则、载荷支承情况复杂的各种结构及零部件进行变形分析和应力分析。有限元法是分析汽车底盘，特别是车架结构的一种有效而实用的工具。

（1）用有限元求解问题的基本步骤

第一步，问题及求解域定义：根据实际问题近似确定求解域的物理性质和几何区域。

第二步，求解域离散化：将求解域近似为具有不同有限大小和形状且彼此相连的有限个单元组成的离散域，习惯上称为有限元网络划分。显然单元越小，（网络越细）则离散域的近似程度越好，计算结果也越准确，但计算量及误差都将增大，因此求解域的离散化是有限元法的核心技术之一。

第三步，确定状态变量及控制方法：一个具体的物理问题通常可以用一组包含问题状态变量边界条件的微分方程式表示，为适合有限元求解，通常将微分方程化为等价的泛函形式。

第四步，单元推导：对单元构造一个适合的近似解，即推导有限单元的列式，其中包括选择合理的单元坐标系，建立单元试函数，以某种方法给出单元各状态变量的离散关系，从而形成单元矩阵（结构力学中称刚度阵或柔度阵）。

为保证问题求解的收敛性，单元推导有许多原则要遵循。对工程应用而言，重要的是应注意每一种单元的解题性能与约束。例如，单元形状应以规则为好，畸形时不仅精度低，而且有缺秩的危险，将导致无法求解。

第五步，总装求解：将单元总装形成离散域的总矩阵方程（联合方程组），反映对近似求解域的离散域的要求，即单元函数的连续性要满足一定的连续条件。总装是在相邻单元节点进行，状态变量及其导数（可能的话）连续性建立在节点处。

第六步，联立方程组求解和结果解释：有限元法最终导致联立方程组。联立方程组的求解可用直接法、选代法和随机法。求解结果是单元节点处状态变量的近似值。对于计算结果的质量,将通过与设计准则提供的允许值比较来评价并确定是否需要重复计算。

(2) 有限元方法的常用单元类型

在底盘车架的单元类型上,早期的有限元分析模型大多采用梁单元模型,其优点是划分的单元数目和节点数目少,计算速度快。但是梁单元模型难以模拟底盘的许多构件,难以反映焊接、铆接等连接形式,而且也无法分析底盘中各个部件的应力集中问题。

薄壳单元也是分析中常采用的单元。汽车底盘的各种壳体部件、局部加强板、各种附属支架等情况,可以采用薄壳单元进行分析,试验证明其精度较高。但薄壳单元模型所占的运算资源要远远大于梁单元,前处理的工作量比较大而且计算时间也比较长。许多学者进行了多种探索,后来发展成用梁单元和薄壳单元混合建模。

最能体现实体几何原型的单元是实体单元。实体单元基于几何结构生成,理论上可无限接近实际模型。但这种有限元模型占用的运算资源最大,计算时间较长。

1) 壳体单元特性。板壳单元模型是采用板壳单元进行离散。车辆里由一系列薄壁件组成且形状复杂的结构如车架的纵、横梁及连接板,动力总成的壳体等,比较适合离散成板壳单元的组集,用板壳单元的厚度描述零件的厚度。这种结构单元准确地描述了形状复杂的结构,大大提高了有限元分析的精度,能够处理连接部位的应力问题。但是这种结构的几何形状和变形现象都很复杂,控制方程的求解相当困难,仅适合使用有限元法进行分析。

壳体单元的基本理论假设是:薄壳发生微小变形时,忽略沿壳体厚度方向的挤压变形,且认为直法线假设成立。与薄板不同的是,壳体变形时中面不但发生弯曲,而且也将产生面内伸缩变形。采用有限元法分析壳体时,主要有平板型壳单元、曲面型壳单元和退化型壳单元这三种类型。图 9-26 所示为平板形矩形壳单元示意图。平板形壳单元是采用平面应力和弯曲应力状态组合而得到的,在平面和垂直方向上都有挠度和膜力特性。该单元每个节点有 6 个自由度,即 x、y、z 方向上的位移自由度和绕 x、y、z 轴旋转自由度。

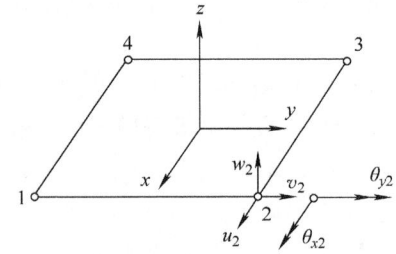

图 9-26 平板形矩形壳单元示意图

2) 梁单元特性。梁单元模型是将结构简化为由一组两节点的梁单元组成的框架结构,以梁单元的截面特性来反映实际结构的特性。其优点是划分的单元数目和节点数少,计算速度快,而且模型前处理工作量不大。但梁单元模型简化的结构计算精度低,且不能处理应力集中问题。梁单元的每个节点有 6 个位移分量如图 9-27 所示,即沿 3 个单元坐标方向的线位移 u、v、w 和绕 3 个轴的转角 θ_x、θ_y、θ_z。

3) 实体单元特性。实体单元不但可以表达零件的质量、惯性、材料等特性,而且实体单元可以从空间的角度来真实地逼近实体几何形状,尤其是基于几何的有限元模型,几乎能反映全部的几何变化,是一种最能表达实际零件信息的单元。其缺点是对计算机性能要求较高。

实体单元种类很多,一般单元有 8 个节点,每个节点有 6 个自由度,即沿 x、y、z 轴的平动自由度和沿 x、y、z 轴的转动自由度。其几何描述、节点位置、坐标系等如图 9-28 所示。该单元有各向异性或者正交各向异性材料特性。通过节点 M、N、O 和 P 或 K、L 可以生成四面体单元,同理也可以生成楔形和锥形体。

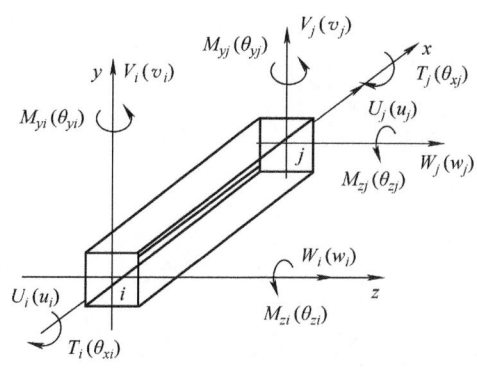

图 9-27 梁单元示意图

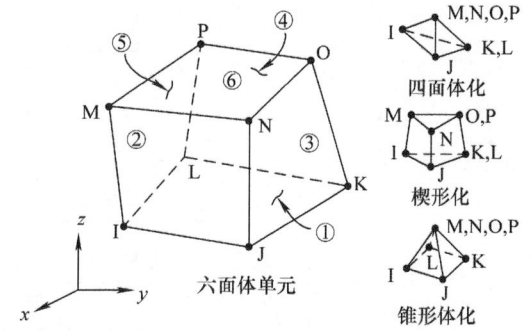

图 9-28 实体单元几何示意图

(3) 有限元网格的划分

网格数量将影响计算结果精度和计算规模，网格数量与计算精度和计算规模都呈正比。在选择网格数量时还应考虑到分析数据的类型和特点，有以下原则：

1) 进行静力分析时，如果仅是变形的计算，则网格可以取得较少。如果是需要计算应力或应变，在保持相同的精度的前提下，则应取相对较多的网格。

2) 进行动态特性分析时，如果仅计算少数低阶模态，则可以选择较少的网格；如果需要计算高阶模态，则应选择较多的网格。此外，选择网格数量时还应考虑质量矩阵的形式，一致质量矩阵的计算精度高于集中质量矩阵，所以在采用一致质量矩阵计算时可以划分较少的网格，而采用集中质量矩阵时则应选择较多的网格。

3) 在结构的响应分析中，如果仅是计算某些位置的位移响应，则网格数量可以少一些；如果需要计算应力响应，则应选择相对多的网格。

4) 很多单元都有低阶和高阶形式，在保证相同精度的前提下，需要的高阶单元数要远远小于低阶单元的单元数。

目前，往往将上述方法混合使用并综合应用现代技术，在有限元网格的自动生成方面，前期的研究提供了自适应网格划分、智能划分等网格自动生成方法，对于形状比较规则的结构还可通过映射和扫掠的方法生成比较规则的网格。另外还可通过控制单元边长或网格数量等方法进行局部细化。

网格质量的好坏直接影响结果精度，质量太差的网格甚至会中止计算过程。因此网格划分以后，还需要对模型进行必要的检查和处理，一方面提高网格质量，消除畸形单元，另一方面检查重合节点，在计算前予以消除。

2. 汽车底盘有限元建模方法

(1) 结构有限元模型的建立过程

进行有限元分析的基础是建立有限元模型，这同时也是前处理部分的主要任务，有限元模型的精度对问题的求解规模和准确性有很大影响。建立有限元模型的过程主要包括：模型的简化、几何模型的建立、建模的单元的选择、网格划分等。汽车底盘零部件有限元模型的建立和分析过程如图 9-29 所示。建模的关键是选择合适的单元来模拟零部件结构，使计算模型的各个单元的力学特性应近似等于真实结构在这个区域的力学特性。

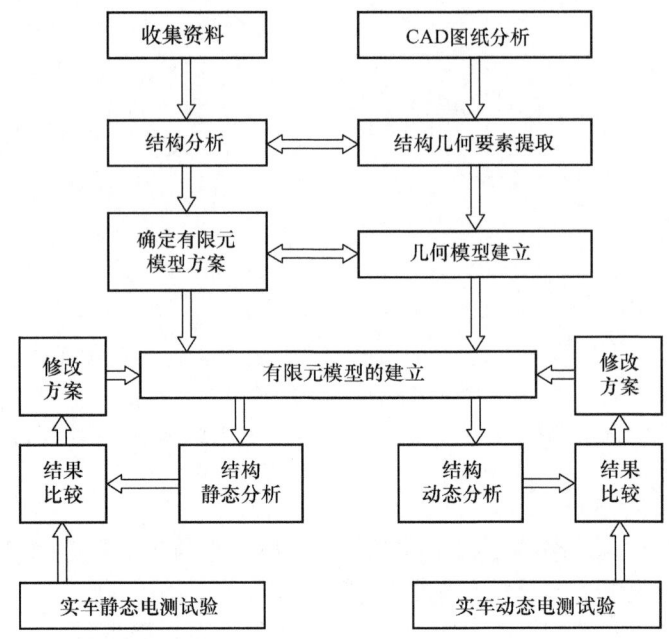

图 9-29 汽车底盘零部件有限元模型的建立和分析过程

(2) 结构有限元模型的简化原则

模型简化正确与否直接关系到有限元计算结果的正确性。建立有限元模型的原则有两点。

计算模型必须具有足够的准确性。所建计算模型的几何特征应能反映对象的实际结构，它的物理性质必须具备对象的材料特性和能够最大限度地保留对象的主要力学特性，即必须考虑实际结构与所建模型的一致性、支承情况和边界约束条件的一致性、载荷和实际情况的一致性。

计算模型要具有良好的经济性。建立过分精确的计算模型，会相应地花费更多的时间、人力、物力进行前处理的数据准备、求解计算、后处理的数据分析，并使计算周期加长，费用大大增加。计算模型的精度应该根据工程要求决定。

根据上述总原则，在建汽车底盘车架的有限元模型时，所遵循的简化原则有如下几个方面：

1) 功能件和非承载件的应力水平对计算结果影响小，忽略不计。

2) 构件表面光顺化——构件表面上的孔、凸台、凹部和翻边尽量给予光顺，包括通线路的小孔、流水槽、连接处翻边、凹槽等；若干非连接工艺孔都可以忽略。

3) 过渡圆弧及大圆弧以直代曲处理，小过渡圆弧以直角代替。

4) 车架纵、横梁是交叉连接的，按主承载性能等效原则简化为一个节点。对两个靠得很近但并不重合的交叉连接点，将其合并到一起，简化成一个节点。

5) 微曲梁，将其简化成直梁来处理。

6) 对于两同向焊接梁，其焊接处强度近似于材料内部强度，相应地加大其截面积可将其视为一根梁来简化。

7) 取约束、载荷作用点，以及两根梁之间的交点作为梁单元的节点。

8）约束处理方面，足够的约束以消除对象的刚体位移，以消除刚度矩阵的奇异性，获得位移的确定解；另一方面，不得有多余的约束，多余约束会使结构产生实际不存在的附加约束力。

(3) 结构材料的物理参数及承受载荷

分析车型的底盘零部件所用材料及相应的材料特性，主要包括如下几个方面：材料牌号、弹性模量、泊松比、密度、屈服极限和强度极限等。

底盘零部件的承载包括传递发动机转矩所需要的各个弯曲载荷、扭转载荷、轴向载荷等。车架除承受载重量以外，作为主要的连接件，还承受乘员舱、发动机、油箱、电瓶箱等附件的重力所带来的载荷。底盘结构所承受的载荷大多数是动态载荷。

3. 底盘部件的有限元模型建立

汽车底盘零部件中，有关齿轮、杆、轴、板及其构成的箱体、轴承、螺旋弹簧等零件，在有关的教材中都有介绍，这里仅给出几个相对复杂的组合体的有限元模型。

(1) 车架的有限元模型建立

选用具有一般意义的梯形载货车车架（又称边梁式车架）进行研究。图9-30所示为一个车架的三维模型。

该车架的主要结构是两根相互平行的纵梁和若干根横梁。车架的主要承载元件是纵梁，也是车架中最大的加工件。这种车架纵梁的断面形状一般为开口朝内的槽型或焊接成方管型，如图9-31所示。为保证强度和刚度要求采用主副梁结构。主、副纵梁通过铆钉和螺栓相互连接；横梁将左右纵梁联在一起，构成一完整的车架，保证车架主要的扭转刚度，限制其变形和降低某些部位的应力。

该车架由设计长为11.7m的左右分开的两个纵梁和8根横梁组成，第1、2、6、7横梁均为槽形横梁，3、4、5横梁为K形横梁，第8跟横梁是由槽形横梁和角撑横梁组合组成。纵梁断面为槽型，有两层，外层厚度8mm，内层为5mm，通过螺栓连接在一起，横梁与纵梁之间是用螺栓连接。车架长约8.5m，前后端宽为0.865m。

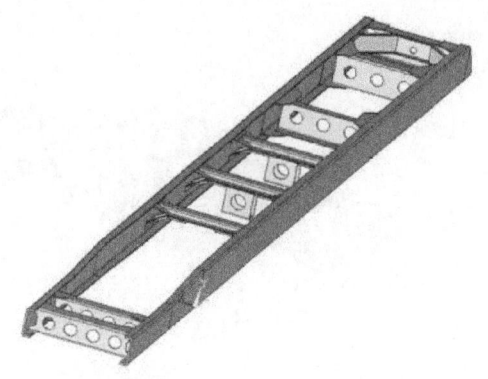

图9-30 车架三维模型

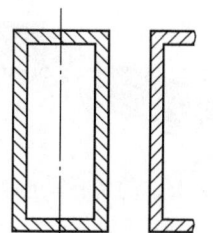

图9-31 主副车架纵梁截面图

车架有限元模型的建立应该保持原车的主要结构特征，同时忽略或简化处理一些对车架影响微小的细部几何特征，例如对分析影响不大的螺栓孔、焊接螺母等可忽略不计，略去对结构变形影响很小的部件等。用ANSYS软件建立以六面体为基本单元的主车架有限元模型。采用软件中的Solid45体单元对模型进行网格划分。划分网格要避免畸形，保证长宽高的比例。同时要保证三棱柱的网格单元比例小于 10%。网格划分要合理，过密的计算网格会导致计算效率的下降，要合理控制单元尺寸以提高计算效率。纵梁和横梁之间采用铆接，铆接处刚性连接，在铆钉连接处将节点连接。有限元建模中，整个车架共划分 77610 个单元、127551 个节点。三棱柱单元所占的比例 1.2%，依实际结构确定钢材的弹性模量、泊松比及材质密度分别为 207GPa、0.3 及 7850kg/m^3。有限元模型示例如图 9-32 所示。

（2）车桥的有限元模型建立

车桥是汽车底盘总成的主要部件，形状复杂。汽车的行驶条件复杂又多变，因此要精确计算汽车行驶时车桥上各处的应力大小比较困难。随着有限元技术的不断进步，利用有限元法计算车桥的强度和刚度成为必然趋势。

利用有限元前处理软件 HyperMesh 中三维网格划分功能，结合车桥的三维 UG 数模建立有限元模型。建立有限元模型时选用 Solid45 单元，三维单元选用四面体。车桥的有限元模型如图 9-33 和图 9-34 所示。

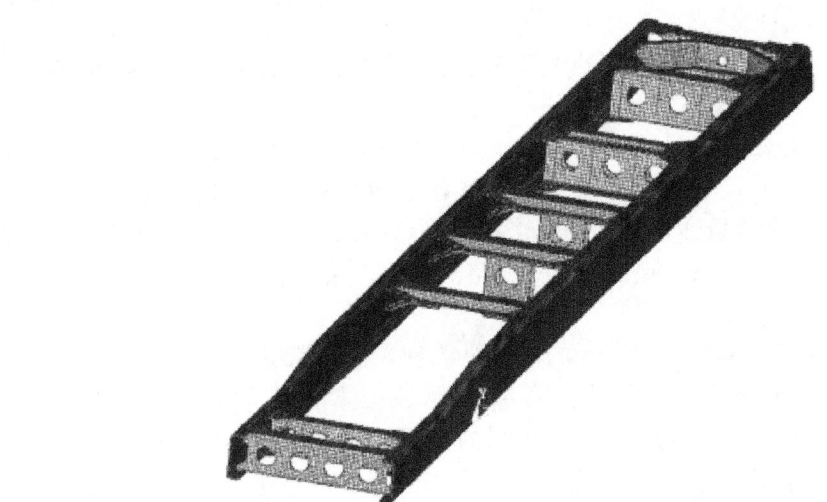

图 9-32　车架有限元模型

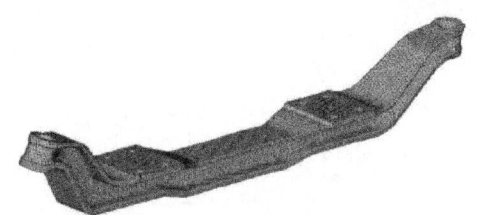

图 9-33　前桥有限元模型

图 9-34　后桥有限元模型

9.6.3　底盘结构的计算机辅助设计

1. 车架的静态计算分析

本节以图 9-32 所示的车架有限元模型为例进行分析与计算。

（1）约束情况

车架是通过 3 个悬架支承在车桥上，因此要在与悬架连接处施加约束。把车架的悬架简化成一端铰支、一端滑槽,因此要在铰支端加三向位移约束,在滑槽端只释放车架纵向位移约束。为了避免车架的超静定,只在前面一个铰支端加3个方向位移约束,在另外两个铰支端施加纵向,和左右方向的位移约束。约束后车架的有限元模型如图9-35所示。

(2) 计算载荷的选择

在对车架进行实际计算时,按如下两种载荷工况进行:额定载荷工况下,汽车的装载质量 $20 \times 10^3 \text{kg}$;使用载荷工况下,汽车的装载质量 $40 \times 10^3 \text{kg}$。

使用 Hyperworks 和 Ansys 软件对上述两种载荷工况进行计算分析和对比,以考察车架的材料与载荷之间的线性关系。

(3) 计算结果分析

在额定载荷下(加载 $20 \times 10^3 \text{kg}$)的弯曲工况,车架变形量为5.3mm,由于加载主要区域在车架纵梁后部,所以变形位置在车架的尾部。车架变形如图9-36所示。最大静应力为82.9MPa,位置在加强板与后悬架平衡轴连接处,最大静应力位置如图9-37所示。强度校核满足车架设计的要求,并有很大的裕量。

图 9-35 车架约束有限元模型

图 9-36 车架在水平弯曲工况下的位移云图

装载质量为 $40 \times 10^3 \text{kg}$ 时静态弯曲工况下,车架最大应力为160.236MPa,位于车架后悬挂的主纵梁和横梁的连接处。水平弯曲的高应力区域集中在车厢与纵梁接触的纵梁上,其余部位的应力相对较小,如图9-38所示。其主要原因是整车后部载荷比较大,总体重量通过纵梁传递给后悬架系统,因此纵梁承受的力量很大,造成普遍的应力偏大是符合正常现象。同时可以看到,整车除个别高应力区外,车架的应力水平大部分在50MPa以下,这说明车架有较大的轻量化空间。

车架结构在水平弯曲工况下的变形云图如图 9-39 所示。水平弯曲工况下，由于整车大部分载荷施加在纵梁的后部车架最大的垂直位移产生于车架最后部，其位移为 9.259mm，满足载货汽车车架设计要求，并有充分的刚度裕量。

图 9-37　车架在水平弯曲工况下的应力云图

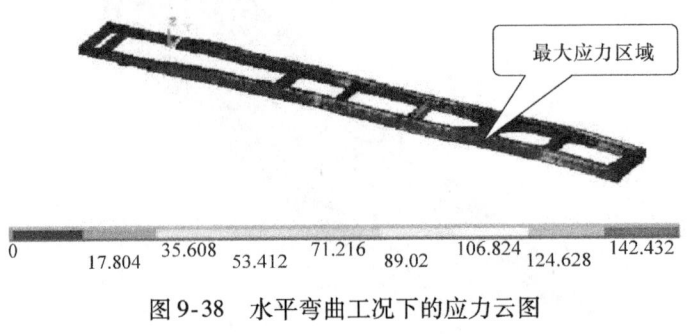

图 9-38　水平弯曲工况下的应力云图

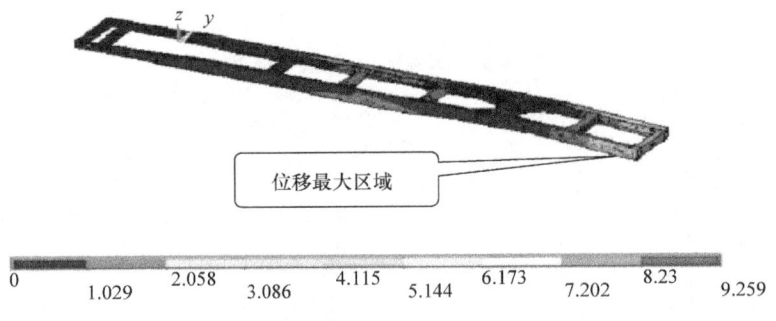

图 9-39　水平弯曲工况下的变形云图

由以上两种载荷工况下的静态水平弯曲计算结果表明：在两种载荷工况下，车架的应力和位移之间的变化情况与载荷情况基本呈线性变化关系，说明车架的材料特性在弹性力学的范畴之内，符合有限元分析的基本思想。

2. 车桥的有限元计算分析

通过前处理软件建立的前、后车桥的有限元模型，通过数据转换，由 .hm 格式转化为 .db 格式，可以在有限元软件 ANSYS 中进行静态计算。

本节通过计算前、后车桥结构来计算分析。在静态时后桥实轴荷为 20000kg，对车桥进行约束和载荷处理,约束的位置为实际车轮相近位置,载荷均布加载在板簧上。约束和加载后的车桥模型分别如图9-40和图9-41所示。

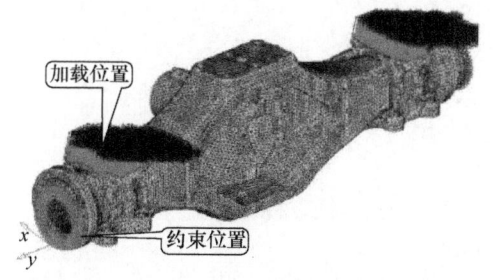

图9-40 后桥实际约束和加载情况

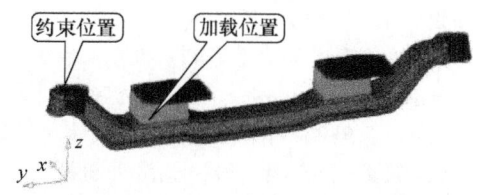

图9-41 前桥实际约束和加载情况

后桥计算分析结果如图9-42和图9-43所示;前桥计算分析结果如图9-44和图9-45所示。

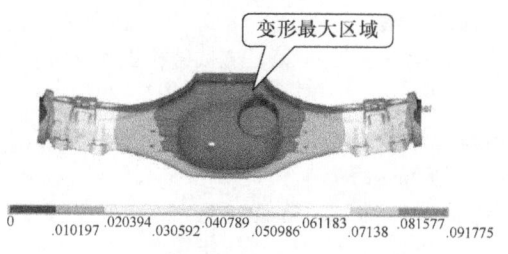

图9-42 后桥静态弯曲工况下变形云图

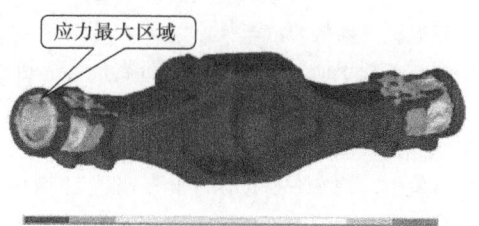

图9-43 后桥静态弯曲工况下应力云图

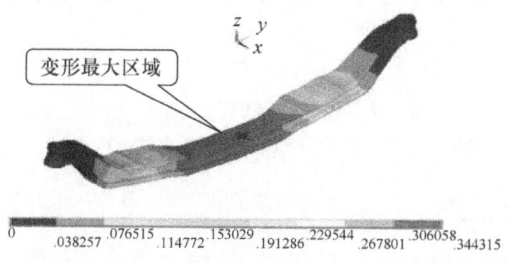

图9-44 前桥静态弯曲工况下变形云图

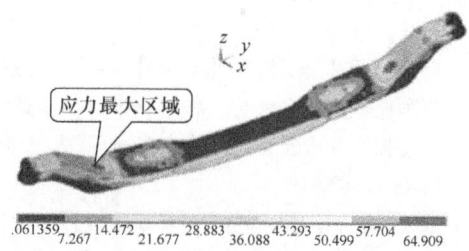

图9-45 前桥静态弯曲工况下应力云图

由上述云图可知,后桥最大变形约为0.092mm,最大应力为95.841MPa,前桥最大变形约为0.344mm,最大应力为64.909MPa,车桥材料为车桥的刚度和强度均满足整车的载荷承载要求,并有一定的裕量。

参 考 文 献

[1] 李舜酩，李玉芳. 汽车底盘现代设计 [M]. 北京：机械工业出版社，2020.
[2] 王望予. 汽车设计 [M]. 4 版. 北京：机械工业出版社，2020.
[3] 王霄锋. 汽车底盘设计 [M]. 北京：清华大学出版社，2010.
[4] 赵振东. 汽车设计 [M]. 北京：机械工业出版社，2019.
[5] 林慕义，张福生. 车辆底盘构造与设计 [M]. 北京：冶金工业出版社，2007.
[6] 徐灏. 疲劳强度设计 [M]. 北京：机械工业出版社，1981.
[7] 郦明. 汽车结构抗疲劳设计 [M]. 合肥：中国科学技术大学出版社，1995.
[8] 陈家瑞. 汽车构造：下册 [M]. 北京：人民交通出版社，2006.
[9]《汽车工程手册》委员会. 汽车工程手册：设计篇 [M]. 北京：人民交通出版社，2001.
[10] 杨世春. 电动汽车设计基础 [M]. 北京：国防工业出版社，2013.
[11] 何洪文. 电动汽车原理与构造 [M]. 北京：机械工业出版社，2012.
[12] 崔胜民. 新能源汽车技术 [M]. 北京：北京大学出版社，2009.
[13] 机械工程手册、电动工程手册委员会. 机械工程手册：试用本. 第 19 篇，机械结构强度 [M]. 北京：机械工业出版社，1980.
[14] 王志福. 电动汽车电驱动理论与设计 [M]. 北京：机械工业出版社，2012.
[15] 刘惟信. 汽车车桥设计 [M]. 北京：清华大学出版社，2006.
[16] JORG S, THOMAS Z, SCHAUFFELE. 汽车软件工程 [M]. 张聚，等译. 北京：电子工业出版社，2008.
[17] 查正运. 基于模型驱动的汽车电子软件开发方法研究 [J]. 科技创新与应用，2015（25）：1.
[18] 李宾龙，马静，周章遐，等. HDT 混动变速器流量可控分配的设计优化研究 [J]. 汽车实用技术，2021，46（23）：5.
[19] 乌斯潘斯基等. 汽车悬架设计 [M]. 北京：人民交通出版社，1980.
[20] 迈利克. 汽车轻量化：材料，设计与制造 [M]. 北京：机械工业出版社，2012.
[21] 吴光强，孙贤安. 汽车自动变速器发展综述 [J]. 同济大学学报（自然科学版），2010，38（10）：1478-1483.
[22] 朱茂桃，智淑亚. 汽车车身现代设计 [M]. 北京：国防工业出版社，2014.
[23] 闫琪. 智能车设计 [M]. 北京：北京航空航天大学出版社，2014.
[24] 张光裕，许纯新. 工程机械底盘设计 [M]. 北京：机械工业出版社，1988.
[25] 刘惟信. 汽车制动系的结构分析与设计计算 [M]. 北京：清华大学出版社，2004.
[26] 肖啸. 某中型载货汽车弹性元件的设计与有限元方法校验 [J]. 汽车实用技术，2017，（2）：74-77.
[27] 孙运柱. 轻型卡车前钢板弹簧的设计 [J]. 农业装备与车辆工程，2009（11）：5.
[28] 牛营凯. 某轻型卡车动转管路布置降噪措施浅析 [J]. 汽车实用技术，2015（1）：99-100，139.
[29] 冯帆. 汽车转向拉杆内球销点的位置确定 [J]. 山东工业技术，2016（9）：246-247.
[30] 王军. 汽车整体式转向梯形的优化设计 [J]. 装备制造技术，2010（12）：38-39，42.
[31] 姜永晴. 汽车钢板弹簧的设计与悬架性能分析 [J]. 汽车实用技术，2018（19）：147-149.
[32] 蒋汪萍. 双横臂独立悬架的导向机构设计 [J]. 科学与信息化，2016（18）：52-53，55.
[33] 王中亭. 汽车概论 [M]. 2 版. 北京：机械工业出版社，2006.
[34] 管欣. 智能实验汽车执行机构的设计 [J]. 汽车工程，2016（11）：1338-1343.

[35] 高德芝. 智能车辆环境感知传感器的应用现状 [J]. 现代电子技术, 2008 (19): 151-156.
[36] 张中华. 智能车辆的环境感知技术概述 [J]. 消费电子, 2012 (13): 26.
[37] 王新华. 机械设计基础 [M]. 北京: 化学工业出版社, 2015.
[38] 叶芳, 李仕生. 汽车底盘结构与维修 [M]. 重庆: 重庆大学出版社, 2013.
[39] 胡海. EQ3092型载货汽车手动变速器设计及有限元仿真分析 [D]. 长沙: 湖南大学, 2010.
[40] 刘小燕. 某越野汽车变速箱总成设计 [J]. 汽车科技, 2008 (z1): 16-20.
[41] 于蕾艳, 林逸, 李玉芳. 汽车线控转向系统综述 [J]. 农业装备与车辆工程, 2006 (1): 32-36.
[42] 林逸, 沈沉, 王军, 等. 汽车线控制动技术及发展 [J]. 汽车技术, 2005 (12): 4.
[43] 宋永华, 阳岳希, 胡泽春. 电动汽车电池的现状及发展趋势 [J]. 电网技术, 2011, 35 (4): 1-7.
[44] 钱宇彬, 胡宁. 现代汽车安全技术 [M]. 上海: 上海交通大学出版社, 2006.
[45] 过学迅. 汽车自动变速器结构原理 [M]. 北京: 机械工业出版社, 2012.
[46] 方泳龙. 汽车制动理论与设计 [M]. 北京: 国防工业出版社, 2005.
[47] 施梅尔茨. 万向节和传动轴 [M]. 北京: 北京理工大学出版社, 1997.
[48] 陈显勇. 9.5吨客车桥主减速器齿轮的设计 [J]. 国防制造技术, 2012 (4): 58-61, 63.
[49] 张金换, 杜汇良, 马春生. 汽车碰撞安全性设计 [M]. 北京: 清华大学出版社, 2010.
[50] 尚士忠. 混合动力汽车结构类型解析 [J]. 黑龙江科技信息, 2014 (15): 112-112.
[51] 管欣. 智能实验汽车执行机构的设计 [J]. 汽车工程, 2016 (11): 1338-1343.

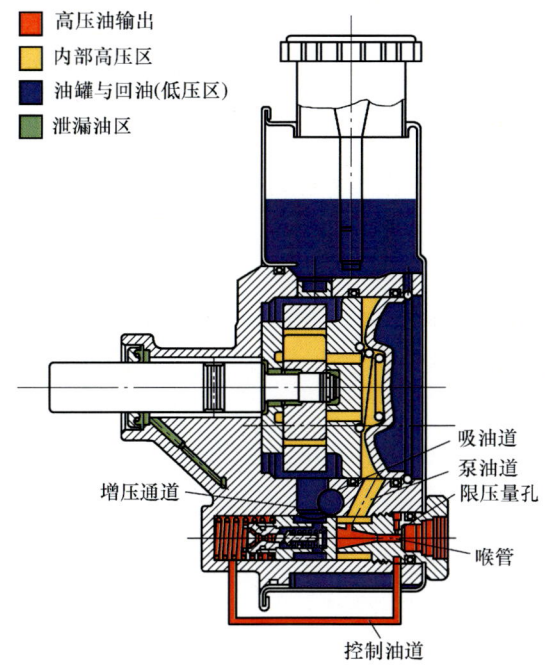

图 7-37 一种典型动力转向泵的流量与限压阀控制油道（低速工作模式）

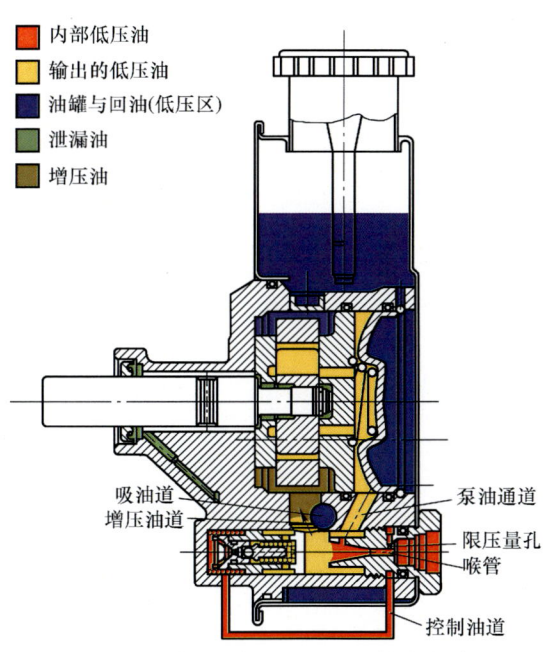

图 7-39 动力转向泵的流量控制状态

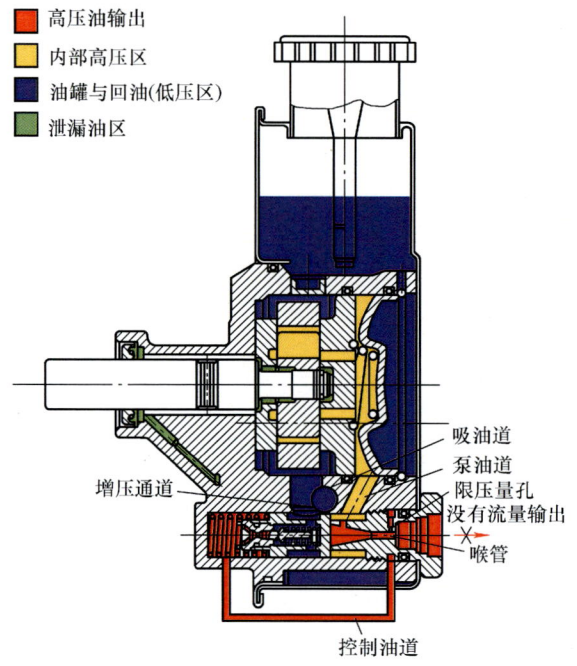

图 7-40 动力转向泵的限压状态之一
（泵的输出通道被堵死，其中的压力急剧上升）

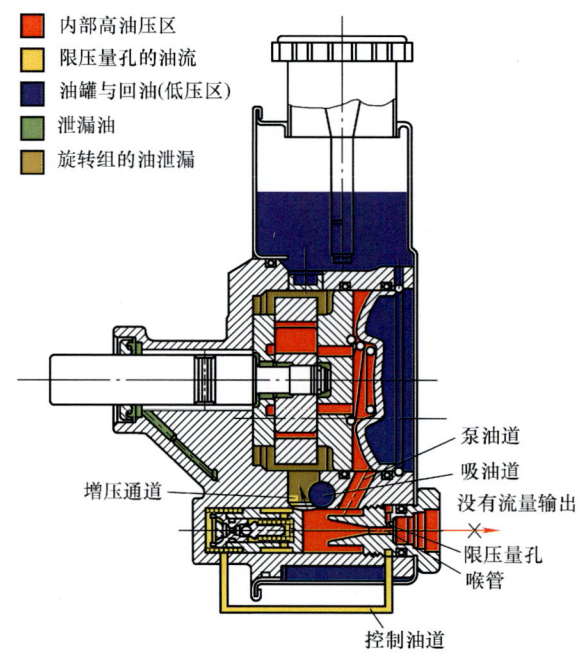

图 7-41 动力转向泵的限压状态之二（柱塞中的限压阀被打开，
造成柱塞两侧的压力差；柱塞被此压力差推向左侧，使增压通道被打开，
从而使泵内的压力迅速降低）